天人集

Nature and Man:

Studies on
Chinese
Historical
Geography

【历史地理学论集】

龚胜生　著

中国社会科学出版社

图书在版编目(CIP)数据

天人集:历史地理学论集/龚胜生著.—北京:中国社会科学
出版社,2009.8
ISBN 978 - 7 - 5004 - 8067 - 9

Ⅰ.天…　Ⅱ.龚…　Ⅲ.①历史地理—研究—中国②可持续
发展—研究—中国　Ⅳ.K928.6　X22

中国版本图书馆 CIP 数据核字(2009)第 148124 号

责任编辑　张　林
特约编辑　郑成花
责任校对　王兰馨
封面设计　李尘工作室
技术编辑　戴　宽

出版发行　中国社会科学出版社
社　　址　北京鼓楼西大街甲 158 号　　邮　编　100720
电　　话　010—84029450(邮购)
网　　址　http://www.csspw.cn
经　　销　新华书店
印　　刷　北京君升印刷有限公司　　装　订　广增装订厂
版　　次　2009 年 8 月第 1 版　　印　次　2009 年 8 月第 1 次印刷
开　　本　710×1000　1/16
印　　张　36　　插　页　2
字　　数　646 千字
定　　价　66.00 元

1992 年博士学位论文答辩后与导师史念海教授合影

2000 年留学加拿大在女王大学校园留影

1987 年西安学术会议期间与历史地理学泰斗谭其骧院士合影

2007 年人民大会堂参加会议留影

1989 年硕士学位论文答辩后与导师史念海教授合影

1995 年在"也是斋"书房工作

2004 年陕西师范大学校庆学术报告会上与朱士光教授合影

2007 年与全国人大副委员长、民进中央主席许嘉璐教授合影

本书所收集的论文成果，先后获得

国家自然科学基金(49401016)、

国家社会科学基金(97CZS001)、国家自然科学基金(40471036)、

教育部留学回国人员科研启动基金(教外司［2003］14 号)、

科技部社会公益项目(2004DIB1J032)的资助，

谨在此一并致谢！

序　言

　　胜生教授今年 9 月 10 日教师节那天给我发来电子邮件，除祝贺节日外，还述及他已将近十多年来发表的论文裒集为一册，已交中国社会科学出版社，定名为《天人集》，不日即可付印，请我为之作序。在看了随电子邮件附来的收入《天人集》中之 34 篇论文目录后，因为其中有的论文以前曾读过，有的论文所论之内容也较熟悉，所以即感到对这批论文，冠以"天人集"之名是再贴切不过了；不仅使这批论文与"天人集"名相得益彰，而且还更有深意在焉。

　　论及天、人关系，这在我国历年悠久、内容丰厚的传统文化中，是一个具有多方面深邃含意的命题。它在哲学上既赋有主体与客体之间关系的含意，也赋有人与自然环境之间关系的含意。近年来，许多研治中国传统文化与古代哲学以及历史地理学、生态学、环境史学的学者都认为中国古代的圣贤哲人有许多关于人与自然环境或生态环境关系方面的论述，特别是其中一些论述人与自然环境或生态环境应和谐相处的论述，是构成中国传统文化的重要组成部分，也是中国传统文化中的精华的重要组成部分。我曾将之概括为"天人和谐论"，力主加以传承、弘扬，以推动我国乃至全球之生态文明建设以及经济、社会的可持续发展（详见拙文《从"天人和谐"论到建设生态文明的伟大实践》，刊于《陕西师范大学学报》哲学社会科学版，第 37 卷第 4 期，2008 年 7 月）。

　　胜生教授 1986 年从潇湘灵秀之地负笈长安，考入陕西师范大学历史地理研究所，师从我国现代历史地理学前辈权威学者史念海先生，攻读历史地理学，相继获得硕士与博士学位；自那时起，他就主动自觉地既自史先生处继承了历史地理学就是研究历史时期"人与地关系的学科"（见《中国历史地理学的渊源和发展》，刊《中国史学史》1986 年第 1 期）以及治学要有用于世，并力争能为世所用的学术观点，也自我国传统文化中接受了先贤们

"究天人之际，通古今之变"（司马迁语）等积极的思想理念，并将之渗透
到撰写硕士学位论文与博士学位论文以及参加工作后之教学、研究工作中，
一以贯之，久而弥坚。可谓深得历史地理学理论之精髓，因而虽仅十多年，
却学术成果灿然可观，社会效益也日益彰显。收入《天人集》中的诸文，无
一不是从究相关问题之天人之际立论，到揭明其间人地关系之具体内涵结
题。即使像"湖广熟，天下足"这类在清代广为流传的民间谚语以及清代米
价长期波动这类世俗现象，胜生教授也能从中透视出人地关系之变化。可见
他学术目光之犀利，论述之深刻。更值得称道的是，自 1996 年以后，他将
研究的重点由之前侧重历史农业地理转向历史医学地理，仍然依循"究天人
之际"之治学理念，认定人类健康与自然环境的关系是最基本的"天人之
际"，从总结先秦两汉的医学地理学思想，到论述 2000 年来中国瘴病、地甲
病分布变迁以及疫灾的时空分布变迁规律，进而又对 2003 年爆发的"非典"
疾疫流行做出地球伦理学的思考，继之还对历史医学地理学之理论问题做出
了可贵的探讨。可以说，他以最近这 12 年时间，对历史医学地理学竭尽全
力从实证性个案研究到理论体系的初创，做出了多方面开拓性的努力。使这
一历史地理学领域又一新的分支学科，终于由萌芽、成长，而今已崭然屹立
于学术之林。他也因对于这门新兴学科有着创建之功而出任中国地理学会医
学地理专业委员会副主任，成为当今我国医学地理学，尤其是历史医学地理
学之领军人物。

　　胜生教授正是因为被引进到华中师范大学工作十多年来，教学、科研工
作成绩卓著，所以曾多次获得教育部与湖北省科技进步奖、谭其骧院士禹贡
基金奖、全国青年地理科技奖、霍英东青年教师奖、国务院特殊津贴奖励等
殊荣以及湖北省优秀教师、全国师德先进个人等荣誉称号；又被遴选出任了
中国民主促进会湖北省委员会副主委、湖北省第九届、第十届政协常委、湖
北省第三届、第四届政府咨询委员、湖北省特邀国土资源监察专员等社会职
务。他在勤奋从事教学、科研工作之际，还抽出时间，对江汉平原、对湖北
省、对长江中游地区以至对我国之可持续发展战略之制订及相关之生态环境
保护工作积极参与调研，并提供了多项决策咨询意见，其中有的被湖北省、
武汉市政府采纳，产生了积极的社会效应。述及此，我对胜生教授不禁产生
出由衷的感激之情！我本楚人，然而未及弱冠，即离开故乡江城，远赴广州
中山大学求学，继而到北京大学随侯仁之师攻读历史地理学，毕业后即分配
至陕西工作。五十年来，虽有心以自己所学知识服务乡梓，然始终未能如

愿，内心殊深为憾！今见胜生教授以卓越之学识，对江汉大地上之湿地保护、疫病防治、城镇布局、武汉城市形象塑造等诸多方面均参与擘画，做出贡献，我作为一名楚人，也深感有幸！

当前，全球气候变暖迹象日见明显，环境恶化趋势也日见加剧，加之随着人口的继续增加，各国经济无序发展，资源、环境问题也更加突显出来。说到底，仍然是人地关系未能趋于和谐。面对上述困局，唯有举世各国都一致奋起，改变思想观念，调整经济结构，改善生产模式，树立俭朴节约生活习俗，努力建立生态文明，才能使人类获得救赎，使整个地球成为全人类的宜居家园。而在这一新的历史性进程中，历史地理学因为承担着从研究历史时期人地关系及其演变历程与规律入手，从而为构建科学发展观提供历史借鉴与当前可实施方案的学科任务，因而使得当今的历史地理学家们担负起了更为重大与繁难的任务。这是历史发展的需要，也是历史赋予的机遇。在这一新的形势下，胜生教授作为一名刚步入中年的年富而又有为的历史地理学家，势必是这支学科队伍里的中坚之一。我自然深盼他在"究天人之际"与"促天人和谐"这一治学思想激励下，在历史地理学与可持续发展研究领域，不断取得新的成果，做出新的贡献！

朱士光

2008 年 10 月 21 日于陕西师范大学

目　　录

第二部分　地理学史与环境变迁研究

第三部分　中国历史医学地理学研究

图幅目录

表格目录

第 一 部 分

长江中游历史地理研究

第一篇

两湖平原城镇发展的空间过程

　　中国古代城市体系与政区体系关系密切。公元前221—公元960年，两湖平原城市等级体系与政区等级体系基本一致，或为两级，或为三级；960—1990年，集镇成为两湖平原城市体系的重要组成部分，城市等级体系由三级演变为四级。公元前221年以前，江陵作为核心城市，一枝独秀；公元前221—公元1279年，核心城市长期三足鼎立；1279—1911年，三足鼎立的核心城市格局被打破，形成了由武汉—岳阳—长沙—常德—澧县—江陵—荆门—安陆—黄州等组成的环平原串珠状核心城市格局；1911年以来，城市发展向网络均衡过渡，形成了一个以环平原核心城市为骨架，特大、大、中、小城市交错联系，中心城市和集镇在空间分布上相对均衡的城镇网络。总而言之，两千年来，两湖平原城市分布由低级均衡向高级均衡螺旋式上升发展，城市重心由西北向东南迁移；城市空间扩展呈圈层辐合型，城市空间结构为雏形的交通—市场最优原则复合型中心地体系。

（本文发表于《地理学报》1996年第6期）

一 两湖平原城镇行政等级体系的演变

1. 秦迄五代时期（公元前221—公元960年）

中国古代的城市体系与政区体系有着十分密切的关系。该时期两湖平原城市等级体系与政区等级体系基本一致，或为郡—县、州—县两级，或为州—郡—县、道—州—县、方镇—州—县三级。

秦朝（公元前221—公元前207年）推行郡县制，是我国政区体系确立的第一个朝代，当时全国拥有47郡1000余县[①]，两湖平原跨4郡8县之地[②]，江陵、长沙、黄州分别为南郡、长沙郡、衡山郡治所，是平原上最早的一级行政中心城[③]（图1-1a）。汉武帝时（公元前140—公元前87年），国土扩大，在郡级政区之上设置州级监察区，以后，"州"便演变为一级行政区。两汉时期（公元前206—公元220年）全国政区变化不大，拥有13州100余郡，两湖平原跨荆州4郡21县之地，不过并未形成统辖郡县的州城[④]，城市行政等级体系仍为郡—县两级，江陵、长沙仍为郡治，新洲（江夏郡治）则取代黄州地位成为两湖平原东北角的一级行政中心城（图1-1b）。

三国（220—280年）时，两湖平原分属吴、魏，江陵为吴荆州治所，城市行政等级体系进入州—郡—县三级。西晋重归统一，太康年间（280—289年），全国分为19州173郡，两湖平原跨荆州9郡32县之地，江陵（荆州治所）仍为一级行政中心城，长沙（长沙郡治）、常德（武陵郡治）、云梦（江夏郡治）、鄂州（武昌郡治）、公安（南平郡治）为二级行政中心城（图1-1c）。永嘉元年（307年）割荆、江（治南昌）两州地设湘州（治长沙）[⑤]，长沙成为两湖平原另

[①] 关于历史时期全国州、郡、县各级政区数，均参见史念海《中国历史地理纲要》下，山西人民出版社1992年版，第1—226页。

[②] 关于历史时期两湖平原所拥有的州、郡、县各级政区数，均参见谭其骧《中国历史地图集》第1—8册，地图出版社1982—1987年版。

[③] 本文所指两湖平原包括湖北省武汉市、汉阳市、武昌县、黄陂县、新洲县、荆沙市、荆门市、孝感市、云梦县、应城市、汉川县、嘉鱼县、蒲圻市、松滋县、公安县、石首市、监利县、洪湖市、仙桃市、天门市、潜江市、钟祥县、京山县、枝江县、当阳市等，土地面积约5.4万平方千米；湖南长沙市、长沙县、望城县、宁乡县、岳阳市、岳阳县、临湘县、汨罗市、华容县、湘阴县、常德市、津市市、安乡县、汉寿县、澧县、临澧县、桃源县、益阳市、益阳县、沅江市、南县等，土地面积约3.6万平方千米。

[④] 西汉荆州刺史部无治所，东汉荆州刺史部治武陵郡汉寿县城（今常德市东北）。

[⑤]《晋书·怀帝纪》。

一个一级行政中心城，与江陵南北呼应。东晋（317—420 年）基本仍沿西晋之旧。南朝（420—589 年）刘宋孝建元年（454 年）割荆、湘、江三州之地设郢州（治武昌）①，武昌从此得与江陵、长沙三足鼎立，此后宋（420—479 年）、齐（479—502 年）、梁（502—557 年）、陈（557—589 年）诸朝均是如此。

隋朝（581—618 年）大量裁并州郡，行政区划从州—郡—县三级回到州（郡）—县两级②，炀帝时（605—616 年）全国拥有 190 郡 1255 县，两湖平原跨 11 郡 38 县之地，江陵、长沙、武昌、新洲、常德、岳阳、钟祥、沔城为一级行政中心城。唐朝前期一级行政区为"道"，贞观元年（627 年）全国分为 10 道，开元二十一年（733 年）增至 15 道，统辖 310 多州和 1200 多县③，两湖平原跨 3 道 12 州 33 县之地，但 3 道治所均不在平原内④，城市行政等级体系仍为州—县两级，江陵（荆州治所）、长沙（潭州治所）、岳阳（岳州治所）、常德（朗州治所）、澧县（澧州治所）、沔城（复州治所）、京山（郢州治所）、安陆（安州治所）、新洲（黄州治所）、武汉（沔州和鄂州治所）为一级行政中心城（图 1–1d）。

安史之乱（755—763 年）后，唐中央集权削弱，地方势力加强，全国政区由 15 道演变为 47 藩镇，两湖平原跨荆南节度使（治江陵）、鄂岳观察使（治武昌）、湖南观察使（治长沙）、山南东道节度使（治襄阳）4 藩镇之地，城市行政等级体系演变为藩镇—州—县三级，一级行政中心城江陵、长沙、武昌再次形成三足鼎立的格局。五代十国（907—960 年）分裂时期，两湖平原系兵家必争之地，分属五代、楚、南平、吴、南唐诸国，行政区划屡有变化，但等级体系仍为节度—州—县三级，当时驻过节度使的一级行政中心城有江陵、长沙、武昌、安陆、常德，其中江陵、长沙还分别为南平和楚国的首都。

2. 宋代迄今时期（960—1990 年）

唐末五代以来，我国商品经济有了很大发展，商业活动在城内打破了坊（block）市（market）界限，在乡野形成了集市（fair）和集镇（market town）。北宋以后，集镇进一步发展，成为区域城市体系的重要组成部分，两湖平原城市的行政等级体系也因此从以前的二、三级演变为四级。

---

① 《宋书·州郡志》。
② 583 年废郡为州—县两级，607 年废州为郡—县两级。
③ 《旧唐书·地理志》。
④ 山南东道治襄樊，江南西道治南昌，淮南道治扬州。

宋代（960—1279 年）一级政区为"路"，元丰年间（1078—1085 年）全国 23 路，统辖 300 多个州级政区，两湖平原跨 4 路 12 州 40 县之地。江陵（荆湖北路治所）、长沙（荆湖南路治所）为一级行政中心城，常德（鼎州治所）、岳阳（岳州治所）、武汉（汉阳军和鄂州治所）、澧县（澧州治所）、黄州（黄州治所）、荆门（荆门军治所）、钟祥（郢州治所）、天门（复州治所）、安陆（安州治所）为二级行政中心城，它们与县城、集镇构成了路—州—县—镇四级行政等级体系（图 1-1e）。

元代（1271—1368 年）一级行政区为"省"，"路"降为二级政区，全国共 12 个省级政区，两湖平原分属湖广行省（治武昌）和河南江北行省（治开封），武昌为唯一的一级行政中心城①。明代（1368—1644 年）全国共 15 个省级政区，两湖平原为湖广布政司辖地，武昌仍是唯一的一级行政中心城。清代（1644—1911 年）一级政区仍为省，二级政区为府和直隶州、厅，清初全国共 18 省，清末因设新疆、台湾、东北三省增至 23 省，约辖 350 多个二级政区 1700 多个县。两湖平原自康熙三年（1664 年）湖广布政司分为湖北、湖南两省以后，跨 2 省 11 府州 41 县之地，湖北省会武昌和湖南省会长沙同为一级行政中心城，与宋代相比，除一级行政中心城武昌取代江陵外，其余中心城变化极微（图 1-1f）。

辛亥革命后，我国行政制度发生重大变化。1913 年废府、厅、州诸名，设省级特别区，以省与特别区直接统县，不久又因省区辖县太多设二级政区"道"。1927 年开始设市，包括隶属于省政府的县级市和隶属于行政院的直辖市。1928 年，废道，改特别区为省。1947 年开始设立少数民族自治区。到 1949 年新中国成立前夕，全国共有 33 省 12 直辖市 1 自治区②，两湖平原为湖北、湖南两省及武汉市辖地。建国后，调整了原来的省级区划，增设了地级政区，形成了省—地—县—镇四级城市行政等级体系。1991 年底，全国有省级政区 31 个，地级政区 338 个，县级政区 2183 个③，两湖平原跨 2 省 10 地 46 县之地④，与清中叶的情形差相仿佛（图 1-1g）。

---

① 1271 年元朝建立，1274 年攻占湖北，设荆湖行省，治武昌；1275 年攻占湖南，合称荆南行省，治长沙；1277 年攻占广西等地，合称湖广行省；1279 年南宋灭亡，1281 年将湖广省会从长沙迁至武昌。

② 顾颉刚、史念海：《中国疆域沿革史》，商务印书馆 1938 年版，第 304—310 页；马正林：《中国历史地理简论》，陕西人民出版社 1987 年版，第 202—203 页。

③ 未包括台湾省县数在内。

④ 《中华人民共和国分省地图集》，中国地图出版社 1992 年版，第 73—80 页。

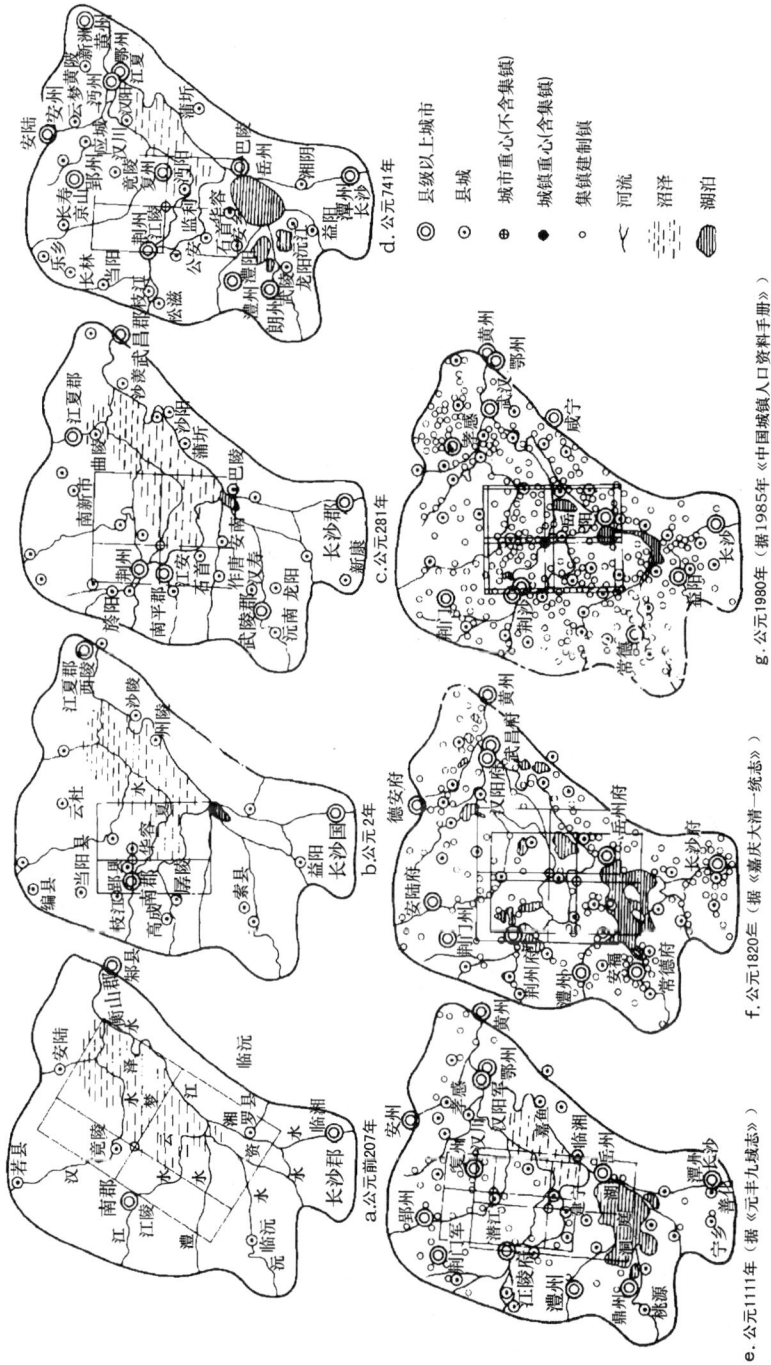

图1-1　两湖平原城镇分布历史变迁图

二 两湖平原城镇发展的阶段特征

1. 江陵为首位城市阶段——先秦至宋

（1）先秦江陵极化阶段（公元前221年以前）。史前时期，两湖平原大部分为湖沼湿地，人类活动局限于平原外缘。到春秋战国时期，经过楚人开发，平原外缘形成了许多聚落。据文献记载，今钟祥、荆门、江陵、常德、长沙、黄州、安陆附近均有城邑分布，其中江陵纪南城是楚国近四百年的首都，考古发掘城区面积16平方千米，估计人口达20—30万，远远超出周围其他城市，如当阳季家湖楚城与宜城楚皇城人口约3万，云梦楚王城与黄州汝王城人口约1.2万[①]，以此推算，其首位度在10左右，显然是两湖平原区域发展的极核。

（2）秦宋多核聚散阶段（公元前221—1279年）。秦朝统一后，在两湖平原外缘原有重要聚落上设置了郡县，形成了江陵、长沙、黄州3个一级中心城，城市发展开始从单核极化阶段进入多核聚散阶段，主要特点是中心城市发展迅速，聚散作用十分明显。如图1-1a至图1-1e所示，2年较公元前207年两湖平原新增城市13个，平均每百年增加6.2个；281年较2年新增城市13个[②]，平均每百年增加4.7个，其中县级以上城市新增3个，平均每百年增加1.1个；741年较281年新增城市12个[③]，平均每百年增加2.6个，其中县级以上城市新增5个，平均每百年增加1.1个；1111年较741年新增城市9个[④]，平均每百年增加2.0个，其中县级以上城市新增1个，平均每百年增加0.3个。经过该时期一千三百年的聚散演变，两湖平原上县级城市总数达40个，统县城市达12个，基本奠定了现代两湖平原中心城市的空间格局。

该阶段的另一个特点是核心城市长期三足鼎立，秦代为江陵、长沙、黄

---

① 陈钧、张元俊、方辉亚等：《湖北农业开发史》，中国文史出版社1992年版，第20页。

② 新增城市有巴陵、蒲圻、沅南、龙阳、新康、江安、石首、安南、作唐、南新市、旍阳、曲陵、沙阳等，其间又有城市废弃，故城市总数仅增加11个。

③ 新增城市有黄陂、汉阳、汉川、应城、沔阳、监利、松滋、沅江、湘阴、澧阳、长寿、长林等，但其间又有城市废弃，故城市总数仅增加1个。

④ 新增城市有孝感、嘉鱼、咸宁、临湘、建宁、桃源、宁乡、潜江、善化等，除废弃之富水、乐乡和善化与长沙等城外，实新增城市6个。

州，西汉为江陵、长沙、新洲，南朝至宋为江陵、长沙、武昌①。但在这些城市中，江陵最重要，是该时期两湖平原乃至长江中游的首位城市，它秉承先秦楚郢都而来，又先后做过后梁（555—587年）、唐代、南平（924—963年）的首都或陪都，早在秦汉时，因"西通巫巴，东有云梦之饶"，就已成为长江中游地区的核心城市②；两晋南朝则与扬州、成都并列为长江流域三大城市，史称"江左大镇，莫过荆（江陵）扬（扬州）"③；唐代更是登峰造极，户口百万④，"置尹视京（长安）河（洛阳），置使视扬（扬州）益（成都）"，为全国五大城市之一⑤；宋代较唐虽然逊色，但仍有"国南巨镇"之称⑥。相比之下，长沙、武昌都有所不及，它们赶上江陵，主要是唐末以后的事。具体说来，长沙五代为楚国（907—951年）首都时大约可以与江陵相提并论，宋代为长沙、善化二县附郭城而被称为"湘岭要剧"后才与江陵不相上下⑦。武昌在唐末大致也可以与江陵相提并论了，当时因设置观察使致人口猛增而"号为东南巨镇，与江陵会府相侔"⑧，南宋建都杭州后，湖北成为抗金、抗元的战争前线，武昌的城市地位迅速提高，城市规模迅速扩大⑨。不过，直到南宋（1127—1279年）结束，武昌的城市规模仍未能超过江陵，江陵依然是两湖平原的首位城市，如成书于1267年的南宋地理总志《方舆胜览》卷27称江陵"控引吴蜀财赋之所委输，由中兴百余载以来最为重镇"，而卷28称武昌不过是"舟车辐辏，商贾之往来；貔虎云屯，军民之杂处"。很显然，武昌的城市地位和规模仍在江陵之下，因而荆湖北路治所仍置于江陵。

---

① 武昌自南朝刘宋时至五代十国均为一级行政中心城，两宋中仅为二级政区鄂州治所，但也做过荆湖北路、荆湖东路、鄂岳制置使、江南鄂州路安抚使的治所，实际地位和江陵、长沙相侔。见《宋史·地理志》。

② 《史记·货殖列传》。

③ 《南齐书·州郡志》。

④ （唐）元稹《遣兴》诗有"城中百万家"之句，（宋）司马光《资治通鉴》乾符五年（卷253）亦称"城下旧三十万户"。估计最盛时人口超过100万。

⑤ （唐）皇甫湜：《荆南节度判官厅壁记》。

⑥ 《宋史·地理志》。

⑦ 同上。

⑧ （唐）舒元舆：《鄂政纪》。

⑨ （宋）郑清之《江汉亭百韵》描述其规模有"炊烟接空翠，下列十万户"之句。（宋）戴复古《鄂州南楼》亦云"江渚鳞差十万家，淮楚荆湖一都会"。

2. 武汉为首位城市阶段——元代以来

（1）元明清以扩散作用为主阶段（1279—1911 年）。该阶段两湖平原中心城市发展主要是内部规模的扩大，空间分布则几乎一成不变，如图 1－1e 和图 1－1f 所示，七百年来两湖平原县级中心城市仅增加 1 个①，县级以上中心城市反减少了 1 个；只是集镇有了很大发展，从 1111 年的 60 多个发展到 1820 年的 140 多个，平均不到 10 年即增加 1 个。集镇的发展对两湖平原区域发展具有十分深远的意义。七百年来，在区域人流、物流、信息流不断增长的情况下，如果没有众多集镇和中心城市一起共同维系着区域内外的经济联系，区域中心城市是绝对不可能稳定不变的。

该阶段两湖平原首位城市易位。如前所述，武昌的城市规模约自唐末以来逐渐扩大。江陵则正好相反。北宋时江陵城虽仍有 10 万户之多，但两宋之际，宋金战争曾使它衰退到"几无人迹"的地步；南宋时江陵城虽仍保持着两湖平原首位城市和一级行政中心城市的地位，但也始终没有恢复到北宋时的人口规模，宋末元初之间的战乱更使它几乎成为一片废墟②。元代以后，两湖平原交通格局又发生了重大变化。在元代以前，江陵经襄阳北上的水陆交通是沟通黄河流域与长江中游及岭南地区的主要纽带，江陵因而成为长江中游重镇③；而元代以后，北京经武汉、长沙至广州的驿道成为全国交通网的纵向中轴，长江也由于我国西南地区的开发以致水运交通作用加强而成为全国交通网的横向中轴，武昌因处于这两条交通中轴的交会处，城市地位进一步提高，所以元代将湖广省会设在武昌④，江陵则降为二级行政中心城，从此，武昌取代江陵地位成为两湖平原和长江中游的首位城市。明代湖广布政司⑤仍以武昌为省会。清代湖广分省后，长沙也成为省会，不过不能与武昌媲美，武昌在政治、经济诸多方面仍对长沙具有统制作用（统辖湖北、湖南两省的最高权力机关"湖广总督"驻在武昌），更为重要的是，随着长江、汉水经济纽带作用的加强，武昌与汉阳、汉口逐渐融为一体形成了更大规模的武汉城，清雍正年间（1723—1736 年）仅汉口一镇就已是"烟火百

---

① 实增城市有安福（今临澧）、南县，但南县公元 1891 年才形成，图 1－1f 上反映不出来。

② 《宋史·食货志》。

③ 《方舆胜览》卷 27《湖北路·江陵府形胜》。

④ 元代湖广行省包括今湖南、湖北、广东、广西、贵州等省之地。

⑤ 明代湖广布政司疆域较元代大为缩小，基本上即现代湖北、湖南两省范围。

万户，绵亘数十里"的繁华都市了①。

该阶段两湖平原三足鼎立的核心城市格局也被打破，形成了一个由武汉—岳阳—长沙—常德—澧县—江陵—荆门—安陆—黄州等城市组成的环平原串珠状核心城市格局。元代是中国古代城市市政建制发展完善的时期，当时全国有120余个建制城市，集中分布于长江中下游和华北地区②，其中两湖平原有武昌、岳阳、长沙、常德、澧县、江陵、黄州等③，荆门、钟祥、安陆未包括在内，主要是宋金战争所致，明代以后，它们也都发展起来了，如钟祥明代因系皇族居地升为承天府，所辖县区可比省会武昌、长沙。

（2）近现代网络均衡过渡阶段（1911年至今）。清末以来，两湖平原城镇发展随着现代化交通网络的形成与发展逐渐向网络均衡阶段过渡，目前初步形成了一个以环平原核心城市为骨架，特大、大、中、小城市交错联系的城镇网络。在这个网络中，中心城市和集镇在空间分布上都达到相对均衡，武汉仍是两湖平原和长江中游地区的首位城市④。

该阶段两湖平原城市发展表现出较强的扩散作用和极化作用。由于扩散作用，不仅涌现出大量集镇，而且形成了卫星城市，如图1-1g所示，20世纪80年代中期两湖平原集镇达360余个，较19世纪20年代增加了220个，平均不到1年就增加1个；此外，核心城市附近原来一些重要集镇被升格为中心城市并成为它们各自的卫星城，如武昌县城从武汉市区迁至纸坊镇，汉阳县城从武汉市区迁至蔡甸镇，岳阳县城从岳阳市区迁至荣家湾镇，益阳县城从益阳市区迁至赫山镇，望城县城（原善化县）从长沙市区迁至高塘岭镇等等，20世纪80年代较19世纪20年代两湖平原增加的中心城市几乎全是这种卫星城。由于极化作用，也形成了新的地级中心城（益阳、咸宁、孝感、沙市）和县级中心城市（津市），进一步完善了中心城市格局，使串珠状的核心城市格局更趋均衡与稳定。

---

① 清湖北武汉等处提刑按察使王肃章奏折，雍正六年九月初八。

② 韩光辉：《元代中国的建制城市》，载《地理学报》1995年第50卷第4期。

③ 《元史·地理志》，《元一统志》。

④ 1911年后武昌仍为湖北省会；此外，1926年汉口设市，1937年武昌设市，1949年武昌、汉口、汉阳三镇合并成立武汉市，并直属中央，为当时全国12个直辖市之一，直到1954年武汉市才划归湖北省管辖。

三 两湖平原城镇空间分布的演变

1. 分布类型与分布重心的变化

（1）分布类型——从低级均衡向高级均衡发展。城市发展在空间分布上往往表现为非均衡与均衡交替进行，旧的均衡被打破，同时又孕育着新的均衡，周而复始，螺旋形上升。两千多年来，两湖平原城市分布经历了三次这样的均衡。

第一次均衡约形成于公元前200年的秦末。城市分布类型可用最近邻点指数及其统计检验来确定[1]。两湖平原秦末城市分布的最近邻点指数为1.8（表1-1），在0.01显著水平下为均衡分布。这是最低级的均衡分布，区域内城市稀疏，每100平方千米不足0.01个[2]；分布离散，特别是3个一级政区中心城呈三角形分布（图1-1a）。此次均衡形成之前，经历了先秦漫长的非均衡发展——江陵极化阶段。

表1-1   **两湖平原中心城市空间分布测度表**

年代	最近邻点间平均距离（千米）	随机分布时平均距离（千米）	最近邻点指数	双边检验概率
秦代（公元前207年）	95.5	53.0	1.8	0.000
西汉（公元2年）	43.5	34.4	1.3	0.028
西晋（公元281年）	32.0	27.4	1.2	0.072
唐代（公元741年）	30.8	26.9	1.1	0.012
北宋（公元1111年）	29.9	25.0	1.2	0.021

第二次均衡约形成于960年后的宋初。表1-1显示，西汉至宋两湖平原城市分布的最近邻点指数均在1.1—1.3之间，在0.1显著水平下表现为随机型分布，只有唐宋接近平均型分布。由于最近邻点分析只能表明统计的随机性，而无法证明其分布肯定是随机分布[3]，因此，对西汉迄宋的城市分布类型还必须援用其他空间测度来判定。这里不妨利用中项中心的离散程度来判断。图1-1给出了两湖平原秦朝以来城市分布的中项中心及其与四分之一中心构

---

① 张超、张长平、杨伟民：《计量地理学》，高等教育出版社1983年版，第293页。

② 两湖平原土地面积约9万平方千米。

③ 张超、张长平、杨伟民：《计量地理学》，高等教育出版社1983年版，第293页。

成的矩形，不难看出，西汉、西晋的城市分布明显为非均衡分布，而且是分布于河流沿岸并在首位城市江陵附近形成集聚；至唐宋集聚现象消失，中项中心与四分之一中心构成的四个矩形面积基本相等（图1-1d，1-1e），结合最近邻点分析结果与城市发展阶段特征，可以肯定两湖平原的城市分布在741—1111年间再次达到均衡，取其中值当在930年前后，但此时正值五代战乱之际，城市变动性较大，因而实际达到均衡分布的时间约在全国获得统一和安定的北宋初年，即960年。这是较高级的均衡分布，是所有中心城市经过非均衡发展达到的动态均衡，其时城市密度为每百平方千米0.04个。

第三次均衡约形成于20世纪80年代。北宋以来，由于农村集镇的形成，两湖平原城市分布的第二次均衡被打破，从而进入一个新的非均衡阶段，在中心城市周围形成了集镇的集聚，如北宋的荆门、钟祥、京山、潜江、江陵，清代的长沙、常德、岳阳、武汉等。经过北宋以来集镇的非均衡发展，在扩散作用下，到20世纪80年代，两湖平原城市分布又达到新的均衡。这是更高级的均衡分布，包括所有中心城市和集镇的均衡，表现在图1-1g上就是中心城市的四分之一矩形面积和所有城镇的四分之一矩形面积基本重合，而且各自的四个小矩形面积基本相等，这时城市密度为每百平方千米0.4个。

由上可知，两湖平原城市分布从较低均衡到较高均衡的周期在一千年左右，最初是高级中心城市（县级以上）的均衡，然后是高级和一般中心城市（县级）的均衡，再次是所有中心城市和建制镇的均衡。可以预想，下一次均衡将是高级中心城市、一般中心城市、建制镇、建制村四者的共同均衡。

（2）分布重心——西北向东南迁移。分布重心是测度城市空间分布的一项重要指标，一般情况下可用中项中心表示。图1-1给出了两湖平原秦代以来的城市重心和北宋以来的城镇重心，图上显示，无论是城市重心还是城镇重心，都是由西北向东南迁移，而且表现出与其分布类型演变一致的周期性，如从秦末到唐末，两湖平原中心城市分布从非均衡达到均衡，其城市重心从潜江附近迁移至监利附近；从北宋到现代，两湖平原城镇分布从非均衡达到均衡，其城镇重心也从潜江附近迁至监利附近，并与不含集镇在内的城市重心基本重合。为什么两湖平原城市分布达到均衡时其分布重心稳定在监利附近呢？很可能是因为监利接近两湖平原的几何中心，因为区域城市分布达到均衡时，区域便类似一个均质的平面，城市分布重心这时也就等于平面的几何中心。因此，区域城市（镇）分布重心最终总是趋近域面的几何中心，这或许是城市空间分布发展的一条规律。

两湖平原城市分布重心由西北向东南的变迁，蕴涵了丰富的经济信息，不仅反映了两湖平原区域开发的时空差异，也反映了其城镇发展的总体趋势。造成这种变迁的原因，主要是两湖平原区位条件的转变。南宋以前，我国政治中心在长安、洛阳、开封，平原西北部区位条件相对优越并较早得到开发，因而城市化水平较高，如唐代江陵北至乐乡的驿道沿线便是"墟聚凡数十"①，北宋时更成为集镇密集带；南宋以后，政治中心迁至杭州、南京、北京，西南云贵、广西与中央的联系加强，平原东南部区位重要性提高，因而元代不仅首位城市由武昌取代了江陵，甚至建制城市也几乎全分布于平原东南，清代更在这些城市周围形成集镇的密聚。

2. 城市空间发展模式

（1）圈层辐合模式。图1-2是两湖平原城市圈层扩展示意图。它是根据图1-1各时期新增中心城市的空间分布绘成的，图中忽略了那些设置不稳定的城市。如图所示，从外往里，第一圈为公元前207年前形成的城市圈，第二圈为公元2年前形成的城市圈，第三圈为公元281年前形成的城市圈，第四圈为公元1111年前形成的城市圈，第五圈为新近才形成的城市圈，越往平原腹心地区，城市形成的时代越晚，越往平原外缘地区，城市形成的时代越早。不但如此，平原外缘还是两千多年来高级中心城市汇聚的地带，如果将外缘城市江陵—公安—澧县—常德—益阳—长沙—汨罗—岳阳—临湘—蒲圻—咸宁—武汉—邾县（黄州）—新洲—孝感—云梦—安陆—京山—郢县（今钟祥北）—荆门等连成一线，我们会发现，从古到今，两湖平原的地级以上中心城市几乎全分布在这一线上，而平原腹心则只有沔阳、天门在南朝宋元之间断断续续地做过地级中心城。其实，中心城市外，集镇的空间扩散也有类似的轨迹，如北宋迄清的近一千年里，两湖平原集镇主要分布于平原外缘中心城市周围，而腹心地区的集镇却寥若晨星，直到20世纪80年代才达到相对均衡，而且尽管如此，现代升格为中心城市的集镇（沙市、津市、赫山镇、荣家湾镇、纸坊镇、蔡甸镇）仍全部分布在平原外缘。两湖平原城市空间发展为什么会有如此差异呢？关键在于平原腹心与平原外缘具有不同的空间相互作用特质。丘陵与平原是两个物质、能量、结构、功能诸体系均不同的地理单元，两者之间具有强烈的空间相互作用②。两湖平原外缘

---

① 《新唐书·李皋传》。

② 徐樵利、谭传凤、余刚鹏等：《山地地理系统综论》，华中师范大学出版社1994年版，第333—335页。

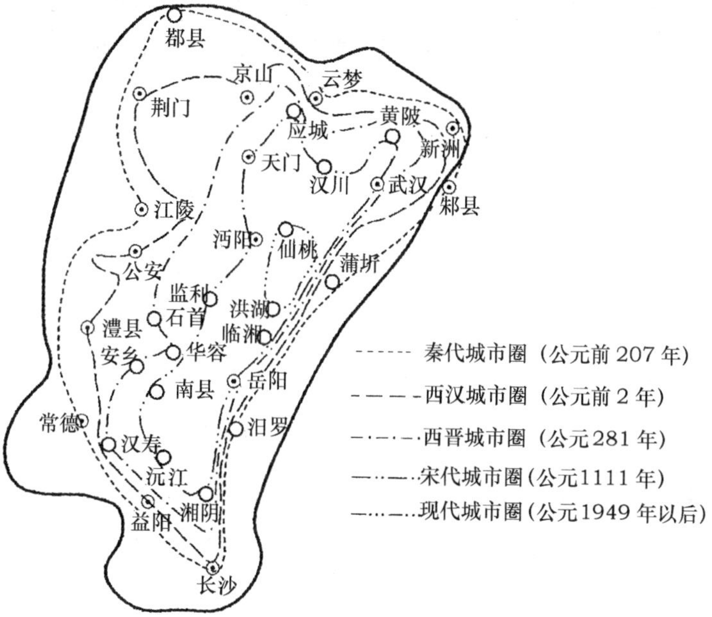

图 1-2　两湖平原城市圈层扩展图

处于该平原与丘陵的交错带，是丘陵与平原物质、能量、信息交换的中间站与桥头堡，具有强烈的界面效应或边缘效应，因而易于形成人口、经济活动的空间集聚，易于形成水陆交通网络，易于形成多样化的商品交易场所，从而获得空间增长过程中的早期发展优势，形成最早的聚落带和城市圈，并且随着边缘效应的不断加强，城市地位不断提高，城市规模不断扩大。相比之下，越往平原腹心，边缘效应越弱，并最终趋向于零，因而区域开发越来越晚，城市形成越来越迟，并且由于经济活动单一（耕渔业）和洪涝水患频繁的影响，难以形成人口、经济活动的空间集聚，区际的物质、能量、信息交换也受到阻碍，从而难以形成与外缘中心城市媲美的高级中心城市，甚至还可能中断发展（城市废弃）或趋向衰落（如沔阳在南朝至元代均为地级中心城市，但明代以后由于围湖造田导致的水患灾害使它失去了地级行政中心的地位）。

　　还应指出，人是经济社会发展的动力，两湖平原城市发展的这种空间轨迹也充分反映出两湖平原的区域开发过程是人与大自然从易到难的斗争过程。图 1-2 中两个城市圈之间的连续区域，大致反映了两个年代之间主要开发的区域和聚落形成带，如图所示，同一时间内西北侧圈层间距明显大于东南侧，说明从平原西北向平原腹心拓展的速度远大于从平原东南向平原腹心拓展的速度。这种开发差异导致了两湖平原城镇重心由西北向东南的迁移和古云梦泽水体的东移与萎缩。现在江汉平原的大型湖泊洪湖是古云梦泽主体的残存，形成于明清时期[1]，因此，洪湖周围地区是两湖平原开发最晚的地区，洪湖市也因此成为两湖平原形成最晚的城市[2]。

（2）准交通—市场复合中心地模式。交通条件对两湖平原城镇空间发展有着极其重要的意义。在人类历史早期，由于开辟陆上交通相当困难，人类主要利用天然河流进行交往与联系，因此，两湖平原早期的城市全部分布在主要河流从山地丘陵向平原过渡的交界处，即边缘效应特别强烈的河港（图1－1a）；以后，随着生产力的进步和区域空间联系的加强，人们在这些河港城市之间逐渐开辟了直捷的陆上交通，不仅促进了原有河港城市的发展，而且在水陆交汇处形成了新的城市（如江陵至常德间澧水边的澧县，常德至长沙间资水边的益阳，长沙到黄州间长江边的岳阳、武汉等），以后，交通进一步发展并形成网络，在这个网络中次一级的水陆交汇处又形成新的城市（如襄樊至江陵间的荆门，长沙至益阳间的宁乡，岳阳至武汉间的咸宁等）；再以后，交通网络进一步完善，又在更次一级的水陆交汇点和陆路中间点形成城市和集镇；一直到近现代快速的现代化陆上运输方式（汽车、火车）出现以后，陆上交通才对两湖平原的城市发展产生重大影响，如吸引个别沿河城市到陆路上来[3]。

由于城市分布和陆路交通具有历史继承性，至今两湖平原的绝大多数城市仍沿江河分布，其中江、汉、湘、沅、澧、资诸河沿岸即占70%以上。集镇分布也是如此，历代正史地理志和唐宋以后地理总志对两湖平原重要城镇的交通条件多所描述，兹仅举《大清一统志》所载数例以说明。其言黄陂团潭镇"有水可容舟楫，商贾云集"，孝感杨店"当往来孔道，最为繁盛"，潜江兴隆镇"为水陆要冲"，湘阴新市镇"为水陆通衢"，如此等等，不一而足。

两湖平原是一块比较"均质"的平原，由于交通条件对其城市形成具有重大作用，其城市空间结构基本符合交通最优（K＝4）中心地模式，表现在图1－3上，就是两个高级（地级）中心城之间有交通线相连，连线中点

---

[1] 中国科学院自然地理编委会：《中国自然地理·历史自然地理》，科学出版社1982年版，第93页。

[2] 洪湖城本为明代后期兴起来的新堤镇，1951年置县。

[3] 临湘994年置县于长江边的陆城，1936年迁至今地。

处几乎都有一个次一级（县级）中心城，4个县级地区单位组成1个地级地区单位。这是两湖平原最基本的城市空间结构模式。不过，由于平原外缘地级中心城对平原腹心地区具有强烈的市场吸引力，其城市结构在更大空间上

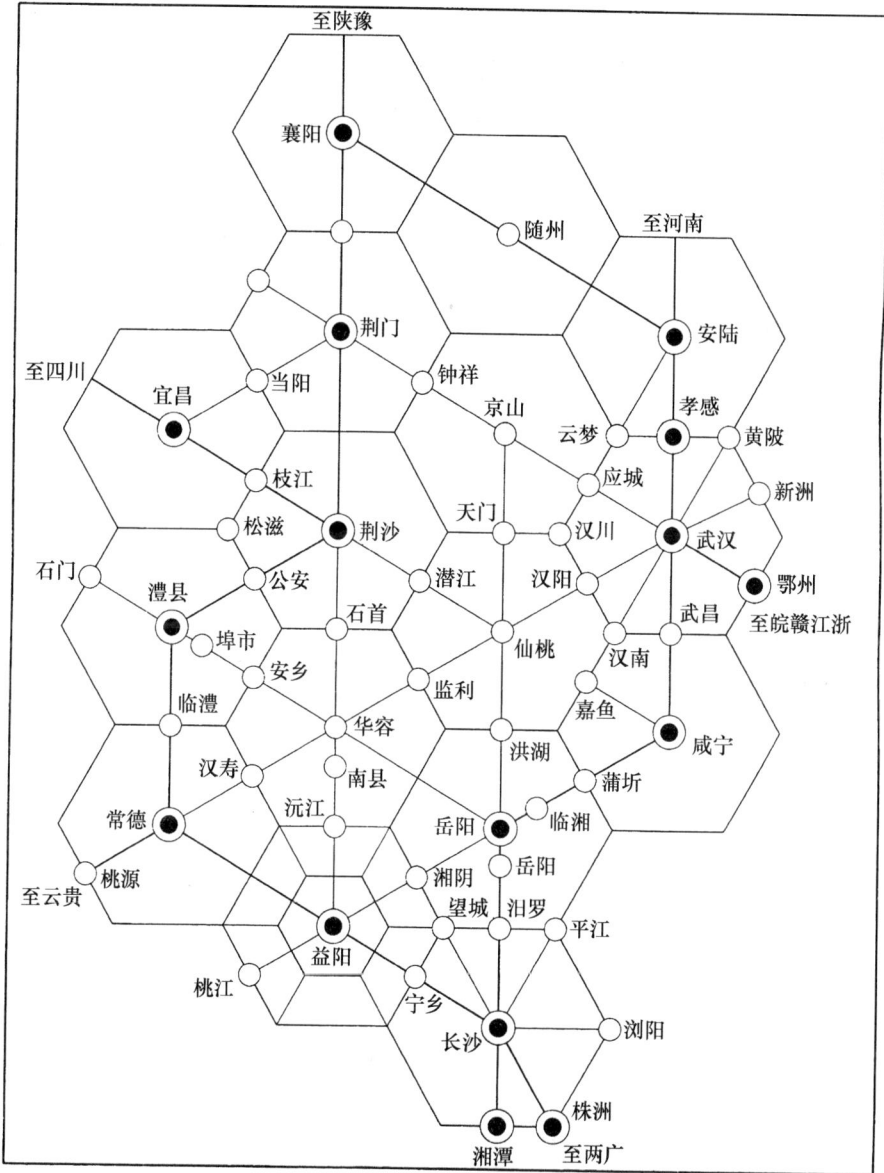

图1-3 两湖平原城市空间结构图

又具有市场最优（K＝3）中心地模式的雏形，表现在图1－3上，就是3个地级地区单位组成1个更高级的地区单位，2个地级中心城之间都有交通线相连，如以华容为中心，江陵、澧县、常德、益阳、仙桃为顶点的正六边形正好构成一个完整的市场区块，不过，华容并不是该区块真正的市场中心，而只是上述外缘地级中心城市的市场区块的交叉点（图中仙桃的情况与华容类似），真正的最大市场中心仍是外缘地级中心城市。因此，两湖平原外缘地级中心城市兼具行政中心、交通中心、市场中心的职能，在两湖平原城市空间结构中起着极其重要的骨架作用。

第二篇

湘阴县氏族移民地理研究

　　人口迁移是历史时期区域人地关系演变的最直接的动力。通过对 121—1375 年间湘阴县外来氏族移民过程与空间分布的分析，发现：他们无论是直接迁入还是辗转迁入，绝大多数都是为了土地和生存而来；67.2% 的氏族祖籍江西，地缘上的亲和力和血缘上的凝聚力导致了氏族移民来源地的邻近性和入居地的集聚性；69.6% 的外来氏族在明代迁入，后唐同光年间，元末明初，明末清初为三个氏族移民高峰期；不同时期有着不同的氏族移民来源地，不同时期的氏族移民入居到不同的地理空间。随着时间的推移，湘阴县氏族移民入居地从丘陵平原向河湖滩地拓展的演变，反映了湘阴县域乃至整个洞庭湖区从丘陵到平原再到湖区的区域开发过程。

（本文发表于《地理研究》2006 年第 6 期）

人口迁移对空间相互作用①、城市化②和区域经济格局的变化③都有着十分重要的影响。没有了人口的迁移，也就没有了人与自然关系的改变，从这种意义上讲，历史人口迁移是历史时期区域人地关系演变的最直接动力。正如著名历史地理学家葛剑雄先生所说："中国的历史是同中国人口的迁移史同时开始的"④，"可以毫不夸张地说，离开了移民史就没有一部完整的中国史"⑤。在中国历史上，氏族是人口迁移中的一个特殊单元，氏族人口在空间上的流动和区域内的融合，是人口地理、区域开发、民俗方言等领域的重要研究内容。

关于湖南氏族移民的研究，早在 1933 年，谭其骧先生就利用地方志中的氏族资料对湖南人的由来进行了分析，主要结论有二：空间上，湖南人来自天下，江、浙、皖、闽、赣东方之人居其什九，江西一省又居东方之什九，而庐陵一道、南昌一府又居江西之什九；时间上，湖南人来自历代，五代至明居其什九，元明又居此诸代之什九，而元末明初又居元明之什九⑥。1990 年，谭其骧先生的博士生曹树基先生利用更多地方志中的氏族资料对湖南人的由来进行了进一步的论证，其主要结论也有二：空间上，湖南移民氏族中的 60%—64% 来自江西，12%—15% 来自广东，各有 5%—7% 来自苏闽，其余寥寥；时间上，湖南移民氏族中，2%—6% 迁自宋代以前，13%—17% 迁自宋代，8%—12% 迁自元代，31%—34% 迁自明初，13%—17% 迁自明中后期，22%—26% 迁自清代⑦。1995 年，张国雄先生利用 472 种族谱资料及其他史料对明清时期两湖地区的氏族移民做了更为详尽的分析，指出今存 530 个两湖氏族中，487 族（92%）为外来氏族，其中 404 族（76%）来自江西；鉴于谭、曹两位对湖南人由来的研究已经相当深入，但并没有对湖南外来氏族的来源空间进行分析，仅就其迁入时间做了说明，指出湖南外来氏族中，10.4% 迁自唐五代，27% 迁自宋代，17% 迁自元代，45.3% 迁自明代，0.3% 迁自清代⑧。应该说，上述三位先生利用氏族资料进行湖南地

① 王铮：《人口扩散与空间相互作用的关系》，载《地理研究》1991 年第 1 期。
② 蔡建明：《中国省级人口迁移及其对城市化的影响》，载《地理研究》1990 年第 2 期。
③ 陆玉麒：《人口移动与区域经济格局变动》，载《地理研究》1990 年第 1 期。
④ 葛剑雄：《中国移民史发凡》，载《历史地理》1990 年第 9 辑。
⑤ 葛剑雄：《中国移民史》第 1 卷，福建人民出版社 1997 年版，第 75、29 页。
⑥ 谭其骧：《湖南人由来考》，载《长水集》上，人民出版社 1987 年版。
⑦ 曹树基：《湖南人由来新考》，载《历史地理》1990 年第 9 辑。
⑧ 张国雄：《明清时期的两湖移民》，陕西人民出版社 1995 年版，第 5、30、35、16 页。

区的移民历史研究，在区域性移民史研究中具有重要的示范作用，而且，他们所取得的湖南人主要来自江西和主要迁自明代的结论，对明末清初出现的"江西填湖广，湖广填四川"①之谣也是一个强有力的注解。不过，他们对氏族移民的研究都是以省域为空间单元的，探讨的是整个湖南的情况，这就不可避免地掩盖了微观地理因素对外来氏族选择入居地的影响，从而也就难以详细而具体地说明历史人口迁移与区域人地关系演变的规律关系。

令人欣慰的是，清末著名学者、外交家郭嵩焘纂修的、光绪六年刊刻的光绪《湘阴县图志》对全县氏族的来源地与入居地做了详细的记载，使我们能够在乡一级的空间尺度上分析氏族移民的时空过程，从而揭示区域开发的趋势性规律。因此，本文试根据光绪《湘阴县图志》所载氏族，以清代湘阴县域为研究范围，对 121—1735 年间湘阴县外来氏族的来源地与入居地进行时空分析，希望通过其人口迁移与空间开发过程关系的揭示，能在移民地理的理论和方法上有所突破，并为明末清初"江西填湖广"之谣提供具体证据。

一　湘阴县政区沿革与地理特点

湘阴县位于湖南省东北，其境西邻益阳、沅江，北连巴陵（今岳阳市）、洞庭，南接长沙，东界平江，湘江纵贯南北，"楼船伏波，诸人罔不取经于此"，"襟山带湖，地当越广之冲"②，自古就是交通要冲。湘阴设县始于刘宋元徽二年（474 年），此后，湘阴县名一直沿用至今。清代湘阴县境：绌于西南而赢于东北③，统辖 4 乡 29 局，大体包括今湘阴、汨罗两市（图 2−1）。本文所言湘阴，均指清代湘阴县境。

湘阴县濒临洞庭，地势低洼，每当夏秋水涨，往往洪水漫溢，故有"湘阴泽国"④之称。县域内部，地理条件存在东西差异和南北差异。大抵以湘江为界，东部地势较高，多山岭丘冈；西部地势低下，港汊纷歧。县志称

---

① 魏源：《湖广水利论》，载《魏源集》上，中华书局 1976 年版。
② 道光《湘阴县志》卷 5《形势志》，道光四年（1820）刻本。
③ 光绪《湘阴县图志》卷 4《赋役志》，光绪六年（1880）刻本。
④ 光绪《湘阴县图志》卷 22《水利志》，光绪六年（1880）刻本。

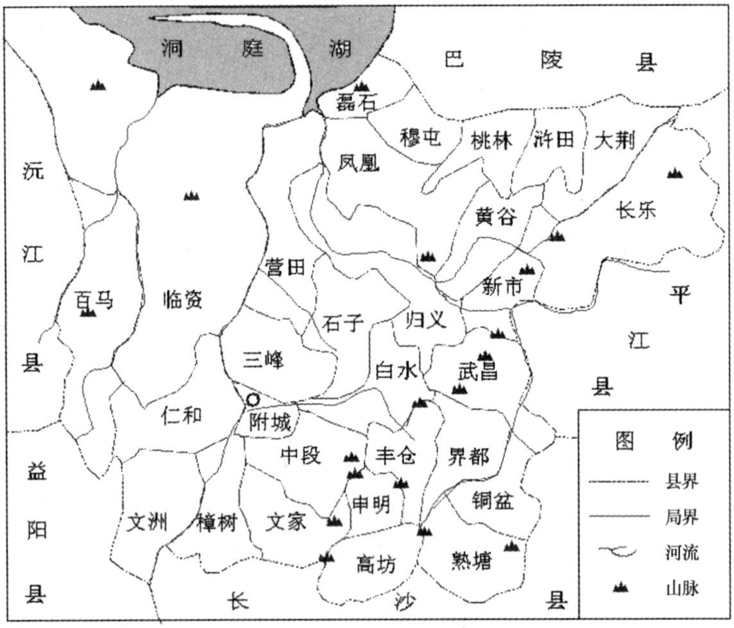

图 2-1 清代湘阴县政区图（据光绪《湘阴县图志》）

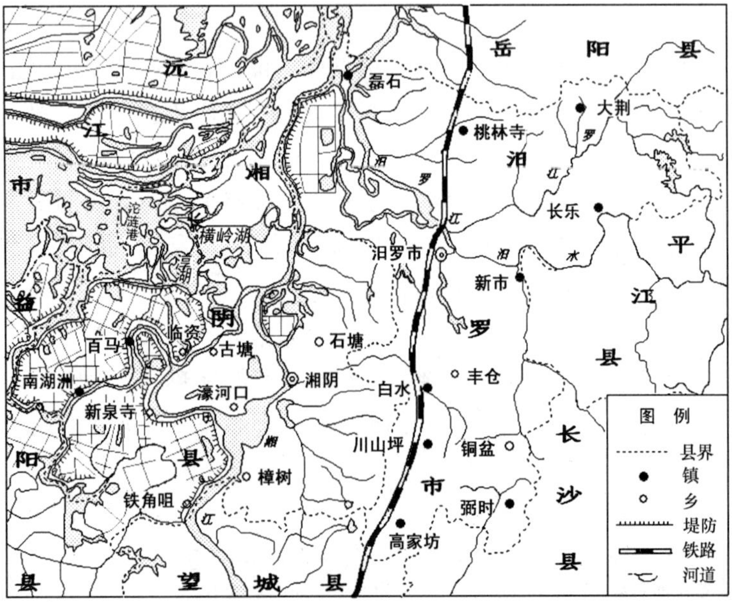

图 2-2 现代湘阴汨罗政区图（据《湖南省地图册》，1987 年）

"崇峦巨嶂，皆在县东"，而"湘水以西无高山"①，从而形成了"山寨峙其东，堤防障其西"②的景观差异和"计里均赋，西乡百数十里之地，仅及（东乡）一里之半"③的经济差异。在湘江以东地区，东南部无湖浸之害，接壤长沙，交通方便，土地肥沃，县志称"大抵东、南两乡民俗纯实，土田饶沃，而东乡殷实之户尤多"；东北部虽然也是膏田沃壤，但"山益峻，地益远"④，自然条件稍逊一筹。在湘江以西地区，西北部濒临洞庭湖，水患频繁，人烟稀少；西南部处于湘江尾闾，也多水患，但仍较西北部稍胜一筹。湘阴县域的这些自然条件差异，对其移民分布及其区域发展过程具有重大影响。

二　湘阴县外来氏族的迁入形式与来源地区

世事沉浮，沧海桑田。朝代之更替，自然之变迁，人事之兴废，都会影响到氏族人口的变化。湘阴县地当"南北战伐之喉"⑤，自古以来，战乱频繁，加之接壤洞庭，水患尤多，以致"田无永业，居无恒守，丧乱流离，转徙相仍，世家大族无传数百年者"⑥。据光绪《湘阴县图志》卷17—18《氏族表》统计，湘阴县共有氏族226个，其中明确记载为外来氏族者184个，占81%；未明确为外来氏族者42个，占19%。外来氏族中，来源地确切者180族，来源地不详者4族（见表2-1）。应该指出的是，曹树基先生也曾对光绪《湘阴县图志》中的外来氏族进行了统计，但仅检得外来氏族167个，比本文的统计少了17个⑦，估计是其检索不周的缘故。

1. 外来氏族移民的迁入形式

（1）直接迁入。即从原籍地直接迁入湘阴县，迁移过程是"一步到位"。湘阴县来源地确切的180个外来氏族中，直接迁入的142族，占78.9%，远祖原籍地包括江西、湖南、湖北、江苏、福建、河南、安徽、山东、陕西、浙江、山西11省，最终迁出地包括江西、湖南、湖北、江苏、

---

① 光绪《湘阴县图志》卷19《山志》，光绪六年（1880）刻本。
② 道光《湘阴县志》卷4《疆域志》，道光四年（1820）刻本。
③ 光绪《湘阴县图志》卷4《赋役志》，光绪六年（1880）刻本。
④ 光绪《湘阴县图志》卷4《赋役志》，光绪六年（1880）刻本。
⑤ 道光《湘阴县志》卷5《形势志》，道光四年（1820）刻本。
⑥ 光绪《湘阴县图志》卷17《氏族表上》，光绪六年（1880）刻本。
⑦ 曹树基：《湖南人由来新考》，载《历史地理》1990年第9辑。

福建、河南、安徽、山东、陕西、广东 10 省。直接迁入中有一种特例，就是某个氏族由原籍地迁到湘阴县某个地方后，经过一段时间后再迁到湘阴县另外某个地方。由于我们考察的迁入地是湘阴县，对于这样的在县域范围内的再迁移，这里不予讨论。

表 2-1　光绪《湘阴县图志·氏族表》所载氏族移民来源地空间分布表

氏族来源地	湘阴县外来氏族远祖原籍地			氏族（个）	比重（%）	湘阴县外来氏族最终迁出地			氏族（个）	比重（%）
江西	丰城37　南昌23　吉水19　吉安11　泰和3　清江2　安福2　高安2　分宁2　德安1　新淦1　大庾1　进贤1　奉新2　宜春1　金溪1　余干1　饶州1　永丰1　新昌1　江州1　江西7			121	67.2	丰城32　南昌15　吉水13　吉安8　清江3　安福3　泰和2　高安2　分宁2　德兴1　萍乡1　德安1　新淦1　大庾1　进贤1　奉新2　宜春1　金溪1　余干1　饶州1　永丰1　江西7			100	55.6
湖南	长沙5　平江3　湘阴3　巴陵1　湘潭1　邵阳1　益阳1　临湘1　衡山1			17	9.4	长沙17　平江9　巴陵6　湘潭4　华容2　浏阳2　邵阳1　益阳1　临湘1　醴陵1			44	24.4
湖北	监利5　沔阳4　鄂州1　黄冈1			11	6.1	监利5　沔阳4　鄂州1　黄冈1			11	6.1
江苏	南京4　吴县3　泰兴1　武进1　江都1			10	5.6	南京3　吴县3　泰兴1　武进1			8	4.4
福建	莆田3　上杭2　光泽1　福清1　晋江1			8	4.4	莆田3　上杭1　光泽1　福清1　晋江1			7	3.9
河南	上蔡2　新野1　太康1			4	2.2	上蔡2　新野1　太康1			4	2.2
安徽	休宁1　寿州1　定远1			3	1.7	休宁1　寿州1			2	1.1
山东	阳信1　曲阜1			2	1.1	阳信1　曲阜1			2	1.1
陕西	郿州1			1	0.6	郿州1			1	0.6
广东				0	0	保昌1			1	0.6
浙江	金华1　衢州1			2	1.1				0	0
山西	洪洞1			1	0.6				0	0
合计				180	100				180	100

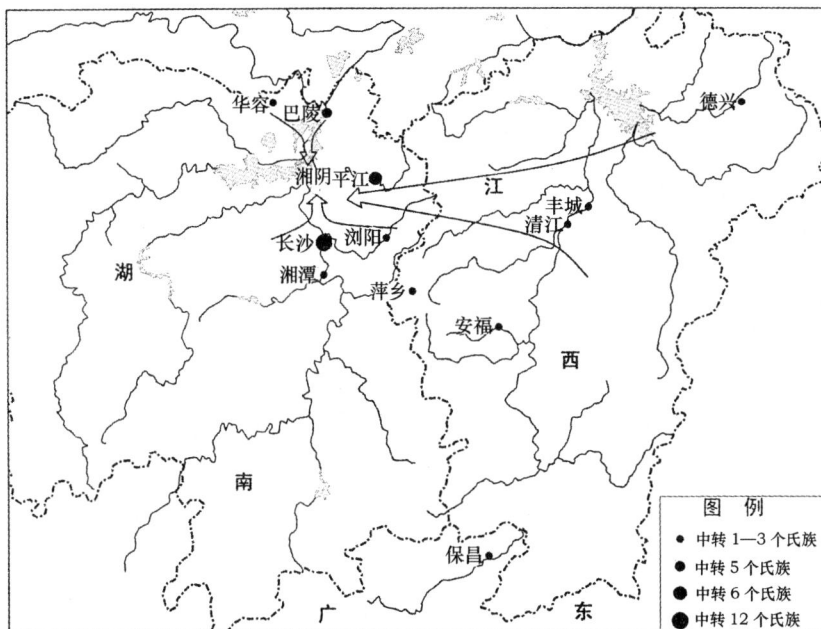

图 2 - 3　湘阴县氏族移民中转站分布图

（2）中转迁入。即从原籍地先迁到某地，在某地经过若干年甚至若干代以后，再从某地迁入湘阴县，这样，迁出地就成了原籍地和入居地之间的"中转站"。一般来说，中转次数与族谱追溯的历史长短有关。湘阴县来源地确切的180个外来氏族中，中转迁入的38个，占21.1%。他们绝大多数只经过1个中转站，只有个别经历了2—3个中转站。如石鼓河张氏原籍山西洪洞，先迁江西南昌，后迁广西桂林，再迁湖南平江，最后迁到湘阴，中间经过了3次中转；文洲围黄氏原籍福建上杭，清朝顺治初年迁入江西南昌，不久后转徙湖南长沙，康熙二年再迁湘阴，经过了2次中转。中转站有湖南的长沙、平江、巴陵（今岳阳市）、湘潭、浏阳、华容、醴陵，江西的丰城、德兴、萍乡、安福、清江（今樟树市），广东的保昌（今南雄市）等，其中在长沙中转的氏族12个，平江6个，巴陵5个，湘潭3个，浏阳2个，华容2个（见图2-4），以上毗邻6县中转氏族30个，占中转迁入氏族总数的78.9%。

（3）回归迁入。即某个氏族原籍湘阴，其先祖外迁若干代以后，其后裔又迁回湘阴县。本质上，回归迁入是中转迁入的特例，如果不考虑迁移过程，回归迁入的氏族从严格意义上来说也不是外来氏族，因为入居地就是他们的原籍地。湘阴县中转迁入的 38 个氏族中，包括了 3 个回归氏族。

2. 外来氏族移民的来源地区

（1）近邻性。图 2 - 4 显示，湘阴县外来氏族主要来自毗邻地区。以县而论，主要来自湖南的巴陵、平江、长沙、浏阳、华容等县；以省而论，主要来自江西、湖北和本省。就其迁出地而言，江西 55.6%，湖南 24.4%，湖北 6.1%，三者合占 86.1%；就其原籍地而言，江西 67.2%，湖南 9.4%，湖北 6.1%，三者合占 82.7%。湘阴县外来氏族之所以主要来自江西省，原因主要有二：

其一，湘阴县在地理空间上比较邻近江西。湘阴县东隔平江、长沙与江西相望，中间虽有九岭山阻隔，但沿衰水、锦江、修水溯江而上，江西移民都可抵达湘阴，在"江西填湖广"的移民运动中，这三条河谷正是江西移民进入湖南的重要通道。湘阴移民史料表明，移民来源地的空间分布特征与移民身份关系密切：距离最远的一般是属于发展型移民的"官迁"，官员入籍是造成移民来源地分散的重要原因；距离较近的一般是属于生存型移民的"流迁"，流民入籍是造成移民来源地集中的重要因素。

其二，湘阴县的农耕条件与江西比较具有明显的比较优势。人口迁移过程是"人口粒子"在空间上的矢量运动，人类生存与发展的"空间梯度力"是人口迁移的原始驱动力。在农业时代，土地是人类生存和发展的重要因素，土地成本差异所形成的空间梯度力是人口迁移的基本驱动力。明清以前，江西区域开发较湖南早，人口密度较湖南高，以致江西农民从事耕作业的生产成本较高，从而形成人口外迁的"推力"；而当时洞庭湖区有大量肥沃湖地可供开发，康熙年间还有六年之内免征农业税的政策，土地近乎"免费"，只要投入劳动力就可维持生计，这对无地贫民无疑具有巨大的诱惑力，从而形成人口迁入的"拉力"。正是这种"土地成本比较优势"导致了"江西填湖广"的移民浪潮。明代大学士丘濬所谓"荆湖之地，田多而人少；江右之地，田少而人多。江右之人，大半侨寓于荆湖"[1]，就是对"江西填湖广"移民浪潮的解释。由于土地成本的空间梯度取决于人口密度的空间梯度，以致有人把从人口高密度区向人口低密度区的移民活动称之为"人口密度梯度决定律"[2]。其实最根本的因素还是土地成本的空间梯度差异。

---

① （明）丘濬：《江右民迁荆湖议》，载《明经世文编》卷 72。

② 安介生：《历史时期中国人口迁移若干规律的探讨》，载《地理研究》2004 年第 5 期。

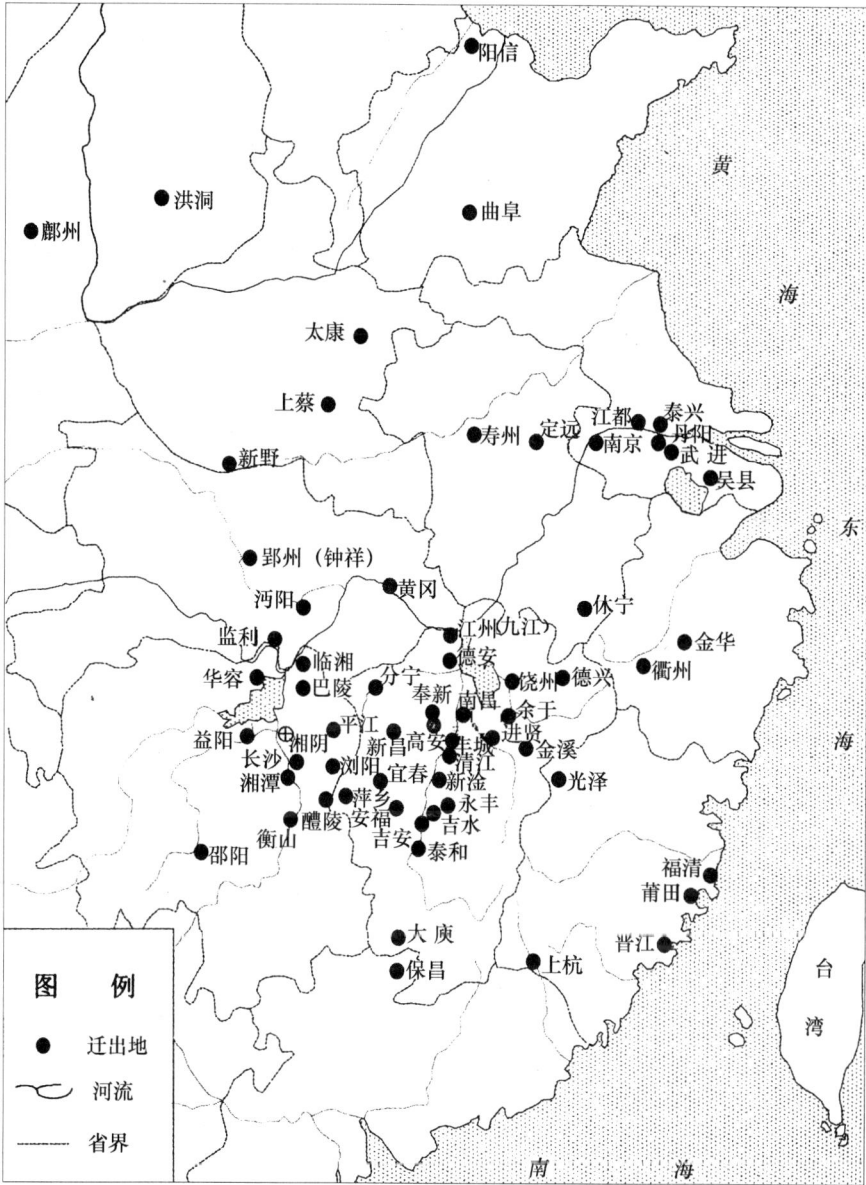

图2-4 湘阴县氏族移民最终迁出地空间分布图

（2）集聚性。图 2－4 还显示，湘阴县外来氏族集中来自少数地区。以省份论，无论是原籍地还是迁出地，江西都占绝对优势。以县份论，江西氏族中 72% 原籍丰城、南昌、吉水、庐陵（今吉安），湖南氏族中 82% 迁自长沙、平江、巴陵、湘潭，湖北氏族中 82% 来自监利、沔阳，江苏氏族中 50% 来自南京、吴县，福建氏族中 63% 来自莆田、上杭。最远者来自山东阳信，如果以湘阴县城为圆心，以湘阴—阳信直线距离（1100 千米）为半径作圆，则外来氏族全部来自这个圆圈；如果以湘阴—南昌直线距离（370 千米）为半径作圆，则外来氏族中的 85% 来自这个圆圈，这说明地理距离对移民数量有着重要影响，"迁移的难度是与实际距离成正比的"，符合英国人口地理学家拉文斯坦所谓的"移民主体距离法则"[①]。如果再过圆心画一条南北垂线，则绝大多数外来氏族来自这个圆的东半圆，这与谭其骧先生所说湖南人什九来自东方的结论是一致的。为什么湘阴县外来氏族的来源地具有空间集聚性呢？主要原因也有两个方面：

一是地缘上的亲和力。理论上讲，移民集聚性就是氏族"人口粒子"在"空间梯度力"作用下定向流动所形成的汇聚。在一定地域范围内，人们通过长期的社会交往，逐渐形成了共同的方言、共同的风俗和共同的心理需求，从而产生深厚的地缘感情和牢固的老乡观念。一旦世居之地发生天灾人祸，生存和发展受到严重威胁时，他们（家庭或氏族）就有可能成群结队地抛离故土，转徙到同一片地域，并在入居地很快建立一个与世居地相近似的社区，因为这样既可以在迁移过程中患难相助，又可以在入居地相互照顾，增加安全感。这种与移民语言风俗、心理需求、地缘情感分不开的迫使人口粒子定向迁移的作用力，就是"移民内聚力"。地缘情感对移民集聚性的影响是显而易见的，著名历史人口地理学家葛剑雄先生就曾指出，移民在迁入地的定居之所以表现出强烈的地域性和宗族性，主要是同乡观念使然[②]。

二是血缘上的凝聚力。中国古代农村的婚配距离很小，地缘上的亲和力在相当程度上有赖于血缘上的凝聚力。当先批移民在迁入地站稳脚跟、安居乐业后，尽管这时天灾人祸可能已经结束，但如果迁入地和迁出地之间的"比较成本优势"依然存在，地缘情感、宗族观念和血缘关系的纽带还会吸引迁出地的民众踏着先人的足迹，源源不断地来到先人的侨居地，加速移民

---

① 安介生：《历史时期中国人口迁移若干规律的探讨》，载《地理研究》2004 年第 5 期。

② 葛剑雄：《中国移民史》第 1 卷，福建人民出版社 1997 年版，第 31 页。

的定向流动，从而形成移民迁出地和入居地的双向集聚。这种导致迁出地向入居地持续移民的作用力，就是"移民惯性力"。早在汉代，晁错就已经注意到了这种移民惯性力，他说："使其先至者安乐而不思故乡，则贫民求募而又往矣"①。正是"移民内聚力"和"移民惯性力"的双重作用，使得外来氏族定向、持续的流动，导致了移民来源地的相对集中。

三　湘阴县外来氏族移民的时空过程

1. 外来氏族移民的时间分布

（1）外来氏族移民的时代特征。湘阴县外来氏族多系后唐、宋、元、明、清诸朝迁入，迁入时间最早为东汉建光、延光年间（121—125 年），最晚为清代雍正年间（1723—1735 年），时间跨度达 1600 年。表 2 - 2 显示：明代是外来氏族迁入湘阴的主体时期，184 个外来氏族中，明代迁入 128 个（69.6%），元代 19 个（10.3%），清代 14 个（7.6%），宋代 12 个（6.5%），后唐 9 个（4.9%），东汉 2 个（1.1%）；后唐同光年间（923—925 年）、元末明初（1341—1398 年）、明末清初（1621—1722 年）为氏族移民集中期，其迁入氏族比重分别为 4.9%、45.1% 和 13.6%，三者合计63.6%；不同时代迁入的氏族有着不同的来源地，东汉氏族移民全部来自河南，后唐至明代主要来自江西、湖南、江苏，清代则主要来自湖北、福建。诸多朝代中，以明代氏族移民来源最为复杂。

表 2 - 2　　　　　　　**湘阴县氏族移民的迁入时代及迁出地分布**

时期	江西	湖南	湖北	江苏	福建	河南	安徽	山东	陕西	广东	不详	年代分布情况
东汉						2						建光 1　延光 1
后唐	7	2										同光 9
宋	6	3	1								2	嘉祐 2　绍兴 1　宣和 1　庆元 1　嘉泰 1　绍定 1　景炎 2　南宋 2　宋末 1
元	15	3		1								元初 2　至元 2　元贞 1　皇庆 1　泰定 1　至正 7　元末 5

① 《汉书》卷49《晁错传》，中华书局 1962 年版，第 2288 页。

续表

时期	江西	湖南	湖北	江苏	福建	河南	安徽	山东	陕西	广东	不详	年代分布情况
明	71	35	2	8	3	2	2	2	1		2	明初 21　洪武 50　永乐 2　宣德 1　正统 5　景泰 1　天顺 1　明中 5　成化 11　正德 2　嘉靖 11　隆庆 1　万历 3　天启 1　崇祯 1　明季 7　明代 5
清	1	1	8		3						1	顺治 1　康熙 10　雍正 3

资料来源：光绪《湘阴县图志》卷 17—18《氏族表》。

（2）外来氏族移民集中期的成因。①同光年间集中期。后唐同光年间，江西为吴国领地，湖南为楚国领地，当时吴国对于中原的后唐来说，是一个"地薄民贫，克之无益"①的地方，而楚国则是"四方商旅辐辏……国以富强"②，因而在当时有江西贫民来湖南开垦土地谋生。据《益阳县志》记载，同光二年（924 年）有人"领洪州（治今南昌市）之百户来潭州（治今长沙市）开垦"，光绪《湘阴县图志》作者据此推测，同光年间迁入湘阴的江西移民可能是随洪州垦户而来，因为当时迁入湘阴的移民也主要来自洪州和与洪州接壤的吉州（今吉安市）③。这或许就是同光年间的氏族移民主要分布在与长沙县接壤的"东乡"的原因。②元末明初集中期。元末江西、湖广地区均遭到战争严重破坏，明朝定鼎之后，大力推行屯田，并组织江西无地贫民来湖广开垦，形成大规模的移民运动。湖广地区许多族谱中都有这次移民运动的记载，如江陵县《胡氏族谱》云："洎乎元明革命，赣省兵燹迭见，人民不遑宁处，其由江右而播迁荆楚者，几如江出西陵"；黄冈县《孙氏族谱》也说："以元末汹汹，湖广正当其冲，蹂躏特甚，其存留老户，止残余逃匿之万一耳，地广民稀。前明定鼎，下诏抽迁江右士庶以实兹土"④。湘阴县在元朝末年由于"往来战伐，一以湘阴为冲"⑤，战争破坏尤为严重，明朝定鼎之后也接收了大量移民，明初洪武年间就迁入氏族 71 个，占湘阴县历代迁入氏族的 38.6%。③明末清初集中期。从明代万历年间开始，湘阴县一带的垸田开发就已经开始；此后一直

---

① （宋）司马光：《资治通鉴》卷 272《后唐纪一》。
② （宋）司马光：《资治通鉴》卷 274《后唐纪三》。
③ 光绪《湘阴县图志》卷 17《氏族表上》，光绪六年（1880）刻本。
④ 张国雄：《明清时期的两湖移民》，陕西人民出版社 1995 年版，第 35、16 页。
⑤ 光绪《湘阴县图志》卷 28《兵事志》，光绪六年（1880）刻本。

到清代乾隆年间，湘阴县都在进行大规模的垸田开发。垸田开发需要大量的劳动力，但在明末清初的战争中，湖广地区"杀戮之惨，仅次于四川"，劳动力资源锐减，到处呈现出一派"城无完堞，市遍蓬蒿"的景象①。明末李自成率众十万战至湖湘时，"巡抚章旷驻军湘阴，建水寨于营田以抗"②；迄清初康熙年间"三藩之变，阻洞庭为险，积二十余年"③，洞庭湖地区劳动力损失十分严重。平定吴三桂后，清政府招民众来洞庭湖区开垦湖田，湘阴县也因此成了移民汇集地。特别是康熙三十六年（1697 年），湖北汉江大水溃堤，江汉平原大批难民进入洞庭湖区谋生，清朝政府为安置这些流民，准许他们在洞庭湖滨兴修垸田，后来，福建、江西、两广等省无地流民也闻讯而来，掀起了洞庭湖区移民入迁和垸田开发的高潮④。正由于此，清代迁入湘阴县的外来氏族主要来自湖北的沔阳、监利和福建、江西、广东诸省。表 2 - 3 反映的只是清代雍正朝（1735 年）以前湘阴县的移民情况，实际上乾隆年间还有许多外来氏族迁入湘阴从事垸田开发。据记载，明代万历、崇祯年间，湘阴筑垸 4 个，垦田 21 187 亩；康熙二十八年至五十三年（1689—1714 年），湘阴筑垸 12 个，垦田 31 489 亩；雍正十二年至十三年（1734—1735 年），湘阴筑垸 3 个，垦田 7 150 亩；乾隆元年至十一年（1736—1746 年），湘阴筑垸 50 个，垦田107 249亩⑤。

表 2 - 3　　湘阴县不同时代氏族移民与不同来源氏族移民的入居地分布

移民入居之局	东乡9局									南乡4局				西乡4局				北乡12局											
	白水	丰仓	申明	高坊	熟塘	铜盆	界都	武昌	新市	附城	中段	樟树	文家	文洲	仁和	百马	临资	三峰	石子	营田	归义	凤凰	黄谷	桃林	穆屯	磊石	浒田	大荆	长乐
入居族数	5	7	12	8	3	2	6	1	5	14	16	6	7	11	3	9	11	6	10	9	12	4	2	4	0	1	1	3	6
入居时代 东汉			1								1																		
后唐			1	1			2												1	1				1				1	
宋	1	1	1	1		2	1	1		1	2		1	1	1			1											
元		1	1		1		1		1	1	2	1	2	2		1	1		1	1								1	
明	4	5	8	6	2		2		3	9	11	5	4	4	2	7	7	5	8	7	12	4	2	3		1	1	1	
清									1	3				4		1	3												6

① 龚胜生：《清代两湖农业地理》，华中师范大学出版社 1996 年版，第 30—31 页。
② 道光《湘阴县志》卷 5《形势志》，道光四年（1820）刻本。
③ 光绪《湘阴县图志》卷 28《兵事志》，光绪六年（1880）刻本。
④ 龚胜生：《清代两湖农业地理》，华中师范大学出版社 1996 年版，第 86 页。
⑤ 光绪《湘阴县图志》卷 22《水利志》，光绪六年（1880）刻本。

续表

移民入居之局	东乡9局									南乡4局				西乡4局				北乡12局											
	白水	丰仓	申明	高坊	熟塘	铜盆	界都	武昌	新市	附城	中段	樟树	文家	文洲	仁和	百马	临资	三峰	石子	营田	归义	凤凰	黄谷	桃林	穆屯	磊石	浒田	大荆	长乐
入居族数	5	7	12	8	3	2	6	1	5	14	16	6	7	11	3	9	11	6	10	9	12	4	2	4	0	1	1	3	6
迁出地区　江西	3	5	6	5	1	1	3	1	3	7	4	3	4	3		3	7	2	8	6	8	3	2	2		1	1	3	5
湖南	1	1	1	3	3	2	1		1		6	3		4	1		1	2	1	1	3								1
江苏		1	1							2	1		1					2											
湖北									1	2	1			1	1	1	3			1	1								
福建											1			2	1	2	1		1					1					
河南			2								1					1					1								
山东											2			1		1													
安徽																													
广东										1						1													
陕西										1						1													
不详	1		1														1			1									

资料来源：光绪《湘阴县图志》卷17—18《氏族表》。

2. 外来氏族移民的空间分布

（1）不同时代氏族移民入居地的空间演变。移民入居地的分布，与移民个体的主观愿望、目的，入居地的自然、经济、社会条件，以及当时的移民政策密切相关。一般情况下，移民总是首先入居那些自然条件相对优越，经济和社会条件允许，但又是当地居民不很看重的地方。因此，不同时期的移民分布往往可以反映移民入居地的区域开发过程。

图2-5显示，湘阴县外来氏族的入居地具有以下特征：后唐时期，外来氏族主要入居县东南四局，这里是低山丘陵和平原交错区；宋元时期，外来氏族入居地向西扩展，东南低山丘陵和平原交错区外，还包括县中南部的湘江东岸平原；至于明代，外来氏族的入居地几乎遍及全境，但以县域中部为主，开发最晚的西北部和开发最早的东南部移民很少；清朝初期，外来氏族大多入居湘江以西地区，尤其是水网纵横的西南部，西北部濒临洞庭湖，雍正以前，移民仍很稀少。不难看出：历史时期湘阴县外来氏族的入居地明显具有由地势较高的东南丘陵地区向地势较低的西北河湖滩地发展的空间演变趋势，反映出了湘阴县从丘陵到平原再到湖区的区域开发过程。

聚落是移民空间经济活动的足迹。据研究，两湖平原的城镇发展具有从

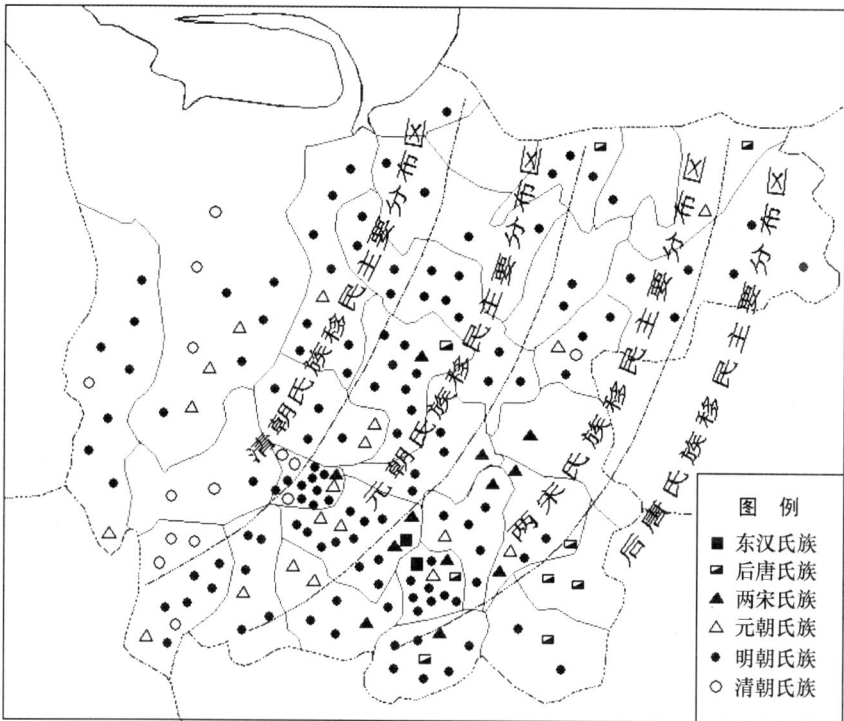

图 2 - 5　湘阴县不同时期外来氏族入居地空间发展图

平原外围向中心辐合的空间变迁规律①。湘阴县移民入居地的上述分布变迁
规律正是两湖平原聚落从外缘向腹心推进的具体反映，这是因为，中国古代
移民的目的主要是为了获取赖以生存的土地，湘阴县外来氏族入居地的空间
演变过程，实质上体现了洞庭湖平原由外缘地区转向腹心地区的区域土地开
发大势。五代时期，湘阴县域人口相对稀少，在比较利益原则驱使下，移民
选择那些地势较高、不易遭受水患但又灌溉便利、宜于多种经营的丘陵平原
交错区进行农业定居；到了宋元明时期，随着人口密度的增加，对于谋求新
的居地的外来移民，丘陵平原交错区土地开发的比较成本优势已经远远不如
湘江河谷平原，所以外来氏族主要入居湘江河谷平原；至于清代，湘江河谷
平原人口也已经相当稠密，外来移民在这里进行农业定居的比较成本优势已
经极少，他们不得不把湖滩水网地区作为安居乐业之所。水网地区尽管水患

① 龚胜生：《两湖平原城镇发展空间过程》，载《地理学报》1996 年第 51 卷第 6 期。

灾害频仍，但土地肥沃，赋税较轻，又无主客之争，一旦垦辟，便成"永业"，对于失地流民来说，仍不失为是比较理想的入居之地。正是由于这样的缘故，在清朝康熙、雍正、乾隆三朝掀起了洞庭湖区垸田开发的高潮。

（2）不同来源氏族移民入居地的空间分布。移民对入居地的选择，除考虑入居地的自然条件外，还要考虑入居地的社会环境。地缘关系和血缘关系对移民入居地的选择具有重大影响，移民的来源地不同，其入居地也有很大的差异。图2－6显示：江西移民的入居地几乎遍布湘阴县全境，没有明显的空间差异，江西人是今日湘阴和汨罗两市的主要拓荒者；湘阴县城附近及其中南部是外来氏族移民最密集的地区，这里不仅江西移民甚多，而且湖南、江苏、河南、福建、湖北、山东等省移民也多分布于此，这一方面与其自然条件相对优越有关，另一方面也与其处于县城与省城之间的交通区位有关，许多因官入籍的氏族都分布在这一带；湖北、福建两省及湘阴邻县移民

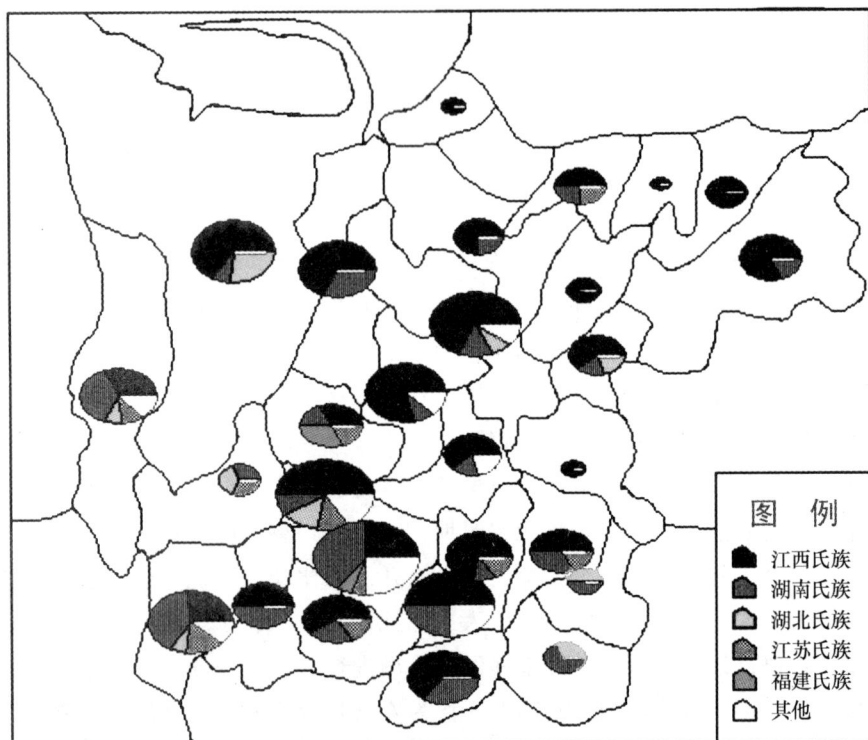

图2－6 湘阴县不同来源外来氏族入居地空间发展图

大多是为开垦垸田而来，因而主要分布在开发较晚的湘江以西的垸田地区。

四　结论

1. 湘阴县外来氏族的迁入形式有直接迁入、中转迁入、回归迁入三种类型，其来源地具有邻近性和集中性特点。直接迁入的氏族主要来自江西丰城、吉水、南昌、庐陵，湖南长沙、平江、巴陵（今岳阳）、湘潭，湖北监利、沔阳等县。长沙、平江、巴陵、湘潭、浏阳、华容是湘阴县外来氏族的主要中转地。以氏族籍贯论，外来氏族中67.2%来自江西，"江西填湖广"之说名副其实。

2. 湘阴外来氏族有籍可查者，最早迁自东汉建光年间，但绝大多数系五代以后迁入，其中69.6%迁自明代，其余依次是元代、清初、两宋、后唐、东汉。湘阴县63.6%的外来氏族系后唐同光年间、元末明初、明末清初三个移民最集中期迁入，其中元末明初迁入的又占45.1%。

3. 湘阴县外来氏族的入居地具有从东南丘陵平原向西北湖滨滩地扩展的空间演变趋势。后唐时期，氏族移民主要入居东南部的丘陵平原交错区；宋元时期，氏族移民主要入居中部的湘江河谷平原地区；明清时期，氏族移民主要入居湘江以西的湖滨滩地区。入居地的空间演变反映了洞庭湖区"丘陵冈地→河谷平原→河湖滩地"的由易到难的区域开发大势。

4. 农业社会的移民过程很大程度上是一个劳动力投资过程，土地成本的比较优势往往是移民选择入居地的首要因素。湘阴县的氏族移民由于入居原因和目的的不同，其入居地也表现出一定的空间特征：江西氏族遍布湘阴县境；县城附近及其中南部的移民构成最复杂；西北部的移民主要来自湖北、福建和本省其他县市。

第三篇

明代湖广布政司田亩考实

　　明代湖广布政司的田额或作 220 余万顷，或作 20 余万顷，为一历史悬案。从湖广田额所占全国田额的比例的合理性，从湖广耕地垦殖指数的合理性，从湖广人均耕地的合理性，都可以证实湖广田额是绝不可能达到 220 余万顷的。据分府州记载湖广田额的《湖广图经志书》和《湖广总志》，以及湖广实际每亩税粮额计算，湖广的田额应该为 20 余万顷，220 余万顷起初只是一个统计定位错误。不过，这 20 余万顷的载籍田额与实际耕种的田亩存在很大差距。根据明末加派辽饷数和清初原额田亩数推算，明万历时湖广耕地实际在 95 万顷上下，明末万历的土地清丈是有实效的，何炳棣《中国古今土地数字的考释与评价》一书中有关湖广耕地的某些观点是值得商榷的。

（本文发表于《中国农史》1992 年第 3 期）

明代湖广布政司的载籍田亩或作 220 余万顷，或作 20 余万顷，相差额达 200 万顷之巨，在很大程度上影响着全国田额的变化，所以很早就受到了中外学者的关注，他们从不同的角度提出了不同的解释①。明代湖广布政司的田额究竟是 220 余万顷还是 20 余万顷？明代末年万历年间，湖广布政司进行过普遍的土地清量，这次丈量的实际田亩是多少？这都是研究明清时期两湖农业经济不可回避的重大问题。鉴于以往的解释大都是从全国范围来说，提供的证据未免显得单薄，本文试以明代湖广的具体事实做些新的探讨和补充。

一 明代湖广布政司的田额是 20 多万顷

1. 220 余万顷的记载最初是个统计定位错误

证据之一：据《万历会典》记载，湖广布政司田额洪武二十六年（1393年）为 2 202 175 顷余，弘治十五年（1502 年）为 2 236 128 顷余，万历六年（1578 年）为 2 216 199 顷余，分别占全国（南北直隶并十三布政司）田亩总额的 26%，36% 和 32%②。这样高的比例显然是不可能的。明代全国的载籍田亩以万历三十年（1602 年）为最高，达 11 618 948 顷③，即使以此数代表万历六年的全国田额，该年湖广田亩也占全国的 19%，这一比例数，仍然难以置信，因为当时全国人口为 60 692 856 口，湖广人口为 4 398 785 口④，湖广人口占全国的 7%，而不及所占田额的一半。但湖广是一个以水田为主的农业区，其人均耕地数必然比旱地为主的北方地区少，从理论上可以证明，其田额所占全国田亩的比例也必然少于其人口所占全国人口的比例；即使实际情况有些出入，也决不至于出现其田额比例高于人口比例二倍以上的情况。

证据之二：明初设置贵州布政司以后，湖广布政司的地域约相当于今湖北、湖南二省。今此二省土地总面积约 40 万平方千米，若弘治十五年湖广田亩果有 223 万余顷（合 14.9 万平方千米），则当时湖广的垦殖指数可高达37%，这个数字也是显然不可能的。因为，如果垦殖指数真有这样高的话，

---

① 梁方仲：《中国历代户口田地田赋统计》，上海人民出版社 1980 年版，第 336—338 页；顾诚：《明前期耕地数新探》，载《中国社会科学》1986 年第 4 期。

② 《万历会典》卷 17《户部四·田土》。

③ 《神宗实录》卷 379。

④ 《万历会典》卷 19《户部六·户口一》。

当时的湖广一定会是人稠地狭，会有大量人口向外迁徙，然而事实恰恰相反，当时的湖广不仅没有大规模的人口外迁，而且就是在自然条件较好的平原地区，仍多无人耕种的旷土，包汝揖《南中纪闻》说："襄江道中，沿堤上下，芦荡不知几千顷……此吾乡腴田也，不识何故，弃不树艺，竟作樵渔场沐邑，海内旷土，总不如湖广之多，湖广真广哉！"江汉平原尚是如此，其他山区就更不用说了。明清以来，两湖见于记载的最高田亩湖南为 10 338 万亩，湖北为 9 141 万亩，合计为 19 479 万亩①，也不及 220 万顷。而且，这个数字的来源和真确性都是值得怀疑的，因为到 20 世纪 80 年代初，湖北耕地只有 5 600 万亩，湖南更只不过是 5 100 万亩，合计犹不足 210 万顷；而人口却已 20 余倍于当时②。很难想象，在四百年前的明代，两湖地区的土地垦殖竟然会超过了今天的水平。

证据之三：一个人所能耕作的土地面积是有一定限度的。一般来说，尽一夫之力，耕治水田可 10 亩，至多 20 亩；耕治旱田则可 30 亩，甚或 100 亩③。明代湖广以水田为主，稻田所占耕地比例在 70% 以上，因此，一夫所耕水旱田地绝不会超过 30 亩；倘若平均到人，则人均可耕地当在 20 亩以下。但根据《万历会典》所载洪武、弘治、万历三朝田亩、户口数计算，湖广人均耕地洪武朝为 47 亩，弘治朝为 59 亩，万历朝为 50 亩④。在湖广地区，这样高的人均耕地数显然是不符合史实的。

以上事实证明，明代湖广布政司的田额绝不可能达到 220 余万顷，220 余万顷的记载必定是数字上的讹误。其实，早在嘉靖八年（1529 年）就已有人指出"册文之讹误"的可能性⑤。20 世纪 50 年代中，杨开明根据人均耕地应有一定限额的理论肯定了霍氏的看法，并认为 220 余万顷的田额是一个"统计计算中的定位错误"。然而，这种观点受到了梁方仲的不公正批评，他说，"杨氏的论据最为薄弱。因为他把明代的田地数字认为就是耕垦田地

---

① 徐珂：《清稗类钞·地理类·已垦之土地》，中华书局 1984 年版。

② 1982 年全国人口普查，湖南、湖北二省人口共 101 813 001 人，载《中华人民共和国地图集》。

③ 张汝洵《求益斋文集》卷 4《农家类序》云："今时南方之田耕作精密，人不过耕十亩"。张履祥《补农书》卷下云："吾里地田，上农夫能治十亩"。朱云锦《豫乘识小录》卷上云："一夫之力耕旱田可三十亩，治水田不过十亩"。魏源《切问斋文钞》卷 16 云："南方地窄人稠，一夫所耕不过十亩，多则二十亩……北方……一夫所耕自七八十亩以至百亩不等。"

④ 梁方仲：《中国历代户口地田田赋统计》，上海人民出版社 1980 年版，第 340 页，乙表 32。

⑤ 霍韬：《渭文集》卷 3《修书疏》。

的数字，且又把册报的户口数字认作实际的户口数字，从而得出来每户、每口平均亩数偏高的结论，这是完全不明了我国历代户口田地登记数字性质的缘故。"① 梁氏的这种指责是没有理由的。诚然，任何册报的田地、户口数都不可能是绝对的实际数，但是，历史上册报的耕地数也绝少超过实际耕地数！如果载籍田亩远远超过了当时人所能耕作的极限土地数，还有什么理由不怀疑这个册报数的真实性呢？当然，证明 220 余万顷之不可能，并不等于承认 20 余万顷的册报数为实际耕地数。可是，梁方仲用 20 余万顷去求湖广户口平均田亩数，以其过低而否认杨开明的观点，不正是把册报数当成了实际耕地数吗？接着，他又提出了"明代册籍登记数字分歧的主要原因之一是各地亩法不同的关系"，指出湖广 220 万余顷为实际耕种的小亩数，20 余万顷则为折亩的纳赋单位，因为湖广等省"折亩的办法至迟到万历年间已几乎普遍实行"。梁氏这样的论证也是站不住脚的。既然折亩法到万历年间才实行，那么湖广洪武年间的 220 余万顷的册报数又作何解释？固然，20 余万顷是"纳税单位"，但是，它是否就是由 220 余万顷折算而来的呢？何炳棣先生证明，明初两度派遣监生核田的对象是两浙而不是全国②，那么，洪武时 220 余万顷的"实际耕种小亩"又是怎样产生的呢？据我所知，明代湖广虽有折亩的实例，但并不是普遍实行，因为许多地方志在叙述田赋时总是开列田、地、山、塘等项，田又分上、中、下、山乡、水乡几等，地、塘亦如之。其类型有别，税亦有轻有重，像这样的记载绝大部分是没有折亩的。清顺治十八年《李鹏鸣题征收练饷应从明年照银均派不宜按亩加饷事本》云："夫地土有肥瘠，钱粮因之为多寡；如各直省田地有分上中下三等者，有分金银铜铁锡五等者，有以一等分为三则，三等分为九则者，其起科之数，或每亩征银一钱，或不止一钱，或递减至一分，而且有不及一分者，则壤成赋，次第较然，载在全书，班班可考。"③ 不仅如此，而且就一些实例来说，湖广地区的折亩率（实际耕地与纳税额田之比）也是不高的，如湖北潜江县，隆庆六年（1572 年）民赋额田为 2 055 顷余，万历五年（1577 年）清丈结果为 11 022 顷余，虽然加派辽饷时以万历五年清丈数为准，但赋粮未增，故仍折回隆庆六年数，以 5.361 实际小亩折一赋粮单位，谓之"大亩"，

---

① 梁方仲：《中国历代户口田地田赋统计》，上海人民出版社 1980 年版，第 338 页。
② 何炳棣：《中国古今土地数字的考释与评价》，中国社会科学出版社 1988 年版，第 57 页。
③ 《清代档案史料丛编》第 4 辑，第 35 页。

一大亩科粮一升①。又如安陆县嘉靖和隆庆年间田额均为 901 顷余，万历时清丈结果为 3 639 顷余，实际耕地与额田之比为 4.04②。再如黄陂县隆庆六年时额田为 3 006 顷余，万历九年（1581 年）清丈结果为 12 542 顷余，实际耕地与额田之比为 4.1③。这几个实例显示，明代湖广的实际耕地与额田之比并未达到以 220 余万顷折 20 余万顷的高达 11.0 的折算率。也许有人会说：这几个县因为在平原水田区，折算率自然不高，若在耕作粗放的山区、旱地较多的县份，其折算率肯定要高。事实恰恰相反，如鄂西山区的兴山县，隆庆六年时田额为 139 顷余，万历八年（1580 年）丈量的结果为 365 顷余，实际耕地与额田之比为 2.7④。又如巴东县隆庆六年时田额为 720 顷余，万历三十年丈量结果为 768 顷余，实际耕地与额田之比为 1.06⑤。这样的例子还可以举出一些，但这些已足够证明明代湖广的 20 余万顷田额不是由 220 余万顷折亩而来；而梁方仲所谓 220 余万顷是湖广"实际耕种的小亩数"也是不成立的。

2. 载籍耕地数必定为 20 余万顷

前面论证了 220 余万顷之不可能，则载籍数必为 20 余万顷。除上述反证法外，还可以找到更直接的证据。最能说明明代湖广载籍田额的史料应是明代所修的湖广总志，因为这些总志详细记载了各府州县的田额数。现存明代湖广总志有两种：一是《湖广图经志书》，该书成于嘉靖元年（1522 年），记事至正德十六年（1521 年）止，分府州记载了湖广成化八年（1472 年）和正德七年（1512 年）的户口、田地、田赋数；二是《湖广总志》，该书刊于万历十九年（1591 年），记事至隆庆年间，分府州县记载了隆庆六年（1572 年）的户口、人丁、田地、田赋数。据此二书所载府县田额细数，湖广田额都是 20 余万顷，比如成化八年为 249 026 顷余⑥。隆庆六年为 249 334 顷余，正德七年间于这两个年份之间，其田亩数虽在"合省户口田赋"项下记载为 2 202 175 顷余，但据各府细数统计，其田亩数为 251 201 顷余，与

---

① 光绪《潜江县志》卷 3《舆地志·乡区》。
② 道光《安陆县志》卷 7《田赋》。
③ 同治《黄陂县志》卷 4《赋役》。
④ 光绪《兴山县志》卷 10《赋役志》。
⑤ 同治《巴东县志》卷 4《赋役志》以上各方志隆庆六年田额均见万历《湖广总志》。
⑥ 此为原书所载"合省田赋"总数，据各府州分记数合为 256 378 顷余。

成、隆间数字都相近，比如武昌府田额成化八年为 32 158 顷余，正德七年为 32 325 顷余，隆庆六年为 32 335 顷余；岳州府田额成化八年为 18 254 顷余，正德七年为 18 631 顷余，隆庆六年为 18 435 顷余；衡州府田额成化八年为 23 672 顷余，正德七年为 24 657 顷余，隆庆六年为 24 283 顷余；其余各府州的情况也大致如此。

以 220 217.575 顷讹作 2 202 175.75 顷，正好相差一个小数位；古代统计虽没有小数点，但统计时必须在算盘上定位，如果将"个顷"位误定至"十顷"位，就必然会产生上述讹误。由于这种定位讹误最初见于洪武二十六年（1393 年）刊的《皇明制书诸司职掌户部民科州县田土》一书，后来的一些文献便将这个讹误数视为洪武二十六年湖广的实际田额数，而不敢稍加怀疑，比如《正德会典》、《南京户部志》和《图书编》诸书载湖广弘治十五年（1502 年）田额均按当时实际作 20 余万顷，但对洪武二十六年的错误照袭不误，《湖广图经志书》更是对其所载各府州分计数熟视无睹。不过，这样一些文献还只是沿袭别人的讹误，而更为晚出的万历《湖广总志》和《万历会典》更在制造新的错误。《万历会典》一个最显明的例子就是将《正德会典》所载湖广弘治十五年的田亩数 236 128.47 顷改作 2 236 128.47 顷，正好多出 200 万顷。前述《皇明制书》的讹误是因算盘上定位错误产生的，《万历会典》的这种错误却是根深蒂固的"原额"观念作祟而人为故意造成的。这种篡改在万历《湖广总志》得到了集中体现（表 3 - 1）。

表 3 - 1　　　　　万历《湖广总志》所载田额及其订正额　　　　　（顷）

年　代	总志所载田额	致讹原因	订正田额	订正数出处
洪武廿六	2 202 175.75	统计定位错误	220 217.57	《湖广图经志书》
成化八年	2 249 026.50	故意加个"2"字头	249 026.50	《湖广图经志书》
弘治十五	2 236 128.46	故意加个"2"字头	236 128.46	《正德会典》
正德七年	2 202 175.75	因袭统计错误	220 217.57	《湖广图经志书》
嘉靖四年	1 249 145.95	故意加个"1"字头	249 145.95	《图书编》
隆庆六年	249 334.52	正确	249 334.52	《湖广总志》

如上表所示，万历《湖广总志》记载的一系列湖广土地数字只有隆庆六年数是正确的，其他各数都是错误的，其中最值得注意的是嘉靖四十一年（1562 年）的田额。成化八年和弘治十五年数都是直接加一个"2"字头，

为什么该年却加一个"1"字头呢？令人百思不得其解，直到读至该书卷末的《湖广总志序》才恍然大悟①，原来，这样篡改的目的只是为了说明湖广在明代的田额是逐渐减少的。试看上表，经过这样一改，湖广田额自成化以来就显示出是逐渐削减的了。其实，从湖广嘉靖二十一年的田额249 594顷余来看②，嘉靖四十一年的田额也必是249 000余顷。

此外，湖广布政司的税粮额也可以证明其田额为20余万顷。明代各朝湖广的夏税秋粮虽有波动，但总在200万石左右。湖广和江西相邻，耕地情况基本相似，但在明初时，江西在朱元璋平陈友谅的过程中有功，田赋科则有所偏低，而湖广则因以粮助陈友谅而有重租之田，故其平均每亩科粮数应较江西为高。还有，洪武初规定田亩科则，每亩官田5.35升，民田3.35升，重租田8.55升，芦地0.534升，草塌地0.31升，没官田12升③。据此推算，湖广每亩科粮当在3.55—12升之间。但是，据《万历会典》所载田亩计算，江西每亩科粮在6升以上，而湖广反只有1升上下④，仅高于芦地和草塌地的科则。出现这种情况，只能有一种解释，就是湖广田额决不是220余万顷，而是20余万顷。根据上述经过修订后的田亩额计算，湖广每亩科粮数都较江西为高，且都在3.55—12升的范围内，说明明代湖广田额确实是20余万顷（见表3-2）。

表3-2　　　　　　　　**明代湖广赋粮、田额和每亩科粮额**

项目＼年代	洪武廿六年	成化八年	弘治十五年	正德七年	嘉靖廿一年	嘉靖四一年	隆庆六年
赋粮（石）	2 462 436	2 223 770	2 223 670	2 223 670	2 133 601	2 168 968	2 169 140
田额（顷）	220 217.6	249 026.5	220 217.6	220 217.6	249 594.0	249 146.0	249 334.5
亩粮（升）	11.2	8.9	9.2	10.1	8.5	8.7	8.7

资料来源：《湖广图经志书》卷1；《湖广总志》卷21；《图书编》卷90。

二　明末湖广的实际耕地面积是95万顷

上面论证了明代湖广布政司的田额应为20余万顷，而不是220余万顷。

---

① 该序称："二百年之间，田土二百二十巨万递削其二百万，生齿三百万惋然而寝叹矣"。
② （明）章潢：《图书编》卷90《民数》。
③ 《春明梦余录》卷35《户部一·赋役》。
④ 梁方仲：《中国历代户口田地田赋统计》，上海人民出版社1980年版，第347页，乙表36。

但是，20 余万顷只是额田，而且只是民地的额赋田亩，与实际耕地面积存在着很大差异。那么，明代湖广的实耕地面积究竟是多少呢？明末万历初年，一些省区进行过大规模的土地清丈，这次清丈虽然不能百分之百地反映当时的实际情况，但毕竟比较接近实际。《万历会典》载湖广布政司万历六年的田土数为 2 216 199 顷余，这个数字是否就是丈量的结果呢？不是，因为湖广田额只有 20 万顷，绝不可能达到 220 余万顷之巨；而且《万历会典》所载万历六年湖广户口数，其实为万历《湖广总志》所载隆庆六年数，更证明它所载田亩数亦非万历时数。万历初年的丈量数可以从明末加派辽饷额和清初田地原额中找到答案。

1. 民田

明代万历末年曾在全国范围的民田内加派九厘饷，也称辽饷。据明末刘兰《题征饷疏》一文记载，湖广加派辽饷之法，不论土地肥瘠，均按每亩九厘科算，湖广布政司共派银 74 万余两，其中承天府最多，达 108 800 余两①。清代顺治年间仍旧征派辽饷，据十一年六月二十九日《祖泽远题请征辽饷明示以便遵行本》②记载，明万历末湖广加派辽饷"乃照通省全书田地山塘每亩九厘科算"，具体数字为 742 476.163 两，以每亩九厘除之，得田地山塘 824 973 顷余，其中承天府约为 120 889 顷。

又，顺治三年诏定赋役全书，以万历间田亩为原额③。因此，明万历间的田亩数也可以从清初湖广田亩的"原额"数求得。康熙二十三年（1684 年）刊《湖广通志》载，湖广"原额田地山塘"为 816 417 顷余。此数很接近上述根据辽饷求得的田亩数，而且此数字之后尚注明："窃查额内尚有荒芜田地，额编钱粮见系除荒征解，统俟开垦全熟庶以归复足额，理合登明"；其后又列出"清出田亩"数，并注明湖南清出数为顺治十二年（1656 年）和康熙五年（1666 年）丈出数。由此可知，其所谓"原额"应是顺治十二年以前数，也就是顺治三年诏定、十一年讧订的《赋役全书》所载的明万历间的田亩数。一个更有力的证据是该书所载承天府的"原额"田亩和明万历时加派辽饷的田亩完全一致。承天府根据辽饷求得田亩为 120 889 顷，而该

---

①　乾隆《湖北下荆南道志》卷 24《艺文志》。

②　见《清代档案史料丛编》第 1 辑，第 153 页。

③　（清）王庆余：《石渠余纪》卷 3《纪赋册粮粟》。

《湖广通志》载其"原额田地山塘"为120 954顷余,两者相差仅65顷,其原因是饷银省去了百两以后银数。这一事例进一步证实了康熙《湖广通志》所载原额田亩即是明万历初年丈量的耕地面积。只是由于万历初清丈以后有一部分民田划拨到王藩庄田,所以其数较根据辽饷求得的田亩数少8 500余顷。总之,万历时湖广民田在81万余顷以上。

至于《中国农田统计》云顺治十四年《赋役全书》载"湖南"原额田为758 758顷余,实额田746 263顷余,而梁方仲引以为"湖广"田额①,这也是有问题的。顺治十八年十二月十五日《阿思哈题湖广练饷务照原额征完事本》记载,十四年《赋役全书》载湖广实额田为527 723顷余②,而并非为74万余顷。

2. 屯田和更名地

卫所田亩即屯田,清初部分划入民田项下,称为"归并屯田"。"更名地"即明末宗藩庄田,清代因废藩以其田与民,遂称此名。因此,清初所谓的"原额屯田"和"归并屯田"之和即为明万历时卫所田地数;"原额更名田"即明万历时宗藩租田数。据康熙《湖广通志》载,湖北原额屯田为32 843.51顷,湖南为27 933.55顷,二省归并屯田共5 244.33顷,合计屯田为66 021.32顷,与顺治十四年《赋役全书》所载湖广屯田原额67 068顷余③,甚为接近。又据康熙通志载湖广原额更名地为69 478.07。屯田、更名地合计为135 499顷余。

3. 明万历时湖广田亩总数

清代的土地类型主要为民田、屯田和更名地,因此,这三项原额田亩的和即大致等于明万历时的实际耕地。康熙《湖广通志》所载上述各项田地的总和为951 916顷余,说明万历初湖广实际耕地面积超过了90万顷,约为丈量前额田的4倍,可见湖广隐匿田亩之严重。除此之外,还有一条材料也说明万历时湖广的实际耕地面积当在90万顷以上。万历十年十月,湖广大规模的土地清丈大功告成,湖广巡抚陈省在"清丈竣事"的题本中说,湖广田

---

①　梁方仲:《中国历代户口田地赋统计》,上海人民出版社1980年版,第386页,乙表65。

②　《阿思哈题湖广练饷务照原额征完事本》,载《清代档案史料丛编》第11辑。

③　同上。

亩原额为 364 378 顷,丈量新增 551 903 顷,共为 916 281 顷①。这一数字与前《湖广通志》所载相差 4 万顷,估计是该题本中没有包括当时的王藩庄田所致。不过,应该指出,明万历时的土地清丈也不是绝对精确的耕地统计,比如巴东县因地处深山,"田地从无弓口",万历清丈时"不过指地认粮,易以增损,兼并欺隐在在有之"②,而当阳县一些不毛之地,"明万历清丈时以刁民告讦,皆得摊粮"。③ 但这些并非普遍现象,尽管万历清丈有这样那样的不确,但 95 万顷无论是较 20 余万顷还是 220 余万顷似更符合当时实际。

这里可以对这个数字作一合理性检验。何炳棣先生认为,《神宗实录》所载万历三十年田额虽然较前后各时期高出许多,但比较接近实际。但是,这个数字(11 618 948 顷)还只是万历间丈量的全国民田数,并没有包括屯田和宗藩田;今以湖广明万历时民田 816 417 顷余较之,可知湖广民田占全国民田的比例为 7%,正是当时湖广人口占全国人口的比例。又,95 万顷约合 6.33 万平方千米,湖广土地总面积约为 40 万平方千米,可知当时湖广的垦殖指数为 16%,这个数字是比较可信的,因为 20 世纪 80 年代初,两湖耕地约为 120 万顷,垦殖指数也只有 20%,再从人均耕地看,万历六年湖广民口数为 4 398 875④,以此数去除当时民田数,得人均耕地为 18.6 亩,考虑到人口数的偏少,实际人均耕地应少于 18 亩,并没有超出一人所能耕种的极限耕地,因此,95 万顷田亩是比较真实地反映了明代末期湖广布政司的土地垦殖状况的。

三 明末湖广的土地清丈是有成效的

前引何炳棣《中国古今土地数字的考释与评价》一书对中国历代尤其是宋元明清以来的载籍土地数字作了详细探讨,其中不乏精辟见解和有益启迪,但也有一些观点尚可商榷。

比如何先生说:"万历初所谓的丈量对原来的田额并未发生多少影响……都是相当尊敬保持原额的观念,其目的在均税,在使田额不受亏损,而不是在索求耕地精确的亩数",又说,"清代开国主要战役结束之后即以万

① 赵冈:《明清地籍研究》,《近代史研究所集刊》1980 年第 9 期。
② 同治《巴东县志》卷 4《赋役志》,卷 15《艺文纪》引张尚煊《田赋说》。
③ 粟引之:《田赋论》,载同治《当阳县志》卷 17《艺文》。
④ 《万历会典》卷 17《户部四》。其实此数即为《湖广总志》所载隆庆六年数。

历未丈量前的额田为原额"①。这些说法都是不符合事实的。从上述对湖广田额分析可知，万历初的丈量对原来的田额是发生了很大影响的。湖广万历初清丈田亩为95万顷，而清丈前额田仅22—24万余顷；不但湖广如此，其他各省万历时的清丈结果与清丈前额田数也大不一样，如陕西清丈前田额为472 591顷，清丈结果为503 579顷，广东清丈前田额为266 357顷，清丈结果为337 569顷；山东清丈前田额为800 773顷，清丈结果为1 166 528顷②。这些事例显示，万历初的清丈是很有成效的，而湖广在万历末加派辽饷时即以清丈数为准，而不是按清丈前的田额，更足以说明这点。因此，即使这次丈量具有"均税"和保持"原额"的目的在内，也不能排除"索求精确耕地"的目的在外，因为这次清丈的主要动机还是要清查出大量的隐漏耕地。田赋是国家财政的支柱，万历伊始，国家财政入不敷出，要增加收入，不得不从田赋上着眼，但每亩科赋有限，不可能在原来田额上加重科则，那样容易招致怨声载道；而只能从清查额外田亩着手，按亩升科，这样就名正言顺了。不寻求比较精确的耕地数字，不仅国家收入难以增加，就是"均税"也只是一句空话，也就更谈不上与这次清丈有直接关联的"一条鞭法"的推行了。至于何先生谈到清初以"万历未丈量前的田额为原额"之说，在某些省份可能如此，但湖广却不是这样，如前已述，湖广丈量前田额为20余万顷，但清初的"原额"却为80余万顷；而且这80余万顷即是清丈的结果，前举安陆、黄陂、兴山等县及承天府清初"原额"都是万历丈量数，只是丈量时间有先后而已。

　　此外，何先生还谈到我国传统土地数字与实际耕地面积相比失之过低的原因，并认为主要有折亩、免科、隐匿，这无疑是正确的。但还有可以补充者。如上分析，明末湖广额田为20余万顷，而实际耕地却有90余万顷，实际耕地与额田之间的差距除折亩、免科、隐匿等因素外，还有就是一般典籍所载都只是民田额数，而屯田、庄田及其他官田大都不入其中，尤其是明代宗藩禄田因不征国课，而是藩王自收租税，有时根本就不报部，虽然一些民田诡名投寄其下可称"隐匿"，但严格说来，这主要还是一个田亩类型问题。因此，田亩登记的不完全也是我国传统耕地数字失之过低的一个重要原因。

<hr>

① 何炳棣：《中国古今土地数字的考释与评价》，中国社会科学出版社1988年版，第64—65、103页。

② 《万历会典》卷17《户部四》，上述数字都是各省抚按在万历十年前题报。

第四篇

明清之际湘鄂赣地区的耕地结构
及其梯度分布研究

　　明清之际长江中游的湘鄂赣地区是全国的重要粮食产区，通过对明清湘鄂赣地区 150 多个县的载籍耕地类型的统计分析，揭示了湘鄂赣地区的水旱耕地结构。湖南、江西、湖北三省在明清之际均以水田为主，但省际间差异较大，其水田比重分别为 92.8%、85.0% 和 55.9%；水田比重呈明显的梯度分布，越往南水田比重越大，90% 的水田比重等值线在北纬 28°—29° 之间，横贯湘赣两省中部，大体为江西兴安（今横峰）—弋阳—贵溪—临川—峡江—安福—萍乡—新昌（今宜丰）—奉新—靖安—义宁（今修水）—湖南平江—益阳—龙阳（今汉寿）—桃源—安化（今梅城）—新化—黔阳—晃州（今新晃）一线；湖区水田比重较低，湖区成为重要的稻米产区并不在于其水田比重高，而在于其垦殖指数高、水田绝对数量多和水稻单产高。自然条件制约是耕地结构梯度差异形成的主要原因，水田比重是影响湘鄂赣地区商品大米输出的主导因子。

（本文发表于《中国农史》1994 年第 2 期）

耕地结构是种植农业的一项重要经济指标，一个地区的种植结构、耕作制度甚至整个农业经济水平都与它有着密切的关系，但我国农史学界目前尚无人对历史时期的区域耕地结构做专门的研究。笔者在研究过程中发现，这方面的研究并不是根本无从问津，在某些时期的某些地区完全可以进行充分的定量分析，本文即是填补这方面空白的一个案例研究，兹援述如此，以就正于学界同仁。

一 明清之际载籍耕地的分类

这里所指耕地结构，是耕地中水田和旱地的比例关系。位于长江中游的湘鄂赣地区自唐宋以来即已成为全国重要的稻米产区，明清之际该地区的水田比重有多大呢？要回答这个问题，首先就要弄清楚明清时期的载籍耕地类型。

明清时期都推行以鱼鳞图册作为地籍形式的制度，有人根据 16 种明清鱼鳞册，13 种明清实征册、编审册、税册，7 种明清单户田地申报单等的记载，得出结论认为"我们有坚强的理由相信，明清两朝一贯地使用田地山荡4 项土地分类"[1]。就笔者所知，北方诸省虽有特例，南方诸省则确是如此，据明清地方志和赋役全书记载，湘鄂赣地区的载籍耕地亦分为田、地、山、塘（个别称荡）4 类，只是一县之中并非 4 类俱备，有的无"山"项，有的无"塘"项。

"田"是特指可以种植水稻的水田。其等级的划分依据大都是灌溉状况的好坏，如湖北光化县之田分为"活水田"和"死水田"2 则[2]，湖南祁阳县之田分为 5 则，"有溪涧可堰者为堰田，有泉源可导者为井田，有在谷中者为冲田，缘江一带架筒车者为筒车田，池塘蓄水者为塘田"[3]；湖南道州之田分 6 则，上田为"横坝田"，"筑石堵水，横灌田间，一堤可溉数百亩，遇旱则谷数反赢"；次上田为"车田"，"伐木筑堰，横截河流，岸边堰口施筒车，湍波激触，旋转引水而上，一车可溉百余亩"；中田为"塘田"，"即低洼处开成，潴水至满，旱则放之，一塘可溉数十亩"；次中田为"井田"，

---

① 赵冈：《明清地籍研究》，载《近代史研究所集刊》1980 年第 9 期。

② 民国《光化县志》卷 3《赋役》。

③ 同治《祁阳县志》卷 4《山川》引旧志。

"藉井水以灌润，水源短浅，数亩之外无余也"；下田和次下田为"望天田"，"无涓滴之源，十日不雨则无禾矣"①。但大部分分为上、中、下3则田和上、中、下、山乡、水乡5则田，只有少数分为6则、9则、10则或者不分等则。

"地"是特指种植旱作物的旱地。其等级大都分为上、中、下3则，少数分为3等9则，还有的分为粟地、桑地、蓝靛地、麦地等，还有的根据土地肥力高低分为金地、银地、铜地、铁地、锡地之类，只有极少数分得特别仔细，其中往往包括一些非耕地在内，如湖北光化县之地分为闹街基地、僻街基地、上平街地、上乡基地、中次平好冈坡淤洲地、次中平地、下地、次下地、草地9则②。

"山"的指属较为复杂，有人认为它"是有主而被利用的山坡地"，"是山坡上已被开发的劣等农地，若经过进一步的改良，则可以升级为田或地"③，这里将"山"全视为耕地之属，笔者认为是不妥的，固然"山"有时是指刀耕火种之山畲地，但大多数情况则是指非种植业中的山林地和草山草坡，故有竹山、草山、柴山等之别。在明清湘鄂赣地区此类载籍耕地类型以江西各县较普遍，湖北很少，湖南极少。"山"并不一定分布在多山的州县，一些山少的地方因柴薪困难而山陵有柴薪之利，明末丈量时因而载之赋役全书并课赋，如湖北的汉阳、江夏（今武昌）、松滋、公安等县，一些山多的地方则因刀耕火种，进行畲地耕作，耕地既无一定，履丈也难遍及，因而课以一定的山税，如湖北的东湖（今宜昌）、长阳、当阳、荆门等县。

"塘"即现代农业用地中的水面，包括堰坝河湖池塘等，不在耕地之列，但与耕地尤其是水田的关系十分密切。其等级有的分为上、中、下3则，但多数根据其功能划分为"荫塘"和"鱼塘"，前者是指用来蓄水灌溉的塘，又称"水塘"；后者则是主要用于养鱼的塘，是渔业的场所。

在上述4类载籍耕地中，尽管"塘"和"地"可改为"田"，"山"也可变为"地"或"田"，但在一定时期内，它们之间的比例关系是相对稳定的，也就是说，载籍耕地的构成可代表相当长时期内的农业用地结构。如前

---

① 光绪《道州志》卷3《赋役》。
② 民国《光化县志》卷3《赋役》。
③ 赵冈：《明清地籍研究》，载《近代史研究所集刊》1980年第9期。

所述，"田"指水田，"地"指旱地，因此根据它们就可以求得耕地结构，一般来说，载籍耕地与实际耕地之间往往存在着较大的误差，但因水田和旱地的这种误差具有趋同性，即无论是水田还是旱地的载籍数字都因隐漏而少于实际数字，因而表现在水田和旱地比例上的相对误差就会大大缩小，能够较真实地反映出耕地结构来。当然，水田和旱地的隐漏程度毕竟是不一样的，一方面是旱地生产条件不若水田，较易隐漏，另一方面是载籍耕地类型中的"山"也含有一定量的旱地在内，因此根据载籍耕地类型中的"田"和"地"计算出来的耕地结构一般是水田比重偏高，旱地比重偏低，这是必须明白的。

二 湘鄂赣地区的耕地结构及其梯度分布规律

明神宗万历初年，湖广、江西布政司都进行了大规模的土地清丈，这次清丈结果虽不能说是百分之百的真确，但毕竟接近于客观真实，清朝鼎革之后，这次清丈结果即以"原额"形式进入清朝的地籍和地方志中[1]。明清时代是我国地方志十分发达的时代，本文将主要利用地方志中的这些资料来分析其耕地结构。在分析之前，还有两个问题必须说明：一是载籍耕地的性质问题，明代的载籍耕地主要包括"民田"、"藩田"和"屯田"，清代除"民田"外，将"藩田"断入州县民田谓之"更名田"，又将一部分卫所屯田归并入州县民田谓之"归并屯田"，未归并之卫所屯田谓之"漕运屯田"，其中民田占绝对优势，资料也最齐备，本义对耕地结构的分析大多只是对民田的分析，但这并不影响分析结果的代表性，一方面是民田以外田额不及总额的十分之一，另一方面民田以外田额的耕地结构与民田的耕地结构不会有太大差别；二是载籍耕地的时段问题，本文借以分析的载籍耕地数字主要是明末万历初年的丈量数，因而主要是代表当时的耕地结构，不过明清之际由于战乱使耕地大量抛荒，直到康熙后期才基本完成复垦工作，而且耕地结构在一定地域内显得相当的稳定，一个百分点的变化常常要数十上百年的时间，大地域范围内更是如此，如江西省"原额"四类载籍耕地中"田"的比重为68.68%，"田"、"地"两类载籍耕地中"田"的比重为85.03%，至康熙二十年代"田"的比重分别变为67.29%和84.44%，将近1个世纪内其

---

① 龚胜生：《明代湖广布政司田亩考实》，载《中国农史》1992年第3期。

变化也只 1 个百分点左右①，因此，本文分析结果可代表明后期至清前期约
3 个世纪里的耕地结构。

明清湘鄂赣地区并非所有州县均能找到田地山塘的分类资料，相当一部
分州县仅有田地山塘的合计数字，因此本文分析结果只是一种随机抽样结
果，兹将笔者收集到的有关资料经计算整理成表附于文后。这些表中，江西
省从省到府县都有田地山塘的分列，只有赣州府、南安府之属县没有；湖北
省抽取了 34 个县共 354 963 顷载籍耕地，占全省县数的 50% 和全省民田的
72%；湖南省抽取了 51 个县共 200 432 顷载籍耕地，分别占全省县数的 65%
和全省民田的 71%。应该说，使用这些"样本"对湘鄂赣地区的耕地结构
进行分析的结果是可信的。

以上对湘鄂赣地区耕地结构分析中的一些技术问题做了交代，这里根据
附表资料并结合文献记载来具体探讨明清之际该地区耕地结构的特点。

1. 耕地均以水田为主，但省际间有较大差异

附表资料（见文后）显示，湖南、江西、湖北三省在明清之际均以水田
为主，水田比重分别占全省耕地面积的 92.8%、85.0% 和 55.9%，也就是
说，湖南的耕地结构是以水田占绝对优势，旱地不及十分之一，江西也以水
田占优势，旱地不及十分之二，湖北则基本上水旱并重，水田略多于旱地。
若两湖平均则水田十居其七，占 69.9%；若三省平均则水田四居其三，
占 76.5%。

湖南水田占绝对优势的情况在清前期多有记述。顺治十年，金廷献在
《请蠲赈疏》中说，湖南"稻子而外别无他种"②，到雍正年间，湖南依然
"止知栽种水稻，未知栽种旱粮"③，以致"州县中俱以种稻为事"④。乾隆以
后，虽麦子、玉米、甘薯等旱作有所推广，但水田居绝对优势的情形没有变
化，乾隆二十年湖南巡抚杨锡绂称"湖南系专种稻田之区"⑤。江西亦以水
田为主，因而旱粮种得不多，雍正二年江西巡抚斐律度奏称"江西各属所种

---

① 此据《古今图书集成·职方典·江西田赋考》得出，另据明万历三十九年刊《江西赋役全
书·省总》所载田地山塘计算，其比例分别为 68.78% 和 85.18%。
② 乾隆《长沙府志》卷 12《政迹志》。
③ 《雍正朝汉文朱批奏折汇编》，第 10 册第 156 折。
④ 《雍正朝汉文朱批奏折汇编》，第 2 册第 767 折。
⑤ 《宫中档乾隆朝奏折》，乾隆二十年三月十五日奏折。

二麦仅十分之二三"，余皆植稻①。湖北水田、旱地并重情形也可验之于清代记载，康熙四十九年湖广巡抚陈诜奏称"楚北虽山水相半，然旱田少，水田多"②，乾隆二十年湖北布政使沈世枫称"楚省以稻田为主"③，乾隆四十四年湖北巡抚郑大进亦称"楚省向以稻田为主"④，可知湖北水田多于旱地，但其间也有"湖北地多于田，宜于种麦"⑤，"种麦者十之五六"甚至"约十之六七"⑥的说法。这固然与奏报者当时的目的有关，但由此亦可证明湖北水田、旱地比重确实相差不大，若其比例像湖南、江西一样悬殊，奏报者是断然不敢这样措辞的。

2. 水田比重呈梯度分布，越往南水田比重越大

根据附表资料可绘出各州县的水田比重等值线图。如图 4-1 所示，湘鄂赣地区明清之际的水田比重呈明显的梯度分布，既有南北向的梯度变化，也有东西向的梯度差异，但以南北向的梯度为主，在湖南、江西两省均是越往南水田比重越高，而且一定距离内的梯度差越来越小，湖北则具有南北梯度与东西梯度相结合的特征，从鄂东南往鄂西北水田比重呈逐渐下降的趋势。

水田比重为 50% 的等值线大体分布在湖北随州—京山—荆门—枝江—湖南石门一线，此线东南地区耕地结构均以水田为主，湘鄂赣三省的漕粮州县均分布在这片区域，此线西北地区则大都以旱地为主，为主要麦产区。

水田比重为 90% 的等值线横贯湘赣两省中部，在北纬 28°—29° 之间，大体为江西兴安（今横峰）—弋阳—贵溪—临川—峡江—安福—萍乡—新昌（今宜丰）—奉新—靖安—义宁（今修水）—湖南平江—益阳—龙阳（今汉寿）—桃源—安化（今安化梅城）—新化—黔阳—晃州（今新晃）一线，此线以南地区约占整个湘鄂赣地区面积的 2/5，耕地结构中旱地不及 1/10；在这片地区里，还可以划出一条水田比重为 95% 的等值线，这条线大体在江西泸溪（今资溪）—南城—崇仁—乐安—万安—永新—永宁—湖南酃县—安

---

① 《雍正朝汉文朱批奏折汇编》，第 3 册第 149 折。

② 《康熙朝汉文朱批奏折汇编》，第 3 册第 732 折。

③ 《宫中档乾隆朝奏折》，乾隆二十年五月十六日奏折。

④ 《宫中档乾隆朝奏折》，乾隆四十四年三月二十二日奏折。

⑤ 《宫中档乾隆朝奏折》，乾隆十九年五月三十日湖北提督攀龙奏折。

⑥ 《宫中档乾隆朝奏折》，乾隆十九年闰四月十二日湖北巡抚张若震奏折；乾隆二十九年五月四日湖广总督李侍尧奏折。

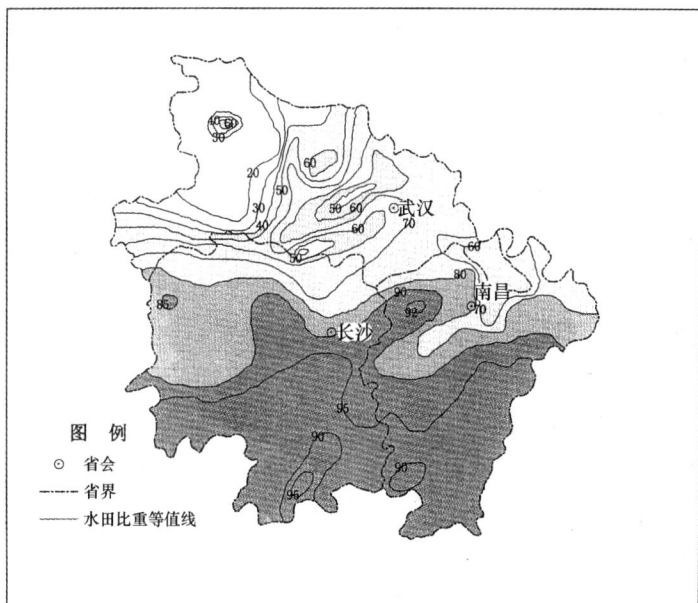

图 4 - 1　明清之际湘鄂赣地区水田比重等值线图

仁—攸县—醴陵—湘潭—湘乡—邵阳—会同一线。

　　鄂西山地是该地区水田比重最低的地区，除几个山间盆地较多的县外，水田比重均在 20% 以下，均州（今丹江口市西北）—南漳—远安—宜昌—长阳一线大体即是水田比重为 20% 的等值线。鄂西北郧阳府所属六县（郧、鄂西、竹山、竹溪、房、保康）"崇山峻岭，平畴水田十居一二"，耕地结构以旱地为主，粮食结构亦以旱杂粮为主，"山农所恃以饔餐者，麦也、荞也、粟也，要以玉蜀黍（俗名包谷）为主，至稻麦唯仕宦与市廛之民得食之"①，其中竹山县就是"山多田少，水田十之一，旱田十之九"，"山地十之八九，水田十之一二"，保康县亦有"平畴水田十居一二，民多食玉高粱（包谷）黍秋"的记载，房县虽"郧属六邑惟房犹号裕米之乡"，水田比重较高，但也是"山多田少"，只有县城附近水田较多②。襄阳府本"居楚北上游，地势颇高，水田少而旱地多"，而其西部所属之均州、南漳更"居万

---

　　①　同治《郧阳志》卷 4《物产》。

　　②　乾隆《竹山县志》卷 10《风俗》，卷 12《赋役》；同治《保康县志》卷 1《物产》；同治《房县志》卷 2《水利》，卷 11《物产》。

山之中"，和郧阳府各属县一样，粮食作物亦以旱作杂粮为主①。荆门州西部的远安县也"在万山间"，"达官巨人终岁不一至"，是一个以旱地居优势的地区②。鄂西中部的宜昌府也是一个"依山为田，刀耕火种"的旱作区，其中兴山县竟有"地不产稻"的记载③。鄂西南的施南府是清乾隆元年才改土归流的地区，明代没有进行土地清丈，据清代方志记载，自然条件较好的府治恩施县也是"年岁惟视高山之收成以定丰歉"，"邑民食稻者十之三，食杂粮者十之七"，故有"施州地无一里平，依山垦土尽室耕"之称④。

　　湘赣南部尤其是北纬27°以南的地区是该地区水田比重最高的地区，水田比重在90%—95%以上。乾隆二十九年五月廿一日永州镇总兵顾铉（管辖永州、宝庆、衡州、郴州等府州）奏称"永（州）衡（州）等郡，稻田十居其九"⑤，宝庆府所属城步县直到清末同治年间虽"人丁加增较昔已不下数十倍"，但田中只种一季水稻的习惯"数百年毫无变更"⑥，甚至到光绪年间，永州府所属零陵和道州仍是"农务全在稻田"⑦。常德是湘鄂赣地区水田比重90%等值线穿过的最北地区（北纬29°多），在清乾隆年间也有"常德地方农民惟知种稻，向不种麦"的说法⑧。

　　在适当的季节里，水田比重的上述梯度差异是可以直接观察得到的，乾隆四十七年夏湖南巡抚李世杰从京赴任湖南，记述了沿途耕地种植情形，他说河南"南阳府属之叶县、裕州（今方城）、南阳、新野等州县沿路高粱长发……早粟、黄豆、绿豆、棉花、芝麻杂粮长发……湖北襄阳府属之襄阳、宜城，安陆府属之钟祥、荆门，荆州府属之江陵、公安等州县沿途地内种黍粟杂粮者十之四五，水田种稻者十之五六，又湖南澧州暨所属之安福（今临澧）、常德府属之武陵（今常德）、龙阳（今汉寿），长沙府属之益阳、宁乡县种杂粮者不及十分之一，全系种稻水田"⑨。旅途所见，虽不全面，但这无异于从河南到湖南之间画了一条耕地结构剖面线。乾隆二十八年七月湖北巡

---

① 光绪《襄阳府志》卷4《物产》，卷9《水利》；光绪《南漳县志》卷4《形势》。
② 周洪谟：《重修县治记》，载同治《远安县志》卷6《艺文》。
③ 同治《宜昌府志》卷11《风土志》。
④ 同治《恩施县志》卷7《风俗》；同治《施南府志》卷28《艺文》。
⑤ 《宫中档乾隆朝奏折》，乾隆二十九年五月廿一日永州镇总兵顾铉奏折。
⑥ 盛鉴源：《为开导晓谕以期必行事》，载同治《城步县志》卷10。
⑦ 光绪《零陵县志》卷5《风俗》；光绪《道州志》卷10《风俗》。
⑧ 《宫中档乾隆朝奏折》，乾隆四十三年十二月十二日湖广提督窦瑸奏折。
⑨ 《宫中档乾隆朝奏折》，乾隆四十七年六月二十日奏折。

抚辅德从京赴任，也记述了湖北东部的耕地种植情况，自河南"确山以南之信阳州及楚省之应山、孝感、黄陂、汉阳、江夏等县……种黄豆、棉花、芝麻、包谷者约十之二，种稻田者约十之八"[1]。

3. 湖区水田比重较低，呈漏斗状倾斜

湖区是垸田集中的地方，也是商品稻米的主要产区，按说水田比重应该很高，可是如图4-1所示，洞庭湖区和鄱阳湖区州县的水田比重均较周围地区低，而且越往湖区中心水田比重越低，用计算机制出立体图则呈明显的不规则漏斗状，倾斜方向与河流汇聚方向一致。这是一种十分有趣的经济现象。洞庭湖区（包括江汉平原南部）的水田比重低值中心在荆江河曲中段的石首县，水田比重不足40%；鄱阳湖区的水田比重低值中心在彭泽—乐平—鄱阳（今波阳）—进贤—都昌—德化（今九江）所组成的包围线中，水田比重在60%以下。

湖区土地广沃，垸田如鳞，但地势低洼，易受水涝，夏秋间的水汛涨发，对水稻种植危害极大，但麦熟于四月，乃在汛期之前，若种植大小麦则很少水淹之患，因此实际上有相当多的垸田因植稻不能确保有收而以旱地形式进入地籍，这是湖区旱地比例相对较高的重要原因之一；此外，湖区洲渚塌涨无常，宜于旱作，许多洲渚之地进入地籍也是其旱地比例较高的一个原因。总之，湖区成为重要的稻米产区并不在于其水田比重高，而是在于其垦殖指数高、水田绝对数量多和水稻单产高。这种经济现象一方面反映出明清之际洞庭湖区和鄱阳湖区的种植农业尚有较大的潜力可挖；另一方面也说明其种植农业较大程度地受制于自然因素主要是水灾的影响。

湘鄂赣地区上述耕地结构特点的形成既有自然方面的原因，也有社会方面的原因，但主要是自然条件的影响。该地区位居长江中游，平原丘陵广阔，属亚热带季风湿润气候，水热资源充足，而且雨热同季，适宜于喜温喜湿的水稻栽培，故自两千多年前的《周礼·职方》时代即有"谷宜稻"的记载，历来是个以水稻生产为主的农业区域。但区域内部自然条件也不尽一致，湖北绝大部分地区属北亚热带，毗邻适宜旱作的暖温带，具有较明显的南北过渡特征，表现在耕地结构中便是水田略占优势，但旱地也不少，基本上是水旱并重；而湖南和江西则属中亚热带，水热资源较湖北优越，也更宜

---

[1] 《宫中档乾隆朝奏折》，乾隆二十八年七月十二日奏折。

于水稻种植，表现在耕地结构中就是水田占绝对优势，而且越往南自然条件优势越突出，因而水田比重也越高，呈现出明显的南北梯度分布。这些自然差异依然制约着该地区的现代种植业，因而现代耕地结构与明清之际的耕地结构有着相似的格局，新中国成立以来，湖北的水田比重一直在50%左右波动，湖南和江西则在80%左右变化（见表4-1）。

表4-1　　　　　　　　新中国湘鄂赣地区耕地中水田比重的变化　　　　　　　（%）

年份 地区	1949	1957	1965	1978	1991
湖南省	79	75	78	78	80
江西省	85	88	86	82	85
湖北省	48	47	47	52	54

资料来源：《中国农业地理总论》及《中国统计年鉴1992》。

当然，耕地结构作为人类活动作用于自然环境的一种经济结果，它的形成与社会发展也是有重要关系的。空间发展理论认为，空间或区域经济扩展总是从高势能地区向低势能地区推进，渐进式的扩展又往往呈波形梯度轨迹。一般的农业史现象由于难以定量描述而难以揭示这种轨迹，但本文通过对耕地结构中水田比重的定量分析却清楚地显示了这种轨迹！众所周知，我国南方是一个以水田为主的农业区，北方是一个以旱地为主的农业区，可以说，北方是一个旱地耕作技术高势能区，离开北方越往南则旱地比重越低，南方是一个水田耕作技术高势能区，离开南方越往北则水田比重越低，湘鄂赣地区介于这两个高势能区之间，而更邻近于水田技术高势能区，但越往北受旱地技术高势能位的影响越大，因而旱地比例从湘赣南部的不足10%提高到鄂北的50%以上，种植结构也相应的从以水稻为主过渡到以麦子为主，如湘南"农务全在稻田"；鄂北"毗连秦豫，种麦者十之五六"；河南则"地亩种麦者十之六七，秋田十之二三"，有"一麦抵三秋"之谚[1]。

应该指出，除上述宏观的南北差异外，还有许多局部的差异，如大的山区可成为旱地技术高势能区，广阔的河谷平原可成为水田技术高势能区，它们的影响叠加在南北两个大的高势能区的影响之上，从而使梯度分布呈现复

[1] 《宫中档乾隆朝奏折》，乾隆二十一年五月十三日河南布政使刘慥奏折。

杂多样的特点，如湖北受鄂西北旱地高势能区和鄂东南水田高势能区的影响呈较强烈的西北东南向梯度分布。

历史实践表明，相对于当时生产技术水平而言，人类总是首先开垦那些易于垦殖和生产效益高的土地资源，只有当这样的土地资源得到足够程度的开发以后，人类才会去开垦那些难以成熟和生产效益低的边际土地。在我国南方农业史进程中，一般总是先垦河谷平原的水田，然后才及于山坡荒地的开发，因此随着土地开发程度的加深，区域耕地中旱地比重将逐渐上升并向自然条件控制的极限值靠近，故在自然条件完全相同的两片区域，水田比重高的往往也是土地开发程度低的地区，尽管灌溉技术发展可能提高一定区域的水田比重，但最终也将受制于自然的条件，即总的趋势是水田比重呈降低状态，如明清之际湘南地区的水田比重在90%以上，经过几个世纪发展到现代，其水田比重必然是要降低，区域间的差异也更能显示出自然条件的影响来。图4-2是20世纪80年代湖南耕地中水田比重等值线分布图，与图4-1对比一下就不难看出，水田比重与自然条件的关系更清晰了，如东西向梯度差加强了，湘江中游河谷成为水田比重的高值中心，湘西北山区成了水田比重的低值中心。

三　水田比重与稻米生产

明清之际，湘鄂赣地区耕地基本上是一年一熟，故其耕地结构大致决定了其粮食种植结构，正是其以水田为主的耕地结构使该地区成为全国的重要稻米产区。清人王庆云《熙朝纪政》卷4云："国初各省惟湖广常有余粟，江西次之"；康熙五十七年六月廿六日康熙帝在江西巡抚白潢的奏折上朱批道："湖广、江西大熟，天下不愁米吃了"[①]；雍正元年监察御史许容奏称江浙"即当大有之年，本省之米犹不足本省之用，大半仰给于江楚商贩"[②]；乾隆十三年五月乙酉上谕也说浙江粮食不足，"全藉江西、湖广客贩米船"[③]。很显然，清前期湘鄂赣地区是全国重要的粮仓。这种粮仓地位的建立显然与它水田占76.5%的耕地结构有直接关系，今日（1991年）湘鄂赣三

---

① 《康熙朝汉文朱批奏折汇编》，第8册第2638折。
② 《雍正朝汉文朱批奏折汇编》，第2册第127折。
③ 《高宗实录》卷314。

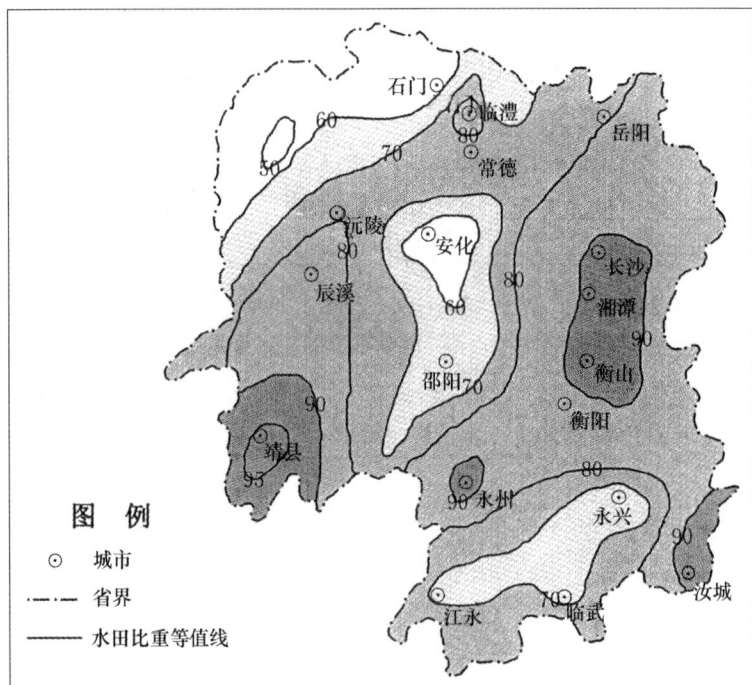

图4-2 20世纪80年代湖南省各县水田比重等值线图

省耕地中水田比重只占71.2%，仍然是全国重要的商品米基地。理论上讲，一个地区剩余大米总额等于该地区稻田面积与单位面积大米剩余额的积，即耕地面积×水田比重×（水田稻米单产－水田单位面积负荷人口的稻米年消费量）。这里所要探讨的是，水田比重是否是造成明清之际湘鄂赣地区粮仓地位高低的主导因子。

前已得出结论，湖南的耕地结构是水田占绝对优势，水田比重达93%，在湘鄂赣三省中最高。事实上，它也是三省中商品米最多的省份，虽有"湖广熟、天下足"之谚，其实湖广余米主要产自湖南，尤以清前期突出，康熙三十九年湖广总督郭琇就说，"楚省之米出自湖南"①，乾隆三十年湖南学政李绶称"湖南到处水乡，地宜粳稻……每田一亩可收谷四石，是以有'湖广熟，天下足'之说"②，所以乾隆帝干脆把"湖广熟，天下足"说成是"湖

---

① 《郭华野先生疏稿》卷3《谷米转移》。
② 《宫中档乾隆朝奏折》，乾隆三十年八月七日奏折。

南熟，天下足"①。

与湖南相反，湖北的耕地结构水旱并重，水田比重只56%，在湘鄂赣三省中最低，虽"湖广熟，天下足"之谚也包括湖北在内，其实它是沾了湖南、四川的光。康熙年间，湖南巡抚赵申乔就指出"湖北转运江浙之米，即系湖南运下汉口之米"②；雍正年间也有"汉口系米谷聚处而历年多资湖南"之说③，湖南巡抚魏廷珍称"湖北以至江南一带俱仰给湖南之米"④，湖北布政使王克庄更指出"向来虽有'湖广熟，天下足'之谣，其实湖北之米皆藉湖南、四川，每岁运至汉口发粜者不下数百万石"⑤；到乾隆年间不仅有了"湖南熟，天下足"之称，而且有了"湖南熟，湖北足"的说法⑥。如乾隆三十三年正月，湖北汉口共到客米90 900余石，其中四川湖南米占45 900余石，十月份仅湖南米就达69 000余石⑦。

江西耕地结构亦以水田居优势，水田比重占85%，介于两湖之间，其商品米生产也多于湖北而少于湖南。在清前期，江西作为重要产米区，常与湖广并提，如康熙四十八年八月初三江宁织造曹寅奏称"江、广米来，以致价平"，九月初二又奏"江西、湖广米船接踵而至"，十月初七苏州织造李煦奏称"湖广、江西贩米之船络绎来苏"，据江西巡抚朗廷极十月初九统计，该年九月江南、浙江等省在江西贩米56 400余石，至十月上旬已达96 700余石，次年七月初四又统计奏报，康熙四十八年正月至七月，仅南昌府牙行就卖米153 140余石，谷7 827石，八月至次年五月，南昌省城及外府属县牙行卖过商贩米共585 449石，谷12 410石，其中南昌府计卖米251 320石，谷11 800石⑧。据此估算，江西每年外运大米在100万石以上。其时湖广外贩大米在400万石以上⑨，故有"江西米谷不及湖广十分之三"之说，南昌府之市汊、吴城、袁州府之泸溪，临江府之樟树镇、沙湖、龙涡河埠，抚州

① 《乾隆东华录》卷2，乾隆二年十一月癸未。

② 赵申乔：《自治官书》卷6《湖南运米买谷人姓名数目稿》。

③ 《雍正朝汉文朱批奏折汇编》，第2册第109折。

④ 《雍正朝汉文朱批奏折汇编》，第2册第242折。

⑤ 《雍正朝汉文朱批奏折汇编》，第8册第392折。

⑥ 嘉庆《长沙县志》卷9《积贮》。

⑦ 《宫中档乾隆朝奏折》，乾隆三十三年二月四日湖广总督定长奏折；乾隆三十三年二月七日湖北巡抚鄂宝奏折；乾隆三十三年十一月十四日湖广总督定长奏折。

⑧ 《康熙朝汉文朱批奏折汇编》，第2册第551、573、586、588、698折。

⑨ 龚胜生：《论"湖广熟，天下足"》，载《农业考古》1995年第1期。

府之上墩渡，广信府之小羊渡口等都是省内重要的商品米集中地①。

由上可知，耕地结构的差异也是导致湘鄂赣地区商品米差异的决定因素，水田种稻，旱地种麦，在各省区内，稻麦生产具有互补特征，故湖南极少种麦；"江西播种二麦视湖北较少"②，"仅十分之二三"；湖北则种麦者"十之五六"。粮食生产结构有如此差别，而消费结构则无甚差别，如湖北虽种麦甚多，但"湖北民俗多资米饭，以麦供食者少"③。因此，湖北商品大米输出最少是必然的。

表 4 - 2 　　　　　　　　　明清之际湖南省州县耕地结构表 　　　　　　　（ % ）

地区	载籍耕地结构				水旱耕地结构	
	田	地	山	塘	水田比重	旱田比重
长沙县	86.9	7.1		6.0	92.4	7.6
善化县	83.6	7.8		8.6	91.5	8.5
浏阳县	88.7	8.4		2.9	91.3	8.7
湘乡县	80.4	3.3	7.5	8.8	96.0	4.0
湘潭县	87.7	2.7		9.6	97.0	3.0
茶陵县	86.6	6.5		7.0	93.1	6.9
醴陵县	87.1	4.0		8.9	95.6	4.4
清泉县	88.7	1.1	0.1	10.2	98.8	1.2
衡阳县	86.6	1.1		12.3	98.7	1.3
衡山县	91.7	4.4		3.9	95.4	4.6
耒阳县	84.7	6.3		9.0	93.1	6.9
常宁县	88.6	1.9		9.6	97.9	2.1
安仁县	87.9	4.1		8.0	95.6	4.4
酃 县	94.1	3.7		2.1	96.2	3.8
嘉禾县	85.0	11.6		3.4	88.0	12.0
临武县	85.9	3.5		0.6	96.4	3.6
蓝山县	84.9	15.0		0.1	84.9	5.1
武陵县	79.3	15.7		5.0	83.5	6.5
桃源县	87.6	9.7		2.7	90.0	10.0

① 《雍正朝汉文朱批奏折汇编》，第 2 册第 161 折。

② 《宫中档乾隆朝奏折》，乾隆二十八年十二月四日江西巡抚辅德奏折。

③ 《宫中档乾隆朝奏折》，乾隆十九年三月二十七日湖北巡抚张若震奏折。

地区	载籍耕地结构				水旱耕地结构	
	田	地	山	塘	水田比重	旱田比重
龙阳县	94.8	4.3		0.9	95.7	4.3
沅江县	68.7	28.5		2.8	70.7	9.3
邵阳县	91.2	1.7		7.1	98.1	1.9
城步县	98.6	0.2		1.2	99.8	0.2
新化县	86.4	11.4		2.2	88.3	11.7
武冈州	95.0	0.6		4.4	99.4	0.6
新宁县	95.5	0.7		3.8	99.3	0.7
靖　州	93.9	4.2		1.9	95.7	4.3
天柱县	96.2	3.4		0.4	96.6	3.4
会同县	97.8	1.4		0.8	98.6	1.4
通道县	98.7	0.6		0.7	99.4	0.6
绥宁县	96.4	3.5		0.1	96.5	3.5
零陵县	88.3	4.1		7.5	95.5	4.5
祁阳县	87.6	1.3		11.1	98.5	1.5
东安县	92.4	0.7		6.9	99.3	0.7
道　州	87.1	9.4		3.5	90.2	9.8
宁远县	90.1	0.2		9.7	99.8	0.2
永明县	99.9	0.1		0	99.9	0.1
江华县	98.5	0.4		1.1	99.6	0.4
新田县	90.4	0.2		9.4	99.8	0.4
华容县	67.3	29.9		2.7	69.2	30.8
石门县	59.7	39.1		1.2	60.1	39.9
慈利县	75.8	23.9		0.3	76.1	23.9
桂阳县	98.5	0.8			99.2	0.8
桂东县	97.4	1.6			98.4	1.6
兴宁县	97.4	1.7			98.3	1.7
桑植县	72.2	27.9		0.1	72.1	27.9
永顺县	75.7	24.3			75.7	24.3
保靖县	95.2	4.8			95.2	4.8
龙山县	82.2	17.8			82.2	17.8
黔阳县	88.9	10.7		0.5	89.3	10.7
晃州厅	94.4	0.6		0.1	94.5	5.5
湖南省	86.8	6.8	0.5	5.9	92.8	7.2

表 4 - 3　　　　　　　　　　　明清之际江西省州县耕地结构表　　　　　　　　　（%）

地区	载籍耕地结构				水旱耕地结构	
	田	地	山	塘	水田比重	旱田比重
南昌府	75.2	15.3	6.8	2.7	83.1	16.9
南昌县	81.1	7.4	4.7	6.8	91.6	8.4
新建县	80.0	15.2	2.8	1.0	84.0	16.0
丰城县	79.5	14.9	4.6	1.0	84.2	15.8
进贤县	52.1	29.7	14.8	3.4	63.7	36.3
奉新县	90.0	6.1	3.1	0.8	93.6	6.4
靖安县	76.3	7.9	15.4	0.3	90.6	9.4
武宁县	67.6	19.2	10.5	2.7	77.8	22.2
宁　州	84.2	9.6	3.9	2.3	89.8	10.2
饶州府	49.5	21.3	28.5	0.7	69.9	30.1
鄱阳县	42.1	28.0	29.2	0.7	60.1	39.9
余干县	60.7	15.4	22.3	1.1	79.8	20.2
乐平县	45.4	32.4	21.7	0.5	58.4	41.6
浮梁县	57.3	23.0	19.4	0.3	71.3	28.7
德兴县	49.2	12.4	38.2	0.2	80.8	20.0
安仁县	64.8	15.0	18.3	1.8	81.2	18.8
万年县	43.3	7.2	48.7	0.3	85.8	14.2
广信府	57.7	11.1	28.4	2.8	83.9	16.1
上饶县	46.1	2.0	38.4	3.5	79.3	20.7
玉山县	46.8	15.7	33.3	4.2	74.9	25.1
弋阳县	59.1	7.4	31.6	1.9	88.9	11.1
贵梁县	70.2	10.6	16.3	2.9	86.9	13.1
铅山县	54.8	18.7	23.9	2.6	74.5	25.5
广丰县	52.0	9.7	34.8	3.4	84.3	15.7
兴安县	48.8	3.9	45.3	2.0	92.6	7.4
南康府	61.7	21.1	14.8	2.4	74.5	25.5
星子县	64.4	15.8	16.6	3.2	80.3	19.7
都昌县	51.3	28.7	16.4	3.6	64.1	35.9
建昌县	68.2	16.3	13.9	1.6	80.7	19.3
安义县	73.0	14.9	11.4	0.7	83.0	17.0
九江府	58.0	31.1	7.5	3.3	65.1	34.9
德化县	54.7	40.7	2.8	1.8	57.3	42.7
德安县	63.4	18.4	14.2	4.0	77.5	22.5
瑞昌县	53.9	33.8	10.3	2.0	61.5	38.5
湖口县	70.8	13.9	9.0	6.4	83.6	16.6
彭泽县	49.8	42.6	5.1	2.5	53.9	46.1
建昌府	88.6	3.6	5.2	2.6	96.1	3.9

续表

地区	载籍耕地结构				水旱耕地结构	
	田	地	山	塘	水田比重	旱田比重
南城县	91.7	4.6	0	3.6	95.2	4.8
新城县	90.9	3.3	4.7	1.2	96.5	3.5
南丰县	84.8	2.5	9.5	3.2	97.1	2.9
广昌县	89.7	4.1	3.0	3.2	95.6	4.4
泸溪县	83.6	3.3	12.2	0.9	96.2	3.8
抚州府	80.0	7.1	11.1	1.8	91.8	8.2
临川县	78.5	8.3	10.6	2.5	90.4	9.6
崇仁县	87.3	4.1	8.2	0.4	95.5	4.5
金溪县	77.1	5.3	16.8	0.8	93.6	6.4
宜黄县	87.0	3.7	9.1	0.2	95.9	4.1
乐安县	84.3	4.3	8.1	3.3	95.1	4.9
东乡县	69.0	15.2	13.8	2.0	82.0	18.0
临江府	67.4	14.1	17.2	1.4	82.7	17.3
靖江县	60.2	13.4	22.9	3.5	81.8	18.2
新淦县	68.1	13.7	18.2	0	83.2	16.8
峡江县	72.1	7.5	20.0	0.4	90.6	9.4
新喻县	79.0	18.1	10.1	0.9	79.7	20.3
吉安府	83.0	6.6	7.0	3.4	92.6	7.4
庐陵县	73.7	6.4	15.4	4.5	91.9	8.1
泰和县	87.9	9.5	0.2	2.4	90.2	9.8
吉水县	90.0	4.9	4.2	0.9	90.2	9.8
永丰县	94.0	2.0	0.1	2.8	97.9	2.1
永宁县	95.6	1.0	2.7	0.7	99.0	1.0
安福县	80.5	8.7	8.6	2.2	90.2	9.8
龙泉县	88.8	3.5	6.9	0.8	96.2	3.8
万安县	89.4	4.7	1.5	4.4	95.0	5.0
瑞州府	47.6	11.5	39.6	1.3	80.6	19.4
高安县	40.4	11.5	47.0	1.1	77.8	22.2
新昌县	56.8	2.9	38.7	1.6	95.2	4.8
上高县	68.0	23.1	6.8	2.1	74.7	25.3
袁州府	50.9	7.3	39.9	1.9	87.4	12.6
宜春县	72.9	9.7	14.0	3.4	88.3	11.7
分宜县	78.1	18.3	2.1	1.5	81.0	19.0
萍乡县	29.7	3.0	65.8	1.5	90.8	9.2
万载县	59.2	6.9	32.3	1.5	89.5	10.5
赣州府	92.6	3.3	1.5	2.6	96.5	3.5
南安府	88.1	7.5	1.0	3.3	92.2	7.8
江西省	68.7	12.1	17.1	2.1	85.0	15.0

表 4 - 4　　　　　　　　明清之际湖北省州县耕地结构表　　　　　　（％）

地区	载籍耕地结构				水旱耕地结构	
	田	地	山	塘	水田比重	旱田比重
江夏县	34.9	19.9	40.8	4.4	55.9	44.1
蒲圻县	60.3	35.7		4.0	62.8	37.2
咸宁县	68.4	27.2		4.4	71.8	28.5
武昌县	66.6	28.5		4.8	70.0	30.0
汉阳县	31.0	26.9	37.5	4.6	61.6	38.4
黄陂县	69.8	18.0	2.5	9.7	79.5	20.5
孝感县	71.0	12.3	6.9	9.8	85.0	15.0
沔阳县	75.9	13.1		9.8	85.0	15.0
江陵县	60.1	31.2	0.8	7.8	65.8	24.2
宜都县	30.0	69.4		0.6	30.2	69.8
监利县	46.5	53.5		0	46.5	53.5
松滋县	39.5	33.1	22.2	5.1	54.4	45.6
枝江县	36.6	48.9		14.5	42.8	57.2
石首县	19.8	35.8		44.4	35.6	64.4
公安县	58.7	20.2	10.7	10.3	74.4	25.6
潜江县	90.3	9.7		0	90.3	9.7
钟祥县	31.3	60.7	0.8	7.3	33.9	66.1
京山县	40.5	33.6	21.8	4.1	54.7	45.3
景陵县	100.0				100.0	0
荆门县	58.4	28.4	6.7	6.6	67.3	32.7
当阳县	26.3	36.4	35.0	2.3	42.0	58.0
安陆县	64.8	23.7	3.9	7.5	73.2	26.8
黄冈县	67.7	25.4		6.9	73.0	27.0
麻城县	70.6	23.0		6.3	75.4	24.6
光化县	24.0	75.9		0.1	24.1	75.9
南漳县	9.9	90.1		0	9.9	90.1
东湖县	22.3	60.7	16.2	0.8	26.9	73.1
长阳县	5.3	31.4	63.3	0.1	14.4	85.6
兴山县	12.5	87.5		0	12.5	87.5
巴东县	0.1	99.9			0.1	99.9

续表

地区	载籍耕地结构				水旱耕地结构	
	田	地	山	塘	水田比重	旱田比重
郧西县	0.7	99.3			0.7	99.3
房县	72.4	27.6			72.4	27.6
宣恩县	53.5	46.5			53.5	46.5
湖北省	48.4	38.2	8.8	4.6	55.9	44.1

资料来源：湖南省附表资料见嘉庆《长沙县志》、光绪《善化县志》、同治《浏阳县志》、同治《湘乡县志》、嘉庆《湘潭县志》、同治《茶陵县志》、同治《醴陵县志》、乾隆《清泉县志》、道光《永州府志》、乾隆《永顺府志》、光绪《华容县志》、嘉庆《石门县志》、同治《续修慈利县志》、民国《汝城县志》、同治《桂东县志》、光绪《兴宁县志》、道光《晃州厅志》、《古今图书集成·职方典》卷1207—1291。江西省附表资料见《古今图书集成·职方典》卷845—927。湖北省附表资料见同治《江夏县志》、道光《蒲圻县志》、光绪《咸宁县志》、光绪《武昌县志》、光绪《汉阳县志》、同治《黄陂县志》、光绪《孝感县志》、光绪《荆州府志》、道光《安陆县志》、民国《麻城县志前编》、光绪《光化县志》、民国《南漳县志》、同治《宜昌府志》、光绪《黄冈县志》、民国《郧西县志》、同治《施南府志》、《古今图书集成·职方典》卷1120—1191。

第五篇

论"湖广熟，天下足"

　　"湖广熟，天下足"之谚始见于明代中叶嘉靖年间。这句谚语初始之时并非是从粮食角度而言的，而是从赋税角度而言的。其所谓"熟"不是指粮食收成而是指荒地开垦，其所谓"足"不是指食粮而是指赋税，其中心意义也不是指食有余粮而是指地有余利。直到万历初年，随着江汉洞庭湖平原垸田的开发，它才真正成为大量剩余粮食外运的代名词。至于清代，"湖广熟，天下足"主要在康熙后期到乾隆初期约半个世纪的时间里流传。湖广粮食的大量剩余，主要表现在漕粮本色、仓廪积贮、外省采买、军糈供应和客商贩运等方面，每年约有 400 万—1000 万石的大米输往江浙等省区。当时的米粮中心主要有汉口、湘潭、衡阳、长沙、岳州，而汉口更是全国最大的米粮转输站。在明末至康熙三十年代，两湖都有大量余粮外售，但康熙四十年代以后，这句俗语实际上已成了"湖南熟，天下足"，余粮主要出自湖南。"湖广熟，天下足"这句俗语的发生、流传和消失与两湖垸田的发展有着不可分割的联系。

（本文发表于《农业考古》1995 年第 1 期）

一 "湖广熟,天下足"谚语的起源

"湖广熟,天下足"这句俗语在明代中叶嘉靖年间就已见于记载。湖南郴州人何孟春在所撰《余冬录》一书中云:

> 今两畿外,郡县分隶于十三省,而湖藩辖府十四,州十七,县一百四,其地视诸省为最巨。其郡县赋额视江南、西诸郡所入差不及,而"湖广熟,天下足"之谣,天下信之,盖地有余利也①。

据作者自序云,《余冬录》编成于嘉靖戊子(七年,1528年),而其文却是嘉靖甲申(三年,1524年)以前的旧稿,可知"湖广熟,天下足"之谣在嘉靖三年以前就已出现,而"天下信之",更证明这句俗语到何氏撰稿之时,产生并流传已久,大概至迟在弘治时已有此说。而且,细玩上引文意,似乎"地有余利"即是"湖广熟,天下足"的注脚,而"地有余利"则表现在湖广为疆域最大的布政司,但其财赋收入却不及疆域较少的江南和江西等布政司。众所周知,宋元以来,江南地区由于湖田的开发利用而成为国家财赋之区,有"苏湖熟,天下足"之谣;明代湖广地区的农业条件与江南地区有许多相似之处,有大量的湖河滩涂可以开发利用,但是直到明中叶以前,湖广这些肥沃的土地并未得到充分利用,所以其赋税收入反不若江南之多。然而,湖广自元以来到明中叶间,毕竟已有少量垸田的出现,并且透露出勃勃的生机,这使当时人看到湖广全面开发垸田的巨大潜力所在,他们认为,倘若湖广能像江南一样尽其地利,大规模地开发河湖滩地,使荒地尽垦成熟,则其赋税收入必定比江南更为可观,这种理想用一句简短的俗语表达出来便是"湖广熟,天下足"。由此可知,"湖广熟,天下足"这句谚语初始之时并非是从粮食角度而言的,而是从财赋角度而言的;它是通过对比有"苏湖熟,天下足"之誉的江南地区的农业条件而得出的结论;它在当时并非是一种现实,而是一种可以成为现实的假设;它就像一句鼓舞人心的口号,明明白白告诉湖广人们地尽其利后的美好前景。

根据何孟春《余冬录》所做的上述判断,还可以从其他明人的著述中得

---

① (明)何梦春:《余冬录》卷11《职官》,同治三年恭寿堂重刻本。

到印证。明末万历时王士性说："湖广在春秋、战国间称六千里大楚，跨淮、汝而北之，将及河。本朝分省，亦惟楚为大"①。约略同时代的章潢说："楚疆辽逴，度一邑地可当东南一大郡"②。湖广地土虽然最广，但其赋税却并非最多，每年的夏税秋粮220万石左右而已，而疆域较小的江西、江南的税粮都较此数为多（江西260万石左右，江南600万石左右）③。究其原因，就在于湖广殊多旷闲未耕之土。崇祯时包汝楫说："襄江道中，沿堤上下，芦荡不知几千顷……此吾乡腴田也，不识何故，弃不树艺，竟作樵渔汤沐邑。海内旷土，总不如湖广之多，湖广真广哉！"④ 据说其时已"辟地十倍蓰于国初"⑤ 而犹多旷土，可知明中叶正德及其以前湖广未尽地利之多，农业发展潜力之大。有人在这样的情况下提出"湖广熟，天下足"这样一个口号，而"天下信之"是完全可能的。

"湖广熟，天下足"之谣产生的背景大概如此。其所谓"熟"不是指粮食收成而是指荒地开垦，其所谓"足"不是指食粮而是指赋税，它的中心意义也不是指食有余粮而是指地有余利，它的最终目的则是要通过尽地利的办法使湖广成为一个像苏湖地区一样富庶的经济区。

然而，赋税征以粮食，粮食出自田土，田土熟而收成穰，收成穰而粮有余，粮有余始可以济天下。因此，"地有余利"是可以向"食有余粮"转化的，其关键则在于一个"熟"字，即荒地的开垦状况。"湖广熟，天下足"之谚所以在明中叶正德时期还不过是一种理想，其原因就在于当时湖广的土地垦殖状况还不足以产生大量的剩余粮食。明代湖广布政司的载籍田亩历来有220余万顷和20余万顷之分歧，但220余万顷记载是一个统计定位和因袭旧文的错误⑥，实际湖广额田只有20余万顷。正德七年，湖广额田为220 217顷余，人口额为4 702 660⑦，计人均耕地不过4.7亩，这样小的耕地面积是不可能产生大量剩余粮食的，所以该时期里没有发现湖广粮食大量输出的记载。但是，嘉靖以降到明末的时期，湖广土地尤其是江汉平原的垸田得到了大规模开发；万历十年湖广巡抚陈省在奏报湖广土地清丈结果的题本

---

① （明）王士性：《广志绎》卷4《江南四省》。
② （明）章潢：《图书编》卷39《楚均田议》。
③ 梁方仲：《中国历代户口田地田赋统计》，上海人民出版社1980年版，第397页，乙表360。
④ 《南中纪闻》不分卷，丛书集成初编本。
⑤ （明）章潢：《图书编》卷39《楚均田议》。
⑥ 龚胜生：《明代湖广布政司田亩考实》，载《中国农史》1992年第3期。
⑦ 嘉靖《湖广图经志书》卷1《合省户口田赋》。

中指出,湖广田亩原额为 364 378 顷,丈量新增 551 903 顷①,这 36 万余顷原额应是嘉靖中的湖广田亩额,较正德额高出 65%,而万历初湖广田亩总数达 916 281 顷,为正德年间数的 4 倍余。田亩有如此巨额增加,而人口并未有若何发展,反而有所减少,嘉靖四十一年为 4 464 851,隆庆六年为 4 398 785②,这些数字虽然可能有所偏小,但直至万历初湖广人口总在 500 万以内,而人均耕地可高达 18 亩以上。人均耕地的成倍增多,导致粮食的大量剩余,正是在万历初年,"湖广熟,天下足"这句谚语被再度提及,而且真正成了湖广大量余粮外运的代名词。据吴学俨等编《地图综要》内卷《湖广总论》云:

> 中国之地,四通五达,莫若楚也。楚固泽国,耕稼甚饶,一岁再获,柴桑吴楚多仰给焉。谚曰:"湖广熟,天下足",言土地广沃而长江转输便易,非他省比③。

不难看出,这里把大量粮食的剩余和交通运输的便利作为"湖广熟,天下足"的注脚,与前所谓"地有余利"的注脚是迥乎不同的,它已不再是一种理想,而是成为事实。所以后来清代人对这句俗语也大都做出这样的定义来。按,该书有乙酉年序,据其内容可知为万历乙酉年,即万历十三年(1583 年)。此时距"湖广熟,天下足"这句谚语第一次见于记载的嘉靖三年(1524 年)已有 60 年,而此期间正是湖广江汉平原地区垸田农业得到长足发展的时期,"昔为菹茹,今称沃衍者,不啻万万"④。由此可知,以垸田农业为主的土地开发是促使"地有余利"向"食有余粮"转变的契机和"湖广熟,天下足"从理想变为现实的动力。

明代万历末年以后,整个的社会经济在走向衰落,但江汉平原的垸田经济仍处于方兴未艾的阶段,记崇祯间事的《南中纪闻》说:"楚魏间滨河处淤田,往往弥望无际,其开垦成畦者,动辄千亿,真天地间未辟之利也,但彼中治田,不若三吴之勤,岁不过一稔,以此收获,亦不甚奢,然楚中谷米

---

① 赵冈:《明清地籍研究》,载《近代史研究所集刊》1980 年第 9 期,第 43 页。
② 万历《湖广总志》卷 1《户口》。
③ (明)吴学俨:《地图综要》内卷《湖广总论》。此据朗润堂藏版,其中"湖广熟"之"熟"字误为"热"字,此改正之。
④ (明)章潢:《图书编》卷 39《楚均田议》。

之利，散给海内几遍矣。原大则饶，其然其然"。这里所说的"楚中谷米之利，散给海内几遍"，其实就是"湖广熟，天下足"的变语。

综上所述，"湖广熟，天下足"之谣产生于明中叶正德年间甚至更前的时期，但它在当时并不表明湖广有大量粮食外售，直到万历初它才真正成为大量剩余粮食外运的代名词。而且，这些剩余粮食主要是流向以蚕桑业著称的江浙地区①，这种状况到了清代更为明显。

二　"湖广熟，天下足"谚语在清代的流传

到了清代，"湖广熟，天下足"这句俗语流传更广，在地方官员的奏疏中和皇帝的朱批里都可以见到。

清代在康熙二十年平定吴三桂以前，湖广地方未靖，农业生产处于停滞状态，其间虽不时有"产米之地"的称呼②，但并没有人提及"湖广熟，天下足"这句谚语。其后，地方宁谧，农业生产迅速得到恢复和发展，大致在康熙三十年代末，湖广剩余的粮食就已经非常可观了。康熙三十八年六月一日，康熙帝因江浙米贵传谕大学士时，第一次提到了"湖广熟，天下足"③。从此以后，这句俗语便常见于他的朱批。如五十三年湖广巡抚刘殿衡奏报早稻收成分数，他朱批道："湖广熟则各省有益，闻此，朕心甚慰"④。五十七年江西巡抚白潢奏报收成米价，他在朱批中又说："湖广、江西大熟，天下不愁米吃了"⑤。五十八年湖广巡抚张连登奏报早稻收成分数时，他又朱批道："俗语云：'湖广熟，天下足'，湖北如此，湖南亦可知矣"⑥。此外，在封疆大臣的奏疏中也可以见到这句俗语，如四十七年宋大业在参劾湖南巡抚赵申乔的奏疏中说："湖南雨旸时若，五谷丰登，数年以来从未有此大熟，真可谓'湖广熟，天下足'矣"⑦。

到了雍正时代，这句俗语尤为人称道，如萧奭《永宪录》卷四，雍正四

---

① 祁彪佳：《祁忠敏公日记·小捄录》。
② 《康熙起居注》第 1 册第 513、655、727 页，康熙十九年二月十九日，康熙二十年正月二十日，二十年七月十六日。
③ 《清史编年》卷 2 上，第 156 页。
④ 《康熙朝汉文朱批奏折汇编》，第 5 册第 641 页第 1598 折。
⑤ 《康熙朝汉文朱批奏折汇编》，第 8 册第 194 页第 2638 折。
⑥ 《康熙朝汉文朱批奏折汇编》，第 8 册第 525 页第 2788 折。
⑦ 《赵恭毅公（申乔）剩稿》卷 2《遵旨明白回奏仰祈睿鉴疏》。

年七月条说:"湖广稻麦再熟。语云:'湖广熟,天下足'"。湖广布政使王克庄在同年十一月的奏折中也说:"向来虽有'湖广熟,天下足'之谣,其实湖北之米皆藉湖南、四川"①。署湖北总督傅敏在五年正月的奏折中说,"湖广出米独多,可资邻省,故俗谚云:'湖广熟,天下足'"②。云贵广西三省总督鄂尔泰在八年四月的奏折中也说:"湖广全省向为东南诸省所仰赖,谚所谓'湖广熟,天下足'者,诚以米既充裕,水又流通之故"③。雍正朱批中提到这句俗语则见于十二年九月十五日湖广总督迈柱的奏折。朱批说:"民间俗谚'湖广熟,天下足',丰收如是,实慰朕怀"④。

但是,到了乾隆初年,这句俗语已开始名不符实了。十三年朱伦瀚《截留漕粮以充积贮札子》说:"湖广素称沃壤,故有'湖广熟,天下足'之谚"。但是,他接着又说:"以今日言之,殊不尽然。……今日之楚省,非复昔日之楚省也,且亦待济于川省矣,武汉一带有'待川米来而后减价'之语"⑤。因此,自此以后,"湖广熟,天下足"这句俗谚便很少见于记载了,即使见诸记载,也不过是对往事作一点美好的回忆罢了⑥。

以上便是"湖广熟,天下足"这句俗语在清代流传的大致情况。由上述可知,这句俗语主要在康熙后期到乾隆初期约半个世纪的时间里流传,说明这半个世纪是湖广粮食剩余的鼎盛时期。

三 "湖广熟"的实质

"湖广为天下第一出米之区"⑦。湖广粮食的大量剩余,主要表现在漕粮本色、仓廪积贮、外省采买、军糈供应和客商贩运等几个方面,正是它们构成了"天下足"的内容。

1. 漕粮本色

清代湖广以本色征者有三:一为运往京仓的正兑漕粮,曰"北漕";一

① 《雍正朝汉文朱批奏折汇编》,第 8 册第 530 页第 392 折。
② 《雍正朝汉文朱批奏折汇编》,第 8 册第 938 页第 671 折。
③ 《朱批谕旨》第 28 册。
④ 《雍正朱批谕旨》第 17 函第 2 册。
⑤ 《皇朝经世文编》卷 39。
⑥ 朱逵吉:《请兴修湖北水利疏》(道光十三年),载《道咸同光四朝奏议》。
⑦ 《雍正朝汉文朱批奏折汇编》,第 8 册第 570 页第 420 折。

为运往荆州驻防旗兵和各州县绿营的粮食，曰"南粮"；以上两类为主要。还有一类本色粮赋，有"孤贫米"、"屯秋杂粮"、"秋米"种种称呼，但是数额均较少，此三类本色粮食都应视作湖广农民的食余粮食。但本色、孤贫各米合计也不过 2 万石，且都作为本省之消费，与"天下足"略无关涉，所以这里不予讨论：南粮属于军粮性质，将在下文讨论。这里先谈漕粮。

清代所征漕粮，大致以明代定额为准。明代湖广正兑漕粮 25 万石，内永折米 37 735 石，实征本色正兑米 212 265 石，在有漕诸省中数额最少①。其时每正米一石加耗四斗，故湖广每年运京漕粮约为 30 万石。清代的情况较明代略有变化，一是由军民自行交兑改为官收官兑，因酌定赠贴银米，每正米一石再加二斗，因此实际起运漕粮应为正兑额数的 1.6 倍；二是个别水路交通不便的偏僻州县在"湖广熟，天下足"流传的康熙、雍正、乾隆三朝，正兑漕粮改征折色，不过，折征者极少；三是随着土地的垦殖升科和受灾失额，正兑漕额略有增减。康熙二十年平定吴三桂后，湖广始恢复漕运。康熙二十三年刊《湖广通志》载原额漕粮湖北为 16 万余石，湖南 19 万余石②。此数荒额包括在内，实征数较少。雍正十一年刊《湖广通志》载实征漕粮湖北为 15 万余石，湖南为 16 万余石③。《高宗实录》卷五四四载乾隆二十二年额征潜米湖北为 151 000 余石，湖南为 150 000 余石。由此可知，清代前期湖广实征本色漕粮总在 31 万石左右。

2. 仓廪积贮

积贮主要有常平仓谷和社仓谷。这些粮食虽然存储于本省，且大部分供本省平粜、赈济之用，但它们也是大流通领域里剩余粮食的一部分，经常拨运外省，只是它们是多年积累的结果，而并非湖广一年所剩余。

常平仓谷是主要的粮食积贮。康熙二十一年七月初九日规定以劝捐常平仓谷数额的多寡对州县卫所官员实行差额奖励④。到四十三年，进一步规定了各省仓谷的存留发粜数目，各州县大致以 2 000 石为差，贮谷自 6 000—10 000 石不等。到"湖广熟，天下足"重新提起的第二年，即三十九年七月

---

① 梁方仲：《中国历代户口田地田赋统计》，上海人民出版社 1980 年版，乙表 54。
② 康熙《湖广通志》卷 12—13《田赋》。
③ 雍正《湖广通志》卷 18—19《田赋志》。
④ 《清史编年》卷 2 上，第 427 页。

二十八日，湖广总督郭琇即疏报湖南已经积谷 1 004 800 余石①。湖北情况不若湖南。大约至少也在 50 万石左右。因此，康熙朝湖广常平仓积贮最盛时候大约在 150 万石左右。但是到了康熙末年，由于江浙米价上涨，来湖广采买甚多，而湖广百姓利于得价，将余米尽数出粜，致使常平仓储也逐渐减少。如康熙四十八年五月湖广巡抚奏称："近来湖北米贵，州县卫所各官多有因军民借贷私行借出者，有粜三存七不止粜三者，更有捐积一项，止照该年时价收银及米贵未曾买补存贮现银者。臣现饬各府详查，亏缺甚多。"② 到雍正五年一月，总督傅敏奏报两湖常平仓谷仅共 35 万石，外加截留漕米易谷亦只 53 万石。但是这种状况很快地扭转过来了。一是积储受到了更加地重视，二是在各地建立了社仓。雍正七年二月十五日，仅湖南常平、社仓等谷即报有 60 余万石之多③。估计南北二省积谷共有 100 万石以上。到雍正末年，仅常平仓谷南北二省就有 120 余万石④，若加上社、义等仓谷，可能在 200 万石上下。到乾隆中，常平仓谷更是突飞猛涨，乾隆三十年通计两湖各种积储额达 340 万石之多⑤。

　　这样越来越多的积储虽然都产自湖广，但不能因此就说湖广的余粮越来越多，因为积储的多寡直接与积储政策有关。事实上，随着人口的大量增加，湖广余粮是越来越少的，所以米价也越来越高，甚至产生了积储增加导致民食维艰的现象。不过，湖广如此巨额的积贮都出自本省，说明其所余粮食确实是不少的。如上所述，湖广积贮在雍正七到十三年增加 30 万石左右，自雍正末至乾隆三十年增加 150 万石左右。以此推算，湖广平均每年用于积贮的余粮约有 5 万石左右。也就是说，湖广每年平均约有 5 万石积储进入省际间的商品流通。

3. 外省采买

　　这是一种非经常性的官籴活动，有时是为了赈济，有时是为了仓储，有时一省独买，有时数省并至，采买数量也无定数，多至四五十万石，少不过

---

①　《清史编年》卷 2 下，第 251、176 页。

②　《康熙朝汉文朱批奏折汇编》，第 2 册 460 页第 507 折。

③　《雍正朝汉文朱批奏折汇编》，第 8 册 938 页第 671 折，第 14 册 612 页第 466 折。

④　据《清史稿·食货志》载，雍正年间常年仓额湖北为 50 万石，湖南为 70 万石。

⑤　《皇朝文献通考》卷 37。

数万石。如康熙四十三年九月江宁织造曹寅在汉口等处采买米 15 800 余石①；雍正元年十月则于湖北、湖南同时采买 10 万石。有时由于采买数额巨大，湖广因而米价高昂，不得不禁止米粮出境。偏沅巡抚魏廷珍认为，在商贩流通的情况下，外省可采买米则视收成如何，若在八分以上收成，湖南境内可采买 10 万石，否则，应停止采买。所以后来在湖广采买大都以 10 万石为额，如雍正二年十月，江浙遭台风袭击成灾，其采买米即以 10 万石为数，大致来说在其他项余粮流通不变的情况下，雍正年间湖广每年可采买米 10 万—20 万石。倘采买过多，往往会导致米价的高涨，如雍正五年春，广西、江南、江西等省都委员到湖广采买米，其结果即是如此。虽然也有"往年江浙来湖广买米每年五十万石，江西去年州县买补仓谷亦在湖广籴买十万石，而湖广之米毫不见少"的记载②，但其中有相当一部分来自四川。到了乾隆初年，外省仍常至湖广采买米，乾隆七年议准，令湖广于收成较好之年自 7—12 月将附近水次各地的米价，每月据实咨报采买各省③。

总之，官府采买也是湖广余粮的一种重要流向，其数额虽无一定，但就多年平均情况来看，每年约有 10 万—20 万石余粮通过官方渠道流入外省。

4. 军漕供应

南粮和漕粮一样，是一种年征年解的本色粮赋，它虽然只供本省旗、绿兵营消费，并没有加入商品性流通行列，但这项粮食并非各省皆有，而湖广有之且不待依赖他省，无疑也是"天下足"的一种表现。康熙《湖广通志》载南粮正耗原额湖北为 165 900 余石，湖南为 160 000 余石；雍正《湖广通志》载雍正年间实征南粮湖北为 126 899 石余，湖南为 133 438 石余，合计约为 26 万石。不仅如此，邻省有战事时，其军漕亦多取之于湖广，如康熙初年平定吴三桂时，不仅有湖北的粮食供应川省大兵，就是在大兵云集的湖南，朝廷还要委官至其地采买粮食供四川官兵④。乾隆初镇压贵州苗民起义时也是如此，元年碾米 10 万石备黔省兵饷，三年更规定湖南每年运黔省兵

---

① 《康熙朝汉文朱批奏折汇编》，第 1 册第 124 页第 83 折。

② 《雍正朝汉文朱批奏折汇编》，第 2 册第 130 页第 109 折、444 页第 348 折，第 10 册第 224 页第 154 折，第 9 册第 702 页第 533 折，第 2 册第 192 页第 161 折。

③ 民国《湖北通志》卷 48《经政志·仓储》。

④ 《康熙起居注》第 513 页。

米 2 万石①。像这样的例子还可以举出一些，但这些已足以说明湖广余粮不仅可以"足天下"，而且在"定天下"中也发挥了不可忽视的作用。

5. 客商贩运

这是湖广粮食外运的主要形式，也是"湖广熟，天下足"的主要表现。清代湖广余粮仍然主要输往江浙地区，雍正元年十月二十日监察御史许容奏称："江浙各郡，地狭民稠，素少盖藏，即当大有之年，本省之米犹不足供本省之用，大半仰给于江楚商贩，此江浙历来情形也。"② 因此，只要湖广"商艘得以通行，江浙之米渐可充盈"。由于江浙米粮主要依赖于湖广商贩，以致江浙米价视湖广来米之多少而定。康熙四十八年七月十六日苏州织造李煦奏称，湖广江西客米运到之后，苏州米价即减少一二。五十一年八月初八又奏，"苏州、扬州因湖广客米到得甚多，所以米价仍贱"。五十五年康熙帝在偏沅巡抚李发甲的奏折中朱批道："今湖广大收，江浙米价自溅〔贱〕平和。"③ 五十八年谕户部时又说："今年湖广田禾大收，若将漕粮截留，湖广米价更贱，而江浙米价自然亦贱。"④ 相反，如果湖广客米不至，米价就会上涨。康熙四十六年十二月李煦奏称："至于苏松米贵……因湖广客米到少。"⑤ 雍正元年九月苏州织造胡凤翠也奏称："湖广江西客米大船难到……以致市价渐昂。"一旦湖广禁粜，不仅"江浙受其累，而江西之米亦贵"，总有人要求皇帝立即下旨，命令湖广解除米禁⑥。这样的例子不可胜举。

在"湖广熟，天下足"流传时期，究竟一年湖广有多少余粮商贩至江浙等省呢？史籍没有明确记载，大都是一种定性描述，如康熙四十七年九月偏沅巡抚赵申乔奏称湖南"千万之米，扬帆直下，去米既多，存米日少，价值愈增"⑦。四十八年六月又奏："湖南之米，听商贩卖，盈千累万，殆无虚日"。同年下游地方也有类似的奏报，如九月江宁织造曹寅奏称"湖广米船

---

① 《高宗实录》卷 20、72。

② 《雍正朝汉文朱批奏折汇编》，第 2 册第 149 页第 127 折，第 8 册第 938 页第 671 折。

③ 《康熙朝汉文朱批奏折汇编》，第 2 册第 963 页第 508 折，第 603 页第 563 折，第 4 册第 379 页第 1169 折，第 7 册第 584 页第 2299 折。

④ 《圣祖实录》卷 286。

⑤ 《文献丛编》第 31 辑。

⑥ 《雍正朝汉文朱批奏折汇编》，第 1 册第 907 页第 741 折，第 2 册第 192 页第 161 折。

⑦ 《赵恭毅公（申乔）剩稿》卷二《遵旨明白回奏仰祈睿鉴疏》。

接踵而下"，十月苏州织造李煦奏称"湖广江西贩米之船，络绎来苏"①。雍正朝的奏折中也多是这样一些描述，如雍正十年二月湖广总督迈柱奏报："汉口地方自去年十一月至本年二月初旬，外贩米船已有四百余号，而盐商臣艘装运者，尤不可以胜计"②。

　　不过，我们可以对此做些粗略估计。康熙四十八年，湖广、江西两省遵旨在各处码头、镇店登记米商姓名及米数多寡，以杜绝囤积居奇之弊，江西巡抚郎廷极于四十九年七月奏称：江西全省自四十八年八月至四十九年五月间，共卖过商米 585 449 石余，谷 12 410 石余③，合米约 59 万余石。又据礼科掌印给事中缪沅称"江西米谷不及湖广十分之三"④，以此推算，则湖广一年商贩米可达 250 万石上下。考虑到清查的遗漏和湖广交通的便利，湖广一年商贩米至少在 300 万石上。又，康熙四十八年五月底，湖广巡抚陈诜奏报"岳州之米自湖南来，十日之中亦不下三十余万"⑤。平均每日贩米达 3 万余石，不过，这是青黄不接时的情况，收获季节贩运数可能偏少，若以此当整个湖广每日输出米数，则湖广一年输出米可达 1 000 万石。又，雍正十二年五月十五日湖广总督迈柱奏报"江浙官籴商贩，陆续搬运四百余万之多"⑥，七月初八又奏报"江浙商贩已运米五百余万石"⑦。据此推算，全年贩运数可达 800 万—1 000 万石。综上所述，大概在康熙末到乾隆初这段时期里，湖广每年商贩出境的米在 300 万—1 000 万石之间，波动幅度甚大。这种波动可能与湖广收成的好坏有关，也可能与江浙等省需粮的多寡有关。由于湖广出境的粮食有一部分来自四川，米石上限难以确知，但仅湖广每年外售 300 万石以上则是必然的事实。因为湖广农民"仅仅与谷为命脉"，"谷熟则尽化命脉为金钱"⑧，因为"输赋及一切婚丧之费均需粜米"⑨。据记载，雍正二年两湖起运存留地丁银共约 232 万两⑩。兹将民间其他来源和花销的银两均略去不计，则此项赋银必出自粜卖粮

　　① 《康熙朝汉文朱批奏折汇编》，第 2 册第 470 页第 511 折、第 641 页第 573 折、第 661 页第 586 折。

　　② 《雍正朱批谕旨》第 17 函第 2 册第 55 页。

　　③ 《康熙朝汉文朱批奏折汇编》，第 2 册第 994 页第 698 折。

　　④ 《雍正朝汉文朱批奏折汇编》，第 2 册第 192 页第 1610 折。

　　⑤ 《康熙朝汉文朱批奏折汇编》，第 2 册第 463 页第 508 折。

　　⑥ 《雍正朱批谕旨》第 17 函第 2 册第 114 页。

　　⑦ 《雍正朱批谕旨》第 17 函第 2 册第 117 页。

　　⑧ 《皇朝经世文编》卷 29 《富民》。

　　⑨ （清）陈宏谋：《培远堂偶存稿》卷 37。

　　⑩ 雍正《大清会典》卷 32 《户部·赋役二》。

食所得，雍正二年湖广米价八钱上下，以此计算，则湖广须粜米290万石才能完纳此项赋银。实际上，民间还要负担其他苛捐杂税和其他私征私派，故需要粜卖的粮食必在300万石以上。

以上从漕粮、积储、采买、军糈、商贩等方面对"湖广熟，天下足"这句俗语的主要内容作了简单的分析。但除北漕南粮数额比较稳定外，其余各项粮石数额变化均较大，而且彼盈此细，互为增减，因此，湖广构成"天下足"的粮食额究竟有多少，是无法确知的，不过就多年平均情况来看，湖广每年至少400万石余米是没有疑问的。

四　"天下足"的实质

《地图综要》说："谚曰'湖广熟，天下足'，言土地广沃而长江转输便易。"鄂尔泰也说："谚所谓'湖广熟，天下足'者，诚以米既充裕，水又流通之故。"说明余米众多和交通方便是构成"天下足"的两个基本条件。四川和江西也是产米比较多的省份，雍正年间四川所产米谷比湖广还多，但此二省都没有冠上"天下足"的美誉，原因就在于此二省交通条件不若湖广。史云："中国之地，四通五达，莫楚若也。"湖广凭借长江可上引四川，下达江浙，溯汉水北上可联系陕西、河南，循湘沅南下可抵广西、贵州，且与广东、江西接邻，联系地域十分广阔①。不仅四川之米东下必经湖广，即使江西贩米也于湖广汉口雇佣大船②。因此，"天下足"的美誉归于湖广，和它得天独厚的水路交通条件是分不开的。湖广米粮充裕的表现已如上述，这里看看它水路流通的情形。

众所周知，大量米粮在出境之前，总有一个相对集中的过程，并形成许多米粮中心。剩余粮食从农民手里通过粮商和谷行集中于市镇，商贩和官府则从市镇采买。湖广地区"民间买卖米谷，即山陬僻壤必有会聚之区"，一县之中，收购谷米的"行户"多至数百，少的也有几十。

就湖南地方而言，因产米区广，聚米处也多，没有谷米市场的小县"不过间有"③。而有水路流通的长沙、善化（今望城）、湘阴、湘潭、益阳、湘

---

① 湖北布政使郑任钤说："湖广为八省通衢，实乃腹里要紧繁剧之地"。

② 《雍正朝汉文朱批奏折汇编》第 2 册第 192 页第 161 折。

③ 《湖南省例成案·户律》卷 22、34、26。

乡、衡阳、衡山、巴陵（今岳阳）、临湘、华容、武陵（今常德）、桃源、龙阳（今汉寿）、沅江、澧州、安乡、安福（今临澧）等县①，都是当时采购米谷的重要地方。其中又以湘潭、衡阳、长沙、岳阳等处最为繁盛，所以外省采买粮食也多在这几处。雍正元年九月三日兵科给事中陈世倕说："湖南之米多聚于湘潭、衡州等处"；十月礼科给事中缪沉亦称湖南"积谷聚集湘潭"。湖南布政使朱纲在雍正五年正月二十二日的奏折中甚至称"湖南产谷全在衡州府暨湘潭县二处"。雍正七年夏湖北省及湖南岳州、常德二府被旱，二省都在这两处采买米谷②。在湘潭，由于从事谷米贸易的人甚多，粮食的收购和出粜都有严格的分工，"商民装载粮米则投坐行粜卖，乡贩运谷米则赴带行购买"③。

湖北的米粮中心以汉口最为重要。雍正元年监察御史于广说，"湖北之米皆聚于汉口"④。其实还不止此，由于它有"船码头"之称⑤，它还是湖南、四川甚至江西等省的米谷集散地，故于广又说："汉口系米谷聚处而历年多资湖南"⑥。雍正四年浙江巡抚也说："湖广汉口地方，向来聚米最多者，皆由四川土饶人少，产米有余。"⑦ 到了雍正末年和乾隆初年，湖北余粮不多，汉口谷米更主要地来自湖南、四川。乾隆十年晏斯盛《商社疏》云："楚北汉口一镇，尤通省市价之所视为消长，而人心之所因为动静者，户口二十余万……日消米谷不下数千，所幸地当孔道……帆樯相属，粮食之行，不舍昼夜，以是朝来夕炊，无致坐困。"⑧ 米谷贸易是当时汉口六大行业之一，湖广出口的米粮绝大部分都在这里会聚，然后联帆东下。米粮贸易的兴盛，进一步促进了汉口商业的发展。雍正六年湖北按察使王肃章奏称汉口为"九州名胜之地，烟火百万户，绵亘数十里，其间巨商大贾以及担夫贩竖，无不毕集"⑨。

---

① 《湖南省例成案·户律》卷22；陈宏谋《培远堂偶存稿》卷36。

② 《雍正朝汉文朱批奏折汇编》，第2册第302页第242折，第9册第714页第544折，第1册第906页第740折，第2册第192页第161折，第8册第896页第644折，第17册第173页第128折。

③ 《湖南省例成案·户律》卷34。

④ 《雍正朝汉文朱批奏折汇编》，第1册第911页第744折。

⑤ 黄卬：《锡金识小录》卷1。

⑥ 《雍正朝汉文朱批奏折汇编》，第2册第130页第109折。

⑦ 《雍正朱批谕旨》第13函第1册第69页。

⑧ 《皇朝经世文编》卷40《商社疏》。

⑨ 《雍正朝汉文朱批奏折汇编》，第13册第386页第322折。

一个米粮中心的形成,必须有附近的产粮区域作为它的来源。因此,从上述米粮中心的分布即可知湖广主要产粮区的大概。湖北主要的米粮中心只有汉口,说明当时湖北的谷米主要产于汉口周围的地区;湖南的米粮中心除衡阳、湘潭外,还有长沙、岳阳,说明湘江流域和洞庭湖区都是湖南的主要稻米产区。清人的记述也完全证实了这点,乾隆十三年朱伦翰在《截留漕粮以充积贮札子》中说:

> 湖北一省,宜昌、施南、郧阳,多处万山中;荆州尚须由武汉搜济兵米;德安、襄阳、安陆,其地多种豆麦,稻田亦少;武昌所属,半在山中;惟汉、黄两郡,尚属产米。湖南亦惟长沙、宝庆、岳州、澧州、衡州、常德等府,系广产之乡,其中亦复多寡不等;余郡远隔山溪,难以转运。①

湖广北漕、南粮的征收也大致反映出了主要的产米区。湖北省漕南二粮派征30余州县,分属于汉阳、黄州、武昌、德安、安陆、荆门、荆州等府州;湖南省漕南二粮派征20余州县,分属于岳州、澄州、长沙、衡阳等州府。显然,这些有漕府州都是当地产米之区,直到同治年间依然是外地采买米谷的主要地区。同治二年穆宗帝说:"江苏省各府县产米不敷民食,向赖湖广等省商贾贩运……所有湖北之武昌、汉阳、荆州、襄阳、黄州等府;湖南之长沙、衡阳、澧州、岳州……均堪采办。"② 所谓"湖广熟,天下足",实际湖广的余粮主要出自上述各府州,并非整个湖广都有大量粮食剩余,比如湘西、鄂西山区所产粮食大多只能自给,甚至有不敷所食之处,如镇筸镇(今吉首)"兵多民少,产米不多,又不通舟楫,故食有所艰给"③。还有一些地方虽有较多余粮,但余粮主要是豆麦,而谷米极少,如襄阳、德安、安陆等府;还有一些地方,如辰州、永州④、宝庆等府,虽有不少稻米余剩,但因地处山区,交通不便,余米难以贩运。像这样一些府州对"天下足"的形成作用是不大的。

---

① 《皇朝经世文编》卷39。
② 《穆宗实录》卷57。
③ 《雍正朝汉文朱批奏折汇编》,第7册第21页第13折。
④ 康熙四十八年八月康熙帝说:"湖广省衡州、永州、辰州、浏阳、永兴等处粮米甚多,先年征剿逆贼时,百姓尽皆躲避。大兵于数村庄内寻觅粮食,凡历数月,取用未竭。"载《康熙朝汉文朱批奏折汇编》第2册第603页第563折。

综观上述，"湖广熟，天下足"的实质在地域上既有超出湖广范围的地方，因为在贩往江浙等省的米谷中包含了相当部分四川的粮食，也有小于湖广范围的地方，因为并非湖广处处都有大量余粮进入商品流通领域。

五 "湖南熟，天下足"谚语的诠释

乾隆二年十一月癸未，湖南巡抚高其倬奏报收成分数，乾隆帝在传旨中说："语云：'湖南熟，天下足'朕惟有额手称庆耳！"① 这里将"湖广熟，天下足"说成"湖南熟，天下足"，究竟是因奏报者为湖南巡抚，还是因湖广余粮均出自湖南？论者多持后者，我以为两者兼有，因为如前所述，到乾隆十三年还有人称"湖广熟，天下足"，而且湖广余粮主要产自湖南也并非始自乾隆初年，而是自康熙年间就已经如此了。

大概自康熙朝中期开始，湖北余米即已不若湖南。康熙三十九年湖广总督郭琇在奏疏中就说"楚省之米出自湖南"②。稍后，湖南巡抚赵申乔说："湖北丰稔之年，出产无多，悉赖商贩接济"，"湖北转运江浙之米，即系湖南运下汉口之米"③。乾隆十三年署湖北巡抚彭树葵也说："湖北在康熙年间，户口未繁，俗尚俭朴，谷每有余，而上游之四川、湖南，人少米多，商贩日至，是以价贱，遂号称产米之乡。"④ 由于这样的缘故，湖北米价往往视四川、湖南来米之多寡而增减。如康熙四十八年十月二十日湖广巡抚陈诜奏称："至于米价，自奉上谕，四川、湖南米艘通行，六月二十五、六以后每石顿减四五钱"。当时湖北米价高至一两二三钱，外省米来后陡减四五钱，足见湖北米粮市场对外省的依赖程度了。到了康熙末年，湖南产米较湖北为多更成了人所皆知的事实。五十五年八月偏沅巡抚李发甲奏报地方丰收，康熙帝朱批道："朕览奏折，湖南丰收，深慰朕怀。"五十八年六月二十九日湖广巡抚张连登奏报湖北早稻收成分数，他又朱批道："俗语云：'湖广熟，天下足'。湖北如此，湖南亦可知矣。"⑤

---

① 《乾隆东华续录》卷2。

② 《郭华野先生疏稿》卷3《谷米转移》。

③ 《自治官书》卷8《复湖北请开米禁折》，卷6《湖南运米买谷人姓名数目稿》。

④ 《高宗实录》卷31。

⑤ 《康熙朝汉文朱批奏折汇编》，第2册第671页第592折，第7册第398页第2215折，第8册第525页第2788折。

　　这种情形，到雍正时代更为深化。雍正元年十一月二十五日偏沅巡抚魏廷珍奏称"湖北以至江南一带俱仰给湖南之米"。四年十一月二十六日武昌布政使王克庄奏："向来虽有'湖广熟，天下足'之谣，其实湖北之米皆藉湖南、四川，每岁运至汉口发粜者不下数百万石"。如果湖南、四川之米不至，湖北的米价就会高涨。如元年十月于广奏称"臣询问汉口系米谷聚处而历年多资湖南，今湖南亦属采买地方，米谷来者甚少，是以米价渐贵"。缪沅又奏称："东南仰给楚米，三楚资藉川米，今年因湖广禁米不出，并湖南、北州县之米亦畏缩不前，地方食贵盐，买贵米，民不能堪……查往年江浙来湖广买米每年五十万石……而湖广之米毫不见少，以有川米及各郡县乡村之米接济搬运"。这是朝廷中人的看法。雍正六年二月湖广总督迈柱、湖北巡抚马会伯奏称："窃查湖北武昌省城并汉口地方，人烟稠密，日用米谷全赖四川、湖南商贩骈集，米价不致高昂。臣闻上年青黄不接之际，湖南商米罕至，而川江水涨，米船又不能下峡，以致五六月间武汉二处每石贵至一两七八钱，民间至有无米可粜之苦"。因拟请于四川、湖南买米存贮备用。在湖北，武昌、汉口二处虽是一个特例，但无疑也说明湖北全省所产粮食已不足供全省之食，比如荆州府的米粮就多由汉口购买。这一时期，湖北一旦遭灾，饥民大都就食湖南、四川，其采买赈济和存仓之粮，也无一不是在此二省，尤以湖南为常。而湖南此时有"产米之乡"之称，"米价贱于他省"。雍正七年二月十五日，湖南布政使赵城以湖南积贮甚多，又系产米之乡，自请将一部分仓谷转贮他省①。

　　乾隆时期湖广情形大致与雍正时期差不多。前述武汉一带，这时已有"待川米来而后减价"之语，而湖南仍有不少粮食外运，湖北、江西、两广、江浙倘有荒歉，皆取资于湖南所贮之额。湖南巡抚杨锡绂在乾隆十三年谈到，湖南"止有本省谷米之运出，从无别省之米运来"②。同年闰七月他又自请于湖南买谷 20 万石拨运江苏。三十七年六月，贵州常平仓米不敷平粜，也在湖南买米 12 万石③。如此等等，不一而足。

---

　　① 《雍正朝汉文朱批奏折汇编》，第 2 册第 302 页第 242 折，第 8 册第 530 页第 392 折，第 2 册第 130 页第 109 折，第 2 册第 192 页第 161 折，第 11 册第 725 页第 612 折，第 20 册第 118 页第 65 折，第 11 册第 91 页第 64 折，第 10 册第 767 页第 564 折，第 16 册第 649 页第 520 折，第 10 册第 224 页第 154 折，第 14 册第 613 页第 466 折。

　　② （清）杨锡绂：《四知堂文集》卷 11《陈明米贵之由疏》。

　　③ 《高宗实录》卷 319、863。

　　由此可见，"湖南熟，天下足"虽然出现于乾隆初年，其实自康熙末年以来，湖广外运余粮即主要出自湖南。

六　"湖广熟，天下足"谚语反映的人地关系

　　众所周知，"湖广熟，天下足"的核心问题是剩余粮食问题：而粮食能否有余，又取决于粮食总产和人口消费这两个因素。在单产变化不明显的情况下，粮食总产又取决于种植面积的多寡。由于湖广耕地几乎全部用于种植粮食，因此，剩余粮食问题归根结底是一个人均耕地问题。换句话说，也就是一个人地关系问题：地浮于人时地不能尽其利，人浮于地时人又不能减其食，二者都不可能产生大量的余粮，只有在人称于地时，才能人尽其用，地尽其利，才能产生大量的剩余粮食。

　　不过，必须指出，所谓"天下足"主要是就稻米的余剩而言的，因此"湖广熟，天下足"的兴衰过程主要地反映在湖广人均占有水田面积的变化上。"土地不同，气候各异"[①]，湖北和湖南的种植制度是不完全一样的。湖南位置偏南，水热条件较湖北为佳，全省都为水稻种植区，"向来不产二麦"[②]，"州县中俱以种稻为事"，且有早禾、中禾、晚禾三茬收成。湖北则不然，有相当一部分耕地用来种植麦子、黄豆、芝麻、棉花等物，水稻也主要为早禾，民间交纳漕、南二粮及租课都在六月早禾收获之后，而年之丰歉也视早禾收成为定。至于晚禾，种者不过秋作的十分之二三[③]。据统计，湖北1949、1989年水稻面积分别占耕地面积的30%、36%[④]。湖南1956年稻田面积占耕地面积的80.9%[⑤]，这是现代的情况。清代前期由于载籍田亩中包括的旱土和山坡地不若现代之多，而且棉花、红薯、玉米等作物也不如现代种植的多，所以其水田比例应比现在为高，估计清前期的稻田比例湖南为90%，湖北为60%左右。兹以这样的比例将湖广明正德至清乾隆间的人均稻田面积列表如下。

----

① 《郭华野先生疏稿》卷4《请遵成例》。
② 《康熙朝汉文朱批奏折汇编》，第7册第266页第2163折。
③ 《雍正朝汉文朱批奏折汇编》，第2册第960页第767折、第671页第592折，第5册第640页第465折。
④ 湖北省统计局：《湖北省统计年鉴》，中国统计出版社1990年版。
⑤ 湖南农业学院编：《湖南农业》，高等教育出版社1959年版。

　　表 5-1 数字虽非绝对正确，但还是可以大致反映两湖在明中叶至清中叶间的人地关系变化的。如表 5-1 所示，在"湖广熟，天下足"开始的正德年间，两湖人均耕地不足 6 亩，人均水田更在 3 亩上下，可以说是处于"地有余利"的阶段，是不可能有大量剩余粮食的。但是，明嘉靖以来，两湖土地得到了迅速的开发，而湖北江汉平原一带更为突出，至万历初年，南北二省人均稻田均达到 13 亩上下。耕种水田，尽一人之力，约可十亩①。13亩正是一个人所能耕种水田的饱和数，说明此时的人地关系较为和谐，人既可尽其力，地亦可尽其利，宜乎有大量的粮食剩余。这样的人地关系一直延续到雍正年间，"湖广熟，天下足"这句俗语在康熙、雍正两朝一直广为流传。康雍时期两湖的土地垦殖主要是洞庭江汉平原的垸田，但是到了乾隆初年，湖广荒土已经尽辟②。垸田兴修已达到了"人与水争地，水与人为殃"的饱和状态，而不得不禁止私筑③。土地如此，人口增加速度却并不稍减，

表 5-1 　　　　　　　　　　　湖广明中叶至清中叶人均耕地表

省别	项目	正德七年	万历十年	康熙廿四年	雍正二年	乾隆十八年
湖北	耕地面积（亩）	13 779 431	53 527 829	54 241 816	55 404 118	56 691 349
	人口（人）	2 304 179	2 481 730	2 259 480	2 484 604	1 183 500
	人均耕地（亩）	6.0	21.6	24.0	22.3	4.8
	人均水田（亩）	3.6	13.0	14.4	13.4	2.9
湖南	耕地面积（亩）	8 242 327	28 113 909	13 892 381	30 527 664	31 228 798
	人口（人）	2 398 481	1 916 965	1 064 824	1 871 150	9 545 000
	人均耕地（亩）	3.4	14.7	13.1	16.3	3.3
	人均水田（亩）	3.1	13.2	11.7	14.7	3.0

　　资料来源：嘉靖《湖广图经志书》；万历《湖广总志》；康熙《湖广通志》；《皇朝文献通考》；乾隆《大清会典》。说明：万历十年耕地面积系康熙《湖广通志》所载"原额"数，其数为万历初年清丈数。万历十年人口系《万历会典》所载万历六年数，其实此数为隆庆六年数，见万历《湖广总志》。清代人口系笔者据人丁、户口数推算。

---

　　① （清）张汝润：《求益斋文集》卷 4《农家类序》；张履祥：《补农书》卷下；朱云锦：《豫乘识小录》卷上；魏源：《切问斋文钞》卷 16。以上都是清人，估计明代的情形也差不多。
　　② 《皇清名臣奏议汇编初集》卷 44 杨锡绂《筹民食疏》（乾隆十三年）。
　　③ 乾隆十三年，湖北巡抚彭树葵《陈湖北水通情形疏》云湖北"未有之垸永禁私筑，已溃之垸不许修复"。见《皇清名臣奏议汇编初集》卷 44。湖南在乾隆十一年前巡抚蒋溥即请将近湖荒地开垦。十年巡抚杨锡绂又有类似的奏疏，十二年部覆近湖荒地不许再行垦筑。见光绪《湖南通志》卷 47《堤堰二》。

故下至乾隆十八年，两湖人均耕地都有大幅度的下降，人均不足 5 亩，而人均水田更在 3 亩以下，重又回到了明正德年间的水平。在这种人浮于地的情况下，也是不可能有太多的剩余粮食产生的，正因为这样的缘由，"湖广熟，天下足"这句俗语便在乾隆初年销声匿迹了。

前已述及，大约在康熙三十年代末开始，"湖广熟，天下足"在实质上已成了"湖南熟，天下足"，这点在人均耕地变化上也有很好的反映。康熙二十四年，湖北与湖南人均占有水田数相差无几，甚至湖北比湖南略多，但到雍正二年，人均水田数湖北减少了 4 亩，而湖南增加了 3 亩，这种差异必然要造成湖南余粮额的增加。由此可知，"湖南熟，天下足"的形成也主要是湖南大规模开发土地资源的结果。关于这点，全汉升在《清朝中叶苏州的米粮贸易》一文中有比较详细的论述，除此之外，他还认为"湖南在清中叶左右所以能够成为全国的谷仓，又由于稻米品种的改良"[①]。

以上从人均水田面积变化分析了"湖广熟，天下足"这句俗语的源流过程，可谓略得其大旨。不过，任何一个事物的形成，其原因总是多方面的，"湖广熟，天下足"之谣也不例外，土地开发固然是它产生的动力，但明清土地开发并非湖广独有和突出，足见"天下足"的美称归于湖广还有其他原因，总括起来，大概不外乎二：

一是内在的因素。湖广不仅是一个有着悠久的稻作历史的传统水耕区域，而且疆域辽阔，有着中国内地最大的适于水稻专业化集约生产的河湖平原，而且地理位置优越，水路交通便利，有"九省通衢"之称，联系地域十分广阔。前所谓"米既充裕，水又流通"大体是从湖广内部条件来说的。

二是外界的刺激。宋元时期，江浙苏杭地区由于湖田的大量开发，而获得"天下足"的美称，但到明代，这个地区逐渐转变为以蚕桑业为主的商品农业区域，所需粮食则逐渐依赖于湖广地区，这两个地区互相依赖，互相刺激，使其地域分工日益明显，生产专业化程度日益提高。毫无疑问，倘使江浙的粮仓地位没有失去，湖广就不可能取而代之，而接替江浙粮仓地位的也非湖广莫属。此外，明代租赋形式以实物交纳转变为货币交纳也在一定程度上刺激了湖广粮食的生产，这是因为在各商品中，粮食价格往往较低，为获得生活必需之费用和赋银，总要出粜相当数量的米谷，所以一旦江浙等地商贩来此收米，湖广农民总是倾其所出，以致"人少蓄积，家鲜盖藏"，统治

---

① 载《中国经济史论丛》第 2 册，第 578 页。

者说农民们这样做是"利于得价"①，其实这是迫不得已，因为他们将稻米售人，而以杂粮充饥②。因此，在"湖广熟，天下足"盛名下生活的湖广人，即使在丰收之年，也是"民多乏食"③。

七　结论

以上对"湖广熟，天下足"这句俗语的产生、流传、表现、转变及其原因作了比较详细的探讨。至此，可以做一个简短的总结。

1. 这句俗语肇始于明中叶，至迟在正德年间（1506—1521）就已出现，只是在当时它还是一种理想，后来随着江汉洞庭湖平原垸田的开发，这种理想在万历初年就已成了现实，湖广开始成为全国重要的粮仓，每年约有400万—1000万石的大米输往江浙等省区。但是，到了乾隆初年，由于人口压力的发生，这句俗语已不再被人提及。

2. 这句俗语所包含的内容不仅在于湖广剩余粮食的众多，还在于湖广地理位置的优越和交通运输的便利。当时的米粮中心主要有汉口、湘潭、衡阳、长沙、岳州，而汉口更是全国最大的米粮转输站。

3. 这句俗语的产生既有湖广内在的条件，也有外界的刺激，而关键在于湖广土地的垦殖。在明末至康熙三十年代，两湖都有大量余粮外售，但康熙四十年代以后，这句俗语实际上已成了"湖南熟，天下足"，余粮主要出自湖南。

4. 这句俗语的发生，流传和消失反映了一种深刻的人地关系，其过程与两湖垸田的发展有着不可分割的联系，它发生在两湖垸田比较普遍兴起的明中叶，而消失于垸田饱和、禁止增筑的乾隆初年，这应该不是巧合。

---

① 《雍正朝汉文朱批奏折汇编》，第6册第507页第376折，第10册第224页第154折。
② 乾隆《岳州府志》卷12。
③ 郑显：《请通行常平仓法疏》，载《皇朝经世文编》卷39。

第六篇

18 世纪两湖粮价时空特征研究

　　18 世纪是清朝的鼎盛时期，两湖地区是该时期全国最重要的粮食产区，在此时期，两湖的粮价变化表现出明显的季节变化、不规则的年际波动和长期的上涨趋势；但湖北米价相对高于湖南，而湖北麦价则相对低于湖南，此外，府州之间的粮价也有较明显的差异，大抵产粮少的山区和非农业人口多的府州粮价相对较高。上述时空特征的形成，与 18 世纪两湖地区农业生产的时空过程密切相关。

（本文发表于《中国农史》1995 年第 1 期）

18 世纪是清代两湖农业经济迅速发展的时期，在此期间，"湖广熟，天下足"的谣谚广泛流传，两湖地区成为全国最重要的粮食产区，其粮食价格的时空变化在全国也最具典型意义。

一　18 世纪两湖粮价之资料统计

大约在 17 世纪末的康熙三十年代，康熙帝创立了奏折制度，允许总督、巡抚等上折奏报"地方情形，四季民生，雨旸如何，米价贵贱，盗案多少"等与民生有关的事情①。此后，粮价奏报制度一直沿袭了下来并不断地完善，如雍正七年要求奏报者详细开载各府州的粮价以明粮价的空间差异②；乾隆年间除要求"各省督抚每月奏报粮价之时，将各州县米谷麦豆各项粮价细数造册咨部存案"外③，还要求做前后比较以明粮价变化的时间差异④。粮价奏报制度的推行，为粮食价格的研究提供了方便，本文据以分析的粮价资料，即主要来自康熙、雍正、乾隆三朝两湖督抚等地方官奏折。不过，奏折中的粮价资料大多不能直接利用，统计分析之前，尚须做些技术处理，这里不妨做一简单说明。

一是量器大小问题。比较粮价高低，必须首先统一量器大小，但两湖"各府州县市卖米粮有升斗大小之不同"⑤，且市斗几乎都要比仓斗大⑥，好在绝大多数地方官奏报的粮价都是以官斗（石）为单位的，因为使用官方统一的量器单位是他们的职责，故本文皆以仓石为粮价单位。

二是谷米折算问题。在极少数年份，只有谷价资料，没有米价资料，因 18 世纪两湖"一米易二谷"的做法很普遍⑦，本文即以二倍谷价为米价，实际上市场上米价也确为谷价的二倍上下，这从一些年份同时开载谷、米二价的奏折中可以看出来⑧。

三是银钱折算问题。清代银、钱并用，18 世纪因对外贸易顺差大，银贱钱贵，两湖粮价大都以银两值表示，只有乾隆后极个别奏折中的粮价是钱文

①　《康熙朝汉文朱批奏折汇编》，第 594 折。

②　《雍正朝汉文朱批奏折汇编》，第 15 册第 619 折。

③　光绪《大清会典事例》卷 191。

④　陈金陵：《清代京师粮价及其他》，载《清史研究集》第 6 辑，1988 年版。

⑤　《康熙朝汉文朱批奏折汇编》，第 2159 折。

⑥　《雍正朝汉文朱批奏折汇编》，第 20 册第 426、637 折，第 2 册第 109 折。

⑦　《世宗实录》卷 29；《高宗实录》卷 201、250、557。

⑧　《雍正朝汉文朱批奏拆汇编》，第 19 册第 152、600 折，第 20 册第 600 折。

值，本文统一用银两值表示，钱文值则根据当时银钱比率换算成银两值，如乾隆十九年（1754 年）八月湖南米价每升 9 文，九月米价每升 7—10 文，而先年湖南每两市平银可换制钱 830—870 文①，依平均数 850 文一两换算，上述米价为每石 0.94 两和 1.00 两。此外，银两还有行平银和库平银之别，行平银即市场上流通的银两，又称市平银；库平银则是官府存库银两，政府采买粮食时才使用，一般来说，库平银优于市平银，雍正时期，两湖一两市平银合库平银 0.95 两②，乾隆年间合 0.963 两③，本文所谓银两都指市平银。

四是米价代表值问题。奏折中的粮价资料有多种类型，有的不分米的等级，仅言米价自若干至若干；有的将米分成 3 级，分别言上、中、下米价若干至若干；有的米价指明为通省米价，有的指明各府州的米价；还有的言米价自若干至若干者多少处，等等。本文主要采用米价区间的算术平均值为代表值，个别采用算术平均值的加权平均值为代表值，对同一粮价资料来说，这两种代表值差别极小，如某一奏折称米价 0.64—0.69 两者 17 处，0.70—0.79 两者 35 处，0.80—0.88 两者 21 处，则其算术平均代表值为 0.76 两，加权平均代表值为 0.75 两。

根据上述统计方法，兹将 18 世纪两湖的粮价资料列表并绘图附于文后。

二　18 世纪两湖粮价之时间变化

1. 年内变化

一年之中，粮食市场有淡、旺季之分，粮食价格也有明显的涨落。夏秋收获季节，两湖市场粮食充裕，粮价较低；冬春非收获季节，两湖市场粮食歉丰，粮价较高。

两湖是一个以水稻生产为主的地区，稻谷有早、中、晚之分，收获期自农历六月至九月，因而六、七、八、九等月是年内粮价最低的月份；相反，先年十月至次年五月为青黄不接之期，粮价都相对地高。这种变化在图 6-1 中可一目了然，不必多事举例。正是因为存在这种年内的季节差异，致使一些地方富户囤积居奇，"迨至来春及夏末秋初，青黄不接米价势必昂贵之时"才出售米谷，以达

① 《宫中档乾隆朝奏折》，十九年八月十四湖南巡抚胡宝瑔奏折，十九年九月廿四湖南巡抚胡宝瑔奏折，十八年五月廿六湖南巡抚范时绶奏折。

② 《雍正朝汉文朱批奏折汇编》，第 2 册第 109 折，第 3 册第 651 折。

③ 《宫中档乾隆朝奏折》，十九年十一月初七湖南巡抚胡宝瑔奏折。

到"坐享厚利"的目的①；也正是因为这样的缘故，官府采买谷米无一不是在谷米登场之际，减价发粜无一不是在青黄不接之时。如将全年分成农历 12—5 月和农历 6—11 月两个季节，粮价的季差还可以定量分析，以米价为例，18 世纪湖北 12—5 月平均米价较 6—11 月高出近 28%，湖南 12—5 月平均米价较 6—11 月高出 14% 多，可以说，18 世纪两湖旺季米价较淡季低 20% 左右。

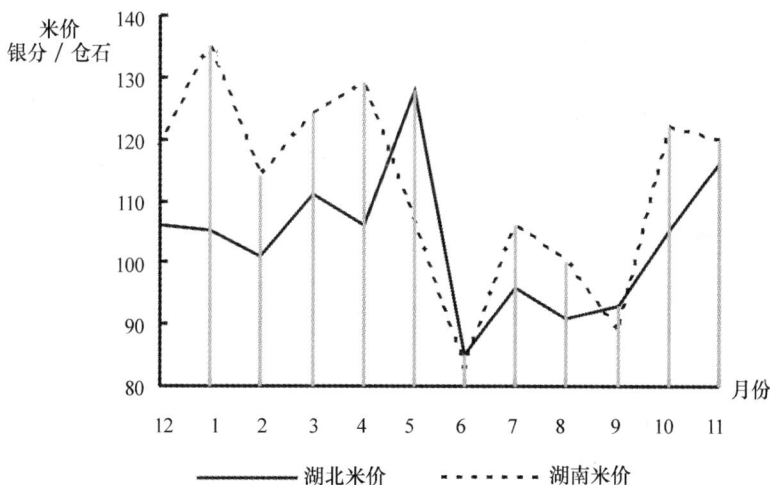

图 6 - 1　18 世纪两湖地区米价年内变化图

谈到粮价的逐月变化，细心的读者也许注意到，18 世纪两湖七月米价较六、八月都高，在 5—10 月收获季节间形成了一个峰值。按说，七月正是稻谷主要登场之期，米价应较六月低，为什么反较六月高呢？除乾隆朝七月米价次数多于六月米价次数所产生的统计误差外，主要原因是两湖漕粮租课和常平仓谷均于七月采办。康熙四十八年（1709 年）十月湖广巡抚陈诜说，湖北"早禾在六月望前后收成，一切南漕二粮及民间租课皆于早禾取办"，四十九年（1710 年）九月又奏称"楚省年岁俱以六、七月早收者为准，南漕二粮俱于七月开征"②。18 世纪两湖每年征收的漕粮、南米二项共 60 余万石，为数不少，集中在七月完额，势必刺激米价的上涨，而八月晚稻收获，米价又会下降，故在七月形成一个峰值。

---

① 《皇清名臣奏议汇编初集》卷 44 《请禁囤当米谷疏》。
② 《康熙朝汉文朱批奏折汇编》，第 592、732 折。

2. 年际波动

如图 6-2 所示，18 世纪两湖米价呈不规则的年际波动，在康熙年间，米价涨落周期长达 7—8 年，波动幅度最大超过 20 银分，雍正以后，米价涨落周期缩短至 4—5 年，波动幅度也超过 20 银分，这说明 18 世纪两湖米价的不稳定因素在逐渐加大。米价的年际波动是粮食生产的不稳定性和粮食需求的不稳定性所决定的，两者只要有一方发生变化，年际间的米价就会发生波动，因而极少出现连续多年米价不变的情形，其中粮食生产的不稳定性主要是自然灾害的影响，粮食需求的不稳定性则主要受外省采买的影响。乾隆十二年（1747 年）监察御史指出，米价的骤贵，"或因岁歉，或因采买而及"①，可以说是一语中的。在米价骤贵之后，受价值规律支配，米价必然要下跌，从而形成波动。自然灾害影响粮食收成，进而影响粮食价格，虽然不是一种经常性影响，但一旦发生，往往有多年的后续影响。如康熙五十五年（1716 年）湖北江汉平原水灾，致使该年湖北米价形成一个峰值，随后清政府动用官币修筑垸堤，保障了垸田农业生产，以后几年粮食连续丰收，"市中米粮充塞，田野积贮丰盈"②，从而形成了 18 世纪米价最低的谷值。又如雍正三、四、五年（1725—1727 年）两湖垸田区连续水灾，米价逐年上涨，五年五月湖北下等糙米也卖至二两一石，"民间至有无米可籴之苦"，湖南情形略好，但最高米价也卖至二两一石，洞庭湖区饥民"撑驾小舟，数十只为群，往来水面"，抢劫粮食，与湖北监生石光才、甲长陈由先领导的"罢市"运动南北呼应；次年，雍正帝发官币修筑两湖垸堤，至七年（1729 年）"不惟米谷之价不昂，一凡食用之物莫不贱于他时"③，从而形成了 18 世纪两湖米价的又一谷值。可见，自然灾害的周期性发生是米价周期性涨落的主要因子，而 18 世纪两湖米价涨落周期时间的缩短也反映出自然灾害趋向频繁。

至于外省采买谷米数额的年际变化，也经常刺激两湖米价的波动。18 世纪"湖广熟，天下足"之谚广泛流传，是两湖粮食大量外输的时期，有关采买导致米价上涨的奏折几乎年年都有，如康熙四十六年（1707 年）六月江浙商贩到湖南买米，"盈千累万，殆无虚日"，致使湖南米价上涨④；雍正四

---

① 《皇清名臣奏议汇编初集》卷 44《请减谷价并兴水利疏》。

② 《康熙朝汉文朱批奏折汇编》，第 2510 折。

③ 《雍正朝汉文朱批奏折汇编》，第 9 册第 727 折，第 11 册第 612 折，第 10 册第 8、7、120 折，第 17 册第 529 折。

④ 《康熙朝汉文朱批奏折汇编》，第 511 折。

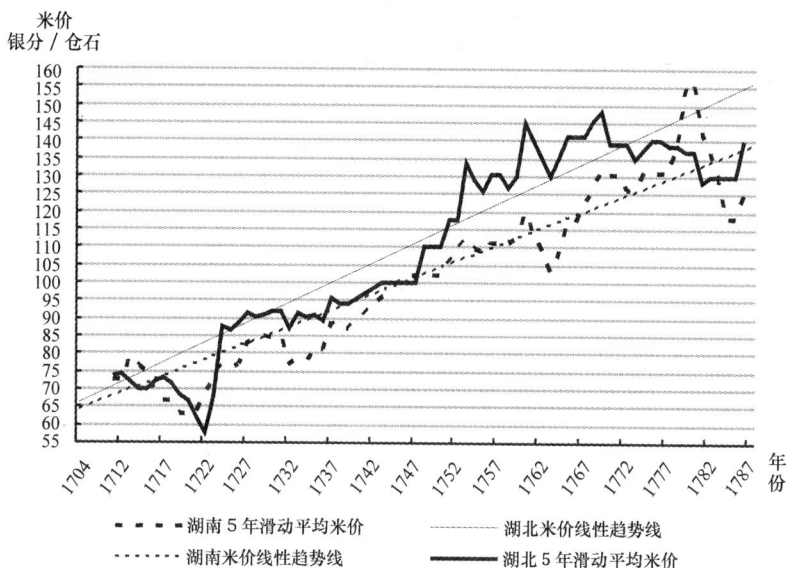

图 6-2 18 世纪两湖米价年际波动与长期趋势图

年（1726 年）冬湖南米价每石只有八、九钱，五年（1727 年）正月"因各处采运者多，以致米价腾贵"，每石高至一两三钱，四月"江南、广西、江西等省采买贩运者多"，每石更高至一两四钱，以致湖广总督傅敏不得不奏请禁止外省采买；乾隆四年（1739 年）湖北、湖南巡抚也有"外省采运过多，价难平减"，"官买商运，时价日昂"之奏①。这样的例子还可举出许多，但上述已足以说明外省采买对两湖粮价波动的影响了。

3. 长期趋势

如上所论，18 世纪两湖米价有不规则的短期波动。但是，这些波动并不是简单的重复，而是螺旋形的上升，形成了 18 世纪两湖米价的长期上涨趋势，这在图 6-2 中也可一目了然。在康熙年间，两湖平均米价在每石七钱上下，雍正年间增至八、九钱，乾隆年间则达到一两二、三钱。18 世纪两湖米价的这种长期趋势在当时两湖官员的奏折中也有描述。如康熙四十八年（1709 年）湖北巡抚奏称"湖北米价原止五、六钱一石，数年以来，渐次增

① 《皇清名臣奏议汇编初集》卷 35 《酌减采买额数疏》。

倍，至一两一、二钱"①；雍正五年（1727 年）湖南巡抚亦称"湖南素称产
米之乡，米价贱于他省"，康熙初年米价每石最高八、九钱，四十二年
（1703 年）开始超过一两，四十六年（1707 年）最高卖至一两三、四钱，
而雍正五年已卖到一两六、七钱②；乾隆十三年（1748 年）湖北巡抚杨锡绂
的奏疏更有代表性，他说："康熙年间稻谷登场之时，每石不过二、三钱，
雍正年间则需四、五钱……今则必须五、六钱"③。由于米价不断上涨，致使
两湖的本色漕米折银额一调再调，康熙二十年代每石折银六钱，三四十年代
加至七钱，乾隆初年加至一两，四十年代更加至一两四钱五分④。

除稻米外，两湖豆麦价格在 18 世纪也有明显的上涨趋势，如文后
图 6-3所示，18 世纪两湖小麦、大麦和黄豆价格的变化轨迹与大米价格的
变化轨迹极为相似，这说明 18 世纪两湖地区所有粮食的价格都呈上涨趋势。

其实，还不止粮价如此，其他商品在 18 世纪也有长期上升的价格趋势，
经济史家全汉升先生称之为"18 世纪的物价革命"⑤。由于 18 世纪粮价上涨
是全国性的普遍现象，对粮价的长期上涨原因，当时人已有较正确的认识。
如康熙五十六年（1717 年）十月康熙帝对近臣张廷玉说："近来生齿日繁，
虽丰年多谷，不似往年米价之贱"⑥；雍正五年（1727 年）上谕也指出，康
熙以来米价逐渐昂贵，"良田地土之所产如旧而民间之食指愈多，所入不足
以供所出"⑦；乾隆十三年（1748 年）湖北巡抚杨锡绂《遵旨陈明米贵之由
疏》亦指出，"盖户口多则需谷亦多，虽数十年来荒土未尝不加垦辟，然至
今而无可垦之荒者多矣，则户口烦滋是以致米价之贵，逐渐加增，势必然
也"⑧；乾隆五十二年（1787 年）五月上谕也谈到"国家重熙累洽，生齿日
繁……其土地所产，仍不能有加，是以市粜价值，不能不随时增长"⑨。

综上所论可知，18 世纪粮价的逐渐上涨，是人口和耕地不成比例增长的结

① 《康熙朝汉文朱批奏折汇编》，第 508 折。
② 《雍正朝汉文朱批奏折汇编》，第 10 册第 154 折。
③ 《皇清名臣奏议汇编初集》卷 44 《筹民食疏》。
④ 《赵恭毅公（申乔）剩稿》卷 3 《请将南秋支剩米石定价折征疏》；民国《湖北通志》卷 46
《漕运》；同治《当阳县志》卷 4 《田赋》。
⑤ 全汉升：《美洲白银与十八世纪中国物价革命的关系》，载《中国经济史论丛》第 2 册。
⑥ 《康熙起居注》，中华书局 1984 年版，第 2445 页。
⑦ 《皇朝文献通考》卷 3 《田赋三》。
⑧ 《四知堂文集》卷 10。
⑨ 《乾隆东华续录》卷 105。

果。从理论上说，价格变化归根到底是供求关系的变化，粮之供者为地，粮之求者是人，粮食供求关系实质上是农业生产中人地关系的一种具体表现，在农业生产技术没有重大突破、土地生产效益没有明显增加的情况下，人均耕地下降必将导致人均占有粮食量的下降和剩余粮食量的减少，从而进一步导致粮食价格的上涨。因为人均耕地下降是一个长期的趋势过程，粮价上涨也呈长期的趋势过程。两湖地区在 17 世纪 80 年代后开始走向长期的社会安定，人口得到迅速发展，18 世纪的康熙雍正年间，两湖耕地虽也有较大增加，但乾隆初年后土地垦殖已步入艰难境地，人口再生产却保持着高速发展，人均耕地从原来的 10 多亩下降到不足 2 亩，人地关系矛盾变得越来越尖锐，米价也开始高涨，并有抢米风潮发生①。从图 6-2 两湖米价的滑动平均曲线看，乾隆初年的 18 世纪 40 年代上涨趋势最为突出，可见米价变化与人地关系变化有着十分密切的关系。

三　18 世纪两湖粮价之空间差异

1. 省际差异

湖北、湖南二省系 17 世纪 60 年代初湖广省分置，其自然、经济、社会条件有较大的相似性，当然也有一定的差异性，因而 18 世纪两湖粮价也表现出既有相似又有相异的特点。

第一，湖北、湖南粮价变化的轨迹基本同步。上述诸图显示，无论是粮价的年内变化、年际波动还是长期趋势，湖北和湖南都有着十分相似的轨迹，如年内米价均以 6—9 月较低，年际波动均在康熙末形成一个米价低谷。如图 6-2 所示，湖北、湖南两省米价上涨的长期趋势基本一致，但湖北米价的上涨速度较快。这一方面表明两湖粮食市场的整体性和粮食联系的密切性，另一方面也说明湖北稻米的供需关系较湖南紧张，证明了"湖南熟，湖北足"谣谚的合理性。

第二，湖北比湖南提前一个月进入粮食旺季。如表 6-1、表 6-2 和图 6-1 所示，湖北米价以 5—9 月最低，湖南米价则以 6—10 月最低，这主要是因为湖北大、小麦种得较多，二麦在四月底登场，从而降低了五月份的米价，如康熙五十五年（1717 年）四月二麦尚未收获之时，湖北米价高至一

---

① 龚胜生：《清代两湖地区人口压力下的环境恶化及其对策》，载《中国历史地理论丛》1993 年第 1 期。

两一钱，五月二麦已经上市，米价便降至八钱五分①。湖南则"州县中俱以种稻为事"②，"向来不产二麦"③，五月正系青黄不接之期，因而米价为最高之月。

第三，湖北米价高于湖南米价。这点除可从表6-1、表6-2和图6-1、图6-2找到答案外，还可通过对比同一时间湖北与湖南的米价资料找到证明。在康雍乾三朝湖广总督、提督的奏折中，这样的米价资料很多，限于篇幅，这里不再赘述。由于湖北米价高于湖南，灾赈饥民时，也有差别，如雍正四、五年冬春之际两湖因灾赈粮时，湖北以每石谷折银四钱赈给，湖南则以三钱五分赈给④，可见当时湖北米价较湖南高出14%。就18世纪平均而言，湖北米价至少高出湖南6%。

18世纪湖北米价为何高于湖南呢？主要原因有二：一是湖南剩余米谷多于湖北。据笔者研究，由于自然、历史条件的差异，两湖耕地结构有很大差别，明清之际湖南水田占耕地的92.8%，湖北水田仅占耕地的55.9%⑤。耕地结构的差异直接导致了粮食结构的不同，即湖南以水稻占绝对优势，湖北则水稻旱作基本并重。康熙四十年（1701年）湖广总督郭琇谈到"湖湘之间，种麦甚鲜"，几乎全栽水稻⑥，到雍正年间，湖南依然"止知栽种水稻，未知栽种旱粮"⑦，乾隆中亦有湖南"止宜播种稻谷，每岁仅能一获"之奏⑧。湖北则不然，麦豆等旱作粮食甚多，乾隆中有人说湖北"种麦者十之五六"甚至"约十之六七"⑨，"宜昌、施南、郧阳多处万山中，荆州尚须由武汉拨济兵米，德安、襄阳、安陆其地多种豆麦，稻田亦少，武昌所属半在山中，惟汉（阳）黄（州）两郡尚属产米"⑩。两湖的稻米生产已有如此差别，但还不止如此，湖北对稻米的需求量也远远大于湖南，一方面是湖北人

---

① 《康熙朝汉文朱批奏折汇编》，第2097折。

② 《雍正朝汉文朱批奏折汇编》，第2册第767折。

③ 《康熙朝汉文朱批奏折汇编》，第2163折。

④ 《雍正朝汉文朱批奏折汇编》，第8册第191、657折。

⑤ 龚胜生：《明清之际湘鄂赣地区耕地结构及其梯度分布研究》，载《中国农史》1994年第2期。

⑥ 《郭华野先生疏稿》卷4《请遵成例》。

⑦ 《雍正朝汉文朱批奏折汇编》，第10册第156折。

⑧ 《宫中档乾隆朝奏折》，十九年三月十日胡宝瑔奏折。

⑨ 《宫中档乾隆朝奏折》，十九年闰四月十二日张若震奏折，二十九年五月四日李侍尧奏折。

⑩ 《皇朝经世文编》卷39《截留漕粮以充积贮札子》。

口多于湖南，而"湖北民俗多资米饭，以麦供食者少"①，那些生产麦子和其他旱粮的农民也需购买大米；另一方面是湖北的非农业人口也多于湖南，如荆州城"兵民众多，户口殷繁"②，武汉城官商云集，"地冲人稠"③，尤其是"汉口一镇为九州名胜之地，烟火百万户"④，"日耗米谷不下数千石"，以致"粮食之行，不舍昼夜"⑤。湖南则不然。故自康熙中期开始，两湖外运之米即主要出自湖南，湖北之米则多来自湖南和四川，到乾隆初年便有了"湖南熟，天下足"之说，乾隆末嘉庆初更有了"湖南熟，湖北足"之说⑥。凡粮食"产处贱而远贩则贵"⑦，18 世纪湖北大米既多来自湖南，其米价高于湖南亦属必然。湖北米价高于湖南米价的原因之二是外省对米价的刺激湖北甚于湖南。雍正三年（1725 年）十一月湖北布政使郑任鑰说："湖北路通八省，系一冲要之地，人少蓄积，家鲜盖藏，岁即有秋，多乘江流之便，米谷运去江浙"⑧，湖南虽也受江浙等省官买商贩的影响，但路途较远，运费较高，湖南米价必须低于湖北，江浙等省才会到湖南买米，可以说，18 世纪湖北米价高于湖南的差价中有相当部分是运到江浙等地的运费差。

第四，湖北麦价低于湖南麦价。如图 6－3 所示，无论是小麦价还是大麦价，湖北都相应的低于湖南，这种差异的形成正好与米价差异的形成相反，主要是湖北麦子生产较多，而湖南较少种麦。如康熙五十五年（1716年）尚有"湖南向来不产二麦"之说⑨，乾隆中情形略有改观，但"种麦者不过一二十州县"，仍然系"专种稻田之区"；湖北则麦子种得甚多，"其界联河南之襄阳、德安所属，土性宜麦，向来广种；沿江之荆州、安陆、武昌、汉阳、黄州及川陕接壤之郧阳、宜昌、施南各属亦皆艺植"，总之，"湖北地多于田，宜于种麦；湖南田多于地，兼之山高水冷，种麦较少"⑩，是湖北麦价低于湖南的直接原因。

① 《宫中档乾隆朝奏折》，十九年三月廿七日张若震奏折。

② 《雍正朝汉文朱批奏折汇编》，第 65 折。

③ 《康熙朝汉文朱批奏折汇编》，第 209 折。

④ 《雍正朝汉文朱批奏折汇编》，第 13 册第 322 折。

⑤ 《皇朝经世文编》卷 40《请设商社疏》。

⑥ 龚胜生：《清代两湖农业地理》，华中师范大学出版社 1996 年版。

⑦ 《皇朝经世文编》卷 20《军糈报销疏》。

⑧ 《雍正朝汉文朱批奏折汇编》，第 6 册第 386 折。

⑨ 《康熙朝汉文朱批奏折汇编》，第 2163 折。

⑩ 《宫中档乾隆朝奏折》，十八年五月廿六日范时绥奏折，二十年三月十五日杨锡绂奏折，二十一年二月廿一日张若震奏折，十九年五月三十日哈攀龙奏折。

价格
银分/仓石

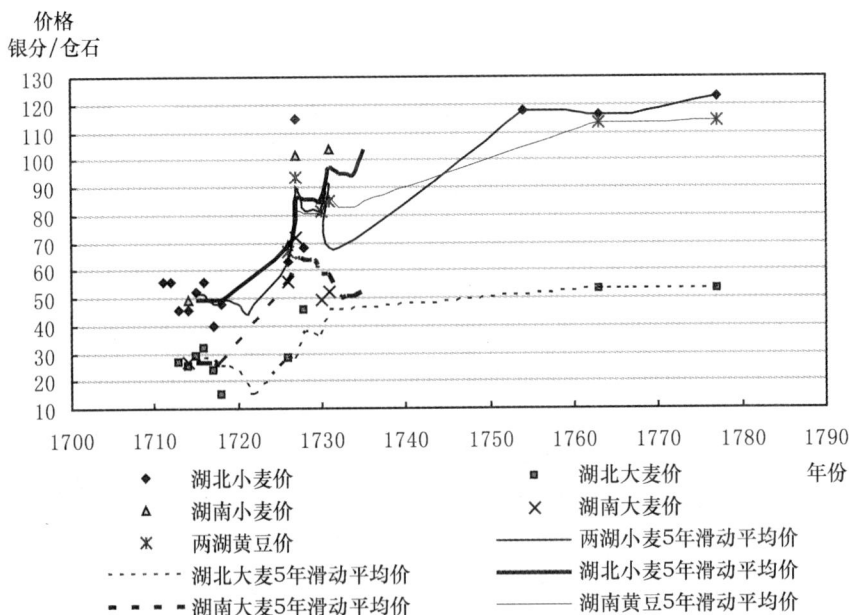

图 6-3 18 世纪两湖豆麦价格趋势图

2. 府州差异

两湖内部各府州的粮价也有较大差异，大体而言，交通方便的水陆流通州县高于幽僻的交通闭塞的州县；非农业人口多的州县高于非农业人口少的州县；粮食不能自给的州县高于粮食有余的州县。

幽僻州县粮价所以低于水路流通之地，主要是其交通不便，外来商贩极少，粮食自给性强而商品率低，稍有余粮即造成积压。如雍正五年（1727 年）四月湖南无商贩买运的山僻州县米价每石仅七八钱，而水运便利的长沙、衡州、岳州等处因外省采买者多，每石高至一两二钱以上；七月湖北幽僻州县米价俱在一两内外，地当通衢的武昌、汉阳、荆州等府米价则高达一两三钱①。

非农业人口多的地方米价高于非农业人口少的地方，这是不言而喻的。18世纪两湖地区的重要城市有湖北武汉、荆州和湖南长沙、常德，它们是米价较高的城市。武汉地居省会，人烟辐辏，"需米倍于他处"，米价也就相对地高；荆州城有八旗驻兵，"兵民众多，户口殷繁，米粮杂货多赖商贩由汉口等处贩粜，济

---

① 《雍正朝汉文朱批奏折汇编》，第 9 册第 544 折，第 10 册第 192 折。

以资衣食",粮价有时较汉口还高;"长沙、常德二府,一系省会之地,一系提标驻扎,兵民聚食,又舟楫四达,贩运者多",米价也相对昂贵①。

至于山区产米少的州县米价高于平原产米多的州县,也是很显然的,如雍正元年(1723年)六月湖北各府州米价每石6—9钱,而荆门、均州、麻城、当阳、宜城、谷城、郧县、保康等州县则高至每石10钱以上;湖南各府州米价每石5—9钱,而泸溪、会同、通道、天柱等县高达每石10钱以上②。

18世纪两湖粮价的上述空间特征是客观存在的,因为这是粮食供需关系的空间差异所决定的。兹以雍正七年(1729年)七月米价为例③,如图6-4所示,米价较高的地区是以杂粮为主的山区、以非农业人口为主的城市和水路交通便捷的地方,米价较低的地区则是那些产米既多而交通不便的府州,其中产米多是米价低的主要因子。

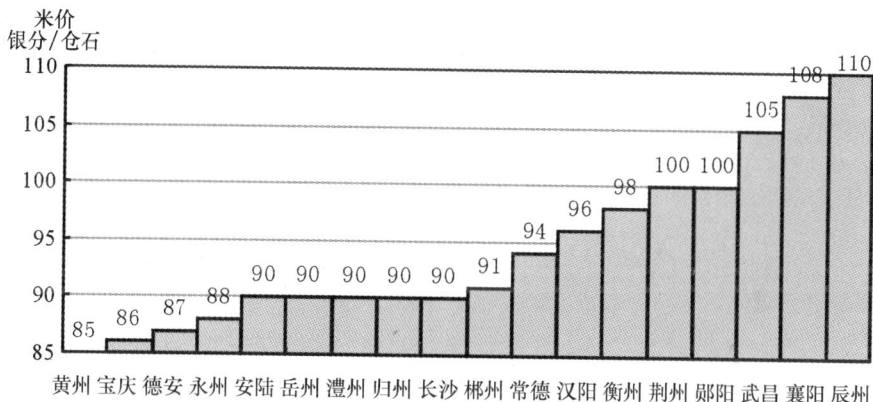

图6-4 1729年两湖各府州米价图

四 小结

综上所述,18世纪两湖粮价具有以下时空特征:

1. 明显的季节变化。收获季节粮价低于非收获季节,湖北比湖南提前一个月进入收获期,米价湖北以农历5—9月最低,湖南以农历6—10月最低。

---

① 《雍正朝汉文朱批奏折汇编》,第9册第727折,第20册第65折,第10册第8折。

② 《雍正朝汉文朱批奏折汇编》,第1册第468折。

③ 《雍正朝汉文朱批奏折汇编》,第15册第619折。

2. 不规则的年际波动。波动频度和幅度逐渐加大，米价呈螺旋式上升。

3. 长期的上涨趋势。该趋势的形成主要是 18 世纪两湖人口与耕地不成比例增长导致人均耕地逐渐下降的结果。

4. 一致的变化轨迹。无论是年内变化、年际波动还是长期趋势，湖北与湖南的轨迹都基本相似，反映出两湖在粮食供需上是一个密不可分的整体。

5. 互补的米麦价格。18 世纪湖北米价高于湖南，而湖南麦价高于湖北，具有互补性，这主要是湖北、湖南的耕地结构和粮食结构不同所致。

6. 较大的区域差异。粮食生产、人口状况和交通条件的不同使各府州米价在同一时间里参差不齐，大抵以非农业人口多、杂粮多、交通方便的地方米价较高，反之，则米价较低。

表 6–1　　　　　　　　　　18 世纪湖北省之米价　　　　　　　　　　银分/仓石

年份 \ 月份	12	1	2	3	4	5	6	7	8	9	10	11	12—5月平均价	6—11月平均价
康熙四三（1704）										63				63
四六（1707）										78				78
四八（1709）						115			80		85		115	83
四九（1710）										76				76
五〇（1711）				78					68				78	68
五一（1712）									66					66
五二（1713）						71			67				71	67
五三（1714）							72		72					72
五四（1715）							78		74					76
五五（1716）				107	85		83		79				96	81
五六（1717）							75			66				71
五七（1718）						59	59						59	59
五八（1719）							56							56
雍正元年（1723）				90	78		78			82			84	80
二年（1724）					95		93			98	93		95	95
三年（1725）					95		95	81	80				95	85
四年（1726）	90					86		90	100				88	95
五年（1727）			95	150	130	195		105		99			143	102
六年（1728）			107		96		69		80	80			102	76
七年（1729）			89		91			97		96			90	96
八年（1730）	100			88	88								92	

续表

月份 / 年份	12	1	2	3	4	5	6	7	8	9	10	11	12—5 月平均价	6—11 月平均价
雍正九年(1731)				75		89	95						82	95
十年(1732)	100		85					77					93	77
十一(1733)			100			88		93				100	94	97
十三(1735)			85					94					85	94
乾隆八年(1743)														100①
十三(1748)														110②
十六(1751)		135③											135	125④
十八(1753)									145		140			142
十九(1754)				130	150					120			140	120
二〇(1755)	185					119				115			152	115
二一(1756)			185	195	180						145		187	145
二八(1763)				138				140	130		120		138	130
二九(1764)		124		125		122	138		143				124	141
三〇(1765)			139					170	140		150		139	153
三三(1768)		145	140										143	
三五(1770)								135						135
三九(1774)				135	145								140	
四二(1777)									137					137
四四(1779)					258								258	
四六(1781)										120				120
四七(1782)					159	137						140	148	140
五二(1787)				205									205	
各月米价出现次数	4	3	9	10	14	11	12	11	12	13	7	2	29	38
各月平均米价	119	135	114	124	129	106	83	106	100	89	122	120	125	98

表注：①据该年湖北巡抚晏斯盛《筹立社仓疏》载当时谷价得出。②据该年湖北巡抚杨锡绂《筹民食疏》载当时谷价得出。③《高宗实录》卷386，该年四月庚辰："今岁湖北因上年稍歉，故正月间米价自一两一二钱至五六钱不等"。④《高宗实录》卷386，该年八月："近年楚北米价较昂，即属丰年总未能平至一两二三钱之下"。

表6-2　　　　　　　　　　18世纪湖南省之米价　　　　　　　　银分/仓石

年份＼月份	12	1	2	3	4	5	6	7	8	9	10	11	12—5月平均价	6—11月平均价
康熙四六（1707）								60						60
四八（1709）			80		90	125				80			98	80
四九（1710）									75		80			78
五三（1714）						75							75	
五五（1716）						90	65		60				90	63
五六（1717）							70		55					63
雍正元年（1723）	67				70		72			76			69	74
二年（1724）					85		77	76		83			85	79
三年（1725）				95			74			76			95	75
四年（1726）			85	96	88		81			80			90	80
五年（1727）		110	110		121	155	129	105	95	95			124	106
六年（1728）			101		104		87	90	76	74			103	82
七年（1729）			79		115			98	77	75			97	83
八年（1730）		76		75	84					71			78	71
九年（1731）		83			96	118							99	
十年（1732）	100		85				63	71					93	67
十一（1733）			84			91		80				100	88	90
十三（1735）							87	86						87
乾隆十一（1746）								102						102
十八（1753）									120		115	105		113
十九（1754）			112	110				125	94	100			111	106
二〇（1755）						108		75		105	100	145	108	106
二一（1756）			135	123	150			120					136	120
二八（1763）					100		100					105	100	103
二九（1764）	128								110	118			128	114
三〇（1765）		121		155		200			130	140			159	135
三二（1767）	129				140								135	
三三（1768）										126				126
三八（1773）											127			127
三九（1774）		135											135	
四三（1778）					125	164							145	
四四（1779）						168							168	

续表

年份＼月份	12	1	2	3	4	5	6	7	8	9	10	11	12—5 月平均价	6—11 月平均价
乾隆四六（1781）												112		112
四七（1782）			112					120					112	120
四八（1783）				110	111	117	117		112				113	115
四九（1784）				125		125							125	
五一（1786）								140						140
五二（1787）			142								127		142	127
各月米价出现次数	4	5	10	9	14	12	12	14	11	14	4	6	28	31
各月平均米价	106	105	101	111	106	128	85	96	91	93	105	116	111	97

表 6 - 3　　　　　　　　　　18 世纪两湖豆麦之价格　　　　　　　　　　银分/仓石

年份	湖北省				湖南省				两湖黄豆价	
	小麦价	代表值	大麦价	代表值	小麦价	代表值	大麦价	代表值	黄豆价	代表值
1711	56	56								
1712	56	56								
1713	43，49	46	25，29	27						
1714	44，47	46	23，26	25	49	49	27	27		
1715	52，52	52	29，29	29						
1716	56，55	56	32	32						
1717	40	40	24	24						
1718	48	48	15	15						
1726	63	63	28	28	78，60	69	70，42	56	76，58	67
1727	115	115			95，110	102	71，72	72	93，95	94
1728	68	68	46	46						
1730					87，85	86	57，41	49	82，81	81
1731					97，110	104	51，52	52	80，89	85
1754	125，110	118								
1763	116	116	53	53					113	113
1777	123	123	53	53					114	114

资料来源：《康熙朝汉文朱批奏折汇编》第 1—10 册，档案出版社 1983 年版。《雍正朝汉文奏折汇编》第 1—20 册，江苏古籍出版社 1986 年版。《宫中档乾隆朝奏折》第 5—61 辑，台湾故宫博物院 1982—1987 年。

第七篇

从米价长期变化看清代两湖农业经济的发展

　　物价是反映社会经济状况的一项重要指标，粮食为生活必需之物，又是衡量整个物价水准的标尺。清代两湖是全国最重要的商品稻米产区，其米价变化在全国最有代表性，可在很大程度上反映出该区域农业经济的发展状况。清初由于战乱，民食维艰，米价偏高，其后社会稳定，农业发展，粮食价格逐渐下降，到17世纪末18世纪初两湖米价降到最低，"湖广熟，天下足"之谚也广泛流传。到18世纪20年代以后，两湖的米价便逐渐上涨，表现出明显的长期上涨趋势。这种趋势的形成与农业经济中人地关系的变化直接相关，人口增加所导致的人均耕地面积减少是米价长期上涨的根本原因。米价长期上涨提高了田地租佃的成本，增加了农民完纳课赋的难度，促进了贫富分化，从而也加深了地主和农民之间的矛盾，但另一方面也促进了农业生产地域专门化和商品农业的发展，有利于农产品市场的发展。

（本文发表于《中国经济史研究》1996年第2期）

物价是反映社会经济状况的一项重要经济指标，粮食又是生活必需之物，因此粮价又是衡量整个物价水准的标尺。清代两湖是全国最重要的商品稻米产区，有"湖广熟，天下足"之谚，其米价变化在全国最有代表性，可在很大程度上反映出该区域农业经济的发展状况。本文拟在弄清楚清代两湖米价的长期变化趋势过程的基础上，从人地关系和民生状况两个方面的变化来探讨一下清代两湖地区农业经济的发展特点，不当之处，望方家指正。

一　清代两湖米价变化的长期趋势

米价变化在时间尺度上可分为季节变化、年际波动和长期趋势。这里只探讨清代两湖米价变化的长期趋势，为便于分析，先将有关米价资料列表 7-1。

表 7-1　　　　　　　　　　　清代两湖米价变化情况一览表

年份	米价（两/石）	资料根据	资料出处
顺治七年（1650 年）	1.42	湖南安仁县废藩王产顺治四年变价银 1 633.76 两，顺治七年因除荒粮 370 余石，变价银减至 101.71 两	《清代档案史料丛编》第 4 辑，祖泽远揭帖
顺治九年（1652 年）	0.93	湖北更名田租谷，每石折银 0.466 两	《郭华野先生疏稿》卷 2《奏请均赋》
顺治十八年（1661 年）	0.80	杨茂勋请将安乡县额派废华阳王禄米 491 石零以每石八钱折征充饷，户部准以每石一两折征	《清代档案史料丛编》第 4 辑，车克题本
康熙十八年（1679 年）	1.00	湖广"米每石计直一两，麦每石六钱"	《康熙起居注》，第 444 页
康熙二八年（1689 年）	0.60	"湖南产米之乡，民间平价大率五钱，若以七钱定折，尚觉过多，议以每石折银六钱"	《赵恭毅公剩稿》卷 3《请将南秋支剩米石定价折征疏》
康熙三八年（1699 年）	0.70	"历来荆郧米价银六七钱不等，即遇歉收至八钱之外足矣，丰歉之中每石折银七钱，不为不均"	《郭华野先生疏稿》卷 2《改折兵粮》
康熙四三年（1704 年）	0.63	九月湖北平均米价	《康熙朝汉文朱批奏折汇编》，第 83 折
康熙四八年（1709 年）	0.80	湖北八月，湖南九月平均米价	《康熙朝汉文朱批奏折汇编》，第 566、572 折

续表

年份	米价 （两/石）	资料根据	资料出处
康熙五三年 （1714 年）	0.72	湖北六、八月，湖南五月平均米价	《康熙朝汉文朱批奏折汇编》， 第 1579、1598、1633 折
康熙五八年 （1719 年）	0.56	湖北六月平均米价	《康熙朝汉文朱批奏折汇编》， 第 2788 折
雍正二年 （1724 年）	0.88	湖北四、六、九、十月，湖南四、 六、七、九月平均米价	《雍正朝汉文朱批奏折汇编》， 第 2 册第 767 折，第 3 册第 163、224、404、651 折
雍正七年 （1729 年）	0.91	湖北二、四、七、九月，湖南二、 四、七、八、九月平均米价	《雍正朝汉文朱批奏折汇编》， 第 14 册第 441 折，第 15 册第 98、161、613 折，第 16 册第 429、501 折
雍正十三年 （1735 年）	0.87	湖北四、闰四、七月，湖南闰四、七 月平均米价	全汉升《清雍正年间的米价》
乾隆七年 （1742 年）	1.00	湖北通山漕粮每石折银一两	同治《当阳县志》卷 4《田 赋》
乾隆十三年 （1748 年）	1.10	稻谷登场之时每石必须五六钱	杨锡绂《筹民食疏》
乾隆十六年 （1751 年）	1.25	"近年楚北米价较昂，即属丰年总未 能平至一两二三钱之下"	《宫中档乾隆朝奏折》，第 16 辑
乾隆二一年 （1756 年）	1.20	两湖十一月平均米价	《高宗实录》卷 396
乾隆二八年 （1763 年）	1.16	两湖六、九、十、十一月平均米价	《宫中档乾隆朝奏折》，第 13、 20 辑
乾隆三三年 （1768 年）	1.40	两湖七、十月平均米价	《宫中档乾隆朝奏折》，第 31、 32 辑
乾隆三八年 （1773 年）	1.27	长沙十一月平均米价	《宫中档乾隆朝奏折》，第 33 辑
乾隆四三年 （1778 年）	1.56	长沙四、六、闰六、八月平均米价	《宫中档乾隆朝奏折》，第 44、 45 辑
乾隆四八年 （1783 年）	1.14	湖南三、四、五、六、七、九月平均 米价	《宫中档乾隆朝奏折》，第 54 辑
乾隆五二年 （1787 年）	1.54	湖北三、湖南二、十月平均米价	《宫中档乾隆朝奏折》，第 63 辑
嘉庆十年 （1805 年）	1.90	湖北上米最低价	谭天星《两湖地区的粮食商 品化》

续表

年份	米价 （两/石）	资料根据	资料出处
道光十九年 （1839 年）	1.95	十一月湖北、湖南平均米价	陈金陵《清代京师米价及其他》
咸丰三年 （1853 年）	0.50	当时银价每两换钱二千余文，米价每石不过千余文	曾国藩《筹议京仓需米疏》
咸丰五年 （1855 年）	0.40	"每谷一石仅值钱四百余文，需谷五石始得银一两"	骆秉章《沥陈湖南筹饷情形疏》
咸丰六年 （1856 年）	2.80	湖北米价自三千文至四五六千文不等，已令捐生每米一石照案加耗米一斗五升，运脚银三钱五分，准作银三两四钱	《胡文忠公遗集》卷 12《设局收捐米石筹济兵食民疏》
咸丰七年 （1857 年）	2.00	每米一石需大钱三千二百文至三千五百文不等，以湖南现在钱价扣算，每石约需银二两有零	《骆文忠公奏议》卷 7《丁巳上》
咸丰十年 （1860 年）	1.48	"租谷三百石，丰歉长短，可得钱三百串"（时银一两可换钱一千三四百文）	《胡文忠公遗集》卷 70《致汪梅村》
咸丰十一年 （1861 年）	2.94	捐米一石加耗米一斗五升，运脚费三钱五分，准作捐例银五两，若捐折色，每米一石连耗运费兑库平银二两五钱	《左文襄公奏议初稿》卷 3《请援照湖北米捐减成章程收捐以济军食疏》
同治二年 （1863 年）	3.00	目下所买之米价近三两	曾国藩《筹议京仓需米疏》
同治七年 （1868 年）	1.98	湖南每米一石须钱四千上下（时银一两换钱一千三四百文）	李瀚章《沥陈湖北等省漕务实难骤征本色疏》
同治十年 （1871 年）	1.98	湖北、湖南十月平均米价	陈金陵《清代京师米价及其他》
光绪九年 （1883 年）	1.80	楚北偏灾，米即昂贵，年底每担，一两七八钱，新年已涨至二两一钱有奇	《申报》光绪十年二月二日
光绪二十年 （1894 年）	1.58	九月湖北、湖南平均米价	陈金陵《清代京师米价及其他》
光绪二五年 （1899 年）	2.14	四月湖北平均米价	陈金陵《清代京师米价及其他》
光绪三二年 （1906 年）	2.50	湘省从来米价每石恒二三千文上下，光绪三十二年水灾，亦不过四千余文（此以银一两换钱一千六百文计）	《长沙日报》宣统二年二月十七日
宣统二年 （1910 年）	3.40	湖南米价每石七千文以外……八十钱易一斤，谷石值二千钱（以上银钱比值均以一千七百文计）	《长沙日报》宣统二年二月十七日；《国风报》宣统二年三月二十一日；赵滨彦《湘藩案牍钞存》详文一《会议谘议局议决整顿扩充省城仓储详文》

物价用币值表示，货币紧缩或通货膨胀也会引起物价的变化。清代银两与铜钱并用，但银、钱比值并不固定，故在分析两湖米价长期变化之前，还有必要弄清其银、钱比值之变化，详见表7-2。

表7-2　　　　　　　　　清代两湖银钱比值变化一览表

年份	银钱比值	根据	出处
康熙年间（1662—1722年）	0.70	详全汉升"美洲白银与十八世纪中国物价革命的关系"	《中国经济史论丛》第2册
雍正九年（1713年）	0.73	二月武昌米价渐长至一两一钱余，随即将常平仓谷碾米平粜，每斗钱八十文，于是米价悉平	《雍正朝汉文朱批奏折汇编》，第2册第137折
乾隆二年（1737年）	0.80	详全汉升"美洲白银与十八世纪中国物价革命的关系"	《中国经济史论丛》第2册
乾隆十八年（1753年）	0.84	五月湖南每银一两换钱八百三十至七十文不等；湖北换钱八百二十至三十文不等	《宫中档乾隆朝奏折》，第9辑
乾隆十九年（1754）	0.80	十一月湖南民间钱价每串需市平银一两二钱五分	《宫中档乾隆朝奏折》，第10辑
乾隆二十一年（1756年）	0.83	七月湖南每官钱一申易纹银一两二钱，合之市价不甚悬	《宫中档乾隆朝奏折》，第15辑
乾隆二三至二七年（1758—1762年）	0.86	每钱一千作银一两一钱六分	《宫中档乾隆朝奏折》，第16辑
乾隆三一至四〇年（1766—1775年）乾隆四四年（1779年）	0.89 1.00	从前酌定库平银一两一钱一分八厘换钱一串，近年市价每钱一串合库平银一两	《宫中档乾隆朝奏折》，第46辑
乾隆五一年（1786年）嘉庆四年（1799年）	1.00 1.08	详全汉升"美洲白银与十八世纪中国物价革命的关系"	《中国经济史论丛》第2册
道光十八年（1838年）	1.40	三钱库银即合钱四百二十三十文	林则徐《湖广奏稿》卷3《整顿盐务折》
道光二八年（1848年）	2.00	迩年银价过昂，比从前制钱一千文作银一两数已逾倍	江鸿升《请铸大钱以裕币储疏》
咸丰三年（1853年）	2.00	当时银价每两换钱二千余文	曾国藩《筹议京仓需米疏》
咸丰六年（1856年）	1.40	每钱二串作银一两上兑	《胡文忠公遗集》卷12《襄樊匪众败窜现饬会剿疏》

续表

年份	银钱比值	根据	出处
咸丰八年（1858 年）	1.40	每银一两市价换制钱一千四百有零	《胡文忠公遗集》卷 85 《咨各大帅》
乾隆—嘉庆间 （1736—1820 年） 道光初（1821 年） 道光末（1850 年） 咸丰初（1851 年）	1.00 1.35 2.00 2.35	从前银价乾隆、嘉庆年间每银一两易钱一千文，道光初年每银一两尚止一千三四百文，自后渐次增长至二千文，近更增至二千三四百文	骆秉章《沥陈湖南筹饷情形折》（咸丰八年）
同治二年（1863 年）	1.30	银价每两不过换钱千三百文	曾国藩《筹议京仓需米疏》
同治十一年 （1872 年）	1.80	初定章程时，湖北每银一两约易钱一千五百余文，今则增至一千八百余文	曾国藩、李瀚章《会议楚岸淮南引地暂与川盐分销疏》
光绪三十年（1904 年） 光绪三十年至宣统元年 （1904—1909 年） 宣统二年（1910 年）	1.60 1.96 1.71	洋银一元兑银六钱余 近年铜币畅行，钱价日落，常年市价总在五钱一二分 洋银一元兑银六钱八分，兑钱一千三百余文	赵滨彦《湘藩案牍钞存》中之《谘议局议决整顿田房契税查案不符未便遵行公布详文》

表 7-2 显示，乾隆嘉庆以前，两湖银钱比值一般在一千文以下，即"钱贵银贱"；道光以后则在一千文以上，道光、咸丰之际更高达二千三四百文，"银贵钱贱"。银钱比值的这种变化是全国性的，乾隆、嘉庆以前的钱贵，主要是贸易出超，大量外国白银输入所致[①]。当时两湖虽有"民间交易、日用多用钱文"的记载，其实湖北"举凡交易用银者居多"，湖南也是"一切零星交易始用钱文，其余概系用银，即各典铺数在一两以下间或当钱，多者尽系当银"[②]。道光以来由于西方鸦片大量输进，大量银两流入西方，对外贸易出现巨额逆差，如 1823—1831 年间，每年漏银达 1 700 万—1 800 万两，1831—1834 年间，每年漏银超过 2 000 万两，1834—1838 年间，每年漏银更增至 3 000 万两[③]。受其影响，民间"银贵钱贱"，交易多用钱文，晚清尤甚。

---

① 全汉升：《美洲白银与十八世纪中国物价革命的关系》，载《中国经济史论丛》第 2 册。

② 《宫中档乾隆朝奏折》，二十八年正月二十九日湖南巡抚陈宏谋奏折，十八年五月二十六日、二十九日湖北巡抚恒文奏折和湖南巡抚范时绶奏折。

③ （清）黄爵滋：《严塞漏卮以培国本折》（道光十三年），载《中国近代史参考资料》，文海出版社。

根据表7－1、7－2资料整理成表7－3并绘图7－1，不难看出清代两湖米价变化过程是一个勺状曲线增长过程，17世纪后半叶米价逐渐下降，到17世纪末18世纪初米价降到最低，此后米价便逐渐上涨，呈长期的上升趋势。

表7－3　　　　　　　　　清代两湖米价变化趋势表

年代	米价10年平均银两值（两/仓石）	米价30年滑动平均银两值（两/仓石）	银钱30年平均比值（千文/两）	米价30年滑动平均钱文值（千文/仓石）
1650	1.18	1.05	0.70	0.735
1660	0.80	0.99	0.70	0.693
1670	1.00	0.80	0.70	0.560
1680	0.60	0.77	0.70	0.539
1690	0.70	0.67	0.70	0.469
1700	0.72	0.69	0.70	0.483
1710	0.64	0.75	0.70	0.525
1720	0.90	0.80	0.72	0.576
1730	0.87	0.94	0.76	0.714
1740	1.05	1.05	0.80	0.840
1750	1.23	1.19	0.85	1.012
1760	1.28	1.31	0.90	1.179
1770	1.42	1.35	0.95	1.283
1780	1.34	1.38	1.03	1.421
1790	1.62	1.63	1.03	1.421
1800	1.90	1.81	1.03	1.864
1810	1.92	1.92	1.13	2.170
1820	1.93	1.93	1.26	2.432
1830	1.95	1.95	1.59	3.101
1840	1.69	1.69	1.86	3.143
1850	1.43	2.03	1.83	3.715
1860	2.98	2.13	1.76	3.749
1870	1.98	2.25	1.63	3.668
1880	1.80	1.88	1.79	3.365
1890	1.86	2.12	1.79	3.795
1900	2.50	2.59	1.76	4.734
1910	3.40	2.95	1.75	5.163

米价
银两／仓石
千文／仓石

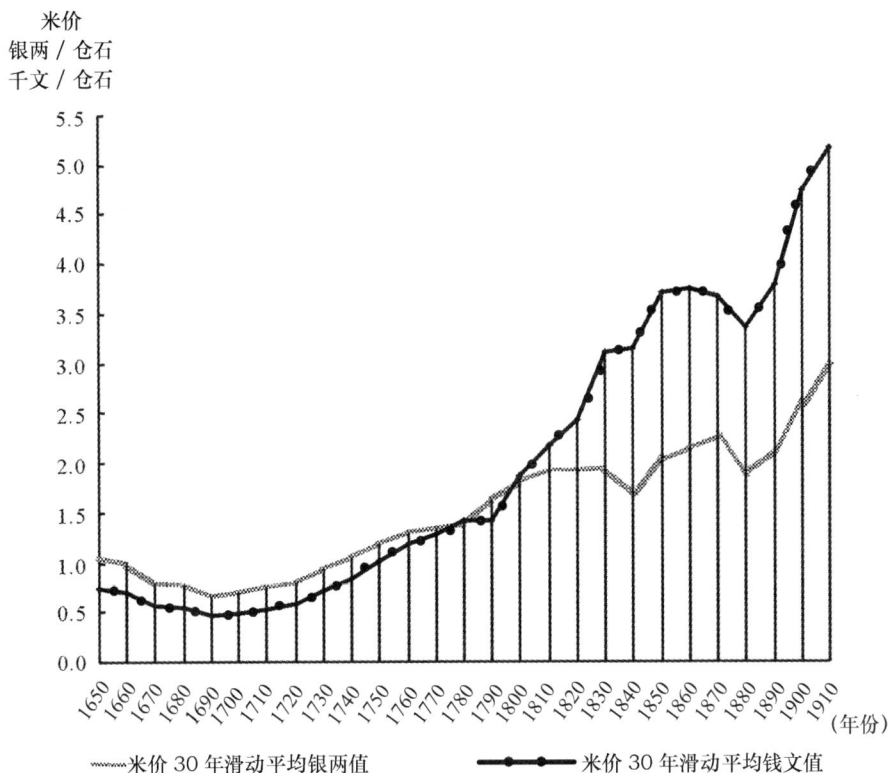

……米价 30 年滑动平均银两值　　—●—米价 30 年滑动平均钱文值

图 7-1　清代两湖米价变化趋势图

二　米价变化与农业经济中人地关系变化的关系

米之供者为地，米之需者为人，米价变化所反映的供需关系变化，实质上是农业经济中人口和耕地关系的变化。在人均粮食消费水平和地均粮食生产水平不变的情况下，粮食价格的变化很大程度上取决于人均耕地的变化，人均耕地的下降（即耕地负荷量的增加）势必引起粮食价格的上涨。表 7-4 列出了清代两湖几个典型年代的耕地负荷量和米价数字，根据这两列数字可以求得它们之间的线性相关系数为 0.9855，显著水平在 0.01 以上，说明米价与耕地负荷量有着十分明显的正相关，即耕地负荷量越大，米价越高，换句话说，也就是人均耕地越少，米价越高。

康熙二十年以前，两湖战争不断，人口大批死徙，耕地大量抛荒，粮食生产遭到严重破坏，因而米价较高，每石银八钱甚至一两以上，灾荒之年更有饿殍，如康熙十一年（1672 年）熊赐履从湖广省亲返京，对康熙帝说：
"臣乡自西山用兵之后，继以水旱频仍，昨年旱荒更甚，颗粒无收，道殣相
望……今春米价腾贵，小民救死不暇"①。不过，总体而言，通过招徕、兴
屯、劝垦等措施，两湖经济在逐步恢复之中，康熙二十四年（1685 年）较
顺治十八年（1661 年），人口和耕地都有所增长，人均耕地还略有增加，因
而此阶段米价具有逐渐下降的趋势。康熙二十年代以后，两湖社会环境长期
安定，人口和耕地都得到迅速发展，产生了大量剩余粮食，康熙三十八年
（1699 年），消失了半个余世纪的"湖广熟，天下足"之谚又被重新提起②，
两湖米价也降到最低。

表 7 - 4　　　　　　　　清代两湖耕地负荷量与米价变化关系表

年份	代表年代	人口数（万人）	耕地数（万顷）	耕地负荷量（人/顷）	米价（千文/石）
1661	1660	323.3	58.7	5.5	0.963
1685	1680	332.4	62.7	5.3	0.539
1724	1720	533.6	80.0	6.7	0.576
1753	1750	1651.4	83.1	19.9	1.012
1784	1780	3283.2	89.8	36.6	1.421
1820	1820	4799.2	95.0	50.5	2.432
1873	1870	5356.0	103.2	51.9	3.668
1893	1890	5526.3	107.0	51.6	3.795

资料来源：表中人口、耕地数详龚胜生《清代两湖农业地理》有关章节。

　　康熙五十年代后，全国米价普遍开始上涨，五十六年（1717 年）康熙
帝指出"太平日久，生齿蕃息"，"虽丰年多谷，不似往年米价之贱"③。雍
乾之世，米价上涨趋势更为明显，雍正帝说，康熙以来米价所以逐渐昂贵，
乃是因为"地土之所产如旧而民间之食指愈多，所入不足以供所出"之
故④。乾隆帝在比较乾隆三十年代与乾隆初的米价时也发现"当时之所谓贵

① 《康熙起居注》，中华书局 1984 年版，第 29 页。
② 《圣祖实录》卷 193。关于此谚流传过程，另详见龚胜生《清代两湖农业地理》。
③ 《康熙起居注》第 2381、2439、2445 页。
④ 《清朝文献通考》卷 3《田赋》。

价，即系迩来之所谓贱价"①。两湖作为全国的粮仓，米价上涨趋势也很明显，雍正五年（1727年）七月，湖南米价每石高至一两六钱，雍正帝问以前是否有过这样高的价，布尔泰奏称，"湖南素称产米之乡，米价贱于他省，从前每石不过六七钱，贵至八九钱而止，康熙四十二年巡抚赵申乔任内始卖至一两有零，又康熙四十六年每石一两三四钱"②；乾隆十三年（1748年）杨锡绂在《筹民食疏》中也指出"康熙年间稻谷登场之时每石不过二三钱，雍正年间则需四五钱……今则必须五六钱"③。由于米价逐渐上涨，两湖的漕粮折银额也多次调整，如康熙二十八（1689年）湖南每石南粮折银六钱，四十四年加至七钱④；康熙三十八（1699年）湖北通山县每石漕粮折银七钱，乾隆七年（1742年）加至一两，四十一年（1776年）加至一两四钱五分⑤。

嘉庆以后，两湖人口压力日甚一日，人均耕地下降到不足2亩，每顷耕地负荷量超过50人，而且由于自然灾害的影响，粮食收成从八成以上逐渐下降到六成以下，耕地生产效益也逐渐降低，故尽管白银大量外流，米价银两值仍有很大幅度的增长，如雍正、乾隆时期灾荒之年米价不超过三两，道光十一年（1831年）湖广被灾，米价却高至五两多⑥，宣统二年（1910年）湖南米价更高至每石七千余文，为数百年所罕见。

三　米价长期上涨对民生的影响

"民以食为天"，康熙帝也认为"米价贵贱"是"关系民生的事"⑦。两湖米价长期上涨究竟对民生状况产生了何种影响？这里只从田地租佃、赋课完纳、商品农业等方面做一简单分析。

1. 田地租佃

粮食出自田地，米价上涨与田价上涨具有互为因果的关系，米价长期上

---

①　《乾隆东华续录》卷76。

②　《雍正朝汉文朱批奏折汇编》，江苏古籍出版社1986年版，第10册第154折。

③　《皇清名臣资议汇编初集》卷44。

④　《赵恭毅公（申乔）剩稿》卷3《请将南秋支剩米石定价折征疏》。

⑤　民国《湖北通志》卷46《漕运》。

⑥　（清）李昭美：《筹酌荒政疏》，载《道咸同光四朝奏议》。

⑦　《康熙朝汉文朱批奏折汇编》，档案出版社1983年版，第594折。

涨必然促使田价长期上涨。清初时候，田多荒芜，田赋繁重，田亩价格十分
低廉，每亩只值银数钱，不及一石大米之值，如顺治十三年（1656 年）安
陆府景陵县胡公绪 435 亩田变价银 230 两，亩值五钱余，十四年（1657 年）
废藩田 30 222 亩变价银 12 682 两，亩值四钱余①；直至康熙初年，湖南、湘
潭一带甚至"弱者以田契送豪家，犹惧其不纳"，基本无主佃关系，只要
"折竹木枝标其处，认纳粮遂号永业"②，衡阳一带虽有主佃之分，但地主有
田也难以出租，《古今图书集成·职方典·衡州府风俗》云："兵燹以后，
死徙多而耕户少，向之阡陌半就汙莱，佃以垦三年后始以输租，又必先减其
岁入之额而后肯为，卒业稍有水旱，佃辄藉口以逋其入，稍加督课遂以誓将
去汝睚眦主人，主人惟恐田汙，不得不听命于佃"。因此，当时农民的耕地
经营规模都较大，如浏阳县农民"种田五七十亩，或百亩"③，长沙县农民
"大率三十亩"④。田价低，生产成本也低；田亩多，剩余粮食也多，故两湖
康熙中期的米价很低。

　　康熙中期以后，随着人口增加和土地兼并，田价与米价都逐渐地上涨起
来。康熙五十二年（1673 年）十月，康熙帝就指出湖南"先年人少田多，
一亩之田其值银不过数钱；今因人多价贵，一亩之值竟至数两不等"⑤。乾隆
以后田价更高，乾隆十三年（1798 年）湖南巡抚杨锡绂说："国初地余于
人，则地价贱；承平以后，地足养人，则地价平，承平既久，人余于地，则
地价贵。向日每亩一二两者，今至七八两；向日七八两者，今至二十余
两"⑥。如十四年（1649 年）和十六年（1651 年）黄冈县人王绍昌两次卖田
2.75 斗，共得银 22 两⑦，每斗田价银 8 两，当地一石田合 6.3 亩⑧，以此折
算，每亩田价在 13 两以上；二十三年（1758 年）邵阳县人售田 3 亩，得价
76 两⑨，合亩价 25 两余。清后期虽银价甚昂，但因米价仍在上涨，田亩价

---

　　① 顺治十三年九月初七祖泽远题本，十四年正月二十一日张朝瑞揭帖，载《清代档案史料丛
编》第 4 辑。
　　② 光绪《湘潭县志》卷 1《赋役》。
　　③ 同治《浏阳县志》卷 18《赋役志》。
　　④ 嘉庆《长沙县志》卷 1《赋役志》。
　　⑤ 《清史编年》第 2 卷上，中国人民大学出版社 1985 年版，第 411 页。
　　⑥ 《清朝经世文编》卷 39《陈明米贵之由疏》。
　　⑦ 《康雍乾时期城乡人民反抗斗争资料》上册第 68 页。
　　⑧ 《胡文忠公遗集》卷 70《抚鄂书牍十二·致汪梅村》。
　　⑨ 刑部抄档，载李文治《明清时代的地租》一文。

也总在十七八两之谱，如咸丰十年（1860 年）胡林翼称"以长短肥硗截补，大抵银百两必得田六亩"[①]，合亩价 16 两多；又光绪末年湖北中田亩价洋银 30 元[②]，折银两亦在 18 两上下。田价的不断上涨刺激了土地兼并，到乾隆年间，两湖"田之归于富户者大约十之五六，旧时有田之人，今俱为佃耕之户"，已与康熙初年形成了鲜明对比。这时，"田价日昂，田租不得不增"[③]，佃农除交纳越来越多的租课外还要向田主交纳很重的押租银，如湖南善化县"乡民佃耕多于自耕，约费枯饼、灰粪、人工钱文一千，可得谷一石，佃耕计每石须押规银三十两内外，岁租十石内外"[④]，当地每石田约合 10 亩，是每亩田除年交租谷 1 石外，还需一次每亩交押租银 3 两；邵阳县也是"凡佃耕人田产，皆纳银于主，谓之进庄礼"，少则一二两，多则三四两[⑤]。这些银两用于放高利贷，佃农又将加重一层负担，"故佃耕农民，多形拮据"。从这种意义上来说，米价长期上涨，利在地主，患在佃农，客观上促使了贫富分化，加深了地主与农民的矛盾。

2. 赋课完纳

清代民间完纳赋课，大抵以银两计。两湖是一个以稻谷生产为主的农业区，"小民输赋及一切婚丧之费均需粜米"[⑥]。由于赋课银额一般不变，米价上涨在理论上对农民完纳赋课有利，但实际情形复杂得多，一则米价上涨后，其他生产资料和生活资料的费用也上涨，二则民间米粮交易多用钱，完纳赋课则用银，以钱易银，以及陋规积弊，往往使赋课暗增，清前期银贱钱贵，米价上涨对完纳赋课似无不良影响，清后期则银贵钱贱，民间以完赋为艰，故课赋多有亏欠。

清人汤成烈《治赋篇》云："乾嘉之际，号为富庶，其时银不甚贵，民以千钱完一两之赋，官代易银解正供，裕如也"，嘉庆以后，银价大昂，"民间完一正一耗，须钱二千五百余文，所出倍昔不止"[⑦]；缪梓《拟改银币折

---

①　《胡文忠公遗集》卷 70《抚鄂书牍十二·致汪梅村》。

②　李文治编：《中国近代农业史资料》第 1 辑，生活·读书·新知三联书店 1957 年版，第 279 页。

③　光绪《攸县志》卷 18《风俗》。

④　光绪《善化县志》卷 16《风俗》。

⑤　道光《宝庆府志》末卷下《摭谈二》。

⑥　陈宏谋：《培远堂偶存稿》卷 37。

⑦　《清朝经世文编》卷 34。

钱疏稿》也说："民间名为纳银,而实则输钱以纳银,州县名为征银,而实则折钱以解银。国初以来,银价甚平,率钱七八百文当银一两……以钱折银,数常有余",道光以后,银价骤增,"动以昔日两年之赋足今日一年之额"①。这种情况下,米价上涨,又有何益?倘米价再降,农民真是可怜至极!咸丰五年(1855年)湖南巡抚骆秉章奏称湖南因武汉叠陷,长江梗阻,米粮无路行销,谷贱如泥,"农民卖谷一石,买盐不能十斤,终岁勤动,求免茹淡之苦而不得。如是而农困,商贩贸迁阻滞,生计萧条,向之商贾今变而为穷民,向之小贩今变而为乞丐"②,当时湖北漕米每石交钱低约五六千文,高至十八九千文,农民须卖米五六石才能完一石之粮课,以致百姓以纳粮为苦③。总之,米价上涨并没有给两湖农民带来更多的资金积累,而是相反地走向贫困。

3. 商品农业

一方面,清代两湖是全国最大的稻米产区,米价较其他省份低,形成了米价空间梯度差,使"有谷之家,利于得从,尽数出粜","岁即有秋,多乘江流之便,米谷运去江浙"④,有的甚至杂粮自食,稻谷售人,"入谷卖钱,不以田为食"⑤;另一方面,清代两湖米价保持长期上涨趋势,形成了米价时间梯度差,为地域生产专门化和传统农业向商品农业转化提供了重要条件。如果米价长期下跌,谷贱伤农,农民就可能不再以谷为命脉,两湖也就不可能一直成为清代全国重要的商品稻米产区。正是因为米价的长期上涨,使两湖与江浙等省的粮食流通得以维持和加强,生产地域分工日益明显,两湖以稻米为主的商品农业得到进一步发展,在江河沿岸形成了汉口、湘潭、衡阳、长沙、岳阳、常德等一批重要的商品粮贸易中心,并通过它们构成了"湖广熟,天下足"的商品米流通网络。米谷这种普遍性的消费产品虽就当时社会购买力来说,价格偏低,利润偏少,但"米价既长,凡物价、夫工之类,莫不准此递加"⑥,稻米生产的商品化发展会一定程度地促进其他农产品

---

① 《缪武烈公遗集》卷1。
② 《骆文忠公奏议》卷5《采买淮盐济食分岸纳课济饷折》。
③ 胡林翼:《革除漕务积弊并减定漕章密疏》,载《清朝经世文续编》卷30。
④ 《雍正朝汉文朱批奏折汇编》,第8册第420折,第10册第154折,第6册第386折。
⑤ 道光《蒲圻县志》卷4《风俗》;同治《桂阳直隶州志》卷20《货殖》。
⑥ 《乾隆东华录》卷76,乾隆三十七年十月癸未。

市场的发展，从而为传统农业向商品农业转化提供了条件。

四　小结

清代两湖米价变化经历了一个由高而低又由低而高的趋势过程。明末清初，两湖农业因战乱破坏，米价较高，顺治以后，地方逐渐安定，生产逐渐恢复，米价呈下降趋势，至 17 世纪末 18 世纪初降至最低，此时正是"湖广熟，天下足"重新兴起之际，康熙末年以后，由于人口逐渐增加，米价呈长期上升趋势。两湖米价的这个趋势过程与其耕地负荷量的变化有着密切的相关性，耕地负荷量越大，米价越高，反之，则反之，因此，清代两湖米价变化实质反映了人地关系的演变。

清代两湖米价之长期上涨对其民生状况产生了深远影响，诸如田地租佃、田赋完纳以及农业商品化生产都在其影响之下发生着变化，较突出的是促使了贫富两极分化的加剧和农业生产地域分工及商品农业的发展。

第八篇

唐代南阳地区驿道考述

　　唐代南阳地区为长安、洛阳东西两大政治中心和大路驿、次路驿南北两条漕粮之道的交通枢纽。境内驿道有四条："商山南阳道"自长安经商州入境，沿内乡、菊潭、临湍诸县至邓州，南与襄州接；"顺阳路"自临湍县至丹淅口接丹江水路；"三鸦路"自邓州经南阳、向城二县至鲁阳关出伏牛山北抵洛阳；"方城路"自南阳经博望、方城出境北上，或至汴州，或至洛阳。

　　（本文发表于《陕西师范大学学报》（哲学社会科学版）1991年第 3 期）

南阳地区在唐代为山南东道邓州和唐州之地，战略地位十分重要，是唐代交通非常发达的一个地区。唐代馆驿之制，王畿千里内为重，南阳地区正在王畿之列，为"两都南蔽"，馆驿甚多。它以邓州为中心，西北通上都，北达东都，东北至汴州，南下襄阳而至荆州，为上都、东都、汴州、荆州等交通枢纽的枢纽。

本文拟对南阳地区的驿道及其交通地位作一初步探讨。唐代南阳地区的驿道都是古已开通的道路，唐诗所咏多有专名，本文从之。

一　商山南阳道

这是上都至荆州"次路驿"的一段。"次路驿"在蓝田境内称"蓝田路"，在商州境内称"商山路"，在邓州境内称"南阳道"。但邓州北境山峰与商州相接，又有"商山包楚邓"之说，故邓州北境驿道也是"商山路"的一部分；"商山路"又称"商於路"（略有长短区别），指邓州所属内乡县（今西峡）以西至商州之间的道路。所以"商山路"和"南阳道"有重复处，本文之"商山南阳道"指邓州西北通商州、南至襄州之间的道路。

"次路驿"是沟通关中与南方广大地区的重要交通道路，既为邮驿之道，又是漕运之途，文人举试往来，贬客南趋北归，多有诗文记述。故严耕望先生研治唐代驿道，首成《蓝田武关驿道》一篇[1]。只是严先生此文尚有若干纰误，仅以邓州境内驿道为例，既误以唐内乡当今内乡，又误曲河驿在南阳，因而误以今内乡、南阳间为唐驿道，有韩愈贬往潮州时绕道南阳之说。因此有再论证的必要。

自上都东南行至商州东南之阳城驿，出驿东行 15 里即入邓州境。阳城驿唐代末年改为富水驿。富水驿即今商南县东 25 里富水镇[2]。元和五年三月元稹贬江陵士曹参军，取道"次路驿"，于月底抵达阳城驿[3]，做五言长诗《阳城驿》，并于此作书白居易，故白居易有《和阳城驿》和《初与元九别后忽梦见之，及寤而书适至，兼寄桐花诗怅然感怀因以此寄》二诗。长庆二年七月下旬白居易黜杭州刺史，至阳城驿又有《宿阳城驿对月》诗。按阳城

---

①　载《唐代交通图考》序言。全文见篇 16，下文简称严文，1985 年台北出版。

②　乾隆《商南县志》卷 1《疆域》，乾隆十七年刻本。

③　张达人：《唐元微之先生稽年谱》，商务印书馆本。

驿名本与谏议大夫阳城同,《阳城驿》即元稹纪念他所作,其中表示他要避讳"阳城"。但"阳城"改为"富水"并非始自元稹。据诗中"我愿避公讳,名为避贤邮"一句,元稹所改似为"避贤"驿,但也只是题题诗而已,并未得到世人认可,故十二年后白居易经过此地时诗题仍作"阳城驿"。"富水"之名始见于杜牧《商山富水驿》,其后吴融有《富水驿东楹有人题诗》。故宋王禹偁有"不见阳城聚,空吟昔人诗。谁改避贤邮,唱首元微之。……留题富水驿,始见杜紫微"。有人误以杜牧诗题注有"驿本名与阳谏议同姓名,因此改为富水驿",而认为驿名为杜牧所改。其实杜牧写此诗时驿名已改,而他认为驿名不应轻易改动,看法与元稹相反,故其诗中有"驿名不合轻移改,留警朝天者惕然"一句。又据此诗首句"益戆由来未觉贤,终须南去吊湘川"意,此诗当作于太和三年黜佐江西沈传师时。阳城驿改为富水驿当在长庆二年至太和三年之间的七八年里。

自富水驿东行 15 里至邓州境,又东行 140 里至邓州内乡县(今西峡,今富水西峡间公路距离 128 里)。按《元和郡县志》山南道商州缺佚,《元丰九域志》云商州东南至界 230 里,由界抵邓州 380 里,又云邓州西北至界 470 里,由界抵商州 230 里,所述自相抵牾。核实而论,邓州西北至界当为 380 里(今公路距离 330 里),商州东南至界当为 320 里(今公路距离 272 里),230 里讹。商、邓二州间合 700 里,与《太平寰宇记》所载一致。又《太平寰宇记》载商州东南 90 里至商洛,盖《元丰九域志》言商州东南至界皆自商洛起算,故 320 里只得 230 里,而邓州西北至界又算至商洛,故380 里增至 470 里。自内乡东南至邓州,众书所载皆为 240 里,本不误。严先生误以唐内乡当今内乡,而疑 240 里是 140 里之讹,殊非。按今内乡城本宋代内乡县(今西峡)之渚阳镇①,金代始移内乡县治于此②。今县至邓州120 里,唐县至邓州 240 里,故《古今图书集成·职方典·南阳府部》,"古迹"云:"旧县在今县西 120 里之西峡口"。

富水驿至内乡城 155 里之间,驿馆无考,唐人记述也不多。元和元年六月韩愈自江陵被召入京,途经此段,寄书与襄阳节度使于頔,中有"自幕府至邓之北境凡五百余里"句。元和十四年正月韩愈贬潮州,至此段又有《次邓州界》诗,中有"商颜暮雪逢人少,邓鄙春泥见驿赊"一句,"鄙"、

---

① 《元丰九域志》卷1《邓州》。
② 《古今图书集成·职方典·南阳府部》,中华书局影印本。

"赊"均指距邓州之远。白居易、李商隐亦曾途经内乡，有《内乡邨路作》等诗。

内乡虽为驿道所经，然地壤偏僻，唐时尚未开化，故唐人视之为"山城"、"山县"。王维在此作《送李太守赴上洛》诗云："板屋春多雨，山城昼欲阴"①。富水、内乡间驿道为"商山路"的东段，故白居易长庆二年七月于县南亭题《商山路有感》诗。此段和整个商山路一样，道路两旁古木参天，险僻阴森。虽然贞元年间商州刺史李西华对蓝田、内乡间的700余里道路进行了拓修②，但并未得到任何改观，这有大中年间李商隐《商於新开路》诗为证。

自内乡城东行7里至於村，严耕望先生据《通典》卷177《邓州·内乡》引《括地志·荆州图副》所云，定商於驿于此。按，"商於"在唐代多泛指商州、商山地区。《新唐书·食货志》云肃宗末年"江淮粟帛，由襄、汉越商於以输京师"。《旧唐书·穆宁传》载同一事则云"广德初河运不通，漕辗由江、沔自商山达京师"。李商隐《商於新开路》有"六百商於路，崎岖古共闻"句，《商於》有"商於朝雨霁，归路有秋光"句③。所言商於均指商山，商於路即商山路。故又有李商隐篆额的《商於驿路记》碑。而符载《邓州刺史厅壁记》云"是州也……商於临汝，环我股臂"④。权德舆《送商州杜中丞赴任》云"安康地里接商於"⑤，言商於又指商州。而曹松《商山》诗之"商於"既指商山又指商州。由此观之，唐代商州、商山、商於常通用。"商於"也有专指某个地点的，如蒋吉《次商於感旧寄卢中丞》、喻坦之《商於逢故人》、李商隐《九月於东逢雪》，以及罗隐《商於驿楼东望有感》、《商於驿与于蕴玉话别》二诗。但除李商隐《九月於东逢雪》可以肯定是指唐内乡城东7里之於村外，其他所指都不详明，而罗隐二诗在《全唐诗》中虽均题作"商於驿"，《甲乙集》却均题作"商驿"，《罗昭谏集》则一题作"商驿"，一题作"商於驿"。《方舆纪要》和《大清一统志》均载商州西5里有商於驿，严耕望先生以商州西15里已有仙娥驿，罗隐诗中有"山川去接汉江东，曾伴随侯醉此中"句，便以商於驿在内乡为宜。但我认

---

① 《王右丞集注》卷12，《四部备要》本。
② 《唐会要》卷86《道路》；国学丛书本；《新唐书·地理志·商州》。
③ 《玉谿生诗笺注》卷5，《四部备要》本。
④ 《全唐文》卷689。
⑤ 《全唐诗》卷12。

为商於驿在商州之说尚不可轻易弃之。一则李商隐大中元年经内乡赴桂州时，既篆额有《商於驿路记》碑，又写有《商於新开路》诗①，其商於都非专指一地，均泛指商州，而大中二年自桂州归经内乡时，既有《商於》诗泛指商山，又有《九月於东逢雪》诗专指於村，而终不言商於驿；二则严先生以罗隐诗中有"山川去接汉江东"一句，认为"商州去汉江太远，尤以内乡为宜"。理由是很薄弱的。罗隐《商於驿楼东望有感》是一首回忆之作，所谓"汉江东"即"汉东"，亦即随州，故下文有"曾伴随侯醉此中"句，接着就述随侯夜珠的故事。玩味全诗意境，乃是罗隐自随州西来商（於）驿，登驿楼东眺来路，不禁怀忆感慨起他在随州度过的那些销魂时光，诗意与所作《汉东秋思》、《重过随州故兵部李侍郎恩知因抒长句》二诗相衔接，当为一次途中所作；三则内乡城必设驿馆无疑，其东7里似无设驿必要。因此，商於是否有驿，是否在於村，还有待进一步论证。《玉谿生诗笺注》云大中元年正月所立《商於驿路记》又作《商於新驿记》，不知本自何处，若据碑题推断，则商於驿当置于此时。关于商於地望，唐以后有多种说法，此不赘及。

自於村东行50余里至菊潭县。《元和郡县志》云内乡东南至州240里，菊潭东南至州150里，这样，内乡至菊潭当得90里。按颜师古注曰"菊潭县即郦县"。此郦县即东汉郦侯国，《水经·淯水注》所云南郦，在今内乡县城西北约3里的郦城村，遗址尚存，村中还有地名"城角"者。然而，唐菊潭县在郦县境，并非就是郦县。其一，菊潭因产菊花得名，必在菊水河畔。菊水即今西峡县丹水河，金人元好问有《自菊潭丹水还寄崧前故人》诗可证。今西峡县东南丹水镇南面有菊花村、菊花山、潭沟村，这里就是著名的菊产地和菊潭县所在。《南阳府志·古迹》菊潭县条云："其故址在今（内乡）县西六十里菊潭堡"与此相符，今丹水镇正居唐内乡城（今西峡）与今内乡城（其间120里）之中。其二，《元和郡县志》云临湍城东南至州85里，《括地志》云郦城在新城县（即临湍）西北30里，则郦城距州当115里，与《元和郡县志》所言150里不合，知菊潭非即郦城，而更在郦城西北。因此，唐菊潭（即隋菊潭县，宋菊潭镇）当在今西峡丹水镇附近，不应如颜师古注在郦城。但也不应如《中国历史地图册》所绘菊潭远在菊水源头

---

① 按：此诗《玉谿生年谱会笺》未予编年，据大中元年所立《商於驿路记》又作《商於新驿记》，细玩诗意，必是同年同途所作。

山中，因菊潭为唐驿道所经，而今经丹水镇之公路即是其间古今唯一的通道。又清代大车可至丹水铺，过此西行，则需换小车，说明"商山路"逶迤东来，至菊潭县始出险就夷，与唐诗所述菊潭"云尽汉山稀"亦甚相符。

菊潭县为驿道所经，出县东行，"商山路"始尽，县城以西，仍为山高林密的"商山路"。戎昱《送菊潭王明府》诗云："晚凉经灞水，清昼入商山。"① 权德舆《送浑邓州》诗云，"轻轩出绕霤，利刃发干将。……想君行县处，露冕菊潭香"②。"商山"显指商山路，"绕霤"也指商山路。《汉书·王莽传》："绕霤之固，南当荆楚"。颜师古注曰："今商州界七盘十二绕是也。"③ 这说明菊潭为商山路所达，菊潭在驿道之中，而菊潭以西，林木茂密，有司空曙《送菊潭王明府》诗"林多宛地古，云尽汉山稀"④ 为证。唐代诗人李白、孟浩然、贾岛过此留有诗作。

自菊潭城东南行 90 余里至临湍县，有临湍驿。《元和郡县志》云临湍至州 85 里，内乡至州 240 里，内乡菊潭间前述 60 里，则菊潭临湍间得 90 余里。临湍驿见《神会语录》云"侍御史王维在临湍驿中"，引详严文。另外，李华《临湍县令厅壁记》亦云其为"邮置之冲"。按临湍城即新城故城，《一统志》云在南古村，与《括地志》所言郦城至新城里数合，当是。今南古村在邓州西北十林镇北湍河北岸。《南阳府志·古迹》指州西北 60 里张村为临湍城，误。

自临湍驿南行 40 里至冠军驿。《元和郡县志》临湍县条云"冠军故城在县南 40 里"。地在今邓县西北冠军村。刘禹锡《顺阳歌》云生"朝辞官军驿，前望顺阳路"，"官军"即是冠军。

自冠军驿南行 15 里全曲河驿。曲河驿地即今邓县西 30 里文曲镇，明清时为曲河铺，宋时为曲河镇⑤。元和十四年韩愈贬潮州刺史，入邓州境有《次邓州》诗，至曲河驿有《食曲河驿》诗。严文因《曲河驿》下有《过南阳》之什，又因《大元一统志·南阳府·古迹》载曲河驿"去南阳县三十里"，遂以曲河驿在今南阳县西，前已误将唐内乡城当今内乡城，此又将穰

---

① 《全唐诗》卷 10。

② 《全唐诗》卷 12。

③ 辛德勇：《隋唐时期长安附近的陆路交通》（载《中国历史地理论丛》1988 年第 4 期）一文认为绕霤即峣关，在七盘山，但不在商州界，颜注有误。按唐代商州与京兆府以蓝田关（峣关）为界，是颜注不误。

④ 《全唐诗》卷 11。

⑤ 《元丰九域志》卷 1《邓州》。

县曲河驿误在南阳，从而得出了"唐世驿道虽由内乡东南行直达穰县，然仍有绕道南阳者"的错误结论。

按唐代邓州又称南阳郡，这样，不仅在邓州境内可称南阳，邓州城可称南阳，就是邓州的附郭穰县也可称南阳，所谓"南阳"并非专指邓州所属的南阳县。这一模糊概念一直影响到宋元。"南阳"指邓州境者如杜牧《途中作》、窦巩《南阳道中作》等；指邓州城者不胜枚举，如权德舆《送浑邓州》、韩愈《过南阳》等；指穰县者如《太平寰宇记》卷142《邓州·南阳县》、《大元一统志》卷365《南阳府·古迹》曲河驿条。严文明《太平寰宇记》之误，却不明《元一统志》之误，以致将曲河驿置于南阳县西。

自曲河驿东行30里至邓州治所穰县。穰县为各驿道枢纽，李华《临湍县令厅壁记》云："邓为天下肩闼，两都南蔽……犹以邮置之冲，往复王命"。符载《邓州刺史厅壁记》云：邓州"控二都之浩穰，道百越之繁会"，王绥为刺史时，"饰传递之舍，作栖旅之馆"。《册府元龟》卷69引开成二年狄兼謩语："邓州疆土阔，馆驿多"。这类泛指邓州（南阳郡）有馆驿的记述，均可视为穰县有驿。

自穰县南行180里至襄州（今公路距离144里）。孟浩然家居襄阳鹿门时，曾北游许、洛，归途有《和张三自穰县还途中遇雪》诗。穰县至襄阳中经邓城，详严文。自襄阳南下荆州，仍为"次路驿"，严先生有《荆襄驿道与大堤艳曲》考述之[1]。

综上所考，"商山南阳道"自商州阳城驿东行，过内乡、於村、菊潭、临湍驿、冠军驿、曲河驿至邓州治所穰县，而南达襄阳，全长约575里，所行路径，基本上即今富水镇—西峡—内乡—邓县—襄樊之间的公路（490市里）。此道在菊潭县以西山高林深，为"商山路"东段。其道虽险，行旅甚盛："商山名利路，夜亦有人行"，"或名诱其心，或利牵其身"，而尤以贬臣逐客、文人游士为多，其中有去有归的固然不少，而有去无归、死于道路的也不乏其人，故有落第书生与鬼生吟诗作对者[2]。

二 顺阳路

刘禹锡《顺阳歌》云："朝辞官军驿，前望顺阳路。野水啮荒坟，秋虫

---

① 《唐代交通图考》篇28。
② 《太平广记》卷349《梁璟》，卷344《祖价》。

镂官树。曾闻天宝末，胡马西南骛。城守鲁将军，拔城从此去"。此诗虽云
自冠军驿至顺阳有驿道，却不能认为此驿道就是由冠军驿分出的。严文仅此
一条孤证，对"顺阳路"走向语焉不详。

顺阳，唐武德三年立县，六年省入冠军。其地望据《太平寰宇记》卷
142《邓州》云在州西 120 里，在淅川、内乡县界中。又窦巩《南阳道中》
诗云："东风雨洗顺阳川……薄暮人争渡口船"。卢纶《送邓州崔长史》诗
云："出山车骑次诸侯，坐领图书见督邮。绕郭桑麻通淅口，满川风景接襄
州"。诗中描述的都是顺阳路，淅口、渡口、顺阳川所指实即同一地。淅口
为丹水与淅水汇合处，顺阳城即在淅口，顺阳城附近的淅水盖即顺阳川，宋
内乡与淅川分界之处亦即此川。今淅口有马蹬村，唐于此设马邓驿。元好问
有《马邓驿中大雨》诗。（按，金代虽于邓州置提空急递铺，但既未言达于
邓州之西，也未说在邓州设驿，此必为唐驿无疑）遗憾的是唐人并未提及此
驿名，惟常建《晦日马镫曲稍次中流作》诗云："夜寒宿芦苇，晓色明西
林。初日在川上，便澄游子心。秦（晴）天无纤翳，郊野浮春阴。波静随钓
鱼，舟小绿水深。……扣舷（船）应渔父，因（同）唱沧浪吟。"① 细玩诗
意，特别是"舟小绿水深"、"因唱沧浪吟"句，此写马镫曲当即马邓驿，
因襄阳北汉水古叫"沧浪之水"，常建所谓"江上"当在汉水近境；又丹水
在唐人的笔下是很清澈的，杜牧西归经过丹水时所吟《丹水》诗云："沈定
蓝光彻，喧盘粉浪开"，与"舟小绿水深"合。唐代丹水为漕运之道，也必
为驿道无疑，马邓驿可能为水陆两用驿，于此乘船顺丹江而下，转汉江（古
沧浪之水）而至襄阳，溯丹江而上至商洛，皆与"次路驿"主道相接，抑
或丹江汉水就是"次路驿"之一部分，也未可知。《旧唐书·鲁灵传》说鲁
灵"出南阳，投襄阳"，其实是出邓州城，经顺阳路至淅口，然后下船襄阳。
从马邓驿"渡口"过淅江沿丹江西行至淅川县（今老城），继续沿江西北行
直至与"商山路"接，可能和丹江是一条平行而互补的驿道，前述窦巩、崔
长史、杜牧曾取此道，元稹、王维也似曾取此道，元稹《西归绝句十二首》
之九云："今朝西渡丹河水，心寄丹河无限愁"。王维有《酬黎居士淅川
作》诗。

"顺阳路"通达邓州且经冠军驿，它与"商山南阳路"在何处相接呢？
我认为当在临湍驿，理由如下：第一，冠军淅口间历来无道路直通，而临湍

---

① 《河岳英灵集》卷上，载《唐人选唐诗》，上海古籍出版社 1978 年版。

淅口间有道可通，且较直，今有简易公路；第二，临湍为县，由此分出驿道符合常理；第三，王维开元中至襄阳主持科举考试，于淅川有诗，《神会语录》又曰王维在临湍驿中，当为一次旅途中事。

综上所考，"顺阳路"是临湍至丹淅之会处的马邓驿之间的一条驿道，它是连接丹水道和商山南阳道的桥梁。

三 三鸦路

这是邓州至东都洛阳驿道的一段。百重山为第一鸦，分水岭为第二鸦，鲁阳关为第三鸦①。唐代邓州、汝州以鲁阳关为界，三鸦路在邓州向城县以北，本文借以指邓州至鲁阳关一段驿道。鲁阳关在春秋战国时即已开通，"关控据要险，自昔为必争之地"，在军事上是一条"出奇之道"。唐以洛阳为东都，而东都与南方地区的沟通，以出三鸦路为捷，故于此道设驿。《元和郡县志》、《通典》所述襄阳、邓州、汝州和东都间的里程无一抵触，是邓州、汝州、东都间有驿道相接的很好证明。

自邓州穰县东北行 120 里至南阳县。南阳为大县，是一个较穰县略小的交通枢纽，驿务较为繁忙。贞元十九年以前，驿使往来没有专门的印，是年南阳驿吏韩泰申请，"始铸使印而正其名"，故柳宗元特为之撰《馆驿使壁记》。南阳城有驿，唐人多所记述。如孟浩然《人日登南阳驿门亭子怀汉川诸友》、刘希夷《晚憩南阳旅馆》、钱起《送李九贬南阳》、许浑《南阳道中》、郑谷《再经南阳》诸诗。天宝至德乱后，南阳凋敝，馆驿废坏的情景流露于这些诗人的笔端。唐代途经南阳并留有诗作的还有李白、李颀、皇甫冉、孟郊、皮日休、张九龄等人。

自南阳城东北行 15 里至独山，李白诗有"昔在南阳城，唯飡独山蕨"②。又东北 15 里至丰山，丰山下有清冷泉，李白有《游南阳青冷泉》诗。

自丰山北行 20 里至石桥镇。石桥镇为汉代科学家张衡故里——西鄂城，有张衡故宅及陵墓。骆宾王过此有《过张平子墓》诗。

自西鄂故城北行 20 里至邓州向城县。城临向渠，在今南召县皇路店。出向城北行便进入三鸦路，约 80 里至向城县与鲁山县分界之鲁阳关。《元和

---

① 《大清一统志》卷165《南阳府·关隘》，光绪二十七年上海宝善斋石印本。
② 《李太白全集》卷23《忆崔郎中宗之游南阳》，中华书局1977年版。

郡县志》云"荆、豫径途，斯为险要"。

自鲁阳关北行，经鲁山县、龙兴县至汝州，汝州有广城驿、李城驿、长桥驿。因不在本文讨论范围，不再详述。出汝州临汝经伊阙而与东都相接，严耕望先生有《唐两京馆驿考》一文。

三鸦路是联系东都与荆襄的一条重要通道，所以取经此道的人也不少。南下者如刘希夷谒汉世祖庙，高询赴任唐州（今泌阳县），李颀自颍阳送从叔游襄阳，自洛阳奉使江表，王维送邱为往唐州，均取此道。北上者如贞元九年孟郊出长安经"次路驿"远游湖楚，同年应汝州刺史之请北归汝州，经此道，有《鸦路溪行呈陆中丞》、《过分水岭》、《分水岭别夜示从弟寂》等诗记行。天宝年间李白浮游四方，自南阳北游，也曾取此道。

综上所考，"三鸦路"与"商山南阳道"有相似之处：前者连接东都，后者连接上都；二者都有险有易，前者以向城南北为界，后者以菊潭东西为界。但后者较前者重要。"三鸦路"在今天基本上为邓县至鲁山县南分水岭的公路。

四　方城路

这是邓州至汴州驿道的一段，是南阳地区开辟最早的道路，史称"夏路"。自唐及清均为驿道，较商山路、三鸦路平易得多，但在唐代却没有前二道重要。

该驿道自南阳东北行，经瓜里津渡白河，60 里至博望。自博望东行 60 里至方城县。瓜里津有三石梁横卧水上，明清时称为"三桥"。博望为汉故城，元明清均设驿。

方城县有驿。杨巨源《方城驿逢孟侍御》诗云："走马温汤直隼飞，相逢矍铄理征衣。军中得力儿男事，入驿从容见落晖"[1]唐代诗文多有"某某路"的提法，所指都必是驿道，如前述"商山路"、"蓝田路"、"三鸦路"等即是。因方城也为驿道所经，故有"方城路"之称。刘禹锡《春日寄杨八唐州之二》诗云："漠漠淮上春，荑苗生故垒。梨花方城路，荻笋萧陂水"[2]。

---

① 《全唐诗》卷 12。
② 《刘梦得文集·外集》卷 5，商务印书馆 1929 年影印本。

自方城东北行 100 里余至叶县。县有驿，开元四年徙唐州、许州境别置仙州，治叶县。开元二十一年因仙州频丧长吏，敕议可否废州，中书侍郎崔沔议中有"若以州管新户驿长"① 之语，可为证明。

自叶县分两道：一道西北折经龙兴至汝州通东都洛阳。《元和郡县志》叙唐州八道时，特别指出叶县至龙兴 180 里，经汝州抵东都。因"三鸦路"较"方城路"崎岖险厄，自荆州北上东都，也有人绕行此道，如李德裕会昌六年"自荆南保釐东周，路出方城"②，就是取此道。另一道继续东北行经许州至汴州，孟浩然《南阳北阻雪》诗疑即途经此道所作。

"方城路"因不是重要驿路，行旅较稀少。王维《送方城韦明府》诗云："遥思葭菼际，寥落楚人行……使车听雉乳，县鼓应鸡鸣"③，即是其写照。

---

① 《太平寰宇记》卷 8《汝州》，南昌万氏咸丰五年校补本；赵万里校辑：《元一统志》，中华书局 1966 年版。

② 《玉谿生年谱会笺》卷 3，上海古籍出版社 1983 年版。

③ 《王右丞集注》卷 8。

第九篇

历史上南阳盆地的水路交通

　　南阳盆地是长江水系、淮河水系和黄河水系交汇的地区，境内最大的河流白河、唐河、湍河、丹江在历史时期都是可以通航的河流。白河古称淯水，历史上最远可航船至今南阳市北的石桥镇；唐河古称堵水，春秋战国时可行船到方城，清代尚可行船到赊旗镇（今社旗县城）；湍河为白河支流，历史上船可上行到穰县（今邓州市）；丹江古称丹水，历史上是长江流域通往关中的最重要的一条水路。方城阙是南方地区通往中原地区的重要关隘，同时又是唐河水系与淮河水系的分水岭，早在春秋战国时这里就修建了运河，而且这条运河在南北朝时还在发挥作用，后来湮废，宋代还两度在南阳—博望—方城之间修凿运河。

　　（本文发表于《南都学坛》（哲学社会科学版）1994 年第 1 期）

自古以来，南阳盆地的交通地位就十分重要。早在四五千年前的虞夏时代，这里即开辟有通往中原的"夏路"①；到了战国秦汉时期，交通更为发达，形成了"西通武关郧关，东南受汉江淮"②，"推淮引湍，三方是通"③的水陆并臻的辐射型交通网；唐代驿传制度完备，这里又是国家重要驿道经过之地，"控二都之浩穰，道百越之繁会"④，号称"天下启闳，两都南蔽"⑤；到了明代，更有人把这里称为"天下之中"⑥。

南阳盆地交通地位之所以这样重要，是因为它处于长江、淮河、黄河三大水系交汇处的特殊地理位置，它不仅是联系关中、巴蜀、关东、江南几大基本经济区的陆路交通枢纽，而且也是长江水系支流伸入中原腹地最远的地区，其水运航程为"中国古时代南北天然水运航线之最长最盛者"⑦。

南阳盆地境内主要河流有白河、唐河、丹水、湍河等，历史上这些河流都可以通航，有的还发挥过重要历史作用。不但如此，由于其交通位置的重要，历史上还在这里几度开凿运河。

一　白河

古称淯水，白河这个名字是直到唐代才有的。著名历史地理学家谭其骧教授在《鄂君启节铭文释地》一文中认为"战国时代江汉流域干支各流的常年水位远较现在为高"，当时楚王的船可以逆流而上经汉水，入溧河，越过"夏路"进入鸭河⑧。如果这种解释不错的话，则说明两千多年前的战国时期白河就已行船，而且可以上溯到今南召县境。到了三国时期，历史已经明确记载白河在当时已用于军事行动，如曹魏在南阳屯田之时，就曾在南阳、新野之间操练水军⑨。北宋及其以前，沿白河而上的船至少可以抵达今

---

① 《史记》卷41《越王勾践世家》。

② 《史记》卷129《货殖列传》。

③ 张衡：《南都赋》，载《文选》卷4。

④ 《全唐文》卷689符载《邓州刺史厅壁记》。

⑤ 《全唐文》卷316李华《临湍县令厅壁记》。

⑥ 丘濬：《大学衍义补·屯营之田》。

⑦ 严耕望：《唐代交通图考》之《荆襄驿道与大堤艳曲》，台北，中央研究院历史语言研究所1985年版。

⑧ 《长水集》下，按，文中观点并未为人普遍接受。

⑨ 《三国志》卷27《魏志·王昶传》。

南阳市北 50 里的石桥镇。该镇在北宋时为南阳六镇之一①，它的兴衰和白河水运的畅通与否有着密切的关系，北宋所开运河就是从其稍南的下向口引白河水的。直到清代末年，从湖北襄樊开出的大型货船可抵南阳城关，小船仍可直达石桥镇，石桥镇因之"毂缩水陆，号为繁富"。若是顺流而下，大船可载百石，但自南阳至襄阳，需行三日②。南阳县南 60 里的瓦店，在清光绪年间，"民习舟楫，帆樯出入"③。自瓦店至新野县城关一段的白河在历史上有较大变迁，河道逐渐向西摆动，东汉时期，白河袭夺潦河、湍河而形成经过樊集的新白河，原来经过沙堰的白河就废弃了。但从废白河沿河集镇的残碑断碣推测，它在两汉时期是可以行船的④。白河在新野境内由于汇接了潦河、湍河、朝河数水，流量增大，舟楫往来，更为频繁⑤。

二　湍河

古称湍水，是白河的重要支流。历史上也是一条通航的河流，其通航的终点，当在今邓县城西三里的六门堰。西汉南阳太守召信臣在此筑坝拦断湍水以溉田畴⑥，说明舟船不可能越过六门堰上行，故其上流的内乡县"舟车不通"⑦。但是六门堰以下至白河的一段是可以通航的，金人元好问有诗云："石门归驭引湍浦，渔航并旷荡万景"⑧。又有《渡湍水》诗云："秋江澹沱如素练，沙浦空明行暮云。早晚扁舟载烟雨，移舟来就野鸥群"⑨。位于湍水之滨的邓县城在元代更是一幅"舟车辐辏，人物浩穰"的景象⑩。湍河通舟的情况大概一直延续到清代中叶，清人彭始起就曾泛舟湍河，泊六门堤边，邓县"八景"之一"湍水渔舟"描述了湍河通舟的情况："源水出熊耳，东

①　《元丰九域志》卷 1《西京南路·邓州》。

②　光绪《南阳县志》卷 3《建置·镇店》。

③　光绪《南阳县志》卷 9《沟洫》。

④　中国科学院地理研究所：《汉江流域地理调查报告》，科学出版社 1957 年版，第 30、94—95 页。

⑤　乾隆《新野县志》卷 1《乡村》。

⑥　《水经·湍水注》，《水经·淯水注》。

⑦　康熙《内乡县志》卷 4《食货志·物产》。

⑧　雍正《河南通志》卷 7《山川上·南阳府》。

⑨　嘉靖《南阳府志》卷 11《艺文·诗》。

⑩　赵万里辑：《元一统志》卷 3《南阳府·风俗》。

来绕邓城。晴随烟雨敛，渔趁野航横"①。

三　唐河

下段古称比水、泌河，上段古称堵水。春秋战国及至西汉，唐河在今方城以下都可行船（详后），但清代末通航终点已经南移到了今社旗县城关。社旗县城为明清时南阳县属之赊旗店。清代唐河水盛时，襄樊货船可径抵于此，"南船北马，总集百货"，"客妓利屣，笙歌盈衢"，从而使它成为"豫南巨镇"②，一片灯红酒绿，俨然一个繁华都市！光绪年间，由于流量减少，南阳县曾集资掏挖上游黑虎泉，然效果不大③。社旗县南唐泌二河相汇之处的源潭镇，也因为系通商河路，在清乾隆时人烟稠密④。唐河汇纳泌河后，流量增大，行船更便，也给唐河县带来不少税利，郭平鼎《唐城怀古》诗云："毂击肩摩比户卦，淮襄千艘竞并冲"⑤，这一段至今流行船工号子⑥。

唐、白河是南阳盆地的两条主要河流，史籍中常常两河并举。如南齐永明五年（487年），荒人桓天生占据南阳城，齐武帝命陈显达率水军赴南阳、叶县⑦。显然，赴南阳的水军只能沿白河而上，赴叶县的水军则可能溯唐河而上。宋代王象之也说："泌、白二河，乘一二百石船"⑧。明代王士性则说："河南诸水……无舟楫之利，无商贾之埠……惟南阳泌淯诸水皆南自入汉，若与中州无涉者，然舟楫商贾反因以为利。"⑨说明南阳盆地的水运在明代是比较发达的。宋代以前，唐、白河船可载重200石，清代仍可载100石，至20世纪60年代，还可载重10吨左右⑩。仅从负荷量来看，历史时期变化似乎不大，变化者主要在航程之远近。

---

① 乾隆《邓州志》卷22《艺文》下。
② 光绪《南阳县志》卷3《建置·镇店》。
③ 光绪《南阳府南阳县户口地土物产畜牧表》。
④ 乾隆《唐县志》卷2《建置志·武备》。
⑤ 乾隆《唐县志》卷9《艺文志》。
⑥ 李幼馨：《南阳地理文化环境对南阳民歌的影响》，载《南都学坛》1991年第2期。
⑦ 《南齐书》卷26《陈显达传》。
⑧ 《舆地纪胜》卷87《光化军·景物上》。
⑨ 《广志绎》卷3《河北四省·河南》。
⑩ 中国科学院地理研究所：《汉江流域地理调查报告》，科学出版社1957年版，第30、94—95页。

四　丹水

丹水为过境河，境内又称淅水，在唐代时船逆流而上，一直可到陕西商县城，因而为长安至荆州"次驿路"的一个重要组成部分，当汴河漕道不通时，丹水便成为重要的漕粮之道，江淮一带的粟帛及租庸盐铁之物，大都由此运至长安①。如德宗贞元二年（786 年），内乡县（治今西峡）"行市"、"黄涧"二场仓督邓琬玩忽职守，将江西、湖南运到淅川的积余糙米 6 945石囤于荒野，致使这批漕粮全部烂掉②。唐代以后，都城东迁，丹水的漕运意义不大，但其商运是一直延续了下来的。金人元好问正大初年任内乡（治今西峡）知县，他在正大四年（1227 年）所作诗中有这样两句："我在正大初，作吏淅江边。山城官事少，日放淅江船"③。又有《过淅川》词："林间鸡犬，江上村墟，扁舟处处经过"④。清代"扒河船"溯流而上，可到达陕西商南县龙驹寨⑤。康熙三十年（1691 年）陕西西安府受灾，次年从湖北、湖南调 20 万石米救济，即取道丹水⑥。由于这次行动耗费了大量人力物力，有人也把它称为"泛舟之役"⑦。清代中叶，自淅川县城（今老集）至丹江口，可行长 3 丈广阔 6 尺的大船，每船可载米 100—150 石；自此至荆子关可行长 2 丈余宽 3 尺的扒河船，每船可载 15—20 石，荆子关至龙驹寨每船减至 7—10 石⑧。沿丹水顺流而下，速度较快，"朝发荆子关，暮抵淅川城。记里百二十，称快不绝声"⑨。

五　运河

南阳地区东北伏牛山和桐柏山之间的"方城阙"，地势平坦，很早就有

①　《新唐书》卷 53《食货志》。
②　《册府元龟》卷 491《邦计部·蠲复》。
③　翁方纲：《金元遗山（好问）先生年谱》。
④　咸丰《淅川厅志》卷 4《艺文志》。
⑤　严如煜：《三省山内风土杂识》。丛书集成初编本。
⑥　朱云锦：《豫乘识小录》。
⑦　刘献廷：《广阳杂记》卷 1，中华书局 1985 年版，第 52—53 页。
⑧　严如煜：《三省边防备览》卷 5《水道》引《商洛转漕图记》。
⑨　咸丰《淅川厅志》卷 4《艺文志》。

陆路交通——"夏路"的开辟，又是汉江水系和淮河水系最为接近的地方，从而为沟通淮、汉水系运河的开凿提供了便利的地理条件。早在春秋时期，这里就有人工开凿运河的痕迹，溅水（今汝河）和潕水（今甘江河）本属于淮河水系，而堵水（今潘河）和比水（今泌河）则属于汉江水系，但在《水经注》中，这些河流却是互相通流的，清代全祖望认为，这说明曾经有人在此开凿过运河，并进一步推断为春秋时楚人所为，因为《史记·河渠书》上说："于楚，东方则通鸿沟江淮之间"①。虽然近人考证楚沟通江淮的运河不在此，而是"巢肥运河"②，但全氏此说的提出，对于研究南阳盆地的运河史仍不无意义。

那么，沟通汉淮之间的运河究竟在哪里呢？《水经·潕水注》云："堵水于县堨以为陂，东西夹冈，水相去五六里，古今断冈两舌，都水潭涨，南北十余里，水决南溃，下注为湾，湾分为二，西为堵水，东为荥源"。《水经·潕水注》亦云："荥水上承堵水，东流左与西辽水合，又东，东辽水注之……又东北，于潕阴县北，左会潕水"。这里所说的"堵水"即今流经方城县城关的潘河，"荥水"则为稍东的甘江河，二水在方城附近相距不过6千米。从郦氏这两段叙述看，楚人所开运河即是在今方城县城附近依地形截断潘河，建成一个东西五六里，南北十余里的大水库——"堵阳陂"，并将水库中的水分成两股：一股仍流入潘河，另一股则东行与甘江河相通，这样，"堵阳陂"既具有调节潘河和甘江河水量的作用，也具有分洪泄洪的作用。从这里也可以看出，楚人所开运河就是从潘河到甘江河的一段，距离甚短，以当时的人力和物力看，开凿这样的运河是完全可能的。楚人在这里开凿运河究竟是出于军事目的还是其他目的，我们不得而知，但是，毫无疑问的是，当时的船必定可以沿唐河上行到今方城城关，否则，楚人也不会在这里开凿运河了。正因为如此，汉武帝时的御史大夫张汤才有可能提出开凿褒斜道，从南阳漕运黄河下游平原的粮食入长安的建议③。这也说明至西汉时这条运河仍在发挥作用，从郦道元所记述的情形来看，甚至到了北魏时依然存在；也正是因为有了《水经注》的记载，我们才能确定该运河的地理位置。

---

① 《鲒琦亭集·经史问答》卷8。
② 杨钧：《巢肥运河》，载《地理学报》1958年第1期。
③ 史念海：《中国的运河》，陕西人民出版社1988年版，第83—86页。

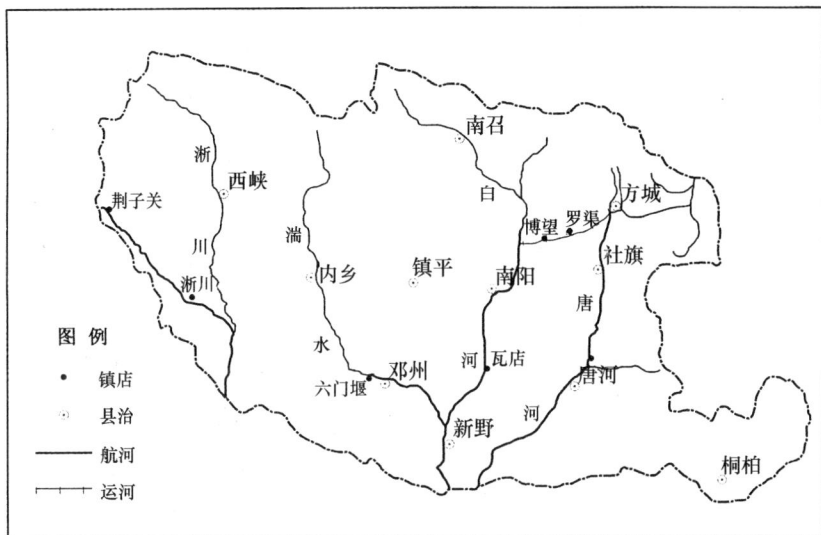

图9-1 历史上南阳盆地水路交通图

由于张汤的建议并未能实现，这条运河在汉代发挥过若何作用不得而知，但是有两点是值得我们注意的，一是前述公元487年齐武帝命陈显达率水军自汉水奔赴南阳和叶县进攻桓天生并战于舞阴县（今泌阳县北）的事件，既然水军能沿唐河到达叶县，说明当时运河仍可发挥作用，且该事件发生于郦道元（？—527年）壮年时期，也说明《水经注》的记述是可信的。二是宋代引白河水开运河通漕京师的事件，后面将要论及，宋代开运河时实际只开到方城，离开封还有很远一段路程，所以如此，大概是方城附近的这条运河依然存在，不用重新开凿吧？当然也说明这条运河水量不足、作用不大了，否则，北宋就没有必要再引白河水了。

北宋建都开封，在南阳开凿运河是为了解除两湖一带漕粮绕道大运河的麻烦。太平兴国三年（978年）正月，西京转运使程能献建议从南阳县北的下向口设堰将白河水拦入石塘河、沙河、与蔡河相通，这样，从湖南来的漕粮就不必绕道长江、汴河，而可从白河经运河直抵开封。宋太宗采纳了他的建议，征调南阳盆地及其周边地区的百姓和士兵数万人开凿运河，"堑山湮谷，历博望、罗渠、少柘山，凡百余里，月余抵方城"。但由于运河地势高，白河水进不来，于是投入更多人马，但仍不可通漕。后来山水暴涨，下向口石堰冲垮，运河也就前功尽弃了。事隔十年，到了太宗端拱元年（988年），阎文逊和苗忠又请求重开运河，然而还是没有成功①。以上两次开凿虽然都以失败告终，但在南阳盆地的交通史上有着重要意义，自此以后，由于都城远离南阳，因而也不再有开凿运河之举了。

六 结论

综上所述，可以得出以下结论：

第一，历史上南阳盆地水路交通的兴衰与其所处的政治经济地位重要与否有关。在北宋以前，南阳盆地靠近京师，漕运长江中游地区的粮食入都城以经过这里为捷径，故西汉、唐及北宋都有利用或试图利用南阳河道和开凿运河以通漕运之举，尤其是唐中叶以后，藩镇割据，潼关路阻绝不通，漕运长安的物资就非经过南阳盆地不可，乃至代宗皇帝也称其为"咽喉之地"②。若此路也不通，则会"京师大恐"③，"朝廷盱食"④。但是南宋以后，由于都城远离南阳，其水路交通在国家的地位也就一落千丈了。

第二，历史上南阳地区的水路交通在航程上表现出逐渐缩短乃至绝航的趋势，这又和区域自然地理环境的变迁有关。南阳盆地在汉唐时期是一个水稻生产为主的农业区，但是宋代以后水稻生产却逐渐向盆地边缘退缩，到明清时代，水稻主要分布在边缘山地有泉水灌溉的地区。这说明境内河流水量在逐渐减少，以致盆地中部原有的依赖于各河流的水利设施无法发挥作用。而河流水量的减少又必然导致航程的缩短甚至负荷量的减少。造成河流水量减少的原因既有自然方面的，也有人为方面的，近五千年来，我国的气候有逐渐变冷变干的趋势，多年平均降雨的减少，必然导致河流常年水位的下降；更严重的是森林逐渐消失所造成的水土流失，大量泥沙在河床淤积，影响通航。

正是由于上述社会历史和自然的原因，造成了南阳盆地水路交通历史发达而今萧条的境况，这些都是值得我们今天引以为鉴的。

---

① 《宋史》卷 94《河渠志四·白河》。

② 《全唐文》卷 689 符载《邓州刺史厅壁记》。

③ 《新唐书》卷 53《食货志》。

④ 《旧唐书·韦伦传》。

第十篇

汉唐时期南阳地区农业地理研究

　　南阳地区的地形和水系为农业的发展提供了便利，从旧石器时代起，南阳地区即有人类活动，新石器时代为"夏人之居"，是华夏文化起源地之一，商周时期则已经为当时经济发达地区。秦汉时期是南阳地区开发史上的辉煌时期，这里不仅率先使用和推广新的农具，而且还是新的生产工具发明地，特别是水利事业的蓬勃发展，为水稻生产和农业经济的发展提供了保证。农业的发展促进了工商业的发达、城市的繁荣，以及地主庄园经济和画像石文化的高度发展。至于魏晋南北朝时期，南阳地区的农业基础遭到破坏，水利失修，农业经济衰退，但农业生产仍以水稻种植为主。隋唐时期，南阳地区战略地位重要，前期人口有所恢复，水利设施亦有所修复，但安史之乱后再次沦为战场，农业并没有在魏晋南北朝基础上有明显的发展。在空间分布上，汉唐时期南阳地区的人口、水利、水稻种植都主要集中在盆地中部的河流平原地区。

　　（本文发表于《中国历史地理论丛》1991 年第 2 期）

水土条件是农业生产最基本和必要的自然条件。南阳地区的水土资源和光热资源都比较丰富。重要的河流有白河、唐河、丹水、淅水、湍水等，这些河流在历史时期不仅有灌溉之利而且有舟楫之便。盆地的地貌使其水系从四周向中间辐辏，微微倾斜的地形则为兴修水利提供了便利。盆地中部是一个低缓的冲积、洪积平原，土壤肥沃，历史上有许多称道南阳地区土地肥沃的说法，如"土沃壤衍"、"地称陆海"①、"据宛穰之沃野"②、"周楚之丰壤"③ 等等，不一而足。

南阳地区的地形和水系为水利事业的发展提供了便利，但因其土壤疏松，侵蚀强烈，水利设施又容易湮废，故水利时有兴废，全赖人力为之。

一　先秦时期南阳地区的土地开发

从远古的旧石器时代起，南阳地区即有人类的活动。到新石器时代，南阳地区人类活动的遗址到处可见，以丹江沿岸最为密集，在淅川县境内一段即发现近二十处之多。其中下王岗遗址文化层自上而下为西周文化、商代早期文化、龙山文化、屈家岭文化、仰韶文化④，中间无一"缺环"，说明这里是华夏文化起源地之一，司马迁所谓"南阳夏人之居"也是有根据的⑤。

西周时代南阳地区为周朝"南土"。周武王灭了商朝，将南阳地区及其以南一带纳入版图，史所谓"巴濮楚邓，吾南土也"⑥。当时南阳一带为周朝封国申、吕、邓、缯、蓼、谢等国之地⑦。春秋战国时，这些国家被楚国兼并，遂使楚国问鼎中原，霸业天下⑧。不必对诸封国的沿革变迁进行详细探讨，视其封国之多少，即可知南阳地区在周代已经得到了相当程度的开发，史所云申、吕"足以为赋"、"彻申伯土田"则更是土地开发的明证了。战国楚、秦及韩诸国在这一带不断地杀伐厮拼，其中一个重要原因恐怕也是觊觎这里的富

---

①　《元一统志》卷3《南阳府》。

②　《方舆全图》卷2《河南》。

③　《文选》卷4《南都赋》。

④　杨育彬：《河南考古》，载《新中国的考古发现和研究》，中州古籍出版社1985年版，第9页。

⑤　《史记》卷129《货殖列传》。

⑥　《左传》昭公九年。

⑦　关于南阳地区的封国，详见《中州杂俎》卷1《封国》以及《春秋大事表》卷4楚国部分。

⑧　《读史方舆纪要》卷51《南阳府》。

庶。南阳地区在先秦时期已成为当时经济发达地区应该是毫无疑问的。

先秦以前人类在南阳地区的经济活动主要是种植水稻。南阳地区是屈家岭文化分布的典型地区之一，而种植粳稻是屈家岭文化创造者的主要经济活动，在淅川黄楝树遗址的烧土块中即发现有稻壳和稻秆，并出土有加工稻谷的石杵和石臼等工具，《周礼·职方氏》载荆州谷宜稻，江汉为川，反映的就是南阳地区在内的江汉平原的作物情况。当然，南阳地区密迩豫州，当时在豫州普遍种植的黍、稷、菽、麦也是应该有所种植的①。

二　秦汉时期南阳地区的农业生产

秦汉是南阳地区发展史上的一个辉煌时期，特别是农业生产，即使是在后来，也有许多时期仍然无法与之媲美。

自战国秦昭襄王三十五年置南阳郡至汉灭秦，南阳的经济从未遭到大的破坏。西汉初刘邦取道宛（今南阳市）入武关，由于郡守迎降而免于兵燹，两汉之际南阳虽然一度沦为战场，但战争历时短暂，破坏也不甚大。所以秦汉时期南阳经济是在战国的基础上继续向前发展，而没有过大的衰退。

人口是发展生产的动力。秦南阳郡人口无考，两汉南阳郡户口数如表10-1所示：

表10-1　　　　　　　　　　**两汉时期南阳郡户口对比表**

时代	县数	户数	口数	面积（平方千米）	人口密度（人/平方千米）
西汉（公元2年）	36	359 316	1 942 051	46 170	42.1
东汉（公元140年）	37	528 551	2 439 618	49 958	48.8

资料来源：梁方仲《中国历代户口、田地、田赋统计》，上海人民出版社1980年版。

从表10-1中看出汉代南阳郡的人口密度是不大的，每平方千米不足50人，说明汉代的南阳是地广人稀。这种情况一方面使生产的发展受到一定限制，但另一方面又能"广拓土田"，关键在于社会是否安定，人们是否安土重迁。秦祚短促不足论，汉代社会却是相对安定的，所以在汉代人口和土地

---

①　传统观点认为南阳地区属豫州，笔者《〈禹贡〉中的秦岭淮河地理界线》一文考证它应属荆州。

都是增加的，人口和土地的增加本身就是经济发展的一种表现。封建社会有
一个特点是值得我们注意的，这就是"人不称土"现象的发生。尽管是地多
人少，但人口如果是增长的，人们就会不断开辟土地，而不会那么敏感地认
识到"人不称土"的现象，而如果突然之间人口减少，田土荒芜，人们就会
感到劳动力资源不够——感到"人不称土"。所以，尽管在我们今天看来，
南阳人口并不是很多的，实在不值得夸耀，但在汉人眼里，南阳户口数却作
为一种骄傲和资本出现①。这从侧面说明在当时水平条件下，南阳的劳动力
资源是充足的。

春秋战国时已开始使用牛耕和铁制农具，至汉代得到推广，南阳早在西
汉时就推广了牛耕。汉代南阳郡属荆州刺史部，王莽天凤五年正月朔，以大
司马司允费兴为荆州牧，莽问其到部方略，兴回答说："兴到部，欲令明晓
告盗贼归田里，假贷犁牛种食"②。前些年南阳出土了一通汉碑——《张景
造土牛碑》，此碑为东汉桓帝延熹二年（159 年）所建，碑文反映的是南阳
张景为了免除多种征差，愿意以家钱于府南门外做"劝农土牛"及土人、犁
耒等物这样一个事件③。这不仅说明当时差赋之重以及牛耕普遍的事实，而
且说明了犁耒两种生产工具以及对于耕牛的重视，所谓造"劝农土牛"，恐
怕就像是今天的泥塑。西汉时期，南阳郡还设有铁官和工官④，铁器还外援
其他地区⑤，足见南阳生产工具之先进，铁器工具之普及。西汉发明的两种
主要农具是耕地用的耦犁和播种用的耧车，这两种农具在南阳宛城均有出
土⑥。不但如此，东汉南阳太守杜诗还"造作水排，铸为农器，用力少，见
功多，百姓便之"⑦。这种水排模型陈列在今南阳市南阳汉代史陈列馆内，它
不仅可用来灌溉，而且可用来鼓风冶铸。这一切都表明南阳地区不仅率先使
用和推广新的农具，而且具有自己的特色，为新的生产工具发明地。

水利事业的蓬勃发展是汉代南阳地区农业环境又一特点。张衡《南都
赋》述其盛况云："其水则开窦洒流，浸彼稻田。沟浍脉连，堤塍相轮，朝
云不兴而黄潦独臻，决渫则暵，为溉为陆"。这主要应归功于西汉的召信臣

① 《后汉书》卷 75《袁术传》，并《三国志·魏志·袁术传》。
② 《汉书》卷 99《王莽传》。
③ 转引自杨育彬《河南考古》第 306 页。
④ 《汉书》卷 28《地理志》。
⑤ 《汉书》卷 24《食货志下》。
⑥ 《从南阳宛城遗址出土汉代犁铧模和铸范看犁铧的铸造工艺过程》，载《文物》1965 年第 7 期。
⑦ 《后汉书》卷 61《杜诗传》。

和东汉的杜诗二人，他们的成就不仅推动了汉代农业的迅速发展，而且为南阳地区水利事业的发展奠定了基础。召信臣，西汉元帝朝迁南阳太守，劝农务本，身体力行，"行视郡中水泉，开通沟渎，起水门提阏凡数十处，以广灌溉，岁岁增加，多至三万顷"，并且为民做均水约束，刻石立于田畔，以防分争①。杜诗，东汉建武七年迁南阳太守，秉性节俭，政治清平，修治陂池，广拓田土，南阳人比喻说："前有召父，后有杜母"②。这是受益的南阳人对他们的最高评价。

召杜二人在南阳究竟修了哪些水利工程，史书语焉不详，明朝正德年间有人追记召信臣、杜诗治水之绩，说是"为陂三十有一焉，复筑麓门堤以捍湍河之决，邓利肇始，民赖以富"③。这和班固所云"数十处"，口径大致相同，但仍不足为信，明朝人不会知道汉时人所修水利之数的。不过，召杜足迹还是依稀可辨的。比如《水经注》系北魏人郦道元所作，其时去汉不远，其间战乱频仍，水利失修，晋太康初虽有杜预步召、杜后尘，于水利有所修复，但也仅是修复而已，因为他曾上书请求发诏"敕刺史二千石，其汉氏旧陂旧堰及山谷私家小陂，皆当修缮以积水。其诸魏氏以来所造立及诸因雨决溢，蒲苇马肠陂之类皆决沥之"。他的这个建议是得到了贯彻的④。因此，认为郦氏时代见存的陂堰为汉召杜所作大致是没错的。除《水经注》外，东汉张衡《南都赋》和后世的地方志对汉代南阳水利亦有所记述，兹据以列成表10-2：

表 10-2　　　　　　　　两汉南阳水利事业一览表

名称	今地	灌溉概况	承水	出处
六门堰	邓县西3里	溉穰、新野、昆阳3县5 000顷。（昆阳为朝阳之误）下结29陂，诸陂散流，咸入朝水	湍水	《湍水注》《淯水注》
钳卢陂	邓县南60里	召信臣所凿，灌30 000顷。钳卢玉池，赭阳东陂	朝水（刁河）	《周地图》《南都赋》
玉池陂	南阳东45里	钳卢玉池（承上石堰水）	淯水（白河）	《南都赋》
楚堰	邓县西北冠军	高下相承八重，周十里，方塘蓄水，泽润不穷	湍水	《湍水注》

① 《汉书》卷89《循吏传·召信臣》。
② 《后汉书》卷61《杜诗传》。
③ 嘉靖《南阳府志》卷4《陂堰》引湛良魁《程鹏修陂堰记》。
④ 《晋书》卷26《食货志》。

名称	今地	灌溉概况	承水	出处
马仁陂	泌阳北羊栅湖	泉流竞凑，水积成湖，溉地百顷		《比水注》
樊氏陂	新野西北瓦亭	陂东西10里，南北5里	朝水	《淯水注》
堵阳陂	方城县	东西夹冈，水相去五六里，古今断冈两舌，都水潭涨，南北十余里（有东、西二陂）	堵水（唐河）	《潕水注》《南都赋》
安众港	南阳县潦河	（不详）		《淯水注》
豫章陂	新野襄阳界	下溉良畴3 000顷	淯水	《淯水注》
邓氏陂	新野县西	（不详）	淯水	《淯水注》
无名陂	新野县	东西9里，南北15里，陂水所溉，咸为良沃	淯水	《淯水注》
大湖	唐河县南80里湖阳	（樊重）能治田，殖至300顷，陂波灌注（上承隆上水，其水城周四溉）		《比水注》
唐子、襄乡诸陂	唐河县湖阳一带	（南长水）上承唐子、襄乡诸陂，散流也（散流是灌溉的表现）		《比水注》
醴渠、赵渠	唐河县	（自今唐河城附近引唐河南流至湖阳西与唐河支流汇）	比水（今唐河）	《比水注》
丹水渠	淅川县	丹水原有沟渠引灌田30余顷，永寿三年（157年）七月壬午日被洪水冲垮，建宁元年（168年）二月陈卿召民修复，灌田20余顷	丹水	康熙《南阳府志》卷6《艺文》引《丹水丞陈卿纪勋碑》
上默河堰	内乡县东	明嘉靖时灌70余顷。杜诗创建	清泉河	嘉靖《南阳府志》卷4《陂堰》
斋陂	南阳县西南	（安众港支渠）相传召杜修		《光绪县志》卷9《沟渠》
淯水四堰：上石堰 马渡港 蚰蜒堰 沙堰	南阳北40里 南阳东南8里 新野北 新野北	汉召信臣所置，灌田6 000余顷（引白河达唐河，下段即今桐河）（在白河故道上）（在白河故道上）	淯水	《读史方舆纪要》卷51《南阳府》
豫山陂	南阳县北独山一带	豫山下三十六陂。西汉召信臣，东汉杜诗，晋杜预作陂灌田		《读史方舆纪要》卷51《南阳府》
上下陂堰	唐河县	位于绵延河与唐河二水交汇处，西汉时较大的水利工程之一	唐河	南阳汉代史陈列馆
霞雾溪	新野县北	汉召伯兴水利，自厚庄望夫石之东开溪一道，引白水，南北纵横60里	白河	南阳汉代史陈列馆
郑渠	内乡县	明嘉靖时溉田10余顷。杜诗创建	淯水	康熙《内乡县志》卷2《井堰》

从表 10－2 可以看出，在汉代南阳地区水利事业是非常发达的，其中以六门堰、钳卢陂、马仁陂和淯水四堰最巨。雄厚的水利基础，为汉代南阳农业发展特别是水稻生产提供了保证。

此外，秦汉时期南阳地区都为近畿之地，东汉更为帝乡，农业生产受到统治阶级的重视，一些比较先进的生产工具和耕作方式首先得以应用和推广，如耧车、区种法、代田法等即是如此。

总之，较高的经济起点，稳定的社会环境，先进的生产工具，发达的水利事业以及有利的经济地理条件构成了汉代南阳地区农业生产的良好环境，为农业经济发展奠定了基础。

农业发展最突出的特征是土地的开发。汉代南阳的土地开发与水利的兴修相伴而行。西汉召信臣一面劝课农桑，兴修水利，一面开拓土地，"岁岁增加，多至三万顷。民得其利，蓄积有余"。东汉杜诗也在修治陂池的同时，"广拓土田，郡内比室殷足"。光武以为功臣，杜诗诚惶诚恐，上《避郡功臣疏》，"愿退大郡受小职"，帝惜其能不许[①]。由此观之，杜诗所开拓的田土也是不少的。

农业发展的另一重要特征就是人口的增加。秦灭六国时，南阳人口还是很少的，所以秦迁天下不轨之民于南阳[②]。汉代南阳人口虽仍然较少，但有了较大发展，即以东汉较之西汉，一百四十年间人口增长了近 50 万，较之秦又不知增加几十百万矣！召信臣劝课农桑，兴修水利，不仅郡以殷富，而且户口增倍[③]。几个封国的人口增长速度则更快，如朝阳七十三年间户数增长了 4 倍，杜衍五十五年间户数增长了 1 倍，乐成八十九年间户数增长了 1 倍多（见表 10－3）。

表 10－3　　　　　　　　　西汉时南阳郡几个封国之户数变化

封邑	侯名	初封年份	初封户数	除国年份	除国户数	历年	增长（%）	年递增率（‰）
朝阳	齐侯华寄	公元前 200 年	1 000	公元前 127 年	5 000	73 年	500	22.42
杜衍	庄侯王翳	公元前 200 年	1 700	公元前 145 年	3 400	55 年	200	12.73
乐成	节侯丁礼	公元前 201 年	1 000	公元前 112 年	2 400	89 年	240	11.38

资料来源：梁方仲《中国历代人口、田地、田赋统计》，上海人民出版社 1980 年版。

---

① 康熙·《南阳府志》卷 6《艺文》引。

② 《汉书》卷 28 下《地理志》。

③ 《汉书》卷 89《循吏传·召信臣》。

对该时期南阳地区的农业经济水平目前还不能进行定量分析，但可以从下面几个方面定性地说明其农业经济水平是比较高的。

第一，人们的富足、工商业的发达和城市的繁荣。召、杜时代所出现的"蓄积有余"和"郡内比室殷足"的情况应该不是昙花一现的，惟其如此，人口才得以迅速的发展。工商业的发达有赖于农业的发展，汉代铁官、工官的设置以及好商重贾风俗的形成即是当地农业发达的明证。工商业的发达又促进了城市的繁荣。西汉时，南阳郡治宛有 47 547 户，约 257 000 人，"商遍天下"①，"富冠海内"②，新莽政权立五均市师，而宛与焉③。

第二，地主庄园经济的高度发展。这种情况在东汉更为突出，豪强地主们占有大量的土地和部曲家兵。这种庄园经济是以农业经济为主体的自然经济。如刘秀之舅樊宏之父，因善农稼，"能治田，殖至三百顷，广起庐舍，高楼连阁，陂波灌注，竹木成林，六畜放牧，鱼嬴梨果，檀棘桑麻，闭门成市，兵弩器械，资至百万，兴工造作，为无穷之功，巧不可言，富拟封君"④；刘秀皇后阴氏有地七百余顷，食客千余人，姐夫邓晨有田数千顷⑤；宁成也有田千余顷，从骑数十⑥。

第三，文化的发展。文化的发展总是跟在经济的发展后面，文化水平的高低也总是标志着一定的经济水平，而且主要是农业经济水平，因为农业是经济的基础。南阳汉代的文化成就是很辉煌的，"雄俊豪杰往往崛出，自战国及汉，名臣继踵"⑦。但最突出的是汉画像石砖和汉画像石墓。南阳汉画像石起源于西汉，东汉达到鼎盛，余波及于魏晋，以其辉煌的艺术成就驰名中外。存世汉画像，集中分布在南阳一带，"举凡意之所向，神之所会，足之所至，目之所睹，无往而非汉石也"⑧。南阳汉画像之盛固然与其地为帝乡多贵官有关，但与当地农业经济的发达也是有关的。

第四，它在全国的经济地位较高。高祖欲入关中，攻宛，陈恢对他说：

① 《盐铁论·力耕》。
② 《盐铁论·通有》。
③ 《汉书》卷 24 下《食货志》。
④ 《水经·比水注》。
⑤ 《后汉书》卷 15《邓晨传》。
⑥ 《史记》卷 122《酷吏列传》。
⑦ 嘉靖《南阳府志》卷 12《文类》引蔡邕《汉玄文先生李子材碑》。
⑧ 《南阳汉画像汇存》，金陵大学中国文化研究所丛刊甲种。

"宛，大郡之都也，连城数十，人民众，积蓄多"①。这种评价自然是与全国其他地区相比较而得出的。

汉代南阳地区的农业结构则以种植业为主导，粮食作物又以种植水稻为主。召、杜二人所修水利均为灌溉稻田之用，世族地主占有的大量土地也都是"陂波灌注"的水田。西汉元帝时召信臣兴水利垦增水田3万顷，其后召信臣迁为河南太守，但水利的兴修并未因此停止②。到元始年间，南阳地区新旧水田当有4万顷以上，人均约2.33亩之多。东汉可能更多。这些水田的分布和水利事业的分布是一致的，主要分布在盆地中部和丹江沿岸等海拔200米以下的地方（如图10-1）。稻谷品种据《南都赋》记载有粳稻（秔）、糯稻（稌）和黄稻（秫）。除水稻外，粮食作物还有麦、豆、黍稷和粟，《南都赋》云其原野有"菽麦黍稷"，麦有"䅟"，黍有"秬"。这些都是旱作，或和水稻轮作，或于旱地种之，即所谓"决渫则暵，为溉为陆，冬稔夏穋，随时代熟"③。

经济作物有"桑漆麻苎"。南阳地区不仅有丰富的自然桑林，而且有植桑养蚕的传统习俗，著名的"帝女之桑"就出在这里！汉代具有地方特色的"南阳蚕"更可一岁八织，漆本是一种林木，但由于漆在寻常生活中和衣着原料桑麻苎等同样重要，它成了种植业中经济作物的一个组成部分。司马迁曾指出当时有漆千斗和漆器千枚就可以富比千乘之家④。《盐铁论》中也多次提到漆的用途⑤。先秦楚国的漆器就很出名，在南阳地区淅川县发掘的楚墓和泌阳发掘的秦墓中都出土有漆器，张衡说南阳原野有漆是不足为怪的。

果园业也是南阳汉代农业生产的一个重要部分。据《南都赋》记载，水果有"樱梅山柿，侯桃梨栗，柿枣若榴，穰橙邓橘"。还记载有许多种蔬菜，这里就不再赘述。和粮食作物一样，汉代之果园业奠定了南阳果园业发展之基础，直至今日，除穰橙已不复见外，其余果木仍是南阳所产。应该指出的是，葡萄和石榴（即若榴）均是张骞通西域时带回，张骞封邑即博望，汉代葡萄就在南阳一带开始种植，邓州在金时已造出葡萄酒。渔业也值得一提。

---

① 《史记》卷8《高祖本纪》。

② 据（清）赵一清考证，召信臣于元始四年已死，而六门陂有三门为元始五年所开，见王氏合校本《水经·淯水注》。

③ 《文选》卷4《南都赋》。

④ 《史记》卷129《货殖列传》。

⑤ 《盐铁论·散不足》云"采画丹漆"、"雕文彤漆"。《盐铁论·本议》云"兖豫之漆、丝、绨、纻"。

战国豪富陶朱公范蠡故土南阳，作《养鱼经》一卷，汉习郁依范蠡养鱼法作大陂，引陂水为小鱼池，限以高堤，植以楸竹①。汉代南阳陂堰众多，池塘养鱼应比较普遍。

三 魏晋南北朝时期南阳地区的农业生产

该时期是南阳地区农业停滞和衰落的时期，秦汉原有的基础也不断遭到破坏。三国鼎立以迄南北对峙，南阳为兵冲要地，战火连绵不息，致使生灵涂炭，土地荒芜。《隋书·地理志》云："南阳古帝乡，缙绅所出。自三方鼎立，地处边疆，戎马所萃，失其旧俗。"这一时期南阳地区有大量人口死亡和流徙。东汉中期，南阳郡有人口244万之多②；东汉末董卓之乱时，袁术据南阳，人口减至100万③，至西晋太康初，在大致相同的疆域范围内，仅得42万人④；永嘉之乱后，人口大量南迁，至刘宋大明八年仅有8万余口⑤。经过三百年的发展，人口却只有原来的1/30不足，真可以说是一片废墟！在这种情况下，蛮族便大举迁入其地，史云："自刘石乱后，诸蛮肆无忌惮，故其族类，渐得北迁。陆浑以南，满于山谷，宛、洛萧条，略为丘墟矣。"⑥ 不过，这里应该指出，不是因为蛮族的迁入使宛、洛萧条，而是宛、洛萧条以后蛮族才得以迁入。据记载，南朝时期南阳地区的新野⑦、湖阳⑧、涅阳（今镇平南境）、潕水（今方城北境）⑨ 均有蛮族的分布。蛮族的进入对农业的发展尤其是山地的开发起了一定的积极作用，但要扭转日益凋敝的农业趋势却是无能为力的。

魏晋南北朝时于南阳水利亦无所建树，皆是因汉遗惠，略事修复，其间几五百年，竟没有一陂一堰是新创的。就是修复，可考者也仅西晋太康初和

---

① 《水经·河水注》。

② 《续汉书·郡国志》载永和年数。

③ 《续汉书》卷5《袁术传》。

④ 《晋书·地理志》载南阳国、顺阳郡、义阳郡共63 500户，以当时全国平均每户6.6口计，得之。

⑤ 《宋书·州郡志》载南阳、新野、顺阳、义城4郡共计得之。

⑥ 《魏书》卷101《蛮传》。

⑦ 《梁书》卷9《曹景灾传》。

⑧ 《南齐书》卷25《张敬儿传》。

⑨ 《宋书·夷蛮传》；《南齐书》卷25《张敬儿传》。

刘宋元嘉末两次。兹将这两次修复的情况列表 10－4：

表 10－4　　　　　　　　　　　西晋刘宋修复南阳水利概况

修复年	主持者	修复概况	出处
西晋太康三年 （282 年）	杜预	修召信臣遗迹，激用湰（当为湍之误）滍诸水以浸原田万余顷，利加于民，号为"杜父"	《晋书》卷 34 《杜预传》
		六门陂汉末毁废，晋太康三年镇南大将军杜预复更开广，利加于民，今废不修矣	《水经·湍水注》
		昔在晋世，杜预继信臣之业，复六门陂，遏六门之水，下结二十九陂，诸陂散流，咸入朝水，六门既废（当为破之讹），诸陂遂断	《水经·滍水注》
		杜预表曰：所领部曲皆居南乡界，所近钳卢大陂，下有良田	《南都赋》李善注
刘宋元嘉二十年 （433 年）	庞道符	肖思话遣士人庞道符统六门田，武念为随身队主	《宋书》卷 83 《武念传》
元嘉二十二年 （435 年）	刘秀之	襄阳有六门堰，良田数千顷，堰久决坏，公私废利，襄阳县令刘秀之修复，雍部由是大丰	《宋书》卷 81 《刘秀之传》
元嘉二十二年 （435 年）	沈亮	南阳郡境有古时石堰，巨野腴润，实为神皋，而荒决稍积，久废其利，太守沈亮请加修治，并修马仁陂，民获其利	《宋书》卷 100 《自序》

　　晋杜预修治南阳陂堰后 20 年，永嘉之乱发生，陂堰大多湮废，其后刘宋时虽有所修复，民间获利的时间也并不长。到北魏延昌年间（512—515 年），南阳地区见存的水利仅有楚堰、樊氏陂、豫章陂、邓氏陂、无名陂、堵阳堰、唐子襄乡诸陂及赵、醴二渠，而六门堰和马仁陂再度荒废了①。

　　该时期南阳地区的土地开发多以军事性质的屯田出现，故时兴时废。我国历史上的军屯大致可以分作两个阶段，由汉及宋，军屯主要以边疆局部驻防军兼营屯种以供局部之需，军士屯种还不是一种制度②。南阳地区该时期的军屯正是如此。三国鼎立及南北对峙时期，南阳均为边陲，多有屯田，比如曹魏在这里的屯田就取得过一些成就。起初魏军散屯于南阳县一带，后王昶以为离襄阳太远，请徙治新野，习水军于二州，广事垦殖，仓谷盈积③。晋武帝泰始五年（269 年）羊祜以诡计令吴国罢石城守军，"于是戍逻减半，

_____

　　① 据《水经·比水注》云："余以延昌四年蒙除荆州刺史，州治比阳（今泌阳）。"由此知之，《水经注》所载陂堰当为延昌时所存者。

　　② 王毓铨：《明代的军屯》，中华书局 1965 年版，第 11 页。

　　③ 《三国志》卷 27《魏志·王昶传》。

分以垦田八百余顷，大获其利。祜之始至也，军无百日之粮，及至季年，有十年之积"。平吴之后，太康三年，都督荆州诸军事的镇南大将军杜预又在南阳一带进行屯田，修水利浸原田万余顷。后人赞其在南阳地区的屯田，与汉赵充国屯田西域之伟绩相提并论①。

该时期于南阳水利虽无创建，但因汉遗惠，粮食作物仍以水稻为主。西晋太康初该地区有人口 42 万，杜预修治水利灌田万余顷，以 1 万顷计，人均可得水田 2.4 亩，和汉代情形略相仿佛。这是水利兴盛时的情况，水利失修时水田面积当然就会有所减少，但人均面积变化不会太大。南朝时蛮族虽然在风俗上与汉代土著有别，但其生产亦以种植水稻为主②。淯水蛮居住的地方就有优质稻种"蝉鸣稻"，被誉为"淯水蝉鸣，香闻七里"③。秦汉时期已开始种植的粟、麦、豆、黍、稷等也应有所种植。

四　隋唐时期南阳地区的农业生产

总体而言，此时期南阳地区的农业环境与秦汉时期基本相似：天下一统，社会也较安定，建都长安，南阳在邦畿千里之内，又为漕道所经，受到政府重视。但是，其农业发展却并非如秦汉那样一直向前，而是经历了隋唐之际的战乱和安史之乱两次严重的破坏。

隋代初年，社会较为安定，因而"户口滋盛"，南阳地区的人口也有很大的恢复。大业初年，约有 16 万余户，80 余万口④。但炀帝末年，黄河流域及江淮之间"僭伪交侵，盗贼充斥，宫观鞠为茂草，乡亭绝其烟火，人相啖食，十而四五"⑤。唐代承此凋敝，贞观十一年（637 年）岑文本上书太宗说："今虽亿兆乂安，方隅宁谧，既承丧乱之后，又接凋敝之余，户口减损尚多，田畴垦辟犹少"⑥。南阳地区遭到的摧残尤为严重，史云："隋末荒乱，狂贼朱粲起于襄、邓间，岁饥，米斛万钱，亦无得处，人民相食。粲乃

---

① 《古今图书集成·戎政典·屯田部》。

② 周伟洲：《南朝蛮族的分布及其对长江中下游地区的开发》，载《古代长江下游的经济开发》文集，三秦出版社 1989 年版。

③ 庾肩吾：《谢东宫赍米启》，载《全梁文》。

④ 《隋书·地理志》所载南阳、淯阳、淮安 3 郡，并淅阳郡南乡、内乡、丹水 3 县，舂陵郡上马县户数合计得之。

⑤ 《隋书》卷 24 《食货志》。

⑥ 《旧唐书》卷 70 《岑文本传》。

驱男女小大仰一大铜钟，可二百石，煮人肉以饲贼。生灵歼于此矣"①。至贞观十三年（639 年），南阳地区唐、邓二州仅得 8 000 余户，4 万余口，经过"贞观之治"到"开元盛世"时户口虽有增加，但天宝元年（642 年）最盛也只有 8 万余户，近 35 万口，尚不及隋盛时的一半，而全国的人口在开元二十二年（734 年）即已恢复到了隋大业五年（609 年）数。安史之乱后，战争更是雪上加霜，史云："南阳领户既寡，奸邪所归……天宝、至德之间，狂虏南侵，南阳为战地，地荒人散，千里无烟。"② 对乱后南阳的肃杀景象，唐诗多有描述，许浑《南阳道中》诗云："月斜孤馆傍村行，野店高低带古城。……荒草连天风动地，不知谁学武侯耕"③。皮日休《南阳》诗云："废路塌平残瓦砾，破坟耕出烂图书。……二百年来霸王业，可知今日是丘墟。"④ 兹将唐贞观元和间的人口发展列表 10 - 5：

表 10 - 5　　　　　　　　　　唐代南阳地区的人口发展

府州名称		邓州	唐州	合计
国土面积（平方千米）		12 005	6 339	18 344
贞观十三年	户数	3 754	4 726	8 480
	口数	18 212	22 299	40 511
	人口密度（人/平方千米）	1.52	3.52	2.21
	基年户指数	1.0	1.0	1.0
开元初年	户数	38 611	21 597	60 208
	户指数	10.3	4.6	7.1
开元中	户数	42 750	41 750	84 500
	口数	160 670	163 490	324 160
	人口密度（人/平方千米）	13.38	25.81	17.67
	户指数	11.4	8.8	10.0
开元末	户数	43 050	14 800（41 800）	8 450
	户指数	11.5	8.8	10.0

---

① 《太平广记》卷 27《朱粲》，《旧唐书》卷 56《朱粲传》。

② 《全唐文》卷 316 李华《临湍县令厅壁记》。

③ 《全唐诗》卷 20。

④ 《全唐诗》卷 23。

续表

府州名称		邓州	唐州	合计
国土面积（平方千米）		12 005	6 339	18 344
天宝元年	户数	43 050	42 643	85 698
	口数	165 257	182 364	347 621
	人口密度（人/平方千米）	13.76	28.79	19.0
	户指数	11.5	9.6	10.1
元和二年	户数	14 104(41 104)	40 740	81 844
	户指数	11.0	8.6	9.7

资料来源：《旧唐书·地理志》，《元和郡县志》，《通典·州郡三》，《太平寰宇记》，《新唐书·地理志》。说明：国土面积方格法在地图上算得（1 方格 = 4 平方毫米，比例尺 1：2 450 000）。括号内数字为订正数。《太平寰宇记》载唐州开元户为 14 800，而《通典》载唐州开元户为 41 750，《新唐书·地理志》载唐州天宝元年户为 42 643，《太平寰宇记》数介于二者之间，不应有如此跌落，对照邓州的情况应为 41 800。又《元和郡县志》载邓州开元户为 38 611，乡为 58，元和乡为 61，户却只有 14 104，错无疑，以开元时每乡平均户数计，元和 61 乡，当得户 40 608，故 14 104 当为 41 104 之误。

从表 10-5 中看出：唐前期南阳地区的人口发展迅速，从贞观十三年到天宝元年约两个世纪里，人口增长了近 9 倍，年递增率达 21‰。但是由于隋末破坏的严重，最盛时人口密度也只每平方千米 19 人，不及汉代的一半，和南北朝时期一样仍然是一个人少地多的地区。也许正是由于劳动力资源严重不足的缘故，水利事业的兴修也因此受到影响。隋祚短促，且不去论，唐朝国运三百年，南阳地区兴修水利见于记载的也不过二三次，而且和魏晋南北朝时期一样，只事修补而无创建。一次是玄宗开元中，邓州司马兼陆门堰稻田使李某修治六门堰和樊陂[1]，另一次是文宗太和中的补缮，太和八年（824 年），山南东道节度使王起以"江汉水田，前政挠法，塘堰缺坏"而令从事李业行属郡，"检视而补缮，特为水法，民无凶年"[2]。南阳地区的唐、邓二州为山南东道节度使所辖，其水利应当有所修治。再一次是武宗会昌中，节度卢钧修复召信臣故迹，此次成就最大，岁增良田 4 万顷，"召堰既成，秋田大登，八州之民，咸忘其饥"[3]。民赖其利，歌颂他说："卢君侯，

---

① 《全唐文》卷 371 李珍《李君神道碑》。
② 《旧唐书》卷 164《王播附起传》。
③ 《全唐文》卷 795 孙樵《复召堰籍》。

来何暮；疏我堰，如召父"①。此外，唐高宗时南阳县令邓慈于永徽三年（652 年）修治县东北 40 里丰山堰，"东引淯水，水东南流注玉池，而入于比水，始砌堰以石，今所谓上石堰者也"②。由此可见，唐代于南阳水利无所建树，其原因除劳动力不足外，也可能与汉世遗惠尚多，兴修水利的迫切性不大有关。比如楚堰自汉以来不废，元和时尚灌田 500 顷③。

唐代南阳地区为沟通京师与长江中游地区的漕粮之道所经，战略地位十分重要，被称为"天下扃闼，两都南蔽"④，"控二都之浩穰，道百越之繁会"⑤。因此，安史之乱后，唐代这里发生的战争十分残酷，比如天宝十五年春突厥人犯至此，至德间梁崇义跋扈于此，及李希烈灭，这里已是"地荒人散，千里无烟"⑥。但是，"邓为咽喉之地"，其农业不可不重视，在这种情况下，德宗便派尚书金部郎中王某来进行屯田，三年之后，"其版籍自四千户至万三千户，其屯粟自三千斛至数万斛"⑦。但是，这样的事件虽能奏效于一时，却是无法改变人散地荒、满目疮痍的面貌的，甚至直到北宋中叶南阳地区土地荒芜的问题仍没有得到圆满解决。

隋唐时期南阳地区的农业结构和前两个时期差不多，粮食作物亦以稻、麦、粟为主，开元中设有陆门堰稻田使，由邓州司马兼领；长庆初，白居易赴杭州途经内乡，见到的也是"枣赤梨黄稻穗香"⑧。会昌初，卢钧修复召信臣遗迹，增垦良田 4 万顷，虽然这 4 万顷不全在唐邓二州，但即以平均数计之，唐邓二州也当得 1/4，即 1 万项，人均得水田将近 3 亩，粟麦多在旱土种植，前述贞元间金部郎中王某屯田种的即是粟，麦则多与桑进行套种。元和十四年（820 年）韩愈贬赴潮州时看到的景色便是"南阳郭门外，桑下麦青青"⑨。后唐天成间，卢文进镇守邓州，有舍人韦吉因年老无力控驭坐骑，致使马驰桑林之中，李任为之赋曰："喧呼于麦陇之里，偃仆于桑林之畔。"⑩

① 乾隆《唐县志》卷 5《宦迹志》。此处作卢祥，《读史方舆纪要》卷 51《南阳府》引作卢庠。
② 光绪《南阳县志》卷 9《沟渠》。
③ 《元和郡县志》卷 21《山南道·邓州》。
④ 《全唐文》卷 316 李华《临湍县令厅壁记》。
⑤ 《全唐文》卷 689 符载《邓州刺史厅壁记》。
⑥ 《全唐文》卷 316 李华《临湍县令厅壁记》。
⑦ 《全唐文》卷 689 符载《邓州刺史厅壁记》。
⑧ 《白香山诗集》卷 20《内乡县邮路作》。
⑨ 《韩昌黎全集》卷 6《过南阳》。
⑩ 《太平广记》卷 152《李任为赋》。

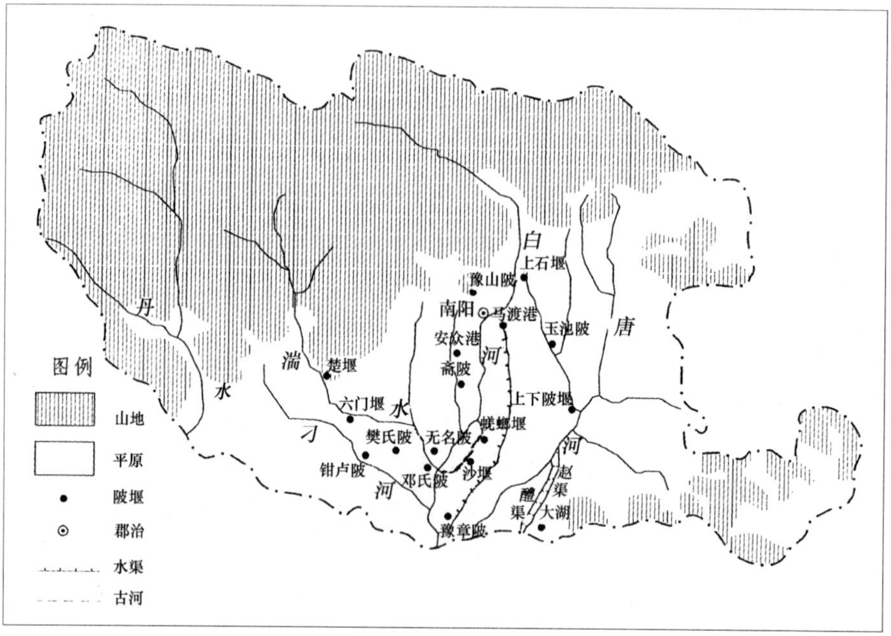

图 10 - 1　汉代南阳地区水利设施分布图

　　综上所述，隋唐时期南阳地区既承前代之凋敝，又加上本时期几次重大变故，其农业发展虽然有所上升，但始终未能恢复到汉代时水平，而在总体上与魏晋时期略相仿佛。

第十一篇

南阳菊考

　　南阳菊的利用发微于东汉，鼎盛于唐宋及明，而衰落于明末。最早记载南阳菊的文献是《汉书·地理志》。南阳菊在西汉时期开始闻名，并且推广种植到京师长安地区。南阳菊的产地主要有两处：一是菊水，一是骑立山。骑立山在今镇平县，所产仅见于宋代记述。所谓"南阳菊"，多指菊水所产。菊水为今内乡县北长城河，上游在西峡县境名丹水河。虽称菊水，但并非整个菊水流域都产菊，而只是其中的一段。今丹水镇稍南的潭沟村为唐菊潭县故城，这里即是著名的南阳菊产地。南阳菊品种主要有甘菊、邓州白、白菊、黄菊、邓州黄、珠子黄、顺圣浅紫等。

　　　　　　（本文发表于《南都学坛》（社会科学版）1991 年第 2 期）

顷读阎旭生同志《典故"南阳之寿"》一文,欣喜之情油然而生,既喜两千余年赞誉不绝的南阳菊终得注意,又喜自己得一同仁。笔者研治南阳地区历史地理,于南阳菊之变迁有所留心,早成有文,兹不嫌步人后尘,略陈浅见,聊备补苴。

一 南阳菊变迁

最早记载南阳菊的文献是《汉书·地理志》,它虽然只说到析县(今西峡)有鞠水,但此水即以地产菊花而得名。《后汉书·郡国志》郦县注引《荆州记》云:"县北八里有菊水,其源旁悉芳菊,水极甘馨,又中有三十家不复穿井,即饭此水,上寿百二三十,中寿百余,七十犹以为夭,汉司空王畅、太傅袁隗为南阳县令,月送三十余石,饮食澡浴悉用之。太尉胡广父患风羸,恒汲此水,疾遂廖……又收其实种之,京师遂处处传植之。"菊古作鞠,鞠水与菊水实为一水。汉代民间有在重阳日食菊和饮菊酒避灾的风俗,南阳菊就是在这一时期开始闻名,并且推广种植到京师地区的。

魏晋南北朝时期的文献对南阳菊多所记述,且详且早者当推晋人葛洪《抱朴子》,阎旭生同志所说"南阳之寿"[1] 原出于此是不错的。其后,如前引盛弘之《荆州记》,郦道元《水经注》,陶弘景《名医别录》等对南阳菊也都有大同小异的记述[2],其中《抱朴子》还记载当时有菊花之贡,只是所贡不多罢了,《名医别录》则开始对南阳菊的品种作了粗略分类。

隋朝在菊水附近首置菊潭县,自此以后,论菊产地者,多提"菊潭"。隋末,菊潭为朱粲所屠,县废。唐开元二十四年分临湍县北境复设菊潭县。宋代菊潭县又废为镇,明清时为菊潭保,其名至今不废。

唐代天宝年间有单方图载白菊,即出自南阳山谷和田野之中[3]。因南阳菊的著名,安史之乱后,朝议迁都,朱朴以南阳为建都极选,其中一条理由就是"南菊溪环屈而流注于汉"[4]。

宋代南阳菊达到鼎盛时期,它的种类也分得更细。如苏颂《本草图经》

---

[1] 《南都学坛》1990 年第 2 期。

[2] 除此之外,《太平广记》卷 414《饮菊潭水》引《十洲记》,及《太平御览》卷 63《地部二十八·菊花源》引《荆州记》亦有记述,唯作"上寿二三百,中寿百余,其七八十犹以为夭"。

[3] 《本草纲目》引。

[4] 《旧唐书·朱朴传》。

说："菊处处有之，以南阳菊潭者为佳"，有白菊、黄菊、珠子菊三种。范成大《范村菊谱》载有邓州黄、邓州白、白菊、顺圣浅紫四种。

南阳菊的药用价值在唐宋时最为文人墨客津津乐道，"南阳之寿"的典故就产生于此时期。如唐代李白《忆崔郎中宗之》诗，孟浩然《寻菊花潭主人不遇》诗，贾岛《石门陂留辞从叔誉》诗，杨炯《庭菊赋》诗，以及宋代苏轼的《后杞菊赋》，张栻的《续杞菊赋》，司马光的《咏菊》等诗赋都对南阳菊延年益寿的功用倍加推崇①。菊潭在唐为县，且为驿道所经，唐代诗人过此多有诗文记述，详见龚胜生《唐代南阳地区驿道考述》，此不赘。

南阳菊唐宋时代仍然为贡品。《新唐书·地理志》载邓州贡"茅菊"；《太平寰宇记》载邓州进"白菊花"；《元丰九域志》载邓州贡白菊30斤，《宋会要辑稿·食货四十一》载宋神宗熙宁元年邓州贡白菊56斤。唐宋时期，邓州又称南阳郡，邓州菊实即南阳菊。

金元时期南阳菊似乎不再成为贡品，但其生长并未衰落，金人元好问正大初年曾在内乡县（治今西峡）做官，于菊水旁筑书斋，终日吟读其中，诗有"菊潭秋花满"之句。

明代南阳菊又为贡品，所贡数量最多。天顺《明一统志》卷30《南阳府·土产》有内乡所产甘菊花，成化《河南总志》卷6《南阳府·土贡》和嘉靖《河南通志》卷10《南阳府·田赋》均载内乡贡甘菊花100斤。此外，《广舆记》、《图书编》等明代总志和嘉靖《邓州志》也载内乡产甘菊花。但是，由于明朝对内乡菊的过量搜括，以及土地的逐渐开辟，到明后期，内乡县菊潭保一带的菊逐渐衰落了。

清代南阳菊似没有多大恢复，康熙《南阳府志》卷1《舆地志》云："甘菊出内乡，菊潭者佳，今无。"不过南阳菊并未绝迹，康熙《内乡县志》卷4《物产》仍云："内乡物产最脍炙人口者莫如菊。"《大清一统志》卷167《南阳府土产》也仍载有内乡出甘菊花。

综上所述，南阳菊的利用发微于东汉，鼎盛于唐宋及明，而衰落于明末。

二 南阳菊产地

一在菊水，一在骑立山。骑立山所产仅见于宋代记述，并非菊水所产之

---

① 《古今图书集成·草木典·菊部》。

佳盛和久长。所谓"南阳菊"，实指菊水所产。

骑立山即《山海经·中次十一山》"倚帝之山"，《水经·湍水注》"岐棘山"，明清时又称"五朵山"，在今镇平县境。《山海经》、《水经注》均未载其产菊，唯《太平寰宇记》卷142《邓州》云"其花在骑立山，有人户看守"。以及光绪《南阳县志》卷2《疆域》云"山宜槲檀、白菊之花"。所言皆不详，具体产于何处，已无从考证。

据《汉书·地理志》、《水经·湍水注》以及《荆州记》所言菊水地望，菊水必是今内乡县北长城河（上游在西峡县境名丹水河）。虽称菊水，但并非整个菊水流域都产菊，而只是其中的一段，即《汉书·地理志》所言"析谷"，《水经·湍水注》所言"芳菊溪"，隋唐以后所言"菊潭"。《太平御览》卷168《州郡部十四·邓州》引《图经》曰："菊潭以界内菊潭水以名县。"因此菊潭所在地，即著名的南阳菊产地。那么，菊潭必在菊水河畔。元好问不仅在菊水畔建筑书斋，而且还有《宿菊潭》、《自菊潭丹水还寄莶前故人》两诗①，说明菊潭确在菊水岸边，且菊水在金代似已有丹水之称，据此推测，菊潭可能在今西峡县丹水镇附近；与《内乡县志》古迹云"菊潭故址在县西六十里"也相合。再检视地图，今丹水镇东南不远处有菊花村、菊花山和潭沟村，菊花村与菊花山必因当地产菊得名，而潭沟村极可能就是菊潭县故城所在。再考诸历史交通，菊潭县在唐代为驿道所经，而唐代邓州至长安的驿道即为今经过西峡丹水镇的公路，由此可以确证丹水镇稍南的潭沟村为唐菊潭县故城，南阳菊也主要产于此地。

作了上述考证之后，我曾致函丹水镇人民政府，试图证实一下我的结论，但是杳无回音。今得阎旭生同志此文，疑可释矣！只是阎旭生同志认为汉郦县故址和菊潭为同一地点是错误的，不妨在此一辨。

按盛弘之《荆州记》云菊水在郦县北8里，则郦县必不在菊水河畔，又《元和郡县志》云菊潭至邓州（今邓县）150里，临湍（今邓县西北南古村）至邓州85里，而《括地志》又云郦县故城在临湍县北30里。由此可知，郦县与菊潭并非一地，且郦县遗址业已发现，它在今内乡县西北的郦城村，村中目前还有地名"城角"者。因此，菊潭是在郦县境内，而非即郦

---

① 《遗山集》卷1、8。

县。此种错误的产生，盖缘于颜师古所云"隋因郦县而置菊潭"①。

三　南阳菊品种

（1）甘菊、邓州白。甘菊为南阳菊的主要品种，贡品，入药。《荆州记》说它的特点是"茎短葩大"，刘蒙《菊谱》说甘菊"叶淡绿柔莹，味微甘，咀嚼香味俱胜"，据此，它可能是甘野菊（Dendranthema Boreale）《古今图书集成·草木典·菊部》所绘"邓州菊"正是此种，其特点是头状花序排列成伞房状，分枝多花亦多。邓州白也是甘菊，据《范村菊谱》所述，"邓州白九月末开，单叶双纹，白花中有细蕊出铃萼中……花叶皆尖细，相出稀疏"，与甘野菊形态极相似。

（2）白菊。贡品，入药，南阳菊主要品种。苏颂《本草图经》云南阳白菊"叶大如艾叶，茎青，根细，花白，蕊黄"。王象晋《群芳谱》说白菊"单叶白花，蕊与邓州白相类，但花叶差阔"，所述与毛华菊（Dendranthema Vestitum）形态相近。

（3）黄菊。不入药，不能食用。苏颂《本草图经》云南阳黄菊"叶似蒿，花蕊都黄"。可能是菊蒿（Tanacetum Vulgare）

（4）邓州黄。入药。《范村菊谱》云"邓州黄开以九月末，单叶双纹，深于鹅黄而浅于郁金，中有细叶出铃萼上，形样甚似邓州白，但差小尔……枝杆叶形全类白菊"。可能是野菊（Dendranthema Indicum）。"鹅黄"、"郁金"均为菊花名。

（5）顺圣浅紫。《范村菊谱》云"九月中方开，多叶，叶比诸菊最大，一花不过六七叶，而每叶盘叠凡三四重花，叶空间有筒叶……余所记菊中，惟此最大"。为家种的菊花（Dendranthema Morifolium）。

（6）珠子菊。苏颂《本草图经》云珠子菊"开小花，花瓣下如小珠子，谓之珠子菊云，入药亦佳"。语焉不详，不知学名曰何。

---

① 龚胜生：《唐代南阳地区驿道考述》，载《陕西师范大学学报》（哲学社会科学版）1991年第3期。

第 二 部 分

地理学史与环境变迁研究

第十二篇

《禹贡》中的秦岭淮河地理界线

　　成书于战国时代的《尚书·禹贡》不仅对秦岭、淮河有较详细的描述，认为它们在桐柏山相接，构成了横贯战国"天下"中部的东西向山川界线，而且利用这条界线进行了地理区划，以此为界，自西向东，此线北侧为雍、豫、徐三州，南侧为梁、荆、扬三州。《禹贡》还对秦岭—淮河两侧的地理环境差异做了客观描述，指出竹、桔、柚等亚热带典型植物主要生长于此线以南；在田、赋等级、产业结构方面南北也迥异，秦岭—淮河以南地区有相当比重的原始经济成分在内，而秦岭—淮河以北地区则经济结构较为复杂，特别是纺织手工业发达。

　　（本文发表于《湖北大学学报》（哲学社会科学学报）1994 年第 6 期）

地理学上，秦岭淮河是我国暖温带和亚热带的分界线，两侧地理环境有着明显的分异。我国地理学发展历史悠久，春秋战国时代的《考工记》就有"橘逾淮而北为枳……此地气然也"的观点；《晏子春秋》亦有"橘生淮南则为橘，生于淮北则为枳……水土异也"的论述，据此有人认为我国早在春秋战国时就从植物分布上认识到了这条地理界线①。这当然是正确的。不过，还有比这更能说明问题的史料，这便是我国最早的综合性地理文献——《尚书·禹贡》，它亦成书于战国时期，不仅认识到秦岭淮河这条地理界线，而且利用了这条界线进行地理区划，还对其两侧的地理环境差异做了较科学的描述。兹论证如次，望方家正之。

一　《禹贡》对秦岭淮河线的描述

1. 对淮河的描述

《禹贡》有"导水"一节专门描述河流原委。淮河在战国时为"四渎"（江、淮、河、济）之一，《禹贡》作者当然不会熟视无睹，其云："导淮自桐柏，东会于泗、沂，东入于海。"此外，"九州"一节中也多次提到淮河及其支流泗、沂二水。"徐州"一节言："淮、沂其乂……泗滨浮磬，淮夷蠙珠……浮于淮、泗。""扬州"一节言："沿于江、海，达于淮、泗"。以上记载是说，淮河发源于桐柏山，东西流径，纳泗、沂二河，独流入海。这些记载虽然简略，却是有关淮河水系的最早记载。

2. 对秦岭的描述

《禹贡》有"导山"一节专门描述山脉。秦岭山脉西起今甘、青两省边境，东至河南省中部，海拔 2 000—3 000 米，东西长 400—500 千米，南北宽100—150 千米。对于这样一条巨大山脉，《禹贡》作者当然也不会遗漏。关于《禹贡》"导山"一节，历来注家看法不一，有"三条"、"四列"、"九山"之说，笔者则以为它要表达的是"山有脉络"的思想，所述其实是反映了三代以来主要活动地域内的巨大山脉。

一是东北走向的构造带，主体大致是太行山脉。即经文"导岍及岐；至于

---

① 中国科学院自然史研究所地学史组主编：《中国古代地理学史》，科学出版社 1984 年版，第178—179 页。

荆山，逾于河，壶口、雷首至于太岳。厎柱、析城至于王屋，太行、恒山至于碣石"。

二是东西走向的扭曲构造带，主体大致是秦岭山脉及淮阳山弧。经文"西倾（山在青海东南与甘肃交界处）、朱圉（山在甘肃甘谷县南）、鸟鼠（山在甘肃渭源县，'导渭自鸟鼠同穴'即渭河发源处）至于太华（西岳华山），熊耳（'导洛自熊耳'，为黄河支流洛河发源处）、外方（因在楚方城外得名，当在伏牛山脉北坡，或指实为嵩山，亦为秦岭山脉一部分）、桐柏（淮河发源处，详前）至于陪尾（或曰在湖北安陆县）"，所述是秦岭山脉暨淮阳山弧的北部。经文"导嶓冢（山在陕西宁强、略阳间，'嶓冢导漾，东流为汉'，为汉江发源处），至于荆山（山在伏牛山脉南坡，其首在河南内乡县北，为汉江支流湍水发源处，即《山海经·中次八山》），内方（因在楚方城内得名，有人指实为湖北钟祥县西南之章山，误，当在伏牛山脉南坡，魏源以为在河南叶县，近是）至于大别，岷山之阳（非四川岷山，在今大别山脉中）至于衡山（即安徽霍山，详后）"，所述是秦岭山脉暨淮阳山弧的南部。

此外，"九州"一节中对秦岭山脉上的重要山体也做了描述，如雍州的"终南"即今陕西关中南部的终南山，亦即狭义的秦岭；"惇物"即今秦岭上的主峰太白山，梁州的"岷山"（"岷山导江"，为嘉陵江发源处）、"西倾山"也都是秦岭山脉西端名称依旧的主要山体。

如上所述，秦岭山脉是《禹贡》"导山"描述的重点，从其所述，不仅可以看出秦岭山脉的走向，而且可以看出秦岭山脉是长江水系（嘉陵江、汉江）、黄河水系（渭河、洛河）和淮河水系（淮河）的分水岭，秦岭和淮河在桐柏山相接，便构成了横贯战国"天下"中部的东西向山川界线。

二　《禹贡》利用秦岭淮河线进行地理区划

1. 东部徐州与扬州以淮河为界

《禹贡》云："海、岱及淮惟徐州"，"淮、海惟扬州"。很显然，徐州居北，扬州处南，二者以淮河为界，故沂水、蒙山、羽山、大野（即巨野泽，在今山东巨野县）、东原（今山东东平县地）、泗水等在淮北而徐州言及，彭蠡（今鄱阳湖前身，当时主体在长江以北）、三江（太湖水系，"三江既入，震泽厎定"）在淮南而扬州言之。

2. 中部豫州与荆州以秦岭淮阳山弧为界

《禹贡》云："荆及衡阳惟荆州"，"荆、河惟豫州"。"荆"指荆山，"衡"指衡山，问题是荆、衡二山地望在哪里？"荆及衡阳"又做何解释？历世研治《禹贡》者，大多因循班固《汉书·地理志》的解释，以今湖北南漳县之荆山和湖南衡山县之衡山来划定荆、豫二州的范围。

笔者不以为然，认为此处"荆山"和"衡山"均在秦岭淮阳山弧中，"荆及衡阳"不应释为"荆山至衡山南面之间的地区"，而应释为"荆山东至衡山一线以南的地区"，也就是说，荆州和豫州是以秦岭东端淮阳山弧为界的。

理由之一是《禹贡》所述荆、豫二州的实际范围是以伏牛山脉为界的，这除《禹贡》本证外，还可证之于《周礼·职方氏》、《吕氏春秋·有始览》以及东汉张衡的《南都赋》、唐代李吉甫的《元和郡县志·邓州》等文献。

理由之二是伏牛山脉中确有荆山，可证之于约略同时代的《山海经》和后世当地的方志。

理由之三是《禹贡》"导山"一节中的衡山不在湖南衡山县，而在大别山区的安徽霍山县，而依《禹贡》体例，作为州界的山，必在经文中提及，且都只一处，衡山当然也不能例外。

理由之四是荆山与衡山在当时总处于同一列山脉上，前提及荆山，后必提及衡山，《禹贡》如此，《山经·中次八山》和《山经·中次十一山》也是如此，就是晋代张载《剑阁铭》也是荆衡连称。

以上四点拙文《〈禹贡〉地理学价值新论》做了较详细探讨，此不多赘[①]。总之，荆、豫二州的分界是"荆及衡"，所谓"荆、河惟豫州"其实是"荆及衡、河惟豫州"的承上之省称，而这里的"衡山"并非是荆州的南界，而是荆州的北界，在秦岭山脉之中。

3. 西部梁州与雍州以秦岭为界

《禹贡》云："华阳、黑水惟梁州"，"黑水、西河惟雍州"。此处"西河"指晋陕间的一段黄河，"华阳"指华山一线以南，"黑水"何谓？有人

---

① 龚胜生：《〈禹贡〉地理学价值新论》，载《华中师范大学学报》（自然科学版）1993 年第 4 期。

认为有两条黑水：一为雍州西界之黑水，一为梁州西界之黑水，并分别指实为张掖河、大通河和岷江、怒江等河流①。

笔者也不以为然，认为《禹贡》只有一条黑水，而且这条黑水大致呈东西走向，就是梁州和雍州的分界。

理由之一是唐代以前的人都认为黑水只有一条，如《山海经》、北魏郦道元《水经注》、唐代孔颖达《尚书正义》等，而黑水两条之说则晚出于清代胡渭的《禹贡锥指》和蒋廷锡的《尚书地理今释》。

理由之二是《禹贡》山川虽有同名异地者，但作为州界的山川均只一处，如"海、岱惟青州"和"海、岱及淮惟徐州"之岱山（今泰山），"淮、海惟扬州"和"海、岱及淮惟徐州"之淮河，"荆、河惟豫州"和"荆及衡阳惟荆州"之荆山，"济、河惟兖州"和"荆、河惟豫州"之黄河，皆无二处，黑水也不应该例外，当为梁州和雍州之分界。《禹贡》文字虽十分节省，但于容易引起歧义处仍不惜笔墨，黄河为兖、豫、雍、冀四州边界，兖、豫二州都只言"河"，独雍州言"西河"，原因就是如果仅言"河"，雍州的东界就会有歧义，而这样言明之后，冀州的分界也就不言而喻了，故冀州是《禹贡》九个州中唯一没有说明疆界的州。可以这样说，《禹贡》作者是以文字简约而又不出歧义为写作原则的，黄河只一条，尚因走向不同而区别之，倘若黑水真有两条，又怎能不加区别呢？

理由之三是依《禹贡》体例，黑水也不能作为梁州和雍州的西界。《禹贡》"导山"和"导水"所述山川均是自西而东，"九州"所述州界也多为东西走向之界，梁、雍二州似不应言其西界；而且《禹贡》"五服"言当时疆土为"东渐于海，西被于流沙，朔、南暨声教，讫于四海"，青、兖、徐、扬四州居东，故州界都提到"海"，而北、南两边为非华夏族所居，未知其涯，故冀、雍二州居北而不言其北界，扬、荆、梁三州居南而不言其南界；梁、雍二州居西，若言其西界当提"流沙"，即使不提"流沙"也当提"弱水"，始终没有以"黑水"为西界的道理，因为"黑水至于三危，入于南海"，而"弱水至于合黎，余波入于流沙"，弱水较黑水更西。

理由之四是《禹贡》述梁州在前，述雍州在后，所谓"黑水、西河惟

①　周秉钧：《尚书易解》，岳麓书社 1984 年版，第 47—69 页；周宏伟：《〈禹贡〉黑水新考》，《陕西师范大学学报》（哲学社会科学版）1991 年第 3 期。

雍州"其实是"华阳、黑水、西河惟雍州"的承上之省，正如荆州在前，豫州在后，豫州上承荆州之省一样，"华阳、黑水"是梁、雍二州共同的疆界。

明白上述所指之后，再看"华阳、黑水"是否在秦岭山脉之上。现代地理学认为，华山由断块花岗岩组成，是秦岭山脉东段的一部分，它在秦岭上已毋庸多言。那么，"黑水"呢？《禹贡》言之甚简，与之有关的仅"三危"、"南海"两处地名，姊妹篇《山海经·南次三经》亦仅云："鸡山……黑水出焉，而南流注于海"。"鸡山"据说即今祁连山，已非秦岭山脉，不能说明问题；"三危"在岷山之北，即今秦岭山脉西端迭山；至于"南海"，有说是今青海[①]，更有人以今南海当之。要之，此处"南海"非指水体，当指三危山以南的非华夏族居住的地区，《禹贡》所谓"朔、南暨声教，讫于四海"中之"四海"即是如此解释。三危地望既得，则"华阳、黑水"也就可以说是华山至于三危山一线了，而三危山在西倾、鸟鼠间，且"西倾"、"三危"构意亦近，因此，"华阳、黑水"其实与"西倾、朱圉、鸟鼠至于太华"无异，都是指秦岭山脉而言。

当然，更重要的还是《禹贡》所述梁、雍二州的实际范围是以秦岭山脉为界的。如"梁州"一节言："岷、嶓既艺，沱（长江支流）、潜（汉江支流）既道，蔡（胡渭以为即峨嵋山）、蒙（山在四川雅安县北）旅平，和（胡渭以为涐水，今大渡河）夷厎绩"，所述均在秦岭山脉及其以南地区。"雍州"一节言："弱水（今甘肃境，或曰张掖河）既西，泾（渭河北支流）属渭汭，漆沮（渭河北支流洛水）既从，沣水（今西安市西境）攸同；荆（山在陕西富平县，即《汉志》'北条荆山'）岐（山在陕西岐山县）既旅，终南、惇物，至于鸟鼠，原隰厎绩，至于猪野（泽在甘肃民勤县北），三危既宅，三苗丕叙"，所述也都在秦岭山脉及其以北地区。

综上所论，《禹贡》九州中有六个州是以秦岭淮河线为界的，自西而东，此线北侧为雍、豫、徐三州，此线南侧为梁、荆、扬三州。尽管战国时期并未推行"九州制"，但《禹贡》是我国最早利用秦岭淮河线进行地理区划的文献，却是不容否认的。

---

① （清）魏源：《释道北条弱水黑水》，载中华书局编《魏源集》下，中华书局 1983 年版，第536—542 页。

三 《禹贡》揭示了秦岭淮河线两侧环境差异

1. 对两侧自然地理环境差异的描述

《禹贡》区划九州的自然指标除山川地形外，还有土壤特征。从土壤名称上看，北方六州的主要土壤几乎都以"壤"或"坟"为通名，而冠以黄、白、黑、赤等颜色，南方三州则梁州为"青黎"，荆、扬二州均为"涂泥"，南北方已有较明显差别。从土壤性状上看，"壤"是无块的柔土，"坟"是膏腴的肥土，"黎"是离散的疏土，"涂泥"是湿润的土壤。也就是说，北方诸州的土壤少黏而肥沃，南方诸州的土壤则潮湿如泥。此外，《禹贡》还指出北方冀州、青州有盐碱土分布，如青州"海滨广斥"，为"白坟"，冀州为"白壤"，所谓"斥"即碱卤，而土壤呈白色也是因土壤表面泛盐所致。

更为重要的是，《禹贡》揭示了秦岭淮河线两侧的植被分布差异。如南方荆、扬两州气候温暖湿润，森林茂密，故有杶（椿）、幹（柘）、栝（桧）、柏、楛及其他"木"类之贡，还有竹类、杨梅、橘、柚等典型亚热带林木的生长，而北方诸州除有梧桐之贡和青州有松木之贡外，并无竹、橘等亚热带典型林木生长。据此，当时我国亚热带北界也当在秦岭淮河一线，说明自战国以来，我国亚热带北界并没有明显的变迁。顺便指出，《禹贡》还通过对兖州、徐州、扬州等地植被描述，初步揭示了我国东部地区的纬度地带性规律。

2. 对两侧人文地理环境差异的描述

《禹贡》虽以描述自然地理环境为主，但对人文地理环境也没有忽视，这可从以下几个方面来看秦岭淮河两侧的差异。

首先，在田、赋等级方面，南方诸州普遍低于北方诸州，特别是土地质量等级方面，北方六州居前六位，南方三州居后三位，明显反映出秦岭淮河以南地区的经济落后于秦岭淮河以北地区。

其次，在产业结构方面，南方诸州以狩猎、采矿、伐木为主，故贡品大多为自然产品，主要有狩猎产品、金石产品和林产品；北方诸州则以种植、纺织为主，煮盐、漆器、水产、畜牧、采矿等业也有一定比重，因而贡品多为经济产品，在种植业中多桑、麻（枲）、漆等经济作物，纺织产品有绨

（细葛）、黡丝（柞丝）、纤（绸）、缟（绢）、纻（麻布）、纩（绵）等，盐有青州的海盐，漆以兖、豫二州为著，水产则有青州的海产品（"海物惟错"）和徐州的淡水产品（"淮夷蠙珠暨鱼"），矿产品则有青州的"铅、怪石"，徐州的"浮磬"，雍州的"球、琳、琅玕"。至于畜牧业青州特别提到"莱夷作（种植）牧（畜牧）"。由上述亦可得知，秦岭淮河以南地区的经济还有相当比重的原始经济成分在内，而以北地区则经济结构较为复杂，特别是纺织手工业发达。

秦岭淮河两侧人文地理环境的差异在《禹贡》姊妹篇《周礼·职方氏》中也有描述，不妨在此稍加介绍。如附表所示，南方诸州只种植水稻，没有家畜饲养业，北方诸州以种植旱粮为主，但黍、稷、菽、麦、稻都有种植，且有牛、马、羊、鸡、狗、猪的饲养。此外，在人口构成方面，南方诸州普遍女多于男，北方诸州则大多男多于女或男女相等，即使女多于男，其差别也没有南方大。以上差别在当时是客观存在的，并可与《禹贡》所述互相印证，比如《禹贡》言南方荆、扬二州土壤为涂泥（即水稻土），故《职方氏》说这两个州宜于水稻种植；《职方氏》言南方荆、扬二州"畜宜鸟兽"，故《禹贡》载这两个州多狩猎产品；至于《职方》言南方荆、扬二州女多于男，其形成的原因亦和《禹贡》载这两个州"涂泥"的形成一样，都是气候热湿所致。

综上所论，《禹贡》对秦岭淮河两侧地理环境的差异做了较客观的描述，它已经指出竹、橘、柚等亚热带典型植物主要生长于秦岭淮河以南，还指出水稻土也主要分布于秦岭淮河以南，这些差异今天仍是我国南、北方的典型差异，说明秦岭淮河自战国以来即是我国的亚热带北界。

第十三篇

《禹贡》地理学价值新论

《禹贡》是我国最早的综合性地理文献，在中国地理学史上具有重要的历史地位。其在地理学方面的价值，首先是它开创了综合地理区划的先河；其次是它首次利用秦岭—淮河这条自然地理界线将我国分成地理特征各异的南方和北方，并初步揭示了我国东部中纬度地区的纬度地带性规律；再次是它形成了山脉、水系的地理概念，萌芽了"农业区位论"的生产布局思想。

（本文发表于《华中师范大学学报》1993年第4期）

《禹贡》是先秦经典著作《尚书》中的一篇，成书于战国时期，是我国最早的综合性地理文献。全文分九州、导山、导水、五服四部分，但仅1189字，显得十分简略，故虽自汉晋以来即有人研究，而至今并非了无疑窦。对于其地理学价值，近人论述亦多，但由于未能结合其时代背景和相关文献进行系统分析，并未全面了解其地理学价值①。有鉴于此，本文拟结合《禹贡》成书的时代背景与之相关的历史文献，分别探讨其各部分的地理学价值，并提出一些新的看法，望方家有以教之。

一 "九州"部分的地理学价值

1. 《禹贡》"九州"是我国最早的综合地理区划

记述"九州"的文献除《尚书·禹贡》外，尚有《吕氏春秋·有始览》、《周礼·职方氏》和《尔雅·释地》，其中除《尔雅》晚出于西汉后期，《禹贡》、《职方》和《吕氏春秋》均成书于公元前三四世纪，堪称是姊妹篇。结合这三种文献来看，《禹贡》"九州"实际上是一种将自然区划、经济区划和政治区划结合起来的综合地理区划，《禹贡》以山体、江河、海洋等地貌实体为疆界，将天下分成自然地理特征（土壤、植被、山川、泽薮）和经济地理特征（贡品、物产、田赋）不同的九个州，而实际上如《吕览》所述，每一个州基本上代表一个割据政权，因此，有些州名即是取其国名，直取国名者如徐，取国异名者如荆，取国同音字者如扬，取国都邑者如雍、冀②（见表 13 - 1）。

表 13 - 1 《禹贡》"九州"主要区划指标表

方位	州名	自然指标		经济指标					政治指标
		自然区界	土壤	田第	赋第	畜产	谷物	男女比例	疆域
北方	冀州	两河之间	白壤	5	1（2）	牛羊	黍稷	5：3	晋
	雍州	黑水西河	黄壤	1	6	牛马	黍稷	3：2	秦
	青州	海岱之间	白坟	3	4	鸡狗	稻麦	2：2	齐

---

① 杨正泰：《中国历史地理要籍介绍》，四川人民出版社 1988 年版，第 1—16 页；靳生禾：《中国历史地理文献概论》，山西人民出版社 1987 年版，第 29—40 页。

② 顾颉刚：《州与岳的演变》，载王煦华编《顾颉刚选集》，天津人民出版社 1988 年版，第329、335 页。

续表

方位	州名	自然指标		经济指标					政治指标
		自然区界	土壤	田第	赋第	畜产	谷物	男女比例	疆域
北方	豫州	荆河之间	壤	4	2 (1)	六扰	五种	2:3	周
	兖州	河济之间	黑坟	6	9	六扰	四种	2:3	卫
	徐州	海岱及淮	赤埴坟	2	5	—	—	—	鲁
分界		（由西至东）黑水—华山—荆山—衡山—淮河（即秦岭—淮河线）							
南方	梁州	华阳、黑水	青黎	7	8(7,9)	—	—	—	
	荆州	荆及衡阳	徐泥	8	3	鸟兽	稻	1:2	楚
	扬州	淮、海之间	徐泥	9	7(6)	鸟兽	稻	2:5	越

说明：《职方》无梁州、徐州，而有并州、幽州。《吕览》无梁州，而有幽州。"四种"为黍、稷、稻、麦；"五种"加一菽；"六扰"为马、牛、羊、豕、犬、鸡。括号内数字为有时出现的等级。

2. 《禹贡》"九州"首次利用了秦岭淮河自然地理界线

《禹贡》中九个州，其中梁、荆、扬三州在南，冀、雍、青、豫、兖、徐六州在北。《禹贡》说得很清楚，"海、岱及淮惟徐州"，"淮、海惟扬州"，徐州和扬州是以淮河为分界的。"黑水、西河惟雍州"，"华阳、黑水为梁州"，华山为秦岭东延之余脉，雍州和梁州是以秦岭为界的。现在的问题是，豫州和荆州的分界是不是也在秦岭淮河一线呢？《禹贡》云："荆、河惟豫州"，"荆及衡阳惟荆州"，这两句话如何解释？历世治《禹贡》者，都因循址固《汉书·地理志》的解释，以今湖北南漳县之荆山和湖南衡山县之衡山来划定荆、豫二州的范围。笔者认为，这样的解释是违背了《禹贡》作者本意的，是一个两千年来没有得到澄清的错误！此处的"荆山"和"衡山"均在伏牛山—桐柏山—大别山组成的"淮阳山弧"中，"荆及衡阳"不应释为"荆山至衡山的南面"，而应释为"荆山至衡山一线以南的地区"，也就是说，豫州、荆州的分界是"淮阳山弧"，在秦岭淮河一线之上。

理由之一：《禹贡》所述荆、豫二州的实际范围是以伏牛山为界的。《荆州》叙述河道时说，"江汉朝宗于海"，叙述贡道时说，"浮于江沱潜汉"。《豫州》叙述河道时说，"伊洛瀍涧既入于河"，叙述贡道时说，"浮于洛"。据此，荆、豫二州的分界应为汉水流域和伊洛流域的分水岭，即伏牛山脉。汉水在《禹贡》中是一条大河，故"导水"一节首叙黄河，次即叙汉水，倘若豫州范围伸到了汉水流域，则《豫州》岂有不言汉水而言伊洛等河之理？因此汉水在荆州，故《荆州》言之；汉（沔）水在梁州，故《梁州》言之；独不在豫州，故《豫州》不言。《吕览》云："河汉之间为豫州"，实际上和《禹贡》所说的"荆河惟豫州"是一个意思，即豫州北界黄河，南界汉江与黄河的分水岭——伏牛山脉。其实，就是几百年后，东汉科学家张衡也认为荆、豫二州是以伏牛山为界的，他在《南都赋》中描述当时南阳郡的范围时说，"割周、楚之丰壤，跨荆、豫而为疆"①。据《吕览》记载，豫即是周，荆即是楚，这两句话是说南阳郡曾是周、楚两国的交壤地区，而揆诸史实，周楚间的疆界确实是以伏牛山脉为界的。《左传》僖公四年云："楚国方城以为城，汉水以为池。"这里所指的方城山就在今南阳盆地东北的伏牛山中，它是春秋时楚国防御中原各国的第一道防线。不仅如此，甚至晚至唐代，地理学家李吉甫也认为荆、豫二州是以伏牛山为界的，鲁阳关是伏牛山中的一个重要关隘，《元和郡县志·山南道·邓州》谈到它时说："荆、豫径途，斯为险要。"如果豫州的南界真是在今湖北南漳县之荆山，李吉甫这样说岂不是莫名其妙？此外，《职方氏》云："正南曰荆州，其山镇曰衡山，其泽薮曰云梦，其川江汉，其浸颍湛"，"河南曰豫州，其山镇曰华山，其泽薮曰圃田，其川荥洛，其浸波溠"。据此，豫州范围也并未南及汉水流域，"颍湛"在今河南方城县北，一些注文家因泥于班固《汉书·地理志》的解释，以为它在南漳县之北应属豫州，而不应属荆州，《职方氏》把它置于荆州是错误了。其实，这正是荆州北界伏牛山的一个有力证据！公元前557年，楚军与晋师"战于湛阪，楚师败绩，晋师遂侵方城之外"②。这说明湛水是楚国的版图，换句话说，就是"颍湛"确属荆州，《职方氏》记载无误。关于这点，宋代王得臣根据《水经·汝水注》所述颍、湛二水也得出了同样的结论③。正是由于上述原因，汉代设十三州刺史部，荆州刺史部的北界也是伏牛山脉。

理由之二：伏牛山中确有荆山，可证之于同时代的《山海经》和后世当地的方志。《山经·中次十一山》云："荆山之首，曰翼望之山，湍水出焉……凡荆山之首，自翼望之山至于几山，凡四十八山，三千七百三十二

---

① 《文选》卷4。
② 《左传》襄公十六年。
③ 《麈史》卷中《辨误》。

里"。此荆山即在伏牛山中，而伏牛山区的汝州、叶县也都有荆山之名①。

理由之三：《禹贡》"导山"中的衡山不在湖南衡山县，而在今大别山区的安徽省霍山县。关于这点，清代杨守敬有详文考证②，但杨氏仍然囿于成见，错误地认为划分荆州范围的衡山仍在湖南。按依《禹贡》体例，作为州界的山，必在经文中提及，如岱山"岱畎丝枲铅松怪石"，荆山"导嶓冢至于荆山"，华山"至于太华""至于华阴"，因此，衡山也不应例外。笔者认为，作为荆州分界的衡山亦即"导山"中的衡山，衡山并不是荆州的南界，而是荆州的北界。荆州之所以不言南界，乃是如扬州以海为南界，当时人有天下边际为"四海"的观念③，以衡山为南界也显然不符合当时人的天下观念。

理由之四：荆山与衡山在当时总处于同一列山脉上，首提荆山，后必提衡山。《禹贡》"导山"云："导嶓冢至于荆山，内方至于大别，岷山之阳至于衡山"；《山经·中次八山》云："荆山之首，曰景山……又东南五十里，曰衡山"；《山经·中次十一山》云："荆山之首，曰翼望之山……又东四十五里，曰衡山"。由此可见，《禹贡》"九州"中的"荆及衡阳惟荆州"应释为"荆山至衡山一线以南的地区为荆州"。关于这点，钱穆先生在《古三苗疆域考》中也得出了同样的结论④。

综上所述，《禹贡》中荆、豫二州的分界也在秦岭淮河一线这条南北地理界线之上；尽管在漫长的历史时期内，我国的地理环境有过许多的变化，但秦岭淮河线作为我国南、北方的地理分界却早在战国时代就已确立，并被《禹贡》用以作为地理区划，实在是令人惊讶和了不起的！而且，《职方氏》又说，"正南曰荆州"，"东南曰扬州"，说明早在那时，"南方"指的就是秦岭淮河以南，和今日"南方"的地理概念完全一致。

《禹贡》不但确立和利用了秦岭淮河这条地理界线，而且较真实地揭示了南、北方的差异。如表 13-1 所示，田、赋等级南方诸州普遍很低，北方诸州普遍较高；贡品类南方诸州多为金属木石、动物齿革等自然产品，北方诸州多为漆丝麻葛、盐鱼苎布等经济产品；生产方面南方诸州只种水稻，没

---

① 《河南通志·舆地志·山脉》。

② 杨守敬：《衡山考》（谭其骧主编：《清人文集地理类汇编》第 5 册），浙江人民出版社 1988年版，第 531—532 页。

③ 顾颉刚、史念海：《中国疆域沿革史》，商务印书馆 1938 年版，第 66 页。

④ 钱穆：《古史地理论丛》，东大图书公司 1982 年版，第 74—75 页。

有家畜饲养，北方诸州以旱作为主，黍、稷、菽、麦、稻皆有种植，且有牛、马、羊、鸡、狗、猪的饲养；人口方面南方诸州普遍女多于男，北方诸州大多男女相等甚至男多于女，即使女多于男，其差别也没有南方诸州大；南方诸州土壤普遍潮湿，北方诸州则否，且有盐碱土分布。

3.《禹贡》"九州"初步揭示了我国东部的纬度地带性规律

在《禹贡》中，我国东部地区由北往南依次为兖州、徐州、扬州，兖州的植被是"厥草惟繇，厥木惟条"，草本层较发达（繇），木本层主要是矮乔木和灌木（条）；徐州的植被是"草木渐包"，呈茂密的森林景观，故有"梧桐"之贡；扬州的植被是"篠簜既敷，厥草惟夭，厥木惟乔"，草本层发达，木本层主要是高大的乔木，而且有竹子分布，显然是亚热带森林景观，故有"橘、柚"和"木"之贡，与植被相对应。上述三州的土壤也从含腐殖质较多的黑土（黑坟）过渡到红黏土（赤埴坟）和水稻土（涂泥）。这说明《禹贡》对我国东部地区的纬度地带性规律已有了初步认识，它将植被分为草本层和木本层，将木本分为矮小的灌木和高大的乔木，也是一种很了不起的贡献。特别应该提出的是，《禹贡》以秦岭淮河划分南方、北方区域，又指出南方荆、扬二州不仅都有"木"作为贡物，而且有竹（篠、箘、簬）、杨梅（瑶）、橘、柚等典型亚热带、热带植物的生长，而北方诸州则否。据此，当时亚热带北界似亦为秦岭淮河线，说明自战国以来，尽管历史气候有过冷暖变迁，但自然地带范围的变化并不明显。

二　"导山"和"导水"部分的地理学价值

对《禹贡》"导山"一节，历来注家看法不一。据宋代程大昌《禹贡论·三条荆山论》云，班固有南、北二条荆山之论，马融、王肃有岍北、西倾中、嶓冢南三条荆山之说，郑玄有岍、西倾、嶓冢、岷山四列之说[①]。至于清代，又有"九山"之说，近人多从此说[②]。笔者认为，《禹贡》"导山"叙述了三条山脉，但不是"三条荆山"。《禹贡》是没有理由专辟一节来论述荆山的。至于"九山"之说，更是缘木求鱼。按《禹贡》"九山刊旅，九

---

① 《古今图书集成·山川典第七十六·荆山部》。

② 周秉钧：《尚书易解》，岳麓书社1984年版，第75页。

川涤源，九泽既陂"中之"九"，并非指数，而是"九州之"的省称，上承"九州攸同"，意思则说大禹治过了九州所有的山川陂泽，与下文"四隩既宅"、"四海会同"都是同一个意思。《国语·周语》中的"封崇九山，决汩九川，陂障九泽，丰殖九薮，汩越九原，宅居九隩，合通四海"，也是指大禹功溥天下，并非指那几个具体的山川泽薮。其实，《禹贡》所述之山也并不合"九"之数。

　　许多山峰按一定走向排列便成山脉，古人谓之"地脉"，秦代蒙恬即以此来释《禹贡》，他说："山有脉络，禹随其所之而加顺也"①。"山有脉络"正是《禹贡》作者所要表达的地理思想，故言大禹治山为"随山刊木"，如果不明《禹贡》作者真意，用后世同名山峰生搬硬套地去考证《禹贡》众山的地望，将它们说得一会在东，一会在西，左扭右折，毫无规律，那么，《禹贡》之疑窦永远也无法解开，只好得出"其文参错，经意尤难穷悉"的结论②。笔者认为，《禹贡》"导山"所述正是反映了三代以来主要活动范围内的主要山脉，即中原地区外围的山脉：一是东北走向的构造带，主体大致是太行山脉，经文为"导岍及岐至于荆山，逾于河，壶口、雷首至于太岳，厎柱、析城至于王屋，太行、恒山至于碣石"；二是东西走向的扭曲构造带，主体大致是淮阳山弧，分北、南两线，北线经文为"西倾、朱圉、鸟鼠至于太华，熊耳、外方、桐柏至于陪尾"，南线经文为"导嶓冢至于荆山，内方至于大别，岷山之阳至于衡山，过九江至于敷浅原"。

　　《禹贡》"导水"主要叙述了弱水、黑水、黄河、汉江、岷江、济水、淮水、渭水、洛水等河流的渊源和流径，其中五水入海，二水入河，二水为内流河。主支分明，序次恰当③。既有古代著名的"四渎"（江、淮、河、济）；也有两周依附的大川（渭、洛）。其地理学价值不仅在于它为我们提供了一张当时文明区域的水系图，还在于它为我们提供了一条最古老的黄河故道，而这一故道乃是研究黄河变迁史的基础。

三　"五服"部分的地理学价值

　　《禹贡》"五服"在地理学史上的贡献，历来为人所忽视，事实上，如

---

① 程大昌：《禹贡论》。
② 胡渭：《禹贡锥指》引吴澄语。
③ 崔述：《夏考信录》卷1《禹下》。

果说"九州"、"导山"、"导水"在地理学史上的贡献尚偏重于纪实的话，那么，"五服"在地理学史上的贡献则是一种理论升华。所谓"五服"，就是将国土分成五个同心圆区域，每个区域都施行不同的管理政策和承担不同的义务，区域的划分则以都城为中心，500 里为一服，由近及远依次为甸服、侯服、绥服、要服和荒服。笔者认为，五服制是对前人实践经验的总结，是一种理想化的政治经济管理模式，其中甸服与"农业区位论"有相似之处。

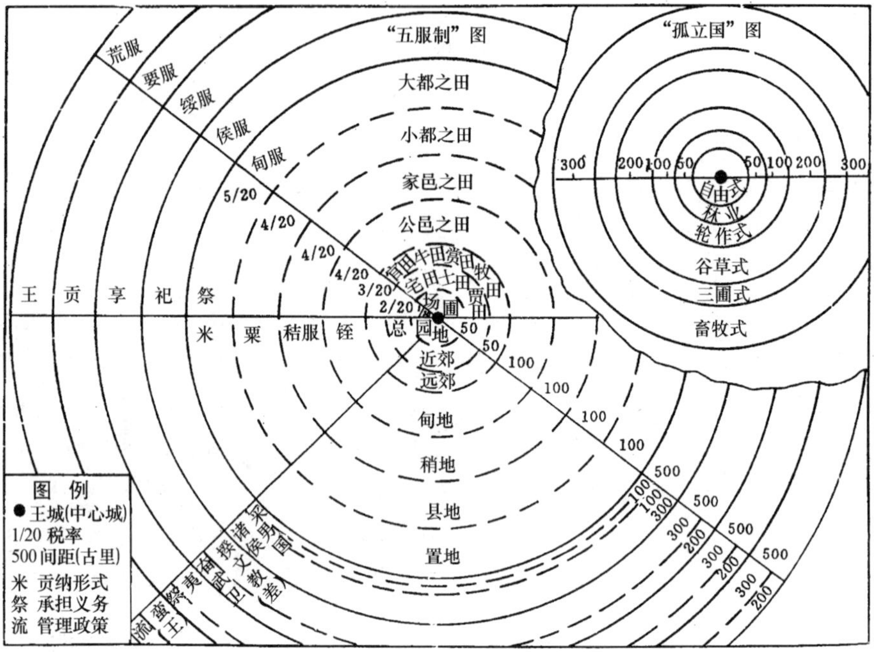

图 13 - 1 《禹贡》"五服"示意图

　　1826 年，德国农业地理学家杜能（Johann Heinrich von Thünen, 1783—1850）在所著《孤立国》一书中提出了一种理想的生产布局模式——"农业区位论"。这一模式首先假定有这样一块与外界没有联系的平原，平原各处一样适于农耕，在平原中央坐落有一巨大城市，离城市越远，运费越大，土地利用的最大效益就越低，这样，这块平原上的农业布局就可根据距离中心城市的远近来决定，由近及远依次为自由式农业、林业、轮作式农业、谷草式农业、三圃式农业和畜牧业。

　　通过对比不难看出《禹贡》"五服"与之有相似之处：

首先，五服制也是孤立的，"五服"之外为"四海"，与外界没有任何联系。

其次，五服制的中心位置有一巨大城市——都城。

再次，五服制也是根据距离中心城市的远近来划分同心圆区域的。这里应该说明的是，因为我国古代有"天道圆而地道方"的哲学观念，有人便误认为远古时期有"天圆地方"的宇宙观念，而把五服图绘成了一个方方正正的正方形，这是不对的。正是在春秋时期，有人问曾子说："天圆而地方，诚有之乎？"曾子回答说，"如诚天圆而地方，则是四角之不揜也"①。也就是说，如果天真是圆的，地真是方的，那么，地的四个角又往哪个地方放呢？《吕氏春秋》解释说："天圆谓精气圆通，周复无杂，故曰圆；地方谓万物殊形，皆有分积不能相为，故曰方"。

最后，五服制对各同心圆区域也作了不同的生产布局，尤其是王畿重地、紧邻都城的"甸服"，其农业生产布局与"农业区位论"有很大相似之处。《禹贡》云："五百里甸服：百里赋纳总，二百里纳铚，三百里纳秸服，四百里（纳）粟，五百里（纳）米"。其大意是，距城100里之内的地方向居住在都城的天子贡纳禾的总体，100—200里的地方贡纳谷穗，200—300里的地方纳谷，300—400里的地方纳粗米，400—500里的地方纳精米②。这些规定虽然不是直接的农业布局，但显然已经考虑到了运输成本问题。若参照《周礼·地官·载师》所述甸服，则更能说明这点，其云："以廛里任国中之地，以场圃任园地，以宅田、士田、贾田任近郊之地，以官田、牛田、赏田、牧田任远郊之地，以公邑之田任甸地，以家邑之田任稍地，以小都之田任县地，以大都之田任疆地"。"廛里"即市区，由于蔬菜瓜果不利于长距离运输，但又是日常生活所必需。所以理想的农业布局是在市区周围划出一圈"园地"作为"场圃"，以种植瓜果蔬菜，这与"农业区位论"的第一圈自由式农业十分相似，同时"近郊"又是城市进一步发展的地方，所以要预留一些宅基地，还要为在市区为官、经商的人预留土地；至于距城50—100里的"远郊"地区，周人认为这里应该安排畜牧业，因而将"牛田"、"牧田"布局在这里。"任土作贡"为古代国家大事，《禹贡》"甸服"所述为"作贡"之法，《载师》"甸服"所述为"任土"之法，两者有十分密切

---

① 《大戴礼记·曾子天圆第五十八》。
② 周秉钧：《尚书易解》，岳麓书社1984年版，第77页。

的联系，都与农业生产布局有关（见图 13 - 1）。

　　综上所述，《禹贡》"五服"的圈层结构可以说有了"农业区位论"的萌芽。就整个五服的范围来看，它主要是一个理想化的政治模式，但仅就甸服而言，它又是一个理想化的农业生产布局模式。

第十四篇

汉魏京都赋的自然地理学价值

汉魏京都赋描述的地理范围掩有我国黄河中下游及其以南的广大地区，具有重要的地理学价值。在地形地貌方面，以山川定区域，使用了山、岭、冈、阜、川、谷、高陵、丘陵、平原、原隰、河曲、洲渚、岛屿等地形名称，真实描写了各区域的地貌特征，并且高度概括了云贵高原的岩溶地貌特征，"伏流"一词，至今使用；"浮石若桴"，乃是对南海岛屿漂移现象的描述。在物候气候方面，记述了当时关中和南阳盆地气候较现今寒冷的事实，而且观察到关中平原候鸟的南迁较成都平原要晚的事实；对于气温的高度差异和纬度差异也有所描述。在动物方面，分鸟、兽、鱼、介等记述了近30种哺乳类，近40种鸟类，近10种爬行类和两栖类，近30种鱼类，并且将动物分为陆地和水域两大系统，将陆地动物分为树栖类和地栖类，将水域动物分为水鸟类和水族类，指出长江上游陆地动物占优势，长江下游水域动物占优势。在植物方面，分木、草、竹、果、蔬等记述了近50种植物，对植物群落的外貌特征、垂直差异做了描述。

（本文发表于《中国科技史料》1992年第3期）

　　都城是一个国家的政治、经济和文化中心。我国历史悠久，都城众多，而且建都时，总要考虑到地理环境因素，"上图景宿，辨于天文；下料物土，析于地理"[①]。汉魏时期，赋体文学盛行，出现了许多以都城为描写对象的京都赋。作为一种文学形式，赋的价值主要在文学史方面，但京都赋是一种特殊的赋，它们不仅要叙述与都城有关的人物和史事，而且要描写都城周围的地理环境，因此，它们在地理学史方面也具有不可忽视的价值。

　　汉魏之际，我国由大一统走向分裂，其间有过六处都城，这些都城的京都赋[②]所描述的地理区域虽各自不同，但互相补充，掩有今陇山、岷山以东，陕北、燕山以南的中国领土，因此，对它们的地理学价值进行综合考察不无理论意义。

表 14 – 1　　　　　　　　　　　　汉魏都城及其京都赋

都城名称	长安 (今西安)	洛阳 (今洛阳)	邺 (今安阳)	南阳 (今南阳)	成都 (今成都)	建业 (今南京)
都城位置	黄河中游	黄河中游	黄河下游	黄河、淮河、长江水系交汇处	长江上游	长江下游
建都时间	西汉	东汉	三国魏	东汉初	三国蜀	三国吴
赋名	《西都赋》 《西京赋》	《东都赋》 《东京赋》	《魏都赋》	《南都赋》	《蜀都赋》	《吴都赋》
赋者	班固（32—92） 张衡（78—139）	班固 张衡	左思 （西晋时人）	张衡	左思	左思
主要描写地域	关中平原及周边山地	伊洛平原	华北平原	南襄盆地	四川盆地云贵高原	长江中下游及以南地区

　　由于写作背景和风格的不同，汉魏京都赋的地理学价值是不一样的。张衡的《南都赋》所述范围既小，又是当地人述当地事，最为可信，张衡是东汉南阳郡西鄂县人，即今南阳市北石桥镇人。其次是左思的《三都赋》，自称是"其山川城邑则稽之地图，其鸟兽草木则验之方志"。再次是班固的《两都赋》和张衡的《二京赋》，左思指责他们所述果木"生非其壤"，所记

---

　　①　（梁）昭明太子萧统《文选》卷5左思《吴都赋》，上海古籍出版社1986年版，第201页。

　　②　各赋都载南朝梁昭明太子萧统所编《文选》，其中班固《两都赋》见卷1，张衡《两京赋》见卷2—3，张衡《南都赋》、左思《蜀都赋》见卷4，左思《吴都赋》见卷5，左思《魏都赋》见卷6。

神物"出非其所"①。虽然汉魏京都赋的地理学价值各有侧重，但从整体看，它们所涉及的地理学领域较为广泛，不仅有自然地理方面的内容，而且有城市地理、经济地理、民俗地理等方面的内容，本文仅就其自然地理学价值做一粗浅探讨，望方家有以教之。

一　地形地貌

正如港口必须依赖腹地生存，都城也有它赖以存在的地理区域。汉魏京都赋大都以山川等地形来界定都域的地理区域。如：

《西京赋》云：长安"左有崤函重险"（东界崤山函谷关），"右有陇坻之隘"（西界陇山山脉），"前则终南太一，隆崛崔崒"（南界秦岭山脉），"后则高陵平原，据渭踞泾"（北界黄土高原）。

《蜀都赋》云：成都"于前则跨蹑犍牂，枕辐交趾"（南界云贵高原），"于后则却背华容，北指昆仑，缘以剑阁，阻以石门……"（北界汉中盆地），"于东则左绵巴中"（东界大巴山脉），"于西则右挟岷山"（西界岷山山脉）。

《南都赋》云：南阳"尔其地势，则武阙关其西，桐柏揭其东，流沧浪（即汉水）而为隍，廓方城（即伏牛山）而为墉"。

以上事例表明，汉魏京都赋在描述都城的地理环境时，区域观念较浓，《吴都赋》中就有"玮其区域，美其林薮"之语。

地形是最直观的自然地理要素，汉魏京都赋在描述其都城区域的地理特征时，使用了许多地形名称，如山、岭、冈、阜、川、谷、高陵、丘陵、平原、原隰、河曲、洲渚、岛屿等，个别的还对某类地形的差别做了细致的描述，如《南都赋》描述南阳盆地的山峰时说，"或崾嶙而缅连"（有的连绵不断），"或豁尔而中绝"（有的孤山突兀），"上平衍而旷荡，下蒙笼而崎岖"（有的山顶平坦山下崎岖）。

更为重要的是，汉魏京都赋从大处着眼，比较真实地描写出了各自区域的宏观地貌特征。如《西都赋》描写关中平原时说："封畿之内，厥土千里"，是一望无际的平原。描写秦岭山地时说："崇山隐天，幽林穹谷"，是一派深山密林的景象。描写黄土高原时说："沟塍刻镂，原隰龙鳞"，是

---

① 见《三都赋》序。

一个沟塬相间，地形破碎的区域。短短几笔，将关中地区北、中、南的地貌差异勾勒得一清二楚。又如《蜀都赋》描述成都平原时说："原隰坟衍，通望弥博"，平原景象跃然眼前；描述云贵高原则说，"山谷相属，含溪怀谷，岗峦纠纷，触石吐云"，"龙池（高原湖）滮瀑（大瀑布）溃其隈，漏江（盲谷）伏流溃其阿"，是一派岩溶地貌景观。这些描述可能是我国对云贵高原岩溶地貌特征做宏观概括的最早记载，其中"伏流"一词作为科学名词，至今尚在使用。吴国的版图包括今长江中下游和珠江中下游地区，区域内河湖众多，海岸绵长，《吴都赋》说它"地势坱圠（高下不平），"百川派别，归海而会"，"岛屿绵邈，洲渚冯隆"，寥寥数语，不仅写出了我国东南地区丘陵广布、水系密集、众流归海的宏观地貌特征，而且对我国东南地区发达的河流地貌和海岸地貌作了高度概括。《吴都赋》对大海的描述也很逼真，它写道："潮播汩起，回复万里……莫测其深，莫究其广，澶湉漠而无涯，总有流而为长"。更值得注意的是，它还提到南海之中"浮石若桴（船）"，笔者认为，这可能是对岛屿漂移现象的记载。

不但如此，汉魏京都赋还对不同区域的地貌特征进行了比较。如《东都赋》说西安"僻界西戎，险阻四塞"，而洛阳则"处乎土中，平夷洞达"。在《三都赋》中蜀人夸蜀国多山，吴人则夸吴国多水，并讥笑蜀人"习其碛砾而不窥玉渊"[1]，只知道有山不知道有海；魏人则吹嘘魏国多平原，"原隰畇畇，坟衍斥斥"；并说蜀国"山阜猥积而崎岖"，"林薮石留而荒秽"，是个层峦叠嶂和多森林的区域；说吴国"泉流迸集而映咽"，"隒壤瀸漏而沮洳"，是个河网密布和多沮洳地的地方；还说"由重山之束厄"立都的蜀国和"因长川之裾势"立都的吴国都免不了要覆亡，只有居于广袤平原之上的魏国才能长治久安。虽然这种观点带有明显的地理环境决定论色彩，但用"重山"和"长川"来概括我国第二级阶梯的蜀国和第三级阶梯的吴国的宏观地貌特征，应该说是比较恰当的。《三都赋》都是左思所撰，从上述分析看，他对中国的宏观地貌特征是把握得比较准确的。

---

[1] 见左思《吴都赋》。

二　物候气候

汉魏京都赋中直接描述气候的资料不多，但是它们所描述的物候情况间接地说明了当时的气候。

据研究，东汉魏晋南北朝时期，我国的气候比较寒冷，当时年平均温度较现在低1℃—2℃①。这在汉魏京都赋中也有所反映。《西京赋》谈到当时关中地区的气候是"孟冬（农历十月）作阴，寒风肃杀，雨雪飘飘，冰霜惨烈，百卉具（俱）零"，今淳化县西境的九嵕、甘泉山一带，纬度不到北纬35°，但"涸阴沍寒，日北至（夏至）而含冻"，这些气候现象在今西安地区是见不到的，说明当时关中的气候较今为冷。不但关中如此，华北平原亦然，曹魏在邺城修建了冰井台，《魏都赋》云"下冰室而沍冥"，据晋代张载所注可知，冰井台有贮冰室145间。邺城位置较北（北纬36°多），虽然得冰较易，但冰室之多，至少说明当时华北平原寒冷冬季较长。此外，《南都赋》也谈到南阳盆地边缘的山区在东汉时也是"夏含霜雪"，而且"冬稌（稻）夏穑（麦）"。水稻要到冬天才能收获，也说明当时南阳盆地的气候较今为冷。竺可桢先生因为《南都赋》中有"穰橙邓橘"之语得出"河南省南部橘和柑尚十分普遍"和"东汉冷期不长"的结论②。笔者认为此结论尚可商榷，因为今日南阳盆地仍是我国柑橘种植的最北地区，甚至历史上气候最冷的明代这里还有橙的种植③。这是由于熊耳山和伏牛山阻挡了北方冷空气，而湿热空气可循汉水走廊推进的缘故，因此南阳盆地有柑橘种植不能作为气候转暖的证据。

汉魏京都赋还谈到候鸟回归的时间，《西京赋》云"上春候来，季秋就温，南翔衡阳，北栖雁门"；《蜀都赋》则说"木落南翔，冰泮北徂"，说明关中平原的候鸟在农历九月份就开始飞往南方，而成都平原的候鸟则要到树叶飘零的初冬才南飞，较关中稍晚。

气温的高度差异和纬度差异在汉魏京都赋中也有所反映。《西京赋》说甘泉山区"日北至而含冻"，《南都赋》说南阳盆地山区"夏含霜雪"，都表

---

① 竺可桢：《中国近五千年来气候变迁的初步研究》，载《考古学报》1972年第1期；刘昭民：《中国历史上气候之变迁》，台湾商务印书馆1980年版。

② 竺可桢：《中国近五千年来气候变迁的初步研究》，载《竺可桢文集》，第481页。

③ 《明一统志》卷30《南阳府土产》。

明气温随海拔的升高而降低。比较有价值的气候纬度差异记载保留在《魏都赋》中。魏国的版图主要在黄河中下游地区，这里属于暖温带，气候温和，故云"测之寒暑，则霜露所均"；吴、蜀两国则居于秦岭淮河以南，属于亚热带和热带地区，气候炎热潮湿，瘴病流行，故云"宅土燠暑，封疆障疠"，而且山多云多，天气常阴，故又云"穷岫泄云，日月恒翳"。美国地理学家E. 亨廷顿（Ellsworth Hungtington，1876—1947）在《文明与气候》一书中指出，湿热的气候对人体有害。其实，早在两千年前的西汉时期，我国古代人们便有了这样的看法，如《淮南子·坠形训》说"暑气多夭，寒气多寿"，《史记·货殖列传》说"江南卑湿，丈夫早夭"。这点在《魏都赋》里也有清楚的记载，它说吴蜀两国"宅土燠暑，封疆障疠。蔡莽螫刺，昆虫毒噬。汉罪流御，秦余徙帮。宵貌蔫陋，禀质遄脆。巷无杼首，里罕耆耈"。也就是说，吴蜀两国由于气候炎热，毒草毒虫甚多，瘴病流行，自秦汉以来即是流放犯人的地方，而居住其间的人们，由于受其影响，致使容貌丑陋，身心脆弱，夭折短寿。这里不仅指出湿热气候对人体有害，而且进一步指出气候对人体的影响不是直接的，而是通过环境和地方性疾病间接地造成的。

三　动物植物

"植物斯生，动物斯止"都是汉魏京都赋描述的内容，因此，它们所记述的动植物种类甚多。从整体看，这些记述无疑是研究历史时期地理环境变迁的有价值的材料，特别是其中的动物记述，对野生珍稀动物的变迁史研究尤具有现实的意义。

1. 动物资料

汉魏京都赋中的动物记述涉及鸟、兽、鱼、介等，名称繁多，且大都根据其生活环境分为陆地和水域两大系统，其中陆地类又以兽、鸟别之，水域类又以鱼介、水鸟别之。如《西京赋》谈到上林苑的动物时说"众鸟翩翻，群兽驱骇"，《西都赋》谈到狩猎时说"鸟惊触丝，兽骇值锋"，谈到水域环境的动物则说"鸟群翔，鱼窥渊"。其他京都赋也有类此记述，此不多赘，综计它们所记述的动物中，有哺乳类近30种，鸟类近40种，爬行、两栖类近10种，鱼类近30种。

（1）哺乳类。《西都赋》描述上林苑内狩猎时的情景说："猱（长臂猿）

狖（金丝猴）失木，豺狼慑窜……穷虎奔突，狂兕（独角犀）触蹶……挟师（狮）豹，拖熊（黑熊）螭（神话中的猛兽），曳犀（双角犀）犕（牦牛），顿象（亚洲象）罴（棕熊）"。《西京赋》也说："鼻赤象（怒象），圈巨狿（巨鹿），擒狒（狒狒）猬（刺猬），批窳猰……赴洞穴，探封狐（火狐）；陵重巘，猎昆驕（野马）；杪木末，获猕猴（白猿）；超殊榛，捆飞鼺（鼺鼠）"。

《南都赋》谈到南阳盆地的森林动物时说："虎豹黄熊游其下……腾猨（长臂猿）飞蠝（鼺鼠）栖其间"。

《蜀都赋》描述云贵高原的动物时说："犀象竞驰……猩猩夜啼"；描述汉中盆地的动物时说，"熊、罴咆其阳……猨狖腾希而竞捷，虎豹长啸而永吟"；描述成都平原以外的四川盆地狩猎时说，"屠麈（赤麂）麋（麋鹿），翦旄（牦牛）麈（水鹿）……戟食铁之兽（即大熊猫），射噬毒之鹿……拨象齿，戾犀角"。

《吴都赋》描述我国东南地区的森林动物时说，"其上则猨父哀吟，㺒子（猿类）长啸：狖鼯猓然（金丝猴），腾趠飞超，争接悬垂，竞游远枝……其下则有枭羊麝狼，猰貐貙象，乌菟（虎）之族，犀兕之党"。描述在具区（今太湖）至沅、湘流域狩猎时的情景说，"虦貙（白虎）甝（黑虎），系縻鋚六驳①，追飞生（鼺鼠）……俯蹴犴獏（大熊猫）；劫剞熊罴之室，剿掠虎豹之落；猩猩啼而就禽，嵩嵩笑而被格"。

（2）鸟类。《西都赋》谈到昆明池的水鸟有"玄鹤（黑鹤）白鹭；黄鹄（天鹅）鸧（鸧鸹）鹤；鸹鸹（麋鸹）鴇（地鸹）鶂（鹢）；凫（野鸭）鹥（鸥）鸿（豆雁）雁（鸿雁）……招白鹇，下双鹄（天鹅）"。《西京赋》亦云昆明池"鸟则鹔鹴②鸹（鸹鸹）鴇，鴽鹅（野鹅）鸿鹍（鹍鸡）"。

《南都赋》谈到南阳盆地的水鸟有"鸳鸯鹄鹥；鸿鴇鴽鹅；鹘（野鸭）鶂鹍（鹍鹍）鹅（鹢）；鹔鹴鹍（鹍鸡）鸬（鸬鹚）"。

《蜀都赋》谈到成都平原的水鸟"则有鸿俦鹄侣，鸶鹭（白鹭）鹈鹕（伽蓝鸟），晨凫旦至，候雁衔芦"；滇池至江州（今重庆）间的水域有翡翠和鹄，云贵高原则有"孔（孔雀）翠（翡翠）群翔……白雉朝雏"；汉中盆

---

① 《尔雅·释兽》曰：如马，倨牙，食虎豹。《山海经》曰：如马，白身黑尾，一角，锯牙，虎爪，音如鼓，能食虎。

② （汉）高诱《淮南子注》：长胫绿色，其形似雁。

地则有雕和鹗。

《吴都赋》也记述了不少水鸟，它说，"鸟则鹍鸡、鹔鸹，鹳（鹈鹳）鹄鹭鸿。鹥鸥避风，候雁造江。鸂鶒（紫鸳鸯）鶨鶄（似鸭似鹜而鸡足），鶾（鸂鶄）鹤鹙鸧，鹳鸥鹝鸲，泛滥乎其上。"它还记述了不少森林中的鸟类，如竹林中"鹥鹥（此为凤的别称，非水鸟）食其实，鹓鶵①扰其间"。衡山以南的森林中则"鹧鸪南翥而中留，孔雀綷羽以群翔，山鸡归飞而来栖，翡翠列巢以重行"。在太湖至沅湘流域狩猎时"弹鸢鶀（羌鶀，黄头赤目）……白雉落，黑鹇零……仰攀鹤鹒（锦鸡）"。

《东京赋》也提到了华北平原的几种鸟，"鸂鶒（匹鸟，即鸳鸯）秋栖，鹘鸼（斑鸠）春鸣；䴙鸠（鱼鹰）丽黄（黄鹂），关关嘤嘤"。

（3）爬行、两栖类。汉魏京都赋记述的爬行类和两栖类动物不多，爬行类主要有龟鳖目的鼋（绿团鱼）、鳖（甲鱼）、龟（乌龟）、鼍（海龟）、鳌（巨龟）等；鳄目的鼍（扬子鳄）、鳄（马来鳄）等。蛇亚目的文蛇（带花纹的毒蛇）、巴蛇（巨蟒）、鸣蛇（可以鸣叫的水蛇）、跃龙腾蛇（水蛇）等。两栖类则主要有蛙（蛤蟆）、黾（青蛙）、鲵（娃娃鱼）等。由于汉魏京都赋对这些动物的记述比较零碎，这里就不一一列举了。

（4）鱼类。汉魏京都赋中记述的鱼类甚多，淡水鱼和咸水鱼都有所描述。

《西京赋》指出昆明池中"则有鼋鼍巨鳖，鱣（鲟鳇鱼）鲤鰅（鲢鱼）、鲖（鳢鱼）；鮪（白鲟）鲵、鲿、鲨（鲨鮀鱼）"。描述狩猎时又说，"钓鲂（三角鲂）鳢（乌鳢）；鲋鳜（鲶鱼）鲖。"

《南都赋》也谈到南阳盆地的水族，它说，"其水虫则有黾龟鸣蛇，潜龙伏螭。鳣鳢（中华鲟）鰋（鲶鱼）鲉；鼋鼍鲛（鲨鱼）鳣"。

《蜀都赋》描述成都平原的水族"则有白鼋命鳖，玄獭上祭。鳣鮪鳟（赤眼鳟）鲂，鳀（鳀鱼，亦称黑背鳁）鳢鲨鲭"；描述江州（今重庆）泛舟时，又说，"钓描述鳜鲉……感鳡鱼"。

吴国多水，水族也多。《吴都赋》描述海中的水族说："长鲸吞航，修鲵（雌鲸）吐浪。跃龙腾蛇，鲛鲻、琵琶（形如琵琶而无鳞）。王鲔（鲔鱼，我国东海和南海有之，广东俗称'白卜'）、鲦鲐（河豚），鲋（鲋头鱼）龟、鳝鲭，乌贼、拥剑（蟹），勾鼋、鲭（即鲐）鳄，涵泳乎其中"。

---

① 《周本纪》曰：凤类也，非梧桐不栖，非竹实不食。

描述在彭蠡（今鄱阳湖）三江（泛指吴国境内河流）捕鱼时说，"筌䲘鲔（鲟鱼），鲤（捕鱼器）鳝、鲨，罩两鲆（比目鱼），翼鳊鰕（巨虾）。乘鲎①鼋鼍，同罛共罗。沉虎（虎头鱼）潜鹿（鹿头鱼），罳䍌俚束"。

以上所引虽然还不是全部，但从中可以看出，汉魏京都赋的动物资料是比较丰富的，它们不仅记述了100余种动物名称，而且对所述动物进行了比较科学的分类，如《南都赋》说："虎豹黄熊游其下，㲉玃猱戏其巅，鸾鹭鹓鹐翔其上，腾猿飞蜼栖其间"，《吴都赋》说，"其上则有猨父哀吟，猓子长啸……其下则有……乌菟之族，犀兕之党"，这是将陆地动物分为树栖类和地栖类。又如《南都赋》说："其鸟则有鸳鸯鹄鹭……其水虫则有瓔龟鸣蛇"。《蜀都赋》说："其中则有鸿俦鹄侣……其深则有白鼋命鳖"，这是将水域动物分为水鸟类和水族类。由此可见，在近两千年前的汉魏时期，即已流行有根据栖息环境划分的动物分类。

不但如此，汉魏京都赋还对某些动物的生活习性做了逼真的描写，如狐是穴居动物，故《西京赋》云"赴洞穴，探封狐"；灵长目的猿猴类是树栖动物，故有猨狄失木"，"杪木末，获猕猴"，"狄䯝猱然，腾趠飞超，争接悬垂，竞游远枝"等说法；鲸是最大的海洋动物，故《吴都赋》用"长鲸吞航，修鲵吐浪"来形容。

还有，汉魏京都赋从宏观上揭示了各区域的动物群落特征。比如洛阳和邺城处于华北大平原之上，是中国最早开发的地区之一，汉魏之际，野生动物几乎灭绝，所以《东都赋》、《东京赋》和《魏都赋》除提到几种常见的鸟外，几乎没有野生兽类的描述，而当时广大的南方地区还处于地广人稀的半原始状态；山地丘陵众多，森林茂密，繁殖着大量的野生动物，所以《南都赋》、《蜀都赋》和《吴都赋》都记述了不少的野生动物；关中地区开发虽也甚早，但汉代山地森林破坏甚少②，且有大型的国家园林，故《西都赋》、《西京赋》记载的动物也不少。不但如此，《魏都赋》还指出："庸蜀与鸲鹊同窠，句吴与蛙黾同穴。一自以为禽鸟，一自以为鱼鳖"，从宏观上说明了位居西长江流域的蜀国由于多山，以陆地类动物占优势，位居东长江流域的吴国由于多水，以水域类动物占优势。

---

① 刘渊林注：形如惠文冠，青黑色，十二足，似蟹，足悉在腹下，雌常负雄行，渔者取之必得其双。

② 史念海：《历史时期黄河中游的森林》，载《河山集二集》，三联书店1981年版，第251页。

然而，更值得我们重视的是，汉魏京都赋所记述的动物中在今天有些已经灭绝，有些分布范围大大缩小，因此，这些记述对我们研究历史动物的变迁具有十分重要的意义。限于篇幅，不能一一介绍，这里仅列几种珍稀动物（见表14-2），并略加说明。

表14-2　　　　　　　　　汉魏京都赋记载的几种珍稀动物

古名	今名	生活环境	今国内分布	文献	说明
食铁之兽、貊、貘	大熊猫 Ailu-ropoda melano-leucus	2 000—4 000米高山有竹丛的树林中	川西、川北、甘南、藏东、陕西南。中国特产，一类保护	《蜀都赋》："载食铁之兽"；《吴都赋》："俯蹴豻貘"	当时大熊猫分布范围比现在广，沅湘流域也有分布。直到清末以前，湘西北山区仍有分布
猱然、狖	金丝猴 Rhi-nopithecus	2 000—2 500米高山密林中	滇川西部、西藏东部、甘陕南部、湖北西部。中国特产，一类保护	《西都赋》："猨狖失木"；《蜀都赋》"猨狖腾希"；《吴都赋》："狖鼯猱然"；《西京赋》："猨狖超而高援"	当时秦岭北坡和长江中下游地区也有金丝猴分布，远较今天分布广
麋	麋鹿 Elaphur-us Davidanus	森林草原	曾经灭绝。中国特产	《西京赋》："效获麇麋"；《蜀都赋》："屠麇麋"；《吴都赋》："系麋麖"	当时长江流域有麋鹿分布
鼍	扬子鳄 Alli-gator Sinsnsis	淡水河湖	皖、浙、苏三省交界区。中国特产，一类保护	《南都赋》："鼋鼍"；《吴都赋》："乘鼋鼍"；《西京赋》："鼋鼍巨鳖"	据研究，历史时期扬子鳄的分布范围西到湖北江陵，东到太湖流域，北到淮河流域，南到钱塘江下游①。如果《南都赋》、《西京赋》的记载可信，则分布范围还要包括汉水、渭河流域
鳣、鳝鲔	中华鲟 Aci-penser Sinensis 白鲟 Psephur-us gladius	大江、大湖和近海	长江、洞庭湖一带。中国特产，一类保护	《西京赋》："鳣鲤鲔鲵"；《南都赋》："鳝鳣鲲鳣"；《蜀都赋》："鳣鲔鳟鲂"，"感鳣鱼"	如果《西京赋》、《南都赋》的记载可信，则当时中华鲟和白鲟的分布范围还应包括渭河、汉水流域

---

① 文焕然、黄祝坚、何业恒：《试论扬子鳄的地理变迁》，载《湘潭大学学报》（自然版）1981年第1期。

续表

古名	今名	生活环境	今国内分布	文献	说明
罴、黄熊	棕熊 Ursus arctos	森林地区	东北、西北、西南诸地区	《西京赋》："顿象罴";《南都赋》："虎豹黄熊游其下";《蜀都赋》："熊罴咆其阳";《吴都赋》："熊罴之室"	当时我国东南和南阳地区也有棕熊分布
象 犀兕	亚洲象 Elephas maximus 犀牛 Rhinoceros	热带森林、稀树草原等河谷热带亚热带潮湿密林区	基本灭绝 灭绝	《西都赋》："狂兕触蹶""曳犀牦""顿象罴";《西京赋》："鼻赤象";《蜀都赋》："犀象竞驰";《吴都赋》："猣貐貔象,犀兕之党"	《西都赋》和《西京赋》所载上林苑中的象、犀是圈养的,非野生。当时野象野犀已分布于黄河流域和南阳盆地以南的地区
猨	长臂猿 Hylobates concolor	热带、亚热带森林区	滇、粤等省热带林。一类保护	《西都赋》："猨狖失木";《南都赋》："腾猨";《吴都赋》："猨父哀吟";《蜀都赋》："猨狖腾希"	当时黄淮平原以南的广大地区都有长臂猿分布
猩猩	猩猩 Pongo pygmaeus	热带、亚热带森林区	灭绝	《蜀都赋》："猩猩夜啼";《吴都赋》："猩猩啼而就禽"	当时长江以南地区有猩猩分布
飞鼺 飞蜼 飞生	鼺鼠 Petourista petaurista	森林地带	长江以南	《西京赋》："捈飞鼺";《南都赋》："腾猨飞蜼栖其间";《吴都赋》："追飞生"	当时长江以北的关中地区和南阳盆地也有鼺鼠分布
孔雀	绿孔雀 Pavo muticus	草地灌丛、农田	云南省南部。二类保护	《蜀都赋》："孔翠群翔";《吴都赋》："孔雀翠羽以群翔"	当时长江流域都有孔雀分布

2. 植物资料

汉魏京都赋分木、草、竹、果、蔬等记述了近 50 种木本和草本植物。如：

《西京赋》云："上林禁苑,跨谷弥阜……木则枞栝(桧)棕楠;梓械棔枫;嘉卉灌丛,蔚若邓林……草则蔵莎菅蒯;薇蕨荔芜,王刍(绿蓐)菡台;戎葵(蜀葵)怀羊;苯䔿蓬茸,弥阜被冈;筱簜敷衍,编町成篁。"

《南都赋》云："其木则柽松楔(樱桃)樱(水松),樠(山荆)柏杻(万年木)橿;枫柙栌枥(栎),帝女之桑(蒙桑);楈枒(椰子)栟榈(棕榈);柍(梅)柘檍(万年木)檀……其竹则篝笼箻簾,筱簳箛箠……

其草则蘸苎蒮莞；蒋蒲兼葭，藻茆菱芡；芙蓉含华。……若其园圃，则有蓼蕺蘘荷，薯蔗姜蕃，菥蓂芋瓜。乃有樱梅山柿，侯桃（山桃）梨栗，楛枣若榴（石榴），穰橙邓橘。其香草则有薜荔蕙若，薇芜荪苌。"

《蜀都赋》云："（于前则）邛竹缘岭，菌桂临崖，旁挺龙目（龙眼），侧生荔枝……（于后则）木兰梫桂，杞欑椅桐，棕枒楔枞，梗楠幽蔼于谷底，松柏翁郁于山峰……（于东则）巴菽巴戟，灵寿桃枝……其园则有林檎枇杷，橙柿樗樿（山梨）；椒桃（山桃）函列，梅李罗生……朱樱春熟，素奈夏成；……紫梨津润，糏栗罅发；蒲陶（葡萄）乱溃，若榴竞裂……其园则有蒟蒻茱萸，瓜畴芋区，甘蔗辛姜……（水草）则有攒蒋丛蒲，绿菱红莲，杂以蕴藻，糅以苹蘩。"

《吴都赋》云："草则藿蒳豆蔻，姜汇非一，江蓠之属，海苔之类；纶、组、紫、绛、食葛、香茅；石帆、水松、东风、扶留……木则枫柙、豫樟；栟榈、枸根；绵杬、杶栌；文穰、桢橿；平仲、桾梿；松梓、古度；楠榴之木，相思之树……其竹则筼筜箖箊，桂箭射筒……其果则丹桔余甘，荔枝之林，槟榔无柯，椰叶无荫，龙眼、橄榄，榠榴御霜。"

从以上所引来看，汉魏京都赋所记述的植物大多是所述区域的优势种和指示植物，如荔枝（Litchi chinensis）、槟榔（Areca catechu）、橄榄（Canarium album）、椰子（Corns nucifera）、龙眼（Euphoria longon）是热带植物，所以仅见于《蜀都赋》和《吴都赋》；橙（Citrus sinensis）、橘（Citrus erythrosa）、棕榈（Trachycarpus fortunei）、甘蔗（Saccharum spp.）是热带和亚热带植物，所以见于《南都赋》、《蜀都赋》和《吴都赋》，说明这些植物在当时都分布于秦岭淮河以南，与今日情形相仿佛。

不但如此，汉魏京都赋还对植物群落外貌特征的空间差异做了比较真实的描述。《蜀都赋》以成都平原为中心，从东西南北四个方面对植被景观作了描述，指出四川盆地南部及云贵高原的森林"迎隆冬而不凋"，为常绿林，所列树种邛竹（Gramineae）、菌桂（Osmanthus fragrans）、龙眼、荔枝都是常绿阔叶树；四川盆地北部及汉中盆地的植被虽仍为常绿阔叶林，但在成分上与云贵高原有较大差别，不仅含有少量落叶成分，如木兰（Magnolia liliflora）、桐（Firmiana simplex）等，而且含有少量针叶成分，如松（Pinus massoniana）、柏（Cupressus funebris）等；而四川盆地西部峡岷山一带，由于海拔较高，气候高寒，"埛野草昧，林麓黝儵；百药灌丛，寒卉冬馥"，植被为灌丛草原，森林仅分布于山麓地带。《西京赋》则指出秦岭以北的关中地区到了孟冬十月便是一幅"百卉俱零"的景象，说明这里的植被为落叶林。汉魏时期，伊洛平原和河北平原已没有多少自然森林，所以《东都赋》、《东京赋》和《魏都赋》几乎没有森林的描述；但广大南方地区则森林茂密，故《南都赋》云："布绿叶之萋萋，敷华蕊之蓑蓑；玄云合而重阴，谷风起而增哀，攒立丛骈，青冥旰瞑；杳蔼蓊郁于谷底，森薄薄而刺天"，给我们展示出一幅莽莽林海的景象；《吴都赋》则云："地势坱圠，卉木夭蔓；遭薮为圃，值林为苑"，说明吴国境内到处都有茂密森林，用不着人工建造圃苑，这点正与黄河中下游地区的长安、洛阳、邺等三座都城相反。显然，这样一些描述对当时植被的地域差异是把握得比较准确的。

对于植被的垂直差异，汉魏京都赋也有所注意，如《蜀都赋》说，"㮝（黄杞，Engelhardtia roxburghiana）楠（Phoebe nanmu）幽蔼于谷底，松柏蓊郁于山峰"，显然已经注意到了同一山体上针叶林分布高度比阔叶林高的垂直差异。《吴都赋》则从植物种属上注意到了山地森林的分布特点，它说："宗生高冈，族茂幽阜"，这里所说的"宗"和"族"，颇像是指优势种群。

四　其他

除以上所述之外，关于矿物和水文的记载也值得我们注意。在矿物方面，它们记述于当时普遍使用的多种金属和稀世珍宝，如《南都赋》云："其宝利珍怪，则金彩玉璞；随珠夜光，铜锡铅铁；赭（红土）垩（白垩）流黄（硫黄）；绿碧、紫英（紫石英）；青雘、丹粟（红色细沙）；太一余粮（石腴）；中黄（黄石脂）縠玉（双白玉）"。《吴都赋》云："其琛琲则琨瑶（美石）之阜，铜铁之垠，火齐（金云母）之宝，骇鸡（犀角，赋见其角而骇）之珍；赤丹（丹砂）明玑（珠），金华银朴；紫贝、流黄、缥碧、素玉"。《蜀都赋》云："（于前）其间则有虎珀、丹青，江珠、琅英，金沙银砾"，"（于西）其中则有青珠黄环，碧砮芒消"。在水文方面，它们不仅记述了众多的河流名称，而且对河流的水文特征也有所描述，如《蜀都赋》指出云贵高原多瀑布与伏流河，《吴都赋》谈到我国东南的河流"百川派别，归海而会，控清引浊"，并且对潮汐和洋流做了十分逼真的描写；《南都赋》则指出南阳盆地北部的潕水（今沙河）澧水（今澧河）"发源岸穴，潜溢洞出"，"箭驰风疾，流湍投溅"。

还应该指出的是，汉魏京都赋中的人文地理学资料也较丰富。京都赋以都城为描写对象，故于都城得失多所议论，其中"宅中而图大"的选址原则（见《魏都赋》）在这里得到了具体说明，研究古代城市地理学，这些议论是不可置之不顾的。不过，更为重要的是，汉魏京都赋记载了丰富的经济地理资料，涉及农业、手工业和交通诸方面，如在农业方面，它们记述了各区域众多的果木蔬菜和其他农作物，以及各区域的水利状况和农业熟制；在手工业方面，它们记述了各区域的主导手工业部门及著名的手工产品。由于这些不是本文的研究重点，这里不做详细引证，仅举数例以资说明。如《蜀都赋》说："黍稷油油，粳稻莫莫"，"家有盐泉之井，户有橘柚之园"。《吴都赋》说："煮海为盐，采山铸钱，国税再熟之稻，乡贡八蚕之绵。"《南都赋》说："冬稌夏穱，随时代熟。"《魏都赋》说："易阳（治今邯郸市东北）壮容（指男子），卫（治今清丰县）之稚质（指少女），邯郸孏步（指舞蹈），赵（治今高邑县西南）之鸣瑟（指乐伎）。真定（治今石家庄市北）之梨，故安（治今涞水县南）之栗。醇酎（指酒）中山（治今定县），流湎千日。淇洹（二水名，在今河南东北）之笋，信都（治今冀县）之枣，雍丘（治今杞县）之粱，清流（今安阳市西一带）之稻。锦绣襄邑（治今睢县），罗绮朝歌（治今淇县），绵纩房子（治今高邑县西南），缣总清河（治今临清县）。"像这样一些记载，无疑是我们研究汉魏时期经济地理不可多得的材料。

综上所述，汉魏京都赋无论是在自然地理方面，还是在人文地理方面都有相当高的史料价值。然而，今人论及汉魏时期的地理学，大都举以正史地理志、《水经注》和《洛阳伽蓝记》等文献来说明，而对当时的主体文学形式——赋的地理学价值却无人稍一道及。实际上，汉魏时期的各种赋类，如京都赋、郊祀赋、田猎赋、纪行赋、鸟兽赋等，都包含有较丰富的地理学资料，它们的综合体，是完全可以反映出当时人的地理知识和地理思想的，如果将它们置之不论，则不能不说是一种缺憾。当然，赋毕竟是一种文学形式，它们对于地理事物的描述往往停留于表面，而对其形成和发展很少进行探源，因此，其地理学价值也就不可避免地要受到限制；同时，这些描述也有个别不实或失之夸浮，所以我们在引用时必须进行去伪存真方可。

第十五篇

中国宋代以前矿泉的地理分布及其开发利用

　　中国宋代以前开发之重要矿泉全部分布在由海岸线与海南儋县——四川西昌——青海西宁——河北赤城连线围成的蛋壳状区域内，且相对集中于山地丘陵地区。北方地区矿泉的开发总体上要早于南方地区，区域矿泉开发之先后也反映了区域国土开发之先后。矿泉的开发利用主要表现在工农业生产、医疗保健、旅游与宗教诸方面。工业生产主要是利用优质矿泉水酿酒和制药，农业生产主要是利用温泉提高作物熟制和利用矿泉水培养优质牲畜品种，医疗保健主要是利用矿泉特别是温泉治病和疗养，旅游和宗教主要是依托矿泉开辟旅游景点和建设宗教设施。

（本文发表于《自然科学史研究》1996 年第 6 期）

矿泉是天然出露且矿化度高的特殊地下水资源，根据水温高低可分为冷泉（＜25℃）、温泉（25℃—37℃）、热泉（38℃—42℃）、高热泉（＞42℃）①。中国是世界上矿泉出露最多的国家之一，早在距今3 000—3 500年的殷商时代，甲骨文中就已有"泉"字出现②。至距今2 500—3 000年的《诗经》时代，人们不仅已经认识到矿泉是一种地下水，而且根据出露情况和温度差别对矿泉作了初步分类，矿泉已广泛用于饮用和灌溉③。至距今2 200—2 700年的春秋战国时期，人们又认识到了矿泉与人类疾病—健康的关系④。至距今1 800—2 200年的秦汉时期，人们对矿泉有了更进一步的认识：《尔雅·释水》将泉分为间隙泉、上升泉、裂隙泉、下降泉四种，已与现代泉水分类法之一基本相同；《说文解字》明确指出泉为地下水，且系河流径川的来源；矿泉的开发利用也有了进一步发展，温、热泉已较广泛地用于医疗和保健。至距今1 400—1 600年的北魏时期，地理学家郦道元《水经注》记载了全国1 252条大小河流的源流，其中许多河流源于泉水，仅所记载的温、热泉即有28处。至距今700—1 300年的唐宋时期，封建经济文化长足发展，山地丘陵渐次开发，矿泉也有了更广泛的利用，当时许多地理总志都对各地的矿泉分布与利用状况做了较详细的记载。本文即是根据有关历史文献对中国宋以前矿泉的地理分布及其开发利用所做的初步研究，旨在为今日矿泉资源的开发提供可资借鉴的历史依据。

一　中国宋以前已开发利用矿泉的地理分布

中国古代没有统一的矿泉标准，往往只有那些通过实践应用认为具有特殊作用的泉水才被记载，因此，大致可以认为中国古代文献所记载的泉水皆系矿泉。

---

① 方如康：《中国医学地理》，华东师范大学出版社1993年版，第24—25页。

② 中国科学院自然科学史研究所地学史组：《中国古代地理学史》，科学出版社1984年版，第124页。

③ 孙关龙：《〈诗经〉中的泉水资料》，载《中国科技史料》1989年第2期。

④ 龚胜生：《中国先秦两汉时期的医学地理学思想》，载《中国历史地理论丛》1995年第3期。

据记载①，中国宋以前已开发利用的重要矿泉134处（见表15－1），绝大部分是
温泉和汤泉（热泉），其地理分布具有以下特征（见图15－1）：

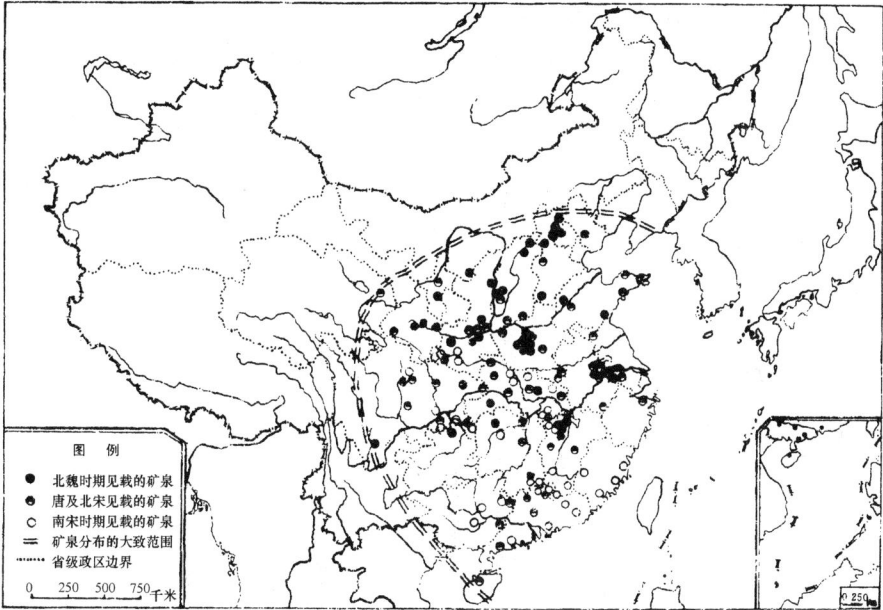

图15－1　中国宋以前已开发之重要矿泉分布图

1. 全部分布在经济较发达区域

图15－1显示，中国宋以前开发利用的矿泉全部分布在由海南儋县—四
川西昌—青海西宁—河北赤城连成的向东开口的抛物线内，抛物线与海岸线
构成一个蛋壳状区域。该区域包括今海河、黄河、淮河、长江、珠江五大流
域的主体，正是中国宋以前着力经营的地区；而西藏、滇西、台湾、长白
山、辽东半岛、川西高原、天山北麓、柴达木盆地、祁连山等矿泉客观出露

---

① （北魏）郦道元：《水经注》，巴蜀书社缩印三昧书屋光绪重刊本1985年版；（唐）李吉甫：《元和
郡县志》，中华书局1993年版；（北宋）乐史：《太平寰宇记》，光绪八年金陵书局本；（北宋）王存：《元
丰九域志》，中华书局1984年版；（南宋）王象之：《舆地纪胜》，台北文海出版有限公司；（南宋）祝穆、
祝洙：《宋本方舆胜览》，上海古籍出版社1991年版；（南宋）张敦颐：《六朝事迹类编》，上海古籍出版社
1955年版；（明）曹学佺《蜀中名胜记》，重庆出版社1984年版；（清）王谟：《汉唐地理书钞》（附麓山精
舍辑本六十六种），中华书局1961年版；（清）陈涛：《湖北旧闻录》，武汉出版社1986年版。

甚多的地区①，却由于当时尚未得到开发或开发程度不深，没有矿泉见于记载。

2. 主要集中在山地丘陵地带

在上述蛋壳状区域内，受矿泉出露客观条件的限制，中国宋以前开发之矿泉又主要集中在山地丘陵地区。如图15-1所示，相对集中的区域有：太行山区、燕山山区、山东半岛、伏牛山区、渭河谷地、吕梁山南部、中条山区、大洪山区、大别山区、汉水上游谷地、苏皖巢宁镇丘陵、湘鄂西山区、黔东北蜀东南山区、四川龙泉山区、湘粤赣南岭山区、鄂东南赣西北丘陵、大瑶山区、闽粤沿海丘陵、泰山周围等。

3. 南方地区的矿泉开发总体上晚于北方地区

图15-1显示，北魏时期见载的重要矿泉绝大多数分布在北方地区，36处矿泉中，北方地区28处，南方地区8处，南方地区尚不及北方地区的1/3；至于南宋时期，在见载的132处矿泉中，北方地区47处，南方地区87处，北方地区反只及南方地区的约1/2。这表明中国南方地区矿泉的开发相对晚于北方地区，从侧面反映了中国由北而南的区域开发大势。因此，从某种程度上说，区域矿泉群见载的早晚指示了区域国土开发的先后。如岭南地区南宋时期得到前所未有的开发，因而该时期有许多矿泉首次见于记载，而台湾、云南、贵州和广西大部地区当时尚处于未开发状态，尽管客观出露的矿泉甚多，却极少见于记载。

应该指出，表15-1的统计是不完全的，表中所列矿泉只是已开发利用矿泉总体中的随机样本。不过，根据这些样本所做的判断是完全可以代表总体分布特征的。

表15-1　　　　　　　　中国宋以前已开发之重要矿泉

地区	矿泉位置与名称	资料摘要	文献（卷：页）
安徽	和县沸井	历阳有沸井	《太平寰宇记》（124：4）《舆地纪胜》（48：4）
安徽	和县汤泉	（乌江）县东北九十九里	《舆地纪胜》（48：4）

① 方如康：《中国医学地理》，华东师范大学出版社1993年版，第28—29页。

续表

地区	矿泉位置与名称	资料摘要	文献（卷：页）
安徽	和县平疴汤	此汤能愈疾，故曰平疴，有碑存	《太平寰宇记》（124：5）
安徽	巢湖市汤泉	其泉涌出，四时常热，抱疾者饮浴此汤，无不效验	《太平寰宇记》（126：9）
安徽	巢湖市半汤	山下有泉，半冷半热	《太平寰宇记》（126：7）
安徽	歙县汤泉	泉口大于碗，出于石间，热可焐鸡	《太平寰宇记》（104：4）《舆地纪胜》（20：4）
北京	延庆县温汤（佛峪口水）	疗治万病，泉所发之麓，俗谓之土亭山。此水炎热，倍甚诸汤，下足便烂，人欲疗疾者，要须别引消息用之，耳不得言	《水经注》（13：260）
北京	笄头山温泉	《隋州郡图经》：蓟县笄头山有温泉，可治百病。《水经注》言笄头山在涿鹿西南	《汉唐地理书钞》（218）《太平寰宇记》（69：6）
福建	福州市汤泉	地多温泉，数十步必有一穴	《舆地纪胜》（128：5）
福建	漳州市汤泉		《舆地纪胜》（131：3）
福建	长汀县汤泉		《舆地纪胜》（132：3）
福建	莆田县汤泉	穴如井，泉出如汤	《舆地纪胜》（135：3）
甘肃	清水温谷水	温谷水（汤浴河）出小陇山	《水经注》（17：317）
甘肃	武山温谷水	右则温谷水（洛门温泉）	《水经注》（17：313）
甘肃	通渭温谷水	北则温谷水，导平襄县南山温溪	《水经注》（17：313）
甘肃	迭部县药水	人有患冷者，煎水服之，多愈	《元和郡县志》（39：999）
广东	连县温汤	平地涌出，四时常温，一边冷，一边热	《太平寰宇记》（117：18）《舆地纪胜》（92：3）
广东	清远县汤泉	气蒸如雾，可煮食物，患疮者洗之立效	《太平寰宇记》（157：11）《舆地纪胜》（89：7）
广东	曲江县汤泉	每至霜雪，其上蒸气高数丈，生物投之，俄而熟矣。泉有细赤鱼	《太平寰宇记》（159：3）

续表

地区	矿泉位置与名称	资料摘要	文献（卷：页）
广东	乐昌县温水	冬夏常温，疾者浴之，多愈	《舆地纪胜》（90：5）
广东	电白县热泉		《太平寰宇记》（161：8）
广东	龙川县汤泉	三井温、冷、热不同	《舆地纪胜》（91：3）
广东	南雄县温水	四时常温，有硫黄气	《舆地纪胜》（93：3）
广东	惠州市汤泉	东坡温泉，无鱼，可㸌兔狐	《舆地纪胜》（99：3）
广东	阳江市温泉		《舆地纪胜》（98：3）
广东	象州温汤泉	水常热，可以熟物	《舆地纪胜》（105：4）
广东	揭阳县温泉	汤田、汤头、热流、汤河皆海阳之溪流	《舆地纪胜》（105：4）
广西	贺县温泉	出泉三道，一道水热，一道水冷，一道水温，引流热泉治疮疾	《太平寰宇记》（161：4）《舆地纪胜》（123：3）
广西	贺县汤泉	流出太平场马家渡	《舆地纪胜》（123：3）
广西	岑溪县冷泉	饮者，愈热疾	《太平寰宇记》（161：3）
广西	玉林市温泉	冬夏常温	《舆地纪胜》（121：3）
贵州	绥阳县温水	一曰暖水（洛安江），出犍为符县	《水经注》（36：552）
海南	儋县洛汤温泉	夏即清冷，冬则沸温，有患疯疥瘴气者，浴之多愈	《太平寰宇记》（169：10）《方舆胜览》（43：397）
河北	蔚县西南暖水（热水）	祁夷水又东北，热水注之。水出绫罗泽，泽际有热水亭	《水经注》（13：255）
河北	怀柔县桥山温泉	泉上有祭堂，雕檐华宇，被于浦上；石池吐泉，汤汤其下；炎凉代序，是水灼焉无改。能治百病，是使赴者若流。《太魏诸州记》：下洛城东南四十里有桥山，下有温泉	《水经注》（13：257）《汉唐地理书钞》（175）《六朝事迹类编》（12：2）
河北	赤城温泉	（沽河）东南经温泉东，泉在山曲中	《水经注》（14：264）
河北	遵化县温泉	（温泉）水出东北温溪	《水经注》（14：272）

续表

地区	矿泉位置与名称	资料摘要	文献（卷：页）
河北	沙河县汤水	此汤能愈疾，为天下最。《魏都赋》曰：温泉�涌而自浪。注曰：温泉在易阳，世以治疾洗百病	《太平寰宇记》（59：7）《六朝事迹类编》（12：1）
河北	灵寿县温泉	有白石如羊过温泉	《太平寰宇记》（6：9）
河南	荥阳县温泉	水出娄山，至冬则暖，故世谓之温泉（汜水支流）	《水经注》（5：121）
河南	巩县温泉	其水南流，世谓之温泉水	《水经注》（15：284）
河南	伊川县温泉	伊水又北与温泉水合，水出新城县之狼皋山	《水经注》（15：287）
河南	汝州市临汝镇温泉（广成汤）	泉上华宇连栋，茨甍交拒，方塘石沼，错落其间，颐道者多归之。唐圣历三年正月则天驾幸	《水经注》（21：361）《太平寰宇记》（8：5）
河南	鲁山县温泉	（温泉）水出北山阜，七源奇发，炎热特甚。阚骃《十三州纪》曰：鲁阳县有汤水，可以疗疾	《水经注》（31：495）《汉唐地理书钞》（146）
河南	鲁山下汤温泉（皇女汤）	炎势奇毒，痾疾之徒无能澡，其冲漂救养者，咸去汤十许步别池然后可入。汤侧有石铭云"皇女汤"，可以疗万疾者也。故杜彦达云："然如沸汤可以熟米，饮之愈百病，道士清身沐浴，一日三饮"	《水经注》（31：495）《元和郡县志》（6：167）《太平寰宇记》（8：10）
河南	嵩县汤泉	即四眼汤	《太平寰宇记》（5：1）
河南	陕县五原村温汤	后周太守元楷掘井得泉极热，遂修为浴水	《太平寰宇记》（6：4）
河南	固始县恽金汤	其汤碧色，三月中㐂毒，不可饮	《太平寰宇记》（127：12）
河南	商城县温汤	其汤碧色	《元和郡县志》（9：246）
河南	西平县龙泉	泉势沸涌，巨鼎汤汤，世谓之京水	《六朝事迹类编》（12：2）
湖北	应城县汤池	水出竟陵之新阳县东泽中，其热可以煏鸡。人静泉清，人闹泉沸	《水经注》（31：507）《舆地纪胜》（77：6）《太平寰宇记》（132：6）《元丰九域志》（6：269）
湖北	长阳招徕河温泉	南北夹岸有温泉对注，夏暖冬热，上常有雾气，疡痍百病，浴者多愈	《水经注》（37：568）

地区	矿泉位置与名称	资料摘要	文献（卷：页）
湖北	郴州温泉	在郴县之西北，左右有田数千亩，资之以溉，常以十二月种，明年三月谷熟，年可三登。平地涌出如汤，不可插手，沐浴可以已病	《水经注》（39：593）《元和郡县志》（29：708）《舆地纪胜》（57：4）《太平寰宇记》（117：98）
湖北	浠水县汤泉	凝冬之月，蒸气上腾，人皆沐浴，沸如汤，有硫黄气	《太平寰宇记》（127：4）《舆地纪胜》（47：3）
湖北	黄州市温水	其汤如温	《舆地纪胜》（49：3）
湖北	蒲圻市汤泉	冬夏常沸	《舆地纪胜》（66：6）
湖北	咸宁市温泉	（沸潭）水出石窦间，涌沸如汤	《舆地纪胜》（66：6）
湖北	崇阳县温汤	可以愈疾	《太平寰宇记》（112：14）
湖北	郧西县吉水	色白味甘，每上巳与端午日，远近咸臻，饮之，治冷疾	《太平寰宇记》（141：12）
湖北	京山县温汤	拥以溉田，其收数倍。在京山县东十五里，其汤有十八眼	《元和郡县志》（21：538）《太平寰宇记》（144：8）《元丰九域志》（1：29）《舆地纪胜》（84：4）
湖北	宜昌市温泉		《太平寰宇记》（147：3）
湖北	荆门市温泉	有细鳞游泳，不苦其炎也	《舆地纪胜》（78：3）
湖北	襄阳市温汤		《舆地纪胜》（82：8）
湖北	随州市汤泉	州西南大洪山硫黄池，气如硫黄	《舆地纪胜》（82：8）
湖北	房县药水	在房州西四十里，居人因此饮之，有疾皆愈（前蜀杜光庭《录异记》）	《湖北旧闻录》（14：1197）
湖南	慈利县热市温泉	水发北山石穴中，长三十丈，冬夏沸涌，常若汤焉。汤泉有三	《水经注》（37：570）《舆地纪胜》（70：3）
湖南	宁乡县灰汤	（温泉）其水常沸，近蒋琬宅	《太平寰宇记》（114：42）
湖南	华容县云母泉	乡人多寿考，无癣瘤疥搔之疾。山南有佛寺	《太平寰宇记》（113：14）

续表

地区	矿泉位置与名称	资料摘要	文献（卷：页）
湖南	郴州城愈泉	又曰甘泉，人有患疾者饮之即愈，唐天宝改为愈泉	《舆地纪胜》（57：3）
湖南	汝城县热水	其水如沸，不可跣涉	《舆地纪胜》（57：4）
湖南	桃源县汤泉	其泉常如沸汤，其旁有冰泉，人谓阴阳泉	《舆地纪胜》（68：4）
江苏	徐州石佛井	饮之愈疾，时有云气出	《太平寰宇记》（15：7）
江苏	句容县半汤	半冷半热，可以沦鸡	《舆地纪胜》（17：16）
江苏	宜兴市沸泉	宜兴县西南	《太平寰宇记》（92：10）
江西	高安县热泉	《永初山川记》：艾县有热泉如汤，以生物投之，须臾烂熟	《汉唐地理书钞》（172）
江西	靖安县法药井	相传马祖道一凿泉出水以救疫者，今泉在法药院内	《太平寰宇记》（106：14）
江西	修水县暖泉	黄龙山下冷暖二泉同出，相隔数尺	《太平寰宇记》（106：14）
江西	宜春市温泉	以生鸡卵投之即熟，水中犹有鱼焉，冬夏长热，以冷水相和，可去风病	《太平寰宇记》（109：5）《舆地纪胜》（28：3）
江西	抚州市温汤	疾者浴之，多愈	《太平寰宇记》（110：6）《舆地纪胜》（29：4）
江西	遂川县汤泉	有三处：一曰热汤，二曰温汤，三亦曰热汤	《舆地纪胜》（31：5）
江西	龙南县温泉	县南百里	《舆地纪胜》（32：6）
江西	会昌县汤水	有沸水如汤	《舆地纪胜》（32：8）
江西	奉新县汤泉	路旁二泉常热，土人名之曰汤头。汤泉在奉新县九仙院侧	《舆地纪胜》（26：7）《方舆胜览》（19：201）
江西	永修县温泉	其水沸涌，四时暖，患疮者洗之多愈	《太平寰宇记》（111：18）《舆地纪胜》（25：3）
江西	永修县吴猛泉	有患疮者，或饮或洗皆愈。其泉清冷	《方舆胜览》（17：186）《太平寰宇记》（111：19）《舆地纪胜》（25：8）

地区	矿泉位置与名称	资料摘要	文献（卷：页）
江西	永修县灵汤	有灵汤之井，冬夏常热	《舆地纪胜》（25：6）
江西	九江市温泉	庐山南，今有黄龙汤院，僧居之	《太平寰宇记》（110：5）
内蒙	乌审旗温泉	源西北出沙溪而东南流注奢延水	《水经注》（3：97）
宁夏	同心县温泉	（三水县故城）东有温泉	《水经注》（3：85）
宁夏	灵武县温泉	温泉盐池周边三十一里，出盐	《元和郡县志》（4：94）《太平寰宇记》（36：12）
青海	西宁市温汤	《唐书·地理志》鄯州鄯城注：温汤涌高二丈，气如烟云，可以熟米。	《六朝事迹类编》（12：2）
山东	临沂汤头温泉	（温水）水上承温泉陂。汤阜下三泉并导，各为一池，其沸如汤	《水经注》（25：429）《太平寰宇记》（23：5）
山东	东平县阿胶井	每岁取此水煮胶入贡，本草重之	《太平寰宇记》（13：4）
山东	东阿县阿胶井	《水经注》：每岁井水煮胶入贡，本草所谓阿胶也	《太平寰宇记》（13：9）
山东	文登市西南昌阳汤	共有温汤七所	《太平寰宇记》（20：6）
山东	蓬莱县碱泉	其泉咸，百姓取之为盐	《太平寰宇记》（22：3）
山东	即墨县温汤	平地涌出，汤极热不可人	《太平寰宇记》（20：17）
山西	石楼县城东南四里龙泉	出城东南道左，山下牧马川上多产名驹骏，同滇池天马。牧马多名驹	《水经注》（3：98）《太平寰宇记》（49：13）
山西	大同市汤井	火井东五六尺又有汤井……井东有火祠，热势与火井同	《水经注》（13：253）《太平寰宇记》（49：11）
山西	山阴县温汤	（去桑干城）十里有温汤，疗疾有验	《水经注》（13：255）
山西	阳城县百眼泉	其泉鼎沸，百流争腾	《太平寰宇记》（44：6）
山西	绛县圣水	疾者饮辄愈	《太平寰宇记》（47：12）
山西	孝义县温泉	其水冬温夏冷，县以此为名。宋有五龙祠	《元和郡县志》（11：364）《太平寰宇记》（48：11）

续表

地区	矿泉位置与名称	资料摘要	文献（卷：页）
山西	石楼县东南十里屈产泉	地生良马	《太平寰宇记》（48：13）
陕西	米脂汤水	河水又南，汤水（桃花崩水）注之。	《水经注》（3：96）
陕西	澄城温泉（帝喾泉）	洛水又南得温泉水口，水有三源，奇川鸿泻，西注于洛	《水经注》（16：311）《太平寰宇记》（28：6）
陕西	眉县汤峪河温泉（凤泉汤）	（温泉）水出太一山，其水沸涌如汤。杜彦达曰："可治百病，世清则疾愈，世浊则无验"。《唐书·明皇纪》：开元三年十月甲子，如凤泉汤	《水经注》（18：322）《六朝事迹类编》（12：2）
陕西	长安县南汤峪温泉	荆溪水又北迳霸县，又有温泉入焉，水发自（白鹿）原下	《水经注》（19：334）
陕西	临潼华清池温泉	（池）水之西南有温泉，世以疗疾，入汤须以三牲祭之，不尔，即烂入肉。唐开元十一年置温泉宫，后改为华清池	《水经注》（19：338）《元和郡县志》（4：94）《太平寰宇记》（27：5）
陕西	勉县东南温泉	泉源沸涌，冬夏汤汤，望之则白气浩然，言能瘗百病，云洗浴者皆有硫黄气，赴集者常有百数	《水经注》（27：451）
陕西	大荔县泉	其水咸苦，羊饮之，肥而美，今于泉侧置羊牧，谚云"苦泉羊，洛水浆"。水味咸苦，羊饮之，肥而美，谓沙苑细肥羊。乾德三年于沙苑置牧马监	《元和郡县志》（2：38）《太平寰宇记》（28：5）《元和郡县志》（3：110）
陕西	大荔县甘泉	其水尤美，最堪造酒	《太平寰宇记》（28：4）
陕西	富平县碱泉	水流入似金色	《太平寰宇记》（31：4）
陕西	洋县圣泉	疾者饮之，即愈	《舆地纪胜》（190：4）
陕西	西乡县温水	四时温暖	《舆地纪胜》（190：4）
陕西	宁强县温水	嶓冢山南	《舆地纪胜》（191：4）
陕西	略阳县药水	去州七里有院，院南有二石洞，洞门有泉，能疗疾	《方舆胜览》（69：582）
四川	西昌温泉	冬夏常热，其源可煨鸡豕，下汤沐洗，能治宿疾。出县西山下十二里	《水经注》（36：550）《元和郡县志》（32：823）
四川	彭水县盐泉	今本道官收其（盐）课	《元和郡县志》（30：737）《舆地纪胜》（176：4）
四川	彭水县温汤	其水四季常热	《舆地纪胜》（176：4）

续表

地区	矿泉位置与名称	资料摘要	文献（卷：页）
四川	武隆县咸泉	忠州迁入三十余灶，教民煮盐之法。距白马津东三十余里江岸	《舆地纪胜》（174：3）《方舆胜览》（61：525）
四川	开县盐泉	县东二十里	《太平寰宇记》（137：4）
四川	仪陇县圣水	士人浴之，即有所获	《太平寰宇记》（139：9）《舆地纪胜》（188：3）
四川	巴县温汤	自悬崖流出，四时腾沸如汤，唐乾符中置温泉寺	《舆地纪胜》（175：4）
四川	重庆北碚山温泉	出于崖石间	《舆地纪胜》（175：4）
四川	綦江县温泉	有温泉二，旧属南川	《舆地纪胜》（180：3）
四川	安县南神泉	冬温夏沸，气如附子，能愈众疾，有泉十四穴，甘香异常，痼疾饮之即痊，今有祠	《元和郡县志》（33：850）《太平寰宇记》（78：7）《舆地纪胜》（15：3）
四川	仁寿县圣泉	其水碧色，患疮疾者洗之多愈。投银变成五色，孕妇饮之，堕胎	《太平寰宇记》（85：4）《舆地纪胜》（152：3）
四川	龙安县温泉	水极温	《舆地纪胜》（152：3）
四川	汶川县青池	牧马于其侧，多生骏驹	《太平寰宇记》（78：4）
四川	巫山县孔子泉	巫山县东半里。"泉旁几人家，聪慧多奇儿"	《蜀中名胜记》（22：315）北宋王十朋《梅溪集》
浙江	会稽县太尉泉	汉太尉郑弘病，饮泉小许即瘥	《太平寰宇记》（96：11）

二　中国宋以前对矿泉资源的开发利用

　　中国古代很早就对水与人类及其社会的重大关系有较深刻的认识①，作为一种特殊地下水资源，矿泉的开发利用尤其受到关注，就宋以前时期而言，中国对矿泉资源的开发利用主要表现在工农业生产、医疗保健、旅游与宗教诸方面。

---

　　① 龚胜生：《中国先秦两汉时期的医学地理学思想》，载《中国历史地理论丛》1995 年第 3 期。

1. 工农业生产对矿泉的开发利用

（1）耕作业利用。中国自古以来即以农立国，农耕文化是中华文化的主体，而耕作业是离不开灌溉的。早在距今 3 000—3 500 年，黄河流域就发展了泉水灌溉①，显然，灌溉是矿泉最基本和最普遍的利用方式。矿泉灌溉除具有降雨灌溉、融雪灌溉所具有的功能外，往往还具有一些特殊功能，如唐宋时期湖北京山利用温泉溉田，"其收数倍"②，大大提高了农作物产量。南朝时期江苏句容县利用温泉种稻，"一年再熟"③；湖南郴州利用温泉种稻，"年可三登"④，缩短了作物生长期，提高了作物熟制。将地下热能资源用于水稻种植，这在中国科技史上也是值得一书的。

（2）畜牧业利用。矿泉中含有丰富的矿物质和有益的微量元素，受矿泉长期滋润的植物和得矿泉灌溉的农作物一样，往往有着优良的品质。由于牲畜既可直接饮用矿泉水，又可食用矿泉滋润的植物，因而在矿泉周围发展畜牧业往往有独特的优势。如山西石楼龙泉"牧马多名驹"⑤，其驹与"滇池天马"齐名⑥；屈产泉"地生良马"⑦。四川汶川青池"牧马于其侧，多生骏驹"⑧。陕西大荔苦泉"羊饮之，肥而美"，唐代在泉侧置牧羊场，谚云"苦泉羊，洛水浆"⑨，其羊即著名的"沙苑细肥羊"⑩；北宋更在其附近开辟牧场，设置了牧马监⑪。

（3）手工业利用。主要表现在煮盐、制药和酿酒等手工制造业方面。有些矿泉卤类物质多被称为盐泉或咸泉，从而被用于煮煎食盐，如山东蓬莱碱泉、四川彭水盐泉、四川武隆咸泉、四川开县盐泉、宁夏灵武温泉盐池等。酒质的好坏与酿酒所用水质有很大关系，以致中国古代将矿泉称为"醴泉"，有些矿泉因所酿酒质优良而见于记载，陕西大荔甘泉"最堪造酒"即是。利

---

① 孙关龙：《〈诗经〉中的泉水资料》，载《中国科技史料》1989 年第 2 期。

② （唐）李吉甫：《元和郡县志》，中华书局 1993 年版。

③ （南宋）张敦颐：《六朝事迹类编》，上海古籍出版社 1995 年版。

④ （北宋）乐史：《太平寰宇记》，光绪八年金陵书局本。

⑤ 同上。

⑥ （北魏）郦道元：《水经注》，巴蜀书社缩印三昧书屋光绪重刊本，1985 年版。

⑦ （北宋）乐史：《太平寰宇记》，光绪八年金陵书局本。

⑧ 同上。

⑨ （唐）李吉甫：《元和郡县志》，中华书局 1993 年版。

⑩ （北宋）乐史：《太平寰宇记》，光绪八年金陵书局本。

⑪ （北宋）王存：《元丰九域志》，中华书局 1984 年版。

用矿泉制药而获得优良品质者以阿胶最著，山东东平和东阿都有"阿胶井"，自三国以来即利用此水煮胶"以贡天府"①。阿胶系补血良药，历来为药学家所重视，宋以前每年充贡。

2. 医疗保健对矿泉的开发利用

（1）医疗利用。中国约自春秋战国时代就已发现矿泉有治疗疾病的作用②。中国古代文献对于那些只具有一般灌溉作用的矿泉可以略焉不载，而对那些具有疗疾作用的矿泉则是有必书之。在本文搜集到的中国宋以前开发的矿泉中，有1/3明确指出具有治疗作用，其中绝大部分又是温泉（含汤泉）。关于温泉的医疗作用，宋人唐慎微《证类本草》总结说："温汤主风筋骨挛缩及皮顽痹、手足不遂、无眉发、疥癣诸疾。"③ 而温泉之所以能治疗这些疾病，主要是温泉中的硫黄具有杀虫杀菌、消炎生肌的作用。晋人张华《博物志》说："凡水源有硫黄，其泉必温"④，宋人叶廷圭《海录琐事》亦云："凡水源有石硫黄，其泉则温……主疗人疾。"⑤ 表15－1中所载许多温泉都有硫黄气就是明证。唐人陈藏器（683—757年）《本草拾遗》也指出："下有硫黄，即令水热。硫黄主诸疮病，水亦宜然。"⑥ 利用矿泉治病的方法有两种：一是沐浴疗法，一是饮服疗法，沐浴疗法主要适用于温泉，沐浴温泉可以治疗皮肤瘙痒、皮肤溃疡、风湿关节炎、麻风等多种疾病。饮服疗法既适用于温泉，也适用于冷泉，一般冷泉治热病，温泉治冷病，关于这些，表15－1中都有具体的记载。

（2）保健利用。医疗与保健并非截然可分，许多具有医疗作用的矿泉同样具有保健作用。如前所述，在矿泉周围生长的动植物都有着更为优良的品质，对于生态系统中最高级组成成分的人类，矿泉同样起着重大的影响，因为人不

---

① 中国科学院自然科学史研究所地学史组：《中国古代地理学史》，科学出版社1984年版，第130页。

② 龚胜生：《中国先秦两汉时期的医学地理学思想》，载《中国历史地理论丛》1995年第3期；龚胜生：《中国古代长寿点区分布及其环境背景》，环境、生命元素与健康长寿国际学术讨论会论文，1996年。

③ （北宋）唐慎微：《证类本草》卷5《玉石部》，上海古籍出版社1991年版，第210、208页。

④ 中国科学院自然科学史研究所地学史组：《中国古代地理学史》，科学出版社1984年版，第130页。

⑤ （清）张廷玉等：《子史精华》卷12《地部》，北京古籍出版社1991年版，第118—122页。

⑥ （明）李时珍：《本草纲目》卷5《水部》，中国书店1988年版，第48页。

仅可以直接饮服或沐浴矿泉水，还可以从矿泉地区的动植物中获得更多有益于健康的生命元素。饮沐矿泉水，可起到有病治病，无病防病的保健作用。中国古代认为矿泉是人类长寿的一个极为重要的因子[①]，如《礼稽命徵》称"白泉饮之使寿长"；《白虎通义》言"醴泉可以养老"；《孙氏瑞应图》曰"醴泉者，水之精也，味甘如醴，出流所及，草木皆茂，饮之令人寿也"[②]；《括地图》言"赤泉饮之不老"，"英泉饮之⋯⋯不知死"；《山海经图赞》也有"赤泉驻年⋯⋯悠悠无竟"[③]之说。如此等等，不一而足。特别是到唐代，著名药物方剂学家陈藏器第一次把矿泉水的这种保健作用写进了他的医学著作《本草拾遗》中，他把矿泉水称为"玉井水"，指出它"甘平无毒，久服神仙，令人体润，毛发不白"[④]。而事实也是，居住在矿泉周围的人们极少患有皮肤病和风湿病，甚至获得长寿。中国宋以前在许多矿泉（特别是温泉）出露处修建的行宫、浴场、汤院、汤馆、寺观等建筑实际上也是一种疗养设施，这些地方虽然也有病人出入，然而更多的是无病的疗养者。矿泉的保健作用还表现在它对人类智力的影响，如宋人王十朋在描述四川巫山孔子泉附近的风土民情时说，"泉旁几人家，聪慧多奇儿"[⑤]。矿泉对人类寿命和智力的影响实质上是一回事，都是因为矿泉具有提高人类免疫力和治疗疾病的功效；只有健康少病的人才可以具有良好的智商，也只有健康少病的人才可能获得长寿。为什么某些矿泉水具有使人长寿和聪明的保健作用呢？陈藏器也做了很好的解释，他说，"山有玉而草木润，身有玉而毛发黑⋯⋯玉既重宝，水又灵长，故有延生之望。今人近山多寿，岂非玉石之津乎？"[⑥]显然，他所说的"玉"并非有形的和可见的玉石，而是无形的溶解于泉水中的矿物质，这说明他对矿泉水的保健机制有了较科学的认识，而且他还认识到了山地环境使人长寿的客观规律，这些在中国科学史上也是值得称道的。

3. 旅游宗教对矿泉的开发利用

（1）旅游利用。中国宋以前许多著名的矿泉已辟为重要的旅游景点。旅

---

① 龚胜生：《中国先秦两汉时期的医学地理学思想》，载《中国历史地理论丛》1995 年第 3 期。

② （清）张廷玉等：《子史精华》卷 12《地部》，北京古籍出版社 1991 年版，第 118—122 页。

③ （清）王谟：《汉唐地理书钞》（附麓山精舍辑本六十六种），中华书局 1961 年版。

④ （明）李时珍：《本草纲目》卷 5《水部》，中国书店 1988 年版，第 48 页。

⑤ （北宋）王十朋：《梅溪集》，见（明）曹学佺《蜀中名胜记》，重庆出版社 1984 年版。

⑥ （北宋）唐慎微：《证类本草》卷 5《玉石部》，上海古籍出版社 1991 年版，第 210 页；（明）李时珍：《本草纲目》卷 5《水部》，中国书店 1988 年版，第 48 页。

游者有的是为了疗养身体而来，有的为了某种宗教仪式而来，也有的纯粹是为了游观而来。大约从秦汉时代开始，温泉旅游已成为一种时尚，据记载①，华清池温泉的发现就与旅游有关。传说秦始皇有一次与神女出游，因忤逆了神女意志遭到她的唾骂生了面疮。谢罪后得到宽宥，神女便出此温泉洗愈了他的面疮。传说不足为信，但秦始皇游观过华清池温泉却是千真万确的。《初学记·骊山汤》说："骊山汤，初（秦）始皇砌石起宇，至（汉）武帝又加修饰焉"②，这说明秦与西汉时期华清池温泉已有了一定规模的旅游设施。唯其如此，东汉身居洛阳的科学家、文学家张衡才会慕名而来，"出丽（骊）山，观温泉，浴神井"③，写出了脍炙人口的《温泉赋》："有疾疠兮，温泉泊焉。"④隋唐建都长安，帝王们也多至此游玩，如隋文帝、唐太宗、唐玄宗，其中唐太宗贞观十八年（644 年）将此泉建成行宫号"汤泉宫"，后改为"温泉宫"，玄宗开元十一年（724 年）和天宝十载（752 年）又两次扩建，并更名为"华清宫"⑤。扩建之后的华清宫旅游设施有了很大规模的提高，只可惜已不是寻常百姓的去处，而成了玄宗皇帝及其妃嫔们的娱乐场所。据《唐书·房琯传》记载，这次扩建以房琯为总设计师，在华清宫周围设置"百司区"，以便分别接待达官贵人的到来，又"经度骊山，疏崖剔数，为天子游观"。华清宫内则更为壮观，《开天遗事》载"华清宫中除供奉两汤外，别更有长汤十六所，嫔御之类浴焉"，"奉御汤中，以文瑶密石，中央有玉莲，汤泉涌以成池，又缝锦绣为凫雁于水中，帝与贵妃施镈镂小舟，戏玩于其间"⑥。当玄宗流连于华清宫时，一般官吏是不能到华清池沐浴的，据《唐书·李适传》载："唯宰相及学士得从上骊山，赐浴汤池"⑦。而唐玄宗则经常至此游玩，据《旧唐书·玄宗纪》统计，他曾先后 37 次到华清宫嬉游，几乎每年都要来一次⑧，其中多次是偕杨贵妃而来，白居易《长

---

①　（北魏）郦道元：《水经注》，巴蜀书社缩印三味书屋光绪重刊本 1985 年版。

②　中国科学院自然科学史研究所地学史组：《中国古代地理学史》，科学出版社 1984 年版，第163 页。

③　（北魏）郦道元：《水经注》，巴蜀书社缩印三味书屋光绪重刊本 1985 年版。

④　同上。

⑤　吴宏岐：《隋唐帝王行宫的地域分布》，载《中国历史地理论丛》1994 年第 2 期。

⑥　（清）张廷玉等：《子史精华》卷 12《地部》，北京古籍出版社 1991 年版，第 118—122 页。

⑦　吴宏岐：《隋唐帝王行宫的地域分布》，载《中国历史地理论丛》1994 年第 2 期。

⑧　（北魏）郦道元：《水经注》，巴蜀书社缩印三味书屋光绪重刊本 1985 年版。

恨歌》中"春寒赐浴华清池，温泉水滑洗凝脂"即指此①。河南临汝镇温泉也是一个重要的旅游去处，郦道元永平年间（508—512 年）曾亲游此泉，并在其所撰《水经注》中记载："泉上华宇连栋，茨甍交拒，方塘池沼，错落其间，颐道者多归之。"隋唐以洛阳为东都，汝州在洛阳南边，临汝温泉和鲁山温泉也受到封建帝王的青睐，唐代特在汝州设立了行宫"温泉顿"以及管理温泉的行政机构"温泉汤监"，唐高宗、武则天、唐玄宗在洛阳期间都曾到这里游玩过。此外，陕西眉县汤峪温泉在隋唐时也建筑了行宫，称"凤泉宫"，唐高宗与唐玄宗也常至此游玩疗养②。作为皇帝的行宫，旅游活动受到一定限制；幸好大多数温泉远离都城，成为寻常百姓的旅游去处，河北桥山温泉就是这样一个"能治百病"、"赴者若流"的旅游与疗养胜地，"泉上有祭堂，雕檐华宇，被于浦上，石池吐泉，汤汤其下"③。陕西勉县温泉"能瘥百病"，北魏时代到那里去洗浴者"常有百数"④。湖南华容云母泉"周遍亭宇"，唐人李华游览至此"深乐之"并作《云母泉》诗⑤。此外，李白《安陆应城玉女汤作》述应城温泉之游，"神龙殁幽境，汤池流大川"，"愈疾功莫尚，变盈道乃全"⑥；白居易有《题庐山山下汤泉》述庐山温泉之游："一眼汤泉流向东，浸泥浇草暖无功。骊山温水因何事，流入金浦玉甃中。"⑦ 一般而言，大凡建有行宫、汤院、亭榭以及留有诗赋、词文、碑碣的矿泉，都已具有一定的旅游规模。而旅游业的发展，又大大促进了矿泉附近经济和城市的发展，早在宋以前，有些矿泉出露处就形成了集镇，京山温泉镇即是⑧。

　　（2）宗教利用。中国宋以前许多著名的矿泉出露处也是重要的宗教场所。宗教活动在以下三个方面与矿泉有着十分密切的关系：首先，矿泉一般出露于人烟稀少的山谷之中，宗教人士则为了逃避现实而隐居山林，两者在空间上的契合致使宗教活动一开始就与矿泉结下了不解之缘，宗教人士也因此往往成为矿泉的最先发现者和利用者，因而在中国古代方志中，到处都可

---

①　（北宋）唐慎微：《证类本草》卷 5《玉石部》，上海古籍出版社 1991 年版，第 208 页。

②　（北宋）乐史：《太平寰宇记》，光绪八年金陵书局本。

③　（北魏）郦道元：《水经注》，巴蜀书社缩印三味书屋光绪重刊本 1985 年版。

④　（北宋）唐慎微：《证类本草》卷 5《玉石部》，上海古籍出版社 1991 年版，第 208 页。

⑤　（北宋）乐史：《太平寰宇记》，光绪八年金陵书局本。

⑥　（清）曹寅等：《全唐诗》，上海古籍出版社 1986 年版，第 1074、1091 页。

⑦　（北宋）乐史：《太平寰宇记》，光绪八年金陵书局本。

⑧　（北宋）王存：《元丰九域志》，中华书局 1984 年版。

见到相传为僧人所凿的"卓锡泉"。其次，由于普通百姓对矿泉的医疗作用不甚了解，宗教人士便给矿泉披上一层迷信的外衣，以之作为"神水"、"圣水"给普通老百姓治病，借以树立迷信权威，培养宗教信徒，这样矿泉得以成为祭祀和膜拜的对象，宗教人士也得以神化和尊崇，表 15－1 中许多矿泉附近的祭堂、亭榭、寺院等宗教建筑就是这样建造起来的。再次，宗教人士还利用矿泉的保健作用颐道养性，企图达到长生不老的神仙境界；山地环境是养生的好去处，而矿泉又是其中最重要的环境要素，因而尤其受到道家的重视，如临汝温泉"颐道者多归之"，为养生家萃处之区；鲁山皇女汤多"冲漂救养者"，"道士清身沐浴，一日三饮"，也是一个道士养生的地方；还有当阳滥泉，"稠木傍生，凌空交合，危楼倾崖，恒有落势。风泉传响于青林之下，崖猿流声于白云之上；游者常若，目不周玩，情不给赏，是以林徒栖托，云客宅心，泉侧多结道士精庐焉"[①]。至于佛僧与矿泉的关系，于鹄一首《温泉僧房》诗即可概括，诗云："云里前朝寺，修行独几年。山村无施食，盥洗亦安禅。古塔巢溪鸟，深房闭谷泉。自言曾入室，知处梵王天。"[②] 显然也是一个道士养生和旅游赏景的好地方。总之，由于以上的原因，中国古代几乎所有著名的矿泉周围都有庙宇寺观等宗教建筑，而几乎所有宗教圣地也都有值得称道的矿泉。

三　结论

早在三千多年前，中国就已开始利用矿泉。就宋以前时期言，矿泉开发主要限于当时经济水平较高和农业开发程度较深的地区。具体说来，是由海岸线和海南儋县—四川西昌—青海西宁—河北赤城连线围成的蛋壳状区域。在该区域中，被开发利用的矿泉又主要集中在山地丘陵区，且大多为温泉；随着时间的推移和国土开发的向南扩展，矿泉开发也表现出由北而南的扩展过程。

中国宋以前对矿泉的开发利用有了相当的规模，特别是温、热泉被广泛应用于工农业生产、医疗保健、旅游与宗教活动诸方面。在工农业生产方面，矿泉主要用于煮盐、制药、酿酒、灌溉和发展优质牲畜品种，个别温泉

---

① （北魏）郦道元：《水经注》，巴蜀书社缩印三味书屋光绪重刊本，1985 年版，第 513 页。
② （清）曹寅等：《全唐诗》，上海古籍出版社 1986 年版，第 1653 页。

还用来提高农作物产量与发展三季稻；在医疗保健方面，矿泉广泛用于治疗皮肤病、风湿病、冷病、热病、麻风病等，并通过沐浴、饮服矿泉水的方法保健养生；在旅游与宗教活动方面，矿泉的开发利用与矿泉的医疗保健密切结合，旅游者去矿泉处旅游大多以疗养身体为目的，矿泉旅游设施同时也是医疗保健设施或宗教设施，宗教人士不仅选择矿泉周围建造寺院道观，而且以矿泉为工具从事养生和培养信徒。旅游宗教活动的开展既以矿泉为依据，同时也促进了矿泉地区的经济开发和城市发展。

第十六篇

论我国"天下之中"的历史源流

　　"天下之中"的本义是国土的中心位置。它产生于西周时期，有着深刻的历史根源。"择天下之中而立国"的建都选址原则，和"天人合一"的和谐人治思想有着直接关联。我国历史上被称为"天下之中"的地方有洛阳、"三河"地区、陶、南襄盆地，而以洛阳得名最早。汉唐时期，洛阳为天下之中的观念广泛流传。随着时间的推延，由"洛阳为天下之中"演化为"豫州为天下之中"，"河南为天下之中"，这是今日河南被称为"中州"和"中原"的根源。"三河为天下之中"只是因为它们是夏、商、周三代建都的地区。"陶为天下之中"是我国历史上唯一不与都城沾边的"天下之中"，其实只是一个商业中心。继洛阳之后可以真正称为"天下之中"的是南襄盆地。南襄盆地成为"天下之中"的原因有三个：一是处在明王朝疆域的中心位置；二是处在南北过渡的地理位置；三是处在交通东西、南北的战略中心，总之是符合"天下之中"内涵所包括三个连锁特征的：阴阳和中；百物阜安；能建都城。

　　（本文发表于《华中师范大学学报》（哲学社会科学版）1994年第1期）

"天下之中"是一个古老的历史概念。"天下"原意是指天子统治之下的国土，"天下之中"的最初含义则是指国土的中心位置，但随着历史的发展，"天下之中"的概念逐渐脱离原意，"天下之中"的位置也逐渐发生变迁。本文试对"天下之中"的历史源流作一初步探讨，望方家有以教之。

一 "天下之中"的源起

"天下之中"这一名词的诞生有着深刻的历史根源。它产生于西周时期，最初称为"地中"。《周礼·司徒》云："地中，天地之所合也，四时之所交也，风雨之所会也，阴阳之所和也；然则百物阜安，乃建王国焉。"远古王城是国家权力的象征，城在国在，城亡国亡，这里所说的"建王国"，实际是指建都城。自从有此滥觞，此后"天下之中"便总是与建都之事联系在一起。如《吕氏春秋·审分览·慎势篇》云："古之王者，择天下之中而立国"；《新书·属远》云："古者，天子地方千里中之而为都。"为什么要建都"天下之中"呢？《周礼》说是阴阳和中，百物阜安；班固《白虎通》说是"处中以领四方"；谯周《法训》说是"顺天地之和而同四方之统"；左思《魏都赋》说是"宅中图大"；《五经要义》说是"总天地之和，据阴阳之正，均统四方，以制万国"。如此等等，不一而足，关键在于一个"中"字，总之是便于统治天下。

表面看来，"择天下之中而立国"只是一条建都选址原则，实际却有着深刻的思想背景，它的渊源和远古"天地人合一"的和谐人治思想有着直接关联。大家知道，在奴隶社会，由于生产力水平低下，人类活动严重地受制于自然环境，人类思想往往对自然存在着深深的敬畏而强调对自然的适应，因之，顺之，适之，并相信天、地、人之间的某种感应，比如"国依山川"，而视山崩川竭为亡国之征①，"上揆之天，下验之地，中审之人"，三者皆适，则"无为而行"②。基于此，远古王者幻想，只要居于一个具体的天地阴阳和谐的位置施行政令，就可以轻而易举地达到人君和谐之治，都城既然是"天子治居"的地方③，"天下之中"既然是阴阳和谐的地方，因而"择

---

① 《左传》成公五年；并《国语·周语上》。
② 《吕氏春秋·十二纪序意》。
③ 《左传》桓公十一年，杜预注。

天下之中立都"便成了问题的关键，因为这样于王可以不偏不倚地均统天下，于民则可以向心向忠地服事天子，从而达到长治久安的和谐之治。这便是"天下之中"产生的思想背景，也是"天下之中"最初总是与建都联系在一起的根本原因。因此，与其说选择"天下之中"建都是一条选址原则，不如说它是一条治国方略。

正因为如此，它作为一种理论模式写进了我国最早的两种地理著作之中。《尚书·禹贡》和《周礼·职方》是我国两种最古老的地理文献，它们都记载了一个理想的国土规划模式，前者为"五服"，后者为"九服"，虽然名称和区域大小不同，但都是将都城置于国土的中心位置，根据距离都城的远近来推行不同的政治、经济、军事等制度，体现出"居天下之中以均统四方"的治国方略。历史上我国之所以称"中国"，就与"择天下之中而立国"的传统思想分不开。如《周礼·载师》称"天下之中"为"国中"，周公更是直接称"天下之中"为"中国"①。

《禹贡》和《职方》都是我国历史上的"经典"著作，影响极为深远，称为"天下之中"的地方，几乎都与都城有着密切的关联，甚至有的人不论其是否为国土中心，径视都城和都城所在的地域为"天下之中"，把都城当成了"天下之中"的代名词。如西汉的"河南"、"河内"、"河东"三郡俗称"三河"，是夏、商、周三代"王者更居"的地方，司马迁《史记·货殖列传》便说"三河在天下之中"；今北京是战国时期燕国和金、元王朝以来的都城所在地，张棣《正隆事迹》即谓燕京为"天地之中"。很显然，这些所谓的"天下（地）之中"，都是将"古之王者择天下之中而立国"奉为神圣的圭臬所致。

二　洛阳为"天下之中"

我国历史上具体的"天下之中"以洛阳得名最早。《史记·周本纪》云："成王在丰，使召公复营洛邑，如武王之意。周公复卜申视，卒营筑，居九鼎焉，曰：'此天下之中，四方入贡道里均'。作《召诰》、《洛诰》。"这说的是西周成王时营建洛阳城并以其为东都的故事。据《尚书·召诰》记载，周成王七年二月二十一日召公从丰京（今西安市）出发，于三月五日抵

---

①　梁晓景：《西周建都洛邑浅论》，载《中国古都研究》第 4 辑，浙江人民出版社 1989 年版。

达洛河口进行城址选择,一周之后周公便赶来祭祀。又据《尚书·洛诰》记载,洛阳城筑就之后,周公决定将代表国家权力的九鼎迁来时,又费了不少的口舌来说服国人,说在许多地方"卜宅"都不吉利,只有洛阳这个地方适宜建都。其实真正原因则正如周公所一语道破的,无非是因为"此天下之中,四方入贡道里均"罢了。周人在灭商之前,国土囿于今关中一隅,都城丰、镐位于此时的国土中心位置,尚可发挥"均统四方"的作用;但灭商之后,国土向东大为扩展,丰、镐就不再是国土中心了,因而必须寻找一个新的"天下之中"建都施政以适应扩张了的"天下"。洛阳之为都,就是这种时代背景下的产物。据《史记·周本纪》记载,早在周武王克商之初,就已有建都洛阳的打算,如周武王在灭商返回镐京(今西安)的途中即"营周居于洛邑而后去",回到镐京后又迫不及待地把建都洛邑的打算告诉周公。1963年,陕西宝鸡出土的成于成王初年的《何尊》铭文上也说:"惟武王既克大邑商,则廷告于天曰:'余其宅兹中国,自兹人民'。"[1]可惜武王志未遂而身先没,建都"中国"的遗愿只好由周公来完成,故史称成王令召公"复营洛邑"乃是"如武王之意"。

武王克商后周人的国土,据《左传》昭公九年记载周景王的话说,"魏骀芮岐毕"为其西土,"蒲姑商奄"为其东土,"巴濮楚邓"为其南土,"肃慎燕亳"为其北土,大致相当于西起陇山,东至于海,北过霍太山,南及于江汉之间的区域。洛阳大致处在其中心位置,故周公以之为"天下之中"而建都于此,这便是"洛阳为天下之中"的由来。诚如《帝王世纪》所云:"周公相成王,以丰、镐偏处西方,职贡不均,乃使召公卜居洛水之阳,以即土中。"

周以后版图多所变化,但"洛阳为天下之中"的思想却一直流传到唐宋时期,只是说法稍异而已。如《逸周书·作洛解》云:"乃作大邑成周于土中……南系于洛水,北因于郏山,以为天下之大凑";《孝经·援神契》云:"成王即位而营洛邑,以天下中,四方贡职道里均";《汉书·地理志》云:"昔周公营洛邑,以为在于土中,诸侯蕃屏四方,故立京师";《后汉书·杜笃传》云:"成周之隆,乃即中洛";《帝王世纪》云:"周公相成王……卜居洛水之阳,以即土中";南陈后主《洛阳道》诗云:"建都开洛汭,中地乃城阳";唐高宗《建东都诏》云:"此都中兹宇宙,通贡于四方";《册府

---

①　梁晓景:《西周建都洛邑浅论》,载《中国古都研究》第4辑,浙江人民出版社1989年版。

元龟》卷113云："中壤均舟车之凑"。如此等等，不一而足，可见洛阳为天下之中的源远流长。

但是，在流传过程中，人们对于洛阳为天下之中的解释也逐渐远离原意，尤其到了明代，已看不到"国土中心"的影子，却充斥着阴阳家学说。如魏校云："洛阳，风雨之所会，阴阳之所和，天地之中也……以天下大势言之，长安龙首穴也，洛阳龙心穴也"①。章潢云："洛邑居天下之中，为大龙之腹"②。陈全之云：洛阳"阴阳和，南北平，百物会"③。这些解释和"四方入贡道里均"的本意相比，已相差极远。更有甚者，有的将地域范围放大，由"洛阳为天下之中"衍化出新的"天下之中"，这样，"天下之中'，就不是一座城市，而是一片区域了，只是洛阳城仍在这片区域而已。如因洛阳在《禹贡》和《职方》所载九州的"豫州"之域，有人便说"豫州为天地之中"④；因"豫州"在《吕氏春秋·有始览》中被称为"河南"，又有人说"河南为天下之中"⑤。随着时间的推延，"天下之中"由洛阳而豫州，由豫州而河南，乃是地域的放大，用顾颉刚先生的话来说，这是"层累地造成的"。今日河南省之所以有"中州"、"中原"之别称，就是因为洛阳曾是"天下之中"的缘故。

三 南襄盆地为"天下之中"

战国后期，周室衰微，诸侯霸起，"天子"不复存在，"天下之中"的观念也起了变化。据《史记·货殖列传》和《史记·越世家》记载，范蠡在帮助越国雪了"会稽之耻"后，见越王有跋扈之心，决心弃官从商，于是携带重宝偷偷离开越国，隐姓埋名在宋国的陶（今山东定陶）居住了下来，自号"陶朱公"。陶在当时只是黄河下游平原上的一个经济都会，既非国土中心，亦非诸侯都城，范蠡却选择了这个地方，并说这里是"天下之中"。

① （明）唐顺之：《荆川稗编》卷58《诸家十六·地理》引。
② （明）章潢：《图书编》卷33《周营洛邑图》。
③ （明）陈全之：《蓬窗日录》卷1《九州》。
④ （明）唐顺之：《荆川稗编》卷55《诸家十三·地理》，其言云："周公定豫州为天地之中，东西南北各五千里。"
⑤ （明）章潢：《图书编》卷33《论淮蔡》。其言云："河南之地，天下之中，其生民禀中和，性安舒，逸豫而不能为乱，故古名其州为豫。"又（清）田文镜《新辑抚豫宣化录》卷4《清增营讯官兵以资防御事》云："河南一省居天下之中，地形四达，为九州之腹心，诸夏之闽域。"

一则说"以陶为天下之中，诸侯四通，货物所交易"；再则说"以为此天下之中，交易有无之路通，为生可以致富"。很显然，这是从商业的角度来看的，而不是从政治的角度来看的，因而这里所说的"天下之中"实质上只是一个商贸中心。这是我国历史上唯一不与都城沾边的"天下之中"。关于陶成为重要商贸中心的原因，史念海先生在《释〈史记·货殖列传〉所说"陶为天下之中"——兼论战国时代的经济都会》一文中做了详细阐述①，此不多赘。总之，这个"天下之中"只是范蠡的一家之言，而且随着其赖以繁荣的鸿沟水系的湮废，商贸中心的地位也很快失去了，因此是不能与"洛阳为天下之中"同日而语的。

继洛阳之后可以真正称为"天下之中"的是南襄盆地。明代大学者丘濬在《大学衍义补·屯营之田》中说，晋代羊祜、杜预"二人所垦之田，其遗迹在今湖广之荆襄，河南之唐邓。古称洛阳为天下之中，臣以今日疆域观之，则此三郡实为我朝天下之中也。天下之田南方多水，北方多陆，今此三郡盖兼水陆而有之也"。此外，约略同时代并与之齐名的章潢在《图书编·舆地都会总考》中也说："荆襄山川平旷，得天地之中，有中原气象"。李濂也说："今夫邓之为郡也，南控荆襄，北连河洛，西通巴蜀，东接淮海，实当天地之中。"② 穰县（今河南邓县）是明代邓州治所，章焕也说："穰，天下之中也，南控荆襄，北枕嵩洛，西通武关，东接淮海，天下有事，必当其冲。"③

今按丘濬所言荆襄、唐、邓"三郡"是指唐宋时期的襄州、唐州、邓州，在明代为襄阳府和南阳府之地，即今河南之南阳盆地和湖北之襄阳盆地一带，地理学上统称为"南襄盆地"。丘濬、章潢、李濂等都是明代学术造诣和声望很高的人，他们以"南襄盆地为天下之中"的这种共识应该说是代表了明代一般人的看法的。综合他们的解释，南襄盆地成为天下之中的原因有三个方面：一是处在明王朝疆域的中心位置；二是处在南北过渡、阴阳中和的地理位置；三是处在交通东西南北的战略中心。这些解释都是正确的，但说得很笼统，需要做进一步的说明。据《周礼·司徒》记载，"天下之中"的内涵包括三个连锁的递进特征：阴阳和中；百物阜安；能建都城。如

① 史念海：《河山集一集》，生活·读书·新知三联书店 1963 年版。
② 嘉靖《邓州志》卷首《李濂序》。
③ 乾隆《邓州志》卷 22《艺文志》引。

以此标准来衡量南襄盆地，就不难看出它不仅是明代的"天下之中"，而且是继洛阳之后我国能够真正称为"天下之中"的地方。

首先，它阴阳和中。这点丘濬略已指出，我国北方多旱地，南方多水田，而这里旱地水田兼有，北属阴，南属阳，南北兼具，可谓阴阳和中。其实还不止此，秦岭、淮河是我国南、北部的自然地理界线，太行、巫山是我国东、西部的自然地理界线，南襄盆地则处在这两条界线的交叉点，为黄河、淮河、长江三大水系的交汇处，堪称是我国的"地理中心"，其自然、经济、文化等特征既有南北过渡的特点，又有东西过渡的特点，这在我国是独一无二的。

其次，它百物阜安。这点是以阴阳和中为前提，并从交通地位而言的。南襄盆地由于地理特征具有东西、南北融会的特点，其物产也是丰富多彩，而且它密迩中原，是我国南方最早开化的地区，为我国的交通战略中心，上述李濂和章潢以其为"天下之中"就是从这个角度来说的。我国历史上沟通南、北方的道路主要有三线，南襄盆地正处在最重要的"中线"之中枢①，早在战国时它就"居诸侯之冲，跨街衢之路"②，是百物集中的重要商贸中心，秦汉以来随着南方地区的经济开发，其交通中心地位更为突出，如西汉的司马迁③，东汉的张衡④，唐代的李华⑤、符载⑥，宋代的李纲⑦、熊刚大⑧等都高度评价了它的战略交通地位。

再次，它能建都城。虽然历史上有人对南襄盆地能否建都持否定态度⑨，但不可否认的事实是，王莽末年，刘秀起兵南阳，立更始帝于宛（今南阳市），南阳因此得称"南都"，而张衡撰《南都赋》述其事。如果说这是因为南阳是光武帝故里和形势所迫，那么，唐初及唐末两度议及建都南襄盆地的事实却不可忽视。据历史记载，唐初突厥猖獗之时，唐高祖欲谋迁都，派

---

① 严耕望：《唐代交通图考·荆襄驿道与大堤艳曲》，台北"中央研究院"历史语言研究所1985年版。

② 《盐铁论·通有》。

③ 《史记》卷129《货殖列传》。

④ 《文选》卷4《南都赋》。

⑤ 《全唐文》卷316《临湍县令厅壁记》。

⑥ 《全唐文》卷689《邓州刺史厅壁记》。

⑦ 《宋史》卷358《李纲传》。

⑧ 《读史方舆纪要》卷51《南阳府》，并《天下郡国利病书》卷50《南阳府》。

⑨ 《读史方舆纪要》卷46《河南序》。

中书侍郎宇文士及"按行樊邓，将徙都焉"。"樊邓"即今襄阳樊城与南阳邓县，群臣都同意迁都，只是因为秦王李世民极力反对事才未果①。无独有偶，唐末乾宁年间，吐蕃内扰，又有人上疏建议迁都襄邓，并说："江南土薄水浅，人心嚣浮轻巧，不可以都；河北土厚水深，人心强愎狼戾，不可以都；惟襄邓实为中原，人心质良……此建都之极选也。"② 这里所说的"襄邓实为中原"和"襄邓为天下之中"表达的是同一个意思，亦与"古之王者择天下之中而立国"的思想不谋而合，所以自此以后论及建都形势，很少有不提"襄邓"的。

当然，"天下之中"还应具备中心位置的形势，丘濬说南襄盆地位于明朝疆域的中心，这是南襄盆地成为"天下之中"的前提。但是，应该指出的是，他所说的"今日疆域"，并非是明王朝的整个国土，而只是那些为国家提供几乎全部赋税、集中了全国最多数人口的精华地域——"基本经济区"。所谓"基本经济区"是"农业生产条件与运输设施对于提供贡纳谷物来说，比其他地区优越得多，以致不管哪一集团，只要控制了这一地区，就有可能征服与统一全中国"③。我国基本经济区的格局在秦汉时期已基本确立，即《史记·货殖列传》所说的"山东"（崤山以东的黄河中下游平原），"山西"（崤山以西的关中和巴蜀地区），"江南"（淮河以南的长江中下游平原），这是任何一个统一王朝都必须控制的"天下"，南襄盆地正处在上述基本经济区的中心部位，因此视它为"天下之中"不是没有道理的。

四　结论

综上所述可知，"天下之中"的说法源远流长，它以"天地人合一"的和谐人治思想为原始的契机，产生于西周时期，最初是国土中心的位置和政治中心的都城的统一，形成了"择天下之中而立国"的传统思想；这种传统思想不仅与"中国"一词的由来有着密切的关联，而且在《禹贡》、《职方》等经典著作的推崇下被后世奉为圭臬。洛阳是我国最早被称为"天下之中"的地方，也是我国历史上影响最为深远的"天下之中"，并衍化出"豫州"、

① 《新唐书》卷215《突厥上》。
② 《新唐书》卷183《朱朴传》，并《旧唐书》卷179《朱朴传》。
③ 冀朝鼎：《中国历史上的基本经济区与水利事业的发展》，中国社会科学出版社1981年版。

"河南"为天下之中的说法，成为今日河南别称"中州"的根源。南襄盆地是继洛阳之后的"天下之中"，以南襄盆地为天下之中的思想萌芽于唐末而成熟于明末，与洛阳这个"天下之中"相比，一是所处的地理位置南移了，这是由于周代以来我国的国土开发主要是向南推移的缘故，二是赋予的地理意义更多了，洛阳主要是政治中心，而南襄盆地则是多重意义上的地理中心。我国历史上"天下之中"的这些变化，都有其各自的历史背景。

第十七篇

唐长安城薪炭供销的初步研究

　　能源是城市的动力，而在古代，薪柴便是点燃城市文明的火花。唐代首都长安城人口众多，负责薪炭供销的专门机构是司农寺属下的钩盾署，唐中叶时，长安城薪炭供不应求，朝廷别置"木炭使"以加强薪炭的采运。唐长安城人口约 80 万，年耗薪柴 40 万吨，其中宫中年耗 3 万吨，百官年耗 7 万吨，市民年耗 30 万吨。唐长安城的薪炭产地皆在京畿地区，京兆府终南山，岐州、陇州为主要薪炭供应地，城内的禁苑、东内苑、西内苑诸苑也具备一定的薪柴供给能力。长安城薪炭的运输既有陆运，也有水运。陆运多为私运，有车载、畜驮之别；水运则皆为官运，有船装、放排之别。终南山一带的薪炭主要通过陆运入城，但也有过一段时间的水运，岐、陇二州的薪材则主要通过水运入城。樵采的直接后果是森林的破坏，唐代长安城因为薪柴的消耗，约损失森林面积 6 000 平方千米；樵采还间接地引起自然环境的恶化，加剧了关中地区的自然灾害。

　　　　　　　　（本文发表于《中国历史地理论丛》1991 年第 3 期）

众所周知，柴是古代人们日常生活中必不可少的生活能源①，但这方面的研究却一直处于空白。唐代首都长安城人口众多，文明灿烂，在世界城市史上占有极其重要的地位，本文试对其薪炭供销状况以及樵采所造成的环境破坏作一初步探讨。

一　长安城薪炭供销的管理

唐代负责京城薪炭供销的专门机构是司农寺属下的钩盾署。它的主要职责是"掌供邦国薪刍之事"，为宫廷、百官、蕃客和祭祀、朝会、宾客等重要活动提供薪炭。它的薪炭来源主要有二：一是收纳官府雇人采伐的木材，二是从市场上购买②。它在农闲时收购薪柴，在冬春季节供给薪柴，宫内在十月至二月，百官与蕃客在十一月至正月③。具体分配时标准如表17－1所示。

表17－1　　　　　　　　　　唐代京官薪炭配给量

品阶	木橦（分）			木炭（斤）		
	春季（分/日）	冬季（分/日）	年总（分/年）	春季（斤/日）	冬季（斤/日）	年总（斤/年）
1—5	2	3.5	495	4	5	720
6—9	2	3	450	/	/	/

资料来源：《唐六典》卷4《尚书礼部·膳部郎中》。

说明：（1）"木橦"是指粗大的薪材。宋司马光《类编》卷16《木橦》云："木一截也，唐式：柴方三尺五寸一橦。"西安出土的唐代鎏金镂花铜尺长为0.304米。因此，1橦约合0.1立方米；（2）表中"年总"一栏春季冬季都以90天计，一年360天，则全日平均1—5品官供给木炭为2斤，正与《唐六典》卷19《司农寺·钩盾署》"凡京官应给炭，五品以上日两斤"之说相符。

钩盾署是一个专门为统治阶级服务的机构，市民所需薪炭则多购自市场。唐长安没有专门的炭市，但东、西二市各有220行，其中必有炭行无疑。西市曾有一商人于令月望日在街内烧炭曝布，犯禁被杖死④。天宝初年，岐、陇二州的薪材也贮放在西市（详后）。总之，东、西二市应是广大市民获得薪柴的场所。

---

① （南宋）吴自牧：《梦粱录》云："人家每日不可缺者，柴米油盐酱醋酒茶。"元代去酒为"七件事"，元剧《玉壶春》、《百花亭》、《度柳翠》中皆有"早晨开门七件事，柴米油盐酱醋茶"。

② 《唐六典》卷19《司农寺·钩盾署》。

③ 《唐六典》卷7《尚书工部·虞部郎中》，并《旧唐书》卷43《职官二》。

④ 《文苑英华》卷545《判·街内烧炭判》。

唐中叶时，长安城薪炭供不应求，朝廷别置"木炭使"以加强薪炭的采运。木炭使不是专官，多以高官兼领，尤以京兆尹为常，如天宝五载九月侍御史（品阶从六下）杨剑之兼，永泰元年闰十月京兆尹（品阶从三）黎幹之兼，自此以后，木炭使多由京兆尹兼领，直到大历五年才停，贞元十一年八月又以户部侍郎（品阶正四下）裴延龄兼"京西木炭采运使"[①]。木炭使设置不常，大概视京城薪炭供需矛盾的缓急而定，所以木炭使的主要责任在于加强运输，而多有引水开渠以通漕运之举，其兼职官除京兆尹外，也多是具有漕运经验的人，如杨剑曾为水陆运使，裴延龄曾为盐铁转运使。

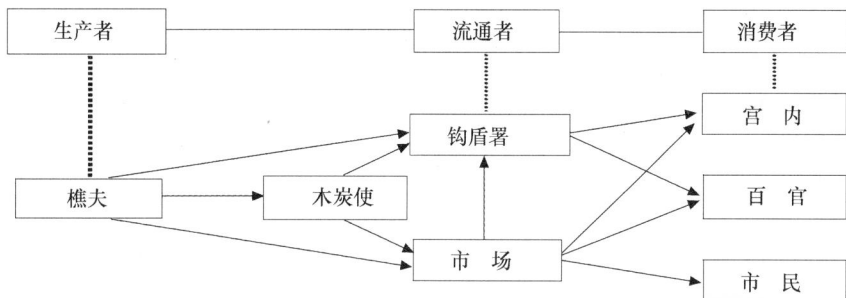

图 17-1　唐代长安城薪炭供销图

说明：据《唐六典》卷 12、26 记载，皇宫和东宫所用薪炭的出纳，又由专官司计、司膳和掌食负责。

二　唐长安年耗薪柴量的估计

1. 宫中每年所需

据记载，明末宫中每年需薪柴 2 600 余万斤，木炭 1 200 余万斤，当时宫中只有宫人 9 000[②]。兹从低折算，以一斤木炭需三斤薪柴干馏而成计，两项相加，明季宫中年需薪柴 6 200 余万斤，约合 3.1 万吨。估计唐代宫中所需薪柴也在 3 万吨左右，因唐代宫中人数常常超万，如武德九年八月十八日诏曰："朕顾省宫掖，其数实多"，贞观二年三月中书舍人李百药亦曰："大

---

①　《唐会要》卷 66《木炭使》。据《旧唐书·代宗纪》，永泰元年至大历五年任京兆尹的有黎幹、李勉、孟皞、贾至。

②　王庆云：《石渠余记》卷 1《纪节俭》。

安宫及掖庭内无用宫人动有数万。"① 而神龙年间，仅宫官就有 3 000 人②。

2. 百官每年所需

据记载，钩盾署每年从市场上购买木橦 16 万根，又于京兆府、岐州、陇州雇壮丁 7 000 人，每年各输木橦 80 根，此二项共得木橦 72 万根，这些木橦主要供百官使用，如不够用，则"以苑内蒿根柴兼之"③。这说明京城百官每年所需薪柴至少在 72 万根以上，合木材 72 万立方米以上。不过，钩盾署的供给量并不等于百官的消耗量，其消耗量可以根据京官人数做一估计。据《旧唐书·职官志》记载，在京职事官有三公、六省、九寺、四监、十四卫、东宫、御史台、王府公主等官属。各机构官员及其品阶如表 17－2 所示。

对于京官所需薪炭，礼部尚书有规定如表 17－1 所示，结合表 17－2，列表 17－3 如下。

从表 17－3 可以看出，京官每年需薪柴 3.85 万吨，折木橦约 96.6 万根。但钩盾署只能供给 72 万根，供需缺口 24.6 万根，怪不得要以苑内蒿根柴代替哩。

京官还有随从，他们也要消耗薪柴。1—5 品官的随从称为"防阁"，6—9 品官的随从称为"庶仆"，其数如表 17－4 所示。

京官除品官外，还有流外官，如表 17－2 所示，在京机构官员约 43 825人，其中品官 2 105 人，流外官 41 717 人。流外官加品官随从 22 215，共66 037人，以每人年需薪柴 0.5 吨计④，这些人一年需薪柴 3.31 万吨。这样，京官及其随从年需薪柴共 7.16 万吨。

表 17－2 唐代京官统计表

机构	官员数	品官数	品官分布								
			一	二	三	四	五	六	七	八	九
三师三公	6	6	6								
六省	19 658	638	3	9	18	29	93	129	116	160	136
御史台	136	25			1		2	4	6	10	2

① 《唐会要》卷 3 《出宫人》。
② 《唐会要》卷 65 《内侍省》。
③ 《唐六典》卷 19 《司农寺》。
④ 《唐六典》卷 19 《司农寺》云："吏部、兵部入宿令史，中书、门下令史，诸楷书手、写书课，皆有炭料"。说明一部分流外官也有薪炭供给，然数不详。姑按市民平均数计之，详后。

续表

机构	官员数	品官数	品官分布								
			一	二	三	四	五	六	七	八	九
九寺	8 685	394			9	18	4	37	50	89	187
四监	3 219	150			3	5	4	19	15	24	80
武官	4 802	466			54	19	44	46	42	174	87
东宫	3 339	289	3	3	5	43	21	33	38	97	46
王府	1 161	81			1	2	10	16	4	43	5
府县	711	56		1	1	2	2		22	20	8
总计	41 717	2 105	12	13	92	118	180	284	292	563	551

资料来源：张九龄《唐六典》，台湾景印四库珍本。

说明：（1）《唐六典》个别记载明显有误，此表仍之，如殿中省幕士8 000，《旧唐书·职官志》作80。（2）诸陵署、太子陵署、太子庙署（以上太常寺），诸牧监、沙苑监（以上太仆寺），诸仓监、司竹监、温泉汤监、诸屯监（以上司农寺），北都军器监、诸冶监、铸钱监、互市监、百工监、就谷监、库谷监、太阴监、伊阳监、诸津等官员未计入，以其不在京城也。（3）府县是指京兆府及长安、万年二县。

表 17 - 3　　　　　　　　　　　**唐在京品官每年消耗木柴量**

品阶	人数	年额定量		年需木橦量			年需木炭折木橦量			合计木橦量	
		木橦分/人	木炭斤/人	万分	万立方米	万吨	万分	万立方米	万吨	万立方米	万吨
1—5	415	495	720	20.5	2.05	0.8	29.9	0.09	0.05	2.14	0.85
6—9	1 690	450	/	76.1	7.61	3.0	/	/	/	7.61	3.0
合计	2 105	/	/	96.6	9.66	3.8	29.9	0.09	0.05	9.75	3.85

说明：（1）木橦容重以每立方米0.4吨计，木炭折木橦以3.0计，即1斤木炭需3斤干材烧成。（2）亲王每日木橦10根，炭10斤，因其数不详，未计。

表 17 - 4　　　　　　　　　　　**唐在京品官随从人数表**

品阶	一	二	三	四	五	六	七	八	九	合计
随从数	96	72	38	32	24	12	8	3	2	/
品官数	12	13	92	118	180	284	292	563	551	2 105
随从总数	1 152	936	3 496	3 776	4 320	3 408	2 336	1 689	1 120	22 215

资料来源：《唐六典》卷3《户部尚书》并表2。

说明：州县官之随从称"白直"，其数与表载有别，此表将京兆府及长安、万年二县官之随从亦按京官计算。

3. 市民每年所需

这里所谓的"市民"是除宫人和京官以外的所有在京人口，它不仅包括长安、万年二县的编户人口，而且包括未编户的兵士、商人、僧尼、道士、寓客和其他闲杂人口。

关于长安城的编户人口。据《新唐书·地理志》载，天宝元年京兆府23县共领户362 921，《太平寰宇记》载此23县当时共分为467乡和120坊，以平均数计，长安、万年二县应得户138 500，其中城内120坊得74 200户，城外104乡得64 300户①。估计长安城内编户至少在75 000家，这个数字和《长安志·西市》所云："长安所领四万余户，比万年为多"是相符的。

唐代一个家庭或一个人究竟需要多少薪柴，这是一个很难回答的问题。如前所述，司农寺每年配给6—9品官员木橦450分，约合18吨木材，1—5品官和亲王所需则更多。又，陆龟蒙自云每年岁入薪柴5 000束②，今以每束5千克计，也有25吨，这是一个大家所需。以一个大家相当于五个小家计，每个小家年需薪柴4—5吨左右。现代一个普通家庭，年需煤炭1—2吨，但薪柴的燃烧值比煤炭低得多，且古代灶炉对热能的利用率比现在低，所以京城平均每家年耗薪柴4吨（合每日11千克）是不算高的。天宝元年京兆府平均每户5.4口，但唐代一个中户之家在10口以上，长安城户均口数理应较大，大约在6—10口之间，以8口计，则平均每口年耗柴0.5吨。据此，长安城75 000编户年耗薪柴当在30万吨左右。这30万吨数内，有京官7.16万吨，所以编户市民年耗薪柴约为22.84万吨。

长安城的未编户人口也是笔糊涂账，一般估计在10—20万口之间，兹不包括宫人以15万口计，则这些人每年共需耗柴7.5万吨，略与全体京官所需相当。这样，长安城编户与未编户的市民（宫人除外）年耗薪柴共30.34万吨左右。

综上所述，兹从低估算，唐长安城人口在80万左右，年耗薪柴约40万吨，其中宫中年耗3万吨，百官年耗7万吨，市民年耗30万吨。关于唐长安人口，有人以为100万有余，李之勤先生以为不足，予以逐条辨正，所论

---

① 敦煌残本《地志》也载有京兆府23县开元末的乡数，其中咸阳县乡数个位数缺，且未载城内坊数，若亦以120坊计，长安、万年二县应得户133 000余，城中60 000余户，城外70 000余户。

② 《全唐诗》卷621陆龟蒙《小鸡山樵人歌并序》。

甚是，却又认为不足 50 万[①]，原因是未将未编户人口计入数内，且认为《长安志·西市》所云包括城外乡村人口。100 万偏高，50 万偏低，故本文未直接用唐长安人口来推算一年所需的薪柴量。

三 唐长安的薪炭产区及其运输

1. 薪炭产区

《史记·货殖列传》谚曰："百里不伐樵，千里不贩籴。"唐长安城的薪炭产地虽不囿于百里之范围，却也皆在京畿地区（见图 17 - 2）。

京兆府南境之终南山是长安城薪炭的重要产区之一。白居易《卖炭翁》诗中就有"卖炭翁，伐薪烧炭南山中"之句[②]。冬春季节是薪炭消费旺季，一到仲冬，终南山北麓一带便呈现出一片"荜路载驰，折薪负荷"的热闹景象[③]。高祖武德年间和代宗永泰年间，都有在南山开渠以漕薪炭之举，万年县南六十里之"炭谷"[④]，即是当年木炭使黎幹运木渠的起点（详后）。另外，南山一带还有"掌采伐林木"的库谷监（在户县）和就谷监（在周至县）[⑤]，它们采伐的木材除用于建筑外，也可能用作薪柴。竹子也可烧炭，且易燃耐久[⑥]，周至县的司竹监也可能有少量竹子用作薪炭。

岐州和陇州也是长安城的薪炭供应地。前已述及，钩盾署每年于京兆府、岐州、陇州募役 7 000 人伐做木橦以供宫内和百官所需。此外，岐州境内亦有"掌采伐林木"的百工监（在宝鸡市），斜谷监（在眉县）[⑦]。武后垂拱年间，为了漕运岐、陇二州的木材，还开升原渠引汧水至咸阳[⑧]。

长安城北的禁苑、东内苑、西内苑皆为司农寺所属，苑内的"蒿根柴"在木橦不足时被用来供给百官[⑨]。所以，诸苑也是京城薪炭的供给地。

---

① 李之勤：《西安古代户口数目评议》，载《西北大学学报》（哲社版）1984 年第 2 期。

② 《全唐诗》卷 427 白居易《卖炭翁》。

③ 《文苑英华》卷 546《判·采木判》。

④ 《长安志》卷 11《万年》。又《太平广记》卷 289《双圣灯》云："长安城南四十里，有灵母谷，呼为炭谷，入谷五里，有惠炬寺。"

⑤ 《唐六典》卷 23《将作监》。按《旧唐书》卷 44《职官志》言就谷监在王屋，误。

⑥ 《古今图书集成·博物汇编·艺术典》卷 100 引《老学庵笔记》。

⑦ 《唐六典》卷 23《将作监》未言斜谷监地望，此据史念海《河山集二集·历史时期黄河中游的森林》。

⑧ 《新唐书》卷 37《地理志》云："运岐陇水入京城"，"水"为"木"讹。

⑨ 《唐六典》卷 19《钩盾署》。

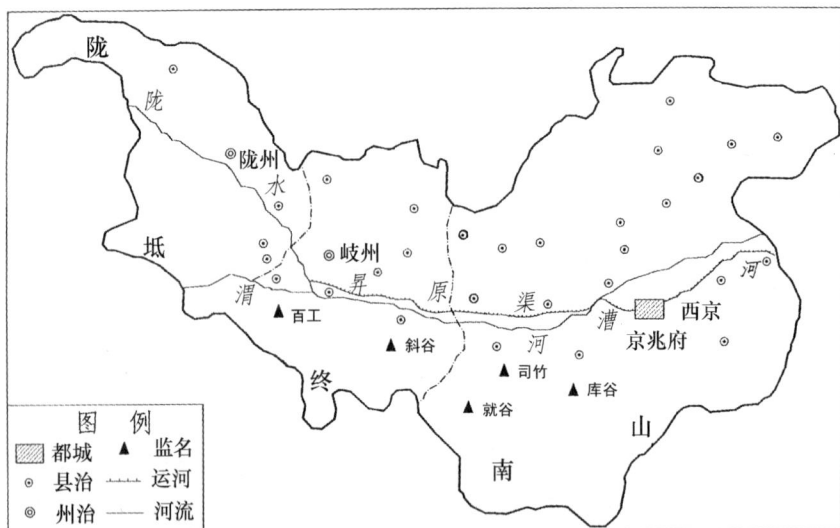

图 17－2　唐代长安城薪炭产区图

2. 薪炭运输

长安城薪炭的运输不外乎陆运和水运。陆运多为私运，有车载、畜驮之别；水运则皆为官运，有船装、放排之别。

（1）陆运

京兆府南山一带的薪炭主要通过陆运入城。白居易笔下"满面尘灰烟火色，两鬓苍苍十指黑"的卖炭翁用的牛车，一车能载木炭千余斤。德宗贞元以后，长安城宫官购物多不以钱，而以不中用的衣服、绢帛尺寸裂以偿值，谓之"宫市"，"市后又强驱入禁中，倾车罄辇而去，色少不甘，有殴致血流者"①。德宗时期，京师薪炭特缺，这样的事情就有两件发生在樵夫身上，南山卖炭翁忍饥挨饿，顶风冒雪驱车至城中，一车炭只换了半匹红纱；这还不错，有一位驮柴樵夫则差点连驴也赔了进去②。这样的巧取强夺，难怪皇城南务本坊西门每到秋冬之夜有枯柴精叫卖干柴③。那是屈死的樵者的呐喊。

---

① 《唐会要》卷16《市》。
② 《旧唐书》卷140《张建封传》。
③ 《唐两京城坊考》卷2《西京》引《辇下岁时记》。

（2）水运

岐、陇二州离京城较远，其薪材主要通过漕运入城。自隋以来，岐、陇二州即是京师的重要薪材产区，唐开国不久的武德八年（625年），姜行本在陇州汧源县（今陇县）建五节堰，引陇川水（今汧水）通漕①。陇州在当时并非重要产粮区，所谓通漕实指漕运木材，置堰的目的是为了抬高汧水水位，"五节堰"并非一坝，而是由五个斗门组成的堰系，故又称为"五门堰"②。武后垂拱初年（685—689年），又于岐州开升原渠运岐、陇二州材入长安城③。由于当时漕渠在长安城北，岐、陇材木只能运至禁苑中的汉故长安城，为使这些材木直达城中木炭市场，天宝二年（743年），京兆尹韩朝宗又"分渭水入自金光门，置潭于西市之西街，以贮材木"。所谓"分渭水"，实际上是从漕河引水，因为漕河引自渭水，故引漕河亦可称为引渭水④。京兆尹是兼任木炭使的，韩氏所贮材木显然是薪材。德宗贞元中（795—796年）裴延龄为"京西木炭采运使"，无疑也是采运岐、陇二州的材木。升原渠由于年久淤塞，懿宗咸通三年（862年）又于宝鸡县东南引渭水入升原渠，通船至禁苑⑤。不言至西市，盖韩朝宗时此渠已废。以上事实说明，唐代对岐、陇二州材木的运输都是极为重视的。

京兆府南山的薪炭也有过一段水运的时间。早在陇州开五节堰的前两年（623年），蓝田县令颜咏即开渠引南山水入京城⑥。实际上，开此渠的目的并非是引水，而是为了漕运南山的材木，敦煌残本《水部式》云："蓝田新开渠……公私材木，并听运下。百姓须灌田处，令造斗门节用，勿令废运，其蓝

---

①　《新唐书》卷37《地理志一》。

②　《水部式》，郑炳林：《敦煌地理文书汇辑校注》，甘肃教育出版社1989年版。

③　《新唐书》卷37《地理志一》。

④　事详《唐会要》卷87《漕运》，《新唐书》卷118《韩思复附朝宗传》，《新唐书》卷37《地理志》，《旧唐书》卷9《代宗纪》，《长安志》卷12《长安》和《资治通鉴》卷215《唐纪》。唯《玄宗纪》中"西街"作"两衖"。上述唐宋文献众口一词，都说韩氏引的是渭水，本来是没有什么疑问的，清人徐松《唐两京城坊考》卷4《漕渠》却将"渭"改成"滻"，而今人竟不细察，径从其说，不可不辨而正之。今按：为解决京师漕粮问题，开元二十九年至天宝元年，陕郡太守李齐物凿出三门；天宝元年至二年，水陆运使韦坚于咸阳壅渭水做兴成堰引渭入漕，又引滻水开广运潭，至此，漕渠全部浚通，从而使得天宝二年韩氏引漕河水成为可能。显然，韦、韩二氏工程同属于渭漕系统，而与南山滻水无关，故《玄宗纪》叙韦氏"以通河渭"事毕，即叙韩氏"又分渭水"入城之事。外廓城西北禁苑中的漕河即在龙首原之上，引其水入西市从地势上看也是可行的。

⑤　《长安志》卷14《兴平》并《新唐书》卷37《地理一》。按《元和郡县图志》卷2《凤翔府》并《册府元龟》卷497《河渠二》作"咸亨"，误。

⑥　《新唐书》卷37《地理志·京兆府·蓝田》。

田以东，先有水碨者，仰碨主作节水斗门，使通水运。"此渠不详所经，未言有船，可能以放排形式运输木材。代宗永泰二年（766 年），木炭使黎幹以京城薪炭不给，又于南山开"运木渠"漕运南山薪炭，七月十日渠始开①，九月庚申日渠成②。渠成之日，黎幹于渠中具舸船作倡优水嬉③，代宗上安福楼观看④。由此知之，该渠是可以行船的。是渠尾入于西苑，起自南山谷口，即炭谷（今太乙谷），但黎幹开渠时并不是从南山谷口新开一渠，而是利用了隋开皇初（583 年）所开的清明渠，只有自京兆府廨到西苑的一段才是黎幹新开的，故《旧唐书·代宗纪》和《唐会要·漕运》对此段路线记载独详⑤。

这里应该指出，清明渠为隋开皇初修，至唐永泰年间只稍事修浚即可行船，足见当时南山河流水量之大。长安亦为隋之都城，隋开清明渠和永安渠有没有漕运南山薪炭的目的呢？唐代自南山迤逦而来的渠道还有龙首渠和黄渠等，这些渠道是否只是单纯地为了引水呢？这些都是值得进一步思考的问题。

四 樵采对森林及环境的破坏

樵薪的直接后果是森林的破坏。据调查，现代人工栽植的专用薪炭林平均每公顷每年可获薪材量：阔叶矮林为 10—20 立方米，灌木林为 10—20 吨，马尾松林为 5—10 吨⑥。假使唐代每公顷森林可获薪材为 10—20 吨，则每年需樵采 200—400 平方千米的森林。若每年有 10% 的森林被过度樵采，则每年有 20—40 平方千米的森林化为乌有。如果整个唐代都以此速度减少，则 300 年间将减少森林面积 6 000 平方千米，相当于现在 2—3 个中等县的面积。由于樵采对森林的不断蚕食，关中地区的森林资源日益减少，开元、天宝之间（713—756 年），已经找不到 5—6 丈长的松木了，而需到岚、胜等州去采伐。代宗大历（766—780 年）初建章敬寺，因材木难得，竟不得不坏曲江诸馆、华清宫楼榭等建筑，"收其材佐兴作"⑦。贞元中（785—805

---

① 《唐会要》卷 87《漕运》，今按，原作"运水渠"，"水"为"木"讹。

② 《旧唐书》卷 11《代宗纪》。

③ 《新唐书》卷 145《黎幹传》。

④ 《旧唐书》卷 11《代宗纪》。

⑤ 《唐两京城坊考》说黎幹渠起自西市，是因为它把黎幹渠看成韩朝宗渠的延伸，而这纯粹是错误的猜测，为自圆其说，必然要产生韩朝宗引潏水，黎幹从西市开渠的谬论。

⑥ 《中国农业百科全书·林业卷下》。

⑦ 《新唐书》卷 207《鱼朝恩传》。

年），裴延龄说同州有 8 丈长的巨松，德宗就不相信①。作为京师薪炭供给地的京兆府、岐州和陇州，其情形应有过之。

不但如此，樵采还间接地引起自然环境的恶化。众所周知，森林具有涵养水源、调节气候和保持水土的作用。关中地区森林的破坏导致了该地区河流水量减小，水土流失加剧和水旱灾害频繁。比如汧水流域森林的破坏，使汧水流量减小，升原渠的水量也因之不够，咸通三年（862 年）不得不引渭水入渠。南山森林的减少，同样导致了南山溪涧水量的减小，黎干渠起初可以行船，但"久之，渠不就"②。渠道的湮废还有其他原因，但森林破坏显然是主要原因。

自然灾害的频度与植被的好坏有着密切的关系，比如同样的降雨在良好的植被环境里可以不成灾，在植被遭到严重破坏的环境里却可能成灾。据《新唐书·五行志》记载，唐代关中共发生各种自然灾害 136 次，平均每 10 年 4.6 次③（见图 17 - 3）。

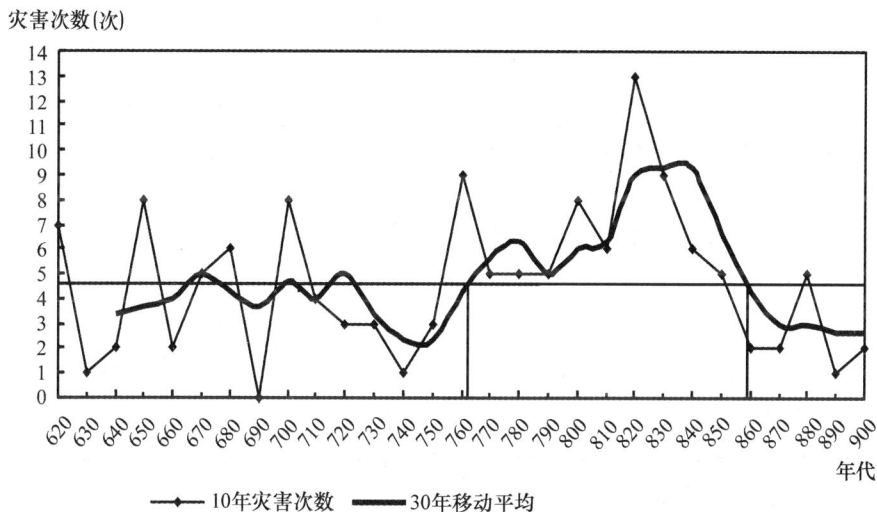

图 17 - 3　唐代关中自然灾害趋势图

---

① 《新唐书》卷 67《裴延龄传》，并《旧唐书》卷 5《裴延龄传》。
② 《新唐书》卷 145《黎干传》。
③ 曹尔琴：《论唐代关中的农业》，载《中国历史地理论丛》1989 年第 2 期。

从图 17-3 可以看出，唐代关中的自然灾害在 760—860 年间有一峰值，这 100 年里共发生灾害 71 次，每 10 年发生灾害 7.1 次，比全期平均数高出 54%。以公元 750 年（天宝九年）为界，将唐分为前后两期，在前期的 130 年间，灾害频度为一条略有波动的曲线，这表明森林破坏虽在进行，但它对自然灾害的作用尚未暴露出来，因为并不是森林一遭破坏就表现其巨大的反馈作用，它不仅有一个由量变到质变的过程，而且是一个滞后的过程。但是，在天宝九年以后的 80 年里，自然灾害频度呈迅速增长之势，说明此时关中森林的破坏超过了环境所能承受的程度，发生了质的变化，德宗皇帝就说开元、天宝之间关中地区已无巨木了，这标志着关中森林的破坏在开元末即公元 750 年左右达到了极度（limits）。所以，京师人口虽未增加，薪炭供需矛盾却日益尖锐，"木炭使"就是这种压力下的产物，武宗会昌中（841—847 年）竟有人砍掉桑树，"列于廛市，卖作薪蒸"①。830 年后，灾害频度逐渐减少，但仍保持较高水平，这是由于关中人口减少，对森林的破坏减弱，自然反馈力亦随之减弱的缘故。

五 余 论

通过以上对唐长安薪炭供销的初步研究，有几点心得，兹爰述如下，供参考。

第一，薪炭研究应成为历史城市地理和历史森林变迁的重要课题之一。在"早晨开门七件事"中，柴居首位。唐代太仓署和钩盾署是两个同级的机构，前者负责京师粮食的供应，后者负责京师薪炭的供应。可是我们今日的研究却厚此薄彼，研究漕运的不少，研究薪炭的没有，这是很不公平的。能源是城市的动力，而在古代，薪柴便是点燃城市文明的火花。因此，在研究古都的社会面貌时，至少要像研究漕运一样研究薪炭，因为它还涉及森林和环境问题，研究它的意义只会在漕运之上。

第二，城市活动对森林的破坏莫甚于樵采。如把建筑对森林的破坏比作"鲸吞"，那么，樵采对森林的破坏可称"蚕食"。鲸吞虽然是巨量的，但为时短，而蚕食则不仅具有巨量性，而且具有持续性、彻底性等特征。有人也许会说，樵采的对象并非全是高大的乔木，是的，但是，由于习惯和运输问

---

① 《唐会要》卷 86《市》。

题，唐长安城的薪炭大多是高大的乔木，如钩盾署的木橦就是论"根"的。以灌木为薪材只有在大树砍光了的情况下才有可能，然而，灌木的樵采正是森林遭到全面破坏的标志，生态环境亦正由此变得恶劣。对于樵采对森林的破坏，古人是有所觉察的，苏子由《买炭》诗云："西山古松柏，材大招斤斧。根槎委溪谷，龙伏熊虎踞。挑抉靡遗余，陶穴付一炬……我老或不及，预为子孙惧。"① 总之，樵采对森林的破坏是不容轻视的。

第三，反思历史，为今借鉴。据统计，全世界现在仍有 15 亿人所需能源 90% 来自木材②。中国是个农业大国，烧柴的人数一定不少，为了防止樵采对森林的破坏以及由此造成的环境恶化，在使用薪柴的地区积极发展薪炭林是很有必要的。

---

① （宋）祝穆：《古今事文类聚续集》卷 18《灯火部·炭》。
② 《中国农业百科全书·林业卷下》。

第十八篇

元明清北京城燃料供销系统研究

　　至迟在 13 世纪末的元代，北京城已开始使用煤炭，但直到清朝中叶，薪炭仍是北京城的主要能源，在能源结构中，煤炭的比重不超过 30%。元明清北京城如果全部燃薪，则每年需耗 40 万—50 万吨；如果全部燃煤，则每年需耗 5 万—6 万吨，但实际燃薪燃煤 11 万—15 万吨。元明清北京城燃料的供销系统可分为官方系统和民间系统两大类。官方生产者为官府直接控制的柴炭夫和柴煤户；官方采办者元代为柴炭局提领使、明代为屯田司柴炭使、清代为营造司官员；官方消费者包括宫中、京衙、外宾及其他公众活动消费，其燃料主要由柴炭司、惜薪司、营造司之柴炭厂取得。燃煤主要产自宛平、房山，薪柴则出自宛平、房山、昌平、顺义、通州、密云、玉田、涿州、良乡、怀柔、平谷、三河、蓟州、易州、蔚州、宣化、承德。陆路运输是燃料的主要运输方式，浑、白二河也承担一定的柴炭运输功能。明代北京城每年需燃耗木材 50 万立方米，清代因燃煤比重提高仍需燃耗木材 30 万立方米，七百年间为满足北京城的燃料消耗大约损失了 1.5 万平方千米的森林。

（本文发表于《中国历史地理论丛》1995 年第 1 期）

中国古代都城是国家政治、经济、文化的中心，有着十分庞大的消费人口，水系统、粮食系统、燃料系统三者作为市民日常生活必不可少的城市系统，历来十分受到包括皇帝在内的城市管理者的重视。但学术界却厚此薄彼，对古代都城的水系统和粮食系统多所注意，对燃料系统却无人问津。1991 年，笔者发表了《唐长安城薪炭供销的初步研究》一文①，算是填补了这方面的空白。这里再对中国封建社会晚期都城——元明清时期北京城的燃料供销系统做一初步研究，敬祈专家批评指正。

一　元明清北京城燃料消费结构与消耗总量

1. 燃料消费结构分析

与唐代长安城以植物性能源为全部燃料不同，元明清时期北京城已使用煤炭这种矿物能源为燃料，只是直到清朝中叶，北京城仍以植物性能源为主要燃料。

至迟在 13 世纪末，北京即已有煤炭的使用。据《大元大一统志》记载，北京城附郭宛平县西 45 里大峪山有黑煤窑 30 余所，西南 50 里桃花沟有白煤窑 10 余所，西北 200 里斋堂村有水火炭窑 1 所②。黑煤、白煤均系无烟煤，水火炭又称"水和炭"，盖为烟煤，它们都是北京城的燃料来源。每到九月间，城中内外的经纪人便往宛平西山贩卖煤炭，或用牛车装载，或用驴马驮载，冬月更是往来如织，多者一日即有数百车煤贩往京城；此外，宛平北山也有煤出产，只是质量不佳，京城中人极少使用③。至正二年（1342年）郭守敬等说金口河在金代时"上有西山之利，下乘京畿漕运"，只是后来淤塞了，若能疏浚，"其利极好有，西山所出烧煤、木植、大灰等物"也就可以直抵京城之中④。这说明北京城可能早在金代就已燃煤了。不过，元代北京城似以薪柴为优势燃料，元末城中只有修文坊前 1 处煤市，而柴炭市则有顺承门外、钟楼、千斯仓、枢密院 4 处，此外，市中心齐政楼左右多柴炭之行，钟楼前十字街口北有柴草市，草市则门门都有。由于燃料销售地较固定，形成了许多与燃料有关的地名，这些地名也多与薪柴有关，如枢密院

---

① 龚胜生：《唐长安城薪炭供销的初步研究》，载《中国历史地理论丛》1991 年第 3 辑。
② 缪荃孙辑：《顺天府志》卷 10《土产》，北京大学出版社 1983 年版。
③ 北京图书馆善本组辑：《析津志辑佚·风俗》，北京古籍出版社 1983 年版。
④ 《析津志辑佚·宛平县古迹》。

旁有柴场桥、烧饭桥之名，烧饭桥系宫廷内府御厨运送薪柴、苇草的必经之地①。

明代北京城燃料仍以薪柴占优势，煤所占地位仍很轻。其一，明代长期设有为内府生产薪柴的专门机构——易州山厂，但没有设置类似的煤炭生产基地。其二，明代长期对煤炭开采实行限制政策，直到万历年间才有较大发展。据明初成书的《图经志书》记载，京城煤炭产地和元代一样仍在宛平西山一带②。由于西山有关京城风水，明代长期有凿山伐石之禁，如正统十二年（1447 年）太师张辅家奴在卢沟桥附近开挖煤窑，都察院便以违禁之咎弹劾他③；嘉靖年间，西山一带煤炭开采稍稍有所发展，立刻便有人呈奏，说"西山一带煤炭俱应禁塞"，虽然世宗说"煤炭系民生日用所不可缺，不系监关应禁处，听小民照旧生理"④。但显然也说明煤炭的开采规模有限，所以到泰昌元年（1620 年）仍说京城"原用煤炸无多"⑤。其三，一些具体数字也说明明代京城的燃料主要是薪柴。如成化十二年（1476 年）工部尚书刘昭言光禄寺旧例每年柴炭 1 313 万多斤，惜薪司每年 2 400 万斤，并未言煤的消耗⑥；正德五年（1510 年）总理山厂侍郎胡琼奏称内官监等衙门燃料消费日增，每年增薪炭 1 406 万斤⑦，也未言煤的消费增加；清人王庆云《石渠余纪·纪节俭》也说明末宫中每年消耗木柴 2 600 余万斤，红螺炭 1 200 余万斤。红螺炭并非指煤炭，而是上等木炭，又名"红炉炭"和"红箩炭"，产于易州（今易县），因"按尺寸锯截，编小圆荆筐，用黄土刷筐盛之"而得名⑧。由此可见，即使在明代宫廷之中，燃料也是以木柴和木炭居绝对优势。当然，明代京城煤炭的消费也是不可忽视的，以明万历年间乡、会试所用燃料为例，每年文、武乡会试需用草 38 919 斤，木柴 96 495 斤，木炭 36 890 斤，煤炭 95 536 斤⑨，从数量结构看，煤炭占 36%，但这是特殊情况，因为乡、会试举办大型宴会厨房用煤较多，实际上还有许多公事

---

① 《析津志辑佚·河闸桥梁》。
② 辑本《顺天府志》卷 11《宛平县土产》。
③ 《英宗实录》卷 152。
④ 《世宗实录》卷 122。
⑤ 《熹宗实录》卷 1。
⑥ 《宪宗实录》卷 260。
⑦ 《武宗实录》卷 60。
⑧ （清）于敏中等编：《日下旧闻考》卷 42《皇城》引《芜史》。
⑨ （明）沈榜：《宛署杂记》卷 15《经费下》。

活动是不用煤的，如各种祭祀活动即主要用木炭。综合来看，明北京城燃料结构中煤炭的比重当在30%以下。

清代北京城的煤炭消耗量较元明时期都有增加，除内廷、官府外，寻常百姓家也开始使用煤为生活燃料，但终清之世，北京城的燃料结构仍以植物性能源为主。康熙《宛平县志》称都人炊事"惟煤是赖"[①]。乾隆四十六年上谕也说"京师开采煤窑为日用所必需"[②]。嘉庆六年上谕更说京城民间"石煤在所必需"[③]，仿佛从清初开始，北京市民就主要以煤为燃料了，其实不然，许多实例都说明煤炭并未能取代木柴、木炭的主导地位，清初康熙年间尤其如此，如《石渠余纪·纪节俭》称当时宫中一年用木柴700万—800万斤，红螺炭100余万斤，没有言及煤炭的使用；《国朝宫史·经费》也记载当时自皇太后到皇子侧室福晋都有红箩炭和黑炭供给，但没有煤炭配给[④]；《癸巳存稿》虽称康熙二十五年规定冬季每月给太监煤100斤炭10斤，但都是折银支给的[⑤]。康熙以后，随着北京城和北京地区人口的增加，煤炭开采规模逐渐扩大，煤炭消耗总量增长，但煤炭消耗比重直到清末仍在30%以下。兹以清代内务府为例来说明这点。如清代规定，和硕公主出嫁自下嫁之日起，每日配给柴400斤，煤80斤，木炭150斤，冬季每日另加木炭20斤[⑥]，以全年计，煤炭仅占燃料消耗总量的12%。又如清代宫中御膳房和内膳房是燃料消耗大户，据《钦定内务府现行则例》称，每年约用木柴84万斤，木炭12万斤，煤炭13万斤[⑦]，煤炭消耗比重也只占15%。再就整个内务府燃料结构言，据《内务府奏销档》记载，乾隆三十年宫内、圆明园等处共用过红箩炭64 405斤，黑炭566 228斤，煤367 433斤，木柴360 248斤，其中煤的比重为27%；光绪二十八年共用过红箩炭81万余斤，白炭5 200多斤，黑炭561万余斤，煤526万余斤，木柴1 504万余斤，其中煤的比重为20%[⑧]。推而广之，清代北京城燃料结构中煤的比重将不会超过20%，也就是说，清代北京城的燃料仍主要是植物性能源。不过应该指出，由于煤的

---

①　康熙《宛平县志》卷6《艺文》引卫周柞《罢玉泉山烧炭纪事》。

②　《高宗实录》卷1146。

③　直隶总督姜晟奏折，载《清代的矿业》，中华书局1983年版，第411页。

④　（清）鄂尔泰、张廷玉等：《国朝宫史》卷17《经费·日用》。

⑤　《清代的矿业》，中华书局1983年版，第401页。

⑥　章乃炜、王蔼人编：《清宫述闻》（初、续编合编本），紫禁城出版社1990年版。

⑦　《清宫述闻》。

⑧　同上。

燃烧值与薪柴、木炭不一样，数量结构还不能反映燃料结构的实质，兹将木炭、煤炭均折算成薪材，可以看出，清代膳房、和硕公主、内廷所用的燃料中植物性能源的薪炭和矿物性能源的煤提供了大致一样多的热量（前者折木材 4 590 万斤，后者折木材 4 632 万斤），反映出清代北京城燃料热量结构中煤的比重约占 50%，说明煤的消耗是比较重要的，清代京城地区煤炭开采较元、明时期重视也是可以理解的（参见表 18-1）。

表 18-1　　　　　　　　　明清内廷每年所用燃料结构表

年消耗量	木柴（万斤）	木炭（万斤）	煤炭（万斤）	木炭折木柴（万斤）	木柴（万斤）	木柴折合木材（万立方米）	煤炭折木材（万斤）
明季宫中	2 600	1 200	?	4 920	7 520	5.49	?
清初宫中	800	100	?	410	1 210	0.88	?
清代膳房	84	12	13	49	133	0.10	104
和硕公主	15	2	3	8	23	0.02	24
乾隆时内廷	36	63	37	258	294	0.21	296
光绪时内廷	1 504	643	526	2 636	4 140	3.02	4 208

说明：国际标准木炭 1 吨折原木 6.0 立方米，木柴 1 吨折原木 1.33—1.60 立方米，据此，平均 1 吨木柴的体积为 1.46 立方米，平均 1 吨木炭折木柴 4.1 吨；设煤炭与木炭的燃烧值比为 2，则 1 吨煤炭折木柴 8.2 吨，表中以 8.0 换算。

2. 燃料消耗总量估计

在《唐长安城薪炭供销的初步研究》一文中，笔者提出了平均每人年耗柴 0.5 吨的观点，并指出这个数字为从低估算值。兹假设元明清时期北京城人均使用燃料热值仍折 0.5 吨薪柴，根据城区总人口估算其年耗燃料总量如表18-2 所示。

如表 18-2 所示，元明清时期如果北京城只以薪柴为燃料，则每年所耗多在 40 万—50 万吨；如果只以煤炭为燃料，则每年所耗多在 5 万—6 万吨。但实际情况十分复杂，元明清北京城的燃料有芦苇、秋秆、薪柴、木炭、煤炭等多种，其间的比例也无法弄清楚，因此表中数字只是一种十分粗略的估计，一种使我们对元明清北京城燃料消耗有一个较具体的印象的估计。不过，有一点是可以明确的，即元明清时期北京城由于煤炭的使用，大大降低了燃料消耗总量，也大大减轻了运输、贮存的负担，如清代北京城只烧木柴需 45 万—50 万吨，但如一半热量由烧煤取得，则只需各类燃料 11 万—15

万吨，可见煤作为城市生活燃料，也是城市的一种进步。

表 18-2　　　　　　　　**元明清北京城年耗燃料总估计表**

年代	城区人口（万人）	年需薪材（万吨）	年需煤炭（万吨）	年耗燃料结构（万吨）			
				木柴	木炭	煤炭	总量
至元七年（1270 年）	42	21	2.6				
泰定四年（1327 年）	93	47	5.9				
明洪武初（1370 年）	14	7	0.9				
明万历初（1570 年）	86	43	5.4				
明天启中（1620 年）	79	40	5.0				
顺治四年（1647 年）	58	29	3.6				
乾隆四六（1781 年）	90	45	5.6	2.8	4.8	2.8	10.4
光绪年间（1890 年）	100	50	6.3	8.7	3.7	3.1	15.5

说明：除明天启中人口采自《熹宗实录》卷 9 和光绪年间人口系估计外，余均采自韩光辉《金元明清北京粮食供需与消费研究》（载《中国农史》1994 年第 3 期）。

二　元明清北京城燃料供销系统及其管理

1. 燃料的供销系统

任何一个供销系统都由生产者、流通者、消费者及其管理者组成。元明清北京城的燃料生产者大致可以分为两类：一是不受官府直接控制的自由樵夫和煤夫，他们虽以樵采为业，但为一般民户，所生产的燃料或自己售卖，或通过经纪人售卖，是广大城市居民所需燃料的生产者；一是官府直接控制的役户，有砍柴夫、抬柴夫、煤丁、炭丁等名，或统称为柴炭夫、柴煤户，他们生产的燃料由官府收纳集中并运至城中以供宫廷和在京各衙门之用，是专为官府的燃料生产者，如明正统年间，房山县有采柴夫 300 余丁，每丁每月要送至京城 400 斤薪柴[①]。万历年间，宛平县仅为锦衣卫"东厂"提供燃料的柴煤户就有 204 丁[②]。在内府燃料主要生产基地的易州山厂，弘治年间每年就有砍柴夫 19 925 名，抬柴夫 300 名[③]。这些柴炭夫轻易不能免除，景泰七年（1456 年），直隶监察御史杨锐奏请罢除顺天府通州、玉田等州县岁办及柴炭夫役，皇帝的

---

① 《英宗实录》卷 38。
② 《宛署杂记》卷 6《人丁》。
③ 《孝宗实录》卷 213。

回答是"岁办可免，柴炭夫以供内府急用，不可免"①。如果这些柴炭夫所生产燃料仍不够需求，有时还召商人采办②，或令军士采伐③。

元明清北京城的燃料流通者也可分为两大类：一类是官府管理机构的官员，如唐代设"木炭采运使"，元明清北京城也设有许多领运柴炭之官，如元代柴炭局的提领使、明代屯田司的柴炭使、清代营造司官员等。此外，顺天府尹及其属县诸官、城区步军统领、直隶总督等官员有时也司采运柴炭之职。所有这些官员采办之柴炭，主要是供给宫中的在京各衙门使用，这些官员也并不直接参与燃料的运输，燃料的运输仍由役户承担；另一类是经纪人，即商人，主要采购一般自由柴煤夫的燃料供给城中一般市民之用。当然也有自产自销之人，但是极少数。

与燃料的生产、流通相对应，元明清北京城的燃料消费者也可分为两大类：一类是由政府配给，包括宫中、京衙、外宾及其他公众活动消费，其燃料主要从柴炭司（元）、惜薪司（明）、营造司（清）之柴炭厂取得，配给数量视官职大小及其他具体情况而定。如前述康熙二十五年规定，冬季折色每月给太监煤 100 斤，炭 10 斤；宫人则多支本色，分冬、夏二季供给，自皇太后至皇子侧室福晋各有差，如表 18 - 3 所示。外宾入京也有燃料供给，明正统十三年十一月会问馆大使姬坚奏称野人女真"轻贡到馆，不循门禁，径出街市，强夺民货，其日给薪炭，不俟均分，辄肆抢夺"④，即是明证；还有一类即广大的市民与一般官吏，他们所需燃料直接从城中的煤市、柴炭市、柴草市等燃料市场购得。

表 18 - 3　　　　　　　　　　清初宫人木炭供给量

称谓	人数（个）	每人每日红箩炭（斤）		每人每日黑炭（斤）		每人每年木炭（斤）	合计（斤）
		夏季	冬季	夏季	冬季		
皇太后	1	20	40	40	80	16 380	16 380
皇后	1	10	20	30	60	10 920	10 920
皇贵妃	1			30	60	8 190	8 190
贵妃	2	10	15	30	60	10 465	20 930

---

① 《英宗实录》卷273。
② 《宪宗实录》卷270。
③ 《宣宗实录》卷240。
④ 《英宗实录》卷172。

续表

称谓	人数（个）	每人每日红箩炭（斤）		每人每日黑炭（斤）		每人每年木炭（斤）	合计（斤）
		夏季	冬季	夏季	冬季		
妃	4	5	10	25	40	7 280	29 120
嫔	6	5	8	20	30	5 733	34 398
贵人				18	25	3 913	
常在				10	20	2 730	
答应				5	10	1 365	
皇子福晋		5	10	30	70	10 465	
皇子侧福晋				10	18	2 548	

资料来源：鄂尔泰等《国朝宫史》卷17《经费·日用》。

综上所述，元明清北京城的燃料供销系统由两个子系统组成：一个是官方供销系统，一个是平民供销系统，前者从生产到消费都有专门管理机构，后者则主要受市场价值规律支配，这两个子系统间的关系是不紧密的，是阶级差别在日常生活中的直观反映。

2. 燃料的管理机构

元明清时期北京城的燃料管理机构是为官方服务的专门机构。在元代为"柴炭局"，该局创建于元贞二年（1296年），初属詹事院，设达鲁花赤、大使、副使等局官，至治二年（1322年）裁局，天历二年（1329年）复设，改隶徽政院，设提领大使、副使等局官①。

明代负责京城燃料供销的专门机构是工部屯田司和直殿监惜薪司。屯田本为农事，但明代屯田司"仅掌上供并监局柴炭与山陵之事"，设柴炭司正、副使等官，下领台基柴炭厂和易州山厂。前者为城中"堆放柴薪及芦苇"之所，系京城营缮五大厂之一②，后者在易州，系明代内府薪炭集中产地，嘉靖以前由督理侍郎管理，嘉靖年间改为主事管理③。惜薪司是内务府机构，"掌宫内诸处柴炭之事"④，"及二十四衙门、山陵等处内宫柴炭"⑤，其所用

---

① 《析津志辑佚》。
② （明）孙承泽：《天府广记》卷21《工部屯田司·营建》。
③ 《天府广记》卷21《工部屯田司·柴炭》。
④ 《天府广记》卷15《礼部朝仪·内侍之制》。
⑤ 光绪《顺天府志》卷13《京师志十三·坊巷上》引。

红箩炭均为易州山厂所产①。据《明史·职官志》载，惜薪司有掌印太监一员，总理外厂、北厂、南厂、新南厂、新西厂诸厂薪炭之事。至于宫人薪炭又由尚食、尚功二局负责配给②。

清代情形与明代差不多，工部屯田司仍领台基厂，废易州山厂，另有柴厂、煤炭厂，此薪炭二厂，"各设监督，铸给关防以董其事，岁周更代"③。内务府清初仍有惜薪司，顺治十八年改为内工部。康熙十六年改为营造司，为清代内务府三院七司之一，"掌理工作，兼司薪炭"④，下设木、铁、房、器、薪、炭六库⑤。在宫中又有柴炭处"专司各处运送木柴、煤炭"⑥。

总之，元明清三代为满足京城内及衙门所需燃料，都有专门的管理机构，于城外则设有柴炭厂，于城中则设有柴炭库，从生产、流通到消费都有了保障。

三　元明清北京城的燃料生产区域及其运输

1. 煤炭的生产区域

前已述及，元代北京城就已有煤的消费，主要产地在宛平西山，有煤窑40多所，集中在大峪山和桃花沟两处地方。明初北京城的煤炭产地基本没有变化，《图经志书》与《元一统志》有类似记载，只是谈到大峪山之黑煤"士人恒采取为业……其用胜于燃薪，人赖利焉"⑦。明中叶以后，宛平煤的开采规模和区域都在逐步扩大，如成化年间西山一带军民不顾禁令，往往开采煤炭，正统年间，太师张辅家奴开始在卢沟桥东开挖煤窑，嘉靖以后对于西山煤的开采逐渐放松了禁令，明末因西山一带煤窑数多，设立了大批煤税监，泰昌元年撤回大批税监后，仍留有黄树园、辘轳港、镜儿窑等税监⑧。另外，宛平西北200余里的黄岭也成了水火炭产地⑨。

---

① 《日下旧闻考》卷42《皇城》引。
② 《天府广记》卷15《礼部朝仪·宫官之制》。
③ 《日下旧闻考》卷63《官署》，卷150《物产》。
④ 《日下旧闻考》卷71《官署·营造司》，并光绪《顺天府志·京师志七·衙署》。
⑤ （清）王庆云：《石渠余纪》卷3《纪立内务府》。
⑥ 《国朝宫史》卷21《官制二》。
⑦ 辑本《顺天府志》。
⑧ 《宪宗实录》卷263，《英宗实录》卷152，《熹宗实录》卷1。
⑨ 《宛署杂记》卷4《山》。

清代北京城的燃煤仍主要出自西山，但这时的西山并非宛平县之小西山，而是弥亘宛平、房山二县的大西山了。清初康熙时这二县每年都有不计其数的煤炭生产，以致"都城百万家烟火之煤取足于此"，玉泉山因此也不再烧制木炭了①。乾隆四年直隶提督永常奏称"京城内外人烟繁庶甲于天下，惟赖西山之煤，取用不穷"，乾隆五年大学士赵国麟也奏称"京师百万户皆仰给西山之煤，数百年于兹，未尝有匮乏之虞"②。但自此以后，由于京城内外人口迅速增加，柴薪资源日渐短缺，城中燃料供不应求，煤炭价格日高，乾隆二十六年、四十六年曾两次下诏令工部、步军统领、顺天府并直隶总督各衙门募民招商开采煤炭③。房山县在元代尚未采煤，乾隆二十八年则已有煤窑196座，除废弃外，采煤者有123座，日产煤多者5 000斤，少者1 000斤④。以平均日产2 000斤计，则仅房山一县可日产煤120余吨。嘉庆六年，因京城煤价昂贵，又诏令步军统领衙门会同顺天府尹、直隶总督招商开采煤炭，经查，京营、宛平、房山系产煤之区，共有煤窑778座，其中京营原共80座，内废闭50座，暂停23座，在开7座；宛平原共424座，内废闭224座，暂停132座，在开68座；房山原有274座，内废闭143座，暂停21座，在开110座⑤。合计正在开挖的煤窑达185座，以平均日产2 000斤计，则可日产煤185吨，年产煤67 500吨左右，这些煤若全运送城中，完全可以满足需要。据前估算，清代北京城如仅烧煤只需6万吨左右一年，但实际在燃料结构中烧煤只有3万吨左右，由此可知，清代宛平、房山、京营等地煤炭并非全部输送京城之中，而只有一半左右系城内消耗。

煤炭是一次性能源，因而产煤之地易于变迁，宛平县元代煤出自大峪山和桃花沟，清嘉庆年间则主要出自门头沟，仅此即有煤窑200余所，几占宛平全县煤窑数的一半⑥。清末光绪年间，北京城所需煤炭仍主要产于大西山一带，其中宛平有煤窑99座，房山有煤窑16座在开采⑦，估计年产煤可达4万吨以上。宛平、房山外，清代顺天府昌平州、怀柔也有煤炭生产，《昌平

---

① 卫周祚：《罢玉泉山烧炭纪事》，引见前。
② 载《清代的矿业》第8、438页。
③ 《高宗实录》卷650、1146。
④ 直隶总督方观承奏折，载《清代的矿业》，中华书局1983年版，第403页。
⑤ 直隶总督姜晟奏折，载《清代的矿业》，中华书局1983年版，第411—412页。
⑥ （清）徐继畲：《松龛先生全集》卷首《堂叔直隶清河道东堂家传》。
⑦ 光绪《顺天府志》卷57《经政志四·矿厂》。

州志》称"出河西者为佳"①，怀柔之煤在县北境，曾在乾隆四十五年奏准开采②。

综上所述，元明清北京城的燃煤主要出自宛平、房山二县。清乾隆以后，虽然宣化、承德（热河）二府的煤炭资源也得到了开采，但其煤炭并未供京城消耗③。

2. 薪炭的生产区域

元明清时期北京城的柴薪、木炭生产区域较煤炭产区广得多，但也都在京畿地区，特别是北京城西部和北部的山区。宛平、大兴二县为京城附郭，据《宛署杂记》载，明末城中如会试、祭祀等许多活动所需柴炭皆由宛平、大兴二县分担。特别是宛平境内多山，其西山不仅是重要的煤产地，也是重要的柴薪产地，明代有关西山的诗文中也多樵采记载，如"深谷仍迷野客樵"、"林藏王气樵人识"等④；前述玉泉山直到清初尚是一处重要的烧制木炭的场所。据县志记载，"无烟柴"是其特产⑤。房山县毗邻宛平，皆系大西山之境，也是北京城的重要薪柴产地，明正统年间每年有采柴夫300多人专门为京城采办薪柴⑥。昌平州在北京城北，是明代宫廷所用"马口柴"的产地，该柴"长三四尺，净白无黑点，两端刻两口"⑦，据州志记载，其北部山区所产木柴木炭有栎柴、柳柴、稻草柴、茅草柴、乌炭、白炭、山炭、柳炭、疙瘩炭等名⑧。昌平州东为顺义县，顺义县南为通州，这两个州县在明宣德、正统年间设有专官负责"采运薪炭"。顺义县北为密云县，该县在宣德年间曾有3 000多人"供官用薪炭"。玉田县明属顺天府，清属遵化州，在明代也有柴炭夫"以役供内府急用"⑨。上述州县皆在顺天府西、北部，准此而论，西部山区的涿州、良乡和北部山区的怀柔、平谷、三河、蓟州等州县也应是明清北京城重要的柴薪产地。

---

① 光绪《顺天府志》卷51《食货志二·物产》。
② 《高宗实录》卷1114。
③ 《清代的矿业》第435—443页。
④ 《天府广记》卷44《诗》。
⑤ 光绪《顺天府志》卷51《食货志二·物产》引。
⑥ 《英宗实录》卷83。
⑦ 《国朝宫史》卷2《训谕二》。
⑧ 光绪《顺天府志》卷51《食货志二·物产》。
⑨ 《英宗实录》卷325、273，《宣宗实录》卷74。

顺天府西南、太行山东麓的易州也是北京城重要的柴薪产区，特别是在明代，宫中所用"红箩炭"都产于此州，因此工部在此设立了"易州山厂"，每年有近2万人在此采烧薪炭以供惜薪司和在京衙门之用，其砍柴夫、抬柴夫役银除分派北直隶府州外，还外及山东、山西两省①，可见生产规模之大。易州西北之蔚州明代属山西布政司，也是马口柴的重要产地②。

此外，宣化、承德二府毗邻顺天府，也是北京城柴薪的生产地，如明宣德年间因顺天府百姓采运柴薪艰难，曾发动守边军士在白河、浑河上游山区采伐木材，使顺流运到通州和宛平县卢沟桥积贮以供城中之用③。

3. 燃料的运输

如上所述，元明清北京城的燃料产地都在附近地区，这主要是由于燃料运量大且不便于长途运输的缘故，古所谓"百里不伐樵"正是这种反映。

陆路运输是燃料运输的主要方式，其动力为人力和畜力，而以畜力为主。如元代贩运宛平西山之煤多用牛车装载，甚至直接"以驴马负荆筐入市"④。明代京城衙门用煤也有以"驮"、"车"为单位的⑤，这显然也是指畜力运输。由于贩运燃料可为常年生计，明代北京城里的市民很少从事工商胥吏之业，"止作车夫、驴卒、煤户、班头而已"⑥。宛平县又有"马户"，为明政府培养军马、驿马等，却有人"持往西山驮煤草入城鬻卖"⑦。清代"煤斤自窑运厂，自厂运京，全仗车骡驮载"⑧也主要依靠畜力，宣化府各属贫民"常年生计，佣工外，全在刨采柴薪，家畜一驴"⑨，清后期又有以骆驼运煤者，《燕京杂记》说，"京师不尚薪而尚煤，煤出于西山，驮以骆驼，络绎不绝，行道者苦"⑩。

陆路运输外，又有水路运输。元明清北京城燃料生产区域在浑、白二河

① 《孝宗实录》卷213。
② 光绪《顺天府志》卷50《食货志二·物产·木属》。
③ 《宣宗实录》卷40。
④ 《析津志辑佚》。
⑤ 《宛署杂记》卷14—15《经费》。
⑥ （明）王士性：《广志绎》卷2《两都》。
⑦ 《宛署杂记》卷9《马政》。
⑧ 《方恪敏公奏议》卷8，载《清代的矿业》，中华书局1983年版，第404页。
⑨ 《高宗实录》卷263。
⑩ 《旧京遗事》《旧京琐记》《燕京杂记》合刊本，北京古籍出版社1986年版。

流域，此二河流经北京城左右，便于柴炭运输。早在元代，浑河就被用以运输柴炭，至正二年郭守敬等请开金口河以运输"西山所出烧煤、木植、大灰等物"[1]。次年十月即"凿金口，导卢沟水，转漕西山木石"[2]。明代也利用浑、白二河进行薪炭运输，并在水陆辐辏的京城门户通州城和卢沟桥设立了抽分局，抽分"客商所贩木筏"和"细民柴炭"[3]。清代浑、白二河仍是重要薪柴产区，想来也是差不多的。

四　燃料樵采对环境的破坏

1. 对森林的破坏

燃料生产——无论是直接以木材为原料的薪柴生产还是以木材为矿料的煤炭生产都将对森林造成破坏。北京是金元明清各朝的首都，八百年来人烟辏集，且皆以薪柴为主要燃料，对森林的破坏是难以估量的，好在北京城与北京地区的人口并不是直线上升而是有间断的波动，也好在森林植被是一种可再生的资源，只要不连根拔除尚能逐步恢复，还好在大多数平民是以秸秆和草为燃料，减轻了对森林的压力。唐长安城人口盛时约80万，笔者假设每年有10%的森林过度樵采不能恢复，则唐三百年间将减少森林面积6 000平方千米以上；元明清三代北京城区人口盛时也都在80万以上，若以此数计，七百年将减少森林面积1.5万平方千米以上，约相当于7—8个中等县的面积。实际情况可能还不止此。且不论金元时期，只以明清为例。明代宫中所用有所谓"马口柴"、"红箩炭"者，这些柴炭均系上等木材烧制，已如上述；《暖姝由笔》也说："朝廷用炭，俱圆木所烧，浑沦一样，长尺许，两头磨光，外有麻路，恐爆，用砻糠火煨熟，一筐三四十斤"[4]。据说清代宫中费用较明代节俭，但这样的柴炭仍在使用，如表18-1所示，明末宫中一年要消耗木材5.5万立方米，清代因煤炭使用比重增加，木柴消耗量有所减少，但清末内廷一年也要消耗木材3万余立方米，数字仍然惊人，若论整个城区消耗，则至少10倍于此，也就是说，明代北京城一年消耗木材可多达50万立方米，清代可多达30万立方米。

---

① 辑本《顺天府志》卷11《古迹》。

② 光绪《顺天府志》卷65《时政上》。

③ 《宪宗实录》卷76，《孝宗实录》卷92。

④ 《日下旧闻考》卷150《物产》引。

关于燃料生产对森林的破坏，明清时人也有所记述。易州山厂是明代"专以烧薪炭供应内府"的场所，由于森林的逐渐消失，其驻地曾一迁再迁，宣德五年（1430年）置于平山，后迁沙峪口；景泰年间则移至满城县西10里，天顺元年（1457年）又移到易州城西北2里，有供应内廷薪炭任务的八府五州数十县在此驻官采办柴炭，"民之执兹役者，岁亿万计，车马辏集，财货山积"，原因是"此州林木翁郁，便于烧采"，但至明季则已是"数百里山皆濯濯"了①。不但易州如此，太行山、燕山许多关隘附近的森林也遭到了破坏②。景泰元年（1450年）兵部奏称紫荆、居庸、雁门一带关口"绵亘数千里，旧有数木根株蔓延，长成森麓，远近为之阻隔，人马不能度越，近来以公私砍伐，斧斤日寻，树木殆尽"；弘治六年（1493年）平江伯陈锐也奏称居庸等关、密云、古北口、喜峰诸镇"山木为人砍伐，险阻变为坦途"③。清朝鼎革之后，樵采对森林的破坏还在进一步加剧，昌平州明代帝陵附近的树木也多被砍伐，顺治时曾下令工部"见存树木，永禁樵采"④，至于乾隆之世，京城人口达90万，京畿地区人口也有大幅度增加，达200多万，不仅京城柴薪昂贵特甚，甚至原来本多森林的口外地区也无薪柴可采了，如密云县管理古北口抽分事宜，嘉庆以前每年额解木税银1 012两，至于嘉庆初年，由于"山场砍伐既久"，商贩寥寥，只有老百姓在附近各山樵采每岁税银不过五六十两了⑤。热河地区在乾隆初也已是"口外山场樵采由近及远，柴薪日耗斯价值日昂"⑥。宣化、热河二府煤炭资源的开发就是在森林破坏殆尽的情况下迅速发展起来的。对于京畿地区可以这样说，煤炭资源开发的早晚反映了森林破坏的先后。

2. 对其他环境的破坏

燃料生产除直接破坏森林外，还会造成一些其他环境破坏，如森林破坏可引发水土流失，加速河床淤积与河流改道，使洪涝和干旱趋于频繁，等等。此外，煤炭的开采也可能引起河道淤塞、山体崩塌、泥石流和泉水枯竭

①　《天府广记》卷21《工部·柴炭》引戴铣《易州山厂志》。
②　史念海：《森林地区的变迁及其影响》，载《河山集五集》，山西人民出版社1991年版。
③　《英宗实录》189，《孝宗实录》卷76。
④　《日下旧闻考》卷136《京畿·昌平州》。
⑤　光绪《顺天府志》卷11《京师志十一·关权》。
⑥　乾隆四年直隶提督永常奏折，载《清代的矿业》，中华书局1983年版，第438页。

等灾害，限于篇幅，这里不作详细探讨，只举两例以作说明。自明中叶以来，浑河流域的森林遭到了严重破坏，至于清前期，浑河下游即永定河便频繁改道，康熙三十七年至乾隆三十七年（1698—1772 年）河口曾六度迁徙①，其中原因虽不能尽归之于樵采对森林的破坏，但是樵采却是不能辞其咎的。至于煤炭的开采对环境的破坏则更为直接，如乾隆五十年（1785 年）高宗到碧云寺拈香，看到寺内池水枯竭大为不解，一问才知是寺后开挖煤窑致泉水别流之故②。像这样的事例恐非个别，而是一种普遍现象，这是城市活动对环境破坏的一个新特点。

总之，薪柴、煤炭等燃料的生产对古代都城的发展与繁荣提供了必不可少的动力，但另一方面，又给周围环境造成了不可估量的破坏，真是"此事古难全"。今日研究人口、资源、环境、发展之间的关系以及地理学与可持续发展的关系，这恐怕也是一个值得深入探讨的研究领域。

---

① 《日下旧闻考》卷 126 《京畿》引乾隆帝《往阅永定河下口舆中作》。
② 载《清代的矿业》第 426 页。

第十九篇

清代两湖地区人口压力下的
生态环境恶化及其对策

清代两湖的人口压力主要是从乾隆年间开始的。且主要发生在开发历史悠久的腹地平原，而边鄙山区其时尚是地广人稀，以后便成为接受腹地剩余人口的缓冲区。统计清代两湖人口压力发生区土地面积占两湖总面积的 68.4%，人口占两湖总人口的 90%，耕地占两湖总耕地的 88%。缓冲人口压力需从控制人口和增加土地两方面着手，但清代只看到一面，即主张通过开垦新的土地来缓和人口压力。开垦新的土地往往伴随着移民运动，康熙年间，两湖腹地的剩余人口主要向洞庭湖滨滩地移动，从事"与水争地"的垸田垦殖；乾隆年间，剩余人口则主要流向湘鄂西山区，从事"与林争地"的山地开发。"与水争地"引起了垸田区的频繁水患，"与林争地"引起了山地区的水土流失。清代两湖从土地开垦获得了不少好处，但也为之付出了相当代价。没有将垸田区的水患和山区的水土流失结合起来治理是清代两湖农业生态恶化的根本原因。

（本文发表于《中国历史地理论丛》1993 年第 1 期）

近年来，随着人口的急剧增长和人类活动的加剧，生态环境和社会发展之间的矛盾日益尖锐，"我们只有一个地球"的呼声也日益高涨，如何协调好环境与发展的关系，已成为当今世界普遍关注的重大问题。其实，人类既然依赖于环境生存，环境与发展关系古即有之，因此，探讨历史时期环境与发展关系的演变及人们所采取的相应对策，无疑可以为今日协调好这种人地关系提供有益的借鉴。环境与发展关系是一个十分广泛而复杂的范畴，这里只就清代两湖地区生态环境与农业发展的关系做些具体探讨。

一 人口压力的发生及其表现

自康熙十八年（1679 年）清政府与藩将吴三桂的战争结束后，两湖地区开始走向长期的社会安定。安定的社会环境给人口的繁殖提供了十分有利的条件。大概经过一代人的繁殖，到康熙五十年（1711 年）前后，两湖人口开始迅速地增长，不仅很快弥补了清初社会动乱造成的人口损失，而且由于耕地增长速度远远落后于人口增长速度，以致在乾隆初年出现了人口压力。在康熙雍正年间，两湖耕地也曾有过比较迅速的增长，康熙末年，大致完成了明末清初社会动乱造成的抛荒田地的垦复工作，到乾隆二十年（1755 年）后，又完成了湖滨洲渚的垸田垦殖。然而，人口发展却并未因此停滞，相反仍保持着高速发展。人口和耕地的这种不协调发展导致了人均耕地的急剧下降。在雍正二年（1724 年）至乾隆十八年（1753 年）间，两湖人口增加了 4 倍，而耕地增加却不到 4 个百分点，人均耕地从 18 亩余下降到不足 4 亩；此后，人均耕地继续下降，嘉庆以后人均耕地还不足 2 亩。兹从高估算，假使这些耕地每年全种一茬粮食，亩产合 2 石稻谷，则人均占有粮食也不过 4 石，仅能维持基本的口粮需要，可见此时人口压力已到十分严重的地步了（见表 19－1）。

表 19－1   **清代两湖人均耕地变化表**

年份	1570	1661	1685	1724	1753	1784	1820	1873	1893
人口（千人）	4 399	3 233	3 324	4 356	21 377	32 882	47 992	53 560	55 263
耕地（万顷）	84.2	58.7	62.7	80.0	83.1	89.8	95.0	103.2	107.0
人均耕地（亩）	19.1	18.2	18.9	18.4	3.9	2.7	2.0	1.9	1.9

资料来源：龚胜生《清代两湖农业地理》，华中师范大学出版社 1996 年版。

说明：表中年份分别为万历初年、顺治十八年、康熙廿四年、雍正二年、乾隆十八年、乾隆四十九年、嘉庆廿五年、同治十二年、光绪十九年。

　　人均耕地的下降，是人口压力产生的根本原因，而土地兼并对人口压力的深化起着推波助澜的作用，因为土地兼并必使一部分人失去耕地所有权而加速人口的剩余。在清代初期的顺治、康熙年间，两湖人稀地广，存在着大量抛荒田地，以致将田地白送也无人收纳，如湖南湘潭县"康熙初土旷人稀……弱者以田契送豪家，犹惧其不纳"①。到乾隆初期这种情形就迥异了，湖南巡抚杨锡绂在乾隆十三年（1748 年）指出："近日田之归于富户者，大约十之五六，旧时有田之人，今俱为佃耕之户，每岁所入难敷一家口食，必须买米接济"②。这里虽说失去土地的人都可以佃耕，似乎并没有剩余人口产生，其实未必尽然，如果真是这样，恐怕地主们就无利可图，就没有必要进行土地兼并了，更何况土地兼并之后，佃耕之人连口粮都匮乏，这就不能不说是一种人口过剩。雍正、乾隆、嘉庆三朝的刑部案件中，有关两湖农业雇工和雇主之间斗争的案例呈逐渐增加之势。雍正年间，两湖人口压力还没有这么严重，所以没有这方面的案件；到乾隆年间，两湖人口压力已经开始，嘉庆年间更加严重，所以这样的案件从每十年 1.8 次增加到 8.8 次，在湖南从乾隆年间的 60 年一次增加到嘉庆年间的 8 年一次，在湖北则从 6 年一次增加到 1 年多一次。从这里也可以看出，乾隆时期湖北的人口压力比湖南严重，嘉庆初年的白莲教起义发生在湖北境内，大概并非偶然（见表 19 - 2）。

表 19 - 2　　　　　清雍正、乾隆、嘉庆三朝两湖农业雇工案例统计

	雍正时期	乾隆时期	嘉庆时期	三朝合计
湖南省	0	1	3	4
湖北省	0	10	19	29
两湖	0	11	22	33
十年平均案例	0	1.8	8.8	3.4

　　资料来源：据李文治《中国近代农业史资料》第 1 辑（1840—1911）第 111 页有关统计资料改编，生活·读书·新知三联书店 1957 年版。

　　当然，人口压力并不是突然出现的，而是逐渐形成的。虽然从人均耕地

①　光绪《湘潭县志》卷 11《赋役》。
②　《皇清名臣奏议汇编初集》卷 44《筹民食疏》。

和土地兼并的情形来看，清代两湖的人口压力主要是从乾隆年间开始的，但在两湖某些地区，早在康熙后期就发生了人口过剩的现象。康熙四十七年（1708年）闰三月湖广提督俞益谟谈到湖南中部地区的衡州（治今衡阳市）、永州（治今永州市）、宝庆（治今邵阳市）三府人民"数年来携男挈女，日不下数百名口，纷纷尽赴四川垦荒，盖以本省人稠无可耕之土也"①。五十二年（1713年）十月，偏沅巡抚潘宗洛奏报湖南垦荒五百余顷，康熙帝就表示怀疑，说："今天下户口甚繁，地无弃土，湖南安得有如许未垦之田"②。这说明康熙末年两湖确乎已有人口压力问题存在了，只是这种人口压力的苗头由于移民和垦荒而成长缓慢而已；但是到雍正末乾隆初，不仅四川不能像以前一样接纳大批两湖移民，而且两湖荒地的开垦也已步入艰难境地，人口压力之表现便较为突出。乾隆初湖南巡抚陈宏谋指出湖南已是"生齿日繁，生计日蹙"，"纵尽水滨山涯皆为民业，犹恐有限之地不足以养滋生之民"③；杨锡绂也说湖南"虽数十年以来荒土未尝不加垦辟，然至今而无可垦之荒者多矣"④。湖南如此，湖北当更如此。

正是由于人口压力的严重化，乾隆初年，两湖米价高涨，抢米风潮时有发生。物价反映的是供需关系，米之供者为地，米之需者为人，需大于供即人余于地，因此米价上涨实际上反映的是人均耕地的下降。人均耕地下降是一个逐渐的过程，米价的上涨亦然。雍正五年（1727年）七月，湖南米价每石高至一两六七钱，雍正帝询问以前是否有过这样高的米价，湖南巡抚布尔泰回答说："湖南素称产米之乡，米价贱于他省，从前每石不过六七钱，贵至八九钱而至；康熙四十二年（1703年）巡抚赵申乔任内始买至一两有零，又康熙四十六年（1707年）每石一两三四钱……总之，湖广数十年以来……缓养生息，户口日繁，食米者众"导致了米价的逐渐上涨⑤。乾隆十三年（1748年）湖南巡抚杨锡绂也说："康熙年间稻谷登场之时每石不过两三钱，雍正年间则需四五钱，无复二三钱之价，今则需五六钱，无复三四钱之价，盖户口多则需谷亦多……则户口繁滋是以致米价之贵，逐渐加增，势

---

① 《康熙朝汉文朱批奏折汇编》，档案出版社1983年版，第1册第325折。
② 《皇朝文献通考》卷2《田赋考》。
③ 《培远堂手札节存》卷上《寄周人骧书》并《寄托庸书》。
④ 《皇清名臣奏议汇编初集》卷44《筹民食疏》。
⑤ 《雍正朝汉文朱批奏折汇编》，江苏古籍出版社1986年版，第10册第154折。

必然也。"① 关于清代两湖米价之变化，笔者还要专门论述，此不多赘。确实，两湖米价是从康熙以来逐渐增涨的，但是在康熙雍正年间，并未因米价上涨发生抢米之事，到乾隆初年则不然，抢米遏粜之事经常发生，乾隆七、八年（1742—1743 年）间，湖南的芷江、醴陵、巴陵、耒阳、兴宁、衡山、衡阳、攸县、祁阳诸县都发生过抢米阻粜的事件②。无独有偶，在康熙雍正时期广为流传的"湖广熟，天下足"之谚在乾隆初年也变得名不符实了，乾隆十三年（1748 年）朱伦瀚说："湖广素称沃壤，故有'湖广熟，天下足'之谚，以今日言之，殊不尽然……今日之楚省，非复昔日之楚省也。"③ 这也从侧面反映出了两湖的人地关系在乾隆初年是一个转折点。

　　关于两湖人口压力的表现还可以举出一些，但这些无疑已足以说明清代两湖的人口压力主要发生在乾隆以后。然而，也不是说，到了乾隆初年两湖处处都面临着人口压力，实际上，两湖的人口压力主要发生在开发历史悠久的腹地，而边鄙山区其时尚是地广人稀，以后便成为接受腹地剩余人口的缓冲区。

二　人口压力发生区和缓冲区

　　根据自然、历史和社会经济各方面的差异，两湖大致可以分为以下三大区域：

1. 湖河滩地区

　　该区位于两湖中部，是两湖地势最低的地区。在宏观上属于泥沙淤积为主的区域，范围最小，仅包括洞庭湖和江汉之间的低洼易涝地方。在行政建置上，则包括湖北省属荆州、安陆、汉阳和湖南省属岳州、澧州、常德、长沙诸府州的部分州县。该区虽居于两湖腹地，但由于其土地经常的淤涨，在清初一个比较短暂的时期，却是一个接受剩余人口的压力缓冲区。该区土壤肥沃，土地开发以垸田形式出现。

---

① 《皇清名臣奏议汇编初集》卷 44《筹民食疏》。

② 《康雍乾时期城乡人民反抗斗争资料》上册第 297—299 页、下册第 590 页，中华书局 1979 年版。

③ 《皇朝经世文编》卷 39《截留漕粮以充积贮札子》。

2. 平原丘陵低山区

该区位于河湖滩地区的外圈，地势较高，但多在 50—500 米之间。在宏观上属于泥沙搬运为主的区域，包括的范围最为广阔，约占整个两湖面积的三分之二。该区开发历史悠久，人口和耕地集中，其经济水平代表着整个两湖，是人口压力的发生区。该区土壤亦较肥沃，主要以水田为主，耕地多精耕细作。

3. 山区地区

该区位于平原丘陵区的外围，地势较高。在宏观上属于泥沙侵蚀为主的区域，包括的范围约占两湖面积的三分之一，以湘鄂西山区为主体。该区有的开发历史最晚，有的在明末清初人口损失殆尽，总之是一个地广人稀的地区，乾隆以后成为主要的人口压力缓冲区。该区土地瘠薄，肥力易于流失，以旱地为主，多"刀耕火种"。

大致是在乾隆初年，湖河滩地区（1）由于垸田的开发达到基本饱和而失去缓冲人口压力的作用，并逐渐转变为人口压力发生区，因此，到了乾隆中期以后，两湖在宏观上实际只存在一个人口压力发生区（1＋2）和一个人口压力缓冲区（3）了。粗略统计，清代两湖人口压力发生区的土地面积约占两湖总面积的 68.4%，人口约占两湖总人口的 90% 左右，在人口压力发生之前的康熙五十年（1711 年），该区人口所占比重更高达 99.3%，只是后来人口压力缓冲区的人口大量机械增长（接受人口压力发生区的大量剩余人口）其所占人口比重才有所下降。不但如此，发生区的耕地也占两湖耕地的 88% 左右，其垦殖指数和人口密度也要比缓冲区高得多（见表 19 - 3）。

表 19 - 3　　　清代两湖人口压力发生区与缓冲区的人口耕地情况比较

区域面积	人口压力发生区（269 828 平方千米）			人口压力缓冲区（124 597 平方千米）		
项目	人口数（人）	人口密度（人/平方千米）	人口比重（%）	人口数（人）	人口密度（人/平方千米）	人口比重（%）
康熙五十年	3 511 488	13.01	99.3	253 499	2.03	0.7
乾隆四九年	20 872 423	77.35	87.1	3 102 277	24.90	12.9
嘉庆廿五年	41 502 358	153.81	87.1	6 118 602	49.11	12.9

续表

区域面积	人口压力发生区（269 828 平方千米）			人口压力缓冲区（124 597 平方千米）		
项目	人口数（人）	人口密度（人/平方千米）	人口比重（%）	人口数（人）	人口密度（人/平方千米）	人口比重（%）
万历原额	793 129	19.60	88.6	102 852	5.50	11.4
乾隆四九年	769 426	19.01	87.7	107 450	5.75	12.3
嘉庆廿五年	769 275	19.01	87.5	109 384	5.85	12.5

资料来源：康熙五十年人口数据人丁数乘以隆庆六年口丁比得之；万历原额田亩据康熙《湖广通志》；余见乾隆、嘉庆《大清一统志》。

说明：人口压力发生区包括湖北的武昌、黄州、德安、荆门、襄阳、安陆、荆州、汉阳诸府州，湖南的长沙、衡州、永州、宝庆、桂阳州、岳州、常德、澧州诸府州。人口压力缓冲区包括湖北的郧阳、宜昌、施南诸府及湖南的永顺、辰州、沅州、郴州、靖州、晃州、乾州、凤凰、永靖诸府州厅。

三　缓冲人口压力的措施

本来，人口压力是人地关系不协调引起的，要缓冲这种压力，需从控制人口和增加土地两方面着手，但是，在清代却只看到一面，几乎所有的意见都认为，要缓和人口不断增加所造成的压力只有通过开垦新的土地来实现。雍正元年（1723年）四月乙亥日谕旨说："国家承平日久，生齿殷繁，地土所出，仅可赡给，偶遇荒歉，民食维艰，将来户口日滋，何以为业？惟开垦一事，于百姓最有裨益。"① 七年（1729年）四月戊子日谕旨又说："国家承平日久，凡属闲旷未耕之地，皆宜及时开垦，以裕养万民之计，是以屡颁谕旨，劝民耕种。"② 到了乾隆初年，内地各省人口压力更重，乾隆五年（1740年）七月甲午日以"各省生齿日繁，地不加广，穷民资生无策"而"命开垦闲旷地土"，并说"民间多辟尺寸之地，即多收升斗之储"，因此特降谕旨："凡边省内地零星地土可以开垦者，嗣后悉听该地民夷垦种，免其升科"③。应该说雍正、乾隆二帝的这种意见，成了清代两湖等省缓冲人口压力的行动指南。此外，雍正帝还主张"天下农民竭力耕耘，兼收倍获"，通

① 《世宗实录》卷6。
② 《世宗实录》卷80。
③ 《高宗实录》卷123。

过尽人力而后尽地利的办法来缓解人口压力[1]；他还指出："市肆中多一工作之人，则田亩中少一耕稼之人"，重农抑末也是他缓冲人口压力的一种主张[2]；他也提倡通过爱惜、节食和广事种植来缓冲人口压力带来的窘迫[3]。然而，所有这些，归根结底还是从土地的角度来看问题的，而没有看到人口的持续增长是造成人口压力矛盾的主要方面。

清代两湖人口压力的缓和主要是通过土地开垦来实现的。开垦新的土地往往是以人口的机械移动为特征，这种人口移动一是省际的，一是省内的。清初有大批两湖贫民流徙到四川，虽然这种人口移动不完全是人口压力的作用，但对于延缓两湖人口压力的到来，是起了重要作用的。如乾隆八年至十三年（1743—1748年）间，"广东、湖南二省人民，由黔赴川就食者，共二十四万三千余名，其自陕西、湖北往者，更不知凡几"[4]。乾隆二十五年（1760年）周人骥以两湖等省流民入川者甚多，奏请禁止，乾隆帝驳斥说："国家承平日久，生齿繁庶，小民自量本籍生计难以自资，不得不就他处营生糊口，此乃情理之常。"[5] 乾隆四十三、四十四两年（1778—1779年）两湖被灾，百姓流徙至陕南开垦山地者"男妇不下十余万人"[6]。到了道光年间，江汉平原水灾叠见，也有不少人迁移到贵州[7]，大量人口到外省垦殖，对两湖人口压力无疑起了较大的缓冲作用。

清代两湖人口压力发生区除向外省移民外，更重要的还是向本省人少地多的地方移民。在康熙年间，两湖腹地的剩余人口主要是向洞庭湖滨滩地移动，从事"与水争地"的垸田垦殖。到了乾隆初年，剩余人口主要流向湘鄂西山区从事"与林争地"的山地开发。

"与水争地"和"与林争地"是清代两湖缓冲人口压力的重要途径。此外，在平原低山丘陵区也采取了一些缓冲措施，主要是在挖潜改造上做文章。

第一是利用零星土地。乾隆七年（1742年）三月议准湖北开垦荒地除平原沃壤照则升科外，其余"山头地角止宜种树者听垦，免其升科；成丘段

① 《世宗实录》卷16。
② 《世宗实录》卷57。
③ 《世宗实录》卷54。
④ 《高宗实录》卷311。
⑤ 《高宗实录》卷604。
⑥ 《皇清名臣奏议汇编初集》卷64《覆奏民生吏治疏》。
⑦ 《道咸同光四朝奏议》第334页，国立故宫博物院清代史料丛书本。

者高阜种杂粮，二亩以上照旱地升科；稍低种禾稻，一亩以上照水田升科；不足一二亩者，仍免"①。同年七月又议准湖南省开垦荒地，水田在一亩以上，旱地在二亩以上者升科，水田在一亩以下旱地在二亩以下者免科，"其余峰岭湖泽之隙，不成丘段者，听民栽树种蔬，并免升科"②。这些条例的规定，无疑是要使地无遗利，虽然它们主要对山区的土地开垦起了推动作用，但对腹地人口压力发生区的土地利用也是不无促进的。

第二是旱地改水田。水田产量较旱地高，通过兴修水利，将旱地改为水田，也不失为一种缓冲人口压力的办法，乾隆五年（1740年）十二月湖北布政使严瑞龙奏称："楚省高乡田地，全赖蓄水灌溉，无源之水，每易竭涸，若将旱地改为水田，其利甚溥，现在南漳、远安二县，试有成效"，因请通省仿办，并仍按旱地科赋，"从之"③。乾隆十三年（1748年）湖南巡抚杨锡绂也说："今日养民之政尤当专意讲求者莫如水利"，他认为兴修水利多产粮食是缓和人口压力所造成的粮食匮乏的有效办法④。

第三是推广接茬作物，变水田一收为水旱两收。在清前期，两湖尤其是湖南向来只种一季水稻，连麦子也种得极少，所以乾隆初平江知县谢仲坑，宁远知县陈丹心以及同治年间城步知县盛鉴源都力劝民间广事种植，番薯、玉米、马铃薯、落花生等旱地作物都主要是在乾隆以后得以迅速推广的。

第四是改水塘为稻田。两湖是一个重要的水稻生产区，水田灌溉多赖池塘蓄水，但是在乾隆中人口压力出现之后，一些农民不能远虑，而将池塘改为田地，乾隆十一年（1746年）五月，湖北巡抚开泰就指出："湖北民田，最资塘堰灌溉，愚民往往任其淤垫，日久荒湮，竟有改田种谷，希图升斗者"⑤；同年湖南巡抚杨锡绂也说湖南"不独大江大湖之滨及数里数顷之湖荡日渐筑垦，尽失旧迹，即自己输粮管业数亩之塘亦培土改田，一湾之洞亦已截流种稻"⑥。改塘为田实质上也是"与水争地"，是一种短视行为，在乾隆初年就有禁止之令，然而迫于人口压力禁而不止，嘉庆七年（1802年）

---

① 《高宗实录》卷163。

② 《高宗实录》卷167。

③ 《高宗实录》卷133。

④ 《皇清名臣奏议汇编初集》卷44《筹民食疏》。

⑤ 《高宗实录》卷267。

⑥ 乾隆《长沙府志》卷22《政迹志》。

湖南巡抚马慧裕仍然郑重其事提出这个问题，并说"见在各属讼案纠纷，大半由此"①。

第五是寻求各种副业。有的从事商业活动，如湖南桂阳州由于邻接广东，居民多从事贩盐②；湖北省的蒲圻、咸宁等县也多从事商业，咸宁县"山多田少，人满于土，不愿工作，多事贸迁"③，蒲圻县"六水三山却少田，生涯强半在西川"，"乐岁供三月，谋生及四川"④。有的从事采矿业，如湘西辰溪县"山多田少，无田可耕之贫民，所在多有"，而从事矿冶业的贫民"岁不下万人"⑤，光绪二十二年（1896 年）湖南巡抚陈宝箴奏称"湖南山多田少，物产不丰……其中煤铁所在多有，小民之无田可耕者，每赖以此谋衣食"⑥。还有的从事各种手工业，如湖南巴陵县"农民世业难以自给，多营生于湖北，故监利、沔阳、江陵、潜江四邑，土工、农工、杂工、酒工，巴陵人不下数万，春往冬归，亦贫民之利计也"⑦。

总之，清代两湖的人口压力主要是通过剩余人口的扩散来缓和的，乾隆以前剩余人口主要向洞庭—江汉平原和四川流动，乾隆以后，剩余人口主要向湘鄂西山地和贵州省流动，而所有这些都是以土地开垦为目的，从农业人口到农业人口的简单消化过程。至于农业技术的改进和农业人口向商业手工业的转化虽也起了一定的缓和作用，但是次要的。

四　土地过度开垦的恶果

《管子·禁藏》说："民之所生，衣与食也；食之所生，水与土也。"无可否认，土地开垦对人口的发展是起了十分积极的作用的。但是，清代两湖的过度开垦也造成了严重的恶果，尤其是雍正、乾隆以来人口压力下的过度垦殖，不到几十年时间，便遭到了自然的报复。这些恶果在湖河滩地区、平原丘陵低山区和山地区是不一样的，兹分述如次。

---

① 《皇朝经世文编》卷 117《湖田占水疏》。
② 同治《桂阳直隶州志》卷 20《货殖》。
③ 光绪《咸宁县志》卷 1《风俗·商贾》。
④ 道光《蒲圻县志》卷 7《风俗》。
⑤ 道光《辰溪县志》卷 21《货殖》。
⑥ 《清朝续文献通考》卷 45《征榷》。
⑦ 光绪《巴陵县志》卷 13《田赋》。

1. "与水争地"的恶果

"与水争地"的必然结果是水患灾害的频繁。到乾隆初年，时人都认识到垸田的兴筑是在"与水争地"，而其结果是水灾频发，因此力请禁止增筑垸田，如乾隆七年（1742 年）湖广总督孙嘉淦指出汉江两岸由于过度的圈筑垸田而"不留尺寸地以予水"，以致荆州、安陆、襄阳、汉阳诸府"无年不有水患"①，乾隆十三年（1748 年）湖北巡抚彭树葵更得出了"人与水争地为利，水与人争地为殃"的结论②。如前所述，江汉—洞庭平原的垸田垦殖大致在乾隆前期达到饱和，但是水患灾害的频发则要滞后一些，乾隆五十三年（1788 年）荆州万城大堤溃决可以说是拉开了垸田区水患的序幕，到道光以后更是岁岁都有发生。频发的水灾造成了一系列恶果。

一是淹没田地。乾隆五十二年（1787 年），湖南武陵县（今常德市）水灾，被淹 27 村，田地 719 500 余亩③。嘉庆初年湖北巡抚汪志伊根据 256 件呈词，统计湖北多年积涝的垸田，计荆门州 55 个，潜江县 27 个，天门县 113 个，沔阳州 248 个，汉川县 120 个，江陵县 165 个，监利县 192 个，共 920 个，大的垸周围有二三十里，小的也有三四里，淹没的田地是十分巨大的④。咸丰年间，湖北每年受灾垸数少则 500 个，多达 1 200 个⑤。光绪十二年（1886 年）湖北仅监利、沔阳二县积淹垸田 492 个，耕地达 41 万余亩⑥。这样的例子还可以举出许多，但这些已足以说明水灾的破坏作用了。水灾不仅直接地淹没大批耕地，而且还有可能导致田地瘠化。乾隆《湖南通志·堤堰》说，澧州自康熙、雍正年间修筑大围等垸以后，"容蓄无余地矣，每五川骤涨，平陆至水深数尺，经五六日不退，不特低洼田庐受淹，而水势停蓄，砂砾填陆，膏腴变瘠，河身日滞，患且日亟矣"。

二是人口死徙。水灾直接淹毙人命，如顺治十五年（1658 年）湖北荆州、襄阳、安陆等属水灾，淹死人口万余人⑦；乾隆五十三年（1788 年），

①　《高宗实录》卷 171。
②　《皇朝经世文编》卷 117《查禁私垸滩地疏》。
③　《高宗实录》卷 1283。
④　《皇朝经世文编》卷 117《筹办湖北水利疏》。
⑤　《胡文忠公遗集》卷 13、32、35、40。
⑥　民国《湖北通志》卷 42《堤防四》。
⑦　《世祖实录》卷 121。

荆州万城堤决，淹毙人口也不下万人①。不但如此，就是那些失去了家园和亲人的幸存者也不得不远徙他乡，"故有堤工州县，流亡独多"②。几乎每一次水灾都要掀起一股流民浪潮，如雍正四五年（1726—1727年）移民四川的浪潮③；道光十三四年（1833—1834年）移民贵州的浪潮④，等等。

三是劳民伤财。垸田区人们"以堤为命，防堤甚于防命"⑤，故所有垸堤都有岁修、大修之例。水灾的频发，为垸堤的修复带来了巨大的经费困难，尤其是道光以后，大量白银外流，公私交困，农业投入大大减少，以致溃垸无力修复，造成"一处溃则处处之横流四溢，一年溃则年年之溃水长淹"的局面⑥。以湖北为例，汉水自襄阳以下两岸设堤17万丈，长江自荆州以下两岸设堤30万丈，还有无数的垸堤、月堤，要维护好这些堤防，所需经费和人力必是一个十分惊人的数字，比如嘉庆年间修复江陵等县溃堤，一次就动用商捐银50万两，役夫多至千百万⑦。

四是区域经济水平下降。道光以后，两湖垸田区水灾的日益频繁，不仅使得该区的人口增长速度远远低于非垸田区，而且使得整个两湖的粮食收成逐渐下降。甚至它也是导致"湖广熟，天下足"这句谚语消失的主要原因之一，嘉庆时张汉说："三楚富饶夙甲于天下，谚云'湖广熟，天下足'，一岁两稔，吴越亦资之。今或稍逢水旱，即仓皇无策，致居民不免于贫困，虽不得尽委之河堤之累，然逐年估计，既苦派费之繁多，溃决无时，又虑身家之莫保，岂非河堤之累乎"⑧？道光十三年（1833年），陕西道监察御史朱逵吉也指出，江汉—洞庭垸田区水灾是这句谚语失传的重要因素，因此兴修水利是恢复这句谚语的重要措施，"水利既修，地方可期丰稔，不特正供无缺，即堤垸岁修之费，亦可大加节省，谚云'湖广熟，天下足'，江汉乂安，该省自资利赖，将见东南数省，合哺熙熙"⑨。

---

① 《高宗实录》卷1309。

② 《皇朝经世文续编》卷38《书张武昌救荒事》。

③ 《皇朝文献通考》卷19《户口考》。

④ 《道咸同光四朝奏议》第335—337页。

⑤ 《皇朝经世文编》卷106《筑堤事宜状》。

⑥ 《林文忠公政书》乙集《湖广奏稿》卷5《江汉安澜堤防巩固折》。

⑦ 《皇朝经世文编》卷106《疏河筑堤工程记》。

⑧ 《皇朝经世文编》卷117《请疏通江汉水利疏》。

⑨ 朱逵吉：《请兴修湖北水利疏》，载《道咸同光四朝奏议》第303—304页。

2.“与林争地”的恶果

雍正末乾隆初以后，两湖的土地开垦重心转向人口稀少的湘鄂西山区，玉米和番薯因之得以迅速推广。但是，大批山地的开发以大批森林的消失为代价，而森林的破坏又带来一系列环境问题。

一是森林破坏。山地开发的直接结果是森林的破坏，鄂西南的施南府在改土归流之前，森林蓊郁，改土归流之后，森林遭到迅速破坏，道光《建始县志·户口》云：“乾隆初城外尚多高林大木，虎狼窟藏其中……十余年来，居人日众，土尽辟，荒尽开，昔患林深，今苦薪贵”；到同治年间更是童山濯濯，同治《建始县志·物产》云：“建邑木植甚繁，惟香楠、檫木为上，从前人不知贵；今则峻岭丛林，剪伐殆尽，不特香楠、檫木甚少，而成材之古杉古柏亦不易观也”。非改土归流的山区情形也差不多，如乾隆五十年（1785 年）刊《竹山县志·风俗》云：“近因远方萃集，木拔道通，虽高崖峻岭，皆成禾稼”；同治《房县志·赋役》也指该县在清初“林木阴森”，以后随着土地开垦，“山渐为童”，到同治年间“高陵大阜凡可树艺处，几至无地不毛”；同治《枝江县志·地理志中》也说该县西南山区“高原垦田，林木绝少”。

开垦原始山林所采用的烧畬方式是山林破坏的主要方式。乾隆十五年（1750 年）施南府同知商盘有《烧山行》一诗述其事，诗云：“朔风猎猎夜更遒，烈炬烧山腾郁攸。黄茅白苇何足惜，中有楩楠高百尺……国家休养经百年，蛮土尽辟为良田……明朝樵客入山行，烂额焦头虎狼死”；另有《即景成咏以当采风》诗亦有“散木良才同一炬，年年十月便烧山”句[1]。在人口稀少的时候，这种刀耕火种方式的森林破坏与森林更新尚能基本保持平衡，但随着人口的大量增加，森林的破坏就要远远快于森林的更新，从而使群山为童。

二是野生动物资源破坏。森林是野生动物赖以生存的环境，森林资源的减少也势必引起动物群体的变化。如前述建始县改土归流之初尚多虎狼，“林木繁盛，禽兽纵横”，但到道光时期却已是“虎狼鹿豕不复其迹矣”[2]；而放火烧山时，就有不少虎狼烧得焦头烂额。鄂西北的竹山县在乾隆五十年

---

① 同治《施南府志》卷28《艺文志·诗》。

② 道光《建始县志》卷3《户口志》。

（1785 年）尚是"林木之盛，禽兽之多，农隙时居民率多弋猎"①，到同治年间则是"山尽开垦，物无所藏，猎者亦罕见"了②。

不但如此，失去生存环境的野生动物对人类也不再保持以前那种友好的举止了。如鄂西南山区的长阳县"向来未闻有狼，嘉庆十年（1805 年）后忽有狼……或三五成群捕犬豕食之，夜半时一鸣俱应，并害及小儿，莫能歼也"；鹤峰州"嘉庆时山林既垦，野兽久稀，忽有兽……食林中鸡犬及麂"；长乐县道光二十八年（1848 年）至咸丰元年（1851 年）间有山猋伤小儿甚多，咸丰二年（1852 年）甚至县城附近都有豹"多伤犬豕"③。巴东县在同治年间也有虎吃牛畜，而"鹿麋结队联群吃人禾苗，所过如扫"④；归州（今称归县）在光绪初年也是"熊猿野猪之类昼则窟藏，夜则群出攘人之食"⑤。恩施县在咸丰年间以来，"崇岗峻岭之地，忽有野猪数十成群，大者三百余斤，小亦百余斤，昼匿夜出食田禾，农家苦之"⑥；建始县在道光末年也有"虎豹猿猴之类时出害物"⑦。鄂西北山区的保康县在同治年间甚多野猪，"喜食禾，昼夜成群，苛甚于虎，农人苦之"⑧。以上事实表明，嘉道以来，鄂西山区野生动物的生存环境日益缩小，它们食禾伤人，是它们灭绝前对人类所做的最后反抗。

三是水土流失和土壤瘠化。森林具有保持水土、涵养水源、调节气候等作用，鄂西山区森林的破坏，导致了严重的水土流失，而水土流失又引起土壤瘠化。鄂西山地的宜昌府在改土设府之初，"老林初开，包谷不粪而获……迨耕种日久，肥土雨潦洗净，粪种亦不能多获者"，以致从前人烟辏集之处，到同治年间却成了荒凉之地⑨，所属鹤峰州就是如此，"初垦时土甚肥，久为雨潦洗尽，遂成瘠壤"⑩。施南府也是"自改土以来，流人麇至，穷崖邃谷，尽行耕垦，砂石之区，土薄水浅，数十年后，山水冲塌，半类石

---

① 乾隆《竹山县志》卷 10《风俗》。
② 同治《竹山县志》卷 7《风俗》。
③ 同治《宜昌府志》卷 1《天文》。
④ 同治《巴东县志》卷 11《物产志》。
⑤ 光绪《增补归州志·疆域乡分图说》。
⑥ 同治《恩施县志》卷 12《杂志》。
⑦ 道光《建始县志》卷 3《物产·禽兽类》。
⑧ 同治《保康县志》卷 1《物产》。
⑨ 同治《宜昌府志》卷 16《杂载》。
⑩ 道光《鹤峰州志》卷 6《风俗志》；同治《宜昌府志》卷 11《风土志·职业》。

田"①。不但如此，森林的消失还引起山洪暴发。道光《建始县志·户口》云："承平日久，生齿渐繁，虽幽崖邃谷亦筑室其下，峻岭高冈亦耕作其上……然多狃目前而忘远虑，当夏月骤雨，大水暴至，有阖庐漂荡者，有耕耘山上不及奔避，急流冲激而去者。"乾隆五十三年（1788 年）长阳县山洪暴发，受灾人口 15 000 余名，倒塌房屋达 8 200 余间②。同治《竹山县志·风俗》云："近因五方聚处，渐至人浮于土，木拔道通，虽高崖峻岭皆成禾稼，每秋收后必荷锄负笼，修治堤防，兴工累百，或值夏日霪雨，溪涧涨溢，则千日之劳，一时尽废"；同治《房县志·赋役》也指出："山地之凝结者，以草树蒙密，宿根蟠绕则土坚石固。比年来开垦过多，山渐为童，一经霖雨，浮石冲动，划然下流，沙石交淤，涧溪填溢，水无所归，旁齧平田，土人竭力堤防，工未竣而水又至，熟田半没于河州，而膏腴之壤竟为石田"，并举道光七年（1827 年）、十一年（1831 年），咸丰三、四年（1853—1854 年）"各乡河水涨异常，凡近大河田地崩塌甚多"为例。大江大湖有堤防不足为怪，但像鄂西山区的山间小河也要竭力堤防水患，却是清乾隆以前从来没有的事。此外，旱灾的加重，森林破坏也不能辞其咎，如同治《房县志·古迹》云："近年山空水涩，往往旱而不收。"

四是加速下游河道淤积。山区的水土流失还殃及下游河道。五六月水小时，流失的是比较肥沃的土壤，七、八月水大时则连泥沙也被冲走，这些土壤和泥沙在下游淤积，虽然在个别地区可收"挂淤"之利③，并有"五金六银七铜八铁"之说④，但所得是远远少于所失的，它不仅使山地的垦殖陷入恶性循环，而且导致了下游垸田区频繁的水患，加重了垸田区人们的堤防负担。

3. 平原丘陵低山区过度开垦的恶果

该区人口压力下的土地开垦既具有"与林争地"的性质，也具有"与水争地"的性质，同样造成了环境破坏。如湖北武昌县（今鄂州市）山乡由于人口过剩，"不足以供食，乃垦地螺旋而上，高卜相承无少隙，播种番薯秫豆之类。土脉浮薄，稍旱则槁，骤雨则沙土俱下，溪涧日淤，春夏霪

①　同治《施南府志》卷 11《物产》；道光《建始县志》卷 3《物产》。
②　《高宗实录》卷 1308。
③　《皇清名臣奏议汇编初集》卷 56《请酌改垸粮疏》。
④　周天爵：《敬陈江汉情形酌拟办法疏》（道光二十年），载《道咸同光四朝奏议》第 488 页。

雨，乃有水患"①。湖南湘阴县在乾隆、嘉庆时期"山木蔚然成林"，以后则
"水潦岁作，田卒汙莱，所在童山硗确，物产日啬"②。永州府在乾隆时期也
是"草木榛荒，山径险阻，虎豹豺狼所在多有"，但到道光初年，"辟壤夷
荒，天宇开豁，山中间有猎获而市骨者，而人遭猛兽之患则未始有闻"③，其
所属祁阳县在乾隆末年以前，夏季月余不雨，也有塘堰之水灌溉，故不忧旱
灾，但乾隆末年以后，却屡苦旱灾，原因虽不止一，而"从前山中树木稠
密，落叶积地，滋润存水，渐渍入溪，故溪流不涸；今山木日稀，无积叶可
以存水，雨霁数日，溪流易涸，致堰田无水可注"，却是前后不同的主要原
因④。这些例子都是"与林争地"的恶果。不但如此，陂塘改田等"与水争
地"的行为同样造成了生态环境破坏，乾隆初湖南巡抚杨锡绂指出，陂塘改
田，虽可收一二亩之谷，但偶值微旱则百亩无收，无异是"贪目前之小利而
忘经久之大害"⑤。嘉庆初湖南巡抚马慧裕也说陂塘改田是"所得不偿所失"
的短视行为，而截流种稻也往往"上漫下溢"，为害匪浅⑥。

综上所述，过分的土地开垦，无论在什么样的地区都会造成生态环境的
破坏，反过来又会影响到土地开发的效益。清代两湖从湖区和山区的土地开
垦获得了不少好处，但也为之所造成的环境破坏付出了相当代价。

五 对生态环境恶化原因的认识及其相应的防患措施

1. 对下游水患灾害原因的认识和对策

今天看来，垸田区水患灾害的发生，除降雨因素外，主要是以下三方面
综合作用的结果：一是与水争地，二是泥沙淤积，三是堤防不坚。对于这三
点，清人都有所认识，不过大多只认识到其中一个方面的原因。

在乾隆年间，谈到垸田区的水患，大都以"与水争地"为辞。如湖南巡
抚杨锡绂在乾隆十一年（1746 年）说，与水争地是"实贻壅水漫溃之患"⑦；
湖北巡抚彭树葵乾隆十三年（1748 年）说："人与水争地为利，水必与人争

---

① 光绪《武昌县志》卷 3《风俗》。
② 光绪《湘阴县志》卷 25《物产》。
③ 道光《永州府志》卷 7 上《食货志》。
④ 同治《祁阳县志》卷 4《山川》。
⑤ 《皇清名臣奏议汇编初集》卷 44《筹民食疏》。
⑥ 《皇朝经世文编》卷 117《湖田占水疏》。
⑦ 《高宗实录》卷 289。

地为殃"①；乾隆三十年（1765 年）湖广总督定长也说："水易漫淹之区，固因地势，亦有小民贪利，与水争地，以致频年泛滥者"②。如此等等，不一而足。持这种观点的人的治水措施也都一致，即防止与水争地的事情继续发生和加固现有垸堤。彭树葵说："少一阻水之区，即多一容水之地，则私垸之禁尤不可藐乎其实也。"③ 杨锡绂说："国家生齿日繁，地土日辟，至于关系水利之蓄泄，当仍以地予水，而后水不为害。"④ 乾隆二十二年（1757 年）刊《湖南通志·堤堰》也指出，在"无余地以处水，水将壅而为害"的情况下，只能是"已成者务勤岁修，未成者不许增筑"，这样，"虽不能弭绝水患，亦可以少缓溃决矣"，"有备无患，唯在依时培修堤垸而已"。乾隆三十年（1765 年）湖南巡抚李因培说："湖广滨江临湖，原系潴水之区，宜听水所归，不与之争地。"⑤ 这种努力维持现状的治水措施，可以乾隆九年（1744 年）署湖广总督鄂尔达的奏疏概括之，他说："臣惟治水之法，有不可与水争地者，所以祛民患也；有不能弃地就水者，所以从民便也……未开之隙地，须严禁私筑小垸，俾水有所汇，以缓其流，臣所谓不可争者也；其倚江傍湖，已辟之肥壤，须加谨防护堤塍，俾民有所依以资其生，臣所谓不能弃者也"，他还力辩，江、汉二水都不可疏，惟有不争不弃，方是两湖治水之法⑥。

泥沙淤积加速水患的看法早在明末清初的顾炎武就已指出，他说："近年深山穷谷，石陵沙阜，莫不蔓辟耕耨，然地脉既疏，则沙砾易崩，故每雨则山谷泥沙，尽入江流，而江湖之浅涩，诸湖之湮平，职此之故。"⑦ 乾隆《湖南通志·堤堰》引《澧州水道图说》亦云："砂砾填陆，膏腴变瘠，河身日滞，患且日亟矣。近日堤间溃出万历时管公堤碑，座其旧日堤身，与今河身正齐，此即河身日浅之明验，澧州水患所由来。"乾隆末王昶谈到乾隆五十三年（1788 年）荆州万城堤溃的原因时也认为泥沙淤积是主要原因，他说："四川、陕西、湖北山木丛密处，今皆砍伐为种包谷，地遇雨，浮沙

①《皇朝经世文编》卷 117《查禁私垸滩地疏》。

②《皇清名臣奏议汇编初集》卷 56《请酌改垸粮疏》。

③《皇朝经世文编》卷 117《查禁私垸滩地疏》。

④《皇清名臣奏议汇编初集》卷 44《筹民食疏》。

⑤《高宗实录》卷 739。

⑥《高宗实录》卷 228。

⑦《天下郡国利病书》卷 74《湖广三·修筑堤防考略》。

随水下江，故江底沙淤日积，水势年增。"①

　　但是，泥沙淤积导致下游水患的观点在乾隆年间并非主流。约自乾隆前期以来，湘鄂西山区及陕南、川东山区的土地都得到迅速的垦殖，江汉洞庭湖的来沙量明显增加，河道淤积也明显加速，嘉庆末阮元就指出，荆江河道的来沙量已倍于乾隆五十年代初②。因此，到了道光以后，泥沙导致水患的观点才占上风，林则徐《筹防襄河堤工疏》云：汉水河床从前有数丈之深，但自陕南、鄂西北的深山老林开垦种植包谷后，"山土日掘日松，遇有发水，沙泥随下，以致节年淤垫……是以道光元年（1821 年）至今，襄河竟无一年不报漫溃"③；江开《疏分汉水支河说》亦云："兴安、汉中、郧阳三郡据汉上游，山民生齿日繁，老林随在开垦，山陡土松，每遇大雨，沙石俱流，河身日见淤宽……是激之使怒也"④；李祖陶《东南水利论》论及东南诸省水患时指出，除"与水争地"的垸田兴筑外，"地尽垦辟，沙土无草根坝住，雨即涌入江中，江亦渐浅"也是一个十分重要的原因⑤。同治《枝江县志·堤防》的编纂者也说："承平日久，生齿愈繁，民无恒产，近山者率以开垦为务，每于夏秋急雨，雨促土倾，土随雨下，奔流入江，沙泥淤塞……水之为患也固宜。"

　　持泥沙导致水患观点的人，其治水措施却有两种截然不同的看法。在清前期，泥沙淤积不是十分严重，所以大都主张竭力修筑堤防，如顾炎武说："欲尽心力以捍民患，惟修筑堤防一事"⑥；王昶说："别无他计，惟高筑坚堤以资捍卫耳。"⑦但是，到清乾隆朝以后，泥沙淤积越来越甚，人们开始认识到修筑堤防不仅于事无补，而且危害更大。同治《枝江县志·堤防》说："因水害而有堤防，继也，有堤防而愈受水害"；李祖陶说："湖北不可以筑堤，无堤则水势散缓，虽大雨而不为灾"⑧；江开说："近年以来，愈讲堤工，愈多水患"⑨。因此，他们主张采用"分疏"的办法来治理水患，嘉庆

①　王昶：《使楚日记》，载《小方壶斋舆地丛钞》第 6 帙。

②　《皇朝经世文编》卷 117《荆州窨金洲考》。

③　《皇朝经世文续编》卷 98《工政十一》。

④　同上。

⑤　《皇朝经世文续编》卷 93《工政六》。

⑥　《天下郡国利病书》卷 74《湖广三·修筑堤防考略》。

⑦　王昶：《使楚日记》，载《小方壶斋舆地丛钞》第 6 帙。

⑧　李祖陶：《东南水利论》，载《皇朝经世文续编》卷 93《工政六》。

⑨　江开：《疏分汉水支河说》，载《皇朝经世文续编》卷 98《工政十一》。

时张汉说："欲平江汉之水，必以疏通诸河之口为急务矣"①；道光时朱逵吉则云："近年以来，沙涨浸增，支河益形淤塞，以致横流冲决，虽有堤防，难资捍御……惟有疏江水支河使南汇于洞庭湖，疏汉水支河，使北汇于三台等湖；并疏江汉之支河，使分汇于云梦七泽之间，然后堤防可得而固，水患可得而息。"②

在乾隆年间，还有一些人认为垸堤区的水患主要是由于堤防不坚所致。乾隆十五年湖北巡抚唐绥祖说："天门、监利、潜江、沔阳、荆门等邑，岁被水灾，皆因平时修筑草率"③；乾隆五十三年（1788年）荆州万城堤溃，乾隆帝也说："皆由堤工不固，以致催此重灾。"④ 持这种观点的人当然认为坚筑堤防是治理水患的唯一措施。

当然，也有少数人认为水患的原因是多方面的，治水的方法也需多样。乾隆二十八年（1763年）湖北巡抚辅德奏查勘堤垸筹办事宜时提出四条：一是"堤岸宜并力合作"；二是"修堤宜高厚坚实"；三是"私垸宜禁"；四是"淤塞宜疏"⑤，说明他主张坚筑堤防、阻止与水争地和疏通淤塞三法并施。嘉庆时汪志伊则主张"堵"和"疏"并用，他说："其受害在上游者宜于堵，其受害者在下游者宜于疏，或事疏消于防堵之先，或借防堵为疏消之用。"⑥

综上所述，对于两湖垸田区水患的原因，清人的认识是不全面的，而且这些认识是依时而变的；相应地，他们在认识的基础上提出的治水措施也都只看到垸田区，而没有将治理下游垸田区的水患和治理上游山区的水土流失结合起来。这便是清代两湖治理江汉洞庭湖区水患失败的关键所在。治理垸田区的水患，犹如治理黄河下游的水患，治理下游固然重要，但这仅仅是治水的一端，还应该把治理上游泥沙结合起来，只有这样，才能最大限度地消弭水患。

2. 对山地丘陵区生态环境破坏的认识和对策

如前所述，清代已认识到两湖山地丘陵区生态环境的破坏是由于垦殖过

---

① 《皇朝经世文编》卷117《请疏通江汉水利疏》。
② 《请兴修湖北水利疏》，载《道咸同光四朝奏议》第304—305页。
③ 《高宗实录》卷361。
④ 《高宗实录》卷1309。
⑤ 《高宗实录》卷693。
⑥ 《皇朝经世文编》卷117《筹办湖北水利疏》。

度，而垦殖过度又是由于人口的过剩。这种认识应该说是得其大旨了，但是又都停留在认识的表面，并没有采取相应的措施来防止这种生态环境的破坏，甚至根本就没有这方面的意向，这和当时人对垸田区水患原因的认识并建议采取相应防治措施是不同的。在这些地方，森林没有了，没有人提倡植树种草；土壤瘠化了则徙地另垦，以致历史不断地重演，水土流失不断地深化。如鄂东丘陵的罗田县在明嘉靖年间就已存在着环境破坏，县志云："本县田亩依山临溪，去石伐木，开辟成田，初年山高水深，田腴而赋不觉重，既而生齿日繁，流集日众，专以种山为事，缘土轻水重，推荡砂砾，壅塞河道，堆压旧田，故纳无田之粮而卒流亡矣"①。明末清初顾炎武在《修筑堤防考略》中也已指出两湖山区开发对山区本身和下游河道的影响。认识不为不早，然而由于没有采取相应的防治水土流失的措施，致使这样的历史在人口继续增加的情况下愈演愈烈。

至于为什么没有采取相应的对策来防止水土流失，主要是由于时代的局限和现实的困难。"民以食为天"，人口增加，经济就必须发展，在经济发展和环境保护不可兼得之时，古人选择经济发展是天经地义的，也是我们不能苛责古人的。

六　结语

清代两湖由于人口和耕地不成比例地增长，大致在乾隆初年发生了人口压力。这些人口压力主要发生在两湖腹地开发历史悠久、耕地比较集中、人口比较密集的平原丘陵地区。这些地区的人口压力主要通过土地垦殖来缓和，剩余人口除自己消化一部分外，大多向人稀地广的人口压力缓冲区扩散。土地的过度垦殖引起了生态环境的恶化，如"与水争地"引起了垸田区的频繁水患，"与林争地"引起了山地区的水土流失。对于这些环境破坏，虽然清人都有所认识，但因未能采取有效的防治措施，以致这些破坏愈演愈烈，也就是说，清代两湖地区并没有协调好农业发展与生态环境之间的关系。

今天，两湖地区的人口已是清代最多人口的二倍余，而耕地并没有若何增加，以致人口与耕地矛盾更为突出。鉴古知今，笔者认为，要协调好两湖

---

① 嘉靖《罗田县志》卷1《税粮》。

环境与发展关系，以下三点值得我们高度重视：

第一，必须严格控制人口。清代两湖的环境破坏主要是垦殖过度引起，而垦殖过度又是人口过剩使然，今日如不控制人口膨胀，土地的过度垦殖就难以避免，环境也必然要遭到破坏，也会严重阻碍社会经济的发展。

第二，必须努力提高土地生产效益，为农业人口从事非农业经营提供条件。清代两湖的人口压力主要是通过扩散剩余人口来缓冲，而这无异于是扩散环境破坏的因子，所以今日应重视农业技术革新，最大限度地提高土地承载力以减少人口对耕地的需求，并尽量为剩余农业人口提供非农业经营的机会以减轻环境的直接负担。

第三，必须有系统的观点。清代治理江汉—洞庭垸田区水患失败的主要原因是没有将上游山区的水土流失和垸田区的泥沙淤积视为有机的整体加以综合治理，有鉴于此，今日防治环境破坏，就必须有系统观点。

第二十篇

江汉—洞庭湖平原湿地的历史变迁
与可持续利用

距今 2 200 年前，江汉—洞庭湖平原是一个完整的湿地生态系统，在人类活动影响下，其湿地空间逐渐由平原边缘向腹心萎缩，水陆交错型湿地的生物多样性破坏早于水体型湿地，耕地转化是湿地空间萎缩和湿地生物多样性损失的主因。从历史变迁看，江汉—洞庭湖平原现有湿地的保护与可持续利用，必须调整"国家粮仓"的区域战略定位，实施湿地生态大农业和湿地生态旅游发展战略；必须加强湿地效益的宣传教育，提高湿地保护的政府决策能力和公众参与水平；必须协调耕地保护与湿地保护关系，推行湿地总量动态平衡制度；必须优化湿地生态系统的整体功能，将湿地保护作为区域发展的一项长期战略；必须扩大湿地自然保护区面积，恢复和增强湿地景观、文化和生物的多样性；必须加强国际合作，借鉴国外成功管理湿地的先进经验。

（本文发表于《长江流域资源与环境》2002 年第 6 期）

湿地是具有重大经济、文化、科学及娱乐价值的自然资源，湿地生态系统是地球三大生态系统之一，对人类未来的发展具有十分重要的战略意义。江汉—洞庭湖平原河湖密布，史前时期是一个巨大而完整的湿地生态系统，2 200 年来，在人类活动影响下，其自然湿地景观逐步演变成农田聚落景观，湿地生态功能不断退化，洪涝灾害日趋频繁。本文旨在通过分析江汉—洞庭湖平原湿地生态系统的历史变迁，为现有湿地的保护、恢复和可持续利用提供历史借鉴和科学依据。

一　2200 年前江汉—洞庭湖平原的原始湿地景观

江汉—洞庭湖平原系典型河湖淤积平原，构造上大致分为江汉凹陷、华容隆起、东洞庭湖凹陷、西洞庭湖凹陷、赤山隆起等地质单元。华容隆起将江汉凹陷和洞庭湖凹陷分隔，赤山隆起将东洞庭湖凹陷和西洞庭湖凹陷分割。这些地质构造，深深地制约着其环境演变。

史前时期，江汉—洞庭湖平原为一个完整的湿地生态系统。早期人类遗址，无论是旧石器时代遗址还是新石器时代遗址，几乎都分布在湿地外围的高地[①]。这些地方既有利于他们逃避洪水之灾，也使他们有饮水、交通之便，生物多样性还为他们提供了丰富的食物来源。相比之下，湿地腹心的江汉凹陷和洞庭湖凹陷则罕见早期人类遗址，这主要是因为早期人类还难以在湿地中心生存，即《易林》所谓"山林麓薮，非人所处"。商周遗址和商周聚落仍然局限于平原外缘。到春秋战国时期，经过楚人筚路蓝缕的开发，平原边缘部分湿地转为耕地和聚落，但整体上仍然保持着"厥土惟涂泥"的原始湿地景观。

江汉平原的湿地主体是"云梦泽"。云梦泽资源丰富，楚国人视之为宝，楚之敌国也常怀觊觎之心。《周礼·职方氏》、《吕氏春秋·有始览》、《国语·楚语》、《墨子·公输》、《战国策·赵策》等文献对此都有记载。云梦湿地还是楚国的皇家猎区，楚文王（公元前 689—公元前 677 年）、楚庄王（公元前 613—公元前 591 年）、楚宣王（公元前 369—公元前 340 年）等都曾在此进行过大规模的狩猎活动。当时的云梦泽生物多样性丰富，"犀兕麋鹿满之"，"鱼鳖鼋鼍，为天下富"，大象、犀牛、麋鹿和鼍（扬子鳄）等典

---

① 　梅莉、张国雄、晏昌贵：《两湖平原开发探源》，江西教育出版社 1995 年版，第 27—29 页。

型水陆交错型湿地动物随处可见①，说明湖泊水域外，还有相当多的森林沼泽。

洞庭湖平原的湿地主体是"江南之梦"。"江南之梦"泛指荆江以南湿地。当时洞庭湖水系尚未完全形成，湘、资、沅、澧基本上独流入江，荆江河道比较平直，没有南向分流；西洞庭湖凹陷无整体性大湖，只有一些局部性小湖，东洞庭湖凹陷则于北部形成了水面较宽的早期洞庭湖。"江南之梦"也是楚国的皇家猎区，楚灵王（公元前539年）、楚怀王（公元前328—公元前299年）都来此狩猎过，这里也生活着犀牛、大象、麋鹿。楚灵王时（公元前540—公元前529年），有人谈到楚国湿地资源的丰富时说："巴浦之犀、犛、兕、象，其可尽乎。""巴浦"即今洞庭湖口一带湿地。最早记载洞庭湖湿地资源的文献当推屈原的《楚辞》，他的《招魂》描述了洞庭湖春天的湿地景观；他的《湘君》、《湘夫人》以洞庭湖湿地为写作背景，描述了中洲、芳洲、汀洲、涔阳浦、澧浦、江皋、北渚、西澨、水裔等湿地地貌，提到了麋鹿、蛟（扬子鳄）、水禽、薜荔（Ficus pumila）、芙蓉（Nelumbo nucifera）、杜若（Pollia japonica）、蕙（Cymbidium faberi）、蘋（Marsilea quadrifolia）、辛夷（Magnolia liliflora）、杜衡（Asarum forbesii）、茝（白芷 Anglica anonola）、白薠（类莎草，生江湖，雁所食）、荪、兰等湿地动植物，并用简洁的诗句为我们勾勒了洞庭湖湿地的原始景观：覆盖着荷叶的房屋四面环水；有的水禽在房屋上栖息，有的水禽在水草中觅食；麋鹿闯入了人家庭院，扬子鳄爬上了水滨岸边；那里看不到大规模的农耕活动，只有晾晒在树梢的渔网，透露着湿地生活的信息。

二　江汉—洞庭湖平原自然湿地生态的变迁

1. 江汉—洞庭湖平原自然湿地分布的历史变迁

历史证明，作为政治中心的城市，只有在湿地清理达到相当程度时才有可能出现，城市设置较早的地区，湿地清理也早，城市设置较晚的地区，湿地清理也晚。据笔者研究②，江汉—洞庭湖平原城市发展的空间过程为"圈层辐合式扩展"，从平原边缘往平原腹心，可分5个城市圈层，越往平原腹

---

① 何业恒：《湖南珍稀动物的历史变迁》，湖南教育出版社1990年版，第10—73页。
② 龚胜生：《两湖平原城镇发展的空间过程》，载《地理学报》1996年第6期。

心，城市形成的年代越晚。这种空间规律反映了湿地从易到难的开发过程，两个城市圈之间的区域也大致反映了其间主要的湿地清理区和聚落形成带（图 20 - 1）。

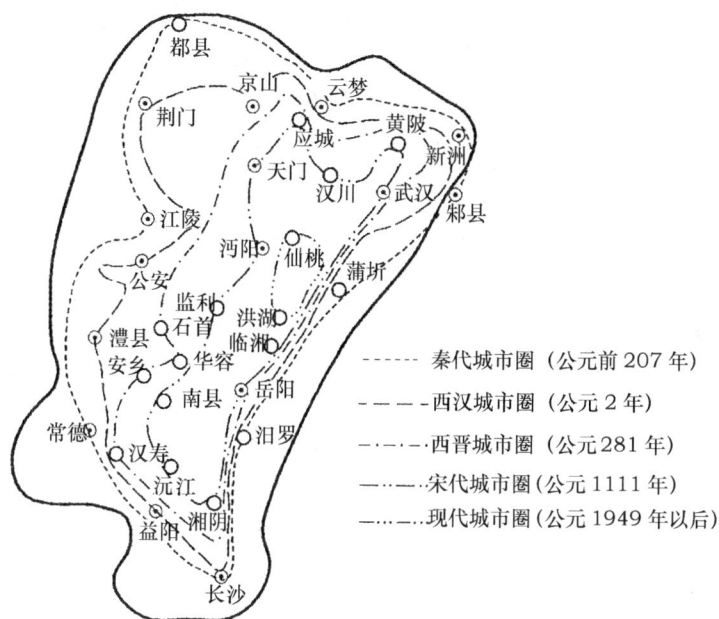

图 20 - 1　江汉—洞庭湖平原城市圈层扩展图

江汉—洞庭湖平原边缘位于森林和湿地交错带，空间作用和边缘效应强烈，城市聚落的形成最早，最早的城市圈——公元前 207 年城市圈就环绕在这里。2 200 年来，江汉—洞庭湖平原湿地生态的变迁就主要发生在这个城市圈内。

公元 2 年城市圈与公元前 207 年城市圈相比，平原西部明显向内萎缩，说明这一带的湿地在西汉时期就已基本被清理；平原东北角的湿地蚕食也较多；西汉曾在编县（今钟祥）、西陵（今新洲）设置主管湿地开发的"云梦官"①。但公元 2 年城市圈内仍保持着湿地原始景观，公元前 201 年，汉高祖刘邦为削夺楚王韩信的王位，曾演了一场"伪游云梦"的阴谋。汉武帝时，

_____

① 丁毅华：《湖北通史》秦汉卷，华中师范大学出版社 1999 年版，第 130 页。

司马相如《子虚赋》称云梦泽"方九百里",既有高地山林,也有平原广泽。司马迁高度推崇云梦泽资源的丰富,称江陵"东有云梦之饶"。直到西汉末年,扬雄(公元前53—公元18年)《荆州牧箴》仍有"云梦涂泥"之语。西汉之后,黄河流域大批人口迁移到长江流域,江汉—洞庭湖平原湿地得到进一步开发。到281年,其原始的湿地景观萎缩到了由京山—石首—华容—安乡—汉寿—望城(今属长沙)—岳阳—武汉—黄陂—云梦连成的城市圈内。与公元2年城市圈相比,仍以平原西部湿地损失速率最快。这主要是因为江陵是当时长江中游的首位城市,附近人口稠密,耕地需求较大;另外也与汉江、荆江三角洲发展较快,云梦湿地水域被迫向东迁移有关。

东晋南北朝以后,江汉—洞庭湖平原的湿地得到进一步清理,到1111年时,原始湿地景观萎缩到了应城—天门—沔阳—监利—南县—沅江—湘阴—岳阳—临湘—武汉—黄陂—汉川围成的城市圈内,湿地结构也发生了很大变化。如图20-1所示,与公元前207年至281年时期相比,尽管281—1111年时期生产技术进步,人口密度增加,但在长达七个多世纪的时间里,湿地清理的范围反而没有前五个世纪清理的大,这说明:越往平原腹心地区,水域湿地比重越高,湿地清理难度越大。与湿地结构变化相适应,该时期清理湿地的方式也发生了重大变化。13世纪前,人们多以堵塞穴口、修建干堤的方式来排干沼泽,获取耕地;13世纪后,人们只得以围湖造田、与水争地的方式来获取耕地。

江汉—洞庭湖平原最晚形成的城市圈是1949年后设置的洪湖和仙桃,这一带是江汉—洞庭湖原始湿地景观消失最晚的地区。南宋以来,江汉—洞庭湖平原各处各类湿地都在进一步清理之中,但重心始终在1111年城市圈内。在1111—1980年长达八个多世纪的时间里,这里的围湖造田活动几乎没有停止过,最终导致江汉—洞庭湖平原的湿地生态系统发生根本性变化[①]。

2. 江汉—洞庭湖平原湿地生物多样性的历史变迁

湿地分布空间的萎缩必然导致湿地生物多样性损失。2 200年来,江汉—洞庭湖平原湿地空间逐渐从平原边缘向腹心萎缩,生态过渡性明显、群

---

① 龚胜生:《清代两湖农业地理》,华中师范大学出版社1996年版,第80—99页。

落层次丰富、具有生物多样性走廊①特性的水陆交错型湿地（泛滥平原、森林沼泽、灌丛沼泽和草甸沼泽）逐渐转化成农业用地和聚落用地，人工湿地、水体湿地比重逐渐上升，并最终取代水陆交错型湿地成为湿地结构中的主体，致使湿地生态系统结构由复杂变简单，系统生态功能和系统稳定性降低，洪涝灾害不断加剧，多样性损失日趋严重。

　　江汉—洞庭湖平原水陆交错型湿地得到基本清理的标志是13世纪中叶垸田的出现②，许多以泛滥平原和森林沼泽为栖息地的动物在此之前就灭绝了。大象（Elephas maximus）和犀牛（Rhinoceros sinensis）曾有广泛分布。春秋战国时，象牙和犀皮是楚国的经济支柱。当时，犀皮大量用作兵甲，经过八百年的大规模猎杀，到汉代时，这里已经没有野生犀牛了。大象的情形也差不多，汉代这里的大象也已十分罕见，到10世纪末，野象活动完全绝迹③。麋鹿（Elaphurus davidianus）古称"泽兽"，是典型沼泽湿地动物，先秦江汉—洞庭湖湿地"麋鹿满之"，南朝洞庭湖还有个麋鹿成群的"麋湖"，京山县直到唐代还"产多麋鹿"，宋代以后，麋鹿在这里已经濒临灭绝。湿地的生物多样性为老虎（Panthera tigris）提供了理想的栖息地，公元前605年云梦湿地曾发生过"虎乳子文"的故事，楚宣王狩猎时也提到有虎，直到119年，云梦湿地还"多虎狼之暴"。12世纪末，汉江下游"长涂莽莽，杳无居民"，猛虎甚多，到19世纪末，江汉平原仅公安县陈家湖、大扁湖有所残存了。洞庭湖湿地曾经多虎，18世纪前西洞庭湖还有虎患，后来丛林、芦苇铲除殆尽，老虎绝迹④。

　　13世纪前后，江汉—洞庭湖湿地的泛滥平原和森林沼泽清理殆尽，湿地生态结构转为以湖泊湿地为主，从而突现了其为水禽栖息地和越冬地的重要价值。其水禽优势种群历来为雁类和鹤类，韩杨《荆楚山川人物赋》记载的水禽就有"天鹅野鹤，鸡䳵䴉鹎，鹳鹅鸬老，鸼鹜鹊鸰，鸿雁凫鹜，宿食飞鸣；鸳鸯鸥鹭，往来不惊；更有家凫家雁，沿池绕汀"。江汉—洞庭湖湿地水禽的猎杀活动可以追溯到2 500年前的战国时期，当时水禽（羽）和象牙

---

①　Lewis P H. Tomorrow by design：a regional design process for sustainability. New York，Chichester，Brisbane，Toronto，Singapore：John Wiley & Sons，1996，p. 78、152.

②　石泉、张国雄：《江汉平原垸田兴起于何时》，载《中国历史地理论丛》1988年第1期。

③　何业恒：《中国珍稀兽类的历史变迁》，湖南科学技术出版社1993年版，第141—145页。

④　何业恒：《中国虎与中国熊的历史变迁》，湖南师范大学出版社1996年版，第97—111页。

（齿）、犀皮（革）一样，都是楚国的主要经济资源。唐宋以后，水禽是重要的狩猎对象，苏轼《荆州》组诗中就有两首谈到当地人有捕食大雁的习惯①。

17世纪后叶，江汉—洞庭湖平原渔税机构——"河泊所"最后废除，标志着这里水域湿地耕地化的过程已经基本完成；18世纪后，水禽栖息地进一步萎缩，许多水禽逐渐成了濒危物种②。短尾信天翁（Diomedea albatrus）和斑嘴鹈鹕（Pelecanus roseus）19世纪中叶前曾广泛分布于此，而现在几近灭绝。鹳18世纪时还是这里重要的越冬水禽，20世纪初黑鹳（Ciconia nigra）已经罕见，现在连白鹳（Ciconia ciconia）也极少了。16世纪天鹅（Cygnus spp.）还是仅次于雁类和鹤类的优势水禽，但1673年平原东端的鄂州已很难捕到天鹅了，曾经盛产天鹅的汉阳太白湖，1818年也没了天鹅的踪影。17世纪鸳鸯（Aix galericulata）在洞庭湖区和江汉湖群广泛分布，18世纪以后就很少见记载了。3世纪时，江陵"鹤泽"因多鹤而得名，但1880年鹤已罕见了，鄂州则早在1673年就见不到丹顶鹤（Crus japonensis）了。在洞庭湖区，南洞庭湖鹤的灭绝较早，在益阳县1747年就绝迹了；东洞庭湖1746年还是"鹤雁多集湖滨"，东洞庭湖现在之所以能够成为湿地自然保护区，主要就是因为它是江汉—洞庭湖湿地最后的鹤、雁栖息地。历史上江汉—洞庭湖湿地多有扬子鳄（Alligator sinensis），17世纪70年代沔阳还有鼍的活动，洞庭湖1880年以前多鼍，尤以东洞庭湖为多，地名中岳阳有"鼍鹤洲"、"鼍鹤港"、"白鼍池"、"鼋鼍江"，华容有"鼍鹤驿"，唐代西洞庭湖竟至"鼍作满川浑"，19世纪80年代汉寿县之团山在风浪时还有"鼋鼍蚁集其下"③。但是，现在扬子鳄仅残存于皖南了。

3. 耕地转化是湿地空间萎缩和湿地生态变迁的主要原因

2 200年前，江汉—洞庭湖湿地的主要经济功能是狩猎而不是农耕，秦昭王时（公元前306—公元前251年）这里的"广水大川，山林溪谷"还被认为是毫无价值的"不食之地"。秦汉以后，江汉—洞庭湖湿地逐渐耕地化，到水陆交错型湿地垦辟殆尽的13世纪，湿地的狩猎功能在经济上已变得无

---

① （清）陈诗：《湖北旧闻录》，武汉出版社1989年版，第1260、1271页。

② 何业恒：《中国珍稀鸟类的历史变迁》，湖南科学技术出版社1994年版。

③ 何业恒：《中国珍稀爬行类两栖类和鱼类的历史变迁》，湖南师范大学出版社1997年版。

足轻重，形成了耕、渔并重的经济结构。可是，在小农意识根深蒂固的中国古代，渔业从来没有耕作业那样高贵，随着耕地需求的增多，湿地耕地化愈演愈烈。早在1820年，江汉—洞庭湖平原的垦殖指数就超过了30%，江汉平原更达40%以上[①]。1950—1980年，国家推行"以粮为纲"政策，湿地耕地化登峰造极，洞庭湖水面从4 350平方千米锐减到2 691平方千米；江汉平原湖泊从1 066个减少到326个，水面缩小了2/3[②]。四湖地区曾是江汉—洞庭湖湿地的腹心，现有水域1 793平方千米，水田6 077平方千米[③]，如果这些水田全部是自然转化而来，则其自然湿地中的70%转化成了耕地。

三　江汉—洞庭湖平原湿地可持续利用的建议

1. 调整区域战略定位，发展湿地生态大农业和湿地生态旅游业

江汉—洞庭湖平原7—8世纪以来就是重要粮食产区[④]。粮食出自土地，"国家粮仓"的战略定位是江汉—洞庭湖湿地损失的最根本原因，调整江汉—洞庭湖平原的战略定位是江汉—洞庭湖湿地可持续利用的必由之路。

（1）确立切实保护湿地的新理念，努力发展湿地生态大农业。江汉—洞庭湖湿地可持续发展的关键在于农业可持续发展[⑤]。江汉—洞庭湖湿地已大面积萎缩、消亡，尚存部分的生态环境还在进一步恶化，因此当务之急是要在确立切实保护湿地生态系统的新理念的基础上，推进湿地生态大农业发展战略。农业要从改良土壤[⑥]、优选品种、提高单产上求发展，通过生态工程提高湿地生态系统生产力[⑦]；水面着力发展名、特、优水产品的种养，适度发展水禽养牧业，通过深加工提高经济效益；严禁未经处理或处理未达标的

---

①　龚胜生：《清代两湖农业地理》，华中师范大学出版社1996年版，第80—99页。

②　陈克林、袁军：《湿地》，载郑易生、王世汶《中国环境与发展评论》第1卷，社会科学文献出版社2001年版，第185页。

③　蔡述明：《江汉平原四湖地区区域开发与农业可持续发展》，科学出版社1996年版，第12页。

④　龚胜生：《清代两湖农业地理》，华中师范大学出版社1996年版，第80—99页；龚胜生：《18世纪两湖粮价的时空特征研究》，载《中国农史》1995年第1期。

⑤　陈世俭、蔡述明、罗志强：《生态工程在湖垸湿地农业持续发展中的应用》，载《长江流域资源与环境》1997年第3期。

⑥　古汉虎、向万胜、李玲：《湿地农田低产土壤改良利用研究》，载《长江流域资源与环境》1997年第4期。

⑦　孙平跃、陆健健：《长江口湿地资源生物的可持续利用》，载《长江流域资源与环境》1998年第4期。

污水任意排放，遏制日趋严重的滥渔、过牧和水草的掠夺性利用，使湿地生态逐步得到恢复。

（2）确立湿地旅游发展战略，大力发展湿地生态旅游业。湿地集景观、文化和生物等多样性于一体，具有发展生态旅游的得天独厚的优势。江汉—洞庭湖湿地的旅游价值早在 2 500 年前就已得到利用①。发展湿地生态旅游，可减少居民为增加收入对湿地构成的压力，并为湿地保护和恢复筹措资金，因此必须重视湖区湿地旅游开发工作。建议以长江中游干流为纽带，连贯江汉—洞庭湖湿地和鄱阳湖湿地，建设一条国家级的集环境（Environmental）、生态（Ecological）、伦理（Ethical）、教育（Educational）、健身（Exercising）和旅游欣赏（Esthetical）于一体的多功能的环境走廊（E - Way）②。

2. 加强湿地效益的宣传，强化湿地保护的政府决策和公众参与

湿地效益是湿地所提供的功能、用途和属性的总称③。湿地保护工作，只有在政府官员和普通公众都真正认识到湿地生态功能与人类生活质量的休戚关系之后才有可能收到实效。

首先，政府官员是关键，如果他们对湿地保护的重要性不甚了了，政府就不可能采取湿地保护的一致行动。历史表明，湿地损失主要不在于公众的个体行为，而在于政府的政策导向④。

其次，公众是湿地保护的主体，教育公众、让公众承担起湿地保护的义务也是非常必要的⑤，这是因为，公众理解是公众参与的前提，公众参与可对政府决策的科学性和决策措施的实施产生重大影响。

3. 协调耕地与湿地保护关系，推行湿地"占一补一"制度

20 世纪末"谁来养活中国"的论调甚嚣尘上，为了切实保护耕地，

---

① 《墨子·明鬼下》，《史记·始皇本纪》。

② Lewis P. H. Tomorrow by design: a regional design process for sustainability. New York, Chichester, Brisbane, Toronto, Singapore: John Wiley & Sons, 1996, p. 78、152.

③ 陈克林、袁军：《湿地》，载郑易生、王世汶《中国环境与发展评论》第 1 卷，社会科学文献出版社 2001 年版，第 185 页。

④ 龚胜生：《清代两湖农业地理》，华中师范大学出版社 1996 年版，第 80—99 页。

⑤ Dahl T. E. Wetlands losses in the United States 1780s to 1980s. U. S. Department of the Interior, Fish and Wildlife Service, Washington, D. C. Jamestown, ND: Northern Prairie Wildlife Research Center Home Page. 1990. http://www.npwrc.usgs.gov/resource/othrdata/wetloss/wetloss.htm（16JUL97）.

1999 年我国实施新的《土地管理法》，实行耕地占补制度。但是，随着人口增加、经济发展、移民建镇，江汉—洞庭湖平原的各类建设必然还要占用耕地，这些耕地除很少部分可通过土地整理和复垦弥补外，绝大部分仍要通过开垦沼泽、滩涂等"未利用地"来补偿。这样，湿地保护与耕地保护就成了一对难以调和的矛盾。目前在许多土地利用规划中，普遍存在开垦湿地补偿耕地的现象，如果不从可持续发展的战略高度协调好耕地保护与湿地保护的关系，湿地保护就不可能取得任何实效。因此，保护湿地首先就要实现湿地总量平衡。建议在江汉—洞庭湖平原推行"占一补一"的湿地总量动态平衡制度。

4. "退田还湖"应重点考虑湿地生态系统整体功能的最佳发挥

"退田还湖"不是新名词。1763 年洞庭湖区就曾计划退田还湖 70 垸，可 1802 年清查，不仅这 70 垸没有还湖，反而新建了 90 多垸[①]。也许不应怀疑当前退田还湖工作的实效，可历史的影子还是这样地清晰：退田还湖从来都只是在大洪水后被动的补救措施，而不是政府和居民主动的自愿行为；退田还湖从来都只是考虑到缓解洪水灾害的压力，而不是考虑到湿地生态系统功能的最佳发挥。可持续发展要求将地方性的环境问题放到更广阔的空间上来解决，各级政府应该从更广（湿地系统的开放性）、更高（湿地可持续利用）的战略高度来认识和推动退田还湖工作，将湿地保护、恢复和可持续利用作为一项长期战略，对湿地资源进行全面清查与综合规划。人工湿地能有效去除藻毒素，可建立高生产力的污水处理系统[②]，在规划中要重视湿地的创建工作，明确湿地保护区、恢复区、创建区和可转化区，科学地退田还湖。

5. 扩大保护区面积，重建湿地景观的、生物的和文化的多样性

景观、生物、文化多样性是发展湿地生态旅游的资源前提，而要保持和增强这些多样性，建立足够的湿地保护区是十分必要的。目前，江汉—洞庭湖平原列入国际重要湿地名录的仅有东洞庭湖自然保护区，但该保护区面积

---

① 龚胜生：《清代两湖农业地理》，华中师范大学出版社 1996 年版，第 80—99 页。

② 吴振武、陈辉蓉、雷腊梅等：《人工湿地去除藻毒素研究》，载《长江流域资源与环境》2000 年第 2 期。

不大，仅 19 万公顷，而湖泊密布的江汉平原，目前还没有国家级湿地自然保护区。建议尽快将洪湖和西洞庭湖列入国家级自然保护区，并逐步扩大湿地保护区的范围。当保护区内的湿地生态恢复到适宜程度时，发展生态旅游，重建湿地的景观、生物和文化多样性。

6. 加强国际合作，探索适合区情的湿地可持续利用之路

加强国际合作，借鉴国外经验，可使我们少走许多弯路。历史上耕地转化也是美国湿地损失的主因，1780—1980 年，美国大陆损失了 53％的湿地，平均每小时损失 24.3 公顷①。1986—1997 年，美国湿地损失的速率较前十年下降了 80％，采取的措施主要有严格规范损害湿地生态的行为；消除刺激湿地排干、攫取、退化的因素；推行公众教育和湿地法规等②。美国 75％的州确立了湿地总量不减少（no net loss）或净增加（a net gain）的目标，60％以上的州进行了州级湿地保护规划③。国外关于湿地恢复、重建、增强的系列成功经验，对江汉—洞庭湖湿地的可持续利用具有重要参考价值。

---

① Dahl T E. Wetlands losses in the United States 1780s to 1980s. U. S. Department of the Interior, Fish and Wildlife Service, Washington, D. C. Jamestown, ND: Northern Prairie Wildlife Research Center Home Page. 1990. http：//www. npwrc. usgs. gov/resource/othrdata/wetloss/wetloss. htm（16JUL97）.

② Interior's Fish and Wildlife Service. Status and Trends of the Nation's Wetlands. http：//www. wetlands. fws. gov/bha/SandT/SandTReport. html.

③ La Peyre M. K., Reams M. A., Mendelssohn I. A. Linking actions to outcomes in wetland management: an overview of U. S. state wetland management. Wetlands, 2001, 21（1）：p. 69.

第二十一篇

长江中游洪灾的历史地理考察

从历史地理角度考察，长江中游洪灾是其地形水系缺陷、流域环境恶化、堤防修筑草率共同作用的结果。与历史时期相比，现代大型水库一定程度上弥补了其地形水系的缺陷，但与此同时，流域生态环境进一步恶化，堤防抗洪能力依然薄弱，人类环境管理失败所致的流域生态环境恶化依然是长江中游洪灾的根本原因，实施流域综合治理战略是减轻长江中游洪灾的必然选择。

（本文发表于《华中师范大学学报》（自然科学版）2000 年第4 期）

明清以来，长江中游洪水灾害日趋频繁。直至现在，洪灾仍然是长江中游区域发展的心腹大患。究其根本原因，笔者以为是"人类环境管理的失败"① 所致的流域生态环境恶化。本文试从历史地理角度对此做一论述。

一 长江中游历史上洪灾的形成机理

1. 先天不足——盆地的地形、辐辏的水系为洪灾提供了温床

长江中游基本上由两个湖盆地貌单元组成，水系呈辐辏型分布，湘、资、沅、澧向洞庭湖汇聚，赣、抚、信、饶、修向鄱阳湖汇聚。长江181万平方千米流域面积中，有168万平方千米的域面径流集中在湖口下泄，径流总量8 500亿立方米，占长江入海径流的86%。水的来路甚多，去路只有长江，加之河道多弯，排泄不畅，水灾自古就多。1644—1820年间，湖北129次自然灾害中水灾占64.3%；湖南92次自然灾害中水灾占65.2%②。

2. 后天失调——过度垦殖所致生态环境恶化为洪灾推波助澜

18世纪，我国人口迅速增长，人均耕地急剧下降，统治者推出了"多辟尺寸之地，多收升斗之储"的土地垦殖政策，生态环境因此受到极大破坏。以两湖地区为例，1685年的人口为332万，人均耕地1.159公顷；1784年，人口猛增至3 283万，人均耕地下降到0.168公顷（见表21-1）。巨大的人口压力导致了巨大的生态压力，1740年前，两湖剩余人口主要流向平原从事围田垦殖；1740年后，两湖垸田垦殖饱和，剩余人口转向山区从事山地开发。过度垦殖导致了生态环境的恶化，加剧了水患灾害的频度③。

表21-1　　　　1680—1995年两湖地区人口与人均耕地变化

年 代	1680	1720	1750	1780	1820	1870	1890	1987	1995
两湖总人口（万）	332	534	1 651	3 283	4 799	5 356	5 526	10 841	12 084
人均耕地（公顷）	1.16	0.92	0.31	0.17	0.12	0.12	0.12	0.063	0.055

---

① 世界环境与发展委员会：《我们共同的未来》，吉林人民出版社1997年版。

② 龚胜生：《清代两湖农业地理》，华中师范大学出版社1996年版，第36—251页。

③ 同上。

（1）与水争地直接导致蓄水容量损失，加剧水患灾害。清代以前，洞庭湖区垸田很少，大部分荒滩"历代多弃置不问"，直到1689年还是"一望芦荻飘摇，概曰洞庭积水之汊"。但随后人口迅速增加，湖区洲滩得到大规模开发，到18世纪30年代，洞庭湖"往日受水之区，多为筑垸之地"，"湖身日狭，储水渐少"，水患灾害渐趋频繁。1746年，湖南巡抚杨锡绂就指出"与水争地"是"实贻壅水漫溃之患"。江汉平原垸田开发较洞庭湖地区早，与水争地的情形更为突出，1742年湖广总督孙嘉淦指出，江汉平原"凡蓄水之地，尽成田庐"，"不留尺寸地以予水"，以致"无年不有水患"。1748年湖北巡抚彭树葵更得出了"少一阻水之区，即多一容水之区"，"人与水争地为利，水必与人争地为殃"的科学结论。

（2）与林争地间接导致蓄水容量损失，加剧水患灾害。与林争地以大批森林消失为代价，森林破坏可在两个方面加剧水患灾害：一是对降雨失去拦蓄作用，加大洪水频率和洪峰流量。鄂西南山区18世纪30年代前还是人迹罕至，到19世纪初许多地方却成了童山秃岭，"虽幽崖邃谷亦筑室其下，峻岭高冈亦耕作其上"，夏天常常山洪暴发。二是对土壤失去固结作用，加速河湖泥沙淤积，降低河湖蓄洪能力。17世纪中叶，顾炎武就说长江中游"江湖之浅涩，诸湖之湮平"是山地开发后"山谷泥沙，尽入江流"的缘故。18世纪后，山地开发规模进一步扩大，江、汉、洞庭湖泥沙淤积明显加速。据报告，1818年荆江河道来沙量已是1788年的2倍；汉江下游河床从前深有数丈，但自大巴山的山林开垦后，"节年淤垫"，以致1821年以来，水灾连年不断①。

3. 免疫力差——堤防不坚不敌洪水侵袭为水灾提供了突破口

长江中下游水灾的发生还与"水桶效应"有关。如果把长江中游河床及其吞吐湖的蓄洪能力比做一只"水桶"，那么堤防就是这个水桶中最短的那块木板。即使洪峰流量尚未超过最大蓄洪能力，但如果堤防不坚固，在洪水冲击下发生渗漏、管涌，同样可以导致水灾。所以，湖区人们自古"以堤为命，防堤甚于防命"，地方官也视"修堤为第一要务"，所有堤防年年有岁修、三年一大修。堤防溃决导致水灾，这是最直接的表现，历史上许多人认为堤防不坚是水灾的重要原因。1750年湖北巡抚唐绥祖把汉江两岸年年发生

---

① 龚胜生：《清代两湖地区人口压力下的生态环境恶化及其对策》，载《中国历史地理论丛》1993年第1期。

的水灾归咎于"平时修筑草率";1788 年长江万城大堤溃决,淹死荆州市民 1 万多人,乾隆皇帝就以"堤工不固"为由,惩处了一批地方官员①。

二 长江中游历史上防治水灾的主张与绩效

1. 禁止与水争地——良药苦口无人吃

与水争地直接导致蓄洪能力损失,为了防治水患,清朝统治者在长江中游颁布了禁止与水争地的禁令,采取进行了平垸行洪的措施。在洞庭湖区,1744 年开始禁止私人修筑垸田,1747 年开始禁止政府修筑垸田。但老百姓为了"一己之微利"仍然千方百计围湖造田,以致水灾越来越频繁,其结果是"纵积十年丰收之利,不敌一年溃溢之害"。1763 年湖南巡抚重申垸田之禁,并将 1747 年以来违法修建的 77 个私垸中的 70 个平垸行洪;1802 年又查出私垸 94 个,但迫于人口压力,只有 2 个平垸行洪。在江汉平原,湖北巡抚先后于 1744、1748、1763 等年颁布了围湖造田的禁令,但终清之世,围湖造田活动一直没有停止②。

2. 竭力修堤浚河——头痛医头难治本

与林争地导致上游山区水土流失,加速下游河湖泥沙淤积,形成流域灾害链。19 世纪前,江汉、洞庭湖泥沙淤积尚不十分严重,所以大多主张竭力修筑堤防来防治水灾。顾炎武就说:"欲尽心力以捍民患,惟修筑堤防一事。"1788 年长江大洪水后,还有人说"别无他计,惟高筑坚堤以资捍卫"。19 世纪后,江、汉、洞庭湖泥沙淤积越来越甚,人们开始认识到修筑堤防不仅于事无补,反而危害更大,说"因水害而有堤防,继也,有堤防而愈受水害",有人甚至得出了"湖北不可以筑堤"、"愈讲堤工,愈多水患"的结论。他们认为,治理水患的当务之急是疏浚河道,使水流畅通,如"疏江水支河,使南汇于洞庭湖;疏汉水支河,使北汇于三台等湖;并疏江汉之支河,使分汇于云梦七泽之间"③。疏浚河道的主张较坚筑堤防的主张进步,但

① 龚胜生:《清代两湖地区人口压力下的生态环境恶化及其对策》,载《中国历史地理论丛》1993 年第 1 期。

② 龚胜生:《清代两湖农业地理》,华中师范大学出版社 1996 年版,第 36—251 页。

③ 龚胜生:《清代两湖地区人口压力下的生态环境恶化及其对策》,载《中国历史地理论丛》1993 年第 1 期。

依然是头痛医头，效果非常有限。

3. 上堵下疏结合——纸上谈兵未奏效

清代少数有识之士主张对长江中游的水患进行流域综合治理。1763年，湖北巡抚辅德考察江汉平原后提出堤岸宜并力合作、修堤宜高厚坚实、私垸宜禁、淤塞宜疏的建设性意见，主张筑堤、禁围、疏淤三法并施。此种观点虽较单纯强调修筑堤防的主张进步，但眼光依然局限在湖区，还是一种头痛医头的做法。到19世纪初，汪志伊提出堵疏并用的流域综合防治对策："其受害在上游者宜于堵，其受害在下游者宜于疏。或事疏消于防堵之先，或借防堵为疏消之用。"[①] 汪志伊的主张一定程度上具有了山、江、湖综合治理思想，可惜未能付诸实施，纸上谈兵而已。

三　长江中游现代洪灾的病理分析

1. 水库错峰调洪——先天不足之症稍舒

长江中游地势低洼，过境水量大，河道弯曲，水流不畅等自然条件的缺陷，使我们无法找到一条能够一劳永逸地消除水患威胁的防灾之道。但是，人类毕竟具有能动性，新中国在长江中游及其主要支流上修建的大型水库，重组了长江生命体的自然基因，一定程度上弥补了它先天禀赋的不足。1998年长江特大洪水中，葛洲坝、丹江口、隔河岩、五强溪、柘溪、修水、漳河等大型水库都起到了重大的错峰调洪作用，减轻了洪灾损失。三峡大坝建成后，这种作用还将进一步加强。但即使这样，长江中游的水灾威胁也还是不能彻底消除，因此，要减轻长江中游的洪灾威胁，关键还在于加强流域环境管理。

2. 环境管理失败——后天失调之症加重

与18、19世纪比，20世纪长江流域环境管理之失败更为突出。目前长江流域人口3.7亿人，其中两湖就有1.2亿人，人均耕地接近0.053公顷的警戒线，无论是与林争地还是与水争地，都达到了前所未有的程度。20世纪90年代与20世纪50年代相比，长江流域水土流失面积增加了20万平方千

---

① 龚胜生：《清代两湖地区人口压力下的生态环境恶化及其对策》，载《中国历史地理论丛》1993年第1期。

米，其中上游增加 9.4 万平方千米，土壤流失量增加了 12.4 亿吨①；中下游
吞吐湖面积减少 62%，其中洞庭湖减少 50.7%，鄱阳湖减少 25.2%，江汉
湖群减少 43.6%。整个长江流域蓄水容积减少 567 亿立方米，其中洞庭湖减
少 119 亿立方米，鄱阳湖减少 81 亿立方米②。洞庭湖年增高湖床 3.6 厘米，
增加湖洲 4 000 公顷，产生额外洪水 0.98 亿立方米③；鄱阳湖年增高湖床 3
厘米④。这些数据表明，长江中游的蓄洪能力在不断地降低。1998 年长江洪
水径流虽非历史最高，却创造了洪峰最多、水位最高的历史记录，原因就在
于此。城陵矶 1998 年最大流量比 1954 年少 7 700 立方米，最高水位却高
1.39 米，其中 0.5 米就是围湖造田所致⑤。

3. 水利投入不足——免疫力差之症如故

历史上的堤防多是老百姓集资修筑，加之筑堤技术低，抗灾能力很差。清
代湖北汉江下游两岸有堤 570 千米，长江自荆州以下有堤 1 000 千米。此外还
有无数的垸堤、月堤。要维护好这些堤防，需要大量人力、物力和财力，投入
不足往往成为水灾的重要诱因。19 世纪 40 年代，江汉平原频繁水灾，堤防修
复遇到巨大经费困难，造成"一处溃则处处之横流四溢，一年溃则年年之溃水
长淹"的被动局面⑥。新中国成立以来，国家虽进行了大量水利基建投资，但
比实际需求仍有很大差距。湖北 1979 年水利投资占基建总投资的 5.8%，此后
逐年下降至 1995 年的 1.5%。目前湖北有各类堤防 11 773 千米，由于投入严重
不足，堤防严重老化，只能抗御 10—20 年一遇的洪水。一旦洪水过境，往往
全线告急，间接损失数十倍于直接损失。投入不足外，技术水平低，"豆腐渣"
工程，也是目前长江中游抗洪能力不高的重要因素。

---

① 水利部水土保持司：《从长江洪水看加快水土流失治理的紧迫性》，载《光明日报》1998 年
9 月 15 日；吴国盛：《长江水患与可持续发展》，载《光明日报》1998 年 9 月 8 日。

② 郑北鹰：《江河上游地区水土保持亟待加强》，载《光明日报》1998 年 10 月 12 日；蔡述明：
《长江中游洪涝渍害与沼泽化对策》，载中国科学院地学部《中国自然灾害灾情分析与减灾对策》，
湖北科学技术出版社 1992 年版，第 380 页。

③ 王克林、章春华：《洞庭湖区生态减灾对策》，载《光明日报》1998 年 10 月 10 日。

④ 水利部水土保持司：《从长江洪水看加快水土流失治理的紧迫性》，载《光明日报》1998 年
9 月 15 日。

⑤ 郑北鹰：《江河上游地区水土保持亟待加强》，载《光明日报》1998 年 10 月 12 日；王克林、
章春华：《洞庭湖区生态减灾对策》，载《光明日报》1998 年 10 月 10 日。

⑥ 龚胜生：《清代两湖地区人口压力下的生态环境恶化及其对策》，载《中国历史地理论丛》
1993 年第 1 期。

四　长江中游洪水灾害的历史启迪

1. 人祸促天灾——大自然无情的报复

1998 年的长江大洪水，从历史角度看，与其说是一次突发性的天灾，不如说是一次积渐性的人祸。笔者认为它是大自然对人类不合理行为的无情报复。尽管长时间的较强降雨难辞其咎，但根本原因还是长江中上游流域的环境长期恶化所致。恩格斯曾谆谆告诫："我们不要过分陶醉于我们对自然界的胜利。对于每一次这样的胜利，自然界都对我们进行了报复。每一次胜利，在第一步都确实取得了我们预期的结果，但是在第二步和第三步却有了完全不同的、出乎预料的影响，常常又把第一个结果抵消了。"[①]　确实，历史上的过度垦殖在短期里取得了缓冲人口压力、减轻粮食危机的预期结果，两湖平原甚至还因围湖造田成为了全国的粮仓，享有"湖广熟，天下足"的美称。然而不久，这些"贪目前之小利而忘经久之大害"的行为就遭到了大自然无情的报复。在频繁水灾影响下，到 18 世纪末，"湖广熟，天下足"就名不符实了[②]。新中国成立以来，长江中游大规模围湖造田对湖区经济发展起了重大作用，如洞庭湖区人口密度较全省平均水平高 23.5%[③]，鄱阳湖区以 1/20 的土地承载全省 1/4 的耕地和人口，生产全省 1/4 的粮食、1/3 的棉花。但我们也必须看到巨大的洪灾损失，1998 年特大洪水长江中游仅直接损失就过 1 000 亿元，加上间接损失与移民建镇、退田还湖、退耕还林的成本，怎一个"纵积十年之丰收，不敌一年溃决之害"了得！

2. 治本兼治标——大洪水治理的良策

历史告诉我们，治理长江中游水患，必须既治上游山区水土流失之本，又治中游泥沙淤积之标；既治地势水系先天之不足，更治环境恶化后天之失调；管理好流域生态环境，协调好流域人地关系。

第一，严格控制流域人口增长。历史上，长江中游的生态破坏主要是人

---

① 恩格斯：《自然辩证法》，载《马克思恩格斯选集》第 3 卷，人民出版社 1972 年版，第 517 页。

② 龚胜生：《清代两湖地区人口压力下的生态环境恶化及其对策》，载《中国历史地理论丛》1993 年第 1 期。

③ 王克林、章春华：《洞庭湖区生态减灾对策》，载《光明日报》1998 年 10 月 10 日。

口压力下过度垦殖所致；今日，长江流域人口压力前所未有，森林砍伐、陡坡耕垦、水土流失比任何历史时期都要严重，如果依附于土地的人口控制不好，洪灾威胁就会越来越大。

第二，努力提高土地生产效益，减轻农业人口对土地资源过度依赖。历史上，人口压力主要通过与水争地和与林争地的拓荒运动来缓冲，扩散了环境破坏因子，水土流失面积不断扩大，水患灾害日趋频繁；今日，必须加快农业技术革新和农业结构调整，最大限度地提高土地承载力，减少人口对耕地的需求，为剩余农业人口提供非农业经营机会，减轻环境的直接负担。

第三，树立流域一体观，进行山、江、湖综合治理。历史上，长江中游水患治理之所以失败，主要是因为只抓湖区堤防建设，罔顾山区水土保持；今日，必须树立流域系统整体观，既治标，更治本，将山区水土流失和湖区泥沙淤积作为有机整体，加以综合治理。

第四，加强流域环境管理与生态建设，将退田还湖和退耕还林落到实处。长江中游在洪水面前本已先天不足，如果环境管理失败，再添后天失调，就等于雪上加霜，平添洪灾威胁，必须从战略高度落实流域生态环境建设。

第五，加大水利投入，提高堤防抗灾能力。水利投入具有巨大减灾效益，要把防灾经费纳入经济预算，将防灾成本视为基础投资，加大水利投入。继续优化长江干支水系的自然基因，采取工程措施拦沙、蓄洪、错洪、分洪。

第 三 部 分

中国历史医学地理学研究

第二十二篇

历史医学地理学刍议

　　创建历史医学地理学是地球系统科学与现代地理学发展的需要，也是历史地理学和医学地理学发展的需要。历史医学地理学是研究历史时期人类疾病、健康与地理环境之间的关系及其空间分布变迁规律的新兴学科，具有综合性和交叉性特点，属于历史地理学分支。其研究领域目前主要有：历史疾病地理、历史健康地理、历史药物地理、历史灾害医学地理、历史医学地理学史、历史医学文化地理、历史环境医学地理、历史军事医学地理等。自然辩证法理论和人地相互作用理论是创建历史医学地理学的理论基础。历史医学地理学的研究原则有综合性原则、动态性原则、区域性原则、应用性原则、多样性原则，研究方法目前主要有历史文献分析、地名信息分析、野外实地考察、医学地理制图等。研究历史医学地理学不仅对地理学、历史学、灾害学等学科理论体系完善具有重要意义，而且对地方病防治、人口优生优育、中药资源开发与保护、环境变化健康预警、可持续发展战略实施等具有现实指导意义。

（本文发表于《中国历史地理论丛》1998 年第 4 期）

一 问题的提出:为什么要发展历史医学地理学

什么是历史医学地理学 (Historical Medico-geography)？历史医学地理学的研究领域有哪些？建立历史医学地理学的理论基础是什么？历史医学地理学研究要遵循哪些原则、运用哪些方法？研究历史医学地理学有何理论意义和实践价值？所有这些，都是历史医学地理学需要回答的问题，但首先必须回答的问题是：为什么要发展历史医学地理学？

顾名思义，历史医学地理学是在地理学、医学和历史学边缘交叉领域生长起来的新兴学科。发展历史医学地理学，大而言之是地球系统科学和现代地理学发展的需要，小而言之是历史地理学和医学地理学发展的需要。

1. 地球系统科学与现代地理学发展的需要

在人类进入 21 世纪的今天，基于人类活动正在使整个地球系统发生深刻变化，基于空间技术与计算机发展对地球的整体探索成为现实，基于地球科学分支学科的日趋成熟与联系加强，当代地球科学发展正在迈入地球系统科学新时代。

地球系统科学认为：地球是一个有机联系和相互作用的整体，地球的健康取决于地球各组成部分的健康①。地球系统科学大跨度、定量地、从四维时空研究地球系统的整体行为和各圈层相互作用的动力学过程，体现出时空尺度大，交叉渗透性强；理论探索和应用研究相结合；前沿研究与高新技术发展融为一体的研究特点②。建立历史医学地理学与地球系统科学发展的关系主要有两个方面：

其一，人与自然的关系是地理学研究的核心，地球系统科学视人类活动为地球表层系统的重要外营力，视人与自然的关系协调为重要战略任务，为包括历史医学地理学在内的地理学的全面发展提供了广阔天地。

其二，学科交叉点是新兴学科的生长点，21 世纪是交叉科学的世纪，地球系统科学强调学科间特别是自然科学与社会科学间的交叉渗透，对发展历

① 世界环境与发展委员会：《我们共同的未来》，吉林人民出版社 1997 年版。
② 地球科学部：《1997 年度国家自然科学基金项目指南》，载《地球科学进展》1996 年第 6 期。

史医学地理学提出了客观要求。

地理学是地球系统科学的核心，它研究地球表层系统的结构、功能、演化以及人与自然的相互关系[①]。地球系统科学的发展，对地理学发展也产生了深刻影响。

其一，地球系统科学的整体性，要求地理学从单一的自然过程或人文过程研究转向自然过程和人文过程的综合集成，使原来相对独立的自然地理学和人文地理学走向统一，从而导致地理学内涵与结构的变化。

其二，地球系统科学对人与自然关系的重视，提高了素以研究人与自然关系为己任的地理学的地位，使人地关系成为统一地理学的研究核心。

其三，地球系统科学研究所有时间尺度内深刻影响地球演化的生物、物理、化学、人文过程，要求地理学既要重视人地关系的现状分析，又要了解人地关系的历史演化，还要预测人地关系的未来趋势。

其四，地球系统科学的整体性还要求地理学研究具备全球性、全国性、区域性、试验示范性等多层次空间尺度，使人地关系研究从微观和宏观两个方向深入，微观与宏观紧密结合，以解决人地关系协调与持续发展规律问题。

其中，人地关系的历史演化正是历史地理学研究的永恒主题；健康与环境关系，正是人地关系的微观深入；健康与环境关系的历史演化，正是历史医学地理学研究的核心课题。因此，当代地球系统科学要求下的地理学发展，既对发展历史医学地理学提出了客观要求，也为建立历史医学地理学准备了理论条件。

2. 历史地理学与医学地理学发展的需要

历史地理学（Historical Geography）将历史学的基本概念"时间"和地理学的基本概念"空间"有机结合起来，在时空过程和时空耦合基础上研究历史时期人类活动影响下地理环境结构、功能与人地关系的演变规律，是一门古老而又年轻的科学。作为历史地理学前身的沿革地理在我国可追溯到两千年前，但作为现代科学意义上的历史地理学，却是 20 世纪 30 年代以后的事。一般认为，1933 年《禹贡》半月刊的创刊是我国历史地理学研究走向

[①]　地球科学部：《1997 年度国家自然科学基金项目指南》，载《地球科学进展》1996 年第 6 期。

现代化的标志。世界范围的情形也差相仿佛，欧美的历史地理学开山之著都出现在 20 世纪 30 年代至 20 世纪 40 年代，如 1935 年出版的伊斯特（W. G. East）的《欧洲历史地理》，1936 年出版的达比（H. C. Darby）的《1800 年以前的英格兰历史地理》，1948 年出版的布朗（R. H. Brown）的《美国历史地理》①。七十多年来，经过几代人的努力开拓，历史地理学研究已取得长足发展，但理论体系尚不够完善。作为现代地理学在时间轴上的逆向延伸，历史地理学应相应拥有现代地理学所拥有的重要分支，而事实并非如此。如现代地理学体系中医学地理学已成为重要分支，但历史地理学体系中连"历史医学地理学"一词也无人提及。因此，发展历史医学地理学是完善历史地理学科体系的需要。

医学地理学（Medical Geography）将健康与环境关系视为永恒的主题，研究人群疾病和健康状况的地理分布规律，疾病发生、流行和健康状况变化与地理环境的关系，以及医疗保健系统和设施的地域配置②。和历史地理学一样，也是一门古老而又年轻的科学。说它古老，是因为从远古时起，人类就已认识到疾病和健康与地理环境息息相关；说它年轻，是因为它直到 19 世纪初③或 19 世纪 30 年代④才成为一门独立学科，最近几十年才有比较系统完整的《医学地理学》著作问世⑤。在国外，德国人芬克（L. L. Finke）1792 年出版的《医学应用地理学》首次出现"医学地理"一词，其后，1813 年施努莱尔（F. Schnurrer）出版《疾病地理学》、1843 年布捷（Boudek）出版《医学地理学导言》、1853 年富克斯（C. F. Fuchs）出版《医学地理学》、1856 年莫里（M. A. Murray）出版《疾病的地理联系》等。在我国，医学地理学思想萌芽很早，两千多年前的《吕氏春秋》、《淮南子》等著作中就有了疾病、健康、寿命与环境关系的认识⑥，但直到新中国建立，尚无专门的医学地理研究和著作。我国的医学地理学是 20 世纪 60 年代后发展起来的，研究内容也主要是地方病、肿瘤等疾病的现代地理分布规律。至

① 侯仁之：《历史地理学四论》，中国科学技术出版社 1994 年版，第 130—131 页。
② 谭见安：《医学地理的发展和基本问题》，载谭见安主编《中国的医学地理研究》，中国医药科技出版社 1994 年版，第 2 页。
③ 同上书，第 4 页。
④ 聂树人：《医学地理学概论》，陕西师范大学出版社 1988 年版。
⑤ 方如康：《中国医学地理学》，华东师范大学出版社 1993 年版。
⑥ 龚胜生：《中国先秦两汉时期的医学地理学思想》，载《中国历史地理论丛》1995 年第 3 期。

于历史时期疾病、健康与环境关系及其地理分布问题，无论是在具有医学地理学研究传统的德国、英国、美国、法国、俄罗斯，还是在医学地理学研究后起之秀的中国、加拿大、澳大利亚、日本，都还是一片空白。然而，任何事物都有前后相继的历史，不了解过去，就无法把握现在，预测未来，因此，发展历史医学地理学，也是完善现代医学地理学理论体系的需要。

二　历史医学地理学的研究对象与领域

1. 历史医学地理学的研究对象

什么是历史医学地理学？要回答这个问题，必须从历史地理学和医学地理学研究对象谈起。

历史地理学以历史时期的地理环境与人地关系为研究对象，从时间轴上对空间剖面上的地理要素进行研究，探讨人类活动影响下地理环境的变迁规律。历史地理学是广义地理学的重要组成部分。广义地理学是古地理学（Paleogeography）、历史地理学（Historical Geography）和现代地理学（Modern Geography）的集合。历史地理学与现代地理学不是包容关系，而是并列关系，它们都以地理环境为研究对象，都从事系统地理和区域地理研究，都包括自然地理与人文地理两大分支：两者只有研究时段上的区别[①]。当然，也有观点认为历史地理学是现代地理学的背景性分支[②]。但不管怎样，历史地理学的研究对象是确定的。至于医学地理学，它以人类健康与地理环境关系为研究对象，探讨人类疾病与健康状况的空间分布规律。健康与环境关系是人地关系的一部分，因此，医学地理学是现代地理学的重要分支，医学地理学与现代地理学是一种包容关系，而非并列关系。

那么，历史医学地理学的研究对象是什么？正如现代医学地理学是现代自然地理学分支，历史医学地理学也是历史自然地理学分支；正如历史地理学和现代地理学都以人地关系为研究对象，历史医学地理学和现代医学地理学也都以健康与环境关系为研究对象。历史医学地理学研究历史时期人类疾病、健康与地理环境的相互关系以及人类疾病与健康状况的空间分布变迁规

---

① 陈桥驿：《序》，载张步天《中国历史地理》，湖南大学出版社 1987 年版，第 1—2 页。

② 林超、杨吾扬：《地理学》，载《中国大百科全书·地理学》，中国大百科全书出版社 1990 年版，第 5 页。

律。历史医学地理学是历史地理学横向拓展与医学地理学纵向延伸的结合，它植根于历史地理学和医学地理学的土壤，是吸取历史地理学和医学地理学营养成长起来的新兴学科。

2. 历史医学地理学的研究领域

健康与环境关系是一个涉及面很广的多学科交叉领域，现代医学地理学的研究领域主要有：疾病地理、健康地理评价、医学地理制图、环境医学地理、灾害医学地理、医学地理工程、医学地理信息和监测系统等①。历史医学地理学和现代医学地理学拥有同样的研究对象，研究领域具有相似性，但历史医学地理学还有自己的特点，主要研究领域有：

（1）历史疾病地理（Historical Disease Geography）。主要研究历史时期人类疾病与地理环境的关系、疾病的地理分布、疾病的地域结构、疾病的经济社会影响。这里所谓的疾病，主要是历史时期多见、与生态环境关系密切、具有一定的地方性、对历史发展有重大影响的环境疾病，如血吸虫病、大骨节病等与环境化学因素有关的疾病。不仅要探讨历史时期单个疾病的发生、流行、分布与地理环境的关系，而且要探讨历史时期多个疾病的空间地域组合类型，了解疾病的群生关系，研究疾病长期流行对病区经济社会发展的影响。其中疾病的时空变迁规律是历史疾病地理的研究核心。

（2）历史健康地理（Historical Health Geography）。主要研究历史时期人类健康状况、生命现象、生命过程的空间分布规律及其与地理环境的关系，包括历史长寿地理（Historical Longevity Geography）、历史保健地理（Historical Healthcare Geography）、历史疗养地理（Historical Sanitarium Geography）、历史营养地理（Historical Nutrition Geography）等主要领域。历史长寿地理主要研究历史时期长寿点（区）的地理分布规律及其环境背景；历史保健地理主要研究历史时期政府医疗机构（如医署、药局等）的空间配置及其变迁规律；历史疗养地理主要研究历史时期自然疗养资源（如温泉）的地理分布及其开发利用；历史营养地理主要研究历史时期人类食物结构的地域差异及其与身高、智力、寿命等的关系。

（3）历史药物地理（Historical Herbal Medicine Geography）。主要研究历

---

① 谭见安：《健康、环境、发展——当代医学地理的主题》，载《地理学报》1994 年（增刊）。

史时期重要天然药物资源的地理分布变迁规律、药效特异性与环境生态的关系、药物开发利用的环境效应等。天然药物资源包括植物药、动物药、矿物药，种类极其繁多，应该选择区域性明显、药效独特、临床中广泛使用、与自然生境关系密切、具有保护和开发价值的"地道药材"进行研究。地道药材的区域性取决于地球化学微量元素的地域差异，如植物药中的甘草、人参、天麻、淮山药、怀地黄、吴茱萸、川贝母，动物药中的麝香、犀角、穿山甲，等等。

（4）历史灾害医学地理（Historical Disaster Medico-geography）。主要研究历史时期各种灾害所致的疾病流行的时空规律与经济社会危害，以及自然灾害或人为灾害与疾病灾害的规律关系。"大灾之后必有大疫"，大规模的疾病流行往往紧随天灾人祸之后出现，疫灾是人类健康的大敌。历史灾害医学地理的重点是研究历史时期疫灾与自然灾害或人为灾害的关系，研究疫灾的时空流行规律、社会影响与社会反馈机制。

（5）医学地理学思想史（History of Medico-geographical Thoughts）。主要研究历史医学地理学的学术思想史，通过疾病、健康与环境关系认识历程的探讨，弄清历史医学地理学发展的阶段特征。地理学史和医学史是其研究基础。健康与环境关系问题是人类与生俱来的问题，也是人类在生产和生活实践中不断经历、观察、认识、总结的问题，历史文献给我们留下了丰富的有关疾病、健康与环境关系的认识，发掘其中的思想成就、理论依据与实践价值，是历史医学地理学研究的重要任务。

（6）历史医学文化地理（Historical Medico-Cultural Geography）。主要研究历史时期医学文化现象的时空分布规律。这是历史医学地理研究中一个比较独特的领域，它将卫生习俗、医学流派、医学人物、医学著作、医药传播等文化现象的地域差异和动态变化作为研究对象，从文化学角度探究各地医学水平与地理环境的关系。

（7）历史环境医学地理（Historical Environmental Medico-geography）。主要研究历史时期因人类活动造成的环境变化所致的健康影响与危害。环境污染问题并非现代才有，古代和近代的一些大城市生活垃圾的污染，也曾引起一系列的医学地理问题，如腹肠疾病的暴发、介水疾病的传染等。至于农村地区，历史时期环境污染所致医学地理问题并不突出。因此，历史环境医学地理研究的重点是历史时期城市环境污染对人类健康的影响。

（8）历史军事医学地理（Historical Military Medico-geography）。主要研

究历史时期军士健康、军队卫勤保障与地理环境的关系。军队驻地环境与军士身体健康关系密切，军士身体健康又直接关系到军队的战斗力和战争的成败，所以古代军事家十分重视驻地环境的勘察与选择，留下了许多值得总结的军事医学地理学思想。军事行动是非常行动，不服水土、人口密集、战争恐怖、长途跋涉、饥寒交迫等使军士成为易感人群，便于疾病的暴发流行。历史上军队因疾病流行不战而败的例子数不胜数。此外，军事行动还直接成为疾病传播的媒介，天花、鼠疫等烈性传染病就是通过军事行动输入我国的。所有这些，都是历史军事医学地理必须研究的重大问题。

三　研究历史医学地理学的理论基础

任何学科都有赖以建立的理论基础。健康与环境关系，一方面是人类系统与自然系统相互作用关系的一部分；另一方面还暗含着如何看待自然生态系统进化过程中人的作用的哲学问题。因此，自然辩证法和人地关系论是历史医学地理学的理论基础。

1. 自然辩证法

自然辩证法作为整个历史地理学的理论基础[1]，当然也是历史医学地理学的理论基础，核心依据有三：

（1）人是自然的产物，人类健康与自然环境存在着客观的联系。从地球系统演变历史看，人类和其他地球生物一样，都是自然的产物，所以恩格斯说："我们连同我们的肉、血和头脑都是属于自然界，存在于自然界的"[2]。自然科学认为，生物和环境是有机联系的整体，生物是地球表层演化到一定阶段的必然产物，地球表层的地球化学演化与人类生物进化具有共轭性，这种共轭性使人类生物与地球表层的化学成分有着不可分割的联系[3]。地球表层广泛存在的碳、氢、氧、氮、钙、硫、磷、钠、钾、氯、镁11种元素构成人体的常量元素（占人体重量的99.5%），地球表层相对少见的铁、铜、锌、锰、钴、硒、碘、镍等70多种元素构成人体的微量元素（占人体重量

---

① 侯仁之：《历史地理学四论》，中国科学技术出版社1994年版，第21—22、31—32页。

② 恩格斯：《自然辩证法》，载《马克思恩格斯选集》第3卷，人民出版社1972年版，第517页。

③ 章申：《化学地理研究的问题、近期进展和瞻望》，载《地理学报》1994年（增刊）。

的 0.05%），人体中的化学元素特别是微量元素与疾病、健康有着十分密切的关系①。这说明人类生命过程是人体与自然环境不断进行物质、能量、信息交换的过程，人类的疾病、健康、寿命，都与自然环境存在着客观的联系。这种联系作为人地关系的一部分，正是历史医学地理学存在的理论前提。

（2）地球表层是不断变化的，健康与环境关系也是不断变化的。运动观点是马克思主义哲学的基本观点，恩格斯特别强调人类活动影响下地球表层的变化，以及研究这些变化的科学意义。他指出："地球的表面、气候、植物界、动物界以及人类本身都不断地变化，而且这一切都是由于人的活动"②，"如果地球是某种逐渐生成的东西，那么它现在的地质的、地理的、气候的状况，它的植物和动物，也一定是某种逐渐生成的东西，它一定不仅有在空间中互相邻近的历史，而且还有时间上前后相继的历史。如果立即沿着这个方向坚决地继续研究下去，那么，自然科学现在就会进步得多"③。在这里，"人的活动"对地球表层的改变，乃是历史地理学的根本论点，因为历史地理学研究的是人类具有改造自然能力以后的历史时期，和人类活动影响上不断变化着的"地球的表面"；"人类本身"的变化，正是历史医学地理学的中心议题，因为人类健康状况、生命现象、生命过程与自然环境关系的演变，都是人类本身变化的问题；"空间上相互邻近的历史"和"时间上前后相继的历史"，则是历史地理学的核心任务，因为"时间"和"空间"是历史地理学的两个基本概念，探讨地理要素的时空规律是历史地理学研究的主要目的。

（3）人与自然是相互作用的，健康与环境也是相互作用的。自然辩证法认为，人与自然是相互作用的。恩格斯一方面批判那种认为"自然条件到处决定人的历史发展"的"自然主义的历史观"（地理环境决定论），指出"人的智力是按照人如何学会改变自然界而发展的"，人类"能够认识和正确运用自然规律"，可以"改造自然界，为自己创造新的生存条件"；另一方面强调人类改造自然不能随心所欲，人类统治自然不是征服者统治异民族，自然对人类行为具有反馈作用，告诫"我们不要过分陶醉于我们对自然

---

① 曹治权主编：《微量元素与中医药》，中国中医药出版社 1993 年版，第 3—4 页。

② 恩格斯：《自然辩证法》，载《马克思恩格斯选集》第 3 卷，人民出版社 1972 年版，第 551 页。

③ 恩格斯：《自然辩证法》，人民出版社 1971 年版，第 12 页。

界的胜利"，因为"对于每一次这样的胜利，自然界都报复了我们"①。在这里，"人的智力的发展"，实质是人类健康水平的提高，因为智力是健康的重要指标；"新的生存条件"实质是建立新的健康与环境关系，因为新的生存条件必然是进步的和有益于智力与健康发展的。总之，健康与环境是相互作用的，人类改造自然可以促进智力的发展，也可能导致健康的丧失。吸取历史教训，协调人地关系，揭示健康与环境关系良性发展的规律，正是历史医学地理研究的重要任务之一。

2. 人地关系论

人地关系是人类系统和自然系统的相互联系、相互影响和相互作用。健康与环境关系是人地关系的一部分，人地关系论作为历史医学地理学理论基础的核心依据是：

（1）人地关系是现代地理学和历史地理学研究的核心。地理学是研究地球表层系统的结构、功能、演化以及人地相互关系的科学，地理学研究人地关系的历史过程、现代过程和未来发展②。人地关系"素来是地理学的研究核心，也是地理学理论研究的一项长期任务，始终贯穿在地理学的各个发展阶段"，人地关系"是地理学的立足点，是地理工作者的用武之地"③。人地关系系统是个动态系统，历史地理学研究人地关系的历史过程，历史医学地理学研究人地关系中健康与环境关系的历史过程，人地关系当然也是其研究的核心。

（2）健康与环境关系是人地关系中最基本的组成部分。人地关系系统是个层次系统。在该系统中，人与自然之间既有直接关系，也有间接关系；既有低层次关系，也有深层次关系。健康与环境关系，主要是人体生理与自然环境关系，属于比较直接的、低层次的人地关系，它是间接的、深层次的人地关系的基础。自然环境对人的影响，首先是水土环境和居住环境通过饮食起居对人体生理的影响；其次是疾病、健康等生理影响扩大到对人的心理、精神、性格、风俗等的影响；这些影响再叠加到一起，进而影响到人类生产

---

① 恩格斯：《自然辩证法》，载《马克思恩格斯选集》第 3 卷，人民出版社 1972 年版，第 551—517 页。

② 地球科学部：《1997 年度国家自然科学基金项目指南》，载《地球科学进展》1996 年第 6 期。

③ 吴传钧：《论地理学的研究核心——人地关系地域系统》，载《经济地理》1991 年第 3 期。

力水平和整个社会的深层次系统。显然，我们不能幻想在一个自古以来就是地方病严重流行的地区建立起高度发达的文明社会。人对地理环境的利用和改造，也首先是对饮食起居环境的利用和改造，其利用和改造环境的基本目的，也首先是满足最基本的生存需要。因此，人类基本需求的满足和人类健康状况是分不开的。健康与环境关系作为最基本的人地关系，不仅是现代医学地理学研究的"永恒主题"，也是历史医学地理学研究的核心内容。

（3）健康是人地关系和谐协调的重要标志。健康与疾病是个相对概念，健康意味着环境与人处于协调和谐之中，疾病则意味着人与环境间的生态失衡和不协调①。所谓"水土不服"，就是人与环境和谐关系的破坏。如何协调人地关系，使人类系统和自然系统和谐地协同进化，是人地关系理论的一项重要研究课题；正如健康与环境关系是最基本的人地关系，协调健康与环境关系同样是协调人地关系的最基本的课题。历史医学地理学以历史时期的健康与环境关系为研究对象，目的之一也是要寻求协调人地关系的经验之路。

四 研究历史医学地理学的原则与方法

1. 历史医学地理学的研究原则

（1）动态性原则（Dynamic Principle）。历史医学地理学研究"历史时期"的健康与环境关系问题，"历史时期"是人类能够给自然打上烙印的距今一万年的新石器时代以来的漫长过程。在此过程里，人类经历了采狩经济时代、农业经济时代、工业经济时代，人类利用、改造、适应自然的能力不断加强，地理环境在人类活动作用下也发生了翻天覆地的变化。这样，健康与环境关系处在不断变化之中，诸如致病因子、疾病种类、疾病分布、保健水平、药物分布、卫生习俗等等，都在与时而变。因此，在历史医学地理学研究过程中，必须坚持动态性原则，揭示出疾病、健康与地理环境关系的历史演变规律。

（2）区域性原则（Regional Principle）。历史医学地理学不仅要研究历史时期疾病与健康状况的时间变迁规律，而且要研究历史时期疾病与健康状况

---

① 谭见安：《医学地理学基本问题》，载谭见安主编《中国的医学地理研究》，中国医药科技出版社1994年版。

的空间分布规律。现代地理学以"空间"为基本概念,决定了现代地理学研究的区域性①。"空间"同样是历史医学地理学的基本概念,区域性也同样是历史医学地理学研究的鲜明特性,诸如疾病分布、长寿区分布、药物分布、医学文化分布就是这种区域性的具体体现。探讨历史时期健康与环境关系的区域差异及其空间分布规律,是历史医学地理学研究的重要内容。

（3）综合性原则（Comprehensive Principle）。综合性是系统最基本的特性,健康与环境关系,是人地关系复杂巨系统中的一个多因子子系统,涉及面广,交叉性强,只有将自然科学知识和社会科学知识结合起来,才能全面系统地掌握地理环境与人类疾病和健康相互作用的规律关系。如探讨疾病的时空分布规律,既要考虑地质、水文、土壤、生物、气候等自然环境的影响,又要考虑经济水平、食物结构、居住条件、卫生习惯、医疗保障等人文环境的影响。此外,综合性原则还表现为时间与空间的结合。时间总是一定空间范围里的演变历史,空间总是一定时间过程中的区域差异,两者密不可分,历史医学地理学研究既要考察健康与环境关系的时间变迁规律,又要探究健康与环境关系的空间变化规律。

（4）应用性原则（Practical Principle）。任何学科的存在与发展,都必须紧跟时代的脉搏,适应社会的需求。历史地理学与医学地理学的兴起无不体现出有用于世的特点。倡导历史医学地理学研究,也正是基于这样的考虑。疾病、健康、环境与发展问题,是一个历史积淀的问题。处理或解决当前的医学地理问题,离不开历史的经验总结;评估或预测未来的医学地理影响,离不开过去的背景研究。历史医学地理学研究,决不能脱离社会的实际需要,必须注意历史问题与现实问题的结合,注意历史回顾与未来前瞻的结合,选择那些对现实问题的解决和未来问题的预防有借鉴、参考、指导作用的重大问题进行重点研究。

（5）多样性原则（Diverse Principle）。历史医学地理学研究既涉及地理学、医学、历史学的边缘领域,又涉及医学地理学和历史地理学的交叉领域;既具有自然科学的特征,又具有社会科学的特征;不仅要从时间维探讨医学地理现象的演变规律,而且要从空间维探讨医学地理现象的分布规律,还要从关系维探讨疾病、健康与环境的相互作用规律。这一切决定了历史医

---

① 林超、杨吾扬:《地理学》,载《中国大百科全书·地理学》,中国大百科全书出版社1990年版,第4页。

学地理学研究方法的多样性。研究历史医学地理学问题，只有采用多种多样的研究方法，才能取得可信的结论。

2. 历史医学地理学的研究方法

历史医学地理学研究方法与历史地理学、医学地理学有许多相通之处。关于历史地理学研究方法，前苏联历史地理学家热库林提出了历史自然地理学方法、纯历史学方法、地名学方法、综合研究方法、历史横断面方法、历代性方法、历史地理区划方法等①。不过，这里的历代性方法、历史横断面方法、综合研究方法，其实就是上文所论的动态性原则、区域性原则和综合性原则，而历史自然地理方法、纯历史方法就是国内历史地理学者所强调的地理野外考察方法和历史文献分析方法。关于医学地理学研究方法，华东师范大学方如康教授提出了医学地理调查、医学地理制图、医学地理评价、医学地理区划、医学地理模拟等方法②。结合上述观点，根据研究材料和研究内容的特性，这里提出以下历史医学地理学研究方法。

（1）历史文献分析（Historical Documental Analysis）。这是历史地理学研究最基本的方法。历史医学地理学所研究的历史时期的疾病、健康、环境信息，绝大部分保存在经、史、子、集各类历史文献中，只有极少部分保存在考古材料或其他材料中。研究资料的特殊性，决定了研究方法的特殊性，历史文献分析是收集、存储和处理历史医学地理学信息的最基本的方法。历史文献分析是一种综合方法，这不仅在于历史文献中有关信息的零散性要求研究者具有资料检索、资料考据、资料分析、资料运用的综合能力，还在于历史文献分析是以历史文献分类、收集、考证、辨伪等方法为基础的。以历史疾病地理研究为例，首先遇到的问题是疾病名称的演变，如地甲病古称"瘿"、"影囊"、"粗脖根"等，这就需要一定的考据方法；其次是如何收集有关疾病信息，文献资料、考古资料、金石资料十分浩繁，从中寻找有关疾病信息是个披沙拣金的过程，因而需要定的文献学或目录学方法；再次是疾病信息的辨伪，历史资料良莠不齐，有的可信度高，有的可信度一般，有的根本不可信，这又需要一定的辨伪方法来去粗取精；最后才是运用各种分析手段，对疾病信息进行时空规律的探讨。

---

① 热库林：《历史地理学：对象和方法》，韩光辉译，北京大学出版社 1992 年版。
② 方如康：《中国医学地理学》，华东师范大学出版社 1993 年版，第 5—7 页。

（2）地名信息分析（Toponymy Information Analysis）。地名是人类活动的足迹，也是地方特性的碑碣。研究地名不仅可以复原过去地理景观的特征，而且可以揭示过去人类活动改造自然环境的性质。地名学方法是历史地理研究中常用的方法。地名信息虽然大多反映自然、经济和文化的特征，但其中的疾病、健康信息也不容忽视。在历史疾病地理方面，地名可直接反映地方病的种类与分布，如《山海经》所载"拘瘿之国"反映甘肃东南为地甲病严重流行区，《后汉书》和《两唐书》所载"廮（瘿）陶县"说明太行山东麓河北柏乡、宁晋一带是地甲病流行区①。在历史健康地理方面，地名可直接反映健康因子和健康水平，如矿泉地名大多透露出了它的保健和治疗功能，有的还反映了开发利用程度②；寿命地名大多反映了当地的长寿水平，如湖北钟祥古名"长寿"，这里的长寿镇至今还是全国有名的长寿之乡，成都平原的"仁寿县"和重庆的"长寿县"也都反映当地是长寿老人较集中的地方③。在历史药物地理方面，地名也能反映当地特产的药物，如南阳盆地菊水河就是因当地盛产甘菊而得名，那里在两汉成为长寿区就是由于漫山遍野的菊花滋润河水所致④。总之，发掘地名中的疾病、健康信息，是历史医学地理学研究的重要方法。

（3）野外实地考察（On-the-spot Investigation）。野外考察是历史地理学的重要研究方法，基于野外考察的医学地理调查是现代医学地理的基本研究方法。历史医学地理研究固然主要凭借历史文献，但野外考察也不可或缺。第一，实地考察是检验文献资料可信度的重要手段。有些历史文献记载不详，难断真伪，必须通过实地考察得以验证。第二，实地考察是揭示疾病与健康环境背景变迁的重要手段。前已述及，了解疾病与健康的环境背景及其变迁状况是历史医学地理学研究的一项重要任务，但历史文献具有时代局限性，仅为环境变化提供了一个"参照物"，欲了解其记载以来的环境变化，必须通过实地考察了解今日之环境状况。第三，实地考察还是收集有关文献资料和获得第一手材料的重要手段。如对长寿区进行历史回顾，仅凭通常可

---

① 龚胜生：《两千年来中国瘴病的分布变迁》，载《地理学报》1999 年第 4 期。

② 龚胜生：《中国宋代以前矿泉地理分布及其开发利用》，载《自然科学史研究》1996 年第 6 期。

③ 龚胜生：《川渝地区百岁老人地理分布及其长寿原因》，载《华中师范大学学报》（自然科学版）1998 年第 4 期。

④ 龚胜生：《南阳菊考》，载《南都学坛》1991 年第 3 期。

以见到的文献材料是远远不够的，还必须通过实地调查，收集当地有关长寿老人的传说，以及只有在当地才能找到的家族谱牒。第四，实地考察也是对研究区域的水质、土壤、大气等自然条件进行采样，食物结构、卫生习俗、经济水平等社会条件进行考证的必要手段。水质、土壤、大气等对居民健康影响的分析，虽然主要是现代医学地理学的任务，但现代医学地理学极少对那些历史时期为环境病区而现代为非环境病区的自然条件进行检测分析，这就需要历史医学地理工作者承担起这份责任。

（4）历史医学地理制图（Historical Medio-geography Mapping）。地图是地理学的第二语言。一幅良好的历史医学地理图，可以一目了然地反映出疾病、寿命、药物的空间分布特点。一组良好的历史医学地理图，可以反映不同历史时期疾病、寿命、药物的空间变迁规律。历史医学地理图具有直观性、整体性、综合性和节省语言的特点，是反映历史医学地理研究成果的最好手段。应该指出的是，绘制历史医学地理图时，必须处理好继承和创新的关系。首先，历史医学地理图是要素特殊的专题历史地图，制图时必须注意运用历史沿革地图的方法和技巧，在准确反映研究区域行政区划变迁的基础上，揭示医学地理要素的时空变化规律。其次，现代地理制图方法已经进入智能化阶段，GIS（地理信息系统）方法在地理制图中广泛应用，历史医学地理制图必须采用计算机辅助制图方式，使地图更直观、更准确、更综合、更具有时间和空间的可比性。

五　研究历史医学地理学的理论意义与实践价值

1. 理论意义

（1）可以完善历史地理学和医学地理学的学科体系。历史医学地理学是在历史地理学和医学地理学交叉点上生长起来的新兴学科，本身即体现了历史地理学研究和医学地理学研究向纵深发展的需要。历史医学地理学研究的问题，是当前历史地理学研究和医学地理学研究都没有涉及的历史时期人类健康与地理环境关系问题，这个问题既是历史地理学研究对象的横向拓展，也是医学地理学研究对象的纵向延伸。因此，开展历史医学地理学研究，可直接推动历史地理学和医学地理学研究的深入，并完善它们的学科体系。一个特别明显的事实是，历史医学地理学成为历史地理学分支，使历史地理学对等地具备了现代地理学所具备的现代医学地理学分支。

（2）可以促进现代地理学向统一地理学发展。过去很长时期以来，自然地理学和人文地理学处于分割状态，阻碍了地理科学整体综合研究的发展。实际上，地球表层系统是一个开放的非平衡态系统，是集自然科学和社会科学于一体的综合体；现代地理学研究的人地关系地域系统，也是一个自然与人文密不可分的整体①。地球系统科学要求现代地理学从整体上研究地域综合体内人与自然相互作用的过程与规律，促进自然地理和人文地理交叉并向统一地理学发展。历史医学地理学研究人地关系之"过去"，自然科学知识和社会科学知识融合明显，对统一地理学发展具有间接推动作用。此外，历史医学地理学研究对现代医学地理学科体系的完善，实质上也是对现代地理学理论体系的完善。

（3）可以推动历史科学与自然科学的交叉。历史科学是一门研究人类社会发展过程规律的社会科学。但"历史是一个多面貌的女神，须从不同的侧面才能窥知其真实面貌"②，从自然科学角度研究历史发展问题就是这样的一侧面。过去许多年来，由于缺少与自然科学的交叉渗透，历史学研究难以取得重大突破；20世纪80年代以后，我国历史工作者在地理环境与社会发展关系的讨论中，开始注意到自然科学对历史科学的影响，发出了发展新史学、迎战自然科学挑战的呼吁③。历史医学地理学融自然科学的地理学、医学和社会科学的历史学于一体，开展历史医学地理学研究，探究与历史创造者——人直接相关的健康与环境问题，对于发掘历史文献的自然科学价值和促进历史科学与自然科学的渗透，无疑是具有重大理论意义的。

（4）可以促进历史灾害学理论体系的形成。人类自诞生以来，就必须面对许多的自然灾害，而环境疾病是贯穿于人类始终的环境灾害；各种地方病和传染病的大规模流行，直接威胁大批人口的生命安全，造成大批人口的死亡或劳动能力丧失，因而成为人类最为可怕的和危害最大的灾害。但目前历史灾害学研究主要集中在古代旱涝灾害、地震灾害方面，对历史时期环境疾病灾害的研究则几乎还是一个空白，这种情形与我国拥有丰富的疾病灾害史料极不相称。历史医学地理学将环境疾病时空变迁规律列为重要研究内容，对发掘疾病灾害史料的文化历史价值，促进历史灾害学研究的深入，有着十

---

① 赵楚年、郭廷彬、吕克解等：《自然地理与人文地理的交叉是现代地理学发展的趋势》，载《地球科学进展》1997年第1期。

② 刘昭民：《中国历史上气候之变迁》，台北，1980年。

③ 程洪：《新史学：来自自然科学的挑战》，载《晋阳学刊》1982年第6期。

分深远的意义。

2. 实践价值

（1）可为地方病防治和人口优生优育提供历史依据。我国自然环境复杂，文明历史悠久，人口民族众多，疾病、健康与环境关系的时空变迁规律因而也最为典型。开展中国历史疾病地理和中国健康地理研究，深入探讨中国境域两千多年来环境疾病与长寿区的分布变迁规律，以及它们与地理环境的关系，不仅可为地方病的防治提供具体的历史依据，而且可为人口的优生优育提供宏观的科学指导。

（2）可为中药资源开发和保护提供科学指导。中医药是中医学的物质支撑，我国幅员辽阔，纬度地带性、经度地带性、垂直地带性兼备的自然景观，为中草药资源的生长提供了多种多样的生境。传统中医学的发展，和我国丰富的药物资源是分不开的。在中医使用的药物中，仅动植药物，就有8 000多种①。但是，由于人类活动所致药物生境的变化以及千百年来的采挖，我国许多珍贵中草药资源的数量已经大为减少，分布范围也在急剧缩小，药物资源的保护已经成为当前的一项紧迫任务；而另一方面，由于中医临床使用药物的局限性，在8 000多种中草药中，只有1 000多种进入商品流通，500多种为临床常用，中草药资源的开发也显得相当紧迫。鉴古可以知今，开展中国历史药物地理研究，进行地道药物生境特征及其分布变迁规律的研究，对中草药资源的保护和开发都是有积极意义的。

（3）可为经济发展引起的环境变化提供医学地理预警。任何事物都有前后相继的历史，自然科学研究"过去"，目的是为了预测"未来"。历史医学地理研究历史时期环境变迁与人类健康的相互作用机理，对于控制环境变化的健康影响具有重要参考价值。如通过历史灾害医学地理研究我们知道某种自然灾害容易导致某些疾病流行，一旦发生类似灾害，我们就可以及时地提供医学地理预警，有针对性地采取防病减灾战略；对于大型水利工程的建设，历史医学地理研究也能为移民环境的健康安全提供预警。

（4）可为可持续发展战略的实施提供决策咨询。可持续发展是既满足当代人的需要，又不对后代人满足其需要的能力构成危害的发展。从广义上

---

① 王兴文：《微量元素与地道药材》，载曹治权主编《微量元素与中医药》，中国中医药出版社1993年版，第137页。

说，可持续发展战略旨在促进人类之间以及人类与自然之间的和谐。环境与
健康关系是人与自然的基本关系，良好的健康状况是人类福利和生产率的基
础，改善健康状况是实现可持续发展的必不可少的措施[1]。我国是个人口大
国，走可持续发展之路，是我国在未来发展的自身需要和必然选择；控制传
染病，减少地方病的危害，是我国实施可持续发展战略的两个重要方案领
域[2]。历史医学地理研究环境疾病的分布变迁规律及其经济社会危害，可为
我国的传染病控制和地方病防治提供历史借鉴，从而为可持续发展提供决策
咨询。

---

[1]　世界环境与发展委员会：《我们共同的未来》，吉林人民出版社1997年版，第52、80、136页。

[2]　国家科委等：《中国21世纪议程》，中国环境科学出版社1994年版，第1、52页。

第二十三篇

"非典"流行的地球伦理学思考

"非典"是由冠状病毒导致的烈性传染病，它的流行既是病原体与人类协同进化的产物，也是人类改造自然和破坏自然所获得的一种副产品。人类作为地球生态系统的组成部分，和植物、动物、微生物一样，也是永恒的生态规律的对象，也有自己的天敌，瘟疫自始至终是威胁人类健康与生命安全的永恒的天敌，"非典"只不过是人类天敌群落中的一个新兴代表。瘟疫作为人类的同行者，人类没有必要害怕它，但也绝不要蔑视它。将我们的道德关怀从人与人的关系扩展到人与自然的关系，在地球伦理学的框架内，协调人与自然关系，是人类健康可持续发展的必由之路。

（本文发表于《走出困境——"非典"引发的人文思考》，华中师范大学出版社 2003 年版）

自第二次世界大战结束以来，由于科学技术的迅猛发展，人类改造自然的能力得到了极大的提高，人类破坏环境的速度也达到了空前的高度。特别是 20 世纪 80 年代以来，由于环境污染的蔓延和生活方式的改变，人类健康的可持续发展开始受到来自人类自身不合理行为的日益巨大的威胁。在许多发展中国家和地区，不仅恶性肿瘤和心脑血管疾病的发病率不断攀升，而且结核、疟疾、霍乱、鼠疫等许多被人类控制了的传染病也有死灰复燃、卷土重来之势；更为严重的是，还不断有新的人类更难对付的传染性疾病出现，艾滋病（AIDS）、埃博拉出血热（Ebola Hemorrhagic Fever）、西尼罗河病（West Nile Fever）是如此，在世界范围内流行的非典型性肺炎（SARS）也是如此。

"非典"是重症急性呼吸系统综合症（Severe Acute Respiratory Syndrome）的中国式称谓，在西方简称 SARS。据世界卫生组织（WHO）资料，自 2002 年 12 月 1 日中国报告第一例 SARS 病人以来，截至 2003 年 6 月 24 日，全球拥有 SARS 病人的国家有澳大利亚、巴西、加拿大、中国（含中国香港地区、澳门地区、台湾地区）、哥伦比亚、芬兰、法国、德国、印度尼西亚、意大利、科威特、马来西亚、蒙古、新西兰、菲律宾、爱尔兰、韩国、罗马尼亚、俄罗斯、新加坡、南非、西班牙、瑞典、瑞士、泰国、英国、美国、越南 28 个，累计病例 8 458 个，死亡 807 人，其中中国内地、香港和台湾即有病例 7 768 个，死亡 727 人，分别占世界总数的 91.8% 和 90.1%[1]，中国既是 SARS 的发源地，也是 SARS 的重灾区。在中国内地，仅新疆、青海、西藏、云南、贵州和海南没有 SARS 病人，广东、北京、山西、内蒙、河北、天津均为重灾区[2]。

尽管历史上中国就是一个多疫灾的国度，但最近半个世纪以来，中国人对瘟疫灾害已经相当陌生了。"非典"的突然出现，给我们敲响了人类健康的警钟：瘟疫是人类永恒的同行者。作为 21 世纪崭新的人类瘟疫，"非典"首次流行所引起的社会震荡是广泛的，所引发的社会反思是多方面的，所导致的社会变革也是意义深远的。这里仅从地球伦理学的角度对"非典"流行所折射出来的人与自然关系做一反思。

----

[1]　详见世界卫生组织有关"非典"的网页：http：//www. who. int/csr/sars/country/2003_ 06_ 26/en/。

[2]　详见北京超图公司与中国科学院地理与资源研究所有关"非典"的网页：http：// 168. 160. 224. 167/sarsmap/。

一 "非典"是人与自然协同进化的产物

在了解非典（SARS）的性质之前，首先必须了解什么是传染病。所谓传染病，是由各种生物性致病原所引起的一组疾病的统称。生物性致病原又称病原体，病原体极大部分为微生物，一部分为寄生虫。微生物有病毒、衣原体、立克次体、支原体、细菌、螺旋体和真菌。寄生虫有原虫和蠕虫，原虫和蠕虫引起的疾病亦称寄生虫病。生物性致病原引起的疾病，因传染性强弱不一而并不都能在人群中引起流行；在人群中不易引起流行的传染病有时称感染性疾病，有高度传染性的传染病称烈性传染病[①]。我们已经知道，非典（SARS）是由冠状病毒（corona virus）引起的烈性传染病，因此，它是一种由微生物引起的直接威胁人类健康与生命安全的生物性灾害。

生命进化是地球生态系统演替的一条普遍规律。无论人类、动物、植物、微生物，还是其他一切形式的生命物质，都处在不断的进化过程中。在生态系统的进化过程中，不断有旧的物种灭绝，也不断有新的物种产生，生生息息，无有止境。"进化是一个伟大的平衡器"，正是生命的进化，使得生态系统各部分相互联系、相互影响、相互作用，构成一个有机的整体，维持一个精细的平衡。可是，对于生命的进化，特别是对于整个生态系统的进化奥妙，人类的了解还非常有限。迄今为止，人类大约仅认识了地球生态系统中90%的脊椎动物，2/3的植物种类，3%的昆虫[②]，对细菌、病毒等微生物的了解更是微乎其微。

病原体是地球生命共同体的有机组成部分，病原体的进化是地球生态系统进化的重要组成部分。作为生命形式，病原体和人类一样，也有自己的群落与社会，也在不断地与时俱进。遗传与变异是生命进化的两种主要形式，越是低等的生命形式，其变异的能力越强大。从人类价值的角度看，病原体的进化大多以变异的形式出现；但就病原体本身而言，这些变异其实正是病原体在进化过程中对被人类改造了的自然环境的选择和适应。这不仅是生命进化的奥妙，也是生态系统精细地平衡的表现。

---

① 王季午：《传染病学》，载《中国大百科全书·传染病学》，上海科学技术出版社1985年版，第1页。

② 钟甫宁等：《永恒的追求——可持续发展》，江苏科学技术出版社1996年版，第30页。

在人类历史上，有许多生命形式是与人类同进化的。譬如，流感在人群中有了几千年的流行历史，之所以一直消灭不了，就是因为流感病毒的变异性特别强，能够与人类协同进化；肝炎病毒也是如此，甲型肝炎我们能治了，随之便有了难以治愈的乙型、丙型、丁型、戊型肝炎；梅毒我们能治了，随之便有了 AIDS；典型肺炎我们能治了，随之便来了 SARS。从地球生态系统的演化来看，非典（SARS）是冠状病毒进化的产物，是人类进化过程中的旅行同伴。

二　"非典"是人类群落的一个天敌

地球生态系统是一个精细地平衡的有机整体，维系地球生态平衡的动力机制是地球生物圈里各种生命有机体之间以及它们与自然环境之间的物质、能量、信息的传递、交流与转换，实现生命有机体之间物质、能量、信息交换的主要形式是食物链。

"食物链"的概念系 1927 年查尔斯·爱顿（C. Elton）在《动物生态学》一书中提出，他指出：拥有最短食物链的最简单的有机体的数量最为庞大，它们作为金字塔结构的基础，因此也最为重要，如果消除金字塔顶端的存在物（如人），生态系统一般不会打乱，但如果去掉金字塔的底部，整个生态系统就会崩溃[①]。微生物作为最简单的生命形式，处于金字塔结构的基底，是食物链中不可或缺的一环，对维持生态系统的平衡起着极为重要的作用。地球伦理学认为，病毒作为微生物群落中的一分子，也具有其存在的内在价值和天赋权利。

维持食物链的动力机制是什么？达尔文主义认为，生态系统的进化是通过弱肉强食、适者生存、物竞天择的原则来实现的。也就是说，食物链是通过吃与被吃的关系来维系的，因此，在生物圈内，每一种生物既是掠食者，也是被食者，既是其他生物的天敌，也是其他生物的美餐。长期以来，"食物链是金字塔结构"的概念误导着人类的思想和行为，在许多人看来，人类处在金字塔结构的顶端就意味着人类处在自然主宰的位置，意味着人类能够居高临下地蔑视地球上的其他一切生命形式，意味着人类有权利征服和控制其他物种，并把文明建立在牺牲其他物种生命的基础之上。总之，在他们看

---

① ［美］纳什：《大自然的权利》，杨通进译，青岛出版社 1999 年版，第 69 页。

来，人类占据着生命之树的顶端的事实，决定了人类具有超乎其他一切生物的优先权，人类不仅可以是所有植物的天敌，而且可以是所有动物的天敌。人类这种盲目的优越感使他们忘记了自己是地球生态系统中的一员，忘记了自己也有掠食者和天敌存在的事实。其实，所谓食物链的金字塔结构，只是生命有机体之间的能量（营养）转换结构，具体来说，就是人类所需能量需要比人类多得多的动物来提供，动物所需能量需要比动物多得多的植物来提供，植物所需能量又需要比植物多得多的微生物和光、热、水、土来提供，这种能量（营养）结构并不表明在地球生态系统里动物比植物高明，人类比微生物更重要；相反，人类位于能量金字塔结构的顶端，其处境并非人类自我感觉般良好，他们"高处不胜寒"，非常地脆弱，缺少了金字塔结构的底部，人类就无法生存。

地球伦理学认为，人是自然的产物，人类社会和动物群落、植物群落、微生物群落一样，也是一个生命群落，它们具有同等重要的地位，它们处在同一个水平面上，它们相互联系，相互影响，形成一个巨大而复杂的生命共同体，这就是地球生态系统。在这个系统里，人类、动物、植物、微生物，彼此都是食物链网中的重要一环，从人类的自然属性讲，人类与其他生命有机体之间的关系不是层级关系，而是平等关系，如同"五行学说"中的金、木、水、火、土，彼此相生相克，协同进化。这就决定了人类和所有其他生命形式一样，也有许多攫取人类生命和健康的天敌。

那么，人类的天敌是什么？从自然进化史角度看，"天敌"概念是个历史范畴，在不同的历史阶段，人类的天敌种群是不一样的，如远古时期"人民少而禽兽众，人民不胜禽兽虫蛇"[1]，许多野生动物都是人类的天敌。后来，人口增多了，社会进步了，昔日的天敌成了人类的美餐，许多猛禽猛兽也都蜷缩到了人类设置的铁栅栏里。这种事实，大概也是人类逐渐忘记了他们还有天敌存在的一个原因。然而，生态规律是地球生命永恒的约束，不管人类群落进化到何种程度，不管人类科技发展到何种地步，人类都有一个如影相随的永恒的天敌，这就是微生物和寄生虫引起的传染病及由传染病流行引起的瘟疫灾害。瘟疫是人类的同行者和共生物，是人类永远也挥之不去的影子，它过去曾经是、现在仍然是、将来必然还是威胁人类健康和生命安全的天敌。

---

[1] 《韩非子·五蠹》。

"疫灾是古代一种普遍的现象。无数代人目睹了疫灾的毁灭性的影响，谁也说不清有多少人死于疫灾。毫无疑问，疫灾总是人类的主要敌人之一，在早先的岁月，疫灾的威胁要比现在可怕得多"①。中国历史上是一个多瘟疫的国家，在公元前 770—公元 1911 年的 2 681 年间，平均每 4 年就有一年疫灾流行②。因此，中国古代十分重视疫灾的防治，《汲冢周书》就说"伐乱，伐疾，伐疫，武之顺也"，说明早在 3 000 多年前的西周时期，人们就已经将抵抗瘟疫和安定社会放在同等重要的地位。在工业革命和近代科学诞生以前的漫长历史时期，人类在与瘟疫这个天敌的斗争中付出了惨重代价，人类的种群数量（人口）的成长十分缓慢；工业革命后，特别是 20 世纪 50 年代以来，由于科学技术和生产力水平的不断提高，人类抵抗瘟疫的能力不断加强，人类种群数量（人口）开始迅速增长，人口爆炸的代价是物种灭绝、生物多样性锐减、动植物群落种群数量减少、微生物的变异性和致病力增强、新的病毒和传染病不断出现。在工业革命以来的两百多年里，人类战胜了鼠疫、霍乱、天花、疟疾、肺结核、白喉、伤寒、出血热、炭疽、麻风、梅毒等诸多传染病，但又面临着 AIDS、SARS 等许多新的传染病的挑战。

总之，在地球生态系统内，食物链是生命共同体进化的动脉，被食者和掠食者的关系将永恒存在，瘟疫是人类永恒的天敌，人类与瘟疫的斗争永无休止，非典（SARS）只不过是人类天敌群落中的一个"新秀"。

三 "非典"是人类改造自然所获得的副产品

人类作为地球生态系统的一部分，服从于自然的生态规律，但这并不表明要把人类的作用贬低到等同于动物、植物乃至微生物；人与其他生命有机体之间的主要区别，正如恩格斯所说，就是人具有主观能动性，能够改造自然，因此人类能够在地球生态系统之上建立起人类社会，人类社会虽然是地球生态系统的"上层建筑"，不可避免地要受自然规律的约束，但在某种程度上，它又能超然于地球生态系统，按照人类社会的历史规律运行，最主要的表现就是人类对地球生态系统通过体能、技能、职能的投入，获取生存和

---

① Donald B. Cooper. Epidemic Disease in Mexico City 1761 - 1813：An Administrative, Social and Medical Study. Austin：University of Texas Press. 1965.

② 龚胜生：《中国古代的疫灾》之第八章，国家社会科学基金资助项目最终成果，待出版。

发展所必需的物质、能量和信息。

　　然而，人类投入自然，或者说利用和改造自然，所获得的结果并非都是人类所期望的。人与自然相互作用，从人的功利主义价值观来判断，其结果有"良好"和"不良"两种产出，协调人地关系，就是要使人类期望得到的良好产出极大化，同时使人类不希望得到的不良产出极小化①。不过，自然法则是严酷的，人类在改造自然的过程中，大自然既慷慨地给人类以恩赐，也悄然地给人类以痛苦。自然是人类的大工厂，人类在生产社会财富的同时，也生产了自然灾害、环境污染和生态恶化。瘟疫是人类的顶级灾害，"非典"作为瘟疫种群中的一个新面孔，在相当程度上也是人类改造自然所获得的副产品之一。

　　首先，人类开发大自然为病原体从自然界转移到人类群落提供了纽带。在人类历史上，导致瘟疫的许多病原体最初总是仅存在于自然环境中，它们或依附于野生动物，或寄生在昆虫体内，即使发生疫病，也仅在野生动物间流行，对人类不构成威胁。但是，人类为了获取足够乃至更多的食物、耕地、森林和矿产，不断地剥夺野生动物的栖息地，不断地占领植物、微生物的生存空间，从而增加了接触自然界的病原体并将它们带入人间的风险。譬如，鼠疫杆菌在自然界存在了数万年之久，原来主要存在于野生啮齿类动物（如旱獭、黄鼠、沙鼠等）身上的跳蚤体内，尽管鼠间鼠疫流行有了相当长的历史，但人间鼠疫在我国的流行却主要发生在 13 世纪后，其原因就在于 13 世纪后人类对自然的干扰不断加速和深化，宋元以来对岭南和云南地区的开发，导致云南中部和福建西北部的褐家鼠也成了鼠疫杆菌的中间宿主，形成了新的鼠疫疫源地。又譬如，疟疾是由寄生在蚊子体内的疟原虫传播的虫媒传染病，因为蚊子主要生存于潮湿的森林沼泽地区，古罗马又称疟疾为"沼泽热"②。据观察，在原始的环境状态下，蚊子因为有足够的野生动物供其叮咬，一般不会叮人，因此疟疾也就很难流行，但是，当原始森林清理到一定程度，蚊子失去了供其叮咬的野生动物时，它们就会转而叮咬人和家畜，从而导致疟疾流行③。因此，在区域

---

　　①　龚胜生：《论区域可持续发展系统的三大关系》，载《华中师范大学学报》（自然科学版）1999 年第 4 期。

　　②　龚胜生：《中国先秦两汉时期疟疾地理研究》，载《华中师范大学学报》（自然科学版）1996 年第 4 期。

　　③　Charles G. Roland. "Sunk under the Taxation of Nature：Malaria in Upper Canada", In：Charles G. Roland. Health，Disease and Medicine ：Essays in Canadian History. Toronto：the Hannah Institute for the History of Medicine. 1984.

开发之初，新移民往往成为疟疾的牺牲品，中国古代对南方的开发是如此①，欧洲殖民者对美洲大陆的开发也是如此。

其次，人类粗暴对待野生动物为病原体从野生动物转移到人体提供了方便。人类粗暴对待野生动物最通常表现是"食用"，如果野生动物携带致命的病原体，食用就可能直接导致人间瘟疫。我国北方地区的鼠疫流行之所以总是发生大旱蝗灾之年，就是因为旱蝗引发的饥馑迫使人们到野外觅食，所谓"饥不择食"，饥民不仅食草皮树根，而且捕猎野生动物，更有甚者挖掘鼠洞，搜括老鼠的口粮，明末崇祯年间的华北鼠疫大流行就是这样引起的；1901、1914 年天山牧场的鼠疫流行，更是直接由牧民剥食旱獭而引起。人类粗暴对待野生动物的另一表现是"乱伦"。大家知道，艾滋病主要通过性、血液和母婴传播，而艾滋病毒原存在于非洲绿猴体内，且主要在灵长类动物中流行，那么它是怎样引入人间的呢？有人推测是有人与猴子乱伦后感染了艾滋病毒，又通过与人的亲密接触而引起人间流行的。前段"非典"流行期间，有一句话广泛流传，就是"'非典'代表了最广大野生动物的根本利益"。这句话虽然语多调侃，但怀疑冠状病毒来自野生动物，是非常有理由的：其一，首例非典病例发生在盛行食用野生动物的广东；其二，冠状病毒在家禽家畜中没有检测到，但在多种野生动物身上检测到；其三，历史上许多病毒都是从野生动物身上"跳"到人类身上的。

再次，人类对自然生态的破坏还增加了病原体的致病能力。一方面，人类对微生物生境的改变增强了病原体的变异能力。人类活动引起的生态破坏和环境污染，不仅大大缩小了病原体的生存领地，而且大大改变了病原体的生态环境，因此，人类施加给病原体的生存压力日益增强。"哪里有压迫，哪里就有反抗"，病原体作为生命有机体，绝不会"坐以待毙"，它们必须寻找出路，保持群落的稳定，顽强地繁衍下去，为了适应这种被人类改造和破坏了的生态环境，它们在进化过程中不得不施展出超常的变异能力，加强其致病能力。另一方面，化学试剂和化学药物的广泛使用也增强了病原体的抗药性和致病力。譬如，疟疾早在殷商时代就已经是人类的主要天敌之一，最近半个世纪以来，由于"敌敌畏"等化学农药的使用，这种由蚊子传播的虫媒传染病在许多国家得到了有效控制，但出乎意

---

① 龚胜生：《两千年来中国瘴病的分布变迁》，载《地理学报》1993 年第 4 期。

料的是,疟原虫已经对传统的抗疟药产生了广泛的抗药性,在一些热带国家甚至连特效药"青蒿素"的疗效也大不如前了。再譬如,感冒发烧,原来打一二支青霉素就可治愈,而现在青霉素几乎无能为力了,以致在医院里经常听到有些老者抱怨医院里的药"水"了,其实不然,而是现在的病毒比过去厉害多了。为什么我国把 SARS 称为"非典型性肺炎"?一个很重要的原因就是其病原体已经不把抗菌素放在眼里了,典型肺炎用抗菌素就可以治愈,而抗菌素对"非典"的冠状病毒就只好徒唤奈何了。冠状病毒致病力的增强,除了其本身的进化外,人类活动的影响显然也是难辞其咎的。

四 协调人与自然的关系,走健康可持续发展之路

恩格斯说:"我们连同我们的肉、血和头脑都是属于自然界,存在于自然界的"[①]。人是自然的产物,人类健康与自然环境息息相关。自然科学史表明,生命有机体与自然环境是一个有机的整体,所有生命形式都是地球表层演化到一定阶段的必然产物,因此,地表的化学演化和人类的生物进化具有"共轭性",人体化学成分与地表化学成分具有"一致性"[②]。在人体内,地表广泛存在的碳、氢、氧、氮、钙、硫、磷、钠、钾、氯、镁 11 种元素构成人体的常量元素,占人体重量的 99.5%,地表相对少见的铁、铜、锌、锰、钴、硒、碘、镍等 70 多种元素构成人体的微量元素,占人体重量的 0.05%[③]。这种化学成分的一致性说明,人类生命过程是人体与自然环境不断进行物质、能量、信息交换的过程,人类的疾病、健康、寿命都与自然环境有着千丝万缕的联系[④]。

生命、健康、自由、私有财产,是人类的天赋权利。自古以来,疾病就是人类健康和生命的大敌。在中国古代哲学观里,人类健康有赖于天、地、人三者的和谐统一[⑤]。人类要想避免疾病,必须"仰取象于天,俯取度于地,

---

① 恩格斯:《自然辩证法》,载《马克思恩格斯选集》第 3 卷,人民出版社 1972 年版,第 517 页。

② 章申:《化学地理研究的问题,近期进展与展望》,载《地理学报》1994 年(增刊)。

③ 曹治权:《微量元素与中医药》,中国中医药出版社 1993 年版,第 3—4 页。

④ 龚胜生:《历史医学地理学刍议》,载《中国历史地理论丛》1998 年第 4 期。

⑤ 龚胜生:《中国先秦两汉时期的医学地理学思想》,载《中国历史地理论丛》1995 年第 3 期。

中取法于人"①。要判断一个人的"寿夭吉凶",必须"上揆之天,下验之地,中审之人"②。人类如果"动不以[天]道,静不以[地]理,则自夭而不寿"③。传统中医理论深受这种"天人合一"哲学观的影响,强调"治病者必明天道地理",一个高明的医生必须能够"上知天文,下知地理,中知人事"④。中医理论还有"不服水土"之病因学说,同样反映了人体健康与自然环境间的密切关系。所谓"不服水土",是指人们从原居地迁移到一个距离较远、环境差异较大的新地方后不久便会感染疾病的现象。人类为什么会不服水土呢?原来,当一个人在某个地方居住足够长的时间后,人体就会与环境融为一体,形成一个与居住地环境相和谐一致的生态平衡,但一旦迁移到一个新的地方,由于水土、饮食、微生物等生态环境的改变,旧的平衡被打破,在建立新的平衡过程中,人的机体发生免疫性反馈,从而出现病症。在唐代,中原人士被流放岭南,对于他们来说,这无异于是押赴刑场,他们感觉到的,不止是自由的丧失,而且生命和健康,也是危在旦夕,所以有"鬼门关,十人去,九不还"⑤、"一去一万里,千知千不还"⑥之描写。岭南为什么被中原人士视为畏途?除了岭南因地处热带而环境致病因素较多外,一个主要的原因是南北环境差异较大,北方人士不可避免要经历"水土不服"的生死考验。

　　生命关系是伦理学关注的主题。达尔文曾经相信:一个社会的文明程度越高,它的道德视野就越宽广。但是,传统的伦理学只关注社会行为中人与人之间的关系,而且主要是当代人与当代人之间的代内关系,它很少关注当代人与后代子孙的代际关系,更不用说关注人与自然的关系了。SARS、AIDS,以及其他所有威胁人类生命与健康安全的新的传染病,无论它们是与人类协同进化的产物,还是人类改造自然的副产品,它们的流行都对我们提出了新的伦理要求。它们要求把人与自然关系纳入伦理学的范畴,伦理学应从只关心人扩展到动物、植物、岩石乃至整个大自然。它们也要求人类承认大自然或生态系统拥有存在的权利和内在的价值,把人与自然关系视为一种

---

①　《淮南子·泰族训》。

②　《吕氏春秋·序意》。

③　《大戴礼记·易本命》。

④　《黄帝内经·素问·气交变大论》。

⑤　(宋)祝穆:《古今事文类聚前集》卷31《谪罚》。

⑥　(唐)杨炎:《流崖州至鬼门关》,载《全唐诗》卷121。

由伦理原则调节和约束的关系，而不仅仅是一种市场经济的关系。它们还要求人类承担起对大自然的道义和责任，为地球生态系统里的其他栖息者的权利进行辩护和捍卫，并充当它们的道德代理人。能够满足这些要求的新的伦理学，就是在可持续发展思想背景下形成的地球伦理学。

地球伦理学将地球视为一个完整的生命有机体，把人类摆在和所有其他生命形式同等的地位，不仅关注当代人与当代人、当代人与后代人之间的人际关系，而且关注人与植物、动物、微生物乃至无机的自然世界之间的关系。地球伦理学认为，人类的健康有赖于人与自然关系的和谐，没有一个健康的人与自然关系，就不可能有一个健康的人类社会，协调人与自然关系，是人类健康可持续发展的必由之路。

第二十四篇

中国先秦两汉的医学地理学思想

　　先秦两汉时期人们认为疾病是一种环境灾害，地理环境主要是通过饮食起居致人疾病，气候、水质、土壤、地形等环境要素与某些疾病的形成有着十分密切的关系，形成了"六淫致病说"和"水土恶积致病说"的病因学说。他们认识到：气候反常是流行性疾病的主要致病因子，气候的季节性更替决定了疾病的季节性流行。他们懂得疾病是人与自然平衡破坏的结果，强调人与自然和谐统一的养生之道，要求医者必须"上知天文，下知地理，中知人事"，树立人与自然和谐一体的病理观。他们对疾病的垂直差异也有了初步认识，认为气温是影响人类寿命的重要因子，提出了"暑气多夭，寒气多寿"、"高者其气寿，下者其气夭"、"小者小异，大者大异"的寿命地域分异理论。先秦两汉时期阴阳、五行学说盛行，其医学地理思想也深深地打上了这一时代的烙印。

（本文发表于《中国历史地理论丛》1995 年第 3 期）

先秦两汉时期是我国医学和地理学知识从产生经过积累发展成一门学科的时期。在此时期，我国的医学在疾病认识、药物使用、医疗工具、卫生保健等方面都有了相当成就，不仅出现了秦医和、缓，宋医文挚，齐医扁鹊、淳于意，汉医华佗、张仲景、程高、宋玉等名医，而且有了《黄帝内经》、《难经》、《神农本草经》、《伤寒杂病论》等经典医学著作。在地理学方面，由于农业的需要积累了天气、物候、水文、土壤等地理知识，由于地理视野的扩大出现了区域地理著作《禹贡》和《山海经》，还有标志着我国古代地理学诞生的《汉书·地理志》。不但如此，由于医学和地理学都是经世致用之学，它们从形成之初起，两者就结下了不解之缘，故先秦两汉时期给我们留下了许多的医学地理学思想，其中一些思想准确、科学，至今仍富于启迪。

一　先秦两汉时期的疾病地理思想

疾病是人类与生俱来的东西，几乎是在原始时代，人类便有了环境与疾病关系的认识；随着地理视野的扩展，人类又逐渐认识到了疾病的区域差异。我国先秦两汉时期的疾病地理思想也主要表现在这两个方面。

1. 对环境与疾病关系的认识

该时期人们已认识到疾病是一种环境灾害，因而有时也把疾病称为灾害。如春秋时，秦医和认为疾病并非鬼神所致，指出"天有六气……淫生六疾"，六气"过则为灾：阴淫寒疾，阳淫热疾，风淫末疾，雨淫腹疾，晦淫惑疾，明淫心疾"[①]。这便是著名的"六气致病说"。战国时，《吕氏春秋·尽数》也指出长寿之道"在乎去害"，如能做到不吃太甜、太酸、太苦、太辛、太咸的食物，不过分地喜、怒、忧、恐、哀，不在大寒、大热、大燥、大湿、大风、大霖、大雾等恶劣气候条件下动摇精气，"则疾无由致矣"，否则"则生害矣"。至于两汉，《黄帝内经》中的《素问·四气调神大论》也认为对于"阴阳四时"这样的自然规律，人类"逆之则灾害生，从之则苛疾不起"。正由于春秋战国以来人们将疾病视为环境灾害，殷周时代那种以疾病为鬼神所降的唯心主义思想受到了抨击。《吕氏春秋·尽数》指出：

---

① 《左传》昭公元年。

"今世上卜筮祷祠，故疾病愈来"，认为利用巫医毒药治病，无异于是扬汤止沸。

该时期人们还认识到地理环境主要是通过饮食起居等条件致人疾病。早在春秋时期，黄河流域的晋国便有了"川泽纳污，山薮藏疾"的俗语①。这个"藏"字一方面反映出地理环境与疾病的发生有密切的关系，另一方面也反映出环境致病于人还有一个中介过程。《韩非子·五蠹》说："上古之世，人民少而禽兽众，人民不胜禽兽虫蛇……民食果、蓏、蚌、蛤，腥臊恶臭而伤害腹胃，民多疾病。"《淮南子·修务训》也说："古者民茹草饮水，采树木之实，食蠃蚌之肉，时多疾病毒伤之害。"这两条记载都表明饮食是环境病因致病的主要中介途径，因而先秦两汉时期的人们很重视饮食的保健。据《周礼·医官》记载，当时医分食、疾、疡、兽四门，而食医居首位。《吕氏春秋·尽数》也有"凡食之道，无饥无饱"，"食能以时，身必无灾"的饮食保健思想。

但更为重要的是，该时期的人们认识到了气候、水质、土壤、地形等环境要素与某些疾病的形成有着十分密切的关系。

（1）气候因子。气候是地理环境中最活跃的要素，远在殷周时代，人们在长期的生产实践中就已认识到了气候运行的规律性，归纳出了周期性的物候现象和农业历法，到秦汉时期，不仅有了二十四气、七十二候的系统气候观，而且有了气候的地区差异观和反常致灾观。因而，该时期人们对气候与疾病关系的认识也比较全面。

首先，他们认识到气候反常是流行性疾病的主要致病因子。流行性疾病古称"疫"，《说文解字》说是"民皆疾也"，因而易于受到人们的注意，早在殷商甲骨文中就有了病疫不止的记载②。周代以后，人们便开始探究其发生的原因，如《礼记·盛德》上说："凡人民疾，六畜疫，五谷灾者，生于天。"这里的"天"，即秦医和所谓"天有六气"中之"天"，意即是阴、阳、风、雨、晦、明六气的反常造成了疾病的流行。此外，《吕氏春秋·十二纪》和《淮南子·时则训》也论述了气候反常与疫病流行的关系，它们指出孟春、仲夏时节出现秋天的气候，季春、孟秋、季秋时节出现夏天的

---

① 《左传》宣公十五年。
② 宋正海主编：《中国古代重大自然灾害和异常年表总集》，广东教育出版社 1992 年版，第545 页。

气候，季夏、仲冬、季冬时节出现春天的气候，都会引发传染性疾病的流行，如季夏"行春令，则……国多风咳，人乃迁徙"，孟秋"行夏令，则多水灾，寒热不节，民多疟疾"，季秋"行夏令，则……民多鼽窒"，季冬"行春令，则胎夭多伤，国多固疾"等等。这是因为，正常的气候是春天有风，夏天湿热，秋天干燥，冬天寒冷，否则就会引发疾病流行，譬如孟秋时节还像夏天一样炎热多雨，就会导致疟疾流行。现代医学证明，疟疾主要流行于秋季，感冒虽一年四季都可发生，但主要是夏秋、秋冬季节转换之际流行，因此，上述记载是有科学意义的，《吕氏春秋·序意》说《十二纪》为"知寿夭吉凶"之作也是不无道理的。成书于战国秦汉之世的我国现存最早的医书《黄帝内经》中也有气候反常与流行性疾病关系的系统论述。如表24-1所示，《素问》以五行配自然季节，指出气候反常为五行运化"太过"与"不及"，又以五行配人体脏器，指出疾病也是五行运化"太过"与"不及"所致，这样，气候反常的特征和人体疾病的症状都可以通过五行相克的机理推断出来。如春天属木，气候正常时春当有风，"岁木太过"就是春天的风过多过强，以致"风气流行"；木可克土，"岁木太过"会使土受到损伤，五行配五脏，土主人的脾脏，故说"脾土受邪"，所流行的疾病便多与脾脏功能损害有关；金可克木，"岁木不及"木会受到金的伤害，而金主秋，秋当干燥，故说"燥乃大行"，亦即是春行秋令的意思，而春天是万物生长的季节，秋天是万物收藏的季节，春行秋令，万物生长都会受到阻碍，故说"生长失应"，其余可依此解释。不难看出，这一理论系统实质上是五行学说在病因学中的具体应用。由于把疾病起因委之于气候反常，所以《吕氏春秋·察贤》说："雪霜雨露时，则万物育矣，人民修矣，疾病妖厉去矣。"

其次，他们还认识到气候的季节性更替决定了疾病的季节性流行。如《周礼·医师》说："四时皆有病疾。春时有痟首疾，夏时有痒疥疾，秋时有疟寒疾，冬时有漱上气疾。"《素问·生气通天论》也说："春伤于风，邪气流连，乃为洞泄；夏伤于暑，秋为咳疟；秋伤于湿，上逆而咳，发为痿厥；冬伤于寒，春必病温。"这些都表明气候是限制疾病流行的重要因素，正是气候的季节性造成了疾病流行的季节性。

再次，他们认识到不同的气象要素可导致不同的疾病。前已述及，该时期有六气致病之说，其六气指风、温度、湿度、光照等气象要素。秦医和所谓的"六淫"之疾，实指温度过低致寒病，风吹过多致四肢病，雨湿过多致腹肠病，光照过少致精神病，过多致心脏病。这段记载比较系统，此外还有一些零散的描述。关于风，战国宋玉《风赋》说雄风可以愈病解醉，使人耳目聪明，身心健康；雌风则带来潮湿空气，使人染上温热、中风、唇疮、眼疾等病。《素问·玉机真脏论》说它是"百病之长"，《素问·风论》具体指出风致人疾病"或为寒热，或为热中，或为寒中，或为疠风，或为偏枯，或为中风也。其病各异，其名不同"。温度当时称为"寒暑"、"阴阳"，《淮南子·地形训》指出"暑气多夭，寒气多寿"，相对来说，寒冷气候较炎热气候有益于健康。湿度当时称"燥湿"与"雨"，因温度与水相关，而水性趋下，故《淮南子·地形训》说"泽气多女"、"岸下气多肿"、"谷气多痹"，后来《史记·货殖列传》也说"江南卑湿，丈夫早夭"，这些都间接地说明气候潮湿有害于健康。光照当时或称"晦明"，或称"阴阳"，《吕氏春秋·重己》说："室大则多阴，台高则多阳，多阴则蹶，多阳则痿"，意即长期居于光照不足的地方会得蹶病，长期处于光照过多的地方会得痿病。

表 24 - 1　　《素问·气交变大论》中气候反常与疾病流行的五行学解释

季节	五行运化	气候特征	流行病症
春	岁木太过	风气流行	脾土受邪。民病飧泄、食减体重、烦冤鸣肠、腹支满、忽忽善怒、眩冒巅疾
夏	岁火太过	炎暑流行	金肺受邪。民病疟、少气、咳喘血溢、血泄注下、咽燥耳聋、胸中痛胁
长夏	岁土太过	雨湿流行	肾水受邪。民病腹痛、清厥、意不乐、肌肉萎、行善瘛
秋	岁金太过	燥气流行	肝木受邪。民病两胁下、少腹痛、目赤痛、疡、喘咳逆气、肩背痛、各关节痛
冬	岁水太过	寒气流行	邪害心火。民病身热烦心、躁悸阴厥、咳喘寝汗、出憎风等
春	岁木不及	燥乃大行	生气失应。民病中清胁痛、少腹痛、肠鸣、溏泄等
夏	岁火不及	寒乃大行	长政不用。民病胸中痛、胁支满、两胁痛等
长夏	岁土不及	风乃大行	化气不令。民病飧泄霍乱、体重腹痛等
秋	岁金不及	炎火乃行	生气乃用。民病肩背瞀重，鼽嚏血便注下等
冬	岁水不及	湿乃大行	长气反用。民病腹满身重、濡泄寒疡流水等

（2）水土因子。关于水质与疾病的关系，《吕氏春秋·尽数》云："轻水所，多秃与瘿人；重水所，多尰与躄人；甘水所，多好与美人；辛水所，

多疳与痤人；苦水所，多尫与伛人"，意即水质轻、水流急的地区（一般是河流上游山区）其人易患秃疾瘿病；水质重、水流迟的地区（一般是河流下游平原）其人易患足肿及瘸腿；水质甘甜的地区，其人大多健康娇美，水质辛辣的地区，其人易患痈疽疮痤；水味苦涩的地区，其人易患鸡胸驼背。现代医学地理证明，瘿（缺碘性甲状腺肿）主要流行于碘被淋溶的山区，风湿足肿主要流行于地势低下的潮湿环境，多食辛辣食物确实易致疮疡，因此，《尽数》这段话是长期实践得出的科学结论。至于《管子·水地》，把水与人类的关系放到了更高的高度，说水是"万物之本原也，诸生之宗室也，美恶、贤不肖、愚俊之所产也"，并说黄河下游的齐国，水流迂回躁急，其人贪婪勇猛；长江流域的楚国，水流淖弱清澈，其人轻佻狡猾；长江下游的越国，水质重浊浸渍，其人愚笨多病；黄河中游的秦国，水质甘甜易淤，其人贪戾好事；黄河中游的晋国，水质滞重易淤，其人奸诈好利；黄河下游的燕国，水质沉滞易淤，其人愚蠢轻死；黄淮之间的宋国，水质轻快清澈，其人淳朴守法。《淮南子·地形训》中也有"湍水人轻，迟水人重"的说法。不难看出，这两篇文献所述并非直接论述水质与疾病的关系，而是论述水性与人性的关系，有较浓的"地理环境决定论"意识，但《管子·水地》所指出的越国人多病这一事实仍是不可多得的疾病地理信息。

土质与疾病的关系，往往和水质分不开。春秋时晋国的韩献子认为疾病起因于"恶"的积淀，指出土薄水浅时"恶"易沉积而致人"沉溺重腿之疾"，但土厚水深并有河水"流其恶"时，则不会得环境疾病。这种观点可称为"水土恶积致病说"。《管子·地员》也说："渎田"其泉苍色，其人强悍；"赤垆"其泉甘白，其人健康而长寿；"栗土"其泉黄白，其人娇美，"寡疾难老"；"沃土"其泉白青，其人劲悍，"寡有疥骚，终无痟醒"。这里不仅论述了土质与疾病的关系，而且论述了土质与健康的关系。《大戴礼记·易本命》和《淮南子·地形训》也说"坚土之人肥，虚（垆）土之人大，沙土之人细，息土之人美，耗土之人丑"、"平土之人慧"，论述了土质与人类形体特征的关系，从而间接地论述了土质与疾病的关系，因为人的肥瘦美丑都与疾病有密切的联系。

（3）地形因子。地形与人类疾病的关系，往往和气候、水土条件分不开，表现出地理环境的综合作用。《周礼·大司徒》将地形分为五类："一曰山林，其动物宜毛物，其植物宜皂物，其民毛而方；二曰川泽，其动物宜鳞物，其植物宜膏物，其民黑而津；三曰丘陵，其动物宜羽物，其植物宜覈物，其民专而长；四曰坟衍，其动物宜介物，其植物宜荚物，其民皙而瘠；五曰原隰，其动物宜嬴物，其植物宜丛物，其民丰肉而痹"。这段记载指出，不同的地形上生长着不同的动植物和人类。人类的某些特质包括"瘠"、"痹"等疾病的形成都与生态环境息息相关。至于西汉，《淮南子·地形训》进一步指出："土地各以其类生〔人〕，是故山气多男，泽气多女，障气多喑，风气多聋，林气多癃，木气多伛，岸下气多肿，石气多力，险阻气多瘿，暑气多夭，寒气多寿，谷气多痹，邱气多狂，衍气多仁，陵气多贪。"这段话在唐人段成式所著《酉阳杂俎》和宋人李昉等纂《太平御览》中都有引述。这里所说的"气"是指地理环境的主导因子。这段话的大意是：不同的地理环境生长着不同的人群，高山地区多男子，沼泽地区多女人，闭塞地区多哑巴，多风地区多聋子，森林地区多癃伛人，低湿地区多风湿足肿病人，石林地区的人多力气，高山地区的人多瘿病，炎热地区的人多短命，寒冷地区的人多长寿，河谷地区的人多痹病，丘冈地区的人多癫狂，平原地区的人多仁义，丘陵地区的人多贪婪。不难看出，这段记载有较浓的"地理环境决定论"意识，但尽管如此，它仍是西汉以前疾病地理思想的高度总结。如"泽气多女"可以《周礼·职方》和《史记·货殖列传》为注脚，《职方》将天下分为九州，各州男女性别比从北方的3：2降至南方的2：5；《货殖列传》说"江南卑湿，丈夫早夭"，指出当时淮河以南地区因炎热"卑湿"导致男性早逝以致女性多于男性。又如"险阴气多瘿"、"岸下气多肿"、"谷气多痹"亦可以《吕氏春秋·尽数》所云"轻水所，多秃与瘿人；重水所，多尰与躄人"为注脚。至于"暑气多夭，寒气多寿"，更是被现代医学地理证明了的事实。科学证明，在温度适宜带（Comfort Zone，温度在 $-15℃—40℃$ 之间）内，如果其他条件类似，相对寒冷的地方确实要比相对炎热的地方有益于健康，这主要是由于温度较高地方容易造成疾病流行，如血吸虫主要分布在 $10℃—37℃$ 的地域；杆状痢疾主要流行于 $16℃—30℃$ 地域，且温度越高流行速度越快；雅司病主要分布在 $27℃$ 以上地域；钩虫病主要分布在 $25℃—30℃$ 地域；黄热病主要流行于 $15℃—20℃$ 的地域，等等[1]。正由于此，我国古代南方地区开发落后于北方地区；也正由于此，我国现代

---

① Willim W. Kellogg & Robert Schware, "Climate change and Society", the Aspen Institute for Humanistic studies, 1982, pp. 82—87.

长寿区分布在新疆、青藏、广西等高原地区[①]。

2. 对疾病空间分布差异的认识

战国两汉是阴阳五行学说盛行的时代。五行除表示物质、时间概念外，还是一个空间概念，木主东方，火主南方，金主西方，水主北方，土主中部。根据这种区域划分，两汉之世对疾病的地域差异进行了论述：《淮南子·地形训》的论述糅杂了一些人种地理思想，虽对寿命的地域差异有所阐述，但对疾病地域差异的认识尚较模糊；《素问·金匮真言论》的论述把疾病分布与食物分布联系了起来，有了朴素的疾病区域差异思想；《素问·异法方宜论》的论述不仅指出了五方的主要疾病，而且指出了疾病形成与居住、饮食之间的联系，以及与疾病区域相适应的治疗方法与医疗技术，具有重要的医学地理价值。从这三种文献记载可知，"东方"人易患惊悸、痈疡等病，早智而命短；"南方"人易患痉挛湿痹及内脏疾病，早熟而短命；"西方"人易患背部疾病和内科疾病，勇敢而剽悍；"北方"人易患骨科疾病和消化不良病，愚蠢而长寿；"中央"人易患痿厥寒热等病，智商较高（详见表24－2）。

表24－2　　　　　　　　　汉代关于疾病地域差异的描述

出处区域	《淮南子·地形训》	《素问·金匮真言论》	《素问·异法方宜论》
东方	川谷之所注，日月之所出，其人兑形小头，隆鼻大口，鸢肩企行，长大早知而不寿。宜麦，多虎豹	青色。入通于肝，开窍于目，藏精于肝，其病发惊骇。其味酸，其类草木，其畜鸡，其谷麦，其应四时，上为岁星，是以春气在头也	天地之所始生也。鱼盐之地，海滨傍水，其民食鱼而嗜咸，皆安其处，美其食。鱼者使人热中，盐者胜血，故其民皆黑色疏理，其病皆为痈疡，其治宜砭石，故砭石者亦从东方来
南方	阳气之所积，暑湿居之，其人修形兑上，大口决眦，早壮而夭。宜稻，多兕象	赤色。入通于心，开窍于耳，藏精于心，故病在五脏。其味苦，其类火，其畜羊，其谷黍，其应四时，上为荧惑星，是以知病之在脉也	天地所长养，阳之所盛处也。其地下，水土弱，雾露之所聚也。其民嗜酸而食胕，故其民皆致理而赤色，其病挛痹，其治宜微针，故九针者亦从南方来

---

①　方如康编著：《中国医学地理学》，华东师范大学出版社1993年版，第172页。

续表

区域＼出处	《淮南子·地形训》	《素问·金匮真言论》	《素问·异法方宜论》
西方	高土，川谷出焉，日月入焉，其人面末偻，修颈仰行，勇敢不仁。宜黍，多旄犀	白色。入通于肺，开窍于鼻，藏精于肺，故病在背。其味辛，其类金，其畜马，其谷稻，其应四时，上为太白星，是以知病之在皮毛也	金玉之域，砂石之处，天地之所收引也。其民陵居而多风，水土刚强，其民不衣而褐荐，其民华食而脂肥，故邪不能伤其形体，其病生于内，其治宜毒药，故毒药者亦从西方来
北方	幽晦不明，天之所闭也，寒冰之所积也，蛰虫之所服也，其人翕形短颈，大肩下尻，蠢愚多寿。宜菽，多犬马	黑色。入通于肾，开窍于二阴，藏精于肾，故病在谿。其味咸，其类水，其畜彘，其谷五，其应四时，上为辰星，是以知病之在骨也	天地所闭藏之域也。其地高，陵居，风寒冰冽，其民乐野处而乳食，脏寒，生满病，其治宜灸焫，故灸焫者亦从北方来
中央	中央四达，风气之所通，雨露之所会也，其人大面短颐，美须恶肥，慧圣而好治。宜禾，多牛羊及六畜	黄色。入通于肺，开窍于口，藏精于脾，故病在舌本。其味甘，其类土，其畜牛，其谷稷，其应四时，上为镇星，是以知病之在内也	其地平以湿，天地之所以生万物也众。其民食杂而不劳，故其病多痿厥、寒热，其治宜导引按跷，导引按跷者亦从中央出也

该时期，人们还对疾病的垂直差异有了初步认识。由于地势高低的不同，往往引起整个地理环境的不同，因此人们在认识到疾病与各环境要素的关系时，必然也认识到疾病分布的垂直差异，如前述"轻水所"与"重水所"、"山所"与"泽气"、"险阻气"与"岸下气"、"邱气"与"谷气"、"寒气"与"暑气"等等，都可以说是对疾病垂直差异的描述。此外，《素问·五常政大论》还对疾病垂直差异形成的原因做了论述，它说："地有高下，气有温凉。高者气寒，下者气热。故适寒凉者胀，温热者疮"。指出地势高的地方气候寒冷，那里的人易患腹胀之疾，地势低的地方气候炎热，那里的人易患疮疡之疾。它还说："高者其气寿，下者其气夭"，生活在地势较高地区的人比地势较低地区的人长寿，而其原因不过是"高下之理，地势使然"罢了。这里把地理环境的垂直差异视为疾病分布的垂直差异的物质基础，对于两千年前的人来说，这种认识确实是极其珍贵的。

二 先秦两汉时期的健康地理思想

健康与疾病，是矛盾统一体中对立的两个方面。远古人类在经受疾病痛苦与折磨之后，必然要探寻避免疾病和解除病痛的方法，早在三代之时我国便形成了防病于未然的养生术和治病于既得的医术，迄于春秋战国，更对地理环境与健康的关系有了较深刻的认识，形成了重要的健康地理思想。

1. 养生术中的健康地理思想

我国养生术据说远在黄帝之前就已出现。据《吕氏春秋·古乐》记载，在远古朱襄氏时期，气候炎热，"多风而阳气畜积，万物散解，果实不成"，士达便作了五弦瑟，用来招徕阴气，安定人类；在陶唐氏时期，又因"阴多滞伏而湛积，水道壅塞，不行其原，民气郁阏而滞著，筋骨瑟缩不达"，而发明了舞蹈，来宣导人们的郁气，祛病保健。至于三代秦汉之世，养生术进一步发展，形成了以下健康地理思想。

（1）选择合适居地以避免环境病因的侵袭。考古发现，新石器时代居民总是选择在河谷低阶地平原上建立聚落，不知道他们这样做是否有健康方面的考虑。不过，《淮南子·修务训》言，早在神农时代，为了避免疾病，就能"相土地［之］宜……令民知所避就"了。公元前585年，晋侯拟离开绛地另立新都，许多人认为应迁居郇瑕氏之地，说那里"沃饶而近盐"，韩献子却主张迁都新田，指出，"郇瑕氏土薄水浅，其恶易觏，易觏则民愁，民愁则垫隘，于是乎有沉溺重腿之疾"，新田则"土厚水深，居之不疾，有汾、浍以流其恶"[①]。这里，韩献子以"居之不疾"为建都选址原则，或许也道出了新石器时代居民选择河流低阶地居住的重要原因。此后，《大戴礼记·千乘》所说的"立民之居必于中国之休地，因寒暑之和"，《礼记·王制》所说的"凡居民材，必因天地寒暖燥湿"，其实质都是要避免疾病的流行。一般居民地选择如此，就是军队的驻地，也要考虑疾病流行的影响，《孙子·行军》言："凡军好高而恶下，贵阳而贱阴，养生而处实"，只有这样才能"军无百疾"，取得战争胜利。这堪称是军事医学地理思想的萌芽。不但宏观聚落布局应避免疾病流行，就是微观建筑也要有益于健康，《吕氏春秋·重己》说："室大则多阴，台高则多阳。多阴则蹶，多阳则痿"，因此奉劝帝王"不处大室，不为高筑"。《庄子·齐物论》也明确指出"民湿寝则腰疾偏死"，这是说连睡觉的地方也不能不有所选择，可见，居地选择是预防疾病时一项多么重要的内容。

---

① 《左传》成公六年。

（2）存利去害力求人与自然和谐统一。翻开先秦两汉典籍，随处可见"适"的思想。君王统治百姓要适，否则百姓就会动乱；利用自然资源要适，否则资源就会枯竭；自然规律运行要适，否则就会有自然灾害；人们的情志饮食要适，否则就会患病。当时的人们认为，天地与人有许多相通相同之处①，养生时必须努力使天、地、人三者达到和谐统一②，若"能以久处其适，则生长"③，如果"动不以〔天〕道，静不以〔地〕理，则自夭而不寿"④。所以远古帝王要"执中含和"，"仰取象于天，俯取度于地，中取法于人"，"以辟疾病之灾"⑤。如何达到人体与自然环境的和谐统一？当时人认为，必须对自然规律因之，顺之，适之，和之，切不可与之背道而驰，《吕氏春秋》说："天曰顺，顺维生"，"凡生之长，顺之也"，故"瞻非适而以之适者"，"察阴阳之宜，辨万物之利以便生"为养生之道，比如"民寒则欲火，暑则欲冰，燥则欲湿，湿则欲燥"，"大寒既至，民暖是利；大热在上，民清是趋"，总之是要使身体与自然环境处于"适"态，这也叫做"知本"，"知本则疾无由致矣"。不但如此，人体本身也要使形、神、精三者都处于"适"态，如"大怒破阴，大喜坠阳，薄气发暗，惊怖为狂，忧悲多恚，病乃成积"，寒、温、劳、逸、饥、饱六不适都是有害于健康的，因此"耳目口鼻不得擅行"，所欲必须有所节制，"害于生则止"⑥。从上所述可见，战国秦汉时已有较系统的天地人相应的整体观，以及努力使人体与自然达到平衡的健康地理思想。

2. 医术中的健康地理思想

我国古代医术与养生术密不可分，是传统医学中的两个重要组成部分，如《淮南子·修务训》载，神农一方面相土地之宜，令民知所辟就，另一方面又尝百草滋味和水泉甘苦。前者指养生术，后者即医术。因此，先秦两汉医术中也包含着一些健康地理思想，以下两方面值得称道。

（1）"上知天文，下知地理，中知人事"的病理学整体观。先秦两汉时

---

① 《吕氏春秋·情欲》云"天之与人，有以相通"；《淮南子·泰族训》云"人与天地也同"。

② 《吕氏春秋·序意》云"所以知寿夭吉凶也，上揆之天，下验之地，中审之人"。

③ 《吕氏春秋·侈乐》。

④ 《大戴礼记·易本命》。

⑤ 《淮南子·泰族训》。

⑥ 详《吕氏春秋》中《序意》、《尽数》、《贵因》、《爱类》诸篇，并《淮南子·原道训》。

期，人们不仅强调养生防病要务使人体与自然平衡，而且强调治病也要力求使人体恢复与自然的平衡。他们认为，疾病是人与自然平衡破坏的结果，"故治病者必明天道地理"，"上知天文，下知地理，中知人事"，才是医术之道。因此，对于同一病症，要根据发病的季节、发病的地域、发病的个体三者采用不同的方法辨证施治，"西北寒凉，东南温热，故西北之气，散而寒之，东南之气，收而温之。气寒气凉，治以寒凉，行水渍之；气温气热，治以温热，强其内守。必同其气，可使平也，假者反之"①。即我国西北地区气候寒冷，发病是因为内热外寒，治病时须以寒凉散其内热于外；东南地区则气候温热，发病是因为内冷外热，治病时就要治以温热，收外热于体内，只有外界环境与身体内部环境达到平衡才能把疾病治好，否则只会加剧病情。这是地域差异之治，地势差异之治亦同此理，因"高者气寒，下者气热"，故"崇高则阴气治之，汗下则阳气治之"，以上便是"上知天文，下知地理"之谓。至于"中知人事"，就是要明白各病人的体质状况。《灵枢·阴阳二十五人》依体质将人分为5类25种，指出"木形"人皮肤较黑，头小面长，四肢小，肩背大，耐春夏，多在秋冬患病；"火形"人皮肤红润，头小面尖，躯干宽大，四肢短小，性格暴躁，往往暴病而死，耐春夏，多在秋冬患病；"土形"人皮肤发黄，头大脸圆，耐秋冬，多在春夏患病；"金形"人皮肤皙白，方形脸，身材苗条，耐秋冬，多在春夏患病。不难看出，这种分类是五行学说的流露，是把木、火、土、金、水五种物质的性质延伸于人类，科学价值不大，但它指出疾病与人的体质有关，却是进步的。

（2）地理环境要素可以抗病治病的环境观。早在春秋战国以前，人们就已有地理环境"莫不为利，莫不为害"的认识，指出地理环境要素既是致病因子，也是抗病因子，所谓"寒气多寿"，"甘水所，多好与美人"，沃土"其人坚劲，寡有疹骚，终无痟酲"等等，都表明环境又是人类健康的重要因素。正因为此，远古人们才强调选择合适的环境居住和生活。环境抗病因子的存在，是人类寻找"健康岛"保持持续发展的必要前提，远古先民的这些认识对现代健康地理的研究也不无指导意义。

不但如此，先秦两汉时期的人们还认识到了环境要素的治病作用。突出的表现是对矿泉水的疗养价值有了记述。如《辛氏三秦记》载秦始皇曾以骊山温泉治疮。张衡《温泉碑》有"有疾厉兮，温泉泊焉"句，指出温泉浴

---

① 详《素问》中的《气交变大论》、《五常政大论》、《著至教论》诸篇。

可治病。《后汉书·光武记》云"京师醴泉涌出，饮之者痼疾皆愈"，指出饮用矿泉水也可治病。还有，应劭《风俗通》指出，河南南阳盆地今内乡县境内的长城河（古称菊水、甘谷水）是一个长寿区，河水由于长期得菊花的滋润，饮之可治风蠃、风眩诸病，以致附近居民年高者可达一百三十岁，七八十岁去世还被认为是夭亡[①]。

此外，中药学的形成本身也可以说是对环境要素治病作用的认识。《山海经》是我国最早的地理文献之一，成书于战国迄西汉之世，书中分地域记载了 125 种药物及其所治疗的 30 多科疾病，堪称是我国最早的区域医学地理文献。在所载药物中，有植物药 53 种，动物药 65 种，矿物药 7 种。《神农本草经》约成书于东汉，是我国现存最早的一部药物专书，共记载药物 365 种，其中植物药 252 种，动物药 67 种，矿物药 46 种。生物与矿物都是地理环境的重要组成部分，它们作为药物的使用表明环境要素也是重要的治病因子。

（3）寿命地域分异规律及其形成观。寿命是反映人类健康状况的一项重要指标。随着社会的进步，至于春秋以后，人们对长生不老的唯心论表示了怀疑，《楚辞·天问》中就有"何所不死"和"受寿永多，夫何久长"的提问。因此，《吕氏春秋·尽数》和《庄子·养生主》提出了自然寿命的唯物观点，指出人"生也有涯"，寿命不是可以无限延长的，而是有一个极数的，所以长寿并不是把本来短促的寿数延长，而是要充分享尽自然所赋予的寿命极数，不使其夭损，即所谓"长也者，非短而续之也，毕其数也"。

人的寿命既然是自然所赋予，那么自然的地域差异必将导致寿命的地域差异。最早论述寿命地域分异规律的文献，当首推《淮南子·地形训》，它不仅指出了寿命地域分异的特点，而且阐述了寿命地域差异形成的原因。关于寿命地域差异形成的原因，它概括为"暑气多夭，寒气多寿"；关于寿命地域分异的特点，它说东方之人"长大早知而不寿"，南方之人"早壮而夭"，北方之人"蠢愚而寿"。不难看出，《淮南子》关于寿命地域分异的原因，颇像近代地理学家 E. 亨廷顿在《文明与气候》一书中指出的某些观点。亨廷顿关于热湿气候对人类健康有害的观点在我国地理学界曾受到过批判，却不料早在两千多年前的中国本土，人们就已经有了类似的看法。不仅《淮南子·地形训》这样认为，《周礼·职方》、《史记·

① 龚胜生：《南阳菊考》，载《南都学坛》1991 年第 2 期。

货殖列传》以及《汉书·地理志》等文献也都从不同侧面证实了这点。而事实上，从远古至于两汉，我国南方地区都是人烟稀少之域，而人口所以稀少，"早壮而夭"不能不说是其中一个重要原因[1]。当然，我们也不能忽视这样的事实，即气候对人类寿命的影响并非全是直接的，而只是诸多因素中的一个重要因子。《淮南子·地形训》之所以未能指出这点，是因为气温分异是地理环境中最明显、最易察觉到的地域差异，我们是不能苛责古人的。

《淮南子》所述的寿命地域分异特点，可以从《素问·五常政大论》中得到验证，它以黄帝与岐伯对话的方式对此做了较详细的阐述，不妨摘录如次：

> 帝曰："天不足西北，左寒而右凉；地不满东南，右热而左温，其故何也？"
> 岐伯曰："阴阳之气，高下之理，大小之异也。东南方，阳也，阳者其精降于下，故右热而左温。西北方，阴也，阴者其精奉于上，故左寒而右凉。是以地有高下，气有温凉，高者气寒，下者气热……"
> 帝曰："其于寿夭何如？"
> 岐伯曰："阴精所奉，其人寿；阳精所降，其人夭……"
> 帝曰："善。一州之气，生化寿夭不同，何也？"
> 岐伯曰："高下之理，地势使然也……高者其气寿，下者其气夭，地之小大异也。小者小异，大者大异。"

不难看出，以上对话实质上是对"暑气多夭，寒气多寿"这句话的注解，它用阴阳学和气候学知识解释了我国西北地势高、气候寒凉、人类长寿和我国东南地势低、气候温热、人类短命等特点的形成原因，还指出我国地势不仅有西北高、东南低的宏观差异，而且在小区域之内地势也有高低，人类寿命因之也参差不齐。总之，地理差别越小，寿命差异越小，地理差异越大，寿命差异也越大。应该说，这是先秦两汉时期人们关于生命地域差异规律的理论总结，是中国古代医学地理学的重要理论思想。这种思想可用一个模式直观地显示出来（见图24-1）。

---

[1]　龚胜生：《两千年来中国瘴病的分布变迁》，载《地理学报》1993年第4期。

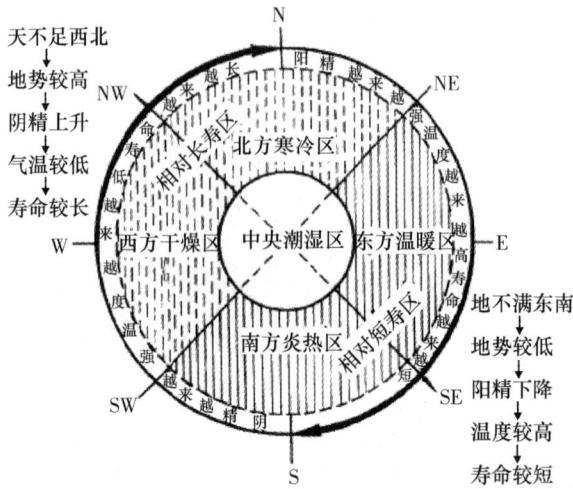

图 24 - 1 　《黄帝内经·素问》寿命地域分异模式图

三　结论

先秦两汉时期，我国的医学和地理学一方面沿着各自轨迹独立地发展着，另一方面，人们在与自然和疾病的双重斗争过程中逐步认识到了人类—疾病/健康—环境三者之间的三角关系，形成了朴素的医学地理学思想，产生了《吕氏春秋》、《淮南子》、《素问》、《山经》这样含有丰富医学地理思想的历史文献。

在疾病地理思想方面，该时期的人们不仅认识到了疾病是一种环境灾害，地理环境中气候、水质、土壤、地形诸要素都可成为重要的致病因子，从而形成了"六气致病说"和"水土恶积致病说"，而且还认识到疾病在时间上有流行的季节性，在空间上有分布的差异性，疾病的这种时空差异又是地理环境的时空差异所造成的。

在健康地理思想方面，先秦两汉时期的人们懂得选择致病因子极少或没有的环境居住以避免疾病的侵袭，强调人与自然的和谐统一是减少疾病求得长生的养生之道；指出地理环境诸要素同时还是重要的抗病治病因子，医生治病必须"上知天文，下知地理，中知人事"，务使人与自然恢复正常的平衡状态；提出了"暑气多夭，寒气多寿"，"小者小异，大者大异"的地理环境差异决定寿命地域分异的理论体系。

　　以上这些，都是我国先秦两汉时期人们在长期的生产实践中得出的结论，是中国古代医学地理的重要思想。不过，也应该指出，由于该时期社会生产力水平低下，人们对自然的依赖程度还比较高，人类在自然面前也还显得相对渺小，医学、地理学作为一种专门知识的学科也还处在形成的初期，因此，人们对地理环境与人类疾病或健康关系的认识尚是零星的、不成系统的，而且还糅杂着一些"地理环境决定论"的思想。此外，由于该时期是阴阳、五行学说盛行的时代，其医学地理思想也深深地打上了这一时代的烙印，无论是在环境病因的认识方面，还是在疾病、寿命地域差异的认识方面，都可以见到阴阳、五行学说影响的痕迹。

第二十五篇

两千年来中国瘴病的分布变迁

　　"瘴"字不见于东汉许慎所作的《说文解字》，它的出现大致是在魏晋之际。中国古籍里所说的瘴病主要是指恶性疟疾。瘴病主要分布在气候热湿、地形闭塞、植被茂密等易于蚊蚋孳生的地方，多发生在高热多雨的夏秋季节，尤以伏秋为盛。两千年来，其主要分布范围具有逐渐南移的趋势：战国西汉时期以秦岭—淮河为北界；隋唐五代时期以大巴山—长江为北界；明清时期则以南岭为北界。瘴病流行是导致瘴病分布区域经济社会发展相对缓慢的重要因素。瘴病不仅使瘴域的人群体质衰弱，人口自然增长率低，男少女多，而且使瘴域的人群心理素质差，人无固志，信鬼重巫。文化心态的落后，进一步导致了生产方式的落后。中国瘴域北界的不断南迁，既是北人不断南移的结果，也与我国历史气候逐渐变冷有关。

（本文发表于《地理学报》1993 年第 4 期）

　　疾病分布与地理环境的关系是现代医学地理学的一项重要研究内容。早在两千年前的中国，人们就坚信疾病与地理环境有某种关系，萌芽了朴素的医学地理学思想。战国时期，人们已认识到疾病与水的关系①，到了西汉初期，更进一步认识到疾病与地理环境各要素的关系②。但"瘴"这个字出现比较晚，东汉许慎所作的中国最早的字书《说文解字》（成书于100—121年）尚未收录该字。它的出现大致是在魏晋之际，左思《魏都赋》指出当时居于中国南方的吴、蜀两国"宅土熇暑，封疆障疠"，同时代人张载在注释中说："吴、蜀皆暑湿，其南皆有瘴气。"稍后，常璩《华阳国志·南中志》也记载今川、滇、黔三省接壤之地的兴古郡"特有瘴气"。南北朝以后，瘴病已广为人知，记载也日见多了起来，隋代巢元方等编写的《诸病源候总论》还对瘴病发生的气候、原因以及病症做了描述。至于唐代及其以后，诗文方志对瘴病更是多所记述。

　　瘴病究竟是怎样一种疾病？从众多的文献记载来看，虽然一些非传染性的地方病也被包括在内（如岭南脚气又称瘴毒脚气），但主要是指具有传染性的流行性疾病——恶性疟疾（Pernicious malaria）。宋人周去非说："南方凡病皆谓之瘴，其实似中州伤寒"③；范成大也说："其中人似疟状。"④ 这种临床症状既像伤寒又似疟疾的瘴病就是恶性疟疾。正由于此，古籍中常常将瘴病称为"瘴疟"，或与被解释为"恶疾"的"疠"结合起来称"瘴疠"或"疟疠"，甚至它也被解释为"疠"⑤。根据病态，瘴病可以分为冷瘴、热瘴、哑瘴、回头瘴。根据发病季节可以分为青草、黄梅、新禾、黄茅、香花⑥、谷槎、交头等瘴⑦。此外，还有以传染源命名的瘴，如鹦鹉瘴⑧。

　　疟疾是疟菌（plasmodium）以蚊蚋等为媒介传播人体而发生的一种传染病。一般的疟菌生存温度在16℃以上，但恶性疟菌（Plasmodium faciparum）

---

　　① 《吕氏春秋·季春纪》云："轻水所，多秃与瘿人；重水所，多尪与躄人；甘水所，多好与美人；辛水所，多疽与痤人；苦水所，多尫与伛人。"

　　② 《淮南子·坠形训》云："土地各以其类生［人］，是故山气多男，泽气多女，障气多喑，风气多聋，林气多癃，木气多伛，岸下气多腫，石气多力，险阻气多瘿，暑气多夭，寒气多寿，谷气多痹，邱气多狂，衍气多仁，陵气多贪。"（唐）段成式《西阳杂俎·广知》引此略有出入。

　　③ （宋）周去非：《岭外代答》，丛书集成初编本，1936年，第35—119页。

　　④ （宋）范成大：《桂海虞衡志·杂志》。

　　⑤ （清）张玉书等：《康熙字典》，上海书店1985年版，第863页。

　　⑥ （清）屈大均：《广东新语》卷1。

　　⑦ （清）曹树翘：《滇南杂志》卷1。

　　⑧ （唐）段公路《北户录》卷1。

只能生存在 28℃以上，因此，恶性疟疾的病症要比一般的疟疾严重得多，危害也要大得多。在中国，从古至今，疟疾一直是一种广为流行的疾病，一般的疟疾至今仍遍及我国大部分地区，为季风地带最主要的虫媒传染病之一[1]，但是，作为恶性疟疾的瘴病，两千年来，其地理分布却有很大的变化。笔者不揣浅陋，试根据有关历史文献记载，对两千年来中国瘴病的分布变迁及其对社会经济的影响做一初步的探讨。

一 瘴病分布与地理环境的关系

医学地理学认为，疾病尤其是流行性疾病的分布与地理景观存在着密切的联系。中国古代的瘴病当然也不能例外，这可从古人对瘴病起因的解释略见一斑。宋代范成大说："瘴者，山岚水毒与草莽沴气郁勃蒸熏之所为也。"[2] 周去非也说："盖天气郁热，阳多宣泄，冬不闭藏，草木水泉皆乘恶气，日受其毒，元气不固，发为瘴疾。"[3] 清代屈大均说："盖湿热之地，毒蛊生之"，"瘴者，蛊之所蕴酿者也"，"瘴之起，皆因草木之气"，"气通则为风，气塞则为瘴"[4]。曹树翘也认为"山泽之气不通，夏秋积雨，败叶枯枝尘积而毒虫出没，饮之则胀痛；又雨后烈日当空，蒸气郁勃，间有结成五色形者，触之多病"[5]。上述种种说法，无一不与地理环境联系起来，综其所述，瘴病主要分布在气候热湿、地形闭塞、植被茂密等易于蚊蚋孳生的地方。正是由于这样的原因。瘴病一般发生在高热多雨的夏秋季节，尤以伏秋为盛，唐诗中甚多"炎瘴"和"秋瘴"的记载；春冬气候较为干冷，瘴病较少流行，唐诗中又有"风霜驱瘴疠"和"飞雪排瘴"的说法。

二 历史时期瘴病分布的变迁

1. 战国西汉（公元前 770—公元 23 年）以秦岭淮河为瘴域北界的时期

该时期由于对中国南方地区的情况知之不多，古籍里还没有关于瘴病的

---

① 聂树人：《医学地理学概论》，陕西师范大学出版社 1988 年版，第 515 页。

② （宋）范成大：《桂海虞衡志·杂志》。

③ （宋）周去非：《岭外代答》，丛书集成初编本，1936 年，第 39 页。

④ （清）屈大均：《广东新语》卷 1。

⑤ （清）曹树翘：《滇南杂志》卷 1、12。

记载，其分布状况只能根据瘴病分布的地理环境特征进行大致推测。

该时期是中国近五千年来气候变迁史上的第二个温暖期。《尚书·禹贡》和《周礼·职方》均作于战国时期，是中国最早的区域地理文献，它们都将当时所知的国土分为九州，并对九州的地理环境特征做了具体描述。今日秦岭—淮河之南，在《禹贡》为荆、扬、梁三州，在《职方》为荆、扬二州。据这两种古地理文献记载，当时秦淮南北的地理环境有明显的差异，南部区域的地理环境特征是：高温潮湿（生长着竹林，有热带动物大象和犀牛，土壤为塗泥只宜种植水稻）；女多男少（男女比例东部的扬州为1：2.5，西部的荆州为1：2.0）；处于未开发状态（贡物多为未加工的自然产品，没有饲养业，畜宜鸟兽）。这些特征直到西汉前期仍没有多少改变，比如司马迁《史记·货殖列传》说："江南卑湿，丈夫早夭。"这里所说的"江"非指长江，而是指淮河，说明当时淮河以南区域的人口仍然是女多于男。从下文的叙述可以知道，这些特征正是瘴病分布区的主要特征。

此外，传说远古时期的神人颛顼有三个儿子，死后都成了疫鬼，其中一个居住在长江成为疟鬼[①]。传说虽不足信，却说明远古以来长江流域就是恶性疟疾流行的地区。比如长沙直到西汉时尚十分卑湿，时人视为畏途[②]。医学家张仲景为长沙太守时，因大疫流行而著《伤寒论》行世，这种瘟疫很可能就是类似黄河流域伤寒的瘴病。从该时期黄河流域也有疟疾发生的事实看，江淮之间发生恶性疟疾也是完全可能的。甚至到了三国鼎立之时，秦淮以南的吴、蜀两国还被魏国人视为"封疆障（瘴）疠"之地。

因此，战国西汉时期的瘴病分布北界可能在秦岭—淮河一线，而长江流域为重病区。

2. 隋唐五代（581—960年）以大巴山长江为瘴域北界的时期

该时期是中国近五千年来气候变迁史上的第三个温暖期。隋代孙万寿《远戍江南诗》云："江南瘴疠地，从来多逐臣"，说明隋代长江以南多瘴病流行。到了唐代，有关瘴病的记述空前地多了起来。据笔者粗略统计，《全唐诗》和《全五代诗附补遗》二书中提到瘴病的诗就有150多首，其中绝大部分指明了具体的地域范围，为研究唐五代的瘴病分布提供了重要依据。从

① （宋）祝穆：《古今事文类聚前集》卷47《疟疾》，卷31《谪罚》，卷17《众水》。
② （汉）班固：《汉书》卷48《贾谊传》。

这些众多的描述看，该时期的瘴病广泛分布于大巴山及长江干流以南的广大地域。唐诗称这些地方为瘴地、瘴国、瘴村、瘴乡、瘴中，而这些地方的山水草木和烟雾云气也皆冠以"瘴"字，称瘴峤、瘴雨、瘴海、瘴江、瘴茅、瘴林、瘴烟、瘴云、瘴雾，甚至这些地方的人也是一副瘴颜。

四川盆地的瘴早在隋唐以前便见于记载。《华阳国志·巴志》云江州（今重庆）"时有温风，遥县客吏多有疾病"，《蜀志》云蜀郡（今成都平原）"多恶水"，"使人被恶疾"。到唐代，这里仍有"南方地恶"之称①，大巴山南及邛崃山以东的地域都有瘴病分布，是瘴病分布最北和最西的地区。如大巴山区的通州（治今达县）"秋茅处处流痠疟，夜鸟声声哭瘴云"，有"瘴塞"和"瘴窟"之称，诗人元稹元和十年（815年）闰六月至此后不久即染上瘴病，"疟病将死"，故他在通州的诗作甚多瘴病的记述，"瘴色满身治不尽，疮痕刮骨洗应难"即是备述亲历之作②。通州南边的忠州（治今忠县）也是一块"瘴地"，这里"穷冬不见雪"，"二月蚊蟆生"，诗人白居易对即将赴任虢州（治今河南灵宝）司马的元稹说："君还秦地辞炎徼，我向忠州入瘴烟"，"莫嫌冷落抛闲地，犹胜炎蒸卧瘴乡"③。杜甫在夔州（治今奉节）染上瘴病，留下了"峡中一卧病，疟疠经冬春"，"疟病餐巴水，疮痍老蜀都"的诗句④。除盆地东北山区外，盆地西嘉陵江畔的梓州（治今三台）、阆州（治今阆中），成都平原的成都府（治今成都市）、蜀州（治今崇庆）及其以南的荣州（治今荣县）、涪州（治今涪陵）、戎州（治今宜宾）、嶲州（治今西昌北）、泸州（治今泸州）等也都有瘴疠和毒雾的记载。

两湖地区的瘴病主要分布在大巴山东缘的南部地区。湖北如鄂西南的施州（治今恩施），杜甫《郑典设自施州归》诗有"北风吹瘴疠"之句；鄂西的峡州（治今宜昌）也是"瘴云终不灭"之地⑤，荆州（治今江陵）元稹在此做官时也得过瘴病，友人白居易曾寄药与他治疗⑥。鄂东南的鄂州（治今武昌），王维诗有"青草瘴时过夏口，白头浪里出溢城"之句⑦。湖北之南为湖南，唐五代湖南全省都有瘴病分布。长沙仍被称为卑湿之地，《湖南风

① （宋）司马光：《资治通鉴》卷218，肃宗至德元年九月。
② （唐）元稹：《瘴塞诸诗》，载《全唐诗》卷399—416。
③ （唐）白居易：《自江州司马授忠州刺史诸诗》，载《全唐诗》卷433—434。
④ （唐）杜甫：《秋日夔府咏诸诗》，载《全唐诗》卷230—231。
⑤ （唐）杜甫：《热三首诸诗》，载《全唐诗》卷230。
⑥ （唐）元稹：《予病瘴诸诗》，载《全唐诗》卷397—402。
⑦ （唐）王维：《送杨少府贬郴州》，载《全唐诗》卷128。

土记》①云："长沙下湿，丈夫多夭折，俗信鬼，好淫祀"，唐诗亦有"长沙旧卑湿，今古不应殊"，"长沙卑湿地，九月未成衣"之句②。杜甫曾浪迹于今岳阳、长沙、衡阳之间，对这一带的瘴病多有记述，如"春生南国瘴，气待北风苏"，"爽携卑湿地，声拔洞庭湖"，"江南瘴疠地，逐客无消息"等等③。湘西山区的辰州（治今沅陵），也是"荒徼辰阳远，穷秋瘴雨肥"④。而衡山以南的湘南山地瘴疠更重，诗云："衡山截断炎方北，回雁峰南瘴烟黑"。⑤柳宗元贬为永州（治今零陵）司马不久即染了瘴病，"瘴痾扰灵府"，"疠气剧嚣烦"，"夙志随忧尽，残肌触瘴殝"，他的女儿也得瘴病死于此⑥。

赣、浙、闽三省在唐代也多瘴病。江西北部的江州（治今九江市）白居易称之为"炎瘴地"，并有"炎瘴九江边"，"黄茅瘴色换朱颜"之句⑦。西部的袁州（治今宜春）也是一派"山城多晓瘴，泽国少晴春"的景色⑧，韩愈从这里北行到了湖北安陆，还说"面犹含瘴色"⑨。南部虔州（治今赣州）大庾岭一带更是"林昏瘴不开"，"瘴疫不堪闻"⑩。沙虱寄生于毒蛇鳞中，是瘴病的传染源之一，据《录异记》云："潭（治今湘南长沙）、袁（治今江西宜春）、处（治今浙江丽水）、吉（治今江西吉安）等州有沙虱"⑪，说明吉州境也可能有瘴病分布。浙江省的瘴病主要分布于南部地区，除处州外，温州（治今温州）也流行瘴病，张子容贬官至此，有"插桃销瘴疠"，"炎瘴苦华年"之句⑫。福建位于浙江之南，全省均有瘴病分布，其中漳州（治今漳州）即是因漳水得名，其州治初在漳水之滨，后以地多瘴而迁至今地⑬。泉州（治今泉

① 该书作者不详，唐代始置湖南观察使，据此，书当成于唐代。引载《太平御览》。

② （唐）贾志：《送王员外赴长沙》；张均：《岳阳晚景》，载《全唐诗》卷253、90。

③ （唐）杜甫：《北风诸诗》，载《全唐诗》卷218—225。

④ （唐）戎昱：《辰州建中四年多怀》，载《全唐诗》卷270。

⑤ （唐）李绅：《逾岭峤止荒陬抵高要》，载《全唐诗》卷480。

⑥ （唐）柳宗元：《酬韶州裴曹长使诸诗》，载《全唐诗》卷351—353。

⑦ （唐）白居易：《十二年冬江西温暖诸诗》，载《全唐诗》卷433—439。

⑧ （唐）郑谷：《南游》，载《全唐诗》卷674。

⑨ （唐）韩愈：《自袁州还京行次安陆》，载《全唐诗》卷344。

⑩ （唐）沈佺期：《遥同杜五过庾岭》，载《国秀集》卷上；宋之问：《题大庾岭诸诗》，载《全唐诗》卷52。

⑪ （宋）李昉等：《太平御览》卷478、34。

⑫ （唐）张于容：《永嘉作诸诗》，载《全唐诗》卷1、16。

⑬ （清）顾祖禹：《读史方舆纪要》卷113。

州）也是一块"瘴疠地"，有"凌空瘴气"①。福州（治今福州）诗有"路人闽山热，江浮瘴雨肥"，"岭夜瘴禽飞"，"南天瘴疠和"之句②。此外，建州（治今建瓯）也有关于瘴病分布的记述③。

云贵两广古为"南中""岭外"之地，那里的瘴也很早见于记载。晋郭义恭《广志》说："南方炎洲，炎气熏蒸，数万里为寒瘴"。南朝范晔《后汉书·南蛮传》曰："南州温暑，加有瘴气，致死者十必四五"。今雅砻江及其与金沙江合流至宜宾的一段古称"若水"，北魏地理学家郦道元《水经·若水注》多处提到这一带的瘴疠，如云南昭通县西的泸津"多瘴气，鲜有行者"，而其支流"禁水"的瘴毒更恶。南朝刘宋时之宁州（治今云南曲靖）掩有今云南全部和黔桂大部地区，当时这片地区便是"瘴气莽露，四时不绝"④。至于唐代，这里仍然荒远多瘴，为流放犯人的主要场所。笔者据《旧唐书》各本纪统计，唐代谪贬官吏共 379 人次，其中半数以上流放在云贵、两广地区。这些逐客贬臣至此，未有不肝肠寸断者。宋之问《端州驿慨然成咏》诗云："逐臣北地承严谴，谓到南中每相见……处处山川同瘴疠，自怜能得几人回。"白居易《送客春游岭南》诗亦云："瘴地难为老，官多谪逐臣。"今广西北流县境的"鬼门关"因其南边瘴疠严重，成了一条生与死的分界线⑤，杨炎《流崖州至鬼门关》诗云："一去一万里，千知千不还"，当时有谚曰："鬼门关，十人去，九不还"⑥，甚至有"鬼门无归客"之称⑦。不仅流客如此，就是送客者也无不哀伤，如张说《岭南送使》诗云："南中不可问，书此亦哀畿"；白居易《送客南迁》诗云："大都从此去，宜醉不宜醒。"像这样悲怆消极的诗句，唐诗中还有不少，真可谓是谈"瘴"色变！据唐五代诗所述，当时广东之广州（治今广州）、潮州（治今潮州）、端州（治今肇庆）、连州（治今连县）、韶州（治今韶关）、雷州（治今海康）、泷州（治今罗定县境）、潘州（治今高州），广西之桂州（治今桂林）、柳州（治今柳州）、蒙州（治今蒙山县境）、象州（治今象州）、梧州（治今梧州）、廉州（治今合浦县境）、容州（治今北流）；海南之崖州

① （五代）曹松：《送陈校书郎归泉州》；韩偓：《十月七日作》，载《全五代诗》卷20、7。

② （唐）项斯：《遂欧阳衮归闽中》；高适：《送郑侍御归闽中》，载《全唐诗》卷554、214。

③ （五代）曹松：《哭李频员外》，载《全五代诗》卷19。

④ （宋）李昉等：《太平御览》卷478、34。

⑤ （宋）乐史：《太平寰宇记》云"其南尤多瘴疠，去者罕得生还"。

⑥ （宋）祝穆：《古今事文类聚前集》卷47《疟疾》。

⑦ （唐）高适：《李云南征蛮诗》，载《全唐诗》卷212。

（治今海口）以及越南北部之交州（治今河内）、爱州（治今清化）、驩州（治今荣市）等均有瘴病分布。如今日柳州在当时是"炎荒万里，毒瘴充塞"之地，柳宗元之弟即疟死于此。

唐诗以外，还有一些文献记载了岭南地区的瘴疠，如樊绰《云南志》记载了今云南西部高黎贡山和怒江一带，以及缅甸伊洛瓦底江流域和越南北部的瘴病分布，如穷赕（今保山、腾冲之间）"草木不枯，有瘴气"，腾冲以西至缅甸境"地有瘴毒，河赕（今大理）人至彼中瘴者，十有八九死"，龙封驿（今昆明市西境）"前临瘴川"等等。段公路《北户录》则记载了岭南西江流域的瘴病分布，他说，新州（治今新兴）、勤州（治今新兴、罗定二县间）、春州（治今阳春）等10州地多鹦鹉，流行鹦鹉瘴。

唐五代时期的瘴病分布，也可以从宋代的情况加以补充，因为在宋代有瘴病分布的地方，唐代也应有瘴病分布。在宋代，岭南仍然是瘴病的严重区，南宋范成大说："二广惟桂林无之，自是而南皆瘴乡矣"，而邕州（治今南宁市）"两江水土尤恶，一岁无时尤瘴"[1]。《宋史·狄青传》也说邕州"瘴雾昏塞，士卒饮水者多死"。周去非则指出岭南瘴毒有轻有重，轻者如海南岛的琼州（治今海口）、雷州半岛的雷州（治今海康）、化州（治今化州）、廉州（治今合浦）等；重者如漓江流域的昭州（治今平乐），红水河南的横州（治今横县）、贵州（治今贵县）、邕州（治今南宁）、钦州（治今钦州）、广东中部的新州（治今新兴）、英州（治今英德）等，因这些地方死于瘴病的人甚多，故有"大小法场"之称[2]。此外，广东东部的惠州（治今惠州）也流行瘴病，苏东坡贬官至此亦为"瘴疠所侵"[3]。

岭南以外，四川盆地的瘴疠在宋代也还见于记载，西部如成都府（治今成都）、雅州（治今雅安）、戎州（治今宜宾）都有瘴疠；盆东山区的瘴疠也不少，范成大说，从四川重庆到湖北秭归，"山水皆有瘴"[4]。两湖地区如鄂西南山地的施州（治今恩施）和湘南的衡州（治今衡阳）、道州（治今道县）也都有瘴病记载。福建南部的漳州（治今漳州）境内也依然有瘴病分布，有所谓乌脚溪者"数十里水皆不可饮，饮则病瘴"[5]。

---

① （宋）范成大：《桂海虞衡志·杂志》。
② （宋）周去非：《岭外代答》，丛书集成初编本，1936年，第35、39、40、119页。
③ （宋）祝穆：《古今事文类聚前集》卷31《谪罚》。
④ （宋）范成大：《吴船录》卷下。
⑤ （宋）祝穆：《古今事文类聚前集》卷17《众水》。

综上所述，隋唐五代时期中国瘴病广泛分布于大巴山及长江以南，邛崃山、大雪山和横断山脉以东的广大地域，而以大庾岭—衡山—鬼门关一线以南尤甚。与我国西汉时期相比，其变迁之区域主要在江淮之间和苏杭地区。

3. 明清（1368—1911 年）以南岭为瘴域北界的时期

该时期是中国近五千年来气候最为寒冷的时期。明代晚叶著名学者章潢（1516—1608 年）所著《图书编》（成书于 1562—1577 年）分省州府县记述了当时流行瘴病的地方，给明代的瘴病分布勾勒出了个大致轮廓。据其所述，明代的瘴病主要分布在今闽、浙、湘、赣、滇、黔、桂、粤诸省，且主要在南岭山地及其以南的地区（见表 25 - 1）。清代的情形和明代差不多，岭南仍然是主要的瘴病分布区，而岭北仅深山老林区有零星分布。如湖南省境内的瘴病区，据乾隆《湖南通志·气候》记载，主要在湘南和湘西山区，湘南地区东接江西，西邻广西，"层峦邃谷，鼓扇熏蒸，遂为烟瘴，其俗有'锦田（今江华瑶族自治县东）虫，江华风，永明（今江永县）雨'之谣，行旅非日高雾尽不轻出，殆与岭南类矣"。湘西南和湘西山区则"溪冈相属，夏炎秋雨……时有岚烟瘴雾弥漫"。比如辰州府（治今沅陵）苗人居住的山地"瘴疠所积，疟疾最多，而致毙者亦多"[1]；永顺府（治今永顺）也因瘴气，"夏秋多病疟痢"[2]。又如两广云贵地区，屈大均《广东新语》说："岭南多雾瘴，滇黔为风瘴，是皆气候之最恶者。岭南之雾，近山州郡为多，自仲夏至于秋季，无时无之……近海州郡，地气稍舒……故为诸瘴绝少。"张介宾《景岳全书》也说："瘴症一证，惟岭南烟瘴之地有之。"综上所述，明清时期的瘴病主要分布在山区，而沿海地带极少，与隋唐五代时期相比，该时期的瘴域北界有较大幅度的南移，瘴域南界也从海岸线向内陆有较大幅度的退缩，范围是大大地缩小了，而且就是这些有瘴病分布的地区，瘴害也没有隋唐乃至宋时期那样严重了。

---

① 乾隆《辰州府志·风俗》。
② 乾隆《永顺府志·风俗》。

表 25 - 1　　　　　　　　　　　《图书编》所载明代的瘴地

布政司	府州	有瘴之县	备　考
浙江	处州府	丽水、龙泉、庆元、云知	微岚、宣平、景宁无瘴
福建	延平府	沙县、顺昌、永安	南平、将乐无瘴
	汀州府	长汀、武平、清流、归化、永定	上杭、连城、宁化无瘴
	兴化府	（不详）	莆田无瘴
	邵武府	泰宁、建宁、光泽、邵武	微瘴
	漳州府	龙崖、漳平	龙溪、漳浦、长泰无瘴
	福州府	古田、闽清、罗源、永福	长乐、连江、福清无瘴
	泉州府	德化、安溪、同安、永春	南安无瘴
	建宁府	（不详）	建阳、松溪无瘴
江西	建昌府	南丰	颇有瘴
	赣州府	所属各县	时有瘴疠
	南安府	所属各县	时有瘴疠
湖广	宝庆府	城步、武冈、新宁	
	衡州府	临武、蓝山	
	永州府	宁远、永明、江华	
	郴州	郴州、永兴	
	靖州	靖州、通道、绥宁	
四川	重庆府		依山，无瘴
	保定府		负山，无瘴
	顺庆府		负山，无瘴
	眉州		滨江，无瘴
	嘉定州		滨江，无瘴
	成都府	所属各县	一府各县均有瘴
	叙州府	所属各县	依山谷，有瘴
贵州	都匀府	独山、清平	麻哈州无瘴
	永宁州	所属各县	
	镇宁州	所属各县	
	安顺府	西保长官司	
	思南府	（不详）	偏桥无瘴

续表

布政司	府州	有瘴之县	备 考
云南	云南府	崇（嵩）明州	富民无瘴
	大理府	邓川、宾川	十二关长官司无瘴
	临安府	石屏、阿迷、宁州、嶍峨	宁远州无瘴
	楚雄府	（不详）	楚雄、南安无瘴
	澂江府	江川	河阳、路南无瘴
	蒙化府	蒙化	未辖县，微瘴
	景东府	景东	未辖县
	永宁府	所属各土司	
	顺宁府	所属各县	
	永昌府	永年（平）	保山无瘴
	车里司	所属各村镇	
	孟艮府	所属各县	今缅甸境，多瘴
	广西府		无瘴
	曲靖府		无瘴
	寻甸府		无瘴
	丽江府		无瘴
广西	桂林府	永福	临桂、灵川无瘴
	柳州府	洛容、罗城	
	庆远府	天河、思恩、新（忻）城、南舟（丹）、荔枝（波）、东兰	
	平乐府	平乐、富川、恭城、荔浦、修仁、永安	
	梧州府	苍梧、怀集、容县、岑溪、郁林、博白、陆川	
	浔州府	桂平、贵县	
	南宁府	武缘	
	太平府	所属各县	
	镇安府	镇安	未辖县

续表

布政司	府州	有瘴之县	备　考
广东	广州府	连州、龙门、阳山	余各县无瘴
	韶州府	乐昌	曲江、英德无瘴
	南雄府	保昌、始兴	只领此二县
	惠州府	海丰、河源、龙川	归善、长乐、兴宁无瘴
	潮州府	程乡、饶平	海阳无瘴
	肇庆府	阳春、泷水、封川	高要、德庆、新兴、高明无瘴
	高州府	茂名、电白、信宜、化州、吴州、石城	
	廉州府	合浦	钦州无瘴
	雷州府	遂溪、徐闻	海康无瘴
	琼州府	（不详）	琼山、感恩无瘴

　　明清时期岭南地区的瘴病流行又以云南省最为严重。如东南部的广南府（治今广南）"地少霜雪，山多岚雾，三时瘴疠，至冬始消"①。中部楚雄一带入春数日即有瘴，因害怕染瘴，到这里做官的人都居住在山顶上②。西部的永昌府（治今保山）、湾甸州（治今施甸南境）、宾川州（治今宾川县南）"瘴疠最恶"③，保山、腾冲一带，"平地瘴热，夏秋二季不可居"，人们都居于峭壁岩间④。西南的南甸司（今梁河境），干崖、盏达司（今盈江境），陇川司（今陇川境），勐卯司（今瑞丽境）更是"无地无瘴"，九十月间流行的"谷糙瘴"最为厉害⑤。南部的元江州（治今元江哈尼族彝族傣族自治县）北部的怒江和金沙江河谷地带上均有瘴疠分布⑥。

　　清代以后，中国的瘴病分布范围继续缩小，而且其缩小速度快过以往任何时期。今天，像古代瘴病一样的恶性疟疾，主要在云南省境内流行，其他地区只有局部地方有所流行，云南省有描述恶性疟疾发作的谚语云：

---

①　赵吉甫：《云南志校注》，中国社会科学出版社1985年版，第291页。
②　（清）张泓：《滇南新语》，丛书集成初编本，1936年，第16页。
③　（清）曹树翘：《滇南杂志》卷12。
④　（清）黄懋林：《西輶日记》卷2。
⑤　（清）张泓：《滇南新语》，丛书集成初编本，1936年，第18页。
⑥　（清）顾祖禹：《读史方舆纪要》卷113。

"谷子黄，病上床，闷头摆子似虎狼"，其中又以盈江—梁河—云县—思茅
—河口—麻栗坡一线以南的西南边疆为超高度和高度疟区①。对照清代的
地图，这一片地区正是清代流行"谷槎瘴"的地区。综观中国两千年来瘴
病分布的变迁，不难看出这是一个渐变过程，瘴病总是由重至轻而至最后
消失。

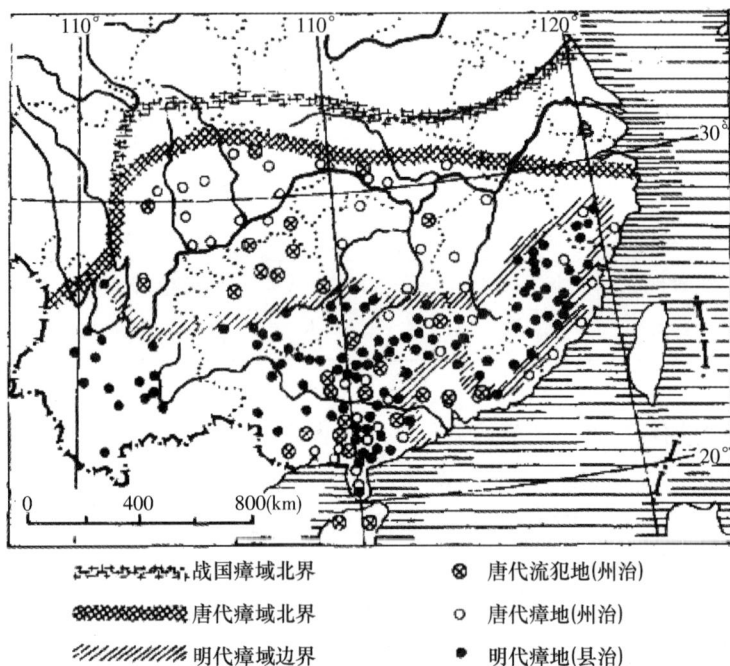

图 25 – 1　历史时期中国瘴病分布图

三　瘴病的影响及其变迁原因

实践证明，疾病可使人体力丧失，能减慢人类社会可能达到的经济发达
速度。作为两千年来中国南方地区主要流行性疾病的瘴，对于中国南方社会
经济发展速度的影响无疑也是不可忽视的。瘴病对人类及其社会的影响大致
具有以下三层互为因果的关系。

---

① 聂树人：《医学地理学概论》，陕西师范大学出版社 1988 年版，第 515 页。

1. 第一层——对瘴域人群质量的直接影响

在医学并不十分发达的古代中国，瘴是一种十分可怕的疾病，秦汉以降，瘴域即是流放犯人的主要场所，贬官来到这样的地方，未有不凄然泣下者。唐韩愈被贬谪潮州，他刚踏上征途就料定必死，刚出陕西蓝田，他就对来送他的侄孙说："知汝远来应有意，好收吾骨瘴江边"[1]。陈去疾《送人谪幽州》诗则云："莫言塞北春风少，还胜炎荒入瘴岚"，在他心目中，冰天雪地的塞外也要比瘴域好得多。瘴病不仅使瘴域的人群体质衰弱，体力丧失，而且一定程度上影响着人口的增长速度和人口比例，使其呈现出人口自然增长率低和男少女多的特点。宋代周去非指出，瘴病严重的地方，人口死亡极多，以致"生齿不繁"，土旷人稀，由于经常的感染瘴病，劳动力也大都受到损害，"率皆半羸而不耐作苦"，"一日力作，明日必病，或至死耳"。他又说："南方盛热不宜男子，特宜妇人"，比如广西的"男子身形卑小，颜色黯淡，妇人则黑理充肥，少疾多力"，他还惊叹广西的女人"何其多且盛也"[2]。清代张泓也说云南南部"土著男子无致白须者，中寿亦鲜，女子或至耄耋"[3]。瘴病区域出现男少女多的现象，其原因当然不只一方面，但瘴病的影响是重要的因子，这是因为，男性对疾病的抵抗力不若女性，以致男人短命。两千多年前的《淮南子·地形训》就指出"暑气多夭，寒气多寿"，"山气多男，泽气多女"，《史记·货殖列传》也说"江南卑湿，丈夫早夭"，这都是说热湿的气候会使男人早逝而造成女多于男的人口比例。其实，湿热气候本身虽然有害[4]，但主要还是此种气候条件下存在的疾病群有害。在中国古代南方地区，瘴是其中最重要的一种，对于男少女多人口比例的形成，当然要负主要的责任。《汉书·南越传》所说"南方卑湿，其众半羸"；《后汉书·南蛮传》所云"南州温暑，如有瘴气，致死者十必四五"；《魏都赋》所说吴蜀两国因"宅土熇暑，封疆障疠"而"苍无杼着，里罕耄耋"等等，这些都是很好的说明，也是对瘴病区域人口质量的真实写照。

---

① （唐）韩愈：《左迁至蓝关示侄孙湘》，载《全唐诗》卷344。

② （宋）周去非：《岭外代答》，丛书集成初编本，1936年，第35—119页。

③ （清）张泓：《滇南新语》，丛书集成初编本，1936年，第18页。

④ Kellogg W W, Schware R. Climate Change and Society. Boulder Colorado, Westview Press, 1982, p. 60. Huntington E. Civilization and Climate. Second and Enlarged Edition, New Haven：Yale University Press, 1922, pp. 82—84.

2. 第二层——对瘴域风俗习性和生产方式的影响

瘴域人群由于经常的感染瘴病，不但身体虚弱，而且心理素质也差，"俗好巫，好淫祀"，"人无固志"，甚至有病也不医治，陷入迷信的泥坑而不能自拔。此种文化心态的落后，进一步导致了生产方式的落后，如两广地区，在宋代时其耕种土地"仅取破块，不复深易，乃就田点种，更不移秧，既种之后，旱不求水，涝不疏决，既无粪壤，又不耘籽，一任于天"①。与非瘴病流行的黄河流域有天壤之别。这是就平地水田而言，若森林茂密的山区，则以"刀耕火种"的休耕方式为主，在唐代诗人的笔下，几乎刀耕火种之地必是瘴病分布之地，白居易就说岭南地区"春畲烟勃勃，秋瘴露冥冥"，他在"畲田深处"的四川忠州见到的情景也是"畲田涩米不耕锄，旱地荒园少菜蔬"②。这样的描述还有很多，总之，瘴病分布区的生产方式极为落后。

3. 第三层——对瘴病区域社会经济的影响

人口是推动社会经济这部大机器运转的动力，瘴域羸弱而稀少的人口，落后而愚昧的文化心态，以及简单而粗放的生产方式，必然地要导致区域社会经济进步的缓慢。如前所述，瘴病是疟疾中之恶性者，半个世纪以前，意大利疟疾专家米索利（Missorli）曾将两千年来罗马近郊疟疾与农业之盛衰关系绘成两条曲线，发现两者之间恰成反比趋势③。中国两千年来，长江流域及其以南地区的经济发展所以落后于黄河流域，虽然有多方面的原因，但瘴病对区域人口发展所起的消极作用无疑也是不可忽视的重大原因。台湾学者陈良佐（1983 年）指出，长江流域由于瘴病等因素的影响，"人口的成长不足以推动农业的发展到更高层次"和"缺乏健壮劳动力"是农业停滞的两个基本原因④。

瘴病的影响如此，但其分布都呈逐渐缩小的趋势，这是因为人类也在不断地改造环境的缘故。如前所述，瘴病分布与地理景观有密切的联系，要消除瘴病的这些消极影响，根本的途径只能是改造瘴病分布的地理环境，使其

---

① （宋）周去非：《岭外代答》，丛书集成初编本，1936 年，第 18 页。

② （唐）白居易：《东南行一百韵》，《即事寄微之》，《南宾郡斋即事寄杨万州》，载《全唐诗》卷 434、439、441。

③ 孙宕越：《疟疾与地理》，载《地理学报》1936 年第 3 期。

④ 刘吉石主编：《民生的开拓》，联经出版事业公司 1998 年版，第 33—34 页。

不再有孳生瘴病的温床。然而，这个任务是瘴域里的土著所无法独立完成的，必须由中国北部的进步移民来完成，两千年来中国瘴域北界的不断南迁正是北人不断南移的结果。清人屈大均说，唐宋时期，岭南地区号为"瘴乡"，贬客往往病死于此，元明以来，由于人口的迁入和土地的开发，到了清代，"岭南大为仕国，险隘尽平，山川疏豁，中州清淑之气，数道相通"，以致瘴病很少①。

除人的作用外，瘴域的变迁还与气候本身的变化有较大关系。如前所述，瘴病主要是热湿气候条件下的产物，所以气候逐渐变冷也势必引起瘴病分布范围的缩小。五千年来，虽然中国的气候经历过几次冷暖交替，但总的趋势是变冷变干，气候带也有所南移，这与瘴病分布北界逐渐向南退缩是基本同理的。清初康熙皇帝是一位比较重视自然科学的统治者，康熙五十六年（1717 年）他在与近臣的一次谈话中就谈到了气候变冷与瘴病分布变迁的关系，他说："天时地气亦有转移……福建地方向来无雪，自本朝大兵至彼，然后有雪。云贵、两广旧有瘴气，从前将军赖塔进征云南，留八百人在广西，俱为瘴气所伤，今闻云南惟元江微有瘴气，余俱清和，与内地无异。"大学士萧永藻补充说："广西亦惟浔州以南微有烟岚，若桂林等府，全无瘴气"。② 这里虽对云南、广西的瘴病分布言之过简，但所指出气候变化与瘴病分布变迁的关系却是毋庸置疑的。

四　结　论

综上所述，瘴病主要是指亚热带和热带地区流行的恶性疟疾，并主要发生在气候热湿的地理环境与夏秋季节。两千年来，由于人为的作用和气候的变迁，其分布范围呈逐渐缩小之趋势。战国西汉时期，瘴病在秦岭—淮河以南的广大地区流行，而以长江以南为甚；到了隋唐五代时期，瘴病的分布北界则南移到了大巴山和长江一线，而以岭南为甚；下至明清时期，瘴域范围进一步缩小，北界退缩到了南岭山地，南界也从海岸线向内陆有较大幅度的撤退，而以云南为重病区。至于今日，作为恶性疟疾的瘴病则主要分布在云南省一隅，其中又以云南西南部为重病区。总之，两千年来中国的瘴病经历

①　（清）屈大均：《广东新语》卷 1。
②　（清）官修：《康熙起居注》，中华书局 1984 年版，第 2383 页。

了一个由大而小、由重而轻的变迁过程。由于瘴病等因素的影响，中国南方地区的经济发展相对缓慢，比如越往南，瘴害越巨，土地开发也越晚。纵观两千年来中国南方的土地开发史和瘴域变迁史，不难发现，它们之间存在着明显的因果关系。

第二十六篇

两千年来中国地甲病的分布变迁

地甲病古称"瘿"，在中国有着悠久的流行历史。地甲病最早记载于战国时期，其症候两汉时期开始被描述，晋宋时期关于地甲病症状的记载开始向分类学方面发展。轻水质地区的居民多患秃头和瘿病。约在 2 500 年前人们就已发现地势险要的高山地区是地甲病的主要流行区，女性是地甲病主要流行群，地甲病流行与水土环境、地形景观关系密切。秦巴山区、豫西山区、中条山区、太行山区、三峡地区、鄂西北山区、岷山山区、迭山山区、六盘山区、沂蒙山区等是中国古代地甲病流行最严重的地区。古今相比，地甲病主要流行于山区的特点没有变化，但某些地区（如三峡地区、太行山东麓）由于食物结构改善，地甲病危害大为减轻乃至完全消除，呈现出从山麓平原、山间平坝向山区腹地萎缩的分布变迁趋势。地甲病长期流行对病区社会经济系统产生了严重危害。

（本文发表于《地理学报》1999 年第 4 期）

　　地甲病（地方性甲状腺肿大）是一种与地球化学环境因素有关的地方病，其发生与水土环境中碘元素含量失调有直接关系。在山地丘陵地区，水土环境中的碘元素被淋溶，形成缺碘性甲状腺肿大；在海滨平原地区和内陆低洼地区，水土环境中碘元素富集，过量食用海产品或饮用深层地下水，则形成高碘性甲状腺肿大。

　　我国是一个大面积缺碘的国家，地甲病流行有着悠久的历史。在古代中医术语中，地甲病有"瘿"、"影袋"、"影囊"；"粗脖"、"粗脖根"、"气颈"等众多称谓①。按照现代医学分度标准，"瘿"及"影囊"一般指颈部变形、甲状腺肿大若拳头的Ⅲ—Ⅳ度甲状腺肿，"粗脖"及"气颈"则指颈部变粗、甲状腺肿小于拳头但可看见的Ⅰ—Ⅱ度甲状腺肿。

　　地甲病及其伴生的克汀病对人类健康（特别是儿童大脑发育和智力成长）造成严重危害。为保护人民健康，提高民族素质，我国政府承诺到2000年彻底消除碘缺乏病。本文旨在通过探讨中国地甲病的分布变迁规律与社会经济危害，为今日地甲病防治提供历史依据。

一　中国古代对地甲病及其与环境关系的认识

1. 对地甲病病症的认识

　　（1）先秦时期。我国最早记载地甲病的历史文献见于战国时期。《庄子·德充符》说的是一位患有"瓮盎大瘿"的Ⅳ度地甲病患者游说齐桓公而得到赞赏的故事。《吕氏春秋·尽数》记载了包括地甲病在内的一些地方病与自然环境的关系，指出"轻水所，多秃与瘿人"②。《山海经》是我国最早的纪实性区域地理文献，书中除《西山经》、《中山经》4处记载瘿病及其所治疗的药物外，《海外北经》还记载了一个地甲病严重流行、居民手托甲状腺肿的部落——"拘瘿之国"。

　　（2）两汉时期。地甲病症候开始被描述。东汉许慎《说文解字》释"瘿"为"颈瘤"，释"瘤"为"肿"。据此可知，"瘿"为颈肿之疾，即甲状腺肿大。"瘿"字从疒、婴声，东汉刘熙所著《释名》说："瘿，婴也，

---

　　① 魏如恕：《中国瘿病史简介》，载《中华医史杂志》1983年第3期。
　　② 龚胜生：《中国先秦两汉时期的医学地理学思想》，载《中国历史地理论丛》1995年第3期。

在颈婴喉也"。这里"婴"作围绕、装饰解①。

（3）晋宋时期。关于地甲病症状的记载开始向分类学方面发展。南朝陈延之《小品方》将甲状腺肿分为"垂缒缒无核"的囊状型和"有核累累"的结节型②。隋代巢元方《巢氏诸病源候总论》在此基础上补充了血瘿、肉瘿、气瘿等甲状腺肿的症候③。唐代孙思邈《备急千金要方》开具了石瘿、气瘿、劳瘿、土瘿、忧瘿等甲状腺肿的治疗药方④。宋代官修《圣济总录》记载了石瘿、肉瘿、筋瘿、血瘿、气瘿等甲状腺肿的形态，描述了弥漫性甲状腺肿的发病过程；宋代文人还描述了地甲病患者呼吸困难、声音变调或嘶哑的自觉症状⑤。

（4）元明清时期。自南宋陈无择《三因方》将瘿、瘤列为一门，提出"五瘿六瘤"说后，中医文献对地甲病的认识逐渐脱离实际⑥。明清以后，甲状腺肿和肿瘤更被混为一谈，如明代李梴《医学入门》称"瘿瘤本共一种，皆痰气结成，惟形有大小，及生颈项、遍身之殊"；陈实功《外科正宗》以瘿为阳、瘤为阴，两者"非阴阳正气结肿，乃五脏瘀血浊气痰滞而成"⑦。

2. 对地甲病与自然环境关系的认识

（1）与水质关系的认识。《吕氏春秋》最早论述地甲病与水质的关系，指出轻水质地区的居民多患秃头和瘿病。汉代《淮南子·地形训》有"险阻气多瘿"之说。西晋时期，张华《博物志》说："山居之民多瘿肿疾，由于饮泉之不流者"⑧，指出地甲病流行是饮山中死水所致，所言虽与《吕氏春秋》有别，但明确指出地甲病主要流行于山区，是更为进步和更为真实的认识。南北朝时期，郦道元《水经·沔水注》言：大巴山王谷"有盐井，食之令人瘿疾"，认为地甲病与长期食用盐井水有关。陈延之《小品方》

---

① 余云岫：《古代疾病名候疏义》，人民卫生出版社1953年版，第119页。

② 魏如恕：《中国瘿病史简介》，载《中华医史杂志》1983年第3期。

③ （隋）巢元方：《巢氏诸病源候总论》，载《金匮要略论注》（外四种），上海古籍出版社1991年版，第830页。

④ 张作记、张瑞贤等：《药王全书》，华夏出版社1995年版，第367—368页。

⑤ 魏如恕：《中国瘿病史简介》，载《中华医史杂志》1983年第3期。

⑥ 同上。

⑦ 《古今图书集成医部全录》第八册，人民卫生出版社1963年版，第373—397页。

⑧ 祝鸿杰：《博物志全译》，贵州人民出版社1992年版，第32页。

称："长安及襄阳蛮人，其饮沙喜瘿"，认为地甲病与长期饮用沙水有关。张湛《养生集要》是较早的通俗养生方法专书，原书已佚，佚文在日本《医心方》中多有引用，其中也有地甲病与水质关系的论述①。隋代巢元方《诸病源候总论》是魏晋以来集大成的医学著作，他秉承《小品方》思想，在主张地甲病为"气结所成"的同时，也认为水质是重要致病原因，说："诸山州县人饮水多者，沙搏于气，结颈下亦成瘿也"；又引《养生方》说："诸山水黑土中出泉流者，不可久居，常食令人作瘿病"②。唐代陈藏器《本草拾遗》说："两山夹水，其人多瘿"，"流水多声，其人多瘿"，陆羽《茶经》说："凡瀑涌漱湍之水，饮之令人有颈疾"③。山区水流因瀑涌湍急而有声，陈藏器和陆羽所说其实是一回事。下迄宋代，地甲病与水质关系几成一般常识，郭印谈到奉节一带多地甲病患者的原因时说："试问何所因，食彼山泉冷"④；范成大谈到三峡地区多地甲病患者的原因时："峡江水性大恶，饮辄生瘿"⑤。宋代以后，关于地甲病与水质关系的论述大多因循守旧，没有值得称道的发现，如明代医家江瓘秉承《小品方》之说，指出河南汝州多地甲病的原因是"地饶风沙，沙入井中，饮其水则生瘿"⑥。

（2）与地势关系的认识。最早明确提出地甲病与地势关系的文献当推公元前140年成书的《淮南子·地形训》，该书在"土地各以类生人"的思想指导下对地理环境与人类疾病、健康、寿命、形体、性格等关系作了许多精辟论述⑦。谈到地势与地甲病关系时，它说："险阻气多瘿。"所谓"险阻气"，就是地势高耸的山区。这种观点在后世得到了承认，如晋代嵇康《养生论》云："齿居晋而黄，颈处险而瘿，水土之使然也。"意思是说居住在晋地（今山西）的人多患氟斑牙，居住在高山地区的人多患地甲病。宋诗中也能找到这种说法，如王禹偁诗中的"处险人垂瘿"，梅尧臣诗中的"处险

---

① 魏如恕：《中国瘿病史简介》，载《中华医史杂志》1983年第3期。

② （隋）巢元方：《巢氏诸病源候总论》，载《金匮要略论注》（外四种），上海古籍出版社1991年版，第834页。

③ （明）李时珍：《本草纲目》，中国书店1988年版，第45、50、57页。

④ 《云溪集·夔州》。

⑤ 《吴船录》卷下。

⑥ （明）江瓘：《名医类案》，中国中医药出版社1996年版，第189页。

⑦ 龚胜生：《中国先秦两汉时期的医学地理学思想》，载《中国历史地理论丛》1995年第3期。

颈瘿大"等①，似乎险阻生瘿已成当时常识。因此，明代医家李时珍在引用《淮南子·地形训》时就径称"巇气多瘿"②。

（3）历史启示。关于地甲病，中国古代有水质说、山险说、七情说、脏腑说、经脉说、六淫说、气血凝滞说、五行说八种病因学说③。其中"水质说"和"山险说"系环境病因学说，形成最早，也最切合实际。两千多年前人们能够认识到地甲病分布与自然环境的密切关系，这在世界地理学思想史上是具有相当进步意义的。

二　中国古代地甲病的主要流行地区

1. 豫西山区

（1）崤山和嵩山地区。战国时期，《山海经·中山经》载偃师县东南半石山有一种鱼，"食者不痈，可以为（治）瘘"。"瘘"一般指瘰疬，但这里可能指地甲病④。《山海经》是纪实性地理文献，据此可以大致认为偃师一带在战国时期就已有地甲病患者。南北朝时，《魏略》载有贾逵在弘农（今三门峡市）罹患地甲病的事实。唐宋诗文中，也有人咏及陕县（今三门峡市）、硖石（今三门峡市、渑池县之间）等地有瘿病患者⑤，如王禹偁《硖石县旅舍》诗云"处险人垂瘿，登山马相阻"⑥。金元之际杨果曾任偃师、陕县县令⑦，他在散曲中描述的"瘿累垂脖颈，一钩香饵钓斜阳"的老渔翁⑧，很可能就是这一带瘿病患者的写照。偃师属嵩山地区，弘农、陕县、硖石居崤山之尾，据此可知，古代嵩山、崤山地区是地甲病流行区。

（2）伏牛山区。战国时期，《山海经·中山经》载鲁山县西苦山上生长着一种"服之不瘿"的草，这大概是伏牛山区地甲病流行的最早记载。宋代

---

① 魏如恕：《中国瘿病史简介》，载《中华医史杂志》1983 年第 3 期。
② （明）李时珍：《本草纲目》，中国书店 1988 年版，第 57、50、45 页。
③ 魏如恕：《中国瘿病史简介》，载《中华医史杂志》1983 年第 3 期。
④ 许慎：《说文解字·疒部》将"瘘"置于"瘿"后，并说"瘿，颈瘤也"，"瘘，颈肿也"，"瘤，肿也"。这就是说，"瘘"和"瘿"都是颈肿之疾。因此，清代段玉裁《说文解字注》认为瘿、瘘为同一疾，只不过颈肿程度有所不同罢了。
⑤ 魏如恕：《中国瘿病史简介》，载《中华医史杂志》1983 年第 3 期。
⑥ 王禹偁：《小畜集》卷 6。
⑦ 《元史·杨果传》。
⑧ 杨朝英《乐府新编阳春白雪》卷 2。

以后，有关记载逐渐多了起来。梅尧臣《咏汝州》："主人少听我，为言风土殊。美哉面有颒，生此颈若壶"；张徽《寄汝海使君朝清》："士女项如樗里子，莫传风土向图经"；王介甫《汝瘿歌》："汝水出山险，汝民多疾病"，"女智高掩襟，男大阔裁领"①；欧阳修《汝瘿答仲仪》："思余昔曾游，所见可惊愕。喔喔闻语笑，累累满城郭。伛妇悬瓮盎，娇婴包皛壳"②。这些诗都反映了伏牛山腹地汝州（辖今汝州、汝阳、宝丰、鲁山、平顶山、叶县、襄城诸县市）地甲病严重流行的情形。元明时期，伏牛山区地甲病患病率依然很高，如元代王沂《过鲁山别贾尹公溥》述其所见情景是"行人十有八九瘿，女宽裁襟男阔领"③；明正德《汝州志》甚至将"民多瘿疾"现象视为当地风俗而记入《风俗志》中，医家江瓘也说"汝州人多病颈瘿"④。伏牛山东缘的郾城也有地甲病流行，元代医家张从政《儒门事亲》载有新寨（在今郾城）妇女"有瘿三瓣"的病案⑤。

（3）熊耳山区。宋代洪迈《夷坚志》言洛阳管下寺"寺僧童仆，无一不病瘿"⑥；欧阳修《汝瘿答仲仪》亦云汝州的瘿俗"接境化襄邓，余风被伊洛"，指出以汝州为中心，北及伊洛河流域，南到襄州（辖今襄樊、襄阳、南漳、谷城、宜城、老河口、丹江口诸县市）、邓州（辖今南阳、南召、镇平、邓州、内乡、西峡、淅川诸县市）的广大地区都是地甲病流行区。至于元代，王沂《一百五日行》诗曰："一百五日春昼迟，伊滨人家烟火微。相逢十九瘿累累，见惯何曾羞掩衣"⑦。王沂曾在嵩州（今嵩县、伊阳县境）任职，此诗应是他对熊耳山区地甲病流行的真实记载。

2. 秦巴山区

（1）秦岭北部地区。战国时期这里已有瘿病患者记载，秦国贵族樗里子就是一位地甲病患者。樗里子为秦惠王同父异母弟，因居渭南樗里而得名，事见《史记》本传，但《史记》并未明言他患瘿肿。做此判断的依据主要是前引《寄汝海使君朝清》所言"士女项如樗里子，莫传风土向图经"，

---

① 正德《汝州志》卷7—8。

② 《欧阳修全集》卷3。

③ （元）王沂：《伊滨集》卷4。

④ （明）江瓘：《名医类案》，中国中医药出版社1996年版，第189页。

⑤ 《古今图书集成医部全录》第八册，人民卫生出版社1963年版，第373—379、397页。

⑥ （明）江瓘：《名医类案》，中国中医药出版社1996年版，第189页。

⑦ （元）王沂：《伊滨集》卷4。

《汝瘿歌》所言"樗里既已闻，杜预亦不幸。秦人号智囊，吴瓠挂狗头"，都说明樗里子是瘿病患者。至于西晋，西安地区已有地甲病流行的明确记载，前引《小品方》就记载长安是地甲病多发区。

（2）秦岭南部地区。历史上这里地甲病流行较秦岭北部地区严重。晋宋时期，除《小品方》所言"长安及襄阳"包括了该地区外，《博物志注》所言"山南"（辖今秦岭—伏牛山脉以南、长江以北、嘉陵江以东、京广线以西的广大地域）也包括了这一地区①。至于元代，王沂《沔阳驿》诗云："居人十九瘿累累，见客何曾羞掩领"②，指出今汉中勉县一带地甲病患病率极高。直到新中国成立，秦岭子午谷地区（今长安、宁陕县境）居民的地甲病患病率依然很高，任乃强先生谈到该地区"几乎人人都长喉瘿"③。

（3）大巴山区。这里地甲病流行在历史上堪称中国之最。南北朝时，《水经·沔水注》记载了广成县（今大巴山区紫阳、岚皋、镇平、万源、城口诸县）"巴獠"多患地甲病的历史事实。宋元时期，《续元怪录》记载了金大定年间安康"巴妪"甲状腺肿"大如数斛之鼎，重不能行"的医案④；王沂《草凉楼驿》委婉地叙述了大巴山区一位地甲病男吏的外貌特征："少年跃马来，自云巴省使；累砚囊中装，蛮毯杂珍贿；马鞍未及解，喘息汗如水；莫辨骊与黄，尘埃翳疮痏（瘿肿）。"⑤"巴獠"、"巴妪"、"巴省使"等词语表明，大巴山区作为地甲病严重流行区几乎成了无人不晓的事实。直到明清时代，大巴山区依然是"无一人无瘿者"，白河居民"男妇项多瘿瘤"，洵阳居民"所居得山岩阴气，项多瘿"⑥。

3. 中条—王屋—太行山区

（1）中条—王屋山区。中条山和王屋山位于山西南部。中条山在《禹

---

①　张华：《博物志》言山民多瘿是饮用不流泉所致。卢氏不以为然，注曰："不然也。在山南人有之，北人及吴楚无此病，盖「山」南出黑水，水土然也。今处不流泉之界者，固无此病也。"余嘉锡《四库提要·博物志辩证》云《玉海·中兴书目》已载有卢氏注释事，卢氏当为南宋以前人。我认为，注中地涉"山南"，当为唐初所设山南道，卢氏当为唐代人。

②　（元）王沂：《伊滨集》卷5。

③　任乃强：《华阳国校补图注》，上海古籍出版社1987年版，第55页。

④　（明）江瓘：《名医类案》，中国中医药出版社1996年版，第189页。

⑤　（元）王沂：《伊滨集》卷2。

⑥　晏昌贵、梅莉：《明清时期丹江口库区移民与经济开发》，载《中国历史地理论丛》1998年第1期。

贡》称"雷首山",《山海经》称"甘枣山"①。《山海经·中山经》言甘枣
山上有兽,"食之已(治)瘿",可知中条山区两千多年前就是地甲病流行
区。至于王屋山区,沁水县直到明代还是地甲病高发区,1376 年徐贲奉朱元
璋之命问俗山西,撰有记行诗十四首,其中《沁水县》诗云:"风土殊可
怪,十人五生瘿。"②

（2）太行山东麓地区。历史上这里地甲病流行比较严重。在北部,清代
沈金鳌《杂病源流犀烛》记有其在河北宣化患地甲病事③。在中部,《后汉
书》载有真定王刘扬患地甲病想造反,因作"赤九之后,瘿扬为主"谶记
事④,以及渤海王刘悝贬为瘿陶王事。真定为地甲病流行区,事属昭然。瘿
陶为县也很可能是因为那里多瘿病患者之故⑤。此外,南宋范成大出使金国
路过望都县时,见到的情景是"县人多瘿,妇人尤甚",并说相邻的唐县地
甲病患病率更高,望都县只不过染其风土罢了:"望都风土连唐县,翁媪排
门带瘿看"⑥。东汉真定辖今河北正定、石家庄一带,瘿陶辖今河北宁晋、柏
乡、隆尧一带,金朝唐县、望都即今河北唐县、望都,均在京广铁路沿线。
在南部,《北史》载有李谐在顿丘罹患地甲病之事,元代张翥经过漳河边武
安县徘徊店时,见到的情景是"山市人多瘿,沙沟地不毛"⑦,杨维祯诗词
中也有"元城老臣怒生瘿"之句⑧。北朝顿丘在今河南内黄、清丰间,元代
元城为今河北大名,武安即今河北武安,四县相邻且分处京广线两侧。

4. 泰山—沂蒙山区

春秋战国时,齐国首都临淄和鲁国首都曲阜就在山东泰山与沂蒙山麓。
在先秦诸子著作中,《庄子·德充符》言"瓮盎大瘿见齐桓公"而齐桓公不
嫌其丑;《庄子·大宗师》载有鲁国两人"以生为附赘县(悬)疣"之比
喻。这里的大瘿、附赘、悬疣,都是指甲状腺肿。人们对地甲病见怪不怪,

---

① 郭璞注、毕沅校:《山海经》。
② （明）徐贲:《北郭集》卷 2。
③ 魏如恕:《中国瘿病史简介》,载《中华医史杂志》1983 年第 3 期。
④ 《太平御览·疾病部三》。
⑤ 按《续汉书·郡国志》载此县名为"廮陶",但《隋书·地理志》和《两唐书·地理志》
均作"瘿陶"。
⑥ （宋）范成大:《范石湖集》卷 12《望都》。
⑦ （元）张翥:《蜕菴集》卷 2《九日抵武安县徘徊店》。
⑧ 魏如恕:《中国瘿病史简介》,载《中华医史杂志》1983 年第 3 期。

并以之喻事，说明当时泰山与沂蒙山麓地甲病患者比较多见。此外，《列女传》言"齐宿瘤者，东郭采桑之女，项有大瘤"，此项瘤应即是瘿，可证汉代临淄一带仍有地甲病患者。直至唐代，王维《林园即事寄舍弟沈》还用"地多齐后瘠，人带荆州瘿"来暗示地甲病在山东的古老。清代医家魏之琇也说山东多"虽非致命，大不美观"的地甲病患者，并具体提到沂蒙山西南麓的兰溪（今苍山县境）、兖州两处地名[①]。

5. 迭山—六盘山区

（1）迭山地区。《山海经·西山经》言今甘肃武山、岷县境内的天帝山所产杜蘅草"可以走马，食之已瘿"；今甘肃迭部、碌曲境内的皋涂山所产数斯鸟"食之已瘿"[②]。此外，《山海经·海外北经》所载位于积石山东"一手把缨"的"拘缨之国"也在这一带。据考证，"拘缨之国"实为"拘瘿之国"[③]。以瘿名国，足见地甲病分布之广、患者之多。

（2）六盘山区。六盘山古称陇山，是关中平原西北部最高的山脉，历史上这里也有地甲病流行。元代王沂《汧阳县》诗云："春归蜀道海棠尽，地近陇山鹦鹉多；饮涧居民羞汝瘿，负盐游子和秦歌。"[④] 这首诗反映六盘山区的汧河流域在元代有地甲病分布。

6. 三峡地区

三峡地区历史上为地甲病高发区。西晋张华《博物志》所言地甲病流行的"荆南诸山郡"就包括三峡地区在内。宋代范成大更以其亲眼所见，说从重庆到秭归"山水皆有瘴，而水气尤毒，人喜生瘿，妇人尤多"[⑤]。

（1）三峡地区东段。包括宜昌至巴东的长江沿岸地区，历史时期这里地甲

---

① （清）魏之琇：《续名医类案》，中国中医药出版社1996年版，第900页。
② 天帝山，《西山经》载在嶓冢山西350里，而嶓冢山清代毕沅指证在秦州（今天水）西南，以此推之，天帝山当在今迭山东端的甘肃武山、岷县境内；又，唐代李善《文选注》曰："秦蘅出于陇西天水"，秦蘅即杜蘅，此亦可证天帝山在天水附近。皋涂山，《西山经》载在天帝山西380里，则其地望当在迭山腹地的迭部、碌曲境内。
③ 郭璞注曰："或曰缨宜作瘿"，今人袁珂认为："缨正宜作瘿。瘿，瘤也，多生于颈，其大如悬瓠，有碍行动。故需常以手拘之，此拘缨之国之得名也。"袁珂：《山海经全译》，贵州人民出版社1991年版，第219页。
④ （元）王沂：《伊滨集》卷8。
⑤ （宋）范成大：《吴船录》卷下。

病流行十分严重。秭归县大丫隘一带，范成大《大丫隘》诗有"家家妇女布缠头，背负婴儿领垂瘤"之句。兴山县昭君台，范成大《昭君台》诗有"三峡女子，十人九瘿"，"人人有瘿如壶瓠"之句①。宜昌市清初为彝陵州治所，清人茹棻《瘿木》诗云："自我来彝陵，妇女瘿垂颈。山有不流泉，衣裁常阔领"②。

（2）三峡地区西段。包括重庆至巫山的长江沿岸地区，其中奉节、重庆、涪陵为交通枢纽，唐宋文人对其地甲病流行情况多所记述。奉节唐宋时为夔州治所，唐代杜甫《负薪行》以"至老双鬟只垂颈，野花山叶银钗并"之句十分隐晦地谈到奉节妇女患地甲病的情况，王龟龄《夔州》则以"夔州苦无井，俗瘿殊可怜"之诗明确指出奉节多地甲病患者且系饮长江水所致；宋代陆务观《夔府抒怀》有"但见瘿累累，把镜羞自照"之句，郭印《夔州》有"女妇尽背篮，老弱多垂瘿"之句③，范成大《夔州竹枝歌》有"瘿妇趁墟城里来，十十五五市南街"之句④，陆游《蹋碛》有"行人十有八九瘿，见惯何曾羞顾影"之句⑤，这些都是对奉节地甲病流行的真实写照。重庆宋代为恭州治所，范成大《恭州夜舶》云："入峡初程风物异，布裙跣妇总垂瘿"，《夔门即事》云："人人恭南多附赘，山从夔子尽侵云"，并云："自东川入峡，路至恭州，便有瘿俗"⑥。这些都是对重庆地甲病流行的客观描述。至于涪陵，苏子瞻《涪州荔枝叹》诗："我愿天公怜赤子，莫生尤物为疮痏"⑦。细思诗意，此处"疮痏"实指甲状腺肿。

7. 鄂西北山区

两晋南北朝时期，鄂西北为荆州辖地，史载多瘿。《博物志·五方人民》言："山居之民多瘿、瘟疾。瘿，由饮泉之不流者，今荆南诸山郡尤多此疾。"⑧

① （宋）范成大：《范石湖集》卷15—16。
② 同治：《施南府志·艺文志》。
③ （宋）祝穆、祝洙：《方舆胜览》卷57《夔州》。
④ （宋）范成大：《范石湖集》卷16。
⑤ （宋）陆游：《剑南诗稿》卷2。
⑥ （宋）范成大：《范石湖集》卷19。
⑦ （宋）祝穆、祝洙：《方舆胜览》卷61《涪州》。
⑧ 祝鸿杰全译本，原文作"山居之民多瘿腫疾，由于饮泉之不流者，今荆南诸山郡东多此疾。……由践土之无卤者，今江外诸山县偏多此疾。四库全书本"由于"前多一"瘿"字，当是。但"瘟"作"腫"，不确。"腫"均宜作"瘟"，正德《汝州志·风俗》即引作"山居之民多瘿瘟疾"。"瘟"通"尰"，即下湿足肿病，《淮南子·地形训》所谓"岸下气多尰"即指此。此外，据古人行文规范，此处"于"当为衍文，"东"与"偏"对，疑为"尤"字之讹。

《晋书·杜预传》载，杜预镇守荆州时患地甲病，吴国人知其病瘿，攻打荆州时，曾"以瓠壶击狗示之"的方式羞辱他。《小品方》亦有"襄阳蛮人"（鄂西北从事山地开发的山民）多患结节型地甲病的记载。唐宋时代，以襄樊为中心的鄂西北山区仍然是地甲病危害较重的地区，前引王维"地多齐后溃，人带荆州瘿"[①] 和欧阳修"接境化襄邓，余风被伊洛"就是反映该地区地甲病流行的诗句。陈造《后山囚赋》所言房县"幽僻块处，荒伧瘿民"，《宋会要辑稿》所言竹山"水土重恶，多成瘿疾"，更是对该地区地甲病流行的真实写照。至于元明清时期，鄂西北山区地甲病流行仍然比较严重，如元代武当山"诸宫观庵，岩居者为瘿所厄"，明代上津县（今郧西县境）"人多瘿瘤"[②]，清代竹山县"杂氛戾气，率多恶水，人误食之则易生瘿"[③]。

8. 岷山—越巂山区

（1）岷山地区。历史上不仅是地甲病严重流行区，而且是地克病严重流行区。北宋初年，岷山地区的剑州和龙州（包括今四川平武、青川、江油、剑阁、梓潼诸县）"山高水峻，人多瘿、瘤、痴、聋，山水之气使然"[④]。这条资料表明，这些地方是地甲病高发区，并伴有致人痴愚、聋哑的严重的克汀病，说明岷山地区严重缺碘。

（2）越巂山区。指大相岭南，由大渡河、金沙江、雅砻江围成的山区。这里是古越巂郡地。据《华阳国志·蜀志》载，越巂郡"多恶水，水神护之，不可污秽及沉乱发，照面则使人被恶疾，一郡通云然"。联系现代地甲病分布情况，这种流行的"恶疾"极有可能是地甲病。只不过古人不知道地甲病是地球化学环境因素所致，把它视为水神的惩罚罢了。

9. 长江三角洲

古代南京、扬州、苏州等地有散发性地甲病患者见于记载。南京是南朝首都，《南齐书·五行志》载："京师有病瘿者，以火灸数日而差（瘥）。"

---

① 此诗自注"次荆州时作"，但从"后沔通河渭，前山包鄢郢"句所言前、后地望看，似应作于襄阳，荆州盖泛指。

② 晏昌贵、梅莉：《明清时期丹江口库区移民与经济开发》，载《中国历史地理论丛》1998年第1期。

③ 乾隆《竹山县志·风俗》。

④ （宋）乐史：《太平寰宇记》卷84。

《北史·郭衍传》载：开皇十年（公元 590 年），洪州（今南昌）总管与江都（今扬州）晋王谋夺太子位，恐人怀疑，便假托其妻患瘿而晋王妃有疗瘿之术，频繁往来南昌、扬州间。我认为，总管妻子患地甲病之事可能有假，但扬州一带有地甲病患者应该是真，否则，总管与晋王的交往就成了司马昭之心，欲盖弥彰了。此外，《明史·倪维德传》载有苏州名医倪维德治疗乡人"大与首同，痛不可忍"的地甲病医案。直到 20 世纪 80 年代，南京、扬州、苏州一带仍是地甲病流行区[①]。

三 中国古代地甲病的分布变迁与社会经济危害

1. 地甲病分布变迁及其原因

（1）地甲病分布变迁趋势。地甲病是一种地球化学环境性疾病，由于地球化学环境在历史时期以来变化甚微，所以地甲病在空间分布上具有相当的稳定性。现代我国地甲病分布范围十分广泛，呈现出"山地多于丘陵，丘陵多于平原，内陆多于沿海"的分布特点，其中东北大兴安岭、长白山区；华北燕山、中条、太行山区；中部秦巴、豫西、大别山区；东南闽浙、南岭、桂西山区；西南喜马拉雅、云贵高原东南缘山区；西北帕米尔高原东部、天山南北山前冲积平原等是主要流行区。从以上论述看，这些山区在历史时期也是地甲病严重流行区（东北、西南、东南等山区因缺乏记载无法讨论），这说明我国地甲病分布总体上没有多大变化。图 26-1 进一步显示，古代地甲病严重流行区大致和现代地克病流行区相吻合，这不仅说明"瘿"是地甲病的严重形态，而且从历史角度证实了"严重缺碘是地克病发生的必要因素"[②]。

当然，我国地甲病分布在微观上还是有变化的。最明显的变化是：两千多年来，我国地甲病严重流行区呈现出由山麓平原、山间平坝向山区腹地深处萎缩的变迁趋势。中国古代山区腹地深处基本处于未开发状态，人烟稀少，地甲病呈散发状态，患者极少；山麓平原和山间平坝由于人口集中，地甲病呈流行状态，患者多见。现代则正好相反，山区腹地深处逐步开发，人

---

① 中国科学院地理研究所等：《中华人民共和国地方病与环境图集》，科学出版社 1989 年版，第 119 页。

② 同上。

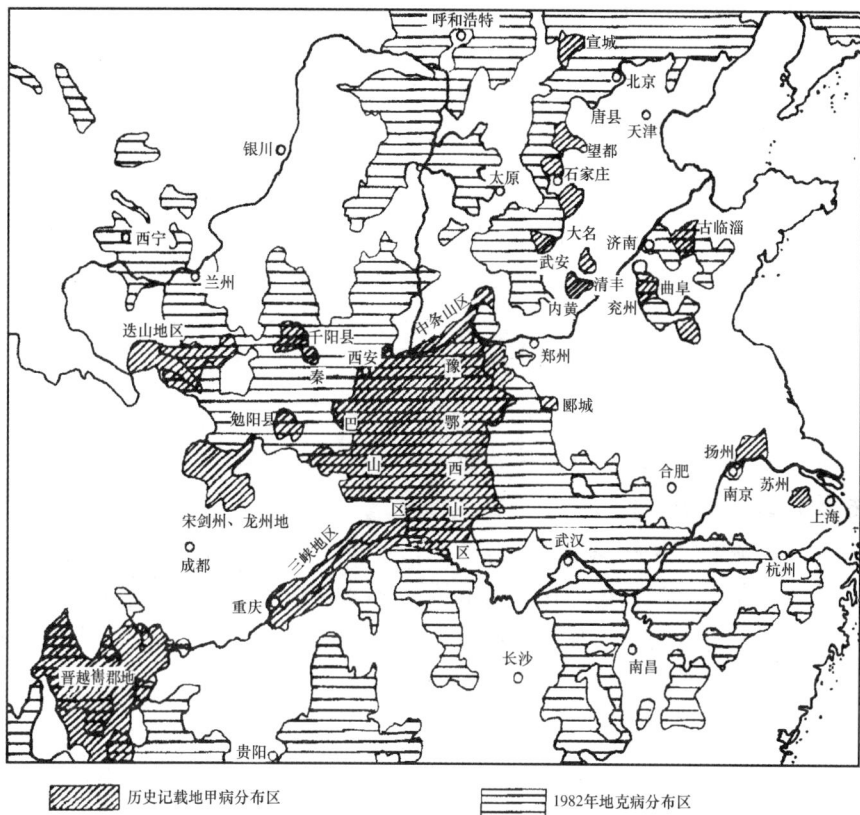

图 26 - 1　中国腹地古代地甲病分布与现代地克病分布图

口密度增加，成为地甲病主要流行区；山麓平原和山间平坝则由于经济、交通发展和碘盐的推广，已经只有轻微流行或散在发生，有些地方甚至彻底消除了地甲病危害。这种古今差异，实质上是地甲病"实际流行区"与"潜在流行区"的差异。缺碘的地球化学环境构建了地甲病的潜在流行范围，而人类与地球化学环境的相互作用则造成了地甲病的实际流行范围，因而"实际流行区"总要狭于"潜在流行区"。

（2）地甲病分布变迁原因。前述三峡地区和太行山东麓历史上是地甲病严重流行区，但 20 世纪 80 年代这两片地区的地甲病患病率都非常低了[1]。

---

①　中国科学院地理研究所等：《中华人民共和国地方病与环境图集》，科学出版社 1989 年版，第 119 页。

究其原因，主要是食物来源和食物结构的改善。现代医学地理调查证明：地甲病主要流行于交通不便、经济落后、粮食自产自食的偏僻山村，一旦病区交通条件改善、生活水平提高，与外界物质交流频繁，即使不采用食盐加碘或其他防治措施，发病情况也能得到缓解①。前已述及，地甲病是由于人体碘摄入不足或过量所致，实质上是人与地相互作用的结果，它的发生与流行，并不完全取决于地球化学环境因素，人类可以通过饮食来源和饮食结构的改善，来防止、减少乃至消除地甲病危害。中国古代用含碘丰富的海带、海藻、昆布以及现代用科学加碘的碘盐来防治地甲病，其实就是饮食结构的改变。唐宋时期三峡地区交通十分闭塞，居民刀耕火种，从事山地垦殖，"民俗俭陋，常自足无所仰于四方"（欧阳修《至喜亭记》），食物以黍、粟、豆、麦等旱粮为主，饥则采蕨根葛粉为食，几乎完全取决于当地缺碘环境里的缺碘食物，就是任职官员，其俸禄也是"畲田涩米"，以致封建官僚视为畏途而成为流贬官员的场所。这些情形在杜甫、元稹、白居易、欧阳修、陆游等人的诗作中多有描述。现代则不然，三峡地区交通条件和粮食结构大为改善，居民除可食用碘盐外，还可食用外地含碘较多的商品食物，大大提高了碘的摄入量，从而减轻了地甲病的危害。太行山东麓地甲病危害的减轻，显然也与碘盐推广和京广线开通有关。

2. 地甲病的社会经济危害

（1）对病区人口智力的危害。地甲病是影响儿童大脑发育和智力成长的大敌；在医疗条件落后的古代，地甲病对人口智力的危害是不言而喻的。尽管中国古代知识分子抱着"莫传风土向图经"的教条，为地方讳，为病者讳，有意隐瞒地方病流行的危害，但历史文献中仍不乏地甲病危害的例子。如常璩《华阳国志》指出：地甲病流行的大巴山居民"重迟鲁钝"而"无造次辨丽之气"；三峡地区的涪陵郡"人多憨、勇"；岷山地区的武都郡民"多勇、憨"。"重迟鲁钝"意思就是思维不敏捷，反应迟钝；"憨"据《康熙字典》解释，乃痴呆、愚蠢之谓。很显然，迟钝和痴愚都是智力低下的表现。问题是，这些山民为何痴呆？古文简约，常璩只说是"山险水滩"、"土地险阻"，却使我们容易联想起《淮南子》所言"险阻气多瘿"和《养

---

① 朱宪彝：《地方性甲状腺肿流行学》，载《中国医学百科全书·地方病学》，上海科学技术出版社1992年版，第30页。

生方》所言"颈处险而瘿"的道理，因为地甲病是影响大脑发育和智力成长的罪魁。乐史《太平寰宇记》言岷山地区"人多瘿、瘤、痴、聋"，就明确指出地甲病流行与智力低下是相伴而行的。

（2）对病区文化风俗的危害。地甲病具有明显的极不雅观的外表症状，地甲病患者颈脖上挂个硕大的甲状腺肿，"或如鸟粝满，或若猿嗛并"，甚至"无由辨肩颈，有类龟缩壳"，严重影响社会交往，以致在地甲病严重流行区，形成了特有的"瘿俗"。

首先是特殊的节俗。地甲病严重流行区由于患者集中，往往形成特有的祈祷健康的节日，如三峡奉节的"蹋碛节"，鄂西竹山的"穿珠节"。宋人刘光祖《穿珠节》诗云："晴日喧阗半瘿民，石滩争拾宝玑匀。夔州蹋碛遨头宴，防渚穿珠市尾人。"①

其次是特殊的服饰。地甲病患者为了遮丑，往往把衣领做得很高很大，如伏牛山区"女裁宽襟男阔领"，三峡妇女"衣裁常阔领"。竹山"女子自幼至成人，必项带银珠一串，用以防瘿"②，后来由于人口增加，山地尽开，地甲病危害减轻，"用瘿珠者亦少"了③。

再次是心理羞惭与尚巫风习。地甲病患者由于外貌丑陋，往往自惭形秽，形成"把镜羞自照"和"不惟羞把镜，仍亦愁吊影"④的自卑心理；加之甲状腺肿压迫咽喉，"饮水拟注壶，吐词侔有梗"，影响与外界的正常交往，形成一个近乎封闭的文化环境；更由于多方诊治无效，转而信巫求神，"噫号无冬夏，岁祷有嗟吁"⑤，以求得心灵的慰藉。

最后是畸形的地域婚姻。地甲病区封闭的文化环境导致了封闭的地域婚姻，致使婚姻关系长期处于恶性循环之中。如欧阳修记载汝州病区的婚姻情况时说"乡间同饮食，男女相媒妁。习俗不为嫌，讥嘲岂知作"；范成大记载奉节病区的婚姻情况也说"行人莫笑女粗丑，儿郎自与买银钗"。父母缺碘，婴儿缺碘更多；父母患地甲病，婴儿就可能患危害更严重的克汀病。欧阳修所说"伛妇悬瓮盎，娇婴包凫壳"和范成大所言"家家妇女布缠头，背负小儿领垂瘤"就是这方面的真实写照。现代偏远山区残存的"傻子

① （宋）王象之：《舆地纪胜》卷86《房州》。
② 乾隆《竹山县志·风俗》。
③ 同治《竹山县志·风俗》。
④ 王介甫：《汝瘿歌》。
⑤ （宋）梅尧臣：《咏汝州》。

村"，也多是这种畸形婚姻习俗下的产物。

　　（3）对病区社会经济的危害。地甲病长期不断地折磨着病区人们的身心健康，无疑会对病区社会经济系统产生重大危害。地甲病主要流行于山区，山区相对丘陵、平原而言，自然条件恶劣，交通闭塞，开发较晚，经济发展本来就处劣势，而地甲病一代又一代地折磨着山区的居民，对山区社会经济系统的发展无异于雪上加霜。因此，自古以来，我国的地方病区和贫困地区就仿佛是天生的一对，在空间分布上惊人地吻合。如历史上三峡地区地甲病流行严重，其贫困状况也堪称天下之最，仅陆游就有"峡中天下最穷处，万州（今达县）萧条谁肯顾"、"峡中（指梁山）地偏常苦贫，政令愈简民愈贫"、"一邑（指秭归）无平土，邦人例得穷"[1] 诸诗描述其穷困状况。直至现在，我国大部分贫困地区依然是地甲病等地方病严重流行的山区[2]。目前，我国 592 个国家级贫困县中，就有相当数目分布在古代地甲病严重流行的太行山区、豫西山区、秦巴山区、鄂西山区、沂蒙山区、六盘山区、岷山地区等。

---

　　① （宋）陆游：《剑南诗稿》卷 2—3。
　　② 郭来喜、姜德华：《中国贫困地区环境类型研究》，载《地理研究》1995 年第 2 期。

第二十七篇

中国疫灾的时空分布变迁规律

疫灾是传染病大规模流行对人类健康和生命构成直接威胁的顶级灾害。中国历史上是一个多疫灾的国度，在公元前 770—1911 年间，平均每四年就有一年发生疫灾。中国疫灾变化与气候变化关系密切，寒冷期往往为疫灾频繁期，温暖期往往为疫灾稀少期，气候越寒冷，疫灾越频繁，寒冷期越长，疫灾频繁期也越长。3—6 世纪的魏晋南北朝寒冷期形成了第一个疫灾高峰，14—19 世纪的明清小冰期形成了第二个疫灾高峰。三千年来，随着气候的趋干趋冷，中国疫灾频度也呈长期上升趋势。中国疫灾分布的总体特征是城市重于乡村，京畿地区、人口稠密地区、自然疫源地区、自然灾害频发区为疫灾多发区。区域开发过程和地表人文化过程对疫灾分布变迁趋势有重大影响，三千年来，中国疫灾分布区域有从黄河中下游向外扩展的趋势，重心区域有由北向南、由东向西迁移的趋势。

（本文发表于《地理学报》2003 年第 6 期）

疫灾是瘟疫流行所致的灾害。一旦某种具有传染性的疾病在一定范围内流行开来，对人类健康和生命造成危害，疾病就变成了灾害，这样的疾病就称之为"疫病"，这样的灾害就称之为"疫灾"。从灾害本质看，疫灾是传染病大规模流行所致的疾病灾害。"疫"字从病从役，本义上就是"民皆病"①和"病流行"②的意思。从灾害成因看，疫灾是病原体侵袭人体引起的生物灾害。病原体，无论是微生物还是寄生虫，都是生命有机体。从灾害影响看，疫灾是人类灾害链网中的顶级灾害。地球表层系统存在一张对人类生存与发展构成危害的灾害链网，疫灾处在这张灾害链网的纲位，直接威胁着处于生物链网顶端的人类的健康与生命安全。从灾害历史看，疫灾是与人类共始终的永恒灾害。生命具有不断进化的特质，病原体也是如此。人类好不容易征服一种疫病，可随时又会产生新的更难征服的疫病。病原体与人类同进化，疫灾与人类相始终。中国古代有三千多年的疫灾记录史，形成了世界上最长的疫灾时间序列。

一　材料与方法

1. 研究的材料

（1）原始疫灾史料。中国有三千多年的疫灾记录史，疫灾史料汗牛充栋。古代人们一方面不断地经历着疫灾的痛苦，另一方面又通过如实记录这些痛苦不断地警示后人。中国古代疫灾记录系统大体可以分为四个子系统。

一是正史记录系统。正史是最具系统性和权威性的典籍，我国的 26 部正史均为纪传体史书，其内容包括纪、传、志、表四个部分，纪、传、志中都有疫灾史料分布，但以《五行志》记录疫灾最系统。

二是方志记录系统。方志专记一个区域的地理、历史、文化、经济、人物、灾害等，上及天文，下及地理，中及人事，有"区域百科全书"之称，可补正史之缺。明清两代，方志鼎盛，竺可桢先生据以研究历史气候变迁，曾以"方志时期"命名。方志对疫灾的记录，以弘治以后修纂者为普遍。

---

① 《说文解字》。
② 《字林》。

　　三是档案实录系统。明清文献中，史料价值最高者莫过档案与实录。档案多是官吏反映地方民情和官员政绩的奏折与题本，实录大多取材于档案，文字简练精当。档案和实录中都包含有可信度高、记录详细的疫灾史料。

　　四是其他记录系统。正史、方志、档案、实录之外，还有许多历史文献有疫灾记录，如政书、类书、个人文集、笔记小说、医书医案等。

　　（2）疫灾整理材料。主要为查找和核实原始史料起索引作用。对疫灾史料的整理，最早可追溯到北宋李昉主编的《太平御览·疾病部五·疫疠》，该书摘录了汉魏时期的一些疫灾史料；其后是清代陈梦雷主编的《古今图书集成·历象汇编·庶征典·疫灾部》，该书对康熙朝以前的疫灾史料进行了整理；现代则有《二十六史医学史料汇编》①，该书对正史中的疫灾史料进行了全面辑录。此外，本研究还参考了一些重要灾害史料汇编②。

　　（3）疫灾研究成果。关于中国疫灾的研究，首推《中国救荒史》③ 和《战国后中国内战的统计和治乱的周期》④，前者对公元前 1766—1937 年间中国的疫灾次数进行了初步统计，后者提出了中国有 "晋宋和六朝初期"、"北宋的末期和南宋初的时候" 两大瘟疫期的观点。此后半个世纪，虽然地震、水旱等灾害得到全面研究，但疫灾研究一片沉寂，直到20世纪90年代，疫灾研究才受到重视，历史学者、医史学者、医学地理学者、历史地理学者，纷纷涉足该领域，陆续发表了许多论著，有疫灾原因的探讨⑤；有疫灾特征的分析⑥；有疫灾的断代研究⑦；

---

　　① 陈邦贤：《二十六史医学史料汇编》，中国医史文献研究所1982年版，第20—385页。

　　② 陈高佣：《中国历代天灾人祸表》，暨南大学1939年版；中国社会科学院历史研究所：《中国历代自然灾害及历代盛世农业政策资料》，农业出版社1988年版，第3—372页；宋正海：《中国古代重大自然灾害与异常年表总集》，广东教育出版社1992年版，第545—558页；李国祥、杨昶：《明实录类纂·自然灾异卷》，武汉出版社1993年版，第510—559页；袁林：《西北灾荒史》，甘肃人民出版社1994年版，第1507—1527页。

　　③ 邓云特：《中国救荒史》，商务印书馆1937年版，第51—61页。

　　④ 李四光：《战国后中国内战的统计和治乱的周期》，载陈高佣《中国历代天灾人祸表》之《附录》，暨南大学1939年版。

　　⑤ 张志斌：《古代疫病流行的诸种因素初探》，载《中华医史杂志》1990年第1期；徐好民、尹光辉：《地壳运动与疾疫流行》，载《灾害学》1991年第2期。

　　⑥ 杨俭、潘凤英：《我国秦至清末的疫病灾害研究》，载《灾害学》1994第3期。

　　⑦ 范家伟：《两晋刘宋时期的疾疫》，载《历史地理》1999年第15辑；曹树基：《地理环境与宋元时代的传染病》，载《历史地理》1995年第12辑；梅莉、晏昌贵：《明代传染病的初步考察》，载《湖北大学学报》（社科版）1996年第5期。

有疫灾的区域分析①；还有单个疫病的论述，如疟疾②、血吸虫病③、霍乱④、鼠疫⑤。这些成果对全面了解中国古代疫灾的时空规律具有参考价值。

2. 研究的方法

（1）疫灾年份的确定。灾时、灾域、灾况是了解灾情的三要素，在这些要素中，历史文献对灾时的记载是最为确切可信的。疫灾具有传播性，不仅不同地区发生疫灾的时间不同步，就是同一地区也可能在一年之内多次流行，从全国范围来看，疫灾往往要绵延数月乃至数年之久，这样，对疫灾进行季节分析就没有实际意义了，因此，本研究只以"年"为基本单位来探讨疫灾的时空规律。确定疫灾年份的方法是：不论疫灾流行的时间和强度，只要某年有一个县域或一支军队有疫灾流行，则确定该年为疫灾之年。

（2）疫灾指数的确定。研究气候长期变迁常用"十年寒冬指数"来代

---

① 谢高潮：《浅谈同治初年苏浙皖的疫灾》，载《历史教学问题》1996 年第 2 期；余新忠：《清代江南瘟疫对人口之影响初探》，载《中国人口科学》2001 年第 2 期；余新忠：《清人对瘟疫的认识初探——以江南地区为中心》，载《中国社会历史评论》2001 年第 3 期；余新忠：《嘉道之际江南大疫的前前后后》，载《清史研究》2001 年第 2 期；余新忠：《清代江南疫病救疗事业探析》，载《历史研究》2001 年第 6 期；李永宸、赖文：《岭南地区 1911 年前瘟疫流行特点》，载《广州中医药大学学报》1999 年第 4 期；赖文、李永宸：《岭南古代瘟疫流行的社会背景》，载《南京中医药大学学报》（社科版）1999 创刊号。

② 龚胜生：《中国先秦两汉时期疟疾地理研究》，载《华中师范大学学报》（自然科学版）1996 年第 4 期；龚胜生：《两千年来中国瘴病的分布变迁》，载《地理学报》1993 年第 4 期；梅莉、晏昌贵、龚胜生：《明清中国瘴病分布的变迁》，载《中国历史地理论丛》1997 年第 2 期。

③ 蒋玲、龚胜生：《近代长江流域血吸虫病的流行变迁规律》，载《中华医史杂志》1998 年第 2 期。

④ 李玉尚：《霍乱在中国的流行 1817—1821》，载《历史地理》2001 年第 17 辑。

⑤ 刘云鹏、谭见安、沈尔礼：《中华人民共和国鼠疫与环境图集》，科学出版社 2002 年版；冼维逊：《鼠疫流行史》，广东省卫生防疫站 1988 年版，第 90—243 页；杨林生、陈如桂、王五一、谭见安：《1840 年以来我国鼠疫的时空分布规律》，载《地理研究》2000 年第 3 期；李海蓉、杨林生、王五一、谭见安：《150 年来中国鼠疫医学地理评估》，载《地理科学进展》2001 年第 1 期；蒋玲、石云、龚胜生：《1998 年长江流域近代鼠疫分布及流行特征研究》，载《中华流行病杂志》1998 年第 1 期；曹树基：《鼠疫流行与华北社会变迁 1580—1644》，载《历史研究》1997 年第 1 期；曹树基、李玉尚：《鼠疫流行对近代中国社会的影响》，载复旦大学历史地理研究中心《自然灾害与中国社会历史结构》，复旦大学出版社 2001 年版，第 133—167 页；李玉尚、曹树基：《18—19 世纪的鼠疫流行与云南社会变迁》，载复旦大学历史地理研究中心《自然灾害与中国社会历史结构》，复旦大学出版社 2001 年版，第 168—209 页；李玉尚：《近代中国的鼠疫应对机制》，载《历史研究》2002 年第 1 期；李玉尚：《近代民众和医生对鼠疫的观察和命名》，载《中华医史杂志》2002 年第 3 期；Benedict C. Bubonic Plague in Nineteenth-century China. Stanford：Stanford University Press，1996；飯島：《ペストと近代中国》，研文出版 2000 年版，第 25—55 页。

表年平均气温的冷暖变迁，这里我们采用"十年疫灾指数"来研究疫灾的长期趋势。十年疫灾指数是指在一定空间范围内连续十年中发生疫灾的年数。为便于分析，我们采取从0年初到9年末来分割连续的十年，如640—649年间有641、642、643、644、648五年发生了疫灾，则十年疫灾指数为5。这样，十年疫灾指数的取值在0—10之间，指数值越高，疫灾越频繁，反之则反之。

（3）疫灾频度的确定。疫灾频度是指某一时段内发生疫灾的年数与该时段历经年数的百分比，与十年疫灾指数相比，其主要区别是它的时间尺度是任意的，而数值用百分比表示。在本研究中，疫灾频度一般用以比较世纪、朝代的疫灾状况，如东汉（25—220年）历时196年，疫灾年份28个，则其疫灾频度为14.3%；清朝（1645—1911年）历时267年，疫灾年份218个，则其疫灾频度为81.6%。

（4）疫灾范围的确定。中国早期文献对疫灾范围有时记载不详，如东汉建武二十六年（50年）"郡国七大疫"，究竟哪七个郡国发生了大疫，不得而知；又如东汉延熹四年（161年）"正月，大疫"，疫区是全国还是京师，也难确定，好在这样记载不是很多。疫灾范围有点（城市）、面（区域）之别，本研究确定疫灾范围的方法是：对于有确切地域记载的疫灾，则根据当时行政区划确定其范围，如唐朝贞观十五年（641年）"三月，泽州疫"，则确定其疫灾区域为整个泽州（辖境包括晋东南晋城、陵川、高平、沁水、阳城等县域）而不只是泽州城（今晋城市），而曹魏黄初四年（223年）"三月，宛、许大疫，死者万数"，则确定其疫灾区域主要是宛（今南阳市）、许（今许昌市）两城。对于那些没有确切地域记载的疫灾，则通过各种考证手段或参照其他自然灾害的灾区加以确定，实在无法确定的只好阙如。

（5）疫灾重心区域的确定。疫灾分布具有明显的空间差异，有的地区经常发生疫灾，有的地区则很少发生疫灾。疫灾重心区域及其位移是研究疫灾空间变迁规律的重要指标。疫灾重心区域是指在一定历史时期内疫灾频度相对最高的地区，如果将每次疫灾的流行范围标绘在地图上，在最终形成的疫灾的分级分布图上，疫灾重心区域就会一目了然。由于中国幅员辽阔，在某些历史时期可能存在疫灾频度相同的多个疫灾重心区域，这样，则进一步根据重心区域的面积以及其他社会经济因素来确定其主次。

二 结果与分析

1. 疫灾的时间变化规律

（1）疫灾总数与疫灾频度。殷商甲骨文中已有疫灾记录，但无法确定其具体的疫灾年份。在有确切疫灾年份记载的春秋至清朝之间（公元前770—1911年）的2681年中，共有疫灾之年669年，平均疫灾频度25.0%，即平均每4年就有一年发生疫灾，疫灾是古代中华民族的重大灾难之一。

（2）疫灾朝代变化。在总共669个疫灾年份中，清朝占32.6%，明朝占25.3%，魏晋南北朝占11%，这三个时期共有疫灾之年462个，占疫灾总年数的69.1%（见表27-1）。就疫灾频度而言，清朝近82%，明朝为61%，元朝和南宋约33%，魏晋南北朝和北宋约20%。总体上看，中国疫灾的流行有越来越频繁的趋势，只是这种趋势不是直线式上升，而是螺旋式上升。过去三千年来，中国疫灾频度的朝代变化具有两个明显的高峰期（见图27-1）。第一高峰期为魏晋南北朝，其疫灾频度约21%，较其前的先秦两汉和其后的隋唐五代都要高；第二高峰期为南宋以来，特别是明清两朝，其疫灾频度高达33%—82%，平均59.6%，超过以往任何时期。魏晋南北朝高峰期的形成，既与气候寒冷、极端气候事件（主要是干旱）频繁有关，也与战乱连绵、人口大规模迁移有关。该时期是我国历史上的大动乱时期，无论三国时期的干戈扰攘，还是西晋末年的永嘉丧乱，抑或南北朝时期的五胡乱华，都导致了大批难民的跨区域流动，史称"人口大迁徙"。人口大迁徙既为瘟疫流行提供了便利的传播途径，也为瘟疫流行准备了大量的易感人群，从而导致了瘟疫的频繁发生，烈性传染病天花（smallpox）就是该时期借由战争引入并广泛流传。南宋以来高峰期的形成，与魏晋南北朝有相似之处，气候寒冷干旱、自然灾害频繁、民族冲突较多仍然是瘟疫频繁的重要诱因，所不同的是，南宋以后，特别是明清以来，人口密度增加、人口流动性增强、致疫病种增多对疫灾频度的提高也起了重要作用。

表 27-1 三千年来中国历代疫灾的分布

项目	先秦	西汉	东汉	魏晋南朝	隋唐五代	北宋	南宋	元朝	明朝	清朝	合计
历时年数（年）	564	230	196	360	379	168	151	89	277	267	2 681
疫灾年数（年）	6	18	28	75	41	34	50	30	169	218	669
疫灾频度（%）	1.0	7.8	14.3	20.8	10.8	20.2	33.1	33.7	61.0	81.6	25.0

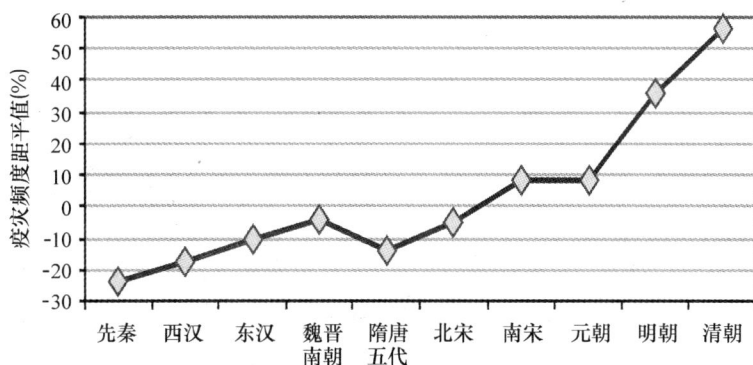

图 27 – 1　三千年来中国疫灾频度的朝代变化

（3）疫灾世纪变化。三千年来中国疫灾的世纪分布极不均衡，疫灾频度相差很大（见图 27 – 2），有的世纪只有 1%，有的世纪高达 97%，不过这种差异是逐渐形成的，相邻世纪间的疫灾频度变化并不是很大，同样显示了三千年来中国疫灾越来越频繁的趋势。公元前 8 世纪到公元 6 世纪，疫灾频度逐步上升；6 世纪后，疫灾频度下降近 10 个百分点，形成一个长达 3 个世纪的低谷；10 世纪后，疫灾频度迅速上升，13、18 世纪虽然在攀升过程中形成了两个波谷，但其波底越来越高，波长越来越短，并没有扭转疫灾频度的长期上升趋势。

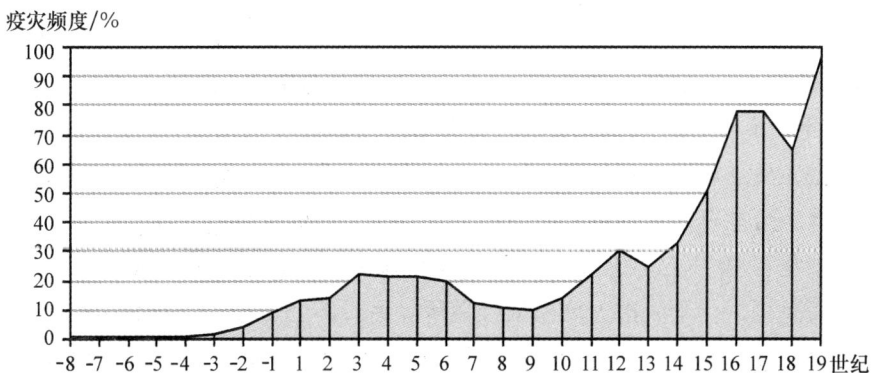

图 27 – 2　三千年来中国疫灾频度的世纪变化

（4）疫灾指数变化。根据十年疫灾指数绘制的公元前210—1910 年之间的疫灾长期变化图显示中国疫灾频度变化的两个明显特点（见图27-3）。

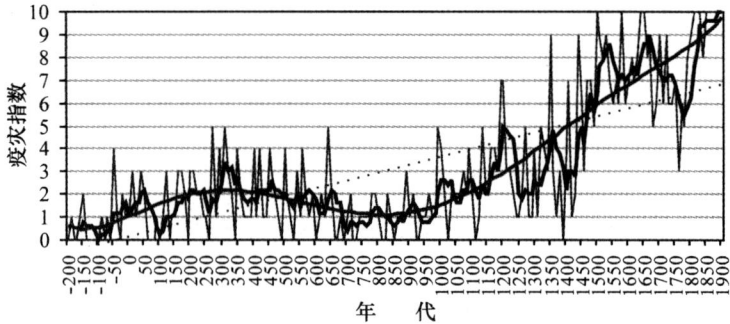

图27-3　公元前210—1910 年中国疫灾的长期变化趋势

说明：图中细折线为十年疫灾指数曲线，粗平滑线为50 年滑动平均趋势线，虚斜线为线性趋势线，弧线为6 阶多项式趋势线。

①疫灾频度具有周期性波动，较短的疫灾周期叠加形成较长的疫灾周期。十年疫灾指数波动是波长最短的周期，2 120 年间约可分为60 个波峰，虽个别波长可达80 年，但绝大多数波长为30—40 年；50 年滑动平均值的波动周期是十年疫灾指数波动周期的拟合，2 120 年间约可分为14 个相对明显的波峰，波动周期多在150—200 年之间；6 阶多项式趋势线反映的是千年时间尺度的疫灾趋势，该趋势线呈卧S 形，有两个明显的波动周期，第一波约始于公元前3 世纪初，结束于9 世纪50 年代，历时1 050 年，第二波约始于9 世纪50 年代，清朝灭亡尚未结束，实际结束要到20 世纪40 年代，历时1 100年。不同时间尺度的波动周期受不同因素的影响而成，10 年时间尺度的波动主要受病原体和易感人群成长周期的影响，一方面，病原体作为生命有机体，可能存在某种生命周期；另一方面，易感人群也有成长周期，如天花主要危害10 岁左右儿童，一次大规模流行后，这些儿童不是死亡就是痊愈获得免疫力，下一次大规模流行必须待到新出生的婴儿成长到10 岁左右，这样天花流行就有10 年左右的周期。世纪时间尺度的波动是十年时间尺度波动的叠加，与人类社会的治乱周期关系较大，如号称盛世的西汉、唐前期及清代康熙、雍正、乾隆三朝疫灾相对稀少。千年时间尺度的疫灾波动则极可能与气候的长期变化有关，在气候变迁史上，魏晋南北朝和明清时期是我

国的两个寒冷期，这两个时期也是我国乃至世界上的疫灾高峰期，而且越是寒冷的时期，疫灾频度越高，有"小冰期"之称的明清时期疫灾频度为历史之冠，对比一下图 27－3 和中国五千年来温度变迁之曲线图（见图 27－4）①，我们就不难发现这一规律。气候寒冷期之所以成为疫灾高峰期，主要是因为寒冷期里气候变率大，极端气候事件多，自然灾害和社会动乱频繁，容易诱发疫灾的流行。

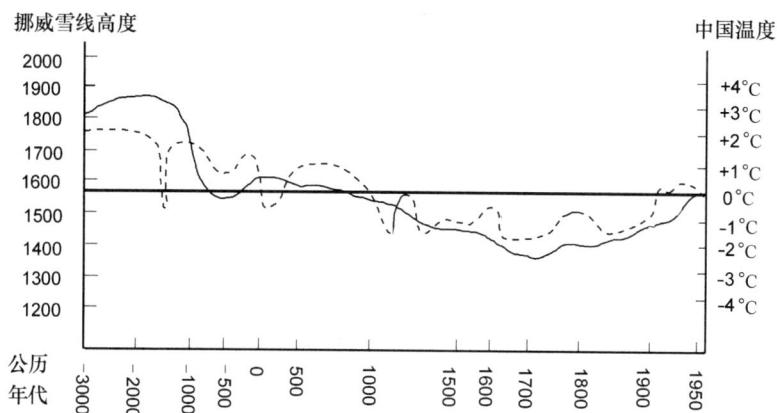

图 27－4　五千年来中国温度变迁图（据竺可桢 1972 年）

②疫灾频度具有长期上升趋势。1180 年以前，十年疫灾指数都在 5 以下，其后（特别是 1350 年以后）则多在 5 以上，反映在疫灾线性趋势线上，就是斜率为 0.0354，呈明显的上升趋势。虽然由于历史记载远略近详的影响，明清以来的上涨幅度可能略有拔高，但中国疫灾具有越来越频繁的趋势是毋庸置疑的，这至少有三个方面的证据：一是随着历史的发展，人口密度不断提高，人的流动性不断加强，疫病的流行越来越容易；二是随着生产力提高，人类对自然的干扰越来越深入，疫病的致病力越来越强，疫病的种类也越来越多，如 1820 年以前，天花、鼠疫多单独流行，1820 年以后，天花、鼠疫和霍乱汇流，三大烈性传染病轮番攻击；三是三千年来我国气候有越来越干冷的趋势，疫灾频度与气候的寒冷程度成正相关，气候越寒冷，疫灾越频繁，寒冷期越长，疫灾频繁期也越长。

---

①　竺可桢：《中国近五千年来气候变迁的初步研究》，载《中国科学》1973 年第 2 期。

2. 疫灾的空间分布规律

（1）疫灾分布的总体特征

①城市重于乡村，都城是疫灾多发点，京畿是疫灾多发区。中国古代城乡二元结构明显，城乡之间不仅存在着人类活动方式的不同，而且存在着致病环境的差异。农村人口密度低，流动人口少，生产和生活的空间集聚程度不高，一般不易流行大规模的瘟疫。城市则正好相反，不仅人类活动的空间集聚程度较高，而且还是饥民和流民汇聚的地方，为瘟疫流行提供了有利的传播条件和足够的易感人群；还有，中国古代特别是明清以来的城市，由于人口规模扩大，生活垃圾增多，水源污染日趋严重，环境的致病能力也因之增强。这样，城市（特别是都城）往往成为瘟疫的多发点，如周秦西汉的长安，东汉的洛阳，魏晋南北朝的长安、洛阳、建康（南京），唐朝的长安、洛阳，宋金的开封，南宋的杭州，元明清的北京，都是疫灾多发点。

②疫灾分布重心与人口分布重心具有空间上的契合关系。瘟疫流行需满足三个基本条件：致病力较强的病原体，足够数量的易感人群，有利的疫病传播途径。易感人群和传播途径都与人口密度直接相关，因此疫灾分布与人口分布关系密切。三千年来，中国人类活动的范围主要是长城以南、横断山以东的广大地区，这些地区开发程度大，人口密度、城市化率、交通密度高，还有众多港口与国外进行贸易和交往，这一切都为瘟疫的蔓延提供了有利的条件。华北平原、山东半岛、黄土高原、长江中下游平原、东南丘陵、云贵高原、四川盆地等地形区是我国古代疫灾流行的主要地区，黄河中下游、长江中下游之间的疫灾尤多。

③自然疫源地多为疫灾多发区。病原体的生存和致病都有一定的环境要求。在疫源地内，病原体可在一定的自然刺激和人类干扰下迅速繁殖，其致病力也容易被激活，从而导致疫病周期性或非周期性反复流行，即使当地人口密度和城市化水平不高，也可形成疫灾多发区。这方面最典型的例子是鼠疫疫源地疫灾多发区的形成。中国的 10 个鼠疫疫源地都分布在边远地区，许多人口密度依赖型疫病在这些地方不容易流行，但因为是鼠疫疫源地，18 世纪以来，这些地区也成了疫灾多发区。

④自然灾害多发地往往也是疫灾多发区。中国古代有云："大灾之后必有大疫"，疫灾与其他自然灾害存在着伴生、衍生、派生关系，疫灾给人类雪上加霜的打击。自然灾害虽不能直接导致瘟疫，但能改变病原体生境，可

使病原体短期内大规模繁殖，并削弱受灾人群的抵抗力，从而间接诱发瘟疫流行。在中国历史上，地震、干旱、蝗灾、洪涝、战争、饥馑与疫灾关系十分密切，干旱—蝗灾—饥荒—疫灾灾害链最为常见。

（2）疫灾分布的变迁趋势

①区域开发过程和人地关系演变对疫灾分布变迁有着重大影响。疫灾不仅与生态环境密切相关，也与人类活动息息相关。疫灾本质上是人与自然作用的结果，是地表人文化过程中的副产品。疫灾就像人类的影子，人类征服自然的步伐迈到哪里，疫灾就会跟到哪里。三千年来，随着中国区域开发和地表人文化过程的空间变迁，疫灾的分布也在不断地变迁。

②疫灾分布区域有从黄河流域向外逐渐扩展的趋势。任何灾害都是从人的价值观所做的判断，没有人类活动的地区就无所谓灾害。中国自古以农立国，农耕文明最大的特点就是人们过着相对集中的定居生活，集中定居为疫病流行提供了人口条件，这使得中国疫灾区域的扩展很大程度上受制于农耕区域的拓展。中国农耕区域的扩展是由黄河中下游平原向南、向西、向北扩展，中国疫灾区域的扩展也是如此：先秦时期疫灾区域主要为黄河中下游平原；汉晋时期向南扩展到长江干流一线；唐宋以后，疫灾区域扩展到整个长江流域和闽浙地区；元代以后，疫灾区域进一步扩展到两广、云南；明代海南开始有了疫灾流行；清代台湾、东北、新疆等边远地区也成了疫灾流行区。

③疫灾重心区有由北向南、由东向西迁移的趋势。疫灾重心区是指一定历史时期里疫灾频度相对较高的地区。疫灾重心区的迁移也与农耕区域的扩展有关，但主要是与地表人文化程度有关。在地表人文化过程的低级阶段，人口稀少，没有足够的易感人群和便利的传播条件，发生疫灾的机会较少；在地表人文化过程的高级阶段，虽然人口稠密有利于疫病传播，但人群对疫病已经产生了相当的免疫力，社会组织对疾病的流行也具备了相当的控制能力，如果不是新的疾病的引入或者易感人群的大量涌入，也不会频繁地发生疫灾；只有在地表人文化过程的中级阶段，由于存在着便于疫病传播的易感人群和传播途径，成为疫灾的多发期。由于区域地表人文化过程的不同步，疫灾重心区也不断地发生迁移：先秦两汉时期疫灾重心区为黄河中下游平原，魏晋南北朝向南迁移到江淮之间和建康地区；唐及北宋时期则以太湖流域和杭州湾为疫灾重心区；至于南宋及元朝时期，太湖流域和杭州湾外，江西、福建、鄂东也成了疫灾重心区；明朝以后，湖北、湖南、贵州等省区也

加入了疫灾重心区的行列；到清朝乾隆年间以后，云南和两广取代长江流域诸省成了疫灾重心区。

三 结论

1. 中国历史上是一个多疫灾的国度，在公元前770—1911年间，疫灾频度为25%，平均每四年中就有一年发生过疫灾。

2. 中国疫灾的时间分布不均衡，3—6世纪的魏晋南北朝、14—19世纪的明清时期是我国的两个疫灾高峰期。疫灾频度的变化与社会的治乱变化相关，大体而言，疫灾相对稀少的时期也是社会相对稳定、国力相对强盛的时期，反之则反之。

3. 中国疫灾频度具有不同时间尺度的周期性变化，较小的周期叠加形成较大的周期。在世纪和千年时间尺度上，疫灾频度与气候的寒冷程度成正相关，寒冷期疫灾频繁，温暖期疫灾稀少，气候越寒冷，疫灾越频繁，寒冷期越长，疫灾频繁期也越长，三千年来中国气候的趋干趋冷，也在很大程度上造就了中国疫灾日趋频繁的长期变迁趋势。

4. 中国疫灾分布的总体特征是城市重于乡村，都城重于一般城市，人口稠密地区重于人口稀少地区，自然疫源地地区重于非疫源地地区，自然灾害多发地区重于自然灾害少发地区。

5. 区域开发过程和人地关系演变对疫灾分布变迁起着重大影响，三千年来，中国疫灾区域有从黄河中下游向外逐渐扩展的趋势，疫灾重心有由北向南、由东向西迁移的趋势。

第二十八篇

中国先秦两汉时期疟疾地理研究

中国早在三千多年前就已有疟疾流行的记载。殷商时代，疟疾是中原地区的主要流行病，西周以后，疟疾流行更趋频繁，对疟疾的病症也有了进一步的了解。疟疾流行对先秦两汉时期的社会发展造成了严重的危害，疟疾猖獗是盘庚弃奄迁殷的直接原因，周武王死于恶性疟疾，春秋战国时期，疟疾流行甚至迫使诸侯逃往他国或放弃战争计划。黄河中下游地区是先秦两汉时期人口最为稠密的地区，也是该时期疟疾流行最为严重的地区，长江流域及其以南地区虽然是恶性疟疾的潜在发生区，但由于土著人口十分稀少，且具有一定的免疫力，疟疾主要是在来自北方地区的军队中流行。

（本文发表于《华中师范大学学报》（自然科学版）1996年第4期）

疟疾（malaria）是一种由按蚊（Anopheles）传播的虫媒传染病，其流行范围几乎遍及世界各地，流行历史则与人类文明史一样漫长。古希腊称之为"沼泽的热病"①，中国早在距今3 000—3 500年的殷商时代也有了疟疾流行的记载②。直到现在，全世界仍有20亿人处于疟疾的危害之中，每年报道的病例达1.1亿个，其中约100万—200万人死于该病，成为发展中国家人们发病和死亡的主要原因，在世界卫生组织热带病研究规划中所包括的七种传染病中，疟疾位居第二③。疟疾现在虽已不再对我国人民的健康构成主要危害，但依然是我国季风地区最广泛流行的传染病④。

疟疾由按蚊携带的疟原虫（Plasmodium）引起，在全球380个按蚊种中，有50—60个可以携带致人疟疾的四种疟原虫：恶性疟原虫（P. falciparum）、间日疟原虫（P. virax）、卵形疟原虫（P. ovale）、三日疟原虫（P. malariae）；恶性疟原虫只能在19℃以上生存，其他三种疟原虫只能在16℃以上生存；所有疟原虫生存的温度最适值在22℃—30℃之间，湿度在50%—60%以上⑤。这四种疟原虫引起的疟疾在中国境内自古以来即有流行，其中恶性疟原虫引起恶性疟，称"瘴"；间日疟原虫和卵形疟原虫引起间日疟，称"痎"；三日疟原虫引起三日疟，称"痁"。疟疾的分布并不是一成不变的，两千年来"瘴"（恶性疟）的分布范围有逐渐向南萎缩的趋势⑥。先秦两汉时期是中国历史的早期，疟疾是当时人类的主要死因，其流行与分布状况是研究中国疟疾分布变迁的底图，弄清它有着重大的学术价值。

---

① 马伯英：《中国医学文化史》，上海人民出版社1994年版，第557页。

② 史兰华：《中国传统医学史》，科学出版社1992年版，第22—23页；宋正海：《中国古代重大自然灾害和异常年表总集》，广东教育出版社1992年版，第559页。

③ Philippe H. Martin, Myriam G. Lefebvre：《疟疾和气候：疟疾潜在传播对气候的敏感性》，载《人类环境杂志》1995年第4期；谭见安：《健康、环境、发展——当代医学地理的主题》，载《地理学报》1994年（专辑）。

④ 聂树人：《医学地理学概论》，陕西师范大学出版社1988年版，第515页。

⑤ Philippe H. Martin, Myriam G. Lefebvre：《疟疾和气候：疟疾潜在传播对气候的敏感性》，载《人类环境杂志》1995年第4期。

⑥ 龚胜生：《两千年来中国瘴病的分布变迁》，载《地理学报》1993年第4期。

一　先秦两汉时期疟疾的流行与危害

1. 疟疾的流行

（1）殷商时期。甲骨文是中国最早的文字。在安阳殷墟中，共发现15万余片甲骨，其中323片有卜病内容，已释读出疾病20多种。不过，这些疾病大多以人体部位命名，只有极少数能反映疾病的症候与病因，如疟、疥、蛊、蝎、蛔、疫等①。显然，这些已有专称的疾病应是当时的主要流行性疾病。也就是说，疟疾是殷商时代的主要流行性疾病之一。唯其如此，人们才能通过不断地实践得出"疟，秉枣"即以枣治疟的经验②。流行性疾病在当时统称为"疫"，甲骨卜辞中有许多关于"疫"的记载，其中相当部分应是疟疾的流行，因为当时人类卫生条件极差，遭受蚊虫叮咬是常有的事，感染疟疾的机会也非常多。

（2）西周春秋战国时期。西周春秋战国时期（距今2 200—3 000年）中原地区人口密度增大，疟疾流行较殷商时期更趋频繁，不仅有关疟疾的记载多了起来，对疟疾的病症也有了进一步的了解。

关于西周时期疟疾的流行，有两部反映其典章制度的重要文献做了概述。《周礼·疾医》说"四时皆有疠疾"，而"秋时有疟寒疾"，指出一年四季都有疾病流行，而疟疾主要流行于秋季。《礼记·月令》说孟秋"行夏令，则国多火灾，寒热不节，民多病疟"，也指出疟疾主要在秋季流行。

至于春秋时期，《左传》载鲁襄公七年（公元前566年）十月，郑子驷"以疟疾赴于诸侯"。昭公十九年（公元前523年）"夏，许悼公疟"。昭公二十年（公元前522年）冬十一月"齐侯疥（痎）遂痁，期年不瘳"③。齐侯为齐景公，《晏子春秋》曰齐景公"疥且疟，期年不已"④。定公四年（公元前506年）春三月晋国"水潦方降，疾疟方起"⑤。以上记载表明，公元前6世纪中原地区疟疾从春三月到冬十一月流行，几乎全年都有流行。疟疾

---

　　①　马伯英：《中国医学文化史》，上海人民出版社1994年版，第119—122页；史兰华：《中国传统医学史》，科学出版社1992年版，第44页。

　　②　马伯英：《中国医学文化史》，上海人民出版社1994年版，第173页；史兰华：《中国传统医学史》，科学出版社1992年版，第65页。

　　③　《十三经》，燕山出版社1991年版，第1303、1506、1513页。

　　④　《二十二子》，上海古籍出版社1986年版，第559页。

　　⑤　《十三经》，燕山出版社1991年版，第1569页。

的长期反复流行，必然地要促使人们千方百计地去征服它，到战国时代，人们找到了更多有效治疗疟疾的药物，成书于公元前三四世纪的《山海经》并非医学著作，但它两次提到治疗疟疾的药物，其《东次四经·北号山》言有一种树"其状如杨［而］赤华，其实如枣而无核，其味酸甘，食之不疟"。《中次六经·阳华山》载苦辛草"其状如楸，其实如瓜，其味酸甘，食之已疟"。该时期中原地区的疟疾仍主要流行于秋季，《吕氏春秋·孟秋纪》所言孟秋"行夏令，则多火灾，寒热不节，民多疟疾"①，与《礼记·月令》如出一辙。

（3）秦汉时期。秦汉时期（距今 1 800—2 200 年）中国建立了统一的封建专制国家，人们的地理视野扩大了，医学水平提高了，对疟疾性质的认识也进步了。《淮南子·时则训》在《礼记·月令》和《吕氏春秋·十二纪》的基础上对疾病与气候的关系做了综述，重申了"孟秋行夏令，民多疟疾"的观点。《释名》和《说文解字》两部文字著作则对疟疾的病证与名称的由来做了阐释。《释名》说："疟，酷虐也。凡疾或寒或热耳，而此疾先寒后热，两疾似酷虐者也"②。《说文解字》说："疟，热寒休作，从广从虐"，"痎，二日一发疟"，"痁，有热疟"③。该时期疟疾的广泛流行，也为医家提供了用武之地，当时几乎所有的医学文献都有关于疟疾的记载，如1973 年长沙马王堆出土的简帛医书《五十二病方》（成书于公元前 168 年以前）中记载了疟疾及其治疗的药物；张仲景（150—219 年）《伤寒杂病论》已将常山（Dichroa febrifuga）作为治疗疟疾的首选药物④。《黄帝内经》更是全面总结了秦汉及其以前人们对疟疾的认识。《黄帝内经》非一人一时之作⑤，它的问世是中医基础理论形成的标志。今本《黄帝内经》包括《素问》和《灵枢》两大部分，前者 24 卷，后者 12 卷，两者各 81 篇，但各篇主要阐释基本理论，极少论述具体疾病，只有《素问》专设了《疟论》、《刺疟论》两篇⑥，不仅论述了疟疾的发病原因、临床症状，而且对疟疾的分类与治疗做了具体解释。如《疟论》指出疟有二日一发之疟，有多日一发

---

① 《二十二子》，上海古籍出版社 1986 年版，第 1356、1361、648 页。

② （清）张玉书：《康熙字典·广部》，上海书店 1985 年版，第 862、855、854 页。

③ （汉）许慎：《说文解字》，中华书局 1963 年版，第 155 页。

④ 史兰华：《中国传统医学史》，科学出版社 1992 年版，第 22—50 页。

⑤ 马伯英认为成书于公元前 239—公元前 179 年间的汉初，姜志平认为它产生于战国时期，后经秦汉医家综合整理而成，前种观点新出，后种观点通行。

⑥ 《二十二子》，上海古籍出版社 1986 年版，第 914—916 页。

之疟，有先寒后热之寒疟，有先热后寒之温疟，有热而不寒之瘅疟；《刺疟论》将疟分为足太阳疟、足少阳疟、足阳明疟、足太阴疟、足少阴疟、足厥阴疟、肺疟、心疟、肝疟、脾疟、肾疟、胃疟 12 种。在先秦两汉时期所见诸多疾病中，没有哪一种像疟疾一样受到医家如此的重视，也没有哪一种能像疟疾一样研究得如此精透，尽管当时还没有认识到按蚊所带疟原虫是疟疾的罪魁祸首。毫无疑问，如果不是经常而广泛的疟疾流行为医家提供丰富而必要的实践机会，他们对疟疾的认识绝不可能达到这样的高度，因而完全可以肯定，疟疾是先秦两汉时期最主要的流行性传染病。

2. 疟疾的危害

在世界早期历史上，疟疾是人类健康的大敌，它的猖獗，曾加速了罗马帝国的衰亡①。在中国早期历史上，疟疾同样造成了严重的社会危害。先秦两汉是汉字形成的时代，当时疟疾的危害可从"疟"字的结构与寓意中略见一斑。"疟"是瘧的简写，"瘧"是一个会意字，从疒从虐，而"虐"字从虍，像虎足抓人，本意为残暴②，可见疟疾在中国早期历史上是一种多么可怕的疾病，《释名》即谓疟为"酷虐"之疾，所以在古汉语中，"虐"可通假为"疟"。

（1）商周时期。疟疾的肆虐，在商周历史上有两件事特别值得一提。一件是盘庚迁殷之事。自商汤王灭夏桀后，商的都城曾经迁徙过多次，直到盘庚将都城从奄（山东曲阜）迁至殷（河南安阳）后才固定下来，因此，盘庚迁殷是商朝历史上的一件大事。关于迁徙的原因，传统观点认为是黄河的泛滥，其实并非这样。《尚书·盘庚》明言这次迁徙是"惟涉河以民迁"，如果是因为黄河水灾迫使的迁徙，盘庚及其臣民为什么偏要涉过黄泛区向北迁而不向自然条件更为优越的江淮之间迁徙呢？显然，这是解释不通的。实际上，疟疾猖獗才是盘庚弃奄迁殷的直接原因。《盘庚》说得很清楚，迁都之原因是"殷降大虐"，这里"殷"即勤，"虐"通"疟"，即经常性的大规模疟疾流行的痛苦是盘庚迁殷的根本原因。当时科学水平低下，大规模的疾病流行往往被认为是上天降下的惩罚，故《盘庚》下文接着又有"高后丕乃崇降罪疾，曰：曷虐朕民"，"先后丕降与罪疾"，"自上其罚汝"，"崇降不祥"数语，这些显然都是

---

① 马伯英：《中国医学文化史》，上海人民出版社 1994 年版，第 577 页。
② （清）朱骏声：《说文通训定声》，武汉市古籍书店 1983 年版，第 335 页。

指疾病流行，丝毫没有牵扯到黄河泛滥上去。安阳较曲阜偏西2.5个以上经度，偏北0.5个以上纬度，气候相对凉爽干燥，疟疾的危害应相对轻些，可以说，盘庚迁殷是明智的选择。尽管殷并非是一个没有疟疾流行的地方，但毕竟是轻多了，因此，终殷之世，并没有再发生迁都之事。还有一件是周武王之死。《尚书·金縢》说周武王灭亡商国后的第二年"遘厉虐（疟）疾"而死，周武王可能是死于恶性疟疾，而且可能是先年征商过程中所感染。周武王作为最高奴隶主贵族，尚且不能逃脱疟疾的厄运，普通兵士和百姓就更不用说了，当时疟疾流行之严重也可想而知了。

（2）春秋战国时期。至于春秋战国时期，疟疾依然显得十分可怕，如郑子驷因国内发生疟疾跑到外国去躲避；许悼公患疟疾不治而死；齐景公由间日疟发展成慢性疟，诸侯国派人前去慰问；晋侯因为国内流行疟疾而拒绝蔡侯请求攻打楚国的要求。由于这些患者都是各诸侯国的国君，是主宰国家前途命运的重要政治人物，因而疟疾的危害并非只是一人一身的健康，而是有着更为广泛的社会意义。像他们这样的人物尚且免不了疟疾的折磨，也就无怪乎人们将疟疾视为如虎般吃人的酷虐之疾了。

（3）秦汉时期。秦汉时期人口迅速增加，疟疾流行的危害较以往任何时期都要严重，所以受到《释名》、《说文解字》、《素问》、《伤寒杂病论》等众多文献的重视。然而，尽管该时期由于医学水平的提高，对疟疾的治疗取得了一定进步，但疟疾依然是严重影响人们身体健康的主要流行性疾病，直到三国时期，《列异传》中还有"疟神祠"的记载[①]。由于疟疾的长期危害，该时期长江流域及其以南地区落后于黄河流域的事实显得十分明了。在该时期的几次南拓过程中，征战兵士都遭受了疟疾流行的沉重打击，如西汉中汉武帝时征伐闽越，《汉书·严助传》称"南方暑湿，近夏瘅热，瘴疠多作，兵未血刃而病死者十二三"，东汉初征伐交趾，《后汉书·马援传》称"军史经瘴疫死者十四五"。

二 先秦两汉时期疟疾的地理分布

1. 黄河流域及其以北地区

（1）中原地区。中原地区是先秦两汉时期人口最稠密的地区，也是该

---

① （宋）李昉：《太平御览》卷743《疾病部·疟》，中华书局1960年版。

时期疟疾流行最严重的地区。前面提到的奄（曲阜）、齐（临淄）、北号山（山东半岛北部）在山东境内；殷（安阳）、许（许昌）、郑（新郑）在河南境内；周（西安）、阳华山（华山）在陕西境内；晋（新绛）在山西境内。另据《东观汉记》记载，东汉大将军景丹从洛阳护驾到怀县（河南武陟）也得了疟疾①。上述地方正是该时期人口密度最大的地区（见图 28－1）。实际上，《礼记》、《周礼》、《吕氏春秋》、《释名》、《说文解字》、《黄帝内经》等文献对疟疾的记载也都是以中原地区为写作背景的。

（2）中原以北地区。中原以北地区包括黄土高原和内蒙古草原，这些地区由于气候干寒，疟疾罕见流行，历史上基本为无疟区。先秦两汉时期只有内蒙古草原东端一次外源性疟疾流行见诸记载，《东观汉记》云："邓训迁护乌桓校尉，吏士尝大病疟，转易致数十人"②。这是东汉北部边防军中发生的一次疟疾流行，其疟原虫系中原地区的兵士携带而来。乌桓山在大兴安岭南端，乌桓校尉约在今内蒙古西辽河流域，已达北纬44°附近，这大概是该时期疟疾流行的最北地区（见图 28－1）。

2. 长江流域及其以南地区

长江流域及其以南地区炎热潮湿的气候为疟原虫的发育和疟疾的流行提供了有利条件，但先秦两汉时期由于土著人口十分稀少，且具有一定的免疫力，疟疾大多呈散发状态，只有局部不具免疫力的人口骤增时（如军队）才有大规模的流行。不过，长江流域及其以南地区在该时期是恶性疟疾的潜在发生区，而且疟疾发生的时间长，因而疟疾对该区域人类的健康与社会的危害要远远大于间日疟和三日疟在黄河流域流行所造成的危害。正由于此，以致当时长江流域及其以南地区的经济社会远远落后于黄河中下游地区③。

（1）长江流域。关于先秦两汉时期长江流域疟疾的流行，《搜神记》载远古颛顼（传说中五帝之一）有三个儿子死后都成了传播疾病的疫鬼，其中一个居住在长江传播疟疾④。传说可不必信，但长江流域很早就有疟疾流行却是确凿无疑的，长沙马王堆出土的《五十二病方》中即有疟疾的记载；此外，《后汉书·五行志》所载湖北、湖南、贵州、江西、浙江、江苏发生的

---

① （宋）李昉：《太平御览》卷 743《疾病部·疟》，中华书局 1960 年版。
② 同上。
③ 龚胜生：《两千年来中国瘴病的分布变迁》，载《地理学报》1993 年第 4 期。
④ （晋）干宝：《搜神记》卷 16，贵州人民出版社 1991 年版，第 427 页。

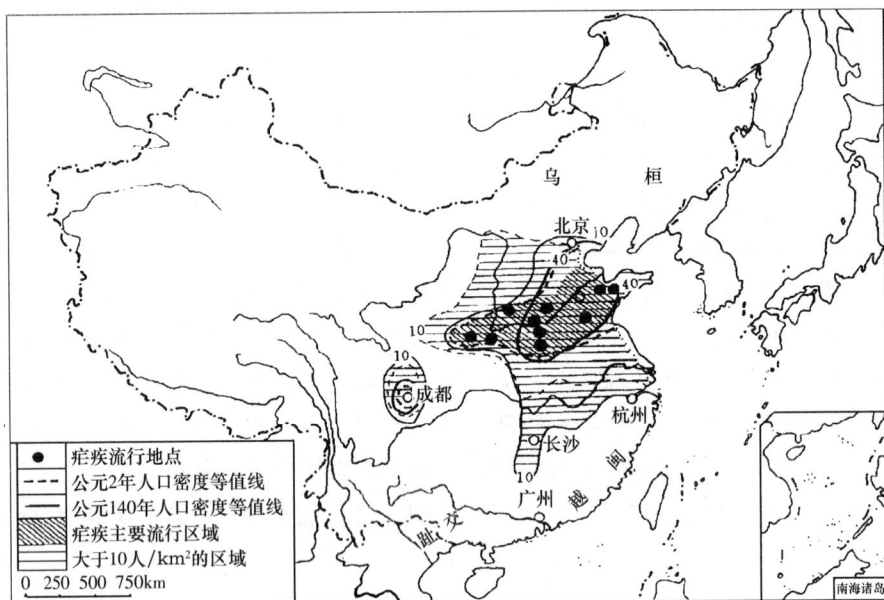

图 28 - 1 中国先秦两汉时期疟疾分布与人口密度图

疫灾中都不排除是疟疾流行的可能。

（2）岭南地区。岭南地区先秦两汉时期较长江流域更为原始落后，土著
人口中的疟疾流行不见记载，疟疾的流行主要发生在从北方而来的兵士中，
且主要是被称为"瘴"的恶性疟疾。《汉书·严助传》称福建一带"瘴疠多
作，兵未血刃而死者十二三"；《后汉书·南蛮传》称"南州温暑，加有瘴
气，至死者十必四五"；《后汉书·马援传》称公元41—44 年征伐交趾时
"军吏经瘴疫死者十四五"。此外，《汉书·南粤传》载广东公元前181 年发
生的"暑湿大疫"也很可能是恶性疟疾的流行。

三　结论

疟疾是人类早期历史上流行的主要传染病之一，中国早在距今三千多年
前的殷商时代就已有疟疾流行的记载，秦汉时期被视为酷虐之疾。先秦两汉
时期疟疾的流行一方面严重危害着人类身体健康和社会经济发展，如促使商
王盘庚将都城从山东曲阜迁到河南安阳，甚至一定程度上导致了南方地区人

口、经济、社会的发展落后于北方地区；另一方面又刺激了医家对疟疾病因及其医治的研究，形成了较为系统的疟疾医学理论，《黄帝内经·素问》中的两篇疟疾专论《疟论》和《刺疟论》就是完成于这一时期。

疟疾流行与气候和人口密度有着十分密切的关系。先秦两汉时期中原地区的气候较现在温暖温润，可以满足各种疟原虫生存需要，加之人口稠密，疟疾易于传播，因而成为主要疟疾流行区域；长江流域及其以南地区则由于人口稀少，疟疾较少流行。就目前掌握的材料来看，该时期疟疾流行分布的北界约在北纬44°附近的西辽河流域。

第二十九篇

魏晋南北朝疫灾时空分布规律研究

　　魏晋南北朝是中国历史上的第一个疫灾高峰期，疫灾频度平均为21.0％，其中西晋时期疫灾最为频繁，疫灾频度高达34.6％。夏季是疫灾流行的最主要季节，约41％的疫灾发生在夏季。疫灾周期具有波幅越来越小、波长越来越短的趋势。在空间分布上，疫灾范围有逐步扩大的趋势，疫灾重心有由北向南迁移的趋势。都城所在地为疫灾多发区。三国时期的疫灾重心在河南，西晋时期的疫灾重心在陕西与河南，东晋以后的疫灾重心在江苏。总体来看，经济相对发达、人口相对稠密、战争相对频仍的黄河中下游地区、长江中下游地区以及它们之间的淮河流域是魏晋南北朝主要的疫灾流行区域。

（本文发表于《中国历史地理论丛》2007年第3期）

中国是一个多疫灾的国度[①]。魏晋南北朝时期是中国历史上的大分裂时期，社会动荡，战乱频仍，同时也是我国历史上的第一个疫灾高峰期。这里不揣浅陋，试对该时期疫灾的时空分布规律作一探讨，请方家指正。

一　魏晋南北朝时期的疫灾序列

1. 三国时期的疫灾

黄初三年（222年）九月，魏文帝命大将军曹真、征南大将军夏侯尚、左将军张郃、右将军徐晃围南郡[②]。十月，孙权自立为帝，魏文帝自许昌南征，诸军并进。十一月，魏文帝车驾至宛（今南阳），夏侯尚等率军围攻江陵，孙吴派诸葛瑾将兵抵抗，夏侯尚火烧诸葛瑾船队，在城外大败吴军，但未能将江陵城攻下，"会大疫，诏敕尚引诸军还"。对于这次撤军，魏文帝诏曰："孙权残害民物，朕以寇不可长，故分命猛将三道并征"，江陵城被围之后，"又为地道攻城，城中外雀鼠不得出入，此几上肉耳！而贼中疠气疾病，夹江涂地，恐相污染……令开江陵之围，以缓成死之禽"。这次战争是吴、魏之间的第一场战争，因此魏文帝亲自坐镇南阳督战，江陵城内抵抗魏军者为吴将朱然，时江陵"城中兵多肿病，堪战者裁五千人"，而城外曹真等"起土山，凿地道，立楼橹，临城弓矢雨注"，但朱然拼命抵抗，以致魏军围城"六月日"而未能将城攻下[③]。此处"六月日"当为"六旬"之讹，即从九月至十一月约两个月，所谓"魏兵围然凡六月"[④] 也是错误的。这次疫灾为"肿病"，似乎是痢疾，但时值腊冬，不当有痢疾大流行，且其疫病还被魏军带到河南，导致次年春南阳和许昌大疫，因此，估计是伤寒流行。

黄初四年（223年）正月，魏文帝筑南巡台于宛（今南阳）。三月，文帝自宛还洛阳宫，是月大疫。"三月，宛、许大疫，死者万数"[⑤]。宛（今南

---

①　龚胜生：《中国疫灾的时空分布变迁规律》，载《地理学报》2003年第6期；龚胜生：《隋唐五代时期疫灾地理研究》，载《暨南史学》2004年第3辑。

②　《资治通鉴》卷69《魏纪·世祖文皇帝上》，华龄出版社2000年版，第840页。

③　《三国志》卷9《夏侯尚传》，第294页；卷2《文帝纪》，第79—83页；卷56《朱然传》，中华书局1982年版，第1306页。

④　《资治通鉴》卷70《魏纪·世祖文皇帝下》，华龄出版社2000年版，第842页。

⑤　《三国志》卷2《文帝纪》，第82页；《宋书》卷34《五行志》，中华书局1974年版，第1009页。

阳市)、许(今许昌市)均为魏国重镇。这次疫灾系魏军从江陵带到南阳,再从南阳带到许昌,与战争有直接关系。

太和四年(230 年)是年为吴黄龙二年。"春,吴主孙权使将军卫温、诸葛直将甲士万人,浮海求夷洲、亶洲,欲俘其民以益众",陆逊谏曰:"今江东见众,自足图事,不当远涉不毛。万里袭人,风波难测,又民易水土,必致疾疫,欲益更损,欲利反害。且其民犹禽兽,得之不足济事,无之不足亏众。"全琮亦谏曰:"殊方异域,隔绝障海,水土气毒,自古有之,兵民出入,必生疾病,转相污染,往者惧不能反,所获何可多致?"但孙权不听。结果,"军行经岁,士卒疾疫死者什八九。亶洲绝远,得夷洲数千人还",次年二月,卫温、诸葛直因无功而返被杀①。

青龙二年(234 年)"夏四月,大疫"。"是年夏大疫,冬又大病,至三年春乃止"。这里说大疫自冬延续到明年春,而次年的记载则明确指出春正月的大疫发生在魏京都。该年冬天的疫灾似乎与地震有关,"十一月,京都地震"。魏京都(今洛阳市)之外,孙吴军队中也有瘟疫流行。五月,孙权大举进攻魏国,除亲率十万之众从居巢湖口向合肥新城(今合肥市)进发外,又遣陆逊、诸葛瑾率兵万余从江夏、沔口向襄阳进发,孙韶、张承向广陵、淮阴进发。不久,新城为孙权占领。七月,魏明帝也亲率水军东征,射杀孙权之弟子泰,大挫吴军锐气,加之"吴吏士多疾病",孙权被迫撤军②。

青龙三年(235 年)"正月,京都大疫"。"是时大治洛阳宫,起昭阳、太极殿,筑总章观"③。

正始三年(242 年)是年为吴赤乌五年。"吴孙权赤乌五年,大疫"。"秋七月,遣将军聂友、校尉陆凯以兵三万讨珠崖、儋耳。是岁大疫,有司又奏立后及诸王。八月,立子霸为鲁王"④。这次大疫发生在吴军攻打珠崖、儋耳(今海南)之后,推测是恶性疟疾,首先发生在攻打海南的军士中,然后带回首都建康,所以建康后世方志载有此疫,但有方志指出大疫时间在四

---

① 《资治通鉴》卷 71《魏纪·烈祖明皇帝上之下》,第 862 页;《三国志》卷 60《全琮传》,第 1383 页;《资治通鉴》卷 72《魏纪·烈祖明皇帝中之上》,第 865 页。

② 《三国志》卷 3《明帝纪》,第 101 页;《宋书》卷 13《天文志》,第 683 页;《三国志》卷 3《明帝纪》,第 104 页;《资治通鉴》卷 72《魏纪·烈祖明皇帝中之上》,第 875 页。

③ 《宋书》卷 34《五行志》,第 1009 页;《三国志》卷 3《明帝纪》,第 104 页。

④ 《宋书》卷 34《五行志》,第 1009 页;《三国志》卷 47《吴主传》,第 1145 页。

月，曰"夏四月旱，大疫"，或"夏四月旱，是年大疫"①，不知本自何处，恐不足为凭。

嘉平五年（253年）是年为吴建兴二年。"四月，诸葛恪围新城。大疫，死者大半"。"士卒疲劳，因暑饮水，泄下流肿，病者太半，死伤涂地"。诸葛恪围新城（今合肥市）的初始时间或曰是五月，当时城中有魏军三千兵士，加上百姓有四千余人之多，经过吴兵九十余日的围攻，至秋七月，城中兵民"疾病战死者过半"，城外的吴军也好不到哪里去，"会大暑，吴士疲劳饮水，泄下流肿，病者太半，死伤涂地"，诸葛恪撤军之时，"士卒伤病，流曳道路，或顿仆坑壑，或见略获，存亡哀痛，大小嗟呼"。诸葛恪围城之年或作太元二年（252年），撤军之时或作八月："夏四月，围新城，大疫，兵卒死者大半。八月，恪引军还"②。此次疫灾之病为"泄下流肿"，显然是痢疾。

2. 西晋时期的疫灾

泰始八年（272年）是年为吴凤凰元年。"吴是年改元，疫"。疫灾主要发生在首都建康，建康地区后世方志称"凤凰元年至三年大疫"③。

泰始九年（273年）是年为吴凤凰二年。"吴孙皓凤凰二年，疫"④。

泰始十年（274年）是年为吴凤凰三年。"吴自改元及是岁，连大疫"。"吴比三年大疫"。在南方吴国发生疫灾的时候，北方晋国也有大规模的疫灾流行。"晋武帝泰始十年，大疫。吴土亦同"。后世方志记载此次疫灾的有江苏省之苏州府⑤。

咸宁元年（275年）"十一月，大疫，京都死者十万人"。十二月，京都

---

① 道光：《上元县志》卷1《天文志·庶徵》，成文出版社1983年版，第211页；同治：《上江两县志》卷2《大事纪上》，成文出版社1970年版，第41页；民国：《首都志》卷16《历代大事表》，成文出版社1983年版，第1462页。

② 《宋书》卷34《五行志》，第1009页；《三国志》卷64《诸葛恪传》，第1438页；《资治通鉴》卷76《魏纪·邵陵厉公下》，第922页；《三国志》卷48《孙亮传》，第1152页。

③ 《三国志》卷48《孙皓传》，第1170页；道光：《上元县志》卷1《天文志·庶徵》，第213页。

④ 《宋书》卷34《五行志》，第1009页。

⑤ 《三国志》卷48《孙皓传》，第1170页；《资治通鉴》卷80《晋纪·世祖武皇帝上之下》，第976页；《宋书》卷34《五行志》，第1009页；光绪：《苏州府志》卷143《祥异》第1，光绪九年刊本。

继续大疫,"洛阳死者大半",或曰"大疫,洛阳死者以万数"①。此次疫灾仍然与干旱有关。

咸宁二年(276年)正月,洛阳疾疫继续流行,宫中甚至因为疾疫流行惨烈而废朝。二月,晋武帝也感染了疾病,诏曰:"每念顷遇疫气死亡,为之怆然。"连续几个月的疫灾,造成了许多家庭悲剧。《搜神记》记载了这样一个事例:咸宁中大疫时,庾衮的两个哥哥相继疫死,第三个哥哥也病得奄奄一息,他的父母和弟弟都逃到城外去了,只有他守着死去的和病中的哥哥们,坚持百余天,直到疫灾平息。《晋书·庾衮传》有更详细的记载。疫灾似乎又不止限于洛阳,民国《鄢陵县志》也有"晋咸宁中大疫"的记载,但不知本自何处②。

太康三年(282年)"春,疫"③。这次疫灾没有记载灾区,估计仍然发生在京都洛阳及其附近。

元康元年(291年)"七月,雍州大旱,陨霜疾疫,关中饥,米斛万钱"。梁州亦大旱陨霜,秋谷无成,疾疫流行。雍州和梁州均为一级政区,雍州治今西安市;梁州治今汉中市。后世方志记载此次疫灾的有陕西临潼县等④。

元康二年(292年)"十一月,大疫"⑤。未言灾区,当指京都洛阳地区。

元康六年(296年)八月,关中氐和马兰羌反晋,掠寇天水、略阳、扶风、始平、武都、阴平等郡。十一月,安西将军夏侯俊与建威将军周处率军进讨氐帅泾县齐万年,梁王屯驻好畤(今陕西乾县),一时关中大乱。是月,"关中饥,大疫"。或曰"关中饥疫"⑥。

元康七年(297年)"五月,秦、雍二州疾疫"。"七月,秦、雍二州大旱,疾疫,关中饥,米斛万钱"。"秋七月,雍、梁州疫,大旱,陨霜杀秋稼,关中饥,米斛万钱"。"秋七月,雍、秦二州大旱,疾疫,米斛万钱"。

---

① 《宋书》卷34《五行志》,第1009页;《晋书》卷3《武帝纪》,中华书局1974年版,第65页;《资治通鉴》卷80《晋纪·世祖武皇帝上之下》,第976页。

② 《晋书》卷3《武帝纪》第56—65页;(晋)干宝:《搜神记》卷11《庾衮不畏疫》,贵州人民出版社1991年版,第325页;《晋书》卷88《庾衮传》第2281页;民国:《鄢陵县志》卷29《祥异志》第1页,民国二十五年铅印本。

③ 《宋书》卷34《五行志》,第1009页。

④ 《宋书》卷31《五行志》,第906页;《晋书》卷4《惠帝纪》,第92页;乾隆:《临潼县志》卷9《志余·祥异》,乾隆四十一年刊本,第2页。

⑤ 《宋书》卷34《五行志》,第1010页。

⑥ 《晋书》卷4《惠帝纪》,第94页;《资治通鉴》卷82《晋纪·孝惠皇帝上之上》,第1008页。

上引史料有两处不一致：一是疫灾时间，一说五月，一说七月；二是疫灾地区，一说秦、雍二州，一说雍、梁二州。揆诸事实，秦、雍、梁三州均有疾疫发生。秦州驻天水郡，治今甘谷县。后世方志记载此次疫灾的有凤翔府、咸阳县、南郑县等①。

元康九年（299 年）正月，氐帅齐万年为孟观所擒，氐羌之乱被平定。太子洗马官江统上《徙戎论》，主张把氐羌人迁徙到内地，与汉人杂居，当时有人以"氐寇新平，关中饥疫，百姓愁苦，咸望宁息"为由对此提出质疑，曰："方今关中之祸，暴兵二载；征戍之劳，老师十万；水旱之害，荐饥累荒；疫疠之灾，札瘥夭昏。凶逆既戮，悔恶初附，且款且畏，咸怀危惧，百姓愁苦，异人同虑，望宁息之有期，若枯旱之思雨露，诚宜镇之以安豫"②。这说明是年春关中仍有瘟疫大流行，或许自元康六年以来，疫灾一直未止。

光熙元年（306 年）南夷校尉境内"频岁饥疫，死者十万计"，盘踞成都的李雄诱使建宁（今云南曲靖）夷攻打南夷校尉李毅，李毅病死军中，校尉城被攻克，李雄于成都即皇帝位，国号"大成"。李雄建国时间为夏六月，征南夷校尉时间在三月。南夷校尉驻宁州（今云南滇池），故又有"宁州频岁饥疫，死者以十万计"之说③。

永嘉元年（307 年）三月，怀帝以南阳王司马模为征西大将军，都督秦、雍、梁、益四州军事，镇守长安。"时关中饥荒，百姓相啖，加以疾疠，盗贼公行"④。

永嘉四年（310 年）四月，北方幽、并、司、冀、秦、雍六州大蝗灾。"五月，秦、雍州饥疫至秋"。雍州流民四出，九月，雍州流民汇聚南阳，征南将军山简等以兵促流民归关中，流民以关中荒残，不愿返还，京兆流民王如乘机作乱。十月，汉河内王粲、始安王曜等率众四万寇掠洛阳，洛阳大

① 《宋书》卷 34《五行志》，第 1010 页；《晋书》卷 28《五行志》，第 839 页；《晋书》卷 4《惠帝纪》，第 94 页；《资治通鉴》卷 82《晋纪·孝惠皇帝上之上》，第 1008 页；乾隆：《凤翔府志》卷 12《祥异》，乾隆三十一年刊本，第 3 页；乾隆：《咸阳县志》21《祥异》，乾隆十六年刊本，第 5 页；乾隆：《南郑县志》卷 11《纪事上》，乾隆五十九年刊本，第 8 页。

② 《资治通鉴》卷 83《晋纪·孝惠皇帝上之下》，第 1012 页；《晋书》卷 56《江统传》，第 1532 页。

③ 《晋书》卷 121《李雄载纪》，第 3037 页；《资治通鉴》卷 83《晋纪·孝惠皇帝之下》，第 1050 页。

④ 《资治通鉴》卷 86《晋纪·孝怀皇帝上》，第 1054 页；《晋书》卷 37《南阳王模传》，第 1097 页。

饥，而王如大掠沔汉，进逼襄阳。十一月，洛阳荒馑日深，大饥引发大疫，"殿内死人交横，府寺营署并掘堑自守"。襄阳亦大疫，死者三千余人。史称"雍州以东，人多饥乏，更相鬻卖，奔迸流移，不可胜数。幽、并、司、冀、秦、雍六州大蝗，草木及牛马毛皆尽。又大疾疫，兼以饥馑，百姓又为寇贼所杀，流尸满河，白骨蔽野。刘曜之逼，朝廷议欲迁都仓垣，人多相食，饥疫总至，百官流亡者十八九"①。

永嘉五年（311 年）十二月，洛阳失陷，怀帝被掳，洛阳城被刘曜付之一炬，晋军在长安拥立愍帝，苟延残喘。为夺取长安，刘聪命部将石勒驻军襄樊，晋将司马睿则派王导率众讨伐，石勒"军粮不济，死疫大半"，或曰"会军中饥疫，死者大半，乃渡沔，寇江夏"，然后北上攻新蔡、许昌、洛阳②。

永嘉六年（312 年）"大疫"③。这次大疫主要发生在长安。上年洛阳陷落后，骄奢淫逸的苟晞因在长安扶端为皇太子有功，比以前更加专横跋扈，大杀谏士，"由是众心稍离，莫为致用，加以疾疫饥馑，其将温畿、傅宣皆叛之"。不仅西晋军队中有疾疫流行，刘汉军队中也是如此，是年二月，石勒驻军葛陂（今河南新蔡县北），课农造舟，准备进攻建业（今南京），"会霖雨，历三月不止"，"军中饥疫，死者大半"，或曰"会大雨，三月不止，勒军中饥疫，死者大半"，六月，"石勒自葛陂北行，所过皆坚壁清野，掳掠无所获，军中饥甚，士卒相食"④。

建兴元年（313 年）正月，晋怀帝被害。三月，刘聪在洛阳欲为新立皇后建筑宫殿，大兴土木，廷尉陈元达谏曰："陛下践祚以来，已作殿观四十余所，加之军旅数兴，馈运不息，饥馑疾疫，死亡相继，而益思营缮，岂为民父母之意乎！"或曰："陛下龙兴已来，外殄二京不世之寇，内兴殿观四十余所，重之以饥馑疾疫，死亡相属"⑤。陈元达所说，是指刘聪称帝（310年）以来饥疫连绵，可能当时疫灾尚未止息。

---

① 《宋书》卷34《五行志》，第1010页；《资治通鉴》卷87《晋纪·孝怀皇帝中》第1064页；《晋书》卷5《怀帝纪》，第121页；《晋书》卷26《食货志》，第791页。

② 《晋书》卷104《石勒载纪》，第2713页；《资治通鉴》卷87《晋纪·孝怀皇帝中》，第1066页。

③ 《宋书》卷34《五行志》，第1010页；《晋书》卷5《怀帝纪》，第125页。

④ 《晋书》卷61《苟晞传》，第1671页；《晋书》卷104《石勒载纪》，第2716页；《资治通鉴》卷88《晋纪·孝怀皇帝下》，第1074、1076页。

⑤ 《资治通鉴》卷88《晋纪·孝愍皇帝上》，第1081页；《晋书》卷102《刘聪载纪》，第2663页。

建兴四年（316 年）刘聪在洛阳册立第四个皇后，"朝廷内外无复纲纪，阿谀日进，货贿公行，军旅在外，饥疫相仍，后宫赏赐，动至千万"。关中饥疫，韦泓一家"丧乱之际，亲属遇饥疫并尽"。是年九月，刘曜攻陷长安，"城中饥甚，米斗直金二两，人相食，死者大半"①。十一月，愍帝出降，西晋灭亡。

3. 东晋十六国时期的疫灾

大兴三年（320 年）在前赵，是年为光初三年。晋将李矩攻克金墉城（今洛阳市北），刘曜以刘岳为征东大将军，从长安出镇洛阳，中途"会三军疫甚"，刘岳被迫屯军渑池。李矩时为司州刺史，占领洛阳的时间在二月。此前，李矩因大败石勒而领河东（治今山西夏县）、平阳（治今山西临汾市）太守，"时饥馑相仍，又多疾疫，矩垂心抚恤，百姓赖焉"②。

永昌元年（322 年）东晋"冬十月，大疫，死者十二三"。"十一月，大疫，死者十二三。河朔亦同"③。"河朔"在这里是泛指东晋没有能够控制的黄河流域的广大地区。这次疫灾南方和北方都有流行，为全国性疫灾。南方东晋"京都大旱，川谷并竭"，建康地区为重疫区，朝中大臣也有染疫者。建康方志记载此次疫灾曰："冬十月，京师大雾，是月大疫"④。北方河朔地区的东部（大致包括今山西东部，北京、天津、河北全部以及河南、山东大部）为石勒控制，当时"勒境内大疫，死者十二三"，致使石勒停止了徽文殿的建设，驻守在青州广固城（今山东青州市）的东晋将领曹嶷计划退守海中，也因为"会疾疫甚，计未及就"，后被石勒杀害。河朔地区的西部（大致包括今山西西部、陕西关中及甘肃东部）为刘曜所控制，也是一个疫区。二月，刘曜西征氐羌，仇池（今甘肃成县西北）杨难敌率众来拒，杨难敌战败，退保仇池，而南安主杨韬投降，刘曜因迁杨韬及陇右万余户于长安，然后大举进攻仇池，"会军中大疫，曜亦得疾"，在自己身患疾病，军队"兼疫疠甚"的情况下，刘曜想要班师回长安，又怕杨难敌操其后路追击，因派

①　《晋书》卷 102《刘聪载纪》，第 2673 页；《晋书》卷 70《应詹传》，第 1861 页；《资治通鉴》卷 89《晋纪·孝愍皇帝下》，第 1099 页。

②　《晋书》卷 103《刘曜载纪》，第 2686 页；《资治通鉴》卷 91《晋纪·中宗元皇帝中》，第 1118 页；《晋书》卷 63《李矩传》，第 1706 页。

③　《晋书》卷 6《元帝纪》，第 156 页；《宋书》卷 34《五行志》，第 1010 页。

④　《晋书》卷 94《郭文传》，第 2440 页；同治：《上江两县志》卷 2《大事纪上》，第 43 页。

使者与杨难敌议和而退。十二月，刘曜欲移葬其父于粟邑（今陕西白水县西北），除亲自至粟邑进行规度外，还派大将刘岳率一万骑兵迎其父亲与弟之灵柩于太原，结果"疫气大行，死者十三四"①。

太宁三年（325 年）东晋正月至六月不雨，大旱。闰八月，明帝死，史臣曰："帝聪明有机断，尤精物理，于时兵凶岁饥，大疫流行，死者过半"②。明帝在位四年，这里的"大疫"主要指首府建康地区。

咸和五年（330 年）"夏五月，旱，饥且疫"。"五月，大饥且疫"。"是岁无禾麦，天下大饥"。既然大饥的范围是"天下"，发生疫病的范围也应是"天下"，当然也包括京师建康在内③。

咸康四年（338 年）八月，"蜀中久雨，百姓饥疫"，龚壮上书曰："今霖雨百日，饥疫并臻，天其或者将以监示陛下也"④。该年蜀地割据政权"成"改称"汉"，这里所说的"蜀中"即成都。

永和六年（350 年）夏五月大水，"是岁大疫"。建康地区后世方志载有此次疫灾⑤。

永和七年（351 年）四月，刘显杀石祗及诸胡帅，中原大乱，"戎、晋十万数，各还旧土，互相攻略及疾疫死亡，能违者十二三"。冉闵为赵丞相的时候，"与羌、胡相攻，无月不战，所徙青、雍、幽、荆四州之民及氐、羌、胡、蛮数百万口，以赵法禁不行，各还旧土；道路交错，相互杀掠，其能达者什有二三。中原大乱，因以饥疫，人相食，无复耕者"⑥。

永和九年（353 年）三月，大旱。"五月，大疫"。建康地区后世方志载有此次疫灾⑦。

---

① 《晋书》卷 105《石勒载纪》，第 2740 页；《资治通鉴》卷 92《晋纪·中宗元皇帝下》，第 1128 页；《晋书》卷 103《刘曜载纪》，第 2691 页；《资治通鉴》卷 92《晋纪·肃宗明皇帝上》，第 1135 页；《晋书》卷 103《刘曜载纪》，第 2693 页。

② 《晋书》卷 6《明帝纪》，第 164 页。

③ 《晋书》卷 7《成帝纪》，第 175 页；《宋书》卷 34《五行志》，第 1010 页；《晋书》卷 27《五行志》，第 809 页；同治：《上江两县志》卷 2《大事纪上》，第 44 页；民国：《首都志》卷 16《历代大事表》，第 1469 页。

④ 《资治通鉴》卷 96《晋纪·显宗成皇帝中之下》，第 1183 页。

⑤ 《晋书》卷 8《穆帝纪》，第 197 页；同治：《上江两县志》卷 2《大事纪上》，第 45 页；民国：《首都志》卷 16《历代大事表》，第 1470 页。

⑥ 《宋书》卷 24《天文志》，第 714 页；《资治通鉴》卷 99《晋纪·孝宗穆皇帝中之上》，第 1223 页。

⑦ 《宋书》卷 34《五行志》，第 1010 页；同治：《上江两县志》卷 2《大事纪上》，第 45 页；民国：《首都志》卷 16《历代大事表》，第 1471 页。

永和十二年（356 年）史称"永和末多疾疫"，当时朝廷规定，大臣之家如有三人以上染疫，即使本人无病，百日之内也不得入宫，而"疫病之年，家无不染"，以致百官多因家中染疫人多而不能进宫议事①。"永和"为穆帝年号，历时十二年。

兴宁二年（364 年）兴宁年间，竺法旷东游禹穴时，"东土多遭疫疾"②。"禹穴"在今浙江绍兴，竺法旷为于潜县青山寺僧，所谓"东土"应是指于潜县以东至绍兴之间的地区，也就是临安、余杭、钱塘（今杭州）、永兴（今萧山）、山阴（今绍兴）一线。"兴宁"年号历时三年，这里将疫灾之年系于兴宁二年。

太和四年（369 年）冬，大司马桓温征发徐州、兖州、扬州百姓筑广陵城。十二月，桓温移镇广陵城。"时行役既久，又兼疾疠，死者十四五，百姓嗟怨"。所谓"冬，大疫"③，或即指此。

太元四年（379 年）三月，大疫。冬，又大疫。未言疫灾区域，可能指京都，后世方志有载④。

太元五年（380 年）"五月，自冬大疫，至于此夏。多绝户者"⑤。这说明先年冬天开始的大疫一直延续到该年五月。如果先年疫灾是在京都发生，本年也是如此。

隆安元年（397 年）即道武帝皇始二年。八月，北魏将领拓拔圭率军从鲁口（在今河北饶阳境）进攻常山郡（今石家庄）之九门城，"时大疫，人马牛多死。帝问疫于诸将，对曰：在者才十四五。是时中山犹拒守，而饥疫并臻，群下咸思北还"。此次疫灾"军中大疫，人畜多死"⑥，人畜共患，可能是天花。

隆安二年（398 年）隆安元年四月，王恭镇京口，起兵诛王国宝。百姓谣曰："昔年食白饭，今年食麦麸。天公诛谪汝，教汝捻喉咙。喉咙喝复喝，

①　《晋书》卷 76《王彪之传》，第 2009 页。

②　（梁）释慧皎：《高僧传》卷 5《晋于潜青山竺法旷传》，中华书局 1992 年版。

③　《资治通鉴》卷 102《晋纪·海西公下》，第 1272 页；《晋书》卷 98《桓温传》，第 2577 页；《宋书》卷 34《五行志》，第 1010 页。

④　《晋书》卷 9《孝武帝纪》，第 229 页；《宋书》卷 34《五行志》，第 1010 页；同治：《上江两县志》卷 2《大事纪上》，第 45 页。

⑤　《宋书》卷 34《五行志》，第 1010 页。

⑥　《魏书》卷 2《太祖纪》，中华书局 1974 年版，第 30 页；《资治通鉴》卷 109《晋纪·安皇帝甲》，第 1372 页。

京口败复败"。九月，王恭死，"京都大行咳疾，而喉咙并喝焉"①。所谓"咳疾"，应是病毒性感冒所引起的咳嗽。

隆安五年（401 年）十一月，孙恩兵败沪渎、海盐，"饥馑疾疫，死者太半"，亡奔临海②。

义熙元年（405 年）"十月，大疫，发赤斑乃愈"③。此次疫灾当为天花流行。未言疫灾范围，可能是指京都，但天花流行猛烈，也可能是指整个东晋。

义熙四年（408 年）刘敬宣率众五千伐蜀，七月，兵至四川遂宁，"食粮尽，军中多疾疫，死者大半"。刘敬宣伐蜀是从三峡白帝城开始的，一路上所攻皆克，但到遂宁黄虎时遇到了蜀将谯道福的顽强抵抗，"相持六十余日，遇疠疫，又以食尽，班师，为有司所劾，免官"④。

义熙六年（410 年）先年四月，刘裕自淮入泗，北伐南燕。六月，夺取南燕重镇临朐，围南燕主慕容超于广固城。至本年二月，广固城（今山东青州）被围半年之久，因为"城久闭，城中男女病脚弱者太半，出降者相继"，南燕尚书悦寿见大势已去，开城纳晋师，慕容超被擒，斩于建康⑤。"病脚弱者太半"，可视为瘟疫流行。因刘裕北伐，建康城中空虚。徐道覆劝卢循乘机进攻建康。卢循为孙恩妹夫，徐道覆为卢循姐夫。是年二月，广州刺史卢循反晋，兵分两路北上。西路军由卢循亲率，经始兴郡（今广东韶关）北上，沿湘江而下，直趋长沙郡；三月，至长沙，与荆州刺史刘道规军队战，大败之，进据巴陵城（今湖南岳阳），正准备溯荆江而上，夺取荆州，碰上豫州刺史刘毅从姑孰（今安徽当涂）来讨，于是顺流而下，至寻阳与先期到达的徐道覆军会合。东路军由徐道覆率领，顺赣江而下，南康（今江西赣州）、庐陵（今江西庐陵）、豫章（今江西南昌）等郡望风而降；三月，至豫章，与江州刺史何无忌军队战，亦大败之，遂北上寻阳，占领江州（今江西九江）。五月，卢循、徐道覆合军与刘毅战于桑落洲，又败之，于是，进围建康，晋朝震动。其时，刘裕已回建康，

---

① 《资治通鉴》卷 110《晋纪·安皇帝乙》，第 1382 页；《晋书》卷 28《五行志》，第 848 页。

② 《宋书》卷 1《武帝纪上》，第 3 页。

③ 《宋书》卷 34《五行志》，第 1010 页。

④ 《资治通鉴》卷 114《晋纪·安皇帝己》，第 1438、1441 页；《宋书》卷 47《刘敬宣传》，第 1414 页；《晋书》卷 84《刘敬宣传》，第 2192 页。

⑤ 《资治通鉴》卷 115《晋纪·安皇帝庚》，第 1444—1450 页。

卢循在建康城外与之周旋一月之久，因无所获，遂于七月退回寻阳。《异苑》所谓"卢循自广州下，泊船江西，众多疫死"①，说的就是四五月间卢循、徐道覆在江西会师之事。

义熙七年（411年）先年十二月，刘裕大败卢循军于豫章。是年正月，刘裕回到建康。"春，大疫"②。未言疫灾范围，应指京都。前述卢循农民军中流行瘟疫，此疫或许是刘裕军队带回。

4. 南北朝时期的疫灾

永初三年（422年）夏四月，魏太宗幸成皋城，观虎牢；闰四月，北魏军队攻克虎牢，但"士众大疫，死者十二三"，付出了惨痛代价。"秋七月，魏师侵宋北鄙。十一月攻滑台，克之。明年，拔虎牢，陷金墉，屠许昌，遂启河南之地……自五年八月至七年十二月，荧惑一守轩辕，再犯进贤，再犯房星，月一犯轩辕及房，皆女君大臣之鉴……或曰火犯上，亢为饥疫。时官军陷武牢，会军大疫，死者十二三。是冬，诏禀饥人"③。滑台在今滑县，成皋城及其虎牢在今荥阳，金墉城在洛阳城北，这三城当时都在黄河南岸。武牢地望不详，疑即虎牢。

景平元年（423年）三月，北魏叔孙建以三万骑兵进攻东阳城（今山东青州），守城宋军在竺夔的指挥下，以一千五百人的少数打败了叔孙建的多次进攻，但损失惨重，"战士多死伤，余众困乏"。到四月，魏兵终于在东阳城北打开了一个缺口，可就在这时，瘟疫开始在魏军中流行，"时天暑，魏军多疫"，叔孙建曰："兵人疫病过半，若相持不休，兵自死尽，何须复战！今全军而返，计之上也。"因以"兵人不宜水土，疫病过半"为由而撤兵。闰四月，叔孙建又与奚斤会兵，共攻虎牢。时虎牢已经被围二百日，无日不战，魏军又凿地道泄城中井水，以致"城中人马渴乏"，"重以饥疫"，不久虎牢城被攻克。疾疫不仅在宋军中流行，"魏士卒疫死者亦什二三"④。

---

① 《资治通鉴》卷115《晋纪·安皇帝庚》，第1450—1454页；《古今图书集成·历象汇编·庶徵典》卷114《疫灾部纪事》，第5472页。

② 《宋书》卷34《五行志》，第1010页。

③ 《魏书》卷3《太宗纪》，第63页；《魏书》卷105《天象志三》，第2399页。

④ 《资治通鉴》卷119《宋纪·营阳王》，第1508页；《魏书》卷38《刁雍传》，第866页；《资治通鉴》卷119《宋纪·营阳王》，第1509页。

元嘉三年（426 年）刘宋自景平元年以来连续大旱，元嘉二年，范泰表贺元正，并陈旱灾，曰：“顷旱魃为虐，元阳愆度，通川燥流，异井同竭。老弱不堪远汲，贫寡惮于负水。租输既重，赋税无降，百姓怨咨。臣年过七十，未见此旱。阴阳并隔，则和气不交，岂惟凶荒，必生疾疫，其为忧虞，不可备序”。范泰担心因旱成疫，果不其然，元嘉三年六月，“大旱蝗”，“时旱灾未已，加以疾疫”，范泰又上表曰：“顷亢旱历时，疾疫未已，方之常灾，实为过差，古以为王泽不流之征”①。

元嘉四年（427 年）“五月，京都疾疫”。甲午日，政府“遣使存问，给医药；死者若无家属，赐以棺器”。这次疫灾由旱灾诱发，并持续到第二年春天。京都即刘宋首都建康（今南京），建康地区后世方志载有此次疫灾，有的方志甚至直接改称“元嘉四年五月，建康疾疫”②。

元嘉五年（428 年）春正月，“时大旱，疾疫”，左光禄大夫范泰上表于引咎辞职，但文帝不许。扬州刺史（驻建康）王弘也以“阴阳隔并，亢旱成灾，秋无严霜，冬无积雪，疫疠之气，弥历四时”引咎辞职。文帝则颁布诏书，以“阴阳违序，旱疫成患”求言指陈得失③。

元嘉七年（430 年）刘宋到彦之领兵北伐，魏军望风而逃，滑台、虎牢、洛阳三城为宋军占领。十月，魏军大举反攻，重新夺取洛阳（金墉）、虎牢两城，独到彦之所守滑台未失。十一月，“河冰将合，粮食又罄。彦之先有目疾，至是大动，将士疾疫，乃回军焚舟，步至彭城”。或曰：“且将士疾疫，乃引兵自清入济，南至历城，焚舟弃甲，步趋彭城”④。

元嘉十二年（435 年）即北魏世祖太延元年。其年夏六月，世祖诏曰：“有鄙妇人持方寸玉印，诣潞城侯孙家……印有三字，为龙鸟之形，要妙奇巧，不类人迹。文曰‘旱疫平’。推寻其理，盖神灵之报应也。”很显然，

---

① 《资治通鉴》卷 120《宋纪·太祖文皇帝上之上》，第 1522 页；《宋书》卷 60《范泰传》，第 1620—1622 页。

② 《宋书》卷 34《五行志》，第 1010 页；《宋书》卷 5《文帝纪》，第 76 页；同治：《上江两县志》卷 2《大事纪上》，第 48 页；民国：《首都志》卷 16《历代大事表》，第 1478 页；道光：《上元县志》卷 1《天文志·庶徵》，第 218 页。

③ 《资治通鉴》卷 121《宋纪·太祖文皇帝上之中》，第 1528 页；《宋书》卷 42《王弘传》，第 1314 页；《宋书》卷 5《文帝纪》，第 76 页；《南史》卷 2《宋本纪》中华书局 1975 年版，第 40 页。

④ 《南史》卷 25《到彦之传》，第 675 页；《资治通鉴》卷 121《宋纪·太祖文皇帝上之中》，第 1539 页。

所谓"神灵之报应"是假，而此前北魏境内有"旱疫"流行应该是真，如果不是当时有瘟疫，魏世祖恐怕也不会为此下诏令，而此诏令的作用有可能就是为了安抚处在疫灾威胁之中的百姓的心。不过，该月魏世祖又以"时和年丰"，诏祭祀百神，以答天贶①。

元嘉二十四年（447年）六月，刘宋"京邑疫疠，丙戌，使郡县及营署部司，普加履行，给以医药"。京邑即首都建康，建康地区后世方志载有此次疫灾。建康又称丹阳，故有"元嘉二十四年六月，丹阳大水疫疠"之记载②。

元嘉二十八年（451年）正月，北魏拓拔焘攻盱眙，"凡攻之三旬，不拔。会魏军中多疾疫，或告以建康遣水军自海入淮，又敕彭城断其归路"，二月，魏军撤退。"疾疫死者甚众"是魏军撤军的主要原因。三月，刘宋大旱。四月，"都下疾疫，使巡省给医药"。"都下"即京畿建康地区，后世方志记载有此次疫灾③。

孝建元年（454年）吴［兴］郡钱塘县（今浙江杭州）大疫，有父母兄弟七人同时疫死者；有子病而父母死不殡者；有父子并亡者；有一家六口俱得病，二人丧没者。乌程县（今浙江湖州）吴逵一家"经荒饥馑，系以疫，父母兄弟嫂及群从小功之亲，男女死者十三人"④。

大明元年（457年）"四月，京邑疾疫"；"夏，京师疾疫"。政府"遣使按行，赐给医药；死而无收殓者，官为殓理"。京师、京邑均指都城建康（今南京），或称"大明元年正月，建康雨水，四月丹阳疾疫"⑤。建康指京畿地区，丹阳仅指京城。

大明三年（459年）刘宋北境兖州、徐州、豫州多有战事。八月，孝武帝诏曰："近北讨文武，于军亡没，或殒身矢石，或疠疾死亡，并尽勤王事，而

①　《魏书》卷4《世祖纪》，第85页；《资治通鉴》卷122《宋纪·太祖文皇帝上之下》，第1555页。

②　《宋书》卷5《文帝纪》，第95页；同治：《上江两县志》卷2《大事纪上》，第49页；道光：《上元县志》卷1《天文志·庶徵》，第219页。

③　同治：《上江两县志》卷2《大事纪上》，成文出版社1970年版，第50页；民国：《首都志》卷16《历代大事表》，成文出版社1983年版，第1480页。

④　《宋书》卷91《范叔孙传》，第2252页；《宋书》卷91《吴逵传》，第2247页。

⑤　《宋书》卷34《五行志》，第1010页；《宋书》卷26《天文志》，第947页；《南史》卷2《宋本纪》，第60页；民国：《首都志》卷16《历代大事表》，第1481页；道光：《上元县志》卷1《天文志·庶徵》，第219页。

敛槽卑薄。可普更赙给，务令丰厚"。该年在北魏为文成帝太安五年。其年
"二月，荧惑入东井，占曰：'旱兵饥疫，大臣当之'。十二月，六镇、云中、
高平、雍、梁饥旱。明年，改年为和平"①。北魏境内可能也有瘟疫流行。

大明四年（460 年）"四月，京邑疾疫"。辛酉诏曰："都邑节气未调，疫
疠犹众；言念民瘼，情有矜伤。可遣使存问，并给医药，其死亡者，随宜加
赡"。刘宋京都的瘟疫可能延续到六月，据载，该年有饥馑人相食的天象，"三
吴仍岁凶旱，死者十二三"，六月，"时宋君虐其诸弟，后宫多丧，子女继夭，
哭泣之声相再"。南京地区后世方志记载有此次疫灾②。该年为北魏文成帝和
平元年。三月，吐谷浑因为旱灾开始向西迁徙；六月，魏军趁势进攻吐谷浑什
寅部落；八月，魏军西征至西平，什寅部落退保南山；九月，魏军"济河追
之，遇瘴气，多有疾疫，乃引军还"。此段故事，或简单地表述为："至六月，
诸将讨吐谷浑什寅，遂绝河穷蹑之，会军大疫，乃还"；或"魏军至西平，吐
谷浑王什寅走保南山。九月，魏军济河追之，会疾疫，引还"③。

泰始四年（468 年）六月，太白犯舆鬼，占曰："民大疫，死不收"，其
年"普天大疫"。该年为北魏献文帝皇兴二年。"十月，豫州疫，民死十四
五万"④。北魏豫州范围盈缩不常，治所常变，是时北魏都平城（今大同市
东北），尚未迁都洛阳（其迁都之年为 494 年），豫州可能治荥阳，录以
俟考。

建元元年（479 年）是年，顾宪之提升为衡阳内史，"先是，郡境连岁
疾疫，死者大半，棺椁尤贵，悉裹以苇席，弃之路旁。宪之下车，分告属
县，求其亲党，悉令殡葬。其家人绝灭者，宪之出公禄使纲纪营护之"⑤。这
里说"先是郡境连岁疾疫"，可知疫灾之年不是本年，而是之前数年，但总
归在 5 世纪 70 年代之内，故仍系于此年。

---

① 《宋书》卷 6《孝武帝纪》，第 124 页；《魏书》卷 105《天象志三》，第 2408 页。

② 《宋书》卷 34《五行志》，第 1010 页；《宋书》卷 6《孝武帝纪》，第 126 页；《魏书》卷 105
《天象志三》，第 2409 页；同治《上江两县志》卷 2《大事纪上》，第 51 页；民国《首都志》卷 16《历
代大事表》，第 1481 页。

③ 《魏书》卷 5《高宗纪》，第 119 页；《北史》卷 2《魏本纪·高宗文成帝》，中华书局 1974 年
版，第 70 页；《魏书》卷 105《天象志三》，第 2408 页；《资治通鉴》卷 129《宋纪·世祖孝武皇帝
下》，第 1639 页。

④ 《宋书》卷 26《天文志》，第 756 页；《魏书》卷 112《灵征志上》，第 2916 页。

⑤ 《梁书》卷 52《顾宪之传》，中华书局 1973 年版，第 758 页；《南史》卷 35《顾宪之传》，
中华书局 1975 年版，第 922 页。

　　永明五年（487 年）即北魏孝文帝太和十一年。是年，"魏春夏大旱，代地尤甚；加以牛疫，民馁死者多"；"六月癸未，诏内外之臣极言无隐"；"秋七月己丑，诏有司开赈济贷，听民出关就食"。河北雄县、清苑县所谓"春夏大旱，牛疫民死，秋七月赈贷"①，所本即此。这场疫灾与大旱饥馑有关，人畜共患，流行范围主要在今河北、山西，尤其是代地（今山西大同）。

　　中兴元年（501 年）正月，和帝受命，梁王萧衍欲自立为帝，率大军屯驻沔口（今汉口），大举进攻郢州城（今武昌），郢州刺史张冲拼死抵御。三月，张冲死，郢州城由薛元嗣固守。七月，东军主吴子阳率十三军救援郢州，屯驻郢州城外之加湖，萧衍遣征虏将军王茂击溃加湖援军，薛元嗣无法再坚持下去，开城投降。至是，郢州城被围困六个多月之久。"初，郢城之拒守也，男女垂十万，闭累经年，疾疫死者十七八，皆积尸于床下，而生者寝处其上，每屋辄盈满"；"郢城将佐文武男女口十余万人，疾疫流肿，死者十七八"；"郢城之初围也，士民男女近十万口；闭门二百余日。疾疫流肿，死者什七八，积尸床下而寝其上，比屋皆满"。由于"郢城内饥疫死者甚多，不及葬殡"，直到天监四年（505 年），郢州刺史萧恢才"遽命埋掩"。"流肿"一般认为是细菌性痢疾，但死亡率这么高，可能还有其他流行病。是年冬，建康城也有瘟疫流行。其时，建康城为东昏侯盘踞，东昏侯贪婪残暴，荒淫无度。是年六月，东昏侯作芳乐苑，山石皆涂以五彩，"望民家有好树、美竹，则毁墙撤屋而徙之，时方盛暑，随即枯菱，朝暮相继"；九月，萧衍军攻建康，东昏侯听部下李居士之言，"烧南岸邑屋以开战场，自大航以西、新亭以北皆尽"；十月，李居士降萧衍，于是，萧衍坐镇石头城，命诸军进攻建康之六城门，东昏侯则"烧门内营署、官府，驱逼士民，悉入宫城，闭门自守"；十二月，东昏侯为宦官所杀，萧衍入城。所以次年四月，萧衍诏数东昏侯之罪，曰："（建康百姓）流离寒暑，继以疫疠，转死沟渠，曾莫救恤，朽肉枯骸，乌智是厌。加以天灾人火，屡焚宫掖，官府台寺，尺椽无遗"②。

---

　　① 《资治通鉴》卷 136《齐纪·世祖武皇帝上之下》，第 1734—1735 页；嘉靖《雄乘》卷下《祥异第十》，天一阁本，第 39 页；民国《雄县新志》之《故实略·祥异》，成文出版社 1969 年版，第 41 页；民国《清苑县志》卷 6《大事记·灾祥表》，成文出版社 1968 年版，第 905 页。

　　② 《南齐书》卷 8《和帝纪》，中华书局 1972 年版，第 112—113 页；《梁书》卷 12《韦睿传》，第 221 页；《南史》卷 58《韦睿传》，第 1426 页；《梁书》卷 1《武帝纪上》，第 11 页；《南史》卷 6《梁本纪》，第 174 页；《资治通鉴》卷 144《齐纪·和皇帝》，第 1825 页；《梁书》卷 22《太祖五王传》，第 351 页；《资治通鉴》卷 144《齐纪·和皇帝》，第 1824、1828、1831 页；《梁书》卷 1《武帝纪》，第 14 页。

天监二年（503 年）"六月丁亥，诏以东阳（今金华）、信安（今衢州）、丰安（今浦江）三县水潦，漂损居民资业，遣使周履，量蠲课调。是夏多疫疠"①。寻思文意，疫疠之地可能就是指上述三县，但后世方志以为是指京师建康②，也是可以相信的，因为古代史家对于发生在京师地区的事情，习惯上往往略而不言其地。

天监三年（504 年）南梁"是岁多疾疫"，是年六月，梁曾下诏大赦天下。按照大赦惯例，六月份可能是疫灾高峰期。建康地区后世方志记载有此次疫灾，有的方志甚至直接改称"天监三年建康疫"③。该年为北魏宣武帝正始元年，时北魏已经迁都洛阳。四月洛阳地震，六月洛阳又震。北魏"旱，疾疫"④。

天监九年（510 年）该年为北魏宣武帝永平三年。"夏四月，平阳郡大疫，死者几三千人"。详细的情况是平阳郡之禽昌、襄陵二县大疫，自正月至四月，死者二千七百三十人⑤。禽昌、襄陵二县均在今山西临汾市境。

天监十四年（515 年）三月，梁军发众两万多人，在钟离郡（今安徽凤阳东北）浮山截断淮河，以水倒灌寿阳城。四月，堰成而复溃，"乃伐树为井干，填以巨石，加土其上"，导致"沿淮百里内冈陵木石无巨细毕尽，负担者肩穿。夏日疾疫，死者相枕，蝇虫昼夜声合"。疫灾可能由疟疾引起，也可能由细菌性痢疾引起。这大概是中国历史上的第一次大江截流，"是冬，寒甚，淮泗尽冻，浮山堰士卒死者什七八"，至次年"夏四月，淮堰成，长九里，下广一百四十丈，上广四十五丈，高二十丈，树以杞柳，军垒列居其上"，可惜到"九月丁丑，淮水暴涨，堰坏，其声如雷，闻三百里，缘淮城戍村落十余万口皆漂入海"⑥，酿成人间一大悲剧。

---

① 《梁书》卷 2《武帝纪》，中华书局 1973 年版，第 39 页；《南史》卷 6《梁本纪》，中华书局 1975 年版，第 187 页。

② 同治《上江两县志》卷 2《大事纪上》，成文出版社 1970 年版，第 55 页；民国《首都志》卷 16《历代大事表》，成文出版社 1983 年版，第 1488 页。

③ 《梁书》卷 2《武帝纪》，第 41 页；同治《上江两县志》卷 2《大事纪上》，第 55 页；民国《首都志》卷 16《历代大事表》，第 1488 页；道光《上元县志》卷 1《天文志·庶徵》，第 221 页。

④ 陈高佣：《中国历代之天灾人祸表》，上海书店（影印 1939 年暨南大学刊本）1986 年版，第 370 页；按：不知本自何处，查《资治通鉴》卷 145《梁纪·高祖武皇帝一》，只有此年六月"魏大旱"的记载，未见有疫。录以俟考。

⑤ 《魏书》卷 105《天象志四》，第 2433 页；卷 8《世宗纪》，第 209 页；卷 112《灵征志》，第 2916 页。

⑥ 《资治通鉴》卷 148《梁纪·高祖武皇帝四》，第 1876、1879—1881 页；《南史》卷 55《康绚传》，第 1375 页。

大通三年（529 年）"六月壬午，以永兴公主疾笃故，大赦，公主志也。是月，都下疫甚，帝于重云殿为百姓设救苦斋，以身为祷"。是年十月，改元中大通。"都下"即首都建康，所以后世方志称"中大通元年建康、秣陵疫"，或曰"中大通元年夏六月，京师疾甚"；"中大通元年夏六月，京师疫"①。

太清元年（547 年）是年，梁首都丹阳（今南京）有莫氏妻，生男，眼在顶上，大如两岁儿，坠地而言曰："儿是旱疫鬼，不得住"。母曰："汝当令我得过"。疫鬼曰："有上官，何得自由。母可急作绛帽，故当无忧"。母不暇作帽，以绛系发。自是旱疫者两年，扬、徐、兖、豫尤甚。也有人认为此年开始的旱疫与东魏大将侯景有关，自从此年侯景降梁，梁便不得安宁，首都丹阳地区自是旱疫三年。后世方志记载此次疫灾的有浙江省之湖州府②。

太清二年（548 年）八月，侯景于寿阳叛梁。十月，侯景围攻南京，"百姓闻景至，竞入城，公私混乱，无复次第"。侯景围建康外围之台城，久攻不下，军中乏食，人相食，加之梁军援兵至，侯景招架不住，与梁议和，"求解围还江北，诏许之"，但当得知"城内疾疫，稍无守备"时，他却不想退还江北了，并有了觊觎南京之心。十一月，侯景勾结梁将萧正德围攻南京，十二月，"城中疾疫，死者大半"。其后，南京城攻守数月，城中粮绝，"军人屠马于殿省间鬻之，杂以人肉，食者必病。贼又置毒于水窦，于是稍行肿满之疾，城中疫死者大半"，被围之初，南京城有"男女十余万，贯甲者三万"，至次年三月城被攻破后，"疾疫且尽，守埤者止二三千人，并悉羸懦，横尸满路，无人埋瘗，臭气熏数里，烂汁满沟渠"③，南京几乎成为一座鬼城。

太清三年（549 年）春，南京城内疫灾继续流行。先年，侯景军围南京城时，屯守南京咽喉太阳门的是邵陵王长子萧坚，萧坚"终日蒲饮，不抚军政。吏士有功，未尝申理，疫疠所加，亦不存恤，士咸愤怨"，这年三月，部下倒戈，"以绳引贼登楼，城遂陷"。侯景因此得以攻入南京城，当时疫灾尚未平息，"城中积尸不暇埋瘗，又有已死而未殓，或将死而未绝，景悉聚而烧之，臭气闻十余里。尚书外兵郎鲍正疾笃，贼曳出焚之，宛转火中，久

---

① 《南史》卷 7《梁本纪中》，第 206 页；道光《上元县志》卷 1《天文志·庶徵》，第 221 页；同治《上江两县志》卷 2《大事纪上》，第 56 页；民国《首都志》卷 16《历代大事表》，第 1490 页。

② 《隋书》卷 23《五行志下》，第 660 页；光绪《安徽通志》卷 347《祥异》；乾隆《江南通志》卷 197《杂类志·機祥》；同治《湖州府志》卷 44《前事略·祥异》，江苏古籍出版社、上海书店、巴蜀书社 1993 年版，第 822 页。

③ 《资治通鉴》卷 161《梁纪·高祖武皇帝十七》，第 2034 页；《南史》卷 36《沈宪传》，第 939 页；《梁书》卷 56《侯景传》，第 844 页；《南史》卷 80《侯景传》，第 2004—2006 页。

而方绝"。可谓惨绝人寰。史称："自侯景围建业，城中多有肿病，死者相继，无复板木，乃刳柱为棺。自云龙、神虎门外，横尸重沓，血汁漂流，无复行路。及景入城，悉聚尸焚之，烟气冲天，臭闻数十里。初，城中男女十余万人，及陷，存者才二三千人，又皆带疾病，盖天亡之也。"或曰："初，闭城之日，男女十余万，擐甲者二万余人；被围既久，人多身肿气急，死者什八九，乘城者不满四千人，率皆羸喘。横尸满路，不可瘗埋，烂汁满沟，而众心犹望外援"。其年十二月，有百济国使者来诣南京，见到城邑丘墟，竟伤心地在端门外号泣，以致"行路见者莫不洒泪。"① 此次疫灾由"肿满之疾"流行引起，其症状是"身肿气急"、"羸喘"，可能是肺部疾病。

大宝二年（551 年）四月，侯景发兵攻打巴陵（今湖南岳阳），久攻不克，至五月，侯景"军中食尽，疾疫死伤太半"，或曰"军中疾疫，死者大半"②。

天嘉四年（563 年）是年为北周武帝保定三年。二月，北周武帝诏曰："伏惟太祖文皇帝，敬顺昊天，忧劳庶政，历序六家，以阴阳为首。泊予小子，弗克遵行，惟斯不安，夕惕若厉。自顷朝廷权舆，事多仓卒，乖和爽序，违失先志。风雨僭时，疾疠屡起，嘉生不遂，万物不长，朕甚伤之。"③ 此诏说明北周境内自保定元年（561 年）以来连续多年疾疫流行，查保定元年和二年北周大旱，疫灾可能与旱灾有关。北周都长安，人口相对密集的关中应为疫灾的主要流行地。

天嘉六年（565 年）是年即北齐后主天统元年。十二月，"是岁，河南大疫"。此"河南"与"晋阳"相对，约大致相当于今河南省。"是时频岁多大水，州郡多遇沉溺，谷价腾涌，朝廷遣使开仓，从贵价以耀之，而百姓无益，饥馑尤甚，重以疾疫相乘，死者十四五焉"④。

天康元年（566 年）二月，南陈文帝诏曰："朕以寡德，篡承洪绪，日昃劬劳，思弘景业，而政道多昧，黎庶未康，兼疹患淹时，亢阳累月，百姓

---

① 《梁书》卷 29《高祖三王传》，第 436 页；《南史》卷 80《侯景传》，第 2007 页；《魏书》卷 98《萧衍传》，第 2186 页；《资治通鉴》卷 162《梁纪·高祖武皇帝十八》，第 2044 页；《梁书》卷 56《侯景传》，第 850—853 页。

② 《资治通鉴》卷 164《梁纪·太宗简文皇帝下》，第 2069 页；《梁书》卷 56《侯景传》，第 857 页。

③ 《周书》卷 5《武帝纪》，中华书局 1971 年版，第 68 页。

④ 《北齐书》卷 8《后主纪》，中华书局 1972 年版，第 98 页；《隋书》卷 24《食货志》，中华书局 1973 年版，第 678 页。

何咎，寔由朕躬，念兹在兹，痛加疾首。可大赦天下，改天嘉七年为天康元年。"① 显然，这道诏书是在大规模的疫灾打击下宣布的，它表达了请求上天赐以健康的愿望。两个月后，文帝就病死了。这次疫灾的病种为"疹"，显然还是由天花引起。

太建五年（573年）此年为北齐武平四年。南陈吴明彻率兵北伐，北齐王琳据寿阳（今安徽寿县）城。十月，吴明彻攻寿阳，"堰肥水以灌城，城中多病肿泄，死者什六七"，或曰"城中苦湿，多腹疾，手足皆肿，死者十六七"。"城内水气转侵，人皆患肿，死病相枕"，王琳大败。陆杳当时为王琳部下，其传也载："武平中，为寇所围，经百余日，就加开府仪同三司。城中多疫疠，死者过半。"②

太建六年（574年）四月，陈军北伐北齐，诏曰："大军未接，中途止憩，朐山、黄郭，车营布满，扶老携幼，蓬流草跋，既丧其本业，咸事游手，饥馑疾疫，不免流离。"③ 朐山在今连云港市南，黄郭在今江苏赣榆县北。

二　魏晋南北朝时期疫灾的时间分布

1. 朝代分布

魏晋南北朝时期是继春秋战国以来的一个社会大动荡时期，安宁罕见，烽火常有。从220年曹丕称帝起，至581年杨坚篡周止，前后只362年，政局相对稳定的南方就经历了三国、西晋、东晋、宋、齐、梁、陈等朝代，平均每个朝代不过半个世纪，登上历史舞台并拥有年号的王侯，更是走马灯似地更换不停。由于分裂时期各朝在时间上有重叠，这里与疫灾时间序列相呼应，按照魏晋南朝世系进行分析。

据上文引证，魏晋南北朝362年中共有76年发生过疫灾，平均4.76年发生一次疫灾，疫灾频度为21.0%，高于先秦两汉时期的任何一个朝代。其中三国魏时期（220—264年）疫灾年份7个，疫灾频度15.6%。西晋时期（265—316年）疫灾年份18个，疫灾频度34.6%；东晋时期（317—419年）疫灾年份20个，疫灾频度19.4%。刘宋时期（420—478年）疫灾年份

---

① 《陈书》卷3《世祖纪》，中华书局1972年版，第60页。

② 《资治通鉴》卷171《陈纪·高宗宣皇帝上之下》，第2181页；《陈书》卷9《吴明彻传》，第162页；《北齐书》卷32《王琳传》，第435页；《北史》卷28《陆杳传》，1974年，第1019页。

③ 《陈书》卷5《宣帝纪》，中华书局1972年版，第87页。

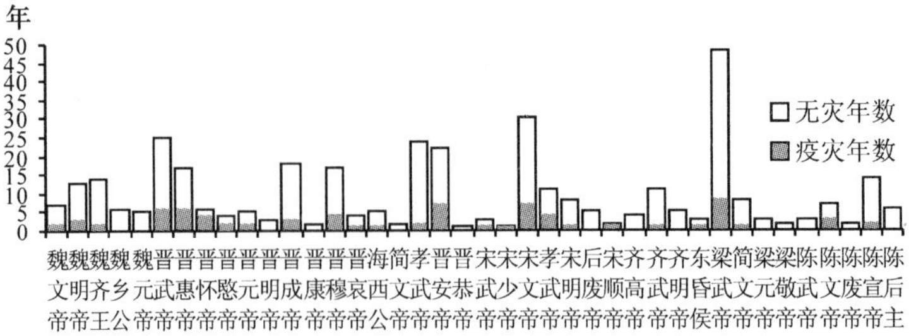

图 29 - 1　魏晋南北朝各王朝的疫灾年数

14 个，疫灾频度 23.7%；萧齐时期（479—502 年）疫灾年份 3 个，疫灾频度 12.5%；萧梁时期（503—556 年）疫灾年份 9 个，疫灾频度 16.7%；南陈时期（557—580 年）疫灾年份 5 个，疫灾频度 20.8%。

　　在以上各时期中，以西晋末年的疫灾频度最高。葛洪（281—341 年）曾经谈到，他曾"屡值疫疠"，又说"曾有大疫，死者过半"，甚至人称"李八百"的道人李宽也得"温病"死于道室之中。他还多次用瘟疫来阐明他的道家思想，曰："夫道者，内以治身，外以为国，能令七政遵度，二气告和，四时不失寒燠之节，风雨不为暴物之灾，玉烛表升平之征，澄醴彰德治之符，焚轮虹霓寝其祅，颓云商羊戢其翼，景耀高照，嘉禾毕遂，疫疠不流，祸乱不作"；"人能守一，一亦守人。所以白刃无所措其锐，百害无所容其凶，居败能成，在危独安也。若在鬼庙之中，山林之下，大疫之地，冢墓之间，虎狼之薮，蛇蝮之处，守一恶远进。若忽偶忘守一，而为百鬼所害"；"家有三皇文，辟邪恶鬼，温疫气，横殃飞祸。若有困病垂死，其信道心至者，以此书与持之，必不死也"[①]。他将瘟疫与祸乱、虎狼、邪恶相提并论，足见瘟疫在他心目中的形象是多么可怕了，同时也说明当时瘟疫流行的频繁和可怕。

　　晋武帝时期黄河流域多旱、蝗、雹灾，其在位的 25 年中，至少有 6 年发生过疫灾（272、273、274、275、276、282 年）。晋惠帝是个白痴，朝廷大权由皇后贾氏垄断，因此"惠帝之后，政教陵夷"，统治集团内部争权夺利，展开了凶残的内战，史称"八王之乱"。与此同时，旱、蝗、霜、震、饥等灾害也相当频繁，其在位的 17 年中，至少有 6 年发生疫灾（291、292、

　　① （晋）葛洪：《抱朴子内篇校释》卷 9《道意》，第 158 页；卷 8《释滞》，第 159 页；卷 10《明本》，第 178 页；卷 18《地真》，第 298 页；卷 19《遐览》，第 308 页。

296、297、299、306 年)。怀帝朝"丧乱弥甚"[①]，史称"永嘉之乱"，在位
7 年之中，至少 4 年有疫灾流行（307、310、311、312 年)。愍帝在位 5 年，
其间至少 2 年有疫灾流行（313、316 年)。

刘宋统治的 60 年间，前后经历了 8 个帝王。武帝朝有 1 年发生疫灾
（422 年)；少帝在位 2 年，有 1 年发生疫灾（423 年)；文帝在位 30 年，有
7 年疫灾流行（426、427、428、430、435、447、451 年)；孝武帝在位 11
年，有 4 年流行疫灾（454、457、459、460 年)；前废帝朝无疫灾记录；明
帝在位 8 年，有 1 年疫灾流行（468 年)；后废帝、顺帝朝无疫灾记录。其
间疫灾多数为天花流行，特别是那些与北魏军队入侵有关的疫灾。

萧齐统治的 23 年间，帝王走马灯似地换了 8 个。高帝在位 4 年，有 1 年
疫灾流行（479 年)；武帝在位 11 年，有 1 年疫灾记录（487 年)；和帝在位
2 年，有 1 年疫灾流行（501 年)；其余各朝无疫灾记录。

南梁仍为多事之秋，"梁室多故，祸乱相寻，兵甲纷纭，十年不解"[②]，
但政权更替相对较少。武帝在位 48 年，其间至少有 8 年流行疫灾（503、
504、510、515、529、547、548、549 年)；简文帝在位 2 年，有 1 年流行疫
灾（551 年)；元帝、敬帝朝未见疫灾记录。

南陈统治的 33 年中也是"兵无宁岁，民乏有年"[③]。武帝朝无疫灾记
录；文帝在位 8 年，有 3 年疫灾流行（563、565、566 年)；临海王朝无疫灾
记录；宣帝在位 14 年，有 2 年疫灾流行（573、574 年)；后主朝无疫灾记录
（以上详见图 29 - 1)。

2. 季节分布

在魏晋南北朝时期，有时一年内可有多次疫灾发生，如 379 年春三月
大疫，冬天又大疫；还有时一次疫灾可延续几个月甚至几个季节，如 379
年冬季的疫灾一直延续到 380 年的夏季五月。统计该时期疫灾的流行季
节，季节不详者（多半是全年都有瘟疫流行或是战争期间发生的瘟疫）9
次，春季 17 次，夏季 30 次，秋季 11 次，冬季 15 次。显然，夏季是瘟疫
流行的最主要季节，其次是春、冬季，秋季发生瘟疫的机会相对较少。夏

---

① 《晋书》卷 26《食货志》，第 791 页。
② 《陈书》卷 3《世祖纪》，第 59 页。
③ 《陈书》卷 3《世祖纪》，第 57 页。

季较多疫灾流行而秋季疫灾较少流行的特点与先秦两汉时期有相似之处。

表29－1　　　　　　魏晋南北朝时期疫灾年份及其季节分布表

年	春	夏	秋	冬	年	春	夏	秋	冬	年	春	夏	秋	冬	年	春	夏	秋	冬
222				10	307					397			8		460		4		
223	3				310		5—6	7	11	398			9		468		6		10
230					311				12	401				11	479				
234		4			312		6			405				10	487				
235	1				313	3				408					501				
242			7		316			9		410		4—5			503				
253		4			320					411					504		6		
272					322				10—11	422	1				510	1—3	4		
273					325			8		423		4			515				
274					330		5			426		6			529		6		
275			11—12		338			8		427		5			547				
276	1—2				350					428					548				12
282					351					430				10	549	3			
291			7		353			5		435					551		4		
292			11		356					447		6			563	2			
296			12		364					451		4			565				12
297		5	7		369					454					566	2			
299					379	3				457		4			573				10
306					380	1—3	4—6			459			9		574		4		

说明：表中黑色底纹表示疫病流行的季节，底纹中的数字表示具体的农历月份。无底纹者表示季节不详。

3．周期规律

如图29－2所示，从十年疫灾指数及其50年滑动平均趋势看，魏晋南北朝时期前接东汉末的疫灾周期，后接隋唐初的疫灾周期，中间又经历了两个比较完整的疫灾周期。东汉末年的疫灾周期长约180年，开始于1世纪80年代，结束于3世纪60年代。其后是两晋时期的疫灾高峰期，开始于3世纪70年代，结束于4世纪80年代，波长110年。紧接着是北魏和南朝宋、齐时期的疫灾周期，从4世纪90年代至6世纪初，波长110年。再接下来的是延续到隋唐时期的一个疫灾周期，该周期波动幅度很小，波长也较前面的短。综观魏晋南北朝时期疫灾的周期性变化，可以看出，它具有波幅越来越小、波长越来越短的趋势。这可能反映了疫灾的致灾因子增多或疫灾变性加大、频率加快的事实。一般而言，疫灾的发生类似于地震的发生，地壳积累的应力如果随时以小地震的方式释放，则很难发生强烈的大地震；同样，如果经常发生小的疫灾流行，就很难累积起大规模疫灾的"能量"。天花的流行尤其如此，在一个地方第一次发生天花时，其破坏力是非常巨大的，因为那时所有的人群都是易感人群；但是，当一个地方的人群经历过多次天花的洗礼后，天花就仅对那些不具免疫力的儿童构成威胁。

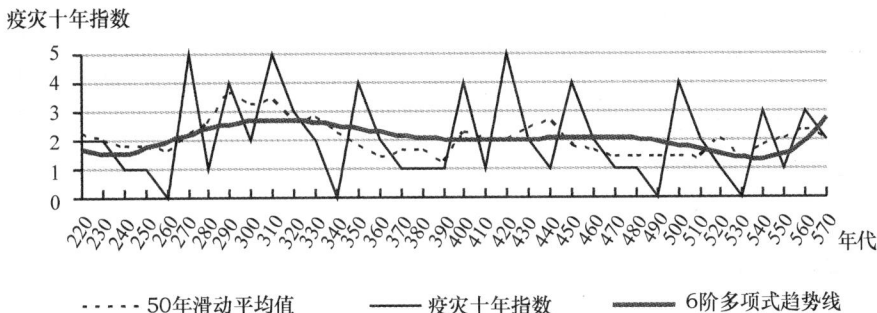

图 29 - 2　魏晋南北朝疫灾十年指数变化趋势图

三　魏晋南北朝时期疫灾的空间分布

1. 疫灾频度的空间分布

三国时期共有 7 个疫灾年份，所有疫灾都与战争有关。其中 2 次仅发生在北方，4 次疫灾仅发生在南方，1 次疫灾南北方都有发生，南方疫灾频度自先秦以来首次超过北方。北方疫灾全部发生在河南，主要是当时人口密集的洛阳、南阳、许昌等城市。南方的疫灾主要发生在长江中游的安徽和湖北，台湾和海南由于军事介入也开始有了疫灾的记载。西晋时期共有 18 个疫灾年份，半数疫灾与战争有着直接的关系，其中 11 次疫灾仅发生在北方，4 次疫灾仅发生在南方，3 次疫灾南北方都有发生，北方疫灾频度高于南方。北方疫灾主要发生于黄河中游地区，洛阳和长安是疫灾重心。南方疫灾主要发生在长江流域的重要城镇，如建康、襄樊、汉中（见图 29 - 3）。

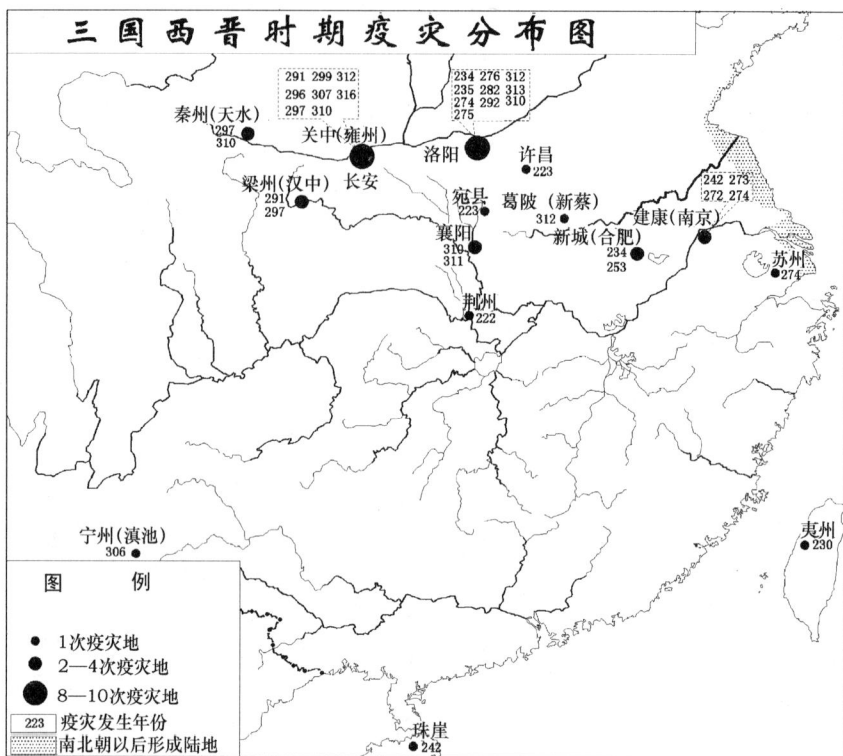

图 29 - 3 三国西晋时期的疫灾分布

东晋十六国时期共有 20 个疫灾年份，其中 3 次仅发生在北方，15 次仅发生在南方，2 次南北方都有发生，三分之二以上的疫灾与战争有着直接的关系。南方疫灾明显多于北方，南北方疫灾频度之比为 3.4∶1。这个比例可能由于北方诸国记载的缺失而偏高，但该时期南方的疫灾频度超过北方，应是一个毋庸置疑的事实。因为这是北方人口大量迁移到南方的时期，北方移民迁到南方，不仅可能将疾病带到南方，而且可能因为不服水土而染病，两种情况都可能在南方创建大量的易感人群，导致传染病的频繁流行。北方疫灾主要发生在黄河中下游地区，河南、山东地区的疫灾相对较多。南方疫灾主要发生在以首都建康为中心的长江下游地区，其次是长江上游的四川和长江中游的江西（见图 29 - 4）。

南北朝时期共有 31 个疫灾年份，近 40% 的疫灾与战争有着直接的关系，

东晋十六国时期疫灾分布图

（地图）主要标注地点与疫灾年份：

- 鲁口（饶阳）397
- 太原 322
- 常山（石家庄）397
- 青州 322　410
- 平阳（临汾）320
- 栗邑（白水）322
- 夏县 320
- 洛阳 320　351
- 长安 322
- 渑池 320
- 仇池（成县）322
- 成都 338
- 遂宁 408
- 广陵 369
- 建康（南京）
- 海盐 401
- 钱塘（杭州）364
- 沪渎 401
- 绍兴 364
- 江州（九江）410
- 豫章（南昌）410
- 建康附近疫灾年份：322 350 379 405 / 325 353 380 411 / 330 356 398

图例：
- ● 1次疫灾地
- ● 2次疫灾地
- ⬤ 11次疫灾地
- 水面
- 322 疫灾年份
- 南北朝以后形成陆地

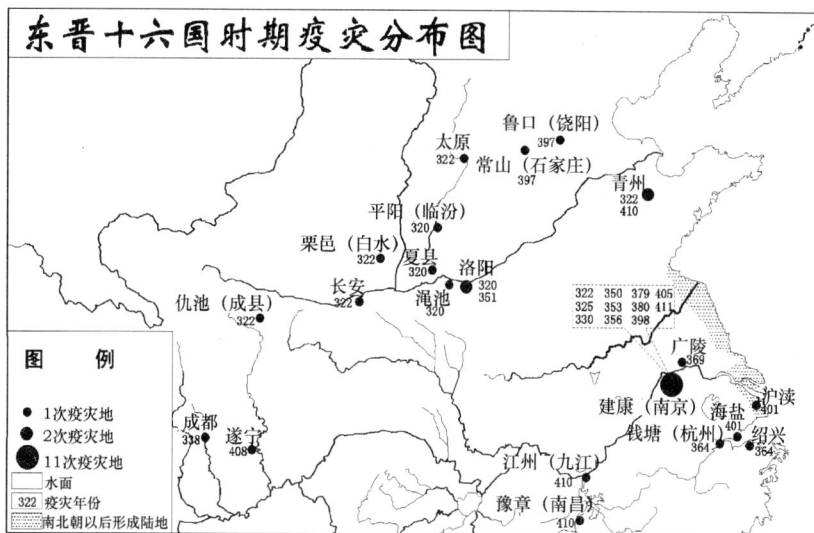

图29-4　东晋十六国时期的疫灾分布

其中9次仅发生在北方地区，18次仅发生在南方地区，4次南北方都有发生，仍然是南方疫灾多于北方。北方疫灾主要发生在黄河中下游地区的河南、山西、山东、河北、青海，南方疫灾主要发生在首都建康、沿淮重镇、长江中游重镇及杭州湾（见图29-5）。

2. 疫灾重心的空间变化

以省为地域单位，统计各省魏晋南北朝时期疫灾次数见表29-2。不难看出，魏晋南北朝疫灾的空间分布具有以下特点（见图29-6）：

表29-2　　　　　　　　　魏晋南北朝时期各省区疫灾次数表

省区	青	甘	陕	晋	豫	鲁	冀	苏	皖	赣	鄂	湘	川	云	浙	台	琼	小计
三国时期（220—264年）					3			1	1							1	1	7
西晋时期（265—316年）		2	8		9			2	2				2	1				26
东晋时期（317—419年）		1	1	3	3	3	2	12		1		2			2			30
南北朝时期（420—587年）	1		1	4	6	2	1	15	1		4		2		2			39
合　计（220—587年）	1	3	10	7	21	5	3	30	4	1	4	2	4	1	4	1	1	102

图 29 - 5 南北朝时期的疫灾分布

第一，疫灾范围有逐步扩大的趋势。疫灾波及的范围三国时期为 7 省次，西晋时期为 26 省次，东晋时期为 30 省次，南朝时期为 39 省次。

第二，疫灾重心有由北向南迁移的趋势。三国西晋时期的疫灾重心在陕西、河南，东晋以后的疫灾重心在江苏。三国两晋时期，疫灾累及的范围为 32 省次，其中北方 21 省次，南方 11 省次，北方多于南方，北方又以分裂势力建都的河南、陕西两省为最。东晋十六国时期，疫灾累及的范围为 30 省次，其中北方 13 省次，南方 17 省次，南方开始多于北方。南方又主要集中在长江流域的江苏（含上海）。南北朝时期，疫灾累及的范围为 39 省次，其中南方 24 省次，北方 15 省次，南方显著多于北方，而江苏独得 15 省次，

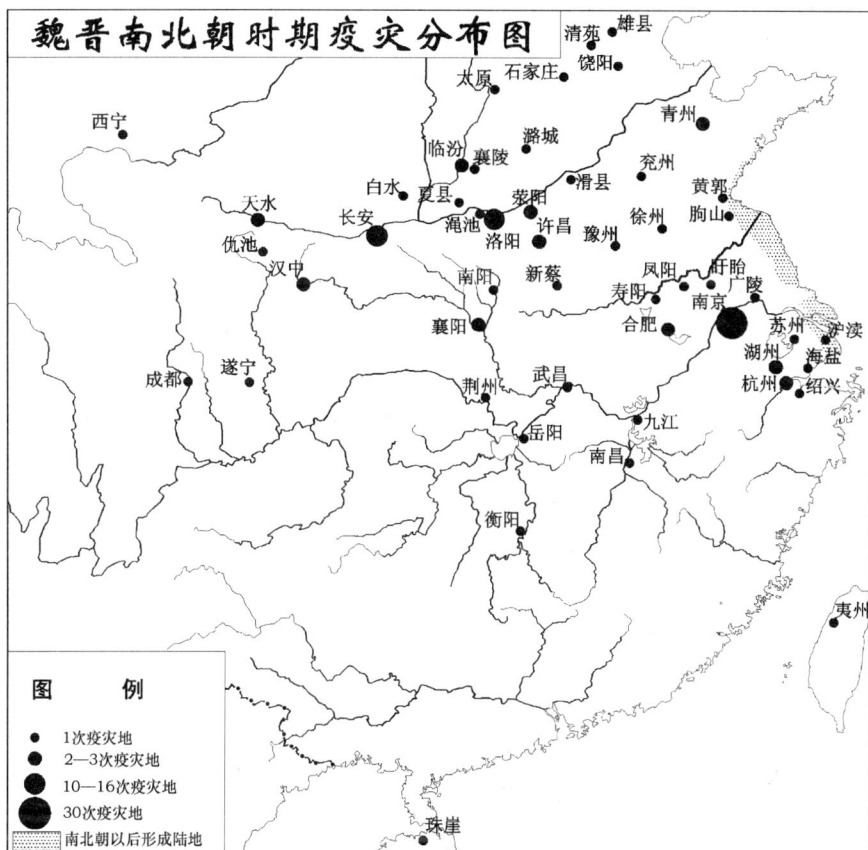

图 29 - 6 魏晋南北朝时期的疫灾分布

疫灾重心偏于长江下游地区的特点得到进一步加强。南方地区的疫灾比重逐渐上升，北方地区的疫灾比重逐渐下降，这种变化趋势与南方地区的经济开发和人口增长密切相关。在区域经济开发初期，往往是人口运动和环境改变最为激烈的时期，这为疾病的传播和疫灾的流行提供了条件。

第三，都城所在地为疫灾多发区，都城区位的变迁影响着疫灾重心的变迁。如六朝旧都所在的江苏，曹魏、西晋都城所在地的河南，西魏、北周都城所在地的陕西。这三省累计的疫灾年次分别是 30 年次、21 年次、10 年次，合占该时期疫灾总省次数的 60%。形成这种分布格局的主要原因是它们是魏晋南北朝各时期的都城所在，不仅人口密度较高，而且战争也多。尽管史家对都城事件的关注要比其他地区多，历史文献记载的不均衡可能在一定程度上拔高了发生在都城地区的疫灾的比例，但都城所在地的疫灾频率相对其他地区要高应该是毋庸置疑的事实。

四 结语

1. 魏晋南北朝时期362年中至少有76年发生过疫灾，平均4.76年发生一次疫灾，疫灾频度为21.0%，不仅高于其前的先秦两汉时期，而且高于其后的隋唐五代时期，是中国历史上的第一个疫灾高峰期。

2. 以朝代论，西晋时期的疫灾频度高达34.6%，是我国南宋以前疫灾最为频繁的朝代。以世纪论，3世纪疫灾频度高达26%，是我国14世纪以前疫灾最为频繁的世纪。以季节论，夏季是瘟疫流行的最主要的季节，约41%的疫灾发生在夏季。以疫灾周期性论，疫灾周期具有波幅越来越小、波长越来越短的趋势，这可能反映了疫灾致灾因子增多或疫灾频率加快的事实。

3. 在空间分布上，疫灾范围有逐步扩大的趋势，疫灾重心有由北向南迁移的趋势。都城所在地为疫灾多发区，都城区位的变迁影响着疫灾重心的变迁。三国西晋时期的疫灾重心在黄河流域的陕西、河南，东晋以后的疫灾重心迁移到长江下游的江苏。这三省疫灾省次数占魏晋南北朝时期疫灾总省次数的60%。

4. 总体来看，魏晋南北朝时期的疫灾主要分布于人口相对稠密、经济相对发达、战争相对较多的黄河中下游地区、长江中下游地区及其之间的淮河流域，边鄙地区疫灾几乎全部与战争有关。

第三十篇

隋唐五代时期疫灾地理研究

　　瘟疫灾害是急性传染病大规模流行造成的灾害，它自始至终是人类生命和健康安全的天敌。隋唐五代时期气候相对温暖，流行的疫病主要有天花、疟疾、痢疾等，与其前的魏晋南北朝和其后的宋元明清相比，该时期疫灾相对稀少，疫灾频度约 12.4%，其中盛唐所在的 8 世纪疫灾频度最低；疫灾流行的季节主要是夏秋。至于疫灾的地理分布，隋朝是北方多于南方，唐朝与五代是南北基本平衡；北方疫灾主要发生在黄河中下游地区，南方疫灾主要发生在江淮之间和长江三角洲。

（本文发表于《暨南史学》2004 年第 3 辑）

疫灾是由急性传染病大规模流行所导致的灾害，中国古代是一个多疫灾的国度①。隋唐五代时期（581—960 年）历经将近 4 个世纪，是中国历史上的一个重要时期，考察其疫灾的时空分布规律，是研究中国历史疫灾地理的重要任务。

一　隋唐五代时期的疫灾背景与主要疫病种群

隋朝结束了南北朝时期的分裂局面，重新统一了中国，但是个短命王朝，历二世而亡，在其统治的 30 多年间，击突厥，修长城，凿运河，筑两京，侵高丽，游江都，以致急政层出，民力交瘁。唐代是我国继西汉以来的强盛时期，国运长达 3 个世纪，但安史之乱后，藩镇割据，灾祸迭起。五代是唐后期藩镇割据的延续，半个世纪中，干戈扰攘，战乱连绵，国家复限于分裂。

隋唐五代时期的医学较前有所发展，撰写的医学著作有一百数十种之多，流传下来的著名医学著作有隋朝巢元方的《巢氏诸病源候论》、唐初孙思邈的《千金方》、唐中叶王焘的《外台秘要》，医史学家陈邦贤称此三书为"隋唐最古典之医籍"②。与之前的魏晋南北朝时期相比，隋唐五代时期中国的气候相对温暖一些，但主要疫病种群没有发生大的变化，其疫病种类主要有鼠疫、天花、疟疾、痢疾、流感、白喉等。

鼠疫的起源很早，鼠疫的世界性大流行，医学史家公认的有三次，其中第一次流行的时期约当隋唐之际，在 542—710 年之间，长达 170 年之久。据说这次大流行起源于埃及，一路越过地中海传到君士坦丁堡，然后从那里传到中东的巴勒斯坦和叙利亚；一路则从亚历山大港传到罗马，然后传到欧洲大陆和爱尔兰。世界医学史家麦格劳（Roderick E McGraw）在所著《医史全书》中指出，这次世界性鼠疫大流行也波及了中国，大约在 8 世纪中叶从海路传到广州，9 世纪初再次流行。我国医史学家冼维逊更查证麦格劳提到的两次疫灾可能是唐代宗宝应元年（762 年）的"江东大疫"和唐宪宗元和元年（806 年）的"浙东大疫"，并指出乾元元年（758 年）九月曾有大食、波斯侵略广州的历史，证明当时具有从地中海携带鼠疫病菌到

---

① 龚胜生：《中国疫灾的时空分布变迁规律》，载《地理学报》2003 年第 6 期。
② 陈邦贤：《中国医学史》，商务印书馆 1937 年版，第 97、143—146 页。

广州的条件①。北京中医医院的符友丰也指出唐代孙思邈《千金方·伤寒上》所记载的"头重颈直，皮肉痹，结核隐起"的"瘟病阴阳毒"具有腺鼠疫的症状②。

天花这种烈性传染病自东晋以后曾多次流行，因此隋朝《巢氏诸病源候论》对天花症状的描述比东晋《肘后方》要详细得多。在《巢氏诸病源候论》中，天花有"登豆疮"和"皰疮"等名称，"皰疮重者，周围遍身，其状如火疮，若根赤头白者则毒轻，若色紫黑则毒重。其疮形如豆，亦名登豆疮"。医学的进步，有赖于治病的实践，隋代对天花认识的进步，反映了南北朝时期曾有过多次的天花流行。"登豆疮"又名"豌豆疮"，唐代医著《千金方》、《外台秘要》中都有"豌豆疮"的记载。敦煌药方中也有"兔皮疗豌豆疮方"。天花因为其疮形如豆，唐代又有了"痘疮"的称谓。《说郛·杂纂》载，诗人李义山曾经因为"子女痘瘢"而"羞不出"；《五代史补·诗话》载，东瓯人陈黯才思敏捷，十三岁时患天花，斑疮新愈时，去面见郡牧，郡牧戏谑他说："藻才而花貌，何不咏歌？"他应声成诗："玳瑁宁堪比，斑犀讵可加。天嫌未端正，敷面与装花。"③ 可见，唐代天花并不罕见。但是，直到唐永徽四年（653 年），天花在中国腹地似乎还不具有地方性，其流行仍需要从域外引入病源。据张文仲《随身备急方》记载，永徽四年的天花"从西域东流，遍于海中"，说明其前已多年没有流行过天花了。在此后的许多次大疫中，有些可怀疑是天花的流行，如高宗永淳元年（682 年）和中宗景龙元年（707 年）黄河中下游地区的大疫。清代董正山《牛痘新书》（1844 年）认为唐代开元年间（713—741 年）江南赵氏创立了"鼻苗种痘之法"。所谓"鼻苗"法，就是从天花患者的痘痂研成细末吹入小儿鼻孔，几天之后，小儿发烧出疹，结痂康复，从而获得天花的永久免疫。尽管这种观点因为缺乏更详细的证据而不被学界广泛接受，但也绝非信口开河，不可轻易否定。

疟疾是唐代的重要流行性传染病，当时大巴山—长江干流一线以南的地区广泛流行被称为"瘴"的恶性疟疾，因而长江以南地区在当时被视为瘴雨蛮烟之地，中原人士谈之色变；作为惩罚，许多罪犯被流放到那里，许多官

①　冼维逊：《鼠疫流行史》，广东卫生防疫站 1988 年版，第 11、92、176 页。

②　符友丰：《从鼠疫流行看〈素问·热论〉奥蕴》，载《河南中医》2001 年第 1 期。

③　马伯英：《中国医学文化史》，上海人民出版社 1984 年版，第 807 页。

吏被贬谪到那里，并在那里留下了许多写实的诗篇，《全唐诗》和《全五代诗附补遗》中谈到"瘴"的就有上百首之多。《全唐文》中还收录有皮日休的《祝疟疬文》。"祝"是当时驱病的一种手段，唐代太医署专门设有祝由医官，但皮日休非医官而有祝疟疾之举，足见当时疟疾流行之多。可惜的是，隋唐五代时期仍然不知道疟疾与蚊子之间的关系，还认为疟疾是瘟神所致，皮日休《祝疟疬文》就是如此。

二 隋唐五代时期的疫灾时间序列

1. 隋朝的疫灾

开皇元年（581 年）。隋朝建立之初，中原王朝与北方游牧部落突厥的关系便迅速恶化，突厥连年进犯，不久攻占了武威、天水、安定（治今泾川）、金城（治今兰州）、上郡（治今富县）、弘化（治今庆阳）、延安等郡，占领了今甘肃、宁夏、陕北大部分地区。但是，这些地区整年没下雨雪，"川枯蝗暴，卉木烧尽，饥疫死亡，人畜过半"，士兵"饥不得食，又多灾疫，死者极众"[①]。显然，这次疫灾与旱灾、蝗灾和饥荒有关，疫病为人畜共患，又发生在突厥占领区，且这些地区现代有鼠疫自然疫源地分布，因而很可能是鼠疫。

开皇十二年（592 年）。首都长安疾疫，隋文帝召徐孝克到尚书都堂讲《金刚般若经》[②]。此次疫灾发生的具体时间不清楚，但疫灾范围可能仅限于长安城。

开皇十八年（598 年）。二月，行军元帅汉王谅率水陆大军 30 万大举攻伐高丽（今朝鲜）；九月，军队至辽东后，疾疫大行，"死者十八九"，不得不撤军[③]。关于这次远征途中的疫灾流行，历史多所记载，如庶人谅"率众至辽水，遇疾疫，不利而还"[④]；高颎"从汉王征辽东，遇霖潦疾疫，不利而还"[⑤]；王世积"与汉王并为行军元帅，至柳城，遇疾疫而返"[⑥]。《隋

① 《北史》卷 99《突厥传》，中华书局 1974 年版，第 3292 页；《隋书》卷 84《北狄·突厥传》，中华书局 1973 年版，第 1867 页。

② 《南史》卷 62《徐孝克传》，中华书局 1975 年版，第 1528 页。

③ 《隋书》卷 2《高祖纪下》，第 43 页。

④ 《北史》卷 45《庶人谅传》，第 1244 页。

⑤ 《北史》卷 41《高颎传》，第 1182 页。

⑥ 《隋书》卷 40《王世积传》，第 1173 页。

书·高丽传》的记载更详细，称当时汉王谅的军队"馈运不继，六军乏食，师出临渝关，复遇疾疫，王师不振"，军队越过辽水后，高丽王元开始惶恐不安，慌忙遣使谢罪，上表自称"辽东粪土臣元"云云，"上于是罢兵，待之如初，元亦岁遣朝贡"①。柳城为柳城郡治所，即今辽宁朝阳市；临渝关在今河北抚宁县与秦皇岛市之间；辽东在这里是指辽东城，在今辽宁辽阳市。

大业六年（610 年）。二月，隋炀帝遣朝请大夫张镇州攻打流求（今台湾），"俘虏数万，士卒深入，蒙犯瘴疠，馁疾而死者十八九"②。这就是说，攻打流求的军队中有过瘴疠（恶性疟疾）流行。实际上，其俘虏者只一万七千人③。

大业八年（612 年）。《隋书·炀帝纪》曰："是岁，大旱，疫，人多死，山东尤甚。"④ 这里没有言明大疫发生的时间，但据有关记载考证，疫灾发生的时间当在秋季。据载，大业七年秋，山东、河南大水，"漂没三十余郡，民相卖为奴婢"；冬，隋军云集涿郡，准备攻打高丽⑤。大业八年正月，集于涿郡之军队达 1 133 800 人，号称 200 万大军，开始攻打高丽，至七月，隋军大败而归⑥。随后，疫灾广泛流行，《隋书·食货志》称："是岁（大业七年）山东、河南大水，漂没四十余郡，重以（大业八年）辽东覆败，死者数十万。因属疫疾，山东尤甚"⑦。显然，这次大疫发生在隋军败归之后的秋季，其疫种甚至可能是被败军带回。关于疫灾流行的区域，《隋书·炀帝纪》仅说是"山东尤甚"，说明"山东"之外，其他地方也有旱疫发生，《隋书·食货志》则"山东、河南"并提之后再说"山东尤甚"，说明这次疫灾的范围至少是包括"山东、河南"两个区域。在这里，"山东"仅指黄河以北、太行山以东的河北诸郡，而非是指崤山以东的黄河中下游地区；"河南"则是指黄河以南、淮河以北的河南诸郡。

大业十三年（617 年）。是岁天下大旱，关中疫疠流行。《隋书·食货

① 《隋书》卷 81《东夷传·高丽》，第 1816 页。
② 《隋书》卷 24《食货志》，第 687 页。
③ 《隋书》卷 3《炀帝纪上》，第 74 页。
④ 《隋书》卷 4《炀帝纪下》，第 83 页；《北史》卷 12《隋本纪下》，第 460 页。
⑤ 《隋书》卷 3《炀帝纪上》，第 76 页。
⑥ 《隋书》卷 4《炀帝纪下》，第 81—82 页。
⑦ 《隋书》卷 24《食货志》，第 688 页。

志》称："自燕赵跨于齐韩，江淮入于襄邓，东周洛邑之地，西秦陇山之右，僭伪交侵，盗贼充斥，宫观鞠为茂草，乡亭绝其烟火，人相啖食，十而四五。关中疠疫，炎旱伤稼，代王开永丰之粟以赈饥人，去仓数百里，老幼云集。吏在贪残，官无攸次，咸资锱货，动移旬月，顿卧墟野，欲返不能，死人如积，不可胜计。"① "关中"是一个边界模糊的区域概念，隋代大致是指京兆尹、冯翊郡、扶风郡组成的"三辅"地区。关中地区之旱灾多在春夏，其疫应主要在夏。其年十一月，代王被扶立为帝，是为恭帝②，这里仍以"代王"称之，则其赈济瘟疫之事在十一月前。

2. 唐朝的疫灾

贞观元年（627 年）。突厥地区大雪，牲畜多冻死，人大饥。次年（628 年）突厥地区又"盛夏而霜"，"六畜多死"。这两年气候的异常严寒，可能导致了疫灾的流行。贞观四年，唐太宗在诏书中说，"突厥往逢疫疠，长城之南，暴骨如丘"③。这里所说的"往逢疫疠"，或即指此，但这里又说"长城之南"，也可能是指隋朝初年突厥南侵时的那场瘟疫。但不管怎样，该年是有瘟疫流行的。贞观初，有将领欲发兵征讨高祖时投降唐朝的番将冯盎，魏征以为不可，向唐太宗进谏说："天下初定，创痍未复，大兵之余，疫疠方作，且王者，兵不宜为蛮夷动，胜之不武，不胜为辱"，太宗从之④。"疫疠方作"的地方不清楚，但根据唐初征战之空间推测，应主要在黄河中下游地区关中和中原，尤其是长安和洛阳之间的地区。

贞观三年（629 年）。僧人法雅以口出妖言之罪伏诛，裴寂为之不平，说法雅只不过说了"时方行疾疫"而已，事实上，法雅曾深受唐太宗的宠爱，可以自由出入两宫⑤。据此可知，法雅之伏诛，或许是因为不幸言中了疫病的流行。此次疫灾范围无法确定，但显然应包括京城长安在内。

贞观十年（636 年）。"关内、河东大疫。"⑥ "是岁，关内、河东疾病，

① 《隋书》卷 24《食货志》，第 672—673 页。
② 《隋书》卷 4《炀帝纪下》，第 93 页。
③ 《新唐书》卷 215《突厥上》，中华书局 1975 年版，第 6034—6036 页。
④ 《新唐书》卷 110《冯盎传》，第 4113 页。
⑤ 《旧唐书》卷 57《裴寂传》，中华书局 1975 年版，第 2288 页。
⑥ 《新唐书》卷 36《五行志三》，第 956 页。

命医赍药疗之。"① 未言疫灾月份，可能疫灾延续的时间较长。关内道范围包括今陕西关中、陕北、宁夏、陇东和内蒙古中西部，河东道范围包括今山西全部，这两道约掩有整个黄土高原。黄土高原有鼠疫自然疫源地，不排除此次疫灾为鼠疫的可能。

贞观十五年（641 年）。"三月，泽州疫。"② 泽州治今山西晋城，范围包括晋东南陵川、高平、沁水、阳城诸县。

贞观十六年（642 年）。"夏，谷、泾、徐、戴、虢五州疫。"③ 泾州治今甘肃镇原，徐州治今江苏徐州，虢州治今河南灵宝。唐初谷州领渑池、永宁、福昌、长水四县，显庆二年州废后各县改属洛州，戴州武德五年置，领单父、成武、楚丘、巨野、金乡、方舆六县，贞观十七年州废，各县分属宋、曹、郓、兖等州④。

贞观十七年（643 年）。"夏，泽、濠、庐三州疫。"⑤ 泽州在山西，范围已如前述。濠州治今安徽凤阳，掩有今凤阳、蚌埠、嘉山、定远等县市。庐州与濠州毗邻，治今安徽合肥，掩有今巢湖流域。

贞观十八年（644 年）。"庐、濠、巴、普、郴五州疫。"⑥ 庐、濠两州在今安徽中部，范围已如前述。巴州治今四川巴中，有今巴中、平昌等县市。普州治今四川安岳，掩有今安岳、乐至县地。郴州治今湖南郴州，掩有湘东南地。

贞观二十二年（648 年）。"卿州大疫。"⑦ 卿州又做鄉州，贞观十五年置，为羁縻州，初属江南道，后属黔中道，在今贵州紫云县东、长顺县南。

永徽四年（653 年）。"虏疮"（天花）"从西域东流，遍于海中"⑧。这条记载见于四库全书本《肘后备急方》，不过是唐代张文仲《备急方》中的文字，详笔者有关天花的考证。

---

① 《旧唐书》卷 3《太宗纪下》，第 46 页。

② 《新唐书》卷 36《五行志三》，第 956 页。

③ 同上。

④ （唐）李泰等著，贺次君辑校：《括地志辑校》，中华书局 1980 年版，第 116、161 页。

⑤ 《新唐书》卷 36《五行志三》，第 956 页。

⑥ 同上。

⑦ 同上。

⑧ （西晋）葛洪撰，（南梁）陶弘景增补：《肘后备急方》卷 2《治伤寒时气温病方第十三》，第 22 页，四库全书本。

永徽六年（655年）。"三月，楚州大疫。"① 楚州治今江苏淮安，包括淮河以南、高邮湖以北的苏北中部地区。

永淳元年（682年）。三月，关中大旱、蝗灾。五月，关中疾疫，洛阳大雨。"六月，关中初雨，麦苗涝损，后旱，京兆、岐、陇，螟蝗食苗并尽，加以民多疫疠，死者枕藉于路，诏所在有司埋瘗。"② "永淳元年六月十二日，连日大雨，至二十三日，洛水大涨，漂损河南立德弘敬、洛阳景行等坊二百余家，坏天津桥及中桥，断人行累日……西京平地水深四尺以上，麦一束止得一二升，米一斗二百二十文，布一端止得一百文。国中大饥，蒲、同等州没徙家口并逐粮，饥馁相仍，加以疾疫，自陕（今三门峡）至洛（今洛阳），死者不可胜数。"③ 秋，关东大雨、大饥；十月，长安地震。连绵不断的自然灾害导致关内、山南道所属二十六州发生饥馑，长安、洛阳至有"人相食"者，接着便引发了冬季疾病的大流行，"冬，大疫，两京（长安、洛阳）死者相枕于路"④，使所在有司埋葬⑤。这次疫灾区域主要在河南、陕西。

神龙三年（707年）。神龙元年（705年）自春至夏，牛大疫，神龙二年（706年）冬，又牛大疫⑥，但这两年未见人间疫灾记载。神龙三年，"是春，自京师至山东疾疫，民死者众。河南、河北大旱。是夏，山东、河北二十余州旱，饥馑疾疫死者数千计，遣使赈恤之。"⑦ 是年九月改元景龙，故有记载称："景龙元年夏，自京师至山东、河北疫，死者数千。"⑧ "山东"这个地域概念，战国秦汉时期是指崤山以东的黄河流域广大地区，唐代仍有这样的称呼，但这里"山东、河北"并称，可见这里的"山东"主要是指崤山以东、黄河以南的部分，也就是当时的"河南道"（该道后来在733年分置都畿道）这样，该年的疫灾范围约包括京畿道、河南道和河北道的南部。

景龙四年（710年）。中宗在位期间（705—710年），"水旱不调，疾

---

① 《新唐书》卷36《五行志三》，第956页。
② 《旧唐书》卷5《高宗纪下》，第110页。
③ 《旧唐书》卷37《五行志四》，第1352—1353页。
④ 《新唐书》卷36《五行志三》，第957页。
⑤ 《旧唐书》卷35《五行志二》，第898页。
⑥ 《旧唐书》卷7《中宗纪》，第143页；《新唐书》卷35《五行志二》，第905页。
⑦ 《旧唐书》卷7《中宗纪》，第144页。
⑧ 《新唐书》卷36《五行志三》，第957页。

疫屡起，远近殊论，公私罄然，五六年间，再三祸变"①，或曰："人怨、神怨、亲忿，水旱疾疫，六年之间，三祸为变"②。陈子昂在上疏中也说："今军旅之弊，夫妻不得安，父子不相养，五六年矣。自剑南尽河陇，山东由青、徐、曹、汴，河北举洺、瀛、赵、莫，或困水旱，或顿兵疫，死亡流离略尽"③。这说明中宗景龙年间有疫灾流行，而且疫灾区域主要在黄河下游的山东、河北。这里将疫灾之年系于710年。

景云二年（711年）。睿宗诏作乞寒胡戏，韩朝宗谏曰："天象变见，疫疠相仍，厌兵助阴，是谓无益。"④可能其时尚有疫灾流行，疫灾之地不详。

天宝十载（751年）。天宝中，南诏首领阁罗凤反唐，并攻取唐之姚州及三十余个小夷州。天宝八载（749年），剑南节度使鲜于仲通领兵八万，分两道从戎州、巂州进驻曲州、靖州，欲攻姚州。阁罗凤闻讯，遣使者谢罪，称愿意归还其所掳一切，驻守姚州，如果不同意，则投奔吐蕃。鲜于仲通大怒，将来使囚禁，大举进攻白厓城，结果，唐军大败，而阁罗凤投奔吐蕃，吐蕃以弟称之。天宝十载，杨国忠自任剑南节度使，调兵十万，令侍御史李宓攻打阁罗凤，结果，"涉海而疫死者相踵于道，宓败于大和城，死者十八"⑤。这里的"海"是指泸水以南的蛮荒地区。史称："自仲通、李宓再举讨蛮之军，其征发皆中国利兵，然于土风不便，沮洳之所陷落，瘴疫之所伤，馈饷之所乏，物故者十八九。凡举二十万众，弃之死地，只轮不还，人衔冤毒，无敢言者。"⑥

---

① 《旧唐书》卷101《辛替否传》，第3159页。
② 《新唐书》卷118《辛替否传》，第4280页。
③ 《新唐书》卷107《陈子昂传》，第4071页。
④ 《新唐书》卷118《韩朝宗传》，第4273页。
⑤ 《新唐书》卷222《南蛮传·南诏上》，第6271页。按：天宝中唐朝与南诏之间的战争，《旧唐书》卷197《南蛮传·南诏蛮》（第5281页）的记载与之有出入，其云："……时天宝九年也。明年，仲通率兵出戎、巂州。阁罗凤遣使谢罪，仍与云南录事参军姜如芝俱来，请还其所掳掠，且言：吐蕃大兵压境，若不许，当归命吐蕃，云南之地，非唐所有也。仲通不许，囚其使，进兵逼大和城，为南诏所败。自是阁罗凤北臣吐蕃，吐蕃令阁罗凤为赞普钟，号曰东帝，给以金印。蛮谓弟为钟。时天宝十一年也。十二年，剑南节度使杨国忠执国政，仍奏征天下兵，俾留后、侍御史李宓将十余万，辇饷者在外，涉海瘴死者相属于路，天下始骚然苦之。宓复败于大和城北，死者十八九。"这里说李宓大败之年在天宝十二年。而《旧唐书》卷9《玄宗纪下》（第228页）载：天宝十三年"六月乙丑朔，日有蚀之，李宓率兵击云南蛮于西洱河，粮尽军旋，马足陷桥，为阁罗凤所擒，举军皆没"。这里又说李宓全军覆灭之年在天宝十三年。三处史料出现三个年份，且相差二三年，不过，不管怎样都是在8世纪50年代，因此对唐代疫灾序列的分析结果没有任何影响。
⑥ 《旧唐书》卷106《杨国忠传》，第3243页。

宝应元年（762 年）。"是岁，江东大疫，死者过半"①，城郭邑居为之空虚。疫灾季节不详，但十月乙卯诏曰："浙江水旱，百姓重困，州县勿辄科率，民疫死不能葬者为瘗之"②，"浙江"为"江东"之一部分，据此可知，江东大疫的时间为十月之前的秋季。这里，"江东"是江南东道的简称。江南东道治苏州，除太湖流域外，还包括闽浙地区；"浙江"则指钱塘江，包括唐代杭州、睦州之地。此次疫灾死亡率如此之高，以致有人怀疑其为鼠疫流行。该年疫灾流行的区域并不止于"江东"，关中地区也是"旱蝗、疾疫，死者相枕于路，至人相食"③。因此，十二月有"瘗京师内外暴骨"之举④。

大历五年（770 年）。"是夏，虏麦不熟，疫疬仍兴"⑤。这里的"虏"指吐蕃，史载"土蕃入寇，恒以秋冬，及春则多遇疾疫而返"⑥，或曰："初，吐蕃盗塞，畏春夏疾疫，常以盛秋，及是（建中四年）得唐俘，多厚给产，质其孥，故盛夏入边。"⑦ 这是说，吐蕃军队因为害怕夏季疫疬，入侵内地常以秋、冬、春三季，尤其是深秋时节，因此夏季唐朝边境宁谧。广德、建中年间（763—783 年），吐蕃饮马岷江，常以南诏为前锋，骚扰唐境，但"戎兵日深，疫死日众，自度不能留，辄引去"⑧。由此可见，瘟疫对于战争的影响是何等深远了。唐后期，吐蕃势力坐大，控制了青藏高原、河西走廊以及陇东、川西地区，但其频频疫灾的地方不应是其全部控驭的地区，而只是与唐王朝接壤的且为他们经常出入的青海、甘肃东部和四川西北部。

建中四年（783 年）。朱泚乱时，吐蕃请助讨之，唐朝与吐蕃约，若得长安，给以泾、灵等四州，但"会大疫，虏辄引去"，吐蕃并未出力。后来，浑瑊用论莽罗兵大败朱泚部将韩旻于武亭川。朱泚平定后，吐蕃讨四州之地，德宗以其功少，"第赐诏书"，吐蕃因此怀恨在心。后吐蕃戍盐、夏两州，春，"疫大兴，皆思归"，吐蕃首领"结赞以骑三千迎之，火二州庐舍，

---

① 《新唐书》卷 36《五行志三》，第 957 页；《旧唐书》卷 11《代宗纪》，第 271 页。
② 《新唐书》卷 6《代宗纪》，第 168 页。
③ 雍正《重修乾州志》卷 2《祥异》。
④ 《新唐书》卷 6《代宗纪》，第 168 页。
⑤ 《新唐书》卷 222 上《南蛮传》，第 6276 页。
⑥ 《旧唐书》卷 196《土蕃传》，第 6256 页。
⑦ 《新唐书》卷 216 下《土蕃传》，第 6098 页。
⑧ 《新唐书》卷 215 上《突厥传·序言》，第 6027 页。

颓郛堞而去"①。

贞元六年（790 年）。"春，关辅大旱，无麦苗。夏，淮南、浙西、福建等道大旱，井泉竭，人暍且疫"②，"夏，淮南、浙东、浙西、福建等道旱，井泉多涸，人渴乏，疫死者众"③。显然，这次疫灾与大旱有关。如江苏仪真县"井泉竭，人渴死，疫疾兴"④。福建福州井泉竭，沙县疫⑤。这里淮南、浙西、福建均为唐后期方镇名，淮南节度使治扬州，辖扬、楚、滁、和、庐、舒、光、寿等州；浙西观察使乾元元年（758 年）置，贞元年间治润州（今镇江），辖润、苏、常、杭、湖、睦等州，基本上拥有太湖流域和钱塘江中下游流域，是当时南方人烟最稠密的地区之一。福建观察使辖有今福建地区。

贞元十五年（799 年）。是年，南诏异牟寻拟攻打吐蕃，一方面在当吐蕃进攻要道的邆川、宁北等城峭山深堑修战备，另一方面求助于唐，并将大臣子弟作为人质，就学于成都，因此，德宗准许出兵助之。异牟寻以昆明、嶲州与吐蕃接邻，请求先派兵驻守，但当时唐兵屯兵京西、朔方，故地尚未收复，无暇他顾，加之"是夏，房麦不熟，疫疬仍兴，赞普死，新君立"，估计吐蕃不敢轻举妄动，因此乃劝异牟寻从长计议，待诸它年，以免欲速不达⑥。

元和元年（806 年）。"夏，浙东大疫，死者太半"⑦。如婺州（治今金华）"疫旱，人徙死几空"⑧。（按：唐后期浙东观察使治越州（今绍兴），辖越、明、台、温、处、婺、衢等州，包括今浙江钱塘江以南地区。此次疫灾死亡率很高，有人怀疑为鼠疫流行。）

元和十一年（816 年）元和十年，岭南黄少度、黄昌瓘二部落攻陷宾、峦二州，并据之。元和十一年，他们又进攻钦、横二州，邕管经略使韦悦挫败其进攻，并夺回宾、峦二州。随后，他们又屠戮严州，桂管观察使裴行立

①　《新唐书》卷 216 下《土蕃传》，第 6094—6098 页；《旧唐书》卷 196 下《土蕃传》，第 5256 页。

②　《新唐书》卷 35《五行志二》，第 917 页；《新唐书》卷 36《五行志三》，第 957 页。

③　《旧唐书》卷 13《顺宗纪下》，第 369 页。

④　隆庆《仪真县志》卷 13《祥异考》。

⑤　同治《福建通志》卷 271《祥异》，第 1 页。

⑥　《新唐书》卷 222 上《南诏传》，第 6276 页。

⑦　《新唐书》卷 36《五行志三》，第 957 页。

⑧　《新唐书》卷 161《王仲舒传》，第 4985 页。

微幸有功，请求发兵攻打，宪宗许之。裴行立发兵出击，"弥更二岁，妄奏斩获二万，罔天子为。自是邕、容两道杀伤疾疫死者十八以上"①。邕、容两道掩有今广西珠江以南地区。

宝历元年（825 年）正月辛卯，李翱任庐州刺史②。"时州旱，遂疫，逋捐系路，亡籍口四万，权豪贱市田屋牟厚利，而窭户仍输赋，翱下教使以田占租，无得隐，收豪室税万二千缗，贫弱以安"③。这次旱疫导致庐州失去四万载籍人口，危害甚大。

太和六年（832 年）。"春，自剑南至浙西大疫"④。这里"剑南"是指剑南西川（治今成都市）和剑南东川（治今绵阳市）两节度使，包括了成都平原及四川盆地中部；"浙西"是指浙西观察使（治今镇江市），包括了整个长江下游三角洲。这次疫灾范围甚大，从成都到镇江的长江流域都有流行；疫灾流行时间也长，直到五月壬子日，浙西丁公著还奏称杭州所属八县灾疫，赈米七万石，庚申日，文宗颁布了一篇很长的诏书，曰："如闻诸道水旱害人，疾疫相继，宵旰罪己，兴寝疚怀。今长吏申奏，札瘥尤甚。盖教化未感于蒸人，精诚未格于天地，法令或爽，官吏为非，有一于兹，皆伤和气。并委中外臣僚一一具所见闻奏，朕当亲览，无惮直言。其遭灾疫之家，一门尽殁者，官给凶器，其余据其人口遭疫多少，与减税钱，疾疫未定处，官给医药"⑤，除"给民疫死者棺"外，还给"十岁以下不能自存者二月粮"⑥。对于这次疫灾，后来有些地方志也有所记述，如二月，苏州和湖州大水，乌程县（今湖州）大疫⑦。太和九年（835 年），左仆射令狐楚在奏疏中称："伏以江淮间数年以来，水旱疾疫，凋伤颇甚，愁叹未平。今夏及秋，稍较丰稔。方须惠恤，各使安存。昨者忽奏榷茶，实为蠹政。"⑧ 三年之后，人们对此次疫灾尚记忆犹新，足见其影响之大。

开成四年（839 年）是年，唐朝遣太子詹事李景儒出使吐蕃，吐蕃则以论集热来朝，献玉器羊马。"自是国中地震裂，水泉涌，岷山崩；洮水逆流

---

① 《新唐书》卷 222《南蛮传下·西原蛮》，第 6330 页。
② 《旧唐书》卷 17《敬宗纪上》，第 514 页。
③ 《新唐书》卷 177《李翱传》，第 5282 页。
④ 《新唐书》卷 36《五行志三》，第 957 页。
⑤ 《旧唐书》卷 17《文宗纪下》，第 545 页。
⑥ 《新唐书》卷 8《文宗纪》，第 234 页。
⑦ 光绪《乌程县志》卷 27《祥异》。
⑧ 《旧唐书》卷 49《食货志下·茶》，第 2129 页；《新唐书》卷 172《令狐楚传》，第 4462 页。

三日，鼠食稼，人饥疫，死者相枕藉。鄯、廓间夜闻鼙鼓声，人相惊"①。是年，回鹘部落之间互相残杀。先是相安允合、特勒柴革密谋叛乱，被彰信可汗杀死；其后，相掘罗勿以三百匹马贿赂沙陀朱邪赤心，借沙陀军队共攻彰信可汗，彰信可汗兵败自杀，国人另立可汗。在发生人祸的同时，又有天灾，"方岁饥，遂疫，又大雪，羊马多死"②；"会岁疫，大雪，羊马多死，回鹘遂衰"③。

开成五年（840 年）。"夏，福、建、台、明四州疫"④。福州（治今福州）、建州（治今建瓯）在今福建省境内，台州（治今临海）、明州（治今宁波）在今浙江省东部沿海。六月丙寅，武宗"以旱避正殿，理囚，河北、河南、淮南、浙东、福建蝗疫，州除其徭"⑤。从这条记载看，是年的瘟疫与干旱蝗灾有关，而且瘟疫之地可能不止福、建、台、明四州。

咸通十年（869 年）。"宣歙、两浙疫"⑥。［按："宣歙"指宣歙观察使，下辖宣州（治今安徽宣州）、歙州（治今安徽歙县）、池州（治今安徽贵池），"两浙"是指浙西观察使和浙东观察使，包括今苏南、上海及整个浙江。］

乾符六年（879 年）。自春及夏，在南海（今广州）的黄巢军"其众大疫，死者十三四"⑦，或曰"会贼中大疫，死什四"⑧。

广明元年（880 年）。三月，黄巢起义军兵败湖北，之后转战江西，占领饶州、信州、杭州、衢州、宣州、歙州、池州等江南 15 州之地，唐王朝派淮南节度使高骈渡江追击，其后"贼众疫疠"，黄巢部将李罕之率众投降，致使起义军大伤元气⑨。疫疠流行之地，主要在饶州（治今波阳县）和信州（治今上饶市）。据载，春末，黄巢军在高骈攻击下节节失利，"退保饶州，众多疫"，以致部将常宏率数万之众投降⑩，再退至信州，"贼在信州疫疠，

① 《新唐书》卷 216 下《土蕃传》，第 6105 页。
② 《新唐书》卷 217 下《回鹘传》，第 6130 页。
③ 《资治通鉴》卷 246《唐纪·文宗开成四年》，古籍出版社 1956 年版，第 7942 页。
④ 《新唐书》卷 36《五行志三》，第 957 页。
⑤ 《新唐书》卷 8《武宗纪》，第 240 页。
⑥ 《新唐书》卷 36《五行志三》，第 957 页；乾隆《浙江通志》卷 108《祥异上》。
⑦ 《旧唐书》卷 200《黄巢传》，第 5392 页。
⑧ 《新唐书》卷 225 下《黄巢传》，第 6455 页。
⑨ 《旧唐书》卷 19 下《僖宗纪》，第 706—707 页。
⑩ 《新唐书》卷 225 下《黄巢传》，第 6456 页。

其徒多丧"①，信州在今上饶市，故又曰：黄巢"引残党壁上饶，然疫疬起，人死亡"②。是年，秦宗言围攻荆南节度使所驻荆州城，"固垒二岁，樵苏皆尽，米斗钱四十千，计抔而食，号为'通肠'。疫死者，争啖其尸，县（悬）首于户以备馔。军中甲鼓无遗，夜击阊为警"③。

大顺元年（890 年）。是年，王建在四川夺取了不少州郡，邛州刺史毛湘为部下所斩，陈敬瑄在浣花之战也为王建所败，将士尽皆俘虏。邛州"城中谋降者，（田）令孜支解之以怖众，会大疫，死人相藉"④。查西蜀各州投降王建的时间，资州在二月，嘉州、戎州在四月，雅州在六月，蜀州在十月，而邛州刺史毛湘被部下任可知所杀的时间为闰九月。据此邛州瘟疫流行的时间当在秋八月或九月。

大顺二年（891 年）。"春，淮南大饥"⑤。饥馑诱发了疫灾，"春，淮南疫，死者什三四"⑥。这里，"淮南"是淮南节度使的范围，染疫群体主要是军队，史称"是春（三月），淮南大饥，军中疫疬，死者十三四"⑦。

景福元年（892 年）。五月，淮南节度使孙儒率兵进攻杨行密，时杨行密驻宣州（今安徽宣城县），孙儒驻广德县。当杨行密了解到广德城中守军不多以后，率众决战，奇袭广德县，切断了孙儒的补给线，以致"儒兵饥，又大疫"⑧，"军适大疫"之时，孙儒本人也患了疟疾，结果，儒军大败，孙儒部下倒戈，将其擒献于杨行密⑨。六月，杨行密占领扬州⑩。〔按：龙纪元年（889 年），孙儒自淮甸渡江进攻宣州，杨行密则自庐江乘虚占据孙儒之扬州，孙儒不得不退兵攻打杨行密。大顺元年（890 年），杨行密招架不住孙儒的进攻，率众夜遁，逃往宣州，孙儒重新占领扬州。大顺二年（891年），孙儒练兵甲，准备大举进攻杨行密，不料是年"江、淮疾疫，师人多死"，孙儒本人也染疫不起，结果为部下所擒，执送于杨行密，杨行密杀之，

① 《旧唐书》卷 19 下《僖宗纪》，第 708 页。
② 《新唐书》卷 224 下《高骈传》，第 6394 页。
③ 《新唐书》卷 186《陈儒传》，第 5424 页。
④ 《新唐书》卷 224 下《叛臣传·陈敬瑄》，第 6408 页。
⑤ 《新唐书》卷 35《五行志二》，第 899 页。
⑥ 《新唐书》卷 36《五行志三》，第 957 页。
⑦ 《旧唐书》卷 20 上《昭宗纪》，第 746 页。
⑧ 《新五代史》卷 61《吴世家·杨行密》，第 749 页。
⑨ 《新唐书》卷 188《孙儒传》，第 5468 页。
⑩ 《新唐书》卷 10《昭宗纪》，第 288 页。

并"自宣城长驱入于广陵，尽得孙儒之众"。自光启末（887年），高骈失守之后，杨行密与毕师铎、秦彦、孙儒递相窥图，以致"六七年中，兵戈竞起，八州之内，鞠为荒榛，环幅数百里，人烟断绝"①。以上记载表明，孙儒之败与其军队中流行瘟疫有直接的关系。]

景福二年（893年）。四月，大雪，驻守在徐州城中的时溥守军在汴将王重师、牛存节围困下弹尽粮绝，"城中守陴者饥甚，加之病疫"②。

天复元年（901年）。四月，以太原为根据地的晋军和以开封为根据地的汴军在山西境内征战，晋军南下，取绛州（今新绛县），攻临汾；汴军部将氏叔琮率兵北伐，先后攻取了潞州（治今长治市）、泽州（治今晋城市）、沁州（治今沁源县）、辽州（治今左权县），直捣太原府的"东门"寿阳县，以致晋军"都人大恐"，但就在这个时候，汴军中开始流行疟疾和痢疾，"时霖雨积旬，汴军屯聚既众，刍粮不给，夏多疟痢，师人多死"③，以致最后不得不撤兵，"已而兵大疫，叔琮班师"，士兵因为患疫而不愿撤退，氏叔琮下令"病不能行者焚之"，以致患病之士兵都不敢说有病④。《新五代史》对此也有记载："天复元年，（朱）全忠封梁王。梁王攻下晋、绛、河中，执王珂以归。晋失三与国，乃下意为书币聘梁以求和。梁王以为晋弱可取，乃曰：'晋虽请盟，而书辞慢'。因大举击晋。四月，氏叔琮入天井，张文敬入新口，葛从周入土门，王处直入飞狐，侯言入阴地。（氏）叔琮取泽、潞，其别将白奉国破承天军，辽州守将张鄂、汾州守将李瑭皆迎梁军降，晋人大惧。会天大雨霖，梁兵多疾，皆解去"⑤。这里给了一条重要的信息，就是军队在潮湿炎热的夏季多流行疟疾和痢疾。

天复二年（902年）。先年四月梁军撤退之后，晋军于五月收复汾州，杀了叛将李瑭。六月，晋将周德威、李嗣昭进一步攻取慈、隰二州。至于本年，晋军进攻被梁军占领的晋、绛二州，结果大败于蒲县，梁军乘胜追击，又破汾、慈、隰三州，遂围太原。晋王李克用大惧，准备出逃云州或投奔匈奴，正在悬而未决之际，梁军再次因为"大疫"而撤兵，周德威乘机收复

① 《旧五代史》卷134《僭越列传·杨行密》，第1780—1781页。
② 《旧唐书》卷182《时溥传》，第4717页。
③ 《旧五代史》卷26《武皇纪下·唐书》，第358页。
④ 《旧五代史》卷19《氏叔琮传》，第256页；《新五代史》卷43《氏叔琮传》，第468页。
⑤ 《新五代史》卷4《唐本纪·庄宗上》，第37—38页。

汾、慈、隰三州①。

3. 五代十国的疫灾

乾化二年（912年）。二月到五月旱，五月丁亥，以彗星谪见，诏两京见禁囚徒大辟罪以下，递减一等，限三日内疏理讫闻奏。诏曰："生育之人，爰当暑月；乳哺之爱，方及熏风。倪肆意于刲屠，岂推恩于长养，俾无殄暴，以助发生。宜令两京及诸州府，夏季内禁断屠宰及采捕。天民之穷，谅由赋分；国章所在，亦务兴仁。所在寡、孤、独、废、疾不济者，委长吏量加赈恤。史载葬枯，用彰轸恤；礼称掩骼，将致和平。应兵戈之地，有暴露骸骨，委所在长吏差人专功收瘗。国疬之文，尚标七祀；良药之市，亦载三医。用怜无告之人，宜征有喜之术。凡有疫之处，委长吏检寻医方，于要路晓示。如有家无骨肉兼困穷不济者，即仰长吏差医给药救疗之"②。这条诏令谈到彗星行天是上天的谴责，并称"凡有疫之处，委长吏检寻医方，于要路晓示"，说明当时有些地方有瘟疫流行。

天祐十二年（915年）。"天祐"是唐昭宗年号，天祐四年（907年）后，唐朝实际上已经不复存在，但后唐建国之前，习惯上仍称唐朝年号，本年实后梁末帝贞明元年。其年七月，后梁刘鄩军队在洹水县（治今河北临漳县东南）被后唐庄宗（李存勖）军队包围，刘鄩设计潜逃出城，庄宗发骑兵追击，"时霖雨积旬，鄩军倍道兼行，皆腹疾足肿，加以山路险阻，崖谷泥滑，绿萝引葛，方得少进，颠坠崖阪陷于泥淖而死者十二三"，刘鄩不得不收其余众，退守宗城（治今河北威县东）③。这里所谓的"腹疾"应该是痢疾。

天成二年（927年）。春三月，荆南王高季兴叛，明宗诏以刘训为南面行营招讨使，知荆南行府事。当时楚国马殷（都今长沙市）也有削弱荆南国（今荆州市）势力的野心，愿派水军共攻荆南国，但其实是想坐收渔翁之利。当刘训军队南下至荆州城外时，马殷军队才到岳州（今岳阳市），但仍然假惺惺承诺为刘训军队提供军储弓甲之类的支持，刘训信以为真，但"久之，略无至者。荆渚地气卑湿，渐及霖潦，粮运不便，人多疾疫"④。在后唐和楚

---

① 《新五代史》卷4《唐本纪·庄宗上》，第37—38页。
② 《旧五代史》卷7《梁书·太祖本纪》，第107—108页。
③ 《新五代史》卷28《庄宗纪》，第386页。
④ 《旧五代史》卷61《刘训传》，第821页。

国合纵之际，荆国也求救于吴国，史称："（刘）训兵至江陵，楚遣都指挥使许德勋将水军屯岳州，（荆南）王坚壁不战，乞师于吴，吴人率水军来援。会江陵卑湿，复值久雨，将士多疾疫，训亦寝疾"，结果，刘训不得不于五月份撤兵北归①。

保大二年（944年）。夏，闽人朱文进、连重遇弑其君，连重遇自立为王，朱文进遣使入南唐以告，南唐囚闽使，欲乘机攻伐闽国，但"俄以民疫，寝其议"②。这说明该年夏天南唐境内或其京畿地区发生过疫灾。

广顺三年（953年）。"六月，河北诸州旬日内无鸟，既而聚泽（今山西晋城）、潞（今山西长治）之间山谷中，集于林木，压树枝皆折。是年，人疾疫，死者甚众"③。这里没有言明疫灾的区域和时间，但察其用辞方法，很可能是承前省略，即疫灾流行的时间主要是在六月，疫灾流行的区域主要是在河北诸州。据查，是年六月，后周河南、河北大水，东至青州（今山东青州）、徐州（今江苏徐州），南至安州（今湖北安陆）、复州（今湖北天门），西至丹州（今陕西宜川）、慈州（今山西吉县），北至贝州（今河北清河）、镇州（今河北石家庄），皆大水。这次疫灾很可能与水灾有关，而非与鸟有关，这些鸟可能是因为河北水灾失去了栖息地而迁徙到山西东南部地区的。

保大十二年（954年）。南唐"大饥，民多疫死"④。南唐自先年六月以来大旱，至本年三月仍无雨，"大饥疫"⑤。南唐该年辖地约有江淮之间以及皖南、江西、闽西等地区，这里应主要指其都城金陵。

三 隋唐五代时期疫灾的时空分布

1. 隋唐五代时期疫灾的时间分布

（1）朝代分布。隋唐五代时期从杨坚篡周始（581年），至赵匡胤黄袍加身止（960年），历时379年。根据前面建立的疫灾时间序列，该时期共有疫灾之年47个，平均8.06年发生一次疫灾，疫灾频度为12.40%。与魏

① （清）吴任臣：《十国春秋》卷100《荆南世家一》，中华书局1983年版，第1435页。
② 《古今图书集成·历象汇编·庶徵典》卷114《疫灾部纪事》，第5472页。
③ 《旧五代史》卷141《五行志》，第1887页。
④ 《新五代史》卷62《南唐世家·李景》，第773页。
⑤ （清）吴任臣：《十国春秋》卷16《南唐本纪二》，中华书局1983年版，第221页。

晋南北朝时期相比，隋唐五代时期的疫灾频度明显降低了。

　　具体到各朝代来说，隋朝疫灾年度 6 个，平均 6.17 年发生一次疫灾，疫灾频度为 16.22%。唐朝疫灾年度 35 个，平均 8.26 年发生一次疫灾，疫灾频度为 12.11%。五代疫灾年度 6 个，平均 8.83 年发生一次疫灾，疫灾频度为 11.32%，这个数字可能偏低，五代十国时期是我国第三个大的战争和动乱时期，按照先秦两汉时期和魏晋南北朝时期疫灾分布的规律，动乱时期的疫灾频度是比较高的，但不知何故，五代十国时期尽管水旱灾害频繁，饥馑迭见，但见于记载的疫灾并不多。

　　隋唐五代时期的帝王更替比较频繁，不包括十国统治者，仅隋、唐、后梁、后唐、后晋、后汉、后周诸朝，即经历了 36 个帝王，平均每个帝王在位时间不到 11 年。不过，并不是每个帝王统治时期都有疫灾流行，如图 30－1 所示，该时期的疫灾主要分布在隋唐两朝鼎革之际，安史之乱后藩镇割据之初以及国力日衰的唐朝末年，其中隋朝文帝、炀帝，唐初太宗、高宗，安史之乱后代宗、德宗，唐末僖宗、昭宗，集中了该时期疫灾年份的 2/3，这说明动乱时期是疫灾的多发期，社会环境对疫灾的流行具有极其重要的影响。

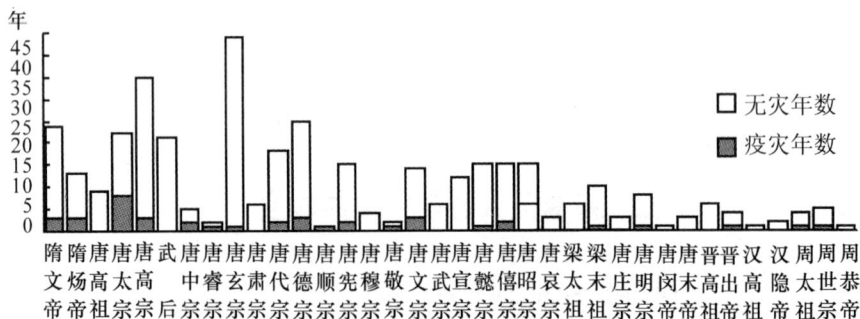

图 30－1　隋唐五代各朝疫灾年数

　　（2）世纪分布。隋唐五代时期前后跨 5 个世纪，主体在隋唐两朝的 3 个世纪。与以前各世纪相比，该时期的疫灾频度是大大降低了，不仅远远低于魏晋南北朝时期，甚至低于两汉时期。因此，从整个历史时期看，隋唐五代处于疫灾低谷期。具体而言，如图 30－2 所示，7 世纪的疫灾频度为 14%，其中前半叶有 11 个疫灾年份，后半叶只有 3 个疫灾年份；8 世纪的疫灾频度为9％；9世纪的疫灾频度均为13％，在历史的长河里，这两个世纪是东汉以来疫灾频度最低的时期；至于10世纪，由于纵跨五代和北宋初的动乱时期，疫灾频度又开始上升，达到17％，预示着一个新的疫灾频繁期的到来。

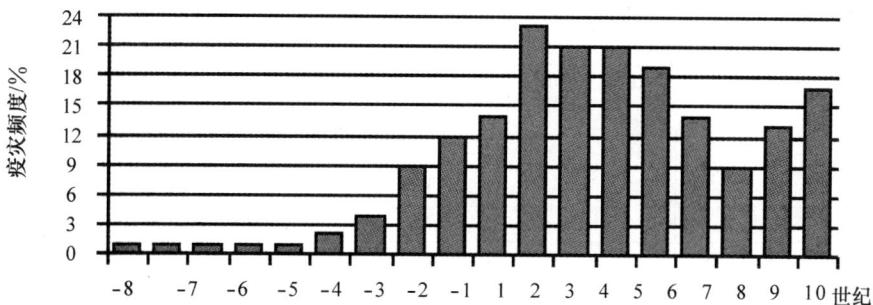

图30-2　前8世纪至10世纪的疫灾频度变化

　　（3）季节分布。表30-1是根据前述疫灾时间序列制成的每次疫灾的季节分布表。如表30-1所示，隋唐五代时期47个疫灾年份中，除12个没有记载疫灾发生的具体时间而有待进一步考证外，明确记载有疫灾发生月份或季节的为35个。在这35个疫灾年份中，疫灾多发生在单一的季节，只有神龙三年（707年）的疫灾连绵于春、夏两季；统计疫灾发生在春季的11个，发生在夏季的18个，发生在秋季的4个，发生在冬季的2个。很显然，夏季是隋唐五代时期的疫灾多发期。就是12个瘟疫流行时间不详的疫灾年份，其实多半也发生在夏季，因为它们多是因战争而引发，而隋唐时期的军事行动多在夏秋季节进行。元和四年（809年），吴少诚死，李绛建议赦免王武俊之孙王承宗，以便集中兵力对付淮西叛军，太常卿权德舆不以为然，谏曰："方夏甚暑水潦，疾疫且降，诚虑有溃桡之变。"[1] 这或许反映了唐代疫灾的季节特点。隋唐五代时期的疫灾之所以主要发生在夏季和春季，原因可能有二：一是该时期我国气候相对温暖，罕见异常寒冷的严冬，因此冬季不易诱发疫灾；二是该时期的疫灾主要是天花、痢疾、疟疾等疫病流行所致，而这些疾病也主要在农历的夏季流行。

---

[1] 《新唐书》卷211《藩镇传·王承宗》，第5957页。

表 30 - 1　　　　　　　隋唐五代时期疫灾年份及其季节分布表

年代	春	夏	秋	冬	年代	春	夏	秋	冬	年代	春	夏	秋	冬	年代	春	夏	秋	冬
581					644					790					891	3			
592					648					799					892		5		
598			9		653					806					893		4		
610	2				655	3				816					901		4		
612					682					825					902		6		
617					707					832					912		5		
627					710					839					915				7
629					711					840					927		4		
636					751			6		869					944				
641	3				762					879					953		6		
642					770					880			3		954	3			
643					783					890									

　　说明：表中黑色底纹表示疫病流行的季节，底纹中的数字表示具体的农历月份。无底纹表示季节不详。

　　（4）周期性规律。隋唐五代时期的疫灾十年指数（连续十年中发生疫灾的年数）最高为5，最低为0，波动幅度不大，因而周期性特征也不是很明显。如图30-3所示，从短期变化看，疫灾十年指数在唐朝初年的610—650年形成一个小的峰值，这半个世纪里疫灾频度达到26%，是整个隋唐五代时期平均疫灾频度的两倍。另外，唐朝末年的890—910年，也是一个疫灾频度较大的时期。其他时期的疫灾频度与整个隋唐五代时期的平均疫灾频度相当。从长期趋势看，该时期疫灾指数的六阶多项式曲线表现为一条非常低而平缓的曲线，表明该时期处在一个疫灾相对稀少期。

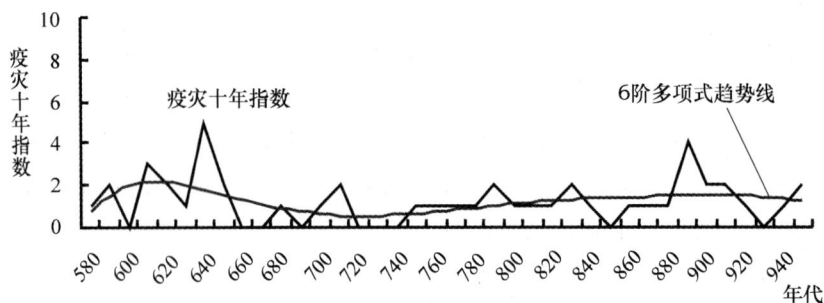

图 30 - 3　隋唐五代时期疫灾指数的变化

2. 隋唐五代时期疫灾的空间分布

（1）疫灾分布区域的变化。隋朝 6 个疫灾年份中有 5 个疫灾区域分布在北方，其中突厥占领的陕甘宁黄土高原 1 次（581 年），京师所在的关中地区 2 次（592、617 年），辽东地区 1 次（598 年），黄河下游 1 次（612 年），南方地区 1 次（610 年）。相比之下，北方疫灾明显多于南方，比值为 5∶1。另外，边疆地区的疫灾几乎都与战争有关，隋朝军队征伐高丽时发生的疫灾是历史上辽东地区见于记载的第一次疫灾，征伐流求时发生的疫灾是历史上台湾地区见于记载的第一次疫灾。

唐朝 35 个疫灾年份中，16 次发生在北方地区，17 次发生在南方地区，2 次南北都有发生。不考虑每次疫灾范围的广狭，粗略地说，唐代北方有 18 个疫灾年份，南方有 19 个疫灾年份，疫灾频度南北基本相等，不像隋朝那样疫灾主要发生在北方。与魏晋南北朝时期相比，唐朝疫灾流行的范围也明显扩大了。北方 18 个疫灾年份中，3 次发生在西北地区和内蒙古地区（627、770、839 年），4 次发生在关中地区（629、711、762、783 年），4 次发生在山西境内（641、643、901、902 年），1 次发生在黄淮之间的徐州（893 年），6 次发生在黄河中下游多个省份（636、642、653、682、707、710 年）。发生在西北地区的疫灾多与军事行动有关，关中地区为疫灾多发区。南方 19 个疫灾年份中，2 次发生在长江流域广大地区（644、832 年），2 次发生在长江上游的川、黔境内（648、890 年），5 次发生在苏、皖境内（643、655、825、891、892 年），1 次发生在鄂、赣地区（880 年），3 次发生在长江中下游至闽浙广大地区（762、790、869 年），2 次发生在闽浙地区（806、840 年），4 次发生在两广、云南地区（751、799、816、879 年）。发生在两广、云南地区的疫灾都与军事行动有关，长江下游为疫灾多发区。

五代 6 个疫灾年份中，3 次发生在黄河中下游地区（912、915、953 年），3 次发生在长江中下游地区（927、944、954 年）。与唐代相似，疫灾频度南北基本相等。

（2）疫灾范围的空间变化。先看省区差异。表 30－2 是隋唐五代时期各次疫灾所波及的省区分布表，表 30－3 则是根据表 30－2 统计得来。粗略统计，隋唐五代时期 47 个疫灾年份累计波及 89 个省次。陕西、江苏（含上海）、安徽、河南、山西等省为该时期的疫灾多发区。如图 30－4 所示，隋朝国运短促，疫灾累计涉及 10 个省域，主要分布在黄河中下游地区，疫灾重心不明显。唐朝35个疫灾年份累计涉及72个省域，平均每次疫灾波及2个省域，其中陕西、山西、河南、江苏、安徽、浙江为疫灾多发区。与以前时期相比，唐朝疫灾的一个显著特点是江淮之间、长江三角洲和闽浙地区的疫灾频度有明显上升，华南地区也开始有了疫灾的记录。这个特点反映出长江以南的区域开发在唐朝有了很大的进步。五代疫灾累计涉及7个省域，和隋朝一样，疫灾重心不明显。

表 30－2　　　　　　　　　　隋唐五代时期疫灾的分布

灾年	北方地区										长江流域								东南沿海			
	青	蒙	辽	甘	宁	陕	晋	豫	鲁	冀	苏	皖	赣	鄂	湘	川	黔	云	浙	闽	粤	桂
581				■																		
592						■																
598			■																			
610																				■		
612								■	■													
617																						
627			■																			
629						■																
636						■																
641																						
642				■							■											
643								■														
644														■		■						
648																		■				
653				■	■	■																
655											■											
682						■	■															
707						■	■															
710								■														
711						■																
751																					■	
762											■	■								■		

续表

灾年	北方地区										长江流域								东南沿海			
	青	蒙	辽	甘	宁	陕	晋	豫	鲁	冀	苏	皖	赣	鄂	湘	川	黔	云	浙	闽	粤	桂
770	■																					
783						■																
790												■	■						■			
799																■						
806																			■			
816																						■
825												■										
832												■	■	■	■	■			■			
839	■			■																		
840												■										
879																					■	
880												■										
890																■						
891												■										
892											■											
893												■										
901						■																
902						■																
912							■															
915											■											
927																■						
944												■										
953						■				■												
954												■										

　　说明：表中黑色底纹表示疫灾波及的省份，它只表明疫灾发生在这些省域内，而不表明疫灾覆盖了这些省域。

表 30 - 3 　　　　　　　　　　隋唐五代时期各省疫灾次数

省区	青	蒙	辽	甘	宁	陕	晋	豫	鲁	冀	苏	皖	赣	鄂	湘	川	云	浙	闽	粤	桂	计
隋朝		1	1	1		3		1	1	1								1				10
唐朝	2	1		3	1	8	7	5	3	3	8	9	2	2	2	4	1	6	3	1	1	72
五代					1		1			2	2			1								7
合计	2	1	1	4	2	11	8	7	4	6	10	9	2	3	2	4	1	6	4	1	1	89

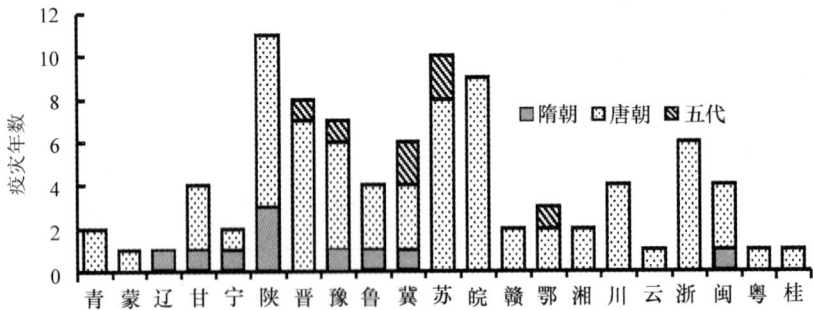

图 30 - 4 　隋唐五代时期各省疫灾年数

再看南北差异。隋唐五代时期是我国区域经济发展的一个重要时期，由于长江流域的逐步开发，原来经济相对落后的南方赶上了北方，南北经济基本达到了平衡。其疫灾分布也有类似的特征，就整个隋唐五代时期而言，累计 89 个疫灾省次中，南方占 43 个，北方 46 个，也是南北基本平衡，而北方略重。不过，就各朝代而言，情形并不一致。隋朝有一个短暂的疫灾重心北归过程，疫灾分布明显以北方为重，累计发生的 10 个疫灾省次中，北方占 9 个，南方仅 1 个；至于唐朝，累计发生的 72 个疫灾省次中，南方占 39 省次，北方占 33 省次，南北基本平衡，而南方略重；五代十国时期的情形与唐朝相仿佛，累计 7 个疫灾省次中，北方 4 个，南方 3 个，仍然是南北基本平衡。应该指出的是，在南方与北方内部，疫灾的分布差异也较大。北方疫灾主要发生在黄河中下游地区，南方疫灾主要发生在江淮之间和长江下游三角洲地区。如图 30 - 5 所示，隋唐五代时期长江流域的疫灾还是略少于黄河流域，但就整个南方与北方相比，由于东南沿海地区疫灾较多，南方疫灾反比北方略多。

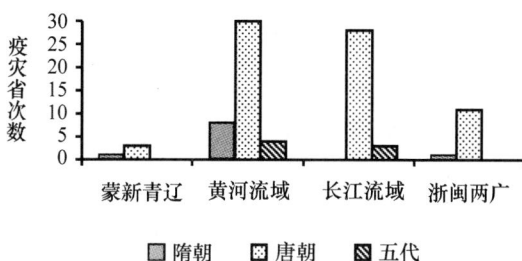

图 30 - 5　隋唐五代疫灾分布的大区差异

四　结语

通过历史文献的疏理，本文初步建立了隋唐五代时期的疫灾时间序列，并通过对该时间序列的时空分析，探讨了隋唐五代时期疫灾的朝代分布、世纪分布、季节分布、周期性规律以及分布变化、区域差异，取得了以下初步结论：

1. 隋唐五代时期的疫病种群主要是天花、疟疾、痢疾等，另外可能还有鼠疫、流感、白喉等。

2. 隋唐五代时期历经 379 年中，至少有 47 个疫灾年份，疫灾频度为 12.4%，其中隋末唐初、唐末五代时期疫灾相对频繁，说明动乱时期是疫灾的多发期，社会环境对疫灾的流行具有极其重要的影响。

3. 隋唐五代时期的疫灾分布总体上是南北基本平衡，北方疫灾主要分布在黄河中下游地区的陕西、河南、山西、河北境内，南方疫灾主要分布在江淮之间和长江下游三角洲地区的江苏、安徽、上海、浙江境内。

第三十一篇

湖北瘟疫灾害的时空分布规律

　　瘟疫灾害是由传染病大规模流行对人类健康和生命构成直接危害的顶级灾害。公元前770—1911年间，湖北至少有146年发生过疫灾，其中15—19世纪和3—5世纪为疫灾高峰期，总体上疫灾频度具有长期上升的趋势，这与历史时期中国气候的趋干趋冷和湖北人口的日趋稠密有密切关系。1000年以前，湖北的疫灾主要分布在荆州至襄樊一线，1000年以后则主要分布在安陆至沔阳一线以东，整个历史时期疫灾重心表现出由西向东迁移的趋势，鄂东地区是疫灾的主要流行区。

　　［本文发表于《华中师范大学学报》（自然科学版）2003年第3期。（此次出版，文中疫灾数字有较大改动）］

　　瘟疫灾害是由传染病大规模流行所引起的灾害，它直接威胁着人类的健康与生命安全，是人类社会的顶级灾害。自人类诞生以来，瘟疫就像是人类的影子，总是与人类相伴而行，即使科技高度发达、医学空前进步的今日，瘟疫仍然是人类生存与发展的大敌。因此，反思历史，探讨瘟疫流行之历史规律，对于今日"突发性公共卫生事件"的防范和人类健康可持续发展的建设均具有现实意义。本文试对湖北瘟疫灾害的分布变迁规律做一分析，请方家指正。

一　湖北疫灾流行的时间序列

1. 先秦迄元代（公元前 770—1368 年）

湖北汉代始见疫灾流行记录。

　　后元二年（公元前 142 年）。十月大旱，"衡山、河东、云中郡民疫"①。衡山郡治邾县（今黄州），鄂东北为其属地。

　　地皇三年（22 年）。夏，绿林军"大疾疫，死者且半"②。绿林军以绿林山得名，山在当阳县。

　　建安十三年（208 年）。十二月，气候甚寒，曹军与孙刘联军战于赤壁，曹军"不利，于是大疫，吏士多死者，乃引军还"。曹军进攻刘备是从江陵顺流而下，先征巴丘（今岳阳），再至赤壁，到达赤壁时，曹军"已有疾病，初一交战，曹军败退"，周瑜火烧其余船，曹军"士卒饥疫，死者大半"。或曰曹军"不利于赤壁，兼以疫死"。其实，曹操军队早在巴丘的时候就染疫了，史称："太祖征荆州还，于巴丘遇疾疫，烧船。"曹军败退后，孙刘联军追至南郡（今荆州），"时又疾疫，北军多死，曹公引归"③。

　　建安二十四年（219 年）。冬十二月，吕蒙偷袭关羽，智取荆州，生擒关羽父子，平荆州，"是岁大疫，尽除荆州民租税"④。

　　黄初三年（222 年）。十一月，魏文帝遣夏侯尚等领兵围江陵，"城未拔，会大疫，诏敕尚引诸军还"。对于这次撤军，文帝在诏书中说，主要是因为"贼中疠气疾病，夹江涂地，恐相污染"⑤。

---

　　①　《史记》卷 11《孝景本纪》。

　　②　《后汉书》卷 11《刘玄传》。

　　③　《三国志》卷 1《武帝纪》；卷 47《吴主传》；卷 31《刘璋传》；卷 14《郭嘉传》；卷 32《先主传》。

　　④　《三国志》卷 47《吴主传》。

　　⑤　《三国志》卷 9《夏侯尚传》；卷 2《文帝纪》。

泰始十年（274年）。晋大疫，吴土亦同。该年即吴孙皓凤凰三年，史称吴自凤凰元年至该年连续三年大疫①。时湖北属吴。

永嘉四年（310年）。十一月，襄阳大疫，死者三千余人②。

永嘉五年（311年）。石勒军在襄樊，因军粮不济，死疫大半③。

永昌元年（322年）。冬十月、十一月，东晋境内大疫，死者十二三④。

咸和五年（330年）。夏五月，天下大旱、饥馑、疾疫⑤。

永和六年（350年）。是岁大疫⑥。

永和九年（353年）。五月，大疫。

太和四年（369年）。冬，大疫。

太元四年（379年）。三月，大疫；冬，又大疫。

太元五年（380年）。五月，自去年冬大疫，至于此夏，多绝户者。

义熙元年（405年）。十月，大疫，发赤斑乃愈。

义熙七年（411年）。春，大疫⑦。

泰始四年（468年）。六月，"普天大疫"⑧。以上数次大疫，未言具体范围，应是全国性大疫。

中兴元年（501年）。郢城（今武汉）大疫。"初，郢城之拒守也，男女垂十万，闭累经年，疾疫死者十七八，皆积尸于床下，而生者寝处其上，每屋辄盈满"。"郢城将佐文武男女口十余万人，疾疫流肿，死者十七八"。"郢城之初围也，士民男女近十万口；闭门二百余日。疾疫流肿，死者什七八，积尸床下而寝其上，比屋皆满"。由于"郢城内饥疫死者甚多，不及葬殡"，直到天监四年（505年），郢州刺史萧恢才"遽命埋掩"⑨。

天监三年（504年）。"是岁多疾疫"⑩。

---

① 《宋书》卷34《五行志》；《三国志》卷48《孙皓传》；《资治通鉴》卷80《晋纪·世祖武皇帝上之下》。

② 《晋书》卷5《怀帝纪》。

③ 《晋书》卷104《石勒载纪》；《资治通鉴》卷87《晋纪·孝怀皇帝中》。

④ 《晋书》卷6《元帝纪》；《宋书》卷34《五行志》。

⑤ 《晋书》卷7《成帝纪》；《宋书》卷34《五行志》。

⑥ 《晋书》卷8《穆帝纪》。

⑦ 《宋书》卷34《五行志》。

⑧ 《宋书》卷26《天文志》。

⑨ 《梁书》卷12《韦睿传》，《南史》卷58《韦睿传》；《梁书》卷1《武帝纪上》，《南史》卷6《梁本纪》；《资治通鉴》卷144《齐纪·和皇帝》；《梁书》卷22《太祖五王传》。

⑩ 《梁书》卷12《韦睿传》；卷1《武帝纪上》。

太和六年（832 年）。春，自剑南至浙西大疫①，即整个长江流域大疫。

天成二年（927 年）。春三月，围攻荆州城的刘训军队因"荆渚地气卑湿，渐及霖潦，粮运不便，人多疾疫"，不但将士多疾疫，主帅刘训也传染上了，结果，不得不撤兵北归②。

熙宁三年（1070 年）。苏轼谪居黄州，连岁大疫③。

元祐五年（1090 年）。自春至秋，蕲、黄二郡人患急喉闭，十死八九，速者半日一日而死④。

绍熙元年（1190 年）。江陵疫⑤。

开禧三年（1207 年）。二月，金军围襄阳，因士卒疲疫，被迫撤军⑥。

开庆元年（1259 年）。五月，江陵等州饥疫，理宗诏发义仓米振耀⑦。围攻鄂州（今武汉）的元军"诸军疾疫已十四五"⑧。

咸淳十年（1274 年）。二月，英山县饥疫。江陵城中流民疾疫⑨。

德祐元年（1275 年）。麻城大旱疫。

大德十一年（1307 年）。麻城大疫⑩。

至大元年（1308 年）。八月，英山县旱蝗、饥疫⑪。

至正十三年（1353 年）。黄州（治今黄州）、蕲州（治今蕲春）两路大旱疫⑫。所属黄冈、麻城、蕲水、蕲州等州县大旱疫⑬。

至正十四年（1354 年）。武昌路自至正十二年（1352 年）战乱以来，"民

①　《新唐书》卷 36《五行志三》。

②　《旧五代史》卷 61《刘训传》。《十国春秋》卷 100《荆南世家一》。

③　宋正海：《中国古代重大自然灾害和异常年表总集》，广东教育出版社 1992 年版，第 548 页。

④　（宋）庞安常：《伤寒总病论》卷 3《古方黑龙煎治咽喉肿痛九种疾》，四库全书本。

⑤　《宋史》卷 395《李大性传》。

⑥　《金史》卷 98《完颜匡传》。

⑦　《宋史》卷 44《理宗纪三》。

⑧　《元史》卷 157《郝经传》。

⑨　民国《英山县志》卷 14《杂类志·祥异》；《元史》卷 153《贾居贞传》。

⑩　民国《麻城县志前编》卷 15《杂志·灾异》。

⑪　民国《英山县志》卷 14《杂类志·祥异》。

⑫　《元史》卷 51《五行志二·稼穑不成》；民国《湖北通志》卷 75《祥异志一》。

⑬　乾隆《黄冈县志》卷 19《杂志·祥异》，民国《麻城县志前编》卷 15《杂志·灾异》，光绪《蕲水县志》卷末《杂志·祥异》，光绪《蕲州志》卷 30《杂志·祥异》。按：光绪《黄州府志》卷 40《杂志·祥异》作"至元十三年，蕲、黄大旱疫"，光绪《黄冈县志》卷 24《杂志·祥异》作"至元十三年，大旱疫"，民国《麻城县志前编》卷 15《杂志·灾异》除有"至正十三年大旱，复大疫"的记载外，又有"元世祖至元十二年乙亥大旱疫，十三年大旱"之记载，均为纪年错误，所以民国《湖北通志》卷 75《祥异志一》均未采撷。

死于兵疫者十六七，而大江上下，皆剧盗阻绝，米直翔涌，民心惶惶"①。

2. 明代（1368—1644 年）

永乐十二年（1414 年）。三月，湖广诸县疫，皇太子命人巡视。如武昌等府、通城等县疫②。

永乐十九年（1421 年）。蒲圻西良湖一带大疫③。

正统九年（1444 年）。云梦县饥疫④。

景泰四年（1453 年）。冬，武昌、汉阳府疫。如夏口县、汉阳县⑤。

景泰五年（1454 年）。自去冬以来至二月，武昌、汉阳两府疫死万余人⑥。

景泰七年（1456 年）。春夏，黄梅瘟疫大作，疫死 700 余户，3 400 余人，有一家死亡多达 39 人⑦。

成化十二年（1476 年）。湖广夏秋亢旱，田禾损伤，人染疫死者甚众⑧。

弘治元年（1488 年）。麻城县大旱，大疫。襄阳县有黑气如雾，触人即病，小儿中之死⑨。疑为天花流行。

正德三年（1508 年）。夏五月，安陆、钟祥两县大旱，饥民多疫，道殣相望⑩。

正德八年（1513 年）。春，均州大疫⑪。

正德十二年（1517 年）。春，荆州城疫，冬又大疫⑫。

---

① 《元史》卷 186 《成遵传》。

② 《古今图书集成·历象汇编·庶征典》卷 114 《疫灾部汇考》；《太宗实录》卷 149。

③ 康熙《湖广武昌府志》卷 3 《灾异志》；同治《蒲圻县志》卷 3 《祥异志》；民国《湖北通志》卷 75 《祥异志一》。

④ 《国榷》卷 22。

⑤ 《明史》卷 28 《五行志一·疾疫》；民国《夏口县志》卷 20 《祥异志》；同治《汉阳县志》卷 4 《天文志·祥异》。

⑥ 《英宗实录》卷 238；（明）何乔远：《名山藏》，北京大学出版社 1993 年版，第 765 页。

⑦ 《英宗实录》卷 271。

⑧ 《宪宗实录》卷 163。

⑨ 光绪《黄州府志》卷 40 《杂志·祥异》；民国《麻城县志前编》卷 15 《杂志·祥异》；民国《湖北通志》卷 75 《祥异志一》。

⑩ 道光《安陆县志》卷 14 《祥异志》；同治《钟祥县志》卷 17 《祥异》。

⑪ 民国《湖北通志》卷 75 《祥异志一》；光绪《续辑均州志》卷 13 《祥异志》；光绪《襄阳府志》卷末《志余·祥异》。

⑫ 康熙《荆州府志》卷 2 《星野志·祥异》；民国《湖北通志》卷 75 《祥异志一》；《古今图书集成·历象汇编·庶征典》卷 114 《疫灾部》引《湖广通志》作"正德十一年春荆州疫"，疑系年错误。

正德十三年（1518 年）。夏，应山县大疫①。

嘉靖三年（1524 年）。秋，安陆、麻城、随州、孝感等县大疫②。

嘉靖七年（1528 年）。八月，钟祥县大疫③。钟祥县为安陆府治所。

嘉靖八年（1529 年）。春，襄阳、光化、均州大疫。四月，宜城大疫。沔阳州疫④。

嘉靖十一年（1532 年）。秋，谷城县大疫⑤。

嘉靖十二年（1533 年）。秋，谷城县大疫⑥。

嘉靖十三年（1534 年）。夏，谷城县、襄阳县、枣阳县大疫⑦。

嘉靖十六年（1537 年）。春，安陆县大疫，民多流亡，至夏，流疫甚。孝感县春夏大疫，民多流亡⑧。

嘉靖十九年（1540 年）。春，钟祥县大疫⑨。

嘉靖二十四年（1545 年）。咸宁县、随州饥疫⑩。

嘉靖三十一年（1552 年）。安陆县自春至秋，大疫。应山、孝感两县夏

---

① 康熙《应山县志》卷 2《兵荒志》；同治《应山县志》卷 1《星野志·祥异》；民国《湖北通志》卷 75《祥异志一》。

② 民国《湖北通志》卷 75《祥异志一》；民国《麻城县志前编》卷 15《杂志·祥异》；光绪《德安府志》卷 20《杂志·祥异》；光绪《孝感县志》卷 7《灾祥志》。

③ 乾隆《钟祥县志》卷 15《祥异》；同治《钟祥县志》卷 17《祥异》；民国《湖北通志》卷 75《祥异志一》；康熙《安陆府志》卷 1《郡纪·征考》。

④ 光绪《襄阳府志》卷末《志余·祥异》；民国《湖北通志》卷 75《祥异志一》；同治《襄阳县志》卷 7《杂类志·祥异》；《古今图书集成·历象汇编·庶征典》卷 114《疫灾部》；光绪《光化县志》卷 8《祥异志》；光绪《续辑均州志》卷 13《祥异志》；同治《宜城县志》卷 10《杂类志·祥异》；嘉靖《沔阳志》卷 1《郡纪》；光绪《沔阳州志》卷 1《天文志·祥异》。

⑤ 光绪《襄阳府志》卷末《志余·祥异》；民国《湖北通志》卷 75《祥异志一》。

⑥ 光绪《襄阳府志》卷末《志余·祥异》；《古今图书集成·历象汇编·庶征典》卷 114《疫灾部》引《湖广通志》仅言"嘉靖十二年秋，大疫"，具体地域不详，也许就是指的谷城县。

⑦ 《古今图书集成·历象汇编·庶征典》卷 114《疫灾部》；民国《湖北通志》卷 75《祥异志一》；光绪《襄阳府志》卷末《志余·祥异》；乾隆《枣阳县志》卷 17《灾异志》，民国《枣阳县志》卷 33《祥异志·灾异》。

⑧ 光绪《德安府志》卷 20《杂志·祥异》；道光《安陆县志》卷 14《祥异志》；民国《湖北通志》卷 75《祥异志一》；乾隆《汉阳府志》卷 3《天官志·五行》；光绪《孝感县志》卷 7《灾祥志》。

⑨ 乾隆《钟祥县志》卷 15《祥异》；同治《钟祥县志》卷 17《祥异》。

⑩ 同治《咸宁县志》卷 15《杂志·灾祥》；光绪《续辑咸宁县志》卷 8《杂纪·灾祥》；光绪《德安府志》卷 20《杂志·祥异》。

大疫①。

嘉靖三十三年（1554 年）。夏，云梦县大疫。麻城县冬大疫②。

嘉靖四十年（1561 年）。荆州春大疫，死万余人。当阳县秋大疫，死者过半。长阳县春雪深三尺，秋大疫③。

嘉靖四十一年（1562 年）。潜江县春夏大疫④。

万历元年（1573 年）。枣阳县春正月大疫⑤。

万历十二年（1584 年）。安陆县、咸宁县春大疫⑥。

万历十五年（1587 年）。五月，枝江、宜都雨雹，大疫⑦。

万历十七年（1589 年）。黄安、罗田两县春大疫，麻城县、大冶县、兴国州夏秋大旱疫⑧。黄冈县大疫⑨。

万历十八年（1590 年）。夏，湖广郡县复大疫⑩。黄冈县、黄陂县夏四月，雨雹如砖，大疫。大冶县秋旱，饥馑之余，发为疠疫，大族动以数十计，小户多无孑遗，蓬蒿满目，村落绝鸡犬声⑪。

---

① 光绪《德安府志》卷 20《杂志·祥异》；光绪《孝感县志》卷 7《灾祥志·祥异》；康熙《应山县志》卷 2《兵荒志》；乾隆《汉阳府志》卷 3《天官志·五行》；民国《湖北通志》卷 75《祥异志一》。

② 民国《湖北通志》卷 75《祥异志一》；光绪《黄州府志》卷 40《杂志·祥异》；民国《麻城县志前编》卷 15《杂志·祥异》。

③ 光绪《续修江陵县志》卷 61《外志·祥异》；康熙《荆州府志》卷 2《星野志·祥异》；光绪《荆州府志》卷 76《祥异志》；民国《湖北通志》卷 75《祥异志一》；李今庸主编《湖北医学史稿》，湖北科技出版社 1993 年版，第 314 页；同治《长阳县志》卷 7《杂纪志·灾祥》。

④ 康熙《潜江县志》卷 2《天官志·灾祥》；民国《湖北通志》卷 75《祥异志一》。

⑤ 光绪《襄阳府志》卷末《志余·祥异》；乾隆《枣阳县志》卷 17《灾异志》。民国《枣阳县志》卷 33《祥异志·灾异》；《古今图书集成·历象汇编·庶征典》卷 114《疫灾部》。

⑥ 道光《安陆县志》卷 14《祥异志》；同治《咸宁县志》卷 15《杂志·灾祥》；光绪《续辑咸宁县志》卷 8《杂纪·灾祥》；民国《湖北通志》卷 75《祥异志一》；《古今图书集成·历象汇编·庶征典》卷 114《疫灾部》。

⑦ 民国《湖北通志》卷 75《祥异志一》；光绪《荆州府志》卷 76《祥异志》；同治《枝江县志》卷 20《杂志·灾异》。

⑧ 民国《湖北通志》卷 75《祥异志一》；光绪《黄安县志》卷 10《杂志·祥异》；民国《麻城县志前编》卷 15《杂志·灾异》；同治《大冶县志》卷 8《祥异》；光绪《兴国州志》卷 31《时事志·祥异》。

⑨ 李今庸主编：《湖北医学史稿》，湖北科技出版社 1993 年版，第 314 页。

⑩ 《古今图书集成·历象汇编·庶征典》卷 114《疫灾部》引《湖广通志》。

⑪ 乾隆《黄冈县志》卷 19《杂志·祥异》，光绪《黄冈县志》卷 24《杂志·祥异》，光绪《黄州府志》卷 40《杂志·祥异》；民国《湖北通志》卷 75《祥异志一》；同治《黄陂县志》卷 1《天文志》；同治《大冶县志》卷 8《祥异》。

万历十九年（1591 年）。春，通城大疫①。

万历三十一年（1603 年）。孝感县自春至秋大疫，应山县夏大疫②。

万历三十六年（1608 年）。汉阳县大水，城内行舟，天水相连，仅存大别山阜，民复疫疠③。

万历三十七年（1609 年）。春夏间，通城大疫，死者十之七八④。

天启元年（1621 年）。夏，枣阳、郧县大疫⑤。

天启七年（1627 年）。襄阳大疫⑥。

崇祯十三年（1640 年）。三月至九月，麻城旱蝗、大疫，死者相望于道⑦。

崇祯十四年（1641 年）。天下大旱疫，蕲、黄等处飞蝗蔽天，米斗银四钱，民死过半。英山县春大饥疫，三年之内，蝗旱频仍，疫疠大作。父食其子，夫啗其妻。黄冈县六月大蝗，是年大疫。蕲州蝗，大饥，大疫。蕲水县疫。麻城县大旱蝗，寇疫荐臻，人相食。黄梅县大疫，死亡过半，贫者不能具棺，苇革裹尸之中野。广济县大饥大疫，人至相食。罗田县大疫，积尸遍城野。江夏县秋大疫，死者山积。孝感县大蝗，大疫。蒲圻县春大疫。沔阳州五月旱蝗大疫。枝江、宜都两县大蝗大疫⑧。

崇祯十五年（1642 年）。春夏之间，黄州、黄安、黄陂等县蝗，大饥，继以疫，人相食。蕲州夏秋大疫，殍尸载道。兴国州飞蝗蔽天，大疫。大冶县旱蝗且

---

① 同治《通城县志》卷 22《祥异》；民国《湖北通志》卷 75《祥异志一》。
② 乾隆《汉阳府志》卷 3《天官志·五行》；光绪《孝感县志》卷 7《灾祥志》；同治《应山县志》卷 1《星野志·祥异》。
③ 乾隆《汉阳府志》卷 3《天官志·五行》。
④ 同治《通城县志》卷 22《祥异》；民国《湖北通志》卷 75《祥异志一》。
⑤ 民国《湖北通志》卷 75《祥异志一》；同治《郧县志》卷 1《天文志·祥异》；《古今图书集成·历象汇编·庶征典》卷 114《疫灾部》引《湖广通志》。
⑥ 光绪《襄阳府志》卷末《志余·祥异》；同治《襄阳县志》卷 7《杂类志·祥异》；民国《湖北通志》卷 75《祥异志一》；《古今图书集成·历象汇编·庶征典》卷 114《疫灾部》引《湖广通志》。
⑦ 民国《麻城县志前编》卷 15《杂志·祥异》。
⑧ 光绪《蕲州志》卷 30《杂志·祥异》；民国《英山县志》卷 14《杂类志·祥异》；乾隆《黄冈县志》卷 19《杂志·祥异》；光绪《黄冈县志》卷 24《杂志·祥异》；光绪《黄州府志》卷 40《杂志·祥异》；光绪《蕲水县志》卷末《杂志·祥异》；民国《麻城县志前编》卷 15《杂志·祥异》；光绪《黄梅县志》卷 37《杂志·祥异》；康熙《广济县志》卷 2《分野志·祥异》；同治《广济县志》卷 16《杂志·灾祥》；同治《江夏县志》卷 8《杂志·祥异》；乾隆《汉阳府志》卷 3《天官志·五行》；光绪《孝感县志》卷 7《灾祥志》；同治《蒲圻县志》卷 3《祥异志》；光绪《沔阳州志》卷 1《天文志·祥异》；光绪《荆州府志》卷 76《祥异志》。

疫。咸宁县、蒲圻县春大疫，哭泣之声，比户相闻。应山县春夏大饥，大疫①。

崇祯十六年（1643年）。春夏之间，襄阳、光化大疫②。

崇祯十七年（1644年）。枝江县秋大疫。宜都县大疫，死者十七八③。

3. 清代（1644—1911年）

顺治二年（1645年）。天门县春大饥，民多死，秋冬大疫。应城县秋大疫。安陆县大疫，死者大半。咸宁县大疫。枣阳县夏五月大疫，人相食。宜城县春大饥，人相食，多疫死④。当阳县大疫⑤。

顺治三年（1646年）夏，安陆、襄阳、兴国等县大疫。枣阳县夏大疫。安陆秋大疫。兴国州（今阳新）秋大疫。崇阳县大疫，死者无算⑥。

顺治十五年（1658年）。春，宜城大疫⑦。

康熙九年（1670年）。枣阳县大旱大疫⑧。

康熙十年（1671年）。应山县季夏大疫。枣阳县秋大疫⑨。

① 同治《黄陂县志》卷1《天文志》；光绪《黄安县志》卷10《杂志·祥异》；光绪《蕲州志》卷30《杂志·祥异》；光绪《兴国州志》卷31《时事志·祥异》；同治《大冶县志》卷8《祥异》；康熙《湖广武昌府志》卷3《灾异志》；同治《蒲圻县志》卷3《祥异志》1；同治《应山县志》卷1《星野志》；民国《湖北通志》卷75《祥异志一》。

② 光绪《光化县志》卷8《祥异志》；光绪《襄阳府志》卷末《志余·祥异》；同治《襄阳县志》卷7《杂类志·祥异》；民国《湖北通志》卷75《祥异志一》。

③ 民国《湖北通志》卷76《祥异志二》；光绪《荆州府志》卷76《祥异志》；同治《枝江县志》卷20《杂志·灾异》。

④ 乾隆《天门县志》卷7《五行考·祥异》；雍正《应城县志》卷7《祥异志》；光绪《应城县志》卷14《杂类志·祥异》；民国《湖北通志》卷76《祥异志二》；光绪《德安府志》卷20《杂志·祥异》；道光《安陆县志》卷14《祥异志》；同治《咸宁县志》卷15《杂志·灾祥》；光绪《续辑咸宁县志》卷8《杂纪·灾祥》；光绪《襄阳府志》卷末《志余·祥异》；乾隆《枣阳县志》卷17《灾异志》；民国《枣阳县志》卷33《祥异志·灾异》；同治《宜城县志》卷10《杂类志·祥异》。

⑤ 李今庸主编：《湖北医学史稿》，湖北科技出版社1993年版，第315页。

⑥ 民国《湖北通志》卷76《祥异志二》；民国《枣阳县志》卷33《祥异志·灾异》；光绪《德安府志》卷20《杂志·祥异》；道光《安陆县志》卷14《祥异志》；光绪《兴国州志》卷31《时事志·祥异》；同治《崇阳县志》卷12《杂纪·灾祥》。

⑦ 同治《宜城县志》卷10《杂类志·祥异》；民国《湖北通志》卷76《祥异志二》。

⑧ 光绪《襄阳府志》卷末《志余·祥异》；民国《枣阳县志》卷33《祥异志·灾异》；乾隆《枣阳县志》卷17《灾异志》。

⑨ 康熙《应山县志》卷2《兵荒志》；同治《应山县志》卷1《星野志·祥异》；光绪《襄阳府志》卷末《志余·祥异》；民国《湖北通志》卷76《祥异志二》；乾隆《枣阳县志》卷17《灾异志》；民国《枣阳县志》卷33《祥异志·灾异》。

康熙十一年（1672 年）。秋，枣阳疫①。

康熙十七年（1678 年）。春，房县被兵，更遭瘟疫，死者无算。荆门州大旱，疫疠顿作②。

康熙二十年（1681 年）。沔阳州夏大旱，六月疫③。

康熙二十一年（1682 年）。东湖县（今宜昌）城乡大疫④。

康熙二十二年（1683 年）。春，宜城县汉江以东山村大疫⑤。

康熙三十一年（1692 年）。郧阳（今郧县）夏五月大疫。房县四、五月瘟疫大行⑥。

康熙三十二年（1693 年）。郧西县大疫。武昌县（今鄂州）大疫⑦。

康熙三十七年（1698 年）。秋八月，房县人、牛俱疫⑧。

康熙三十八年（1699 年）。房县三月旱，夏陨霜，秋雨雪，年饥，人牛瘟更甚⑨。

康熙三十九年（1700 年）。秋，房县暑旱后得雨反寒，瘟疫流行⑩。

康熙四十一年（1702 年）。春，房县雷雨雪，大寒，人畜灾⑪。

康熙四十四年（1705 年）。冬，沔阳大疫⑫。

康熙四十五年（1706 年）。房县夏旱秋涝，虫食稻尽，瘟疫大行。通城县大疫，死亡相继，不染者百不二三。蒲圻县春夏大疫。崇阳县旱连岁，人多疫。沔阳州水，大饥，大疫。天门县大水，民饥，

---

① 民国《湖北通志》卷 76《祥异志一》。

② 同治《房县志》卷 6《事纪》；乾隆《荆门州志》卷 34《祥异》，同治《荆门直隶州志》卷 1《舆地志·祥异》。

③ 光绪《沔阳州志》卷 1《天文志·祥异》。

④ 同治《宜昌府志》卷 1《天文志·祥异》；民国《湖北通志》卷 76《祥异志二》。

⑤ 《清史稿》卷 40《灾异志一·疾疫》；同治《宜城县志》卷 10《杂类志·祥异》；民国《湖北通志》卷 76《祥异志二》。

⑥ 同治《郧阳志》卷 8《祥异》；《清史稿》卷 40《灾异志一·疾疫》；同治《房县志》卷 6《事纪》；民国《湖北通志》卷 76《祥异志二》；《清史稿》卷 40《灾异志一·疾疫》。

⑦ 同治《郧西县志》卷 20《杂志·祥异》；同治《郧阳志》卷 8《祥异》称康熙"三十三年，郧西大疫"；民国《湖北通志》卷 76《祥异志二》。

⑧ 同治《房县志》卷 6《事纪》；民国《湖北通志》卷 76《祥异志二》。

⑨ 同治《房县志》卷 6《事纪》。

⑩ 同治《房县志》卷 6《事纪》；民国《湖北通志》卷 76《祥异志二》。

⑪ 同上。

⑫ 光绪《沔阳州志》卷 1《天文志·祥异》。

继以疫①。

康熙四十六年（1707 年）。七月，公安水、大疫，房县大疫。八月，沔阳州大疫，死者甚众；通城大疫，死亡相继，不染者百不二三②。

康熙四十七年（1708 年）。二月，公安大疫。秋，蒲圻大疫③。

康熙四十九年（1710 年）。房县痘疹大作，死千余人④。

雍正元年（1723 年）。罗田县大疫。房县大饥，瘟疫流行⑤。

雍正三年（1725 年）。秋，蒲圻痢疾流行⑥。

雍正五年（1727 年）。沔阳州春夏大水，饥，大疫。汉阳县大水，冬疫。枝江县霪雨三月，冬大疫，至六年春益甚，道殣相望。黄冈县夏大水，秋冬大疫。钟祥县二月至四月大雨不止，坏城郭，夏、冬居民大疫⑦。

雍正六年（1728 年）。武昌县春旱，时疫流行。蒲圻县春夏民病疫，四月大疫。崇阳县四月大疫。荆门州春民疫，四月大疫。沔阳州夏五月大水，城内行舟，民饥多疫。东湖县（今宜昌）大疫。长阳县春大疫。枝江县春疫不止，四月仍疫。郧西县夏大疫。远安县大疫⑧。

---

① 《清史稿》卷 40《灾异志一·疾疫》；同治《房县志》卷 6《事纪》；同治《郧阳志》卷 8《祥异》；同治《通城县志》卷 22《祥异》；同治《蒲圻县志》卷 3《祥异志》；同治《崇阳县志》卷 12《杂纪·灾祥》；光绪《沔阳州志》卷 1《天文志·祥异》；乾隆《天门县志》卷 7《五行考·祥异》。

② 民国《湖北通志》卷 76《祥异志二》；《清史稿》卷 40《灾异志一·疾疫》。

③ 光绪《荆州府志》卷 76《祥异志》；同治《公安县志》卷 3《民政志·祥异》；同治《蒲圻县志》卷 3《祥异志》。

④ 同治《郧阳志》卷 8《祥异》；同治《房县志》卷 6《事纪》；民国《湖北通志》卷 76《祥异志二》。

⑤ 李今庸主编：《湖北医学史稿》，湖北科技出版社 1993 年版，第 316 页；同治《房县志》卷 6《事纪》。

⑥ 同治《蒲圻县志》卷 3《祥异志》。

⑦ 光绪《沔阳州志》卷 1《天文志·祥异》；乾隆《汉阳府志》卷 3《天官志·五行》；光绪《荆州府志》卷 76《祥异志》；乾隆《黄冈县志》卷 19《杂志·祥异》；光绪《黄冈县志》卷 24《杂志·祥异》；乾隆《钟祥县志》卷 15《祥异》，同治《钟祥县志》卷 17《祥异》；民国《湖北通志》卷 76《祥异志二》；《清史稿》卷 40《灾异志一·疾疫》。

⑧ 乾隆《武昌县志》卷 1《方舆志·祥异》；光绪《武昌县志》卷 10《祥异志》；同治《蒲圻县志》卷 3《祥异志》；乾隆《荆州志》卷 34《祥异》；同治《荆门直隶州志》卷 1《舆地志·祥异》；光绪《沔阳州志》卷 1《天文志·祥异》；同治《宜昌府志》卷 1《天文志》，乾隆《东湖县志》卷 2《天文志·禨祥》；同治《长阳县志》卷 7《杂纪志·灾祥》；民国《湖北通志》卷 76《祥异志二》；《清史稿》卷 40《灾异志一·疾疫》；李今庸主编：《湖北医学史稿》，湖北科技出版社 1993 年版，第 316 页。

雍正七年（1729 年）。春，郧西大疫①。

雍正十二年（1734 年）。秋，武昌（今鄂州）乡村疟疫②。

乾隆十年（1745 年）。枣阳县十一月大疫③。

乾隆三十三年（1768 年）。汉川大疫，死伤无算④。

乾隆三十四年（1769 年）。崇阳县大疫⑤。

乾隆五十五年（1790 年）。八月，云梦大疫⑥。

乾隆五十六年（1791 年）。七、八月间，云梦疫疟大作⑦。

乾隆五十七年（1792 年）。九月，黄梅大水后大疫⑧。

嘉庆元年（1796 年）。保康县五月疫⑨。

嘉庆十三年（1808 年）。夏秋，英山大疫⑩。

嘉庆十九年（1814 年）。枝江县闰二月大疫，互相传染，家属多相继死者。枣阳县饥疫⑪。

嘉庆二十年（1815 年）。汉川大疫⑫。

嘉庆二十二年（1817 年）。英山县夏饥疫交作，死者无算⑬。

嘉庆二十四年（1819 年）。五月，恩施大疫⑭。

道光二年（1822 年）。宜城县自夏徂秋，汉水三涨，漂没禾麦，城乡大疫⑮。

道光八年（1828 年）。长阳大疫⑯。

---

① 同治《郧阳志》卷 8《祥异》；同治《郧西县志》卷 20《杂志·祥异》；民国《湖北通志》卷 76《祥异志二》。

② 同治《郧阳志》卷 8《祥异》；同治《郧西县志》卷 20《杂志·祥异》；民国《湖北通志》卷 76《祥异志二》。

③ 民国《枣阳县志》卷 33《祥异志·灾异》；《清史稿》卷 40《灾异志一·疾疫》。

④ 民国《湖北通志》卷 76《祥异志二》；同治《汉川县志》卷 14《祥祲志》。

⑤ 同治《崇阳县志》卷 12《杂纪·灾祥》。

⑥ 《清史稿》卷 40《灾异志一·疾疫》。

⑦ 《清史稿》卷 40《灾异志一·疾疫》。

⑧ 光绪《黄州府志》卷 40《杂志·祥异》；《清史稿》卷 40《灾异志一·疾疫》。

⑨ 同治《郧阳志》卷 8《祥异》。

⑩ 民国《英山县志》卷 14《杂类志·祥异》。

⑪ 同治《枝江县志》卷 20《杂志·灾异》；民国《枣阳县志》卷 33《祥异志·灾异》；《清史稿》卷 40《灾异志》；民国《湖北通志》卷 76《祥异志二》。

⑫ 同治《汉川县志》卷 14《祥祲》；民国《湖北通志》卷 76《祥异志二》。

⑬ 民国《英山县志》卷 14《杂类志·祥异》。

⑭ 同治《增修施南府志》卷 1《天文志·祲祥》。

⑮ 同治《宜城县志》卷 10《杂类志·祥异》。

⑯ 同治《长阳县志》卷 7《杂纪志·灾祥》；民国《湖北通志》卷 76《祥异志二》。

道光十二年（1832 年）。江汉之间多被水灾，霍乱广为流行。武昌县三月大疫。咸宁县三月大疫，流行到秋。江夏县夏大水，大疫。蒲圻县夏水，大疫。通城县沔、监流民疫甚，死者相藉，邑人染之，多因疫亡。通山县夏大疫。大冶县疫，户有绝者。崇阳县五月大疫，病者十八九，死者十五六。汉阳县五月大疫，民死者无算。自春徂夏，几半年，秋始止。黄陂县五月大疫。沔阳州春大疫。汉川县春饥疫相仍，饿殍盈途。孝感县亦大疫。公安县春夏大疫，至秋八月大风大水，人相食，又大疫。石首县夏五月大疫，死者无算。石首县二三四五月民大疫，死者无算。宜都县春大疫，夏五月大疫。监利县春夏之间大疫，死人无算。松滋县岁大饥，夏五月大疫。安陆、应山两县瘟疫大作。应城县八月大疫，死者相藉。黄梅县夏大疫，八月大疫。蕲州春夏大饥，夏大疫，疠疫传染，道路枕藉。潜江县春三月饥，大疫①。

道光十三年（1833 年）。宜城县五月大疫，自五月至十月积阴少霁，疫疟流行，人及六畜多死。潜江县春大疫②。

道光十九年（1839 年）。九月，云梦县大疫。随州瘟疫盛行，自七月至九月，损人甚多③。

道光二十一年（1841 年）。沔阳州疫④。

道光二十二年（1842 年）。夏，武昌县（今鄂州）大疫。大冶县荒疫，民相劫夺。蕲州夏秋大疫。英山县饥疫交作，死者无算⑤。

① 光绪《武昌县志》卷 10《祥异志》；光绪《续辑咸宁县志》卷 8《杂纪·灾祥》；同治《江夏县志》卷 8《杂志·祥异》；同治《蒲圻县志》卷 3《祥异志》；同治《通城县志》卷 22《祥异》；同治《大冶县志》卷 8《祥异》；同治《崇阳县志》卷 12《杂纪·灾祥》；同治《汉阳县志》卷 4《天文志·祥异》；同治《黄陂县志》卷 1《天文志》；光绪《沔阳州志》卷 1《天文志·祥异》；同治《汉川县志》卷 14《祥祲志》；光绪《荆州府志》卷 76《祥异志》；同治《公安县志》卷 3《民政志·祥异》；同治《石首县志》卷 3《民政志·祥异》；同治《监利县志》卷 12《杂识·祥异》；同治《松滋县志》卷 12《杂志·灾祥》；民国《松滋县志》卷 1《纪事·灾荒》；光绪《应城县志》卷 14《杂类志·祥异》；光绪《德安府志》卷 20《杂志·祥异》；光绪《黄州府志》卷 40《杂志·祥异》；光绪《蕲州志》卷 30《杂志·祥异》；光绪《黄梅县志》卷 37《杂志·祥异》；光绪《潜江县志续》卷 2《灾祥志》；民国《湖北通志》卷 76《祥异志二》；《清史稿》卷 40《灾异志一·疾疫》；李今庸主编：《湖北医学史稿》，湖北科技出版社 1993 年版，第 317 页。

② 同治《宜城县志》卷 10《杂类志·祥异》；光绪《潜江县志续》卷 2《灾祥志》；《清史稿》卷 40《灾异志》。

③ 《清史稿》卷 40《灾异志》；光绪《德安府志》卷 20《杂志·祥异》。

④ 光绪《沔阳州志》卷 1《天文志·祥异》。

⑤ 同治《大冶县志》卷 8《祥异》；光绪《蕲州志》卷 30《杂志·祥异》；光绪《黄州府志》卷 40《杂志·祥异》；《清史稿》卷 40《灾异志》；民国《湖北通志》卷 76《祥异志二》；李今庸主编：《湖北医学史稿》，湖北科技出版社 1993 年版，第 317 页。

道光二十三年（1843 年）。麻城县春大疫，五月、七月又大疫①。

道光二十四年（1844 年）。黄安县大疫，民多死②。

道光二十五年（1845 年）。光化县夏大疫③。

道光二十八年（1848 年）。大冶县冬大疫④。

道光二十九年（1849 年）。六月，沔阳大疫⑤。

咸丰二年（1852 年）。蕲州夏四月疫，秋多疫⑥。

咸丰三年（1853 年）。郧西县六月大水，八月旱蝗，是年有疫⑦。

咸丰六年（1856 年）。五月，咸宁县大疫⑧。

咸丰七年（1857 年）。秋，英山县大疫⑨。

咸丰十一年（1861 年）。秋，长阳大疫⑩。

同治元年（1862 年）。六月，江陵县大疫，民多暴死⑪。

同治三年（1864 年）应山县夏大疫。公安县秋大疫。麻城县夏大疫⑫。

同治八年（1869 年）。七月，麻城县大疫⑬。

同治九年（1870 年）。秋，麻城县北乡大疫。江陵县大疫，民多暴死⑭。

同治十年（1871 年）。六月，麻城县西南乡大疫⑮。

---

① 民国《麻城县志前编》卷 15《杂志·祥异》；光绪《黄州府志》卷 40《杂志·祥异》；民国《湖北通志》卷 76《祥异志二》；《清史稿》卷 40《灾异志》。

② 民国《湖北通志》卷 76《祥异志二》。

③ 同上。

④ 同治《大冶县志》卷 8《祥异》。

⑤ 光绪《沔阳州志》卷 1《天文志·祥异》；民国《湖北通志》卷 76《祥异志二》。

⑥ 光绪《黄州府志》卷 40《杂志·祥异》；光绪《蕲州志》卷 30《杂志·祥异》；民国《湖北通志》卷 76《祥异志二》。

⑦ 同治《郧西县志》卷 20《杂志·祥异》。

⑧ 《清史稿》卷 40《灾异志》。

⑨ 民国《英山县志》卷 14《杂类志·祥异》；同治《六安州志》卷 55《杂类志·祥异》；光绪《安徽通志》卷 347《祥异》。

⑩ 同治《长阳县志》卷 7《杂纪志·灾祥》；民国《湖北通志》卷 76《祥异志二》。

⑪ 光绪《荆州府志》卷 76《祥异志》；《清史稿》卷 40《灾异志》。

⑫ 同治《公安县志》卷 3《民政志·祥异》；光绪《荆州府志》卷 76《祥异志》；民国《麻城县志前编》卷 15《杂志·祥异》；民国《湖北通志》卷 76《祥异志二》；《清史稿》卷 40《灾异志》。

⑬ 光绪《黄州府志》卷 40《杂志·祥异》；民国《湖北通志》卷 76《祥异志二》；《清史稿》卷 40《灾异志》。

⑭ 民国《麻城县志前编》卷 15《杂志·祥异》；光绪《续修江陵县志》卷 61《外志·祥异》；民国《湖北通志》卷 76《祥异志二》；《清史稿》卷 40《灾异志》。

⑮ 民国《麻城县志前编》卷 15《杂志·祥异》；《清史稿》卷 40《灾异志》。

同治十一年（1872 年）。夏秋，武昌县（今鄂州）大疟疫^①。

光绪元年（1875 年）。春，兴国（今阳新）疫。

光绪三年（1877 年）。兴国州三月大疫，连年不止，死人无算^②。

光绪四年（1878 年）。春二月，光化县大疫。沔阳州秋七月大疫^③。

光绪五年（1879 年）。蕲州大同乡疫。武昌县（今鄂州）秋疫^④。

光绪七年（1881 年）。夏秋，兴国（今阳新）大疫，死人无数，次年疫稍轻，损人亦多。

光绪八年（1882 年）。兴国（今阳新）大疫。

光绪九年（1883 年）。秋，监利傅家垸痘（天花）麻（麻疹）流行^⑤。

光绪十四年（1888 年）。秋，沔阳大疫，民多死^⑥。

光绪三十二年（1906 年）。秋，监利傅家垸霍乱流行^⑦。

宣统元年（1909 年）。汉口鼠疫^⑧。

二 湖北疫灾流行的时空变迁

1. 湖北疫灾的时间分布变化

（1）季节变化。据上述疫灾时间序列统计，先秦至清代（公元前770—1911 年）的 2 681 年中，湖北共有疫灾年份 146 个，疫灾频度 5.44%，即平均 18.36 年间有一年发生疫灾。表 31-1 显示，汉晋时期疫灾多发生在冬季，其次是春夏；刘宋至元代疫灾多发生在春夏季，其次是春秋；明代疫灾多发生在春夏，其次是秋季；清代疫灾多发生在秋季，其次是春夏。瘟疫流行季节的变迁，主要受疫病种群变迁的影响，汉晋时期多流感、伤寒，所以冬季疫灾较多；明清时期既有春夏流行的天花、鼠疫，也有秋季流行的疟

---

① 光绪《武昌县志》卷 10《祥异志》；《清史稿》卷 40《灾异志》；民国《湖北通志》卷 76《祥异志二》。

② 民国《湖北通志》卷 76《祥异志二》。

③ 光绪《襄阳府志》卷末《志余·祥异》；光绪《沔阳州志》卷 1《天文志·祥异》；民国《湖北通志》卷 76《祥异志二》。

④ 光绪《蕲州志》卷 30《杂志·祥异》；民国《湖北通志》卷 76《祥异志二》。

⑤ 李今庸主编：《湖北医学史稿》，湖北科技出版社 1993 年版，第 318 页。

⑥ 民国《湖北通志》卷 76《祥异志二》。

⑦ 李今庸主编：《湖北医学史稿》，湖北科技出版社 1993 年版，第 318 页。

⑧ 民国《夏口县志》卷 20《祥异志》。

疾、霍乱，所以春、夏、秋三季疫灾均多。

表 31 - 1　　　　　　　　　**湖北瘟疫灾害的季节分布**　　　　　　　（次）

历 史 时 段	春季	夏季	秋季	冬季	不详
汉晋时期（公元前 221—420 年）	3	4	0	9	2
刘宋迄元（420—1368 年）	4	4	2	0	7
明代（1368—1644 年）	18	18	10	3	8
清代（1644—1911 年）	14	22	34	4	16

说明：春季为农历正月至三月，夏季为四月至六月，秋季为七月至九月，冬季为十月至十二月。

（2）朝纪变化。湖北 50% 的疫灾分布在清代，27.4% 的疫灾分布在明代，9.56% 的疫灾分布在两晋，这三个朝代集中了近 87% 的疫灾（见表 31 - 2）。就疫灾频度而言，清代最高，明代其次，两晋又次（见图 31 - 1）。从世纪分布看，湖北 75.7 的疫灾分布在 15—19 世纪，12.5% 的疫灾分布在 3—5 世纪，其中 19 世纪疫灾频度最高（36%），16 世纪（23%）、17 世纪（24%）、18 世纪（20%）、4 世纪（9%）也比较高（见图 31 - 2）。总之，两千多年来，湖北疫灾的时间分布变化表现为两个明显的涨落过程。

表 31 - 2　　　　　　　　**湖北瘟疫灾害的朝代分布**

项 目	先秦	西汉	东汉	两晋	南朝	隋唐五代	北宋	南宋	元朝	明朝	清朝	合计
历时年数（年）	564	230	196	200	160	379	168	151	89	277	267	2 681
疫灾年数（年）	0	1	3	13	4	1	3	4	4	40	73	146
疫灾频度（%）	0	0.43	1.53	6.50	2.50	0.26	1.78	2.65	4.49	14.4	27.34	5.44

（3）长期趋势。十年疫灾指数（连续十年内发生疫灾的年数）能比较准确地反映疫灾的趋势性变化。图 31 - 3 显示，16 世纪之前湖北经历了 19 个小的疫灾波峰（波长小于 50 年，波高 5 以下），16 世纪之后湖北经历了 3 个独立的小波峰和 3 个叠加的大波峰（波长 120 年左右，波高 5 以上）。如果把疫峰比作洪峰，疫灾波长就好比洪峰持续时间，疫灾波高就好比洪峰水位，16 世纪以来湖北疫灾波长的不断加长和疫灾波峰的不断加高，说明疫灾流行的频度越来越频繁，危害越来越严重。图 31 - 1、图 31 - 2、图 31 - 3 显示，在朝代、世纪、十年时间尺度上，湖北疫灾频度都有长期上升的变化趋

势和惊人相似的涨落周期。

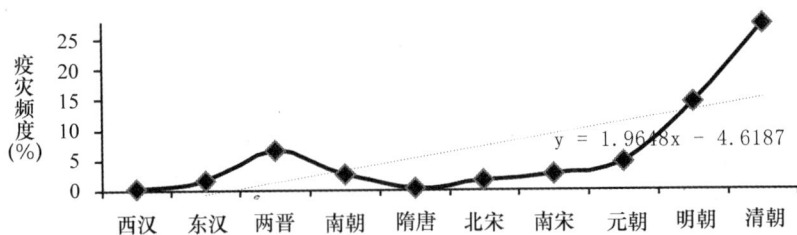

图 31 - 1　湖北疫灾频度的朝代变化

$y = 1.9648x - 4.6187$

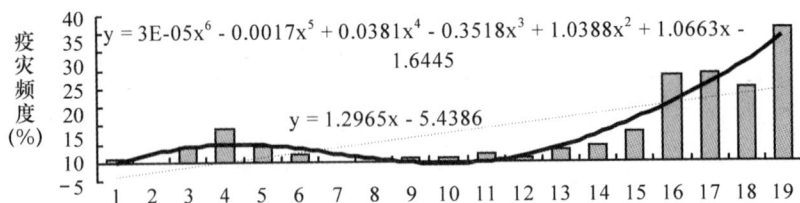

图 31 - 2　湖北疫灾频度的世纪变化

$y = 3E\text{-}05x^6 - 0.0017x^5 + 0.0381x^4 - 0.3518x^3 + 1.0388x^2 + 1.0663x - 1.6445$

$y = 1.2965x - 5.4386$

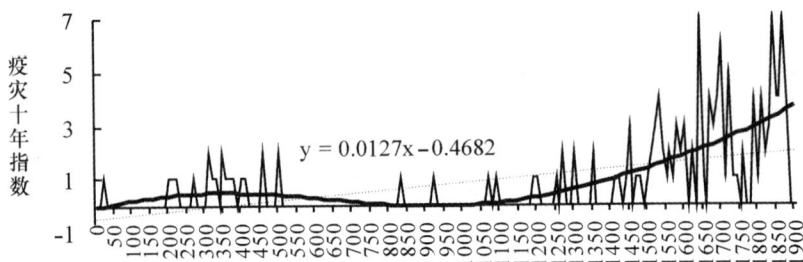

图 31 - 3　湖北疫灾十年指数的变化

$y = 0.0127x - 0.4682$

2. 湖北瘟疫灾害的空间分布变化

（1）汉唐时期。该时期瘟疫流行多与战争有关，荆州、襄阳、武汉为疫灾多发中心（见图 31 - 4）。荆州为长江中游首位城市，乃兵家必争之地，魏、蜀、吴对荆州的争夺，导致多次瘟疫大流行（如 208、219、222 年）。襄阳地处南北要冲，与荆州唇齿相依，也多战争酿成之瘟疫（如 310、311 年）。南朝刘宋之后，武汉地位可与襄阳媲美，501 年因战争和瘟疫，武汉城死者 10 万余人。

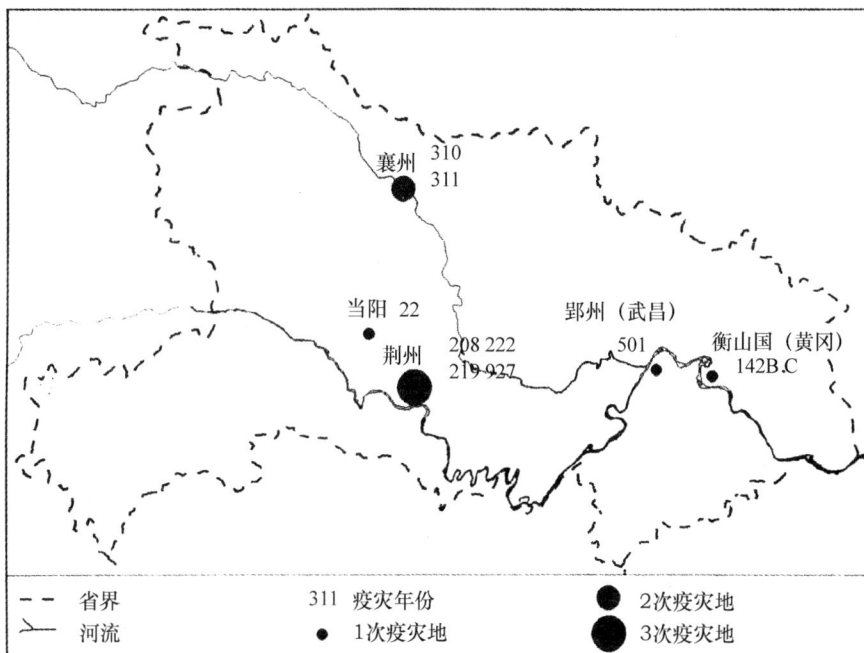

图 31-4　汉唐时期（公元前 142—959 年）湖北疫灾分布图

（2）宋元时期。该时期与汉唐时期比，疫灾重心明显东移，荆州虽仍是疫灾中心之一，但已让位于鄂东的鄂州、黄州和蕲州，襄阳则不再为疫灾中心（见图 31-5）。汉唐建都长安、洛阳，荆州经襄阳至长安、洛阳的交通线十分重要，荆襄之间人口稠密，人口流动性也强，因此疫灾较多；宋元都城东迁至开封、杭州和北京，经武汉至开封、杭州、北京的交通线显得更为重要，鄂东战略地位提升，人口分布密度和人口流动性也大大加强，以致鄂东沿江一线成为疫灾多发区。

（3）明清时期。该时期为疫灾高峰期。明清湖北辖县 70 左右，而累计发生瘟疫的县数，明代至少 99 个，清代至少 149 个，相当于被瘟疫席卷了三次，影响相当巨大。与宋元时期比，明代疫灾分布偏重于鄂东的特点更加明显，但襄阳超过荆州，成为次级疫灾中心（见图 31-6）。清代前后期疫灾分布有较大差别，前期以鄂西北瘟疫最多，其次是江汉平原东部（见图 31-7）；后期以鄂东和江汉平原瘟疫最频繁，鄂西北瘟疫反而甚少，与前期形成互补分布（图 31-8）。

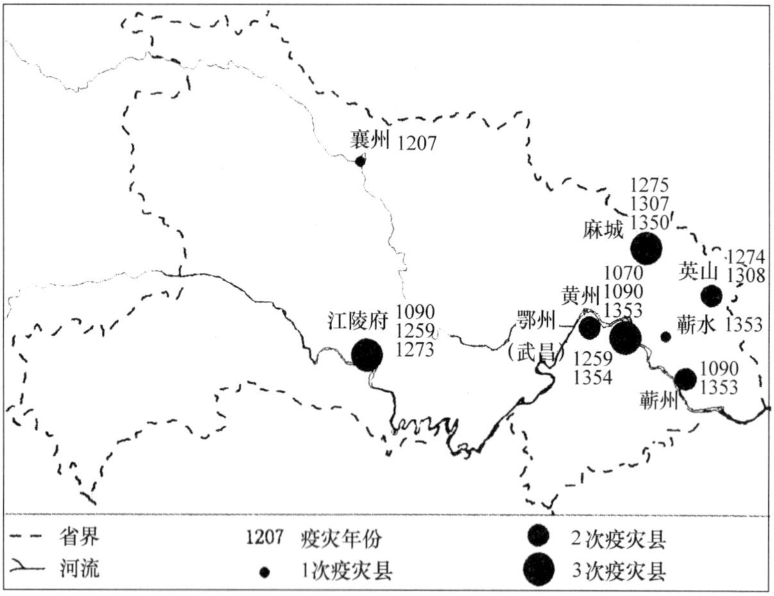

图 31-5 宋元时期(960—1367年)湖北疫灾分布图

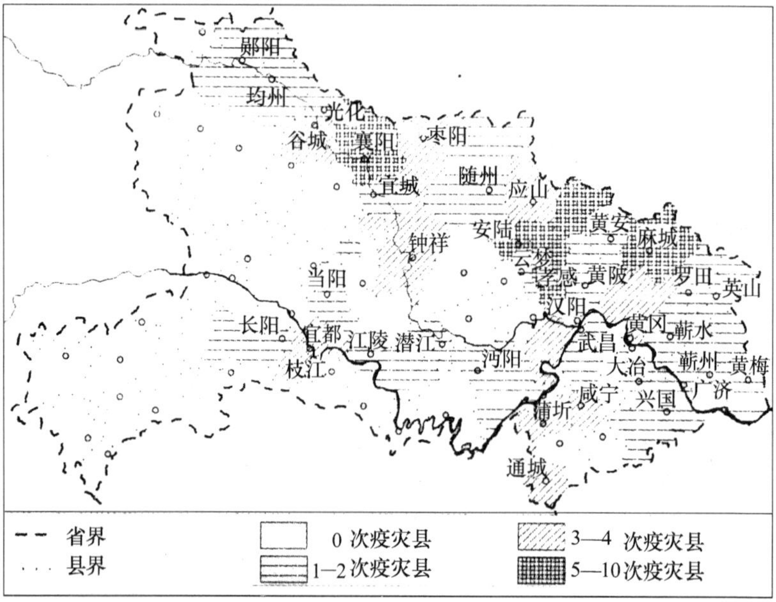

图 31-6 明代(1368—1643年)湖北疫灾分布图

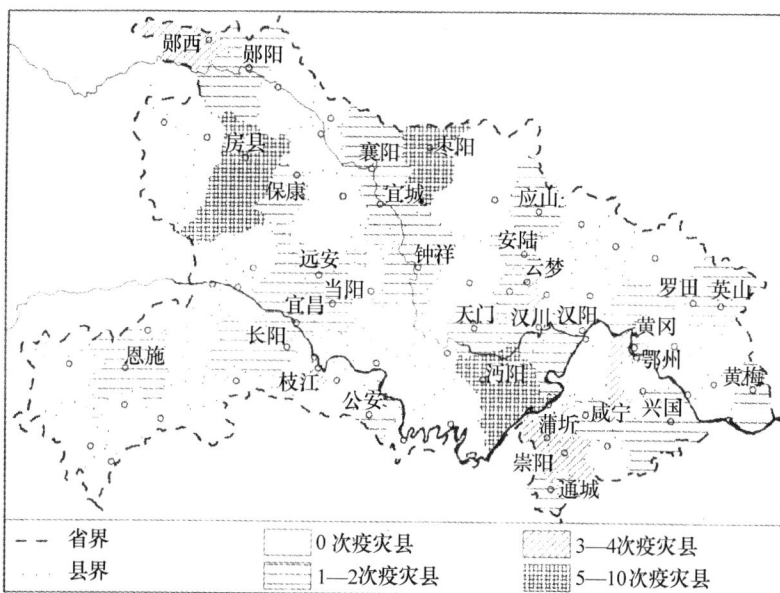

图 31 - 7 清前期 (1644—1820 年) 湖北疫灾分布图

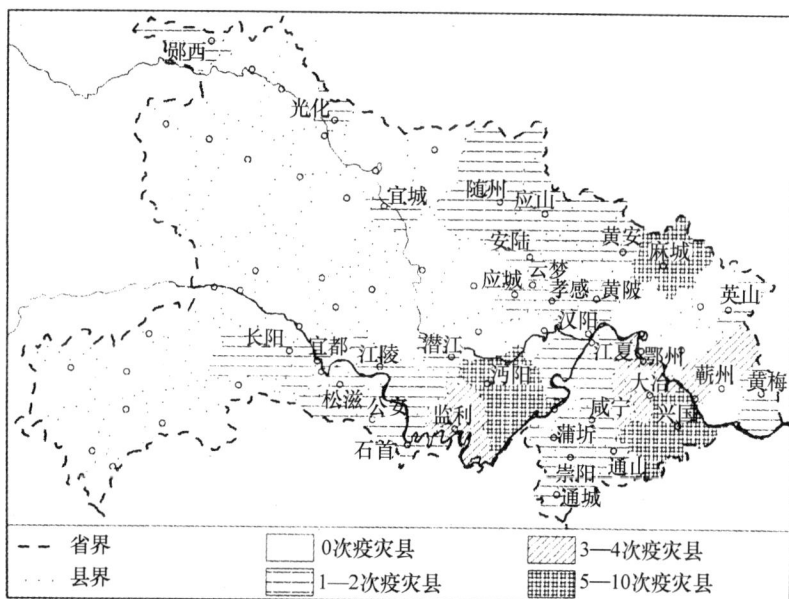

图 31 - 8 清后期 (1821—1911 年) 湖北疫灾分布图

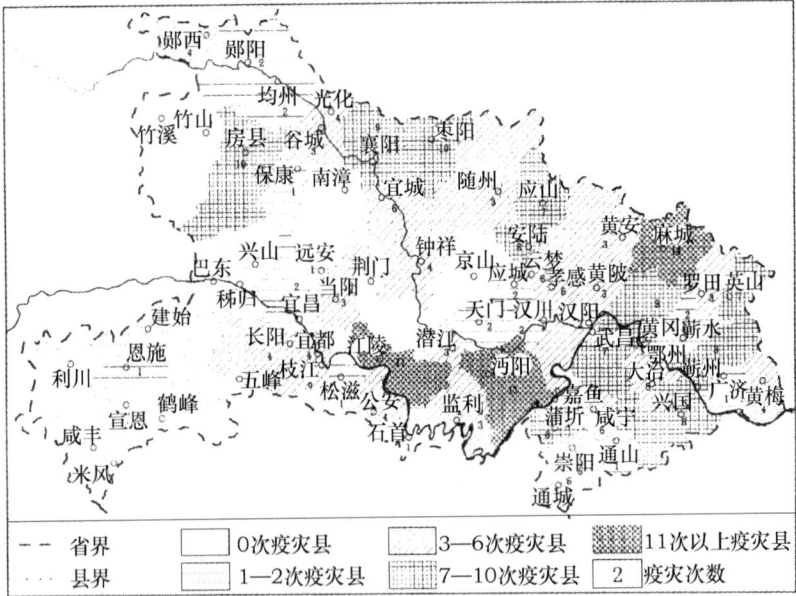

图 31-9　历史时期（公元前 142—1911 年）湖北疫灾分布图

　　（4）总体特征。第一，汉唐时期的疫灾多与战争有关，宋元明清的疫灾多与水旱灾害有关；第二，疫灾重心有由西向东迁移的趋势，以公元 1000 年为界，之前疫灾偏于西部的荆州—襄樊一线，之后疫灾偏于安陆—沔阳一线以东的地区；第三，城市瘟疫多于乡村，武汉、荆州、襄樊及其周边地区为疫灾多发地区；第四，瘟疫流行与人口密度有着十分密切的关系，历史以来人口稀少的鄂西南地区罕见瘟疫流行。

三　结论

　　历史时期（公元前 770—1191 年）湖北有 146 年发生过疫灾，疫灾频度为 5.44％。汉晋时期疫灾的流行（公元前 221—420 年）主要在冬季，刘宋至元代（420—1368 年）主要在夏季，明代（1368—1644 年）主要在春夏，清代（1644—1911 年）主要在秋季。疫灾流行季节的变迁，主要与疫病种群的变化有关，病原体与人类同进化，不同历史时期有不同的疫病种群结构。

　　历史时期湖北的疫灾主要分布在 15—19 世纪的明清时期和 3—5 世纪的

三国两晋时期，这两个疫灾高峰期正处于中国历史上的气候寒冷期，与全国情形一样，气候寒冷期是疫灾相对频繁的时期。就整个历史时期而言，湖北的疫灾频度具有长期上升的变化趋势，随着时间的推移，疫灾波动的周期越来越长，波动的振幅越来越大，反映出疫灾的影响和危害越来越大。疫灾之所以越来越频繁，最根本的原因可能有两个：一是我国历史气候有变干变冷的长期趋势，尤其是处于疫灾高峰期的15—19世纪，气候异常寒冷，有"小冰期"之称，而寒冷期气候变率大，大旱、洪水等自然灾害频繁，易于诱发瘟疫；二是人口密度不断加大，人类交往日益频繁，为瘟疫流行提供了便利的传播条件和足量的易感人群。

大致以公元1000年为界，之前，湖北的疫灾多与战争因素有关，且主要分布在荆州—襄樊一线，荆州、襄樊、武汉为疫灾中心；之后，湖北的疫灾多与水旱灾害有关，疫灾分布重心向东迁移至安陆—沔阳一线以东的地区。就整个历史时期而言，疫灾主要分布在鄂东地区，其次是江汉平原和鄂西北地区，鄂西南地区罕见瘟疫流行。疫灾分布的这些差异及其变迁，与区域战略地位变迁和人口发展有着十分密切的关系，受政治中心变迁的影响，汉唐时期，荆州—襄樊一线战略地位重要，人口密度和人口流动性较高，疫灾相对频繁；宋元以来，以武汉为中心的鄂东地区取代荆襄地区成为湖北的人口稠密区，因此也成了湖北的疫灾重灾区。

中国古代房室养生术——来自自然的启迪

  "性"是人类的永恒话题。中国古代房室养生术的产生时间至少可以追溯到春秋时代的公元前541年，当时秦医和提出了房事要适度、房事要择时、房事过程是一个技巧求乐过程的观点。中国古代房室养生术主要包括性技巧和性保健两大方面的内容，前者贯穿于性交过程始终，后者还延及性交前后。西汉时期在这两方面都已形成了比较系统的理论。中国古代房室养生术是男人们的"专利"，最初只是男子适欲以自养，后来则发展到损女以补男。中国古代房室养生术与道家的阴阳学说关系十分密切，是道人修炼的一项主要内容。概括起来，中国古代养生思想的核心是"适"，即只有在形、神、精三方面都处于中和状态，才能够却病延年；在性方面，则要求无论是性保健还是性技巧，都要取法自然，与自然一体。

（本文发表于《自然杂志》1993 年第 6 期）

从原始社会和奴隶社会的生殖崇拜，到封建社会的房室养生术，乃至现代的性文化，都无不表明"性"是人类的永恒话题。而房室养生术，可说是世界上最早的性科学。

一　房室养生术的起源

我国古代房室养生术又称房中术，相传始于远古黄帝时代。虽然黄帝的传说不足为信，但也可见房室养生术在我国的源远流长。

我国在两千多年前的春秋战国时期，由于社会的急剧变革，出现了一个诸子百家争鸣的局面。一些方术之士或跋山涉水，寻求长生不老之药；或潜心炼丹，妄成五谷不食之仙。大致就在这个时期，探讨性问题的房室养生术也应运而生了。

1973 年底，在长沙马王堆的西汉墓葬中出土了大批的帛书和竹简。在其中的 15 种医书中，有 1/3 是谈论性技巧和性保健的房中医书，如《十问》、《合阴阳》、《天下至道谈》、《养生方》、《杂疗方》。这些虽然是西汉时期的作品，其实是我国春秋战国时期以来的房室养生术的总结。

就笔者所知，我国古代房室养生术的产生时间至少可以追溯到春秋时代的鲁昭公元年，即公元前 541 年。据《左传》记载，这一年晋侯有病，经国内医生久治不愈，便求救于秦国。秦国派一位名叫和的医生去治疗。这位医生诊断的结论是晋侯的病乃淫欲所致，已无可救药，于是便有这样一段对话：

（晋侯）公曰："女不可近乎？"

（和）对曰："节之。先王之乐，所以节百事也，故有五节，迟速本末以相及，中声以降，五降之后，不容弹矣。于是有烦手淫声，慆堙心耳，乃忘平和，君子弗听也。物亦如之，至于烦，乃舍也已，无以生疾。君子之近琴瑟，以仪节也，非以慆心也。天有六气，降生五味，发为五色，征为五声，淫生六疾。六气曰阴、阳、风、雨、晦、明也，分为四时，序为五节，过则为菑……女，阳物而晦时，淫则生内热惑蛊之疾。今君不节不时，能无及此？"

这段话是秦医对晋侯"淫以生疾"的说明，但说得比较隐晦。不过仔细分析一下，就可看出秦医的这些解释其实是一种房室养生术。

首先，他提出了房事要适度的观点。即不是不能同女子交媾，而是不能交接过度，"过则为菑（灾）"。

其次，他提出了房事要择时的观点。即不仅在频度上要有所节制，而且在时间上也要讲究适时，如果"不节不时"，则没有人能不得病的。后世的房室养生术也重视时间的选择，一是外部环境要"不寒不暑"，二是交接者要"安心和志，精神统归，不饱不饥，定身正享"（《素女经》）。

再次，他提出了房事过程是一个技巧求乐过程的观点。即把性交之乐比作琴瑟之乐，把性交过程比作弹拨琴瑟，曲终犹如兴尽，声乐犹如色乐。所以后世房中医书将性交称为"嬲乐"。唐代白行简更撰《天地阴阳交欢大乐赋》述其事。这段话中的"五节"暗指性交过程中女子作出的反应，即马王堆帛书《合阴阳》、《天下至道谈》中记载的"五音"、"五欲"、"五征"。"迟速本未以相及"暗指性交动作，颇似《合阴阳》中的上、下、左、右、疾、徐、浅、深、稀、数"十修"。"五降之后，不容弹矣"和"至于烦，乃舍也已"则是指性高潮过去，需弃琴离身，其中"烦"在后世房中医书中就用来表示性高潮的到达，并认为男方要在阴茎尚未萎缩的情况下退出，否则有害于身体，即《合阴阳》所说的"大卒之征，（女）鼻汗唇白，手足皆作（动），尻不傅（贴）席，（男）起而去，成死为薄"。其所谓"烦手淫声"虽指弹琴而言，实可视为今日"手淫"一词的由来，也可作为《玄女经》"今强欲交接，玉茎不起……心情贪欲，强助以手"的注脚。

从上述三点来看，这位名为和的秦医堪称为我国房室养生术的始祖。

二　房室养生术的特点

我国古代的房室养生术主要包括性技巧和性保健两大方面的内容，两者相辅相成。前者贯穿于性交过程始终，后者则还延及性交前后。到了西汉时期，房室养生术在这两方面都已形成了比较系统的理论。如在性技巧方面，首先要触摸女子的性敏感部位，"相吻相抱，以恣戏道"，做好交前准备；其次要分析女子的各种反应，"观八动，听五音，察十已之征"，在交合过程中"执十动，接十节，杂十修"，运用各种性交姿势迎合女子的反应，并考虑到男女性冲动的差别，性交之时，"必持以久，必微以持，如已不已"，只有这样，女子才能体验性高潮的快感。在性保健方面，除要选择合适的时间外，还要在“平心如水”、“心无怵荡”的情绪下进行交接，并运用“七损八益”的性交姿势补益精气，但更为重要的是药物的使用。除平时经常食用滋阴壮阳的食物和药物外，在性交前内服或外敷“春药”以激发性欲，并增加性交时的快感。

我国古代房室养生术的另一个特点是，它是古代男子的养生术，是男人们的“专利”。最初尚只是男人适欲以自养，后来则逐渐发展到以损女来补男。如《素女经》即称男子为“采女者”，“女之胜男，犹水之胜火……能知阴阳之道，悉成五乐，不知之者，身命将夭”，“法之要者，在于多御少女而莫数泻精”。其采取之法据明人所撰《摄生总要》说：“舌下有津而冷，阴液滑流，当此之时，女人大药出矣，上则紧咂其舌，以左手捌其右胁下，则神惊精气泄出，吸其气和液咽之，则玉茎亦能吸其阴精入宫……上采舌者，谓之天池水；中采乳者，谓之先天酒；下采阴者，谓之后天酒”。这些说法实在是荒谬至极。至此，房室养生术已堕落成一些夫权主义者的纵欲之术，所以他们把女子称为“敌家”，并说：“御敌家当视敌如瓦石，自视为金玉”，“凡御女之道，不必皆容色艳丽，但欲年少未乳者，肤肉软滑，细发小眼，音声和畅，四肢关节皆欲肉多，眼睛黑白分明，其阴腑下，不欲有毛……”(《医方类聚·房中补益》)。在这里，女人只不过是男人的玩物和药囊罢了。正是在这种荒唐理论的支持下，封建社会里显贵们往往妻妾成群，帝王更是后宫三千。当然，这也与中国封建社会里女人没有家庭地位和社会地位有关。《礼记》上说：“男子者，言任天地之道，如长万物之义也。故谓之‘丈夫’。女子者，言如男子之教而长其义理者也，故谓之‘妇人’。妇人，伏于人也，是故无专制之义，有三从之道。”这些都是应该加以批判的封建糟粕。

我国古代房室养生术还有一个特点，就是它与道家的阴阳学说紧密地联系在一起，是道人修炼的一项主要内容。虽不能说阴阳学说完全是由男女阴阳交合中领悟出来的，但它们之间的关系是显而易见的，太极图就是一个阴阳合璧的形式。道教强调静坐修炼以达到长生的目的，最初的一派认为，静坐者必须爱精、固精、养精，节度性交甚至避免性交。如马王堆帛书《接阴治神气之道》云：“玉闭坚精，必使玉泉毋倾，则百疾弗婴，故能长生。”如果交合至第九个回合不射精，则可通于神明，延年益寿。但是，后来另一派却认为，通过有规律的性交方式，也可以实现静坐的目的，古代的“七损八益”的性交方式就是如此，到这时，女人便成了道家炼丹之炉鼎。如《摄生总要》中说："炉鼎者，可择阴人十五六岁以上，眉清目秀，唇红齿白，面貌光润，皮肤细腻，声音清亮，语言和畅者，乃良器也。"由于道教静坐理论是以对性欲和性行为的态度为基础的，所以我国古代的房室养生术也大多为道人所掌握。据《吕氏春秋》记载："道"名"太一"，出自"阴阳"，"道"之"不可为状，不可为名"，就好像房事之不可言状。

三 天人感应——自然的启迪

远古社会由于生产力水平低下，人类对大自然往往怀着某种敬畏，而且相信"天之与人，有以相通"（《淮南子》）的天人感应。比如他们在"仰视天文，俯察地理"（《礼记》）的过程中，发现了风霜雨雪等"过则为灾"的自然现象，从而要求人类的一切都要"执中含和"，即凡事都要适度，恰到好处。我国古代的养生思想，概括起来也就是一个"适"字，认为只有在形、神、精三方面都处于中和状态，才能够祛病延年。如《吕氏春秋》说："凡养也者，瞻非适而以之适者也。能以久处其适，则生长矣。"在"形"方面，则所食不宜过分酸甜苦辣咸，"寒、温、劳、逸、饥、饱"六不适都有害健康。在"神"方面，则所思不能过分喜怒忧恐哀，"大怒破阴，大喜坠阳；忧悲多恚，病乃成积；好憎繁多，祸乃相随"。所谓"心有所爱，不可深爱；心有所憎，不可深憎"，就是这个道理。在"精"方面，则要在大热、大燥、大湿、大风、大霖、大雾等恶劣的气候情况下避免性交动精。养"精"是养生的高级阶段，而房事是动精之事，所以房室养生术既反对"淫以生疾"的纵欲，也反对闭固不出的禁欲。黄帝问素女说："今欲长不交接，为之奈何？"素女回答说："不可。天地有交阊，阴阳有施化，人法阴阳随四时，今欲不交接，神气不宣布，阴阳闭固……玉茎不动，则辟死其舍"（《素女经》）。这说明禁欲也是有损于健康的。

古代房室养生术不仅认为性保健要取法于自然，而且在性技巧方面也要取法自然。《吕氏春秋》云："凡乐，天地之和，阴阳之调也。"房事的快乐就是阴阳调和所致，"一上一下，合而成章"，"离则复合，合则复离"。天阳地阴，男阳女阴，所以"男女相成，犹天地相生也。天地得交会之道，故无终竟之限；人失交接之道，故有夭折之渐"（《素女经》），"天地之间，动须阴阳，阳得阴而化，阴得阳而通，一阴一阳，相须而行"（《玄女经》）。这些是说明房事取法天地的必要性，至于如何取法，《洞玄子》说："天左旋而右回,春夏谢而秋冬袭;男唱而女和,上为而下从,此事物之常理也。若男摇而女不应,女动而男不从,非直损于男子,亦乃害于女人。故必须男左转而女右回,男下冲而女上接,以此会合,乃谓天平地成矣。"这样做虽然未必真能补益健康,但可以看出房室养生术中自然影响的痕迹来。

第三十三篇

中国古代长寿点区的地理分布及其环境背景研究

　　人类与自然的关系，首先是健康与环境的关系。早在三千年前的西周时代，中国人就已开始了对长寿人生的追求，出现了许多赞美长寿、祝福长寿、祈祷长寿的诗篇。春秋战国以后，中国人更进一步对长寿与环境的关系进行了探索，他们不仅认识到，人类寿命与相对寒冷的气候、纯洁天然的泉水、肥沃疏松的土壤有着密切的关系；而且明确指出，宁静优雅的山地环境有益于人类的健康长寿。他们根据五行学说和自然环境差异，提出了五方寿命地域分异观：东方居民"长大早知而不寿"，南方居民"早壮而夭"，西方居民"勇敢不仁"，北方居民"蠢愚而寿"，中央居民"慧圣而好治"。根据阴阳学说和地势高低，提出了西北—东南寿命地域分异观：西北方众人寿，东南方众人夭。根据纬度高低所致气温、生理、饮食的差异，提出了南—北寿命地域分异观：南方暑气多夭，北方寒气多寿。

（本文发表于《中国历史地理论丛》1997 年第 3 期）

人类与自然的关系，首先体现在人类的健康与自然环境关系之上。人类生存于自然环境之中，人类的疾病、健康与寿命都与自然环境息息相关。中国传统文化十分注重天、地、人之间关系的探究，很早就认识到了健康长寿与自然环境的关系，并对人类寿命的地域分异规律有了较深刻的认识和探索。

本文的目的，就是试图通过对中国古代人们对自然环境与长寿关系的认识，中国古代人们对寿命地域分异规律的认识，中国古代文献所述长寿点区的环境背景三个方面的具体探讨，初步揭示中国古代人们在人类健康与自然环境关系方面的思想成就。

一　中国古代对自然环境与健康长寿关系的认识

远在距今约 3 000 年的西周时代，中国人就已开始了对长寿人生的追求，在《尚书·洪范》提出的人生"五福"中，长寿即被摆在首位；《诗经》中也有许多赞美长寿、祝福长寿乃至祈祷长寿的诗篇。春秋战国（公元前770—公元前 221 年）以后，中国人更进一步对长寿与自然环境的关系进行了探索，不仅认识到人类寿命与气候、水土条件的密切关系，而且明确提出了山地环境有益于人类健康长寿的观点。

1. 对气候因子与长寿关系的认识

气候是自然环境中最活跃的要素。早在先秦时期，中国就认识到了气候与疾病的关系，认为气候反常是疾病流行的重要因子，气候的季节性更替决定了疾病的季节性流行，不同的气象要素可以导致不同的疾病[①]。这些认识是非常重要的，因为人类只有掌握了气候的致病规律，才有可能求得健康和长寿。因此，旨在追求健康长寿的中国养生学十分强调人类行为对气候的适应，几乎所有的养生活动都安排了适应季节更替和气候变化的具体内容，如中国最早的经典医学理论著作《黄帝内经》（约成书于公元前 239—公元前179 年）中的《素问·四气调神大论》指出气候的四季更替是"万物之终始，死生之根本"，人类只有适应这种更替，做到"春夏养阳，秋冬养阴"，

---

① 龚胜生：《中国先秦两汉时期的医学地理学思想》，载《中国历史地理论丛》1995 年第 3期。

才有可能获得长寿，"与万物沉浮于生长之门"。

作为时空变化与差异最明显的气象要素，气温与人类健康长寿的关系最为清晰。早在 2 100 多年前，《淮南子·地形训》就提出了"暑气多夭，寒气多寿"的著名论断，指出人类寿命与气温有着十分密切的关系，寒冷气候相对炎热气候有益于人类健康。这与近代地理学家 Ellsworth Huntington 关于湿热气候对人体有害的观点有相似之处①。

为何寒冷气候使人长寿而炎热气候使人短命呢？中国古代医学家从生理学角度对此做了科学的论证。他们认为，人的生命过程如同植物的生长过程，早熟者早逝，晚成者晚凋，如"梅花早发，不睹岁寒；甘菊晚荣，终于年事"；人亦如此，"晚成者，寿之征也"，如"阴胜者后天"，"后天者，其荣迟，其枯亦迟，故多寿也"。即寒冷地区的居民生长发育较慢，成熟较晚，生长期长，寿命也长。"阳胜者先天"，"先天者，其成速，其败亦速，故多夭也"。即炎热地区的居民生长发育较快，成熟较早，生长期短，寿命也短②。由此可见，气温对人类寿命的影响，主要是通过对人类生长期的影响而实现的。

现代科学研究证明，气温能影响人的细胞分裂速度、基础代谢率和生命能的释放，并通过它们进而影响人的性成熟期和生长期，而且人类和其他哺乳动物一样，其自然寿命与其生长期成正相关，极限寿命一般为性成熟期的8—10 倍，为生长期的 5—7 倍。人类的性成熟期为 14—15 岁，生长期为20—25 岁，因此人类的极限寿命约在 100—175 岁之间③。由于寒带地区的人的性成熟期和生长期都要长于热带地区的人，因而寒带人的平均寿命要比热带人长 10—30 岁，以致有人指出若能将人的体温降低 2℃—3.5℃，人的寿命将从目前的 70 多岁提高到 150 岁④。

2. 对水土因子与长寿关系的认识

中国古代把水土因子和人类的关系放到十分重要的高度，认为它们不仅

① 龚胜生：《两千年来中国瘴病的分布变迁》，载《地理学报》1993 年第 4 期。
② （明）张景岳：《类经》，人民卫生出版社 1964 年版，第 890 页。
③ 方如康：《中国医学地理学》，华东师范大学出版社 1993 年版，第 172—173 页；张撰一：《为什么说我们都能活到 100 岁》，载《华夏长寿》1995 年第 5 期；李庆升：《中医养生学》，科学出版社 1993 年版，第 14 页；林乾良、刘正才：《养生寿老集》，上海科学出版社 1991 年版，第 8 页。
④ 段振离：《长寿新法：降低体温》，载《信息参考报》1996 年 7 月 16 日。

影响人类健康，甚至决定人类形体与性格①。水土因子对人类健康与寿命的影响以饮食为媒介。明代著名医学家李时珍（1518—1593 年）对此做了精辟论述，他说："人乃地产，资禀与山川之气相为流通，而美恶寿夭，亦相关涉。"古人之所以"分别九州水土"，就是要"辨人之美恶寿夭"，因为"人赖水土以养生"，"水为万化之源，土为万物之母。饮资于水，食资于土。饮食者，人之命脉也"②。明代另一位医学家张介宾（1563—1640 年）也认为水土条件对人类寿命有重大影响，他说："水土清甘之处，人必多寿，而黄发儿齿者，比比皆然；水土苦劣之乡，暗折天年，而耄耋期颐者，目不多见。"③

　　（1）关于水质与人类健康的关系。《管子·水地》认为水是一切生命现象的源泉，说它是"万物之本原也，诸生之宗室也，美恶、贤不肖、愚俊之所产也"④。《吕氏春秋·尽数》则较系统地论述了水质与人类疾病和健康的关系，指出轻水质地区的居民多患秃瘿，重水质地区的居民多患足疾，水质辛辣地区的居民多患疮疡，水质苦涩地区的居民多患驼背，只有水质甘甜地区的居民才健康美丽⑤。因此，中国古代十分重视矿泉水的开发利用，历代都在重要矿泉出露处修建寺观和疗养院⑥。对于矿泉水的保健作用，中国古代文献也多有记载，如《白虎通》说"醴泉可以养老"，《瑞应图》说："醴泉者，水之精也，味甘如醴，出流所及，草木皆茂，饮之令人寿也。"《礼稽命征》说："泽谷之中白泉出，饮之使寿长。"⑦《括地图》说"赤泉饮之不老"，"英泉饮之不知死"⑧。《本草纲目》更是集其大成，对多种矿泉水的保健作用做了详细论述，提出了"贪淫有泉，仙寿有井"的观点⑨。这些都说明矿泉水是人类长寿的一个重要环境因子。现代科学研究和调查也证实了这

---

　　① 龚胜生：《中国先秦两汉时期的医学地理学思想》，载《中国历史地理论丛》1995 年第 3 期。

　　② （明）李时珍：《本草纲目》，中国书店 1988 年版，第 45 页。

　　③ （明）张介宾：《景岳全书》，中国中医药出版社 1994 年版，第 40 页。

　　④ 《二十二子》，上海古籍出版社 1985 年版，第 147 页。

　　⑤ 龚胜生：《中国先秦两汉时期的医学地理学思想》，载《中国历史地理论丛》1995 年第 3 期。

　　⑥ 龚胜生：《中国宋代以前矿泉的地理分布及其开发利用》，载《自然科学史研究》1996 年第 4 期。

　　⑦ （宋）李昉、李穆、徐铉等：《太平御览》，中华书局 1960 年版，第 3870 页。

　　⑧ （清）王谟：《汉唐地理书钞》，中华书局 1960 年版，第 51 页。

　　⑨ （明）李时珍：《本草纲目》，中国书店 1988 年版，第 45 页。

一点。巴博亚罗拉在《世界长寿秘诀》中写道："饮用天然矿泉水对于人体健康有决定性的影响"，并指出克什米尔地区罕萨（Hunza）居民的长寿与德国人的长寿都和饮用天然矿泉水有着直接的关系①。

（2）关于土壤与人类健康的关系。土壤中的化学物质通过植物的吸收、转化和水的溶解、积淀影响人类的健康。《管子·水地》说："地者，万物之本原，诸生之根菀。"《淮南子·地形训》认为土质决定了人的容貌与智力，指出"坚土"地区的人肥胖，"垆土"地区的人高大，"沙土"地区的人美丽，"耗土"地区的人丑陋，"平土"地区的人聪明。《管子·地员》则通过论述表层土质与地下水质的关系进而论述了土质与人类健康的关系，指出"渎田"地区的人强悍有力；"赤垆"地区的人健康长寿；"粟土"地区的人"寡疾难老，士女皆好"，"沃土"地区的人"寡有疻痏，终无痟醒"。

3. 对山地环境与长寿关系的认识

地势高低的不同会引起整个生态环境的不同，因而地势高低对人类健康与长寿有着重大影响。《淮南子·地形训》说："山为积德，川为积刑；高者为生，下者为死"，指出山地环境有益于人类健康。儒家文化的创始人孔子（公元前551—公元前479年）在《论语·雍也》中也提出了"仁者乐山"和"仁者寿"的观点，间接地指出人类长寿与山地环境有很大的关系。中国古代称特别长寿的人为"仙"。《释名》说："老而不死曰仙。仙，迁也；迁，入山也"，故"仙"又写作"仚"，意为"入山长生曰仙"②，更说明山地环境与人类长寿有着十分密切的关系。现代世界百岁以上长寿老人集中分布于山区的事实也充分证明了这点③。山地环境为什么能使人长寿呢？前述《素问·五常政大论》说是山地气候相对寒冷，而寒冷气候会相对延长人的生长期并进而延长人的寿命。唐代医学家陈藏器（683—757年）在《本草拾遗》中则认为是与山地环境的水土条件有关，他把山地溢出的矿泉水称为"玉井水"，指出它"味甘平无毒，久服神仙，令人体润，毛发不白"，还说"山有玉而草木润，身有玉而毛发黑。玉既

---

① 巴博亚罗拉：《世界长寿秘诀》，林明美译，牛顿出版社1986年版，第14、32、58—65页。
② （清）张玉书：《康熙字典》，上海书店1985年版，第33页。
③ 方如康：《中国医学地理学》，华东师范大学出版社1993年版，第172—173、163页。

重宝，水又灵长，故有延生之望。今人近山多寿者，岂非玉石之津乎？"①
总之，山地环境具有有益人类健康的气候、水土条件，是山区居民长寿的
重要原因。

二　中国古代的寿命地域分异观

自公元前 221 年秦始皇建立统一国家以后，现代中国的疆域就已经基本
确立，汉武帝（公元前 140—公元前 87 年）时又进一步开拓疆土，除东北
地区的北部、青藏高原的大部和台湾岛尚未纳入版图外，其余都已设置了行
政区，因而秦汉时期人们的地理视野已经十分广阔，独立的地理科学也因此
在此时期得以确立。这里主要利用秦汉以后的文献对中国古代的寿命地域分
异理论进行论述，我认为他们的观点不仅应该是可信的，而且甚至可能对现
代中国医学地理的研究也有指导意义。

1.　五方分异观

五方分异观的理论基础是五行学说。五行学说是战国秦汉时期（公元前
770—220 年）盛行的一种哲学思想，在该思想体系里，五行既是一个物质
概念，也是一个时空概念，它将当时所知的空间分为东、南、西、北、中五
个区域②。据董仲舒（公元前 179—公元前 104 年）《春秋繁露·五行之义》
和《素问·五运行大论》记载：东方属木主春天，气候温暖；南方属火主夏
天，气候炎热；西方属金主秋天，气候清凉；北方属水主冬天，气候寒冷；
中央属土主长夏，气候湿润③。这种区域概念很抽象，我们只能参照有关文
献推测出各区域的大致范围。据两汉文献《灵宪》④、《淮南子·地形训》和
《素问·异法方宜论》记载：东方"多阳"，"川谷之所注，日月之所出"，
"天地之所始生"，"鱼盐之地，海滨傍水"，即日月升起、江河流注、气候
温暖、盛产鱼盐的海滨地区，约包括北中国海沿岸大陆及附近岛屿。南方

---

① （明）张介宾：《景岳全书》，中国中医药出版社 1994 年版，第 40 页；（宋）唐慎微：《证
类本草》，上海古籍出版社 1991 年版，第 208 页。
② 《十三经》，燕山出版社 1991 年版，第 2020 页。
③ 《二十二子》，上海古籍出版社 1985 年版，第 793、951 页；（明）张景岳：《类经》，人民卫
生出版社 1964 年版，第 38—42、890 页。
④ （清）王谟：《汉唐地理书钞》，中华书局 1960 年版，第 40 页。

"多暑","阳气所积,暑湿居之","天地所长养,阳之所盛处","其地下,水土弱,雾露之所聚",即炎热多雨、四季常青的热带亚热带地区,约包括长江以南地区。西方"多阴","高土,川谷出焉,日月入焉","多风,水土刚强",为"金石之域,砂石之处,天地所收引",即地势高耸、河流发源、沙漠广布和多风暴的地区,约包括青藏高原和新疆、甘肃地区。北方"多寒","幽晦不明,天地之所闭也,寒冰之所积也,蛰虫之所服也",为"天地所闭藏之域","地高陵居,风寒冰冽",即昼短夜长、气候严寒的高原寒带地区,包括蒙古高原及其以北的地区。中央"四达,风气之所通,雨露之所会","风雨有时,寒暑有节","其地平以湿,天地之所以生万物也众",即地势平坦、季节分明、物种繁多的温带地区,约包括黄河中下游及长江以北地区。

对于这五个区域的寿命差异,《淮南子·地形训》说东方居民"长大早知而不寿",南方居民"早壮而夭",西方居民"勇敢不仁",北方居民"蠢愚而寿",中央居民"慧圣而好治"。即顺时针方向从北往南,气温越来越高,寿命越来越短;北方为长寿区,南方为短寿区。由此可见,五方寿命分异观是一种水平地域分异观,而气温是其寿命分异的决定因子(见图33-1)。

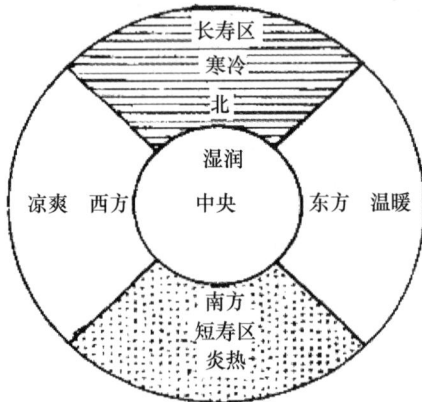

图33-1　五方寿命地域分异模式图

2. 西北—东南分异观

西北—东南分异观的理论基础是阴阳学说。阴阳学说也是早期中国盛行的一种哲学思想。该思想体系认为世界上的一切皆系阴—阳两极变化所致,所以任何事物都可以"阴"和"阳"来区分。如中国地势西北高、东南低，《素问·阴阳应象大论》便说"天不足西北，故西北方阴也；地不满东南，故东南方阳也"。阴阳的分异导致了人类寿命的分异，《素问·五常政大论》的作者假托黄帝与岐伯的对话对此做了阐述：

> 帝曰："天不足西北，左寒而右凉；地不满东南，右热而左温，其故何也？"
>
> 岐伯曰："阴阳之气，高下之理，大小之异也。东南方，阳也，阳者其精降于下，故右热而左温；西北方，阴也，阴者其精奉于上，故左寒而右凉。是以地有高下，气有温凉，高者气寒，下者气热。"

——这一段说明地势—阴阳、阴阳—气温间的关系，指出中国西北地势高，阴气盛，气温低，西凉北寒；东南地势低，阳气盛，温度高，东温南热。从北往南，无论是顺时针方向还是逆时针方向，都表现出温度渐高的特点。

> 帝曰："其于寿夭何如？"
>
> 岐伯曰："阴精所奉其人寿，阳精所降其人夭。"
>
> 帝曰："一州之气，生化寿夭不同，何也？"
>
> 岐伯曰："高下之理，地势使然也。崇高则阴气治之，污下则阳气治之；阳胜者先天，阴胜者后天，此地理之常，生化之道也。"
>
> 帝曰："其有寿夭乎？"
>
> 岐伯曰："高者其气寿，下者其气夭，地之小大异也。小者小异，大者大异。"

——这一段进一步论述地势—阴阳、阴阳—生化、生化—寿命间的辩证关系，揭示了"地势崇高→阴气控制→生化后天→人类长寿"和"地势低下→阳气控制→生化先天→人类短命"这样两种因果关系，并指出不同尺度的地势差异造成的寿命差异也不同，如中国西北高、东南低的宏观地势差异造成了西北为长寿区、东南为短寿区的宏观寿命差异，而西北区和东南区的微观地势差异也使其居民寿命参差不齐。唐代著名医学家王冰在750—762年间为《素问》做注时联系实际对此做了阐释，他说："即事验之，今中原之境，西北方众人寿，东南方众人夭，其中犹各有微甚尔。"① 不难看出，西北—东南寿命分异观是一种垂直地域分异观，而地势是其寿命分异的决定因子（见图 33 - 2）。

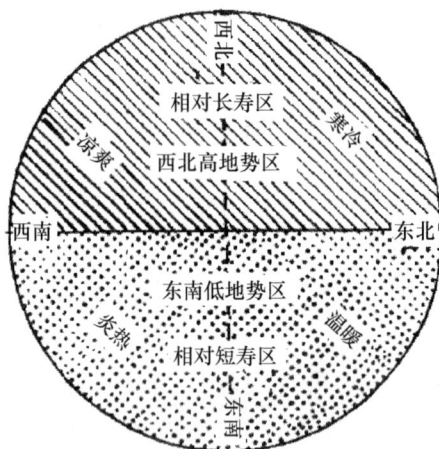

图 33 - 2　西北—东南寿命地域分异图

　　由于西北—东南寿命分异观的理论基础是阴阳学说，因而其分异模式与由阴阳衍化而来的太极八卦图有着十分密切的联系。在八卦中，以—代表阳，以--代表阴。南方积阳之处，为天、为火，主夏，卦象为☰；北方积阴之处，为地、为水，主冬，卦象为☷；东北阳气始发，为春雷，卦象为☳；东方阳气渐浓，主春，为木生之火，卦象为☲；东南阳气更浓，为泽，卦象为☱；西南阴气始生，为秋风，卦象为☴；西方阴气渐浓，主秋，为金生之水，卦象为☵；西北阴气更浓，为山，卦象为☶。这种排列顺序，不仅反映了我国西北多高山东南多水泽的地貌大势，而且直观地证实了从北往南阳气渐强—阴气渐衰、温度渐高—寿命渐短的区域分异规律（见图 33 - 3）。

3. 南—北分异观

　　南—北分异观也是一种寿命水平地域分异观，其理论基础是纬度高低导致的年均气温、生理特征、饮食结构等的客观分异，实质上是五方分异观和西北—东南分异观的综合与发展。早在西周时期（约公元前 1046—公元前

---

① 《二十二子》，上海古籍出版社 1985 年版，第 962 页。

图 33－3　八卦方位布局与寿命地域分异图

771 年），《周礼·大司徒》就记载了南热北冷的气温分异规律[1]；至于汉代（公元前 206—220 年），《灵宪》和《淮南子》又分别有了"南则多暑，北则多寒"[2]，"暑气多夭，寒气多寿"[3] 的记载，这实际上暗示了南方为短寿区，北方为长寿区的寿命地域分异规律。南—北寿命分异除与气温分异有关外，还与居民饮食结构和生理结构的分异有关。《汉书·晁错传》说："胡貉之地，积阴之处也，木皮三寸，冰厚六尺，食肉而饮酪，其人密理，鸟兽毳毛，其性能寒；扬粤之地，少阴多阳，其人疏理，鸟兽希毛，其性能暑。"[4] 这说明气温分异可导致人类生物学特征的分异，如北方寒冷地区的居民腠理紧密而耐寒，南方炎热地区的居民腠理稀疏而耐暑。这种生理特征的分异对人类寿命分异有重大的影响。唐代医学家王冰在《素问》注中说寒冷地区的居民"腠理开少而闭多"，"阳不妄泄，寒气外持，邪不数中，而正气坚守，故寿延"；而湿热地区的居民"腠理开多而闭少"，"阳气耗散，发泄无度，风湿数中，真气倾竭，故夭折"[5]。明代医学家马莳也有类似的说

---

①　《十三经》，燕山出版社 1991 年版，第 409 页。

②　（清）王谟：《汉唐地理书钞》，中华书局 1960 年版，第 40 页。

③　《二十二子》，上海古籍出版社 1985 年版，第 1222 页。

④　（清）陈梦雷等：《古今图书集成医部全录·医经注释上》，人民卫生出版社 1963 年版，第 680 页。

⑤　《二十二子》，上海古籍出版社 1985 年版，第 962 页。

法①。从这里可以看出，北方寒冷地区的居民之所以长寿是因为其腠理紧密，不易染病；南方炎热地区的居民之所以短命是因为其腠理稀疏，容易染病，因而疾病是气温影响寿命的中间环节。

关于饮食结构分异对寿命分异的影响，唐代医学家孙思邈（581—682年）根据嵇康（225—264年）"穰年多病，饥年少疾"的观点，指出疾病是饮食影响寿命的重要中间环节。他在《千金要方·养性序》中说："关中土地，俗好俭啬，厨膳肴馐，不过菹酱而已，其人少病而寿；江南岭表，其处饶足，海陆鲑肴，无所不备，土俗多疾而人早夭。"② 由于饮食与健康有着直接的关系，中国古代养生理论十分重视饮食的调理。综观当今世界长寿最重要的因素，饮食仍然首屈一指③。如上所述，南—北寿命分异观虽秉承五方寿命分异观和西北—东南分异观，但赋予了崭新的内容，淡漠了阴阳五行的思想，增强了医学科学的内涵（见图33－4）。

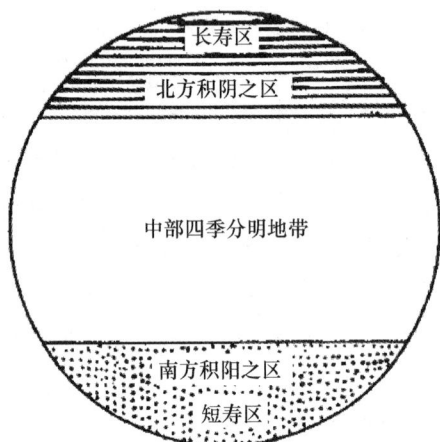

图 33－4 南—北寿命地域分异图

① （唐）孙思邈：《药王全书》，张作记、张瑞贤等辑注，华夏出版社1995年版，第399—400页。

② 肖德桢、戎寿德：《长寿区》，载中国大百科全书编委会编《中国大百科全书·地理学》，中国大百科全书出版社1990年版，第29页。

③ 巴博亚罗拉：《世界长寿秘诀》，林明美译，牛顿出版社1986年版，第127页。

4．寿命分异的一般因果关系模式

综合上述三种寿命地域分异观的形成过程，可以得出寿命分异的一个简单的因果关系模式（见图33－5）。在该模式中，首先是由于地势、区位、纬度等地理空间的不同导致了阴、阳二气的分异；其次是阴、阳二气在空间上的差异导致了气温的分异；再次是气温在分布上的差异导致了人类生长发育、生理特征、饮食结构、环境病因的分异，并进一步通过生长期和疾病影响到寿命的分异。

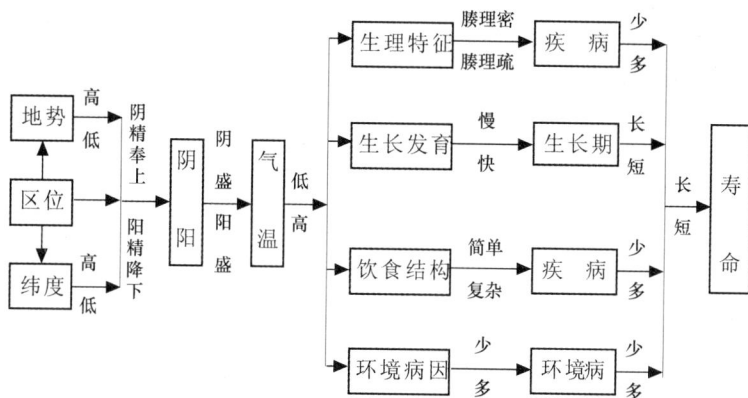

图33－5　寿命分异因果关系模式图

三　中国古代长寿区及其环境背景个案分析

长寿区是一个相对概念，系指人口平均预期寿命较长或百岁以上人口比率较高的地区①。一般而言，预期寿命的高低主要反映了社会经济发展水平和生活营养状况的影响，而百岁老人的分布则主要反映了自然环境条件地域差异的影响②。中国古代由于缺乏精确的人口普查，我们无法对人口平均预期寿命的地域差异进行详细的定量分析，因此这里所说的长寿区主要是指自

---

① 肖德桢、戎寿德：《长寿区》，载中国大百科全书编委会编《中国大百科全书·地理学》，中国大百科全书出版社1990年版，第29页。

② 谭见安、李日邦、朱文郁：《我国医学地理研究的主要进展和展望》，载《地理学报》1990年第2期。

然地域差异制约下长寿老人相对集聚的地区。

1. 西北长寿区

根据前述寿命地域分异理论，中国西北是一个长寿区。理论来源于实践，早在 2 500 年以前，中国西北的青藏高原和新疆地区就被发现是一个长寿区。

青藏高原是全球平均海拔最高的地区，亚洲的许多大江大河都发源于这里。由于地势极高，以致远古时代的中国人把它视为地球擎住天空的一根大柱子和地球通往天宇的唯一道路，还说那里有"神物之所生，圣人之所聚"的醴泉瑶池①，有"饮之不死"的丹水，有"登之而不死"的凉风山②。附近的龙伯国人"生万八千岁而死"③，鹄国人"岁寿三百"④，轩辕国人"不寿者八百岁"⑤，渠搜国和祈沦国"人寿三百岁"⑥，等等。这些记述过为夸张，不足为信，但所透露的青藏高原为长寿区的信息却是毋庸置疑的。这不仅是因为当时人在对河源的探索过程中可能对青藏高原的人口状况有了一定的了解⑦，而且也因为有后世的历史文献记载和现代人口普查资料证明了这点。

据记载，青藏高原东缘四川的大雪山和邛崃山地区在东汉时（25—220年）是夷人聚居的地方，这里"土气多寒，虽在盛夏，冰犹未释"，居民依山而居，累石为室，多获长寿，被人称为"仙人山图所居之地"⑧。青海河曲地区 7 世纪前是游牧民族"党项羌"生活的地方，这里"土无五谷，气候多风寒"，居民"处山谷间"，"多寿年，至百五六十岁"⑨。显然，寒冷的气候是青藏高原成为长寿区的决定性因子，从而印证了前述"寒气多寿"的著名论断和"凉风之山，登之而不死"的传说。

目前，青藏高原的百岁老人比例亦位居全国前列，据人口普查资料，西

---

① （清）王谟：《汉唐地理书钞》，中华书局 1960 年版，第 35 页。

② （北魏）郦道元：《水经注》卷 1《河水注》，巴蜀书社 1985 年版，第 57 页。

③ （清）王谟：《汉唐地理书钞》，中华书局 1960 年版，第 35—36 页。

④ （宋）李昉等：《太平御览》，中华书局 1960 年版，第 3541 页。

⑤ 袁珂：《山海经全译》，贵州人民出版社 1991 年版，第 204 页。

⑥ （清）张廷玉：《子史精华》，北京古籍出版社 1991 年版，第 1107 页。

⑦ 钮仲勋：《地理学史研究》，地质出版社 1996 年版，第 1—3 页。

⑧ （宋）李昉、李穆、徐铉等：《太平御览》，中华书局 1960 年版，第 3506—3507 页。

⑨ 同上书，第 3529 页。

藏百岁老人的比重 1982 年为 32.7/100 万，1990 年为 26.9/100 万，均居全国第 2 位，仅次于新疆；青海百岁老人的比重 1982 年为 12.8/100 万，居全国第 3 位，1990 年虽下降为 6.51/100 万，也仍居全国第 9 位。

自然地理学上的青藏高原除青海和西藏外，还包括四川和云南的西部高原。四川和云南也是我国相对长寿的地区，据人口普查资料，四川百岁老人的比重 1982 年为 3.80/100 万，居全国第 9 位，1990 年为 7.70/100 万，居全国第 6 位；云南百岁老人的比重 1982 年为 6.45/100 万，居全国第 6 位，1990 年为 7.20/100 万，居全国第 7 位。

由于四川和云南只有一部分疆域属于青藏高原，上述数字的说服力似乎还不够强，如果我们只算出属于青藏高原的那部分地区的百岁老人比重就更能说明问题。兹以川西高原为例，川西高原的岷山、邛崃山、大雪山区正是公元 1—3 世纪夷人聚居的地区，现为甘孜、阿坝两个藏族自治州，据第三次人口普查资料，1982 年这两个州的百岁老人比重分别为 23.61/100 万、15.17/100 万，位居四川各地区之首，全省百岁老人比重超过 20.00/100 万的 16 个县就有 12 个分布在这两个州，它们是色达（97.64/100 万）、阿坝（91.46/100 万）、德格（76.91/100 万）、得荣（71.17/100 万）、若尔盖（56.55/100 万）、巴塘（45.74/100 万）、甘孜（38.98/100 万）、石渠（36.53/100 万）、壤塘（35.51/100 万）、白玉（28.80/100 万）、金川（28.79/100 万）、道孚（23.96/100 万）。以上事实表明，青藏高原自古以来就是一个长寿区。

新疆地区古称"流沙"和"西域"。彭祖据说是中国古代养生学的始祖，传说他是颛顼帝的玄孙，三岁时就流亡到西域，到商朝末年已活了 767岁，先后娶过 49 位妻子，70 多年后还有人在流沙国（今南疆地区）西部见到他健康地活着[1]。《山海经·海内经》也说"流沙之东、黑水之间，有山名不死之山"[2]。这些传说暗示今南疆地区在古代也是一个长寿区。至今，新疆仍是中国长寿水平（80 岁以上老人在 60 岁以上老人中所占的比率）最高和百岁老人比例最大的地区。据人口普查资料，其长寿水平 1953 年为 9.34%，1964 年为 13.18%，1982 年为 11.79%，均居全国第 1 位，1990 年虽下降至 9.50%，亦仍居全国第 4 位。其百岁老人比重 1982 年为 66.1/100

①　马伯英：《中国医学文化史》，上海人民出版社 1994 年版，第 131—132 页。

②　袁珂：《山海经全译》，贵州人民出版社 1991 年版，第 333 页。

万，1990 年为 41.6/100 万，亦均居全国第 1 位（见图 33 - 6）。新疆的百岁老人也主要集中在南疆地区，以 1982 年为例，新疆 865 名百岁老人中即有 753 名分布在南疆，甚至类似彭祖这样的长寿老人也有迹可寻，如伽师县有一男性老人，102 岁，结过 38 次婚；于田县有一百岁女性，一生生过 24 胎①。可见，新疆地区成为长寿区也是源远流长的。

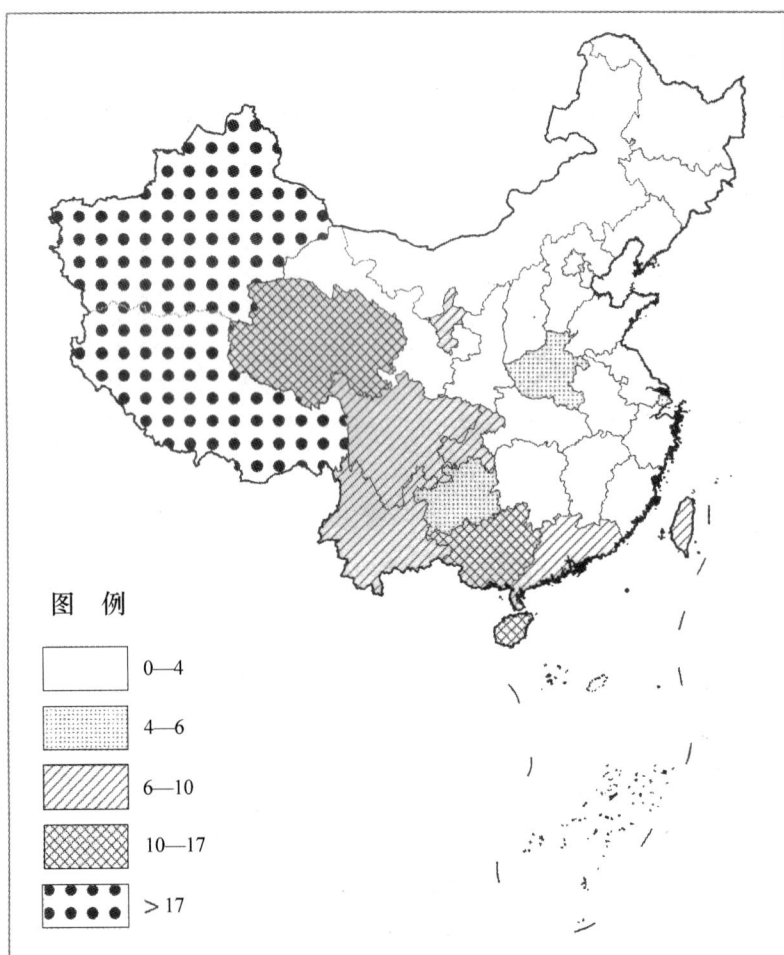

图 例

☐	0—4
▨	4—6
▨	6—10
▩	10—17
●	>17

图 33 - 6 中国 1982 年和 1990 年平均百岁老人比重省级分异图（1/100 万省区分级图）

---

① 郑学让：《对新疆百岁老人状况的分析》，载《中国第三次人口普查资料分析》，中国财政经济出版社 1987 年版，第 87—100 页。

2．南方短寿区

根据前述寿命地域分异理论，中国南方是一个短寿区。事实如何呢？回答是肯定的。在阴阳五行学说中，南方属火，《灵枢·阴阳二十五人》指出火形人"不寿暴死"①，暗示了南方居民的短寿。两汉时期（公元前206—220年）也有"南方卑湿，其众半羸"，"南州温暑，加有瘴气，致死者十必四五"的记载②，反映汉代岭南地区疾病流行，居民短寿。至于三国两晋南北朝时期（220—581年），南方地区"宅土燠暑，封疆障（瘴）疠"，"巷无杖首，里罕耆耇"③，"二毛者百无一、二"④，依然是一个短寿区。隋唐时期（581—906年），《隋书·地理志》称"自岭已南二十余郡，大率土地下湿，皆多瘴厉（疠），人尤夭折"⑤，唐代医学家孙思邈《千金要方·养性序》亦称"江南岭表……土俗多疾而人早夭"⑥。

以上记载表明，中国南方成为短寿区，与其湿热的气候和恶性疟疾的流行有很大关系。中国古代南方居民之短寿又以男性为主，因而形成了男少女多的人口结构。《周礼·职方氏》指出当时南方荆、扬二州的男女性别比分别为1/2、1/2.5，女性比重远远高于北方诸州；《史记·货殖列传》也称"江南卑湿，丈夫早夭"。《唐书·南夷志》载云贵高原地区的南平蛮和裸形蛮也是女性多于男性。宋代（960—1279年）"南方盛热不宜男子，特宜妇人"，男子"身形卑小，颜色黯淡，率皆半羸而不耐作苦，一日力作，明日必病，或至死耳"，妇人则"黑理充肥，少疾多力"，以致该地区妇女又多又强壮。清代（1644—1911年）云南"土著男子无致白须者，中寿亦鲜，女子或至耄耋"⑦。

3．短寿区中之长寿点

明代医学家张景岳说："寿乡未必全寿，夭乡未必皆夭"⑧。中国东南部

---

①　《二十二子》，上海古籍出版社1985年版，第1028页。

②　龚胜生：《两千年来中国瘴病的分布变迁》，载《地理学报》1993年第4期。

③　龚胜生：《汉魏京都赋的自然地理学价值》，载《中国科技史料》1992年第3期。

④　（晋）嵇含：《南方草木状》，上海古籍出版社1993年版，第3页。

⑤　（唐）魏征等：《隋书》，中华书局1973年版，第887页。

⑥　（唐）孙思邈：《药王全书》，张作记、张瑞贤等辑注，华夏出版社1995年版，第399—400页。

⑦　龚胜生：《两千年来中国瘴病的分布变迁》，载《地理学报》1993年第4期。

⑧　（明）张介宾：《景岳全书》，中国中医药出版社1994年版，第40页。

在古代虽然总体上是一个相对短寿区，但由于区域内地理环境的差异，在局部地区又形成了一些"长寿岛"。

（1）东部海域中的长寿岛。按照《淮南子·地形训》的理论，东方居民"早知而不寿"，南方居民"早壮而夭"，中国东部并非长寿区。但海岛居民似乎例外，中国古代有不少海岛居民长寿的传说与记载。如《列子·汤问》记载渤海之东有五座神山，其实是五个海岛，岛上"珠玕之树皆丛生，花实皆有滋味，食之皆不老不死，所居之人皆仙圣之种"；大禹治水时误至"终北国"，见到那里的居民"缘水而居，不耕不稼"，"土气温适，不织不衣；百年而死，不夭不病"①。《后汉书·东夷传》也说东夷"仁而好生"，"至有君子不死之国"。5—6世纪时中国东部海域中有许多统属于倭王的岛国，它们"气候温暖，草木冬青，土地膏腴，水多陆少……女多男少"，其中会稽之东的邪马台倭国"土气温暖，冬夏生菜茹"，"人性嗜酒。多寿考，至百余岁者甚众。国多女子，大人皆有四五妻，其余或两或三"②。很显然，这些海岛居民之所以长寿与其温和的海洋性气候有着直接的关系。至今，日本的冲绳诸岛仍然是世界闻名、日本第一的长寿区③；就是台湾岛现在也是我国华东地区百岁老人比重最高的地区，有人还根据地方志对其历史上的长寿状况进行了探讨④。

（2）海南岛。海南岛位于南中国海，是中国第二大岛。早期中国人认为它已是世界大陆的南极，因为这里多长寿老人，而将南极星（Canopus）称为"南极老人"或"寿星"。公元前3—4世纪，《山海经·海外南经》载"不死民"在交胫国东，"其为人黑色，寿不死"；《山海经·大荒南经》载"有不死之国，阿姓，甘木是食"⑤。这都有可能是指海南岛。3—5世纪时，据《南方草木状》记载，海南岛盛产甘薯，岛上居民"不食五谷而食甘薯"，"寿百余岁"⑥。直到10世纪，岛上居民仍以甘薯为主食，寿命也长，有"海南薯为粮，几米之十六"，"乡邑多老人"，"南极多老人，及见九代

---

① 《二十二子》，上海古籍出版社1985年版，第209、210页。
② （宋）李昉、李穆、徐铉等：《太平御览》，中华书局1960年版，第3464—3465页。
③ 刘晓明：《冲绳人的长寿秘诀》，载《华夏长寿》1995年第9期。
④ 梅博：《台湾岛上寿星多》，载《华夏长寿》1995年第4期。
⑤ 袁珂：《山海经全译》，贵州人民出版社1991年版，第192、284页。
⑥ （晋）嵇含：《南方草木状》，上海古籍出版社1993年版，第3页。

孙"的记载①。有人亲至海口一长寿世家，见其子 81 岁，父 122 岁，祖 195 岁②。至 16 世纪，海南岛仍有"寿域"之称，正德《琼台志·风俗》在"乡邑多老人"条下记载了临高县两位长寿老人：一位男性，120 岁；一位女性，140 岁。历史情况如此，现代海南岛也依然是我国的长寿地区，据 1990 年人口普查资料，海南省百岁老人比重为 12.50/100 万，仅次于新疆、西藏和广西，居全国第 4 位。历史上海南岛成为长寿岛的主要原因：

一是气候温和，极少热带病流行。10 世纪时，"五岭之南，号为瘴乡"，与海南岛隔海相望的雷州半岛就是"说着也怕"的恶性疟疾流行的地方，而人口集中的海南岛北部地区则"夏不至热，冬不甚寒"，且"夏无蚊蚋"，疟疾难以流行③。16 世纪时，正德《琼台志·气候》也说"广南通号炎方，瘴厉（疠）易生，而人多疾病也。若琼地，虽极南，然内以坦不畜岚蒸，外以海泄其菀气，故气候较他郡颇善"。

二是食物结构简单且具保健作用。10 世纪前，岛上居民几乎以甘薯为全部食物来源，《南方草木状》指出这正是他们长寿的原因④。甘薯即薯蓣科的甜薯（Dioscorea esculenta），《神农本草经》说长期食用薯蓣可起到"耳目聪明，轻身不饥，延年"的保健作用⑤。

（3）广西博白县城。博白县城位于广西南流江畔，宋代是岭南地区的一个长寿点。蔡绦《丛话》说："岭南僻且陋，而博白又甚焉。惟其僻陋之甚，故俗反淳古，且多长年。"蔡还谈到他在博白城外见到两位老者，94 岁的哥哥指着弟弟对他说："这是我的幼弟，才 78 岁。"博白地处岭南，且在"土地无人老"，"十去九不还"的鬼门关南，怎么会成为长寿点呢？主要是因为：一是"形泄势坦，无岚露烟瘴"⑥，即这里是一个地势相对平坦，没有恶性疟疾流行的"安全岛"；二是地僻且陋，风俗淳古，这里又是一个交通闭塞、社会经济落后、没有激烈社会竞争的地方。

（4）湖南华容玄石山。华容县在洞庭湖北。玄石山又名墨山，山下云母

---

①　（宋）祝穆、祝洙：《宋本方舆胜览》，上海古籍出版社 1991 年版，第 391、399 页。

②　（清）张廷玉：《子史精华》，北京古籍出版社 1991 年版，第 1107 页。

③　（宋）祝穆、祝洙：《宋本方舆胜览》，上海古籍出版社 1991 年版，第 391 页。

④　（晋）嵇含：《南方草木状》，上海古籍出版社 1993 年版，第 3 页。

⑤　（梁）陶宏景：《本草经集注》，尚志钧、尚元胜校，人民卫生出版社 1994 年版，第 134 页；（宋）唐慎微：《证类本草》，上海古籍出版社 1991 年版，第 261 页；（明）李时珍：《本草纲目》，中国书店 1988 年版，第 261 页。

⑥　（宋）祝穆、祝洙：《宋本方舆胜览》，上海古籍出版社 1991 年版，第 363 页。

遍地，"墙阶道路，炯如列星；井泉溪涧，色皆纯白"。山中流出清泉一股，名"云母泉"，当地居民以之饮食、沐浴和灌溉，"多寿考，无癣痼疥骚之疾"①。显然，这里的居民长寿主要是赖以生活的水土中含有丰富的云母，因为云母也具有"久服轻身延年，悦泽不老"的保健作用②。

（5）河南内乡菊潭村。内乡县菊潭村在南阳盆地西北菊水河畔。菊河是湍水的一条支流，以河流两岸盛产甘菊而得名。历史时期这里也是一个长寿点，隋唐时期曾在这里设置了菊潭县。汉代时这里 30 多户居民直接饮用菊河水而获得长寿，高寿可达 120—130 岁，中寿可达 100 余岁，70—80 岁去世还被认为是夭折，南阳城里许多官吏饮用此水不仅治好了风眩等病，而且也获得了长寿。一直到明代这里的菊花还是朝廷贡品③。无疑，菊潭村成为长寿点与菊花滋润过的菊水有直接关系，《神农本草经》说菊花具有"久服利血气，轻身，耐老，延年"的保健作用，所以菊花（Chrysanthemum morifolium）又名"傅延年"④。《证类本草》则说"菊花水甘温无毒，除风补衰，久服不老，令人好颜色"⑤。

（6）四川青城山老人村。青城山在都江堰市西北，老人村以"昔人避难其中，多享年寿"而得名，这里有五世同堂者。其长寿原因主要是：一是交通闭塞，生活原始，食物简单，"道极峻远，生不识盐醋"；二是饮用枸杞根浸泡过的没有任何污染的溪水⑥。枸杞（Lycium Chinense）又名"仙人杖"，具有"久服坚筋骨，轻身不老，耐寒暑"⑦的保健作用。都江堰市西北山区已属于青藏高原，至今这里仍然是一个较长寿的地区，1982年其百岁老人比重为 22.42/100 万，为四川平均水平（3.80/100 万）的近 6 倍。

（7）山东蓬莱南丘村。蓬莱传说是仙人居住的地方，在今山东半岛东端。《本草图经》记载"蓬莱县南丘村多枸杞，高者一二丈，其根蟠结甚

---

① （宋）乐史：《太平寰宇记》，商务印书馆 1936 年版，第 13—14 页。

② （梁）陶宏景：《本草经集注》，尚志钧、尚元胜校，人民卫生出版社 1994 年版，第 134 页；（宋）唐慎微：《证类本草》，上海古籍出版社 1991 年版，第 87 页。

③ 龚胜生：《南阳菊考》，载《南都学坛》1991 年第 2 期。

④ （梁）陶宏景：《本草经集注》，尚志钧、尚元胜校，人民卫生出版社 1994 年版，第 205 页。

⑤ （宋）唐慎微：《证类本草》，上海古籍出版社 1991 年版，第 191 页。

⑥ （宋）祝穆、祝洙：《宋本方舆胜览》，上海古籍出版社 1991 年版，第 488 页。

⑦ （梁）陶宏景：《本草经集注》，尚志钧、尚元胜校，人民卫生出版社 1994 年版，第 228 页。

固，故其乡人多寿考，亦饮食其水土之品使然"①。说明南丘村成为长寿点主要是枸杞的保健作用，同时也与当地水土条件有关。

以上案例表明，中国古代短寿区中的长寿岛有着与短寿区总体环境特征不一样的特殊环境背景：

①社会经济落后，几乎没有社会竞争，交通闭塞，与外界联系很少；

②山谷或海岛的地形，气候适宜，恶性疟疾等热带疾病不易流行；

③食物结构简单，且以天然保健食物为主，水土环境中富含延年益寿的矿物或植物成分；

④长寿者均为当地土著居民。

应该指出的是，这些环境背景也是现代长寿区的重要特征，如现代世界著名长寿区之一的广西巴马县就是这样一种与世隔绝的、与现代文明无缘的长寿区，有人称之为"秘境型"长寿区②，其实新疆和青藏高原之所以成为长寿区也多少包含有这方面的原因。现代长寿区的长寿者也多是土著居民，如新疆的百岁老人中约93%为土著的维吾尔族，广西巴马县的百岁老人也以土著的壮族和瑶族占绝对优势。这些秘境型长寿区，一旦环境发生变化和饮食结构改变，人们的寿命就可能降低，历史上青城山老人村在11世纪时就是因为"道渐通，渐能致五味，而寿益衰"③；南阳盆地的菊潭村由于菊花资源的枯竭，16世纪以后也不再是一个长寿区了④。

四　结论

早在两千多年前，中国就认识到了人类寿命与自然环境的重大关系，指出相对寒冷的气候、甘甜纯洁的天然矿泉水、肥沃疏松的土壤、宁静的山地环境都有益于人类的健康与长寿。

中国古代探讨了人类寿命的地域分异规律，形成了三种彼此联系的寿命地域分异观，认为由地势、区位、纬度等差异造成的气温分异是寿命分异的决定性因子，气温通过影响人类的生长发育、生理结构、饮食结构以

---

① （宋）唐慎微：《证类本草》，上海古籍出版社1991年版，第583页。

② 央吉：《巴马长寿人群体探析》，载《中国人口科学》1992年第2期。

③ （宋）祝穆、祝洙：《宋本方舆胜览》，上海古籍出版社1991年版，第488页。

④ 龚胜生：《南阳菊考》，载《南都学坛》1991年第2期。

及环境的致病因子进而影响人类的寿命。地势高或纬度高的寒冷地区的居民由于发育迟缓，生长期长，腠理紧密，不易染病而长寿；地势低或纬度低的炎热地区的居民由于发育较快，生长期短，腠理稀疏，容易致病而短命。并且指出，由于地势差异有宏观、微观之别，寿命分异亦有大、小之不同；地势差异大的寿命差异也大，地势差异小的寿命差异也小。因此，中国的寿命分异既有西北为长寿区、东南为短寿区的宏观分异，又在东南短寿区中形成了若干的"长寿岛"。中国长寿区的环境背景是气候相对寒冷干燥的高原地区和高纬度地区；短寿区的环境背景是地势低下、气候炎热湿润、传染性疾病流行的热带亚热带地区；短寿区中"长寿岛"的环境背景则是社会经济落后，生活安定和平，交通联系不便，富有天然保健食物的山谷或海岛；而且无论是在西北长寿区还是在东南短寿区的长寿岛，长寿者大多为当地土著居民。

中国古代长寿区的上述环境背景也是中国现代长寿区的重要环境特征，中国长寿区的分布具有明显的历史继承性，青藏高原、南疆地区、海南岛自古以来即是我国长寿老人集聚的地区。当然，任何事物都不会是一成不变的，中国古代长寿区的分布与现代也不完全一致，根据中国古代寿命地域分异理论和历史文献记载，唐代以前北方的晋陕蒙地区的长寿水平应较江南和岭南地区高，但现代情况正好相反，这究竟是由于自然环境的变迁还是由于社会经济发展的影响，值得进一步的探索。

第三十四篇

川渝地区百岁老人地理分布
及其长寿区的形成原因

　　百岁老人比率及其地理分布是判断长寿区的重要指标。长江上游川渝地区百岁老人呈空间集聚型分布，成都平原自古以来为长寿老人集中区。川渝地区的百岁老人比率在地理分布上总体上由西向东递减而呈梯度型分布，其中川西北高原和成都平原百岁老人比率最高，为我国长寿区之一。川西北高原为"高原山地型长寿区"，其主要形成原因是高寒气候对山地居民生长期的延长、社会环境闭塞和食物结构简单对山地居民身心健康的影响、严酷条件下自然的优胜劣汰对人口结构的作用等；成都平原为"平原丘陵型长寿区"，其主要形成原因是经济相对发达、生活水平较高、崇尚儒学文化。

　　（本文发表于《华中师范大学学报》（自然科学版）1998年第4期）

一 川渝地区百岁老人的空间分布

在重庆直辖市成立之前,川渝地区即四川省。当时四川是我国人口最多的省份。1982年第三次人口普查时,川渝地区人口为99 713 246人,占全国人口的9.93%,其中百岁以上老人379人,占全国百岁以上老人总数的9.94%。1990年第四次人口普查时,川渝地区人口为107 218 310人,占全国人口的9.48%,其中百岁以上老人826人,占全国百岁以上老人总数的12.36%。从绝对分布看,川渝地区百岁老人的地理分布具有以下特点:

1. 空间分布很不均衡,集聚型分布于盆地中部

图34-1、图34-2显示,川渝地区百岁老人主要分布于四川盆地中部地区。这里地势平缓,海拔高度在1 500米以下,系岷江、嘉陵江中下游和长江所围成的平原丘陵地区,是四川盆地人口最为稠密、经济最为发达的地区。在盆地外围山区,特别是东西两翼山区,由于人口稀少,只有很少的百岁老人分布,而且这些为数不多的百岁老人也相对集中于川西北边缘高原和川西南攀枝花地区。很显然,川渝地区百岁老人的空间分布形态是多中心集聚型。

2. 总体分布特征比较稳定,古今空间变化不大

图34-1、图34-2还显示,1990年与1982年相比,川渝地区百岁老人分布总体上没有多少变化,岷江和嘉陵江之间依然是百岁老人集中区。现代情况如此,历史情况怎样?图34-3系据光绪《四川通志·祥异》所载清朝康熙至嘉庆(1750—1810年)年间93位长寿老人(其中女性42人,男性51人,80—99岁41人,100岁以上52人,最高年龄为109岁)的所在地绘成。图34-3也清楚地显示,18世纪后半叶和19世纪初,川渝地区的长寿老人也主要分布于盆地中部地区。

3. 成都平原自古以来是长寿老人集中区

当然,川渝地区百岁(长寿)老人的分布并不是绝对的一成不变,比较图34-1、图34-2和图34-3还是可以发现一些细微的局部变化。如现代百岁老人甚少的达州、梁平、资阳等县市,18世纪后半叶却是长寿老人集中之地;而现代百岁老人较多的乐山地区,在18世纪后半叶其长寿老人却寥

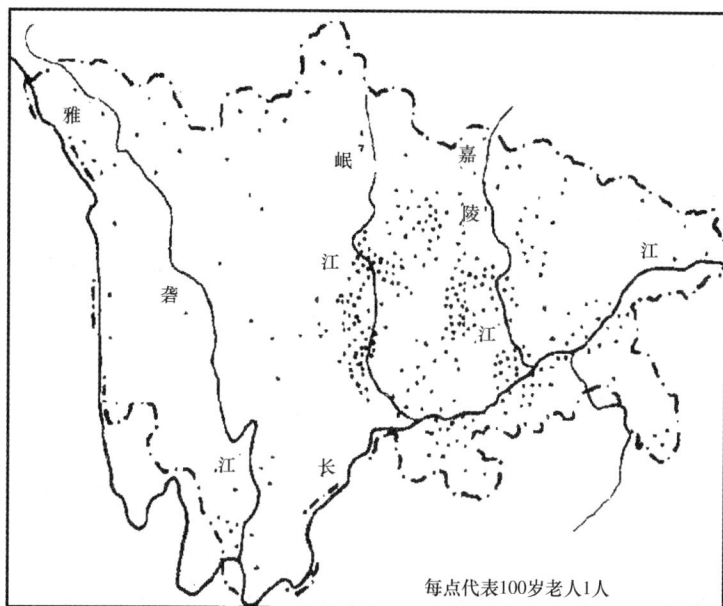

每点代表100岁老人1人

图 34 - 1　1982 年川渝地区百岁老人分布图

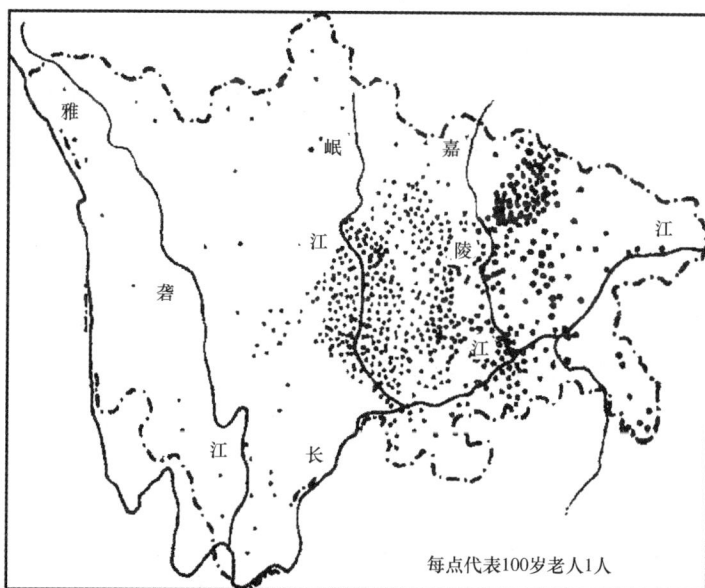

每点代表100岁老人1人

图 34 - 2　1990 年川渝地区百岁老人分布图

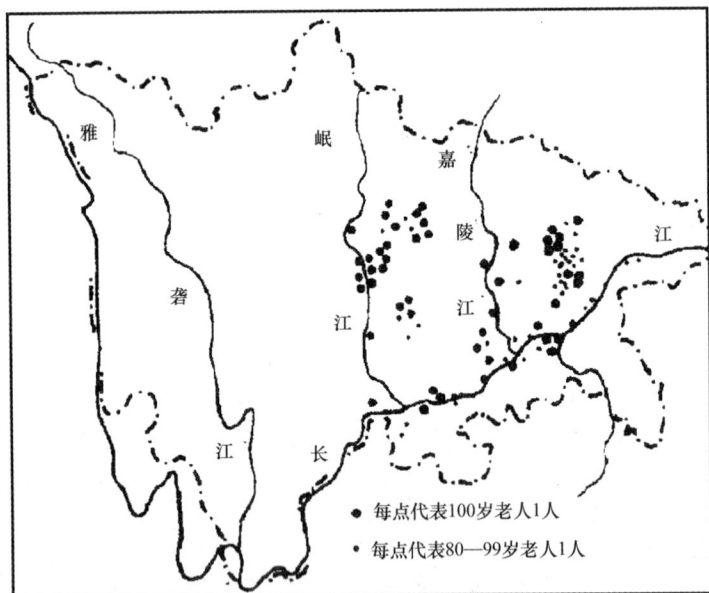

图 34-3 1750—1810 年川渝地区长寿老人分布图

寥无几。其中的原因可能与人文环境变迁有关，也可能与历史记载本身的缺陷有关，有待进一步探索。比较例外的是，无论图 34-1、图 34-2 还是图 34-3 中，以成都为中心的成都平原和以重庆为中心的嘉陵江、长江三角交汇区，历来都是长寿老人相对集中的区域，其中成都平原尤其明显，说明成都平原自古以来就是长寿老人集中区。

二 川渝地区百岁老人比率的空间差异

百岁老人绝对数量的空间分布在很大程度上受制于人口绝对数量的空间分布，人口密度高的地方往往也是百岁老人较为集中的地方。但是，判定一个地方是否是长寿区，除要看它长寿老人的绝对数量有多少外，还要看它长寿老人的相对比率有多高，而且后者的权重还要大一些。所谓"长寿区"，是指人口平均预期寿命较长或百岁以上人口比率较高的地区①。一般而言，

---

① 肖德桢、戎寿德：《长寿区》，载中国大百科全书编委会编《中国大百科全书·地理学》，中国大百科全书出版社 1990 年版，第 29 页。

预期寿命的高低，主要反映了社会经济发展水平和生活营养状况的影响，而百岁老人比率的高低，主要反映了自然环境条件地域差异的影响①。据人口普查资料，1982 年全国每百万人中百岁老人比率为 3.80，川渝地区约等于全国平均水平，居全国第九位；1990 年全国每百万人中百岁老人比率为 5.91，川渝地区为 7.70，跃居全国第六位。从川渝地区内部看，各地的人口长寿水平并不一致，其百岁老人比率在空间分布上具有以下显著特点：

1. 总体上呈现出由西向东递减的梯度分布规律

在地级空间尺度上，川西北高原每百万人中百岁老人比率在 10.0 以上，川西平原大多在 6.0—10.0 之间，川中盆地在 4.0—6.0 之间，川东山区则降至 4.0 以下。在县级空间尺度上，川渝地区每百万人中百岁老人比率超过 20.0 的县级单位，1982 年有色达（97.64）、阿坝（91.46）、德格（76.91）、得荣（71.17）、若尔盖（56.55）、巴塘（45.74）、盐边（40.53）、甘孜（38.98）、石渠（36.53）、壤塘（35.51）、白玉（28.80）、金川（28.79）、道孚（23.96）、乐山（23.05）、灌县（22.42）、青神（21.65）16 个；1990 年有色达（59.44）、阿坝（58.83）、乐山五通桥区（50.68）、彭山（47.95）、乐山市中区（45.03）、黑水（35.04）、若尔盖（34.77）、德格（33.62）、丹棱（32.67）、犍为（30.78）、新津（29.67）、乐山沙湾区（28.56）、洪雅（27.90）、井研（27.05）、石棉（25.71）、白玉（25.29）、通江（24.44）、平昌（23.99）、普格（23.01）、理塘（22.83）、邛崃（22.73）、道孚（22.67）、盐亭（21.26）、荣县（20.98）、夹江（20.78）、重庆南岸区（20.76）、青神（20.65）、巴中（20.52）、都江堰（即灌县，20.42）、峨眉山市（20.18）30 个，它们绝大多数分布在川西地区。图 34-4 显示，川渝地区百岁老人比率西部地区明显高于东部地区，呈现出由西向东递减的梯度分布。这种寿命梯度和自然地势梯度大致相似，可能反映出自然地域分异对寿命地域分异的制约。

2. 成都平原和川西北高原是我国的长寿区

表 34-1 显示，无论 1982 年还是 1990 年，甘孜州、阿坝州、乐山市、成都市、绵阳市都是川渝地区百岁老人比率最高的地区。这 5 个地区每百万人中

① 谭见安、李日邦、朱文郁：《我国医学地理研究的主要进展和展望》，载《地理学报》1990 年第 2 期。

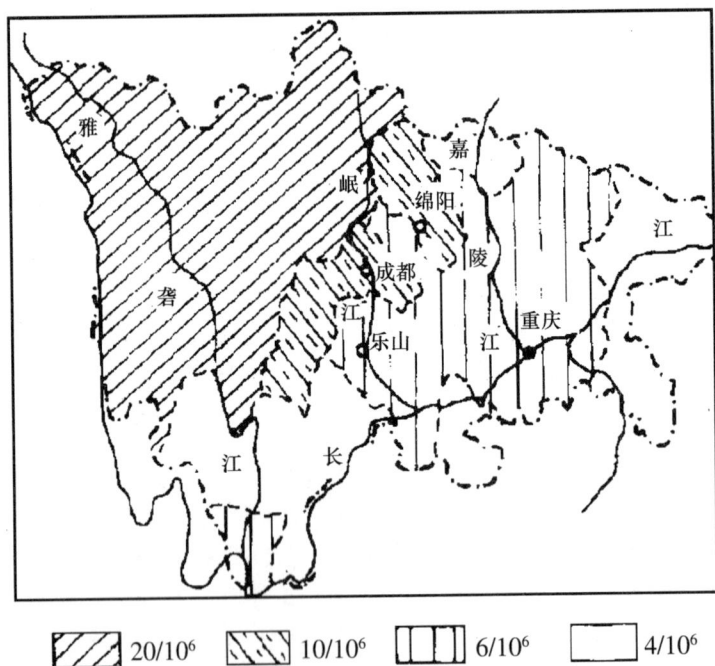

图 34 - 4　1982—1990 年川渝地区百岁老人比率分级图

百岁老人比率 1982 年在 7.0 以上，1990 年在 12.0 以上，分别为川渝地区平均水平的 1.6 倍和 1.8 倍，为全国平均水平的 1.6 倍和 2.0 倍。其中乐山、成都、绵阳三市还是百岁老人绝对分布集中的地市，这里集中了川渝地区 1/3 以上的百岁老人。因此，完全可以这样说，成都平原和川西北高原是我国的长寿区。

川西北高原和成都平原成为长寿区已有悠久历史。川西北高原的大雪山、岷山和邛崃山区在 1—2 世纪时是"夷人"聚居的地区，据历史记载，当时那里气候酷寒，即使是盛夏时节，冻冰也难融化；夷人依山而居，垒石为室，大多获得长寿，被誉为"仙人山图所居之地"。4—6 世纪时，这一带成为游牧民族"党项羌"的聚居区，依然是"土无五谷，气候多风寒"，居住在山谷间的党项羌人"多寿年，至百五六十岁"。这说明川西北高原自东汉以来就是长寿老人相对集中的地区。成都平原也是自古以来的长寿区。都江堰西北青城山下有一长寿老人集中的"老人村"，那里"道极峻远"，交通闭塞，生活原始，居民"生不识盐醋"，但"多享年寿"。长寿是中国古代人们孜孜以求的美好愿望，尽管历史记载大多是描述性的，甚至还有些夸张化和神话化，但所透露出的长寿区信息却是确凿无疑的。不但川西长寿区是如此。中国其他长寿区也是如此[①]。

三　川渝地区长寿区类型及其形成原因

表 34 - 1　　　1982 年和 1990 年川渝地区各地市百岁老人比率统计表

项目	1982 年			1990 年			平　均	
	百岁老人人数（人）	百岁老人比例（1/100万）	排序	百岁老人人数（人）	百岁老人比例（1/100万）	排序	百岁老人比例（1/100万）	排序
成都市	57	6.78		114	12.30	3	9.54	5
重庆市	38	2.77		88	5.99		4.38	
自贡市	5	1.83		31	0.52		1.18	
攀枝花市	6	7.36	5	3	3.16		5.26	
泸州市	14	3.38		11	2.55		2.97	
德阳市	8	2.40		20	5.67		4.03	
绵阳市	26	7.74	4	59	11.98	4	9.86	4
广元市	8	2.98		5	1.74		2.36	
遂宁市	22	7.02	6	5	1.47		4.25	
内江市	20	2.52		74	8.53		5.53	
乐山市	51	8.33	3	152	23.54	1	15.94	2
万县地区	9	1.19		8	1.00		1.10	
涪陵地区	18	5.30		17	4.78		5.04	
宜宾地区	17	4.22		27	5.76		4.99	
南充地区	27	2.89		50	5.08		3.99	
达县地区	11	1.21		84	8.56		4.89	
雅安地区	6	4.57		14	9.91	6	7.24	6
阿坝州	11	15.17	2	9	11.60	5	13.39	3
甘孜州	18	23.61	1	11	13.28	2	18.44	1
凉山州	4	1.24		13	3.55		2.40	
黔江地区	9	3.74		7	2.67		3.21	
合　计	379	3.80		826	7.70		5.75	

　　资料来源：四川省人口普查办公室编《四川省第三次人口普查机器汇总资料汇编》，1984 年；《四川省 1990 年人口普查资料》，中国统计出版社 1993 年版。表中行政区划以 1990 年为准。

---

　　① 龚胜生：《中国古代长寿点区地理分布及其环境背景的初步研究》，载《中国历史地理论丛》1997 年第 3 期。

长寿区是医学地理学的一项重要研究内容。对于长寿区的类型，有人曾粗略地划分为山地长寿区、盆地长寿区、平原和三角洲长寿区三种类型[①]，但目前医学地理学界尚无统一的科学分类。本文根据地理景观差异，将川渝地区的长寿区划分为"高原山地型"和"平原丘陵型"。

1. **高原山地型长寿区及其形成原因**

川西北高原阿坝、甘孜两州属于这种类型的长寿区，其地理特征是：地势高峻，平均海拔 2 500 米以上；气候高寒，有些地方常年积雪；交通闭塞，与外界联系极少；经济落后，生活简单，以牧业为主；人口稀少，且散居在山间盆地和河流峡谷中；百岁老人比率很高，但百岁老人绝对数量不多；长寿老人以土著的少数民族为主。从经济水平看，这是一种"贫困型长寿区"；从区域联系看，这是一种"秘境型长寿区"；从发展趋势看，这是一种"下降型长寿区"，即随着总人口的不断增加，百岁老人比率将逐渐降低。如表 34－1所示，1990 年与 1982 年相比，尽管川渝地区百岁老人比率提高了 1 倍，但阿坝、甘孜两州分别降低了 24% 和 44%。全国主要长寿区也有与之相似的特征，1990 年与 1982 年相比，全国每百万人中百岁老人比率从 3. 80 提高到 5. 91，唯独作为长寿区的新疆、西藏、青海的百岁老人比率分别下降了 37%、18% 和 49%。

川西北高原山地型长寿区的形成，主要原因有：

第一，高寒气候延缓了川西北高原居民的生长期并进而延长了他们的寿命。现代科学证明，人的生长期与环境温度有着十分密切的关系：炎热气候使人发育较快，生理早熟，生长期短，寒冷气候使人发育缓慢，生理晚熟，生长期长，现代科学还证明，人的自然寿命与其他哺乳动物一样，与生长期成正比，一般是生长期的 5—7 倍，生长期长，寿命也长，因而寒冷地区的人一般较热带地区的人长寿。川西北高原是青藏高原的一部分，和青藏高原一样，寒冷气候是其成为长寿区的关键因子。

第二，川西北高原居民的社会环境和生活方式有益于健康长寿。川西北高原山区交通闭塞，很少与外界联系，既没有现代文明区域那样有害于健康的大气污染和水土污染，也没有现代文明区域那样有害于健康的社会竞争和

① 刘汴生：《环境与人类寿命关系的探讨》，载谭见安主编《中国的医学地理研究》，中国医药科技出版社 1994 年版，第 53 页。

社会压力，可以怡然自得，乐享天年。饮食结构对人的寿命也有很重要的影响，川西北高原居民的饮食结构比较简单，每日摄取热量较低，且以无任何污染的天然食物为主，这对健康长寿具有良好促进作用。

第三，恶劣自然环境的"优胜劣汰"可能提高了百岁老人比率。如前所述，川西北高原百岁老人绝对数量并不多，百岁老人比率却非常的高。这个结果的产生，似乎可以这样理解：高原山区严酷的自然条件对人的生存是一种严重的挑战，在"适者生存"的原则下，较低的人口出生率和成活率在一定程度上可以认为是第一个"优胜劣汰"的过程；但存活下来的婴儿还要经过另一个更为漫长的"适应"过程，在极其艰苦的生存条件下，有的人可能夭折，有的人可能短命，但有的人则在通过一个"适应阈值"或"适应门槛值"后，已经完全适应了当地的生存环境，对于他们来说，自然条件已不再具有"恶劣"的特性，因而可以乐享天年，达到其自然寿命，成为百岁老人，从而提高了人口结构中的百岁老人比率。因此，高原山地型长寿区"三低一高"（人口出生率低、人口密度低、平均预期寿命低和百岁老人比率高）人口特征的形成，在很大程度上与自然条件的严酷及其优胜劣汰过程有着密切的关系。

2. 平原丘陵型长寿区及其形成原因

乐山、成都、绵阳三市属于这种类型的长寿区，其地理特征是：地形平缓，平均海拔800米以下；亚热带季风气候，四季分明；开发较早，交通方便，农业发达，经济水平高；人口密度大，城市化水平高；百岁老人比率较高，百岁老人密度最大。从经济水平看，这是一种"富裕型长寿区"；从区域联系看，这是一种"开放型长寿区"；从发展趋势看，这是一种"增强型长寿区"，即随着总人口的不断增加，百岁老人比率继续提高。如表34-1所示，1990年与1982年相比，乐山、成都、绵阳三市百岁老人比率分别提高了183％、81％、55％。因此，平原丘陵型长寿区与高原山地型长寿区有着本质的区别。

平原丘陵型长寿区的形成与高原山地型长寿区的形成明显不同，其主要原因是：

第一，经济发达，人们生活水平高，医疗保健条件较好。这是最根本的原因。成都平原自秦代李冰开凿都江堰以来就是"沃野千里，号为陆海"，"水旱从人，不知饥馑"，号称"天府"（晋·常璩《华阳国志》），素有

"国富民殷，乐国丰壤"之称，是我国古代有名的经济发达地区；乐山、绵阳分处成都南北，与成都同为西南交通要地，自古以来是四川境内经济发达的地区之一，如宋代乐山一带就是"土地沃美，人士俊乂"，绵阳一带更是"人饶地腴，财货茂盛"，有"奥区"、"佳郡"之称。发达的经济不仅为人们提供了足够的营养来源，而且为人们的卫生保健提供了有力支撑。

第二，环境幽雅，山清水秀，崇尚儒学，为仁孝礼仪之乡，具有有利于长寿的环境氛围。仍以宋代为例，成都市为成都府地，"其俗好文，学者比齐鲁"；乐山市为嘉州、眉州、隆州地，嘉州"为西南州最清归处，地灵人秀"，"江山雄秀闻天下"，"风俗甚美"，眉州"其民以诗书为业"，"学者独盛"，有"江山秀气聚西眉，人有儒宗学有规"之称，隆州也是"家贫而好学"（宋·祝穆、祝洙《方舆胜览》）。中国儒学尊崇仁孝，讲究修身养性，这不仅使知识分子本人长寿，更重要的是，孝敬老人的传统营造了一种长寿的氛围。孔子就曾说过"仁者寿"，乐山市"仁寿"县名不仅反映出这里古代就是长寿区，而且反映其长寿原因就是崇尚仁爱之故。从这里也可看出，长寿区具有历史继承性。这一特点对于探讨现代长寿区的地理分布及其形成原因具有重要指导意义。

主要参考文献

一 正史类

1. （西汉）司马迁：《史记》，中华书局 1959 年版。

2. （东汉）班固：《汉书》，中华书局 1962 年版。

3. （南朝宋）范晔：《后汉书》，中华书局 1965 年版。

4. （西晋）陈寿：《三国志》，中华书局 1982 年版。

5. （唐）房玄龄等：《晋书》，中华书局 1974 年版。

6. （南朝梁）沈约：《宋书》，中华书局 1974 年版。

7. （南朝梁）萧子显：《南齐书》，中华书局 1972 年版。

8. （唐）姚思廉：《梁书》，中华书局 1973 年版。

9. （唐）姚思廉：《陈书》，中华书局 1972 年版。

10. （北齐）魏收：《魏书》，中华书局 1974 年版。

11. （唐）李百药：《北齐书》，中华书局 1972 年版。

12. （唐）令狐德棻等：《周书》，中华书局 1971 年版。

13. （唐）李延寿：《南史》，中华书局 1975 年版。

14. （唐）李延寿：《北史》，中华书局 1974 年版。

15. （唐）魏征等：《隋书》，中华书局 1973 年版。

16. （后晋）刘昫等：《旧唐书》，中华书局 1975 年版。

17. （宋）欧阳修、宋祁：《新唐书》，中华书局 1975 年版。

18. （宋）薛居正等：《旧五代史》，中华书局 1976 年版。

19. （宋）欧阳修：《新五代史》，中华书局 1974 年版。

20. （元）脱脱等：《宋史》，中华书局 1977 年版。

21. （元）脱脱等：《金史》，中华书局 1975 年版。

22.（明）宋濂等：《元史》，中华书局 1976 年版。

23.（清）张廷玉等：《明史》，中华书局 1974 年版。

24.（民国）赵尔巽等：《清史稿》，中华书局 1977 年版。

二 实录类

1.《明实录》，"中央研究院"历史语言研究所 1962 年版。

2.《清实录》，中华书局 1985—1987 年版。

3.《东华录》，中华书局 1958 年版。

4.《康熙起居注》，中华书局 1984 年版。

三 奏疏类

1. 中国第一历史档案馆编：《康熙朝汉文朱批奏折汇编》，档案出版社 1984 年版。

2. 中国第一历史档案馆编：《雍正朝汉文朱批奏折汇编》，江苏古籍出版社 1986 年版。

3. 台北故宫博物院编：《宫中档乾隆朝奏折》，台北故宫博物院 1977—1980 年版。

4. 中国第一历史档案馆编：《清代档案史料丛编》，中华书局 1978—1984 年版。

5. 琴川居士编：《皇清名臣奏议汇编初集》，光绪壬寅孟春丽泽学会校印本。

6. 王云五编：《道咸同光四朝奏议》，台湾商务印书馆 1970 年版。

7.（清）郭琇：《郭华野先生疏稿》，近代中国史料丛刊续编本。

8.（清）林则徐：《林文忠公政书》，中国书店 1991 年版。

9.（清）骆秉章：《骆文忠公奏议》，文海出版社 1967 年版。

10.（清）赵申乔：《自治官书》，雍正五年何祖柱怀策堂刻本。

四 类书类

1.（汉）许慎：《说文解字》，中华书局 1963 年影印本。

2.（宋）张敦颐：《六朝事迹类编》，上海古籍出版社 1995 年版。

3.（宋）祝穆：《古今事文类聚前集》，京都株式会社 1989 年版。

4.（宋）李昉：《太平广记》，中华书局 1961 年版。

5.（宋）李昉等：《文苑英华》，中华书局 1966 年版。

6.（宋）李昉等：《太平御览》，中华书局 1960 年版。

7.（宋）王钦若等：《册府元龟》，中华书局 1960 年版。

8.（明）章潢：《图书编》，上海古籍出版社 1992 年版。

9.（清）陈梦雷等：《古今图书集成》，中华书局影印本。

10.（清）张廷玉：《子史精华》，北京古籍出版社 1991 年版。

11.（清）张玉书：《康熙字典》，上海书店 1985 年版。

12.（清）朱骏声：《说文通训定声》，古籍书店 1983 年版。

13.（清）徐珂：《清稗类钞》，中华书局 1984 年版。

五　别史类

1.《左传》，商务印书馆 1931 年版。

2.《诗经》，上海古籍出版社 1980 年版。

3.《山海经》，袁珂全译本，贵州人民出版社 1991 年版。

4.《国语》，上海古籍出版社 1988 年版。

5.《尔雅》，北京图书馆出版社 2002 年。

6.《十三经》，燕山出版社 1991 年版。

7.《二十二子》，上海古籍出版社 1985 年版。

8.《明经世文编》，中华书局 1962 年版。

9.《清朝文献通考》，浙江古籍出版社 2000 年版。

10.《清朝续文献通考》，浙江古籍出版社 1988 年版。

11.《清史编年》，中国人民大学出版社 1985 年版。

12.《清朝经世文编》，世界书局 1964 年版。

13.《皇朝经世文续编》，文海出版社 1972 年版。

14.雍正《大清会典》，文海出版社 1996 年版。

15.光绪《大清会典事例》，新文丰出版股份有限公司 1976 年版。

16.（秦）吕不韦：《吕氏春秋》，中华书局 1991 年版。

17.（汉）桓宽：《盐铁论》，北京图书馆出版社 2002 年版。

18. （晋）干宝：《搜神记》，贵州人民出版社 1991 年版。

19. （晋）葛洪：《抱朴子内篇校释》，中华书局 1985 年版。

20. （晋）张华：《博物志》，祝鸿杰译本，贵州人民出版社 1992 年版。

21. （梁）释慧皎：《高僧传》，中华书局 1992 年版。

22. （唐）段成式：《酉阳杂俎》，浙江古籍出版社 1987 年版。

23. （唐）李林甫等：《唐六典》，中华书局 1962 年版。

24. （宋）司马光：《资治通鉴》，古籍出版社 1956 年版。

25. （宋）王溥：《唐会要》，中华书局 1955 年版。

26. （宋）王得臣：《麈史》，商务印书馆 1936 年版。

27. （明）陈全之：《蓬窗日录》，上海书店 1985 年版。

28. （明）何梦春：《余冬录》，同治三年恭寿堂重刻本。

29. （明）何乔远：《名山藏》，北京大学出版社 1993 年版。

30. （明）丘濬：《大学衍义补》，海南国际新闻出版中心 1996 年版。

31. （明）申时行：《万历会典》，中华书局 1989 年版。

32. （明）谈迁：《国榷》，中华书局 1958 年版。

33. （明）唐顺之：《荆川稗编》，上海古籍出版社 1991 年版。

34. （清）鄂尔泰等：《国朝宫史》，北京古籍出版社 1987 年版。

35. （清）孙承泽：《春明梦余录》，北京古籍出版社 1992 年版。

36. （清）田文镜：《新辑抚豫宣化录》，光绪二十二年石印本。

37. （清）汪介人：《中州杂俎》，三怡堂 1921 年版。

38. （清）王庆云：《石渠余记》，北京古籍出版社 1985 年版。

39. （清）吴任臣：《十国春秋》，中华书局 1983 年版。

40. （清）张履祥：《补农书》，农业出版社 1987 年版。

六　地志类

1. （晋）常璩：《华阳国志》，巴蜀书社 1984 年版。

2. （晋）嵇含：《南方草木状》，上海古籍出版社 1993 年版。

3. （北魏）郦道元：《水经注》，巴蜀书社 1985 年缩印光绪重刊本。

4. （唐）樊绰：《云南志》，赵吉甫校注本，中国社会科学出版社 1985 年版。

5. （唐）李泰：《括地志》，贺次君辑校本，中华书局 1980 年版。

6.（唐）李吉甫：《元和郡县志》，中华书局1993年版。

7.（唐）段公路：《北户录》，商务印书馆1983年版。

8.（唐）玄奘：《大唐西域记》，上海人民出版社1977年版。

9.（宋）乐史：《太平寰宇记》，商务印书馆1936年版。

10.（宋）王存：《元丰九域志》，中华书局1984年版。

11.（宋）王象之：《舆地纪胜》，广陵古籍刻印社1991年版。

12.（宋）祝穆、祝洙：《方舆胜览》，上海古籍出版社1991年版。

13.（宋）宋敏求：《长安志》，商务印书馆1983年版。

14.（宋）周去非：《岭外代答》，丛书集成初编本，1936年版。

15.（宋）范成大：《桂海虞衡志》，商务印书馆1983年版。

16.（宋）吴自牧：《梦粱录》，浙江人民出版社1980年版。

17.（元）官修：《元一统志》，赵万里校辑本，中华书局1966年版。

18.（元）熊梦祥：《析津志》，北京图书馆善本组辑佚本，北京古籍出版社1983年版。

19.（明）官修：《明一统志》，商务印书馆1983年版。

20.（明）吴学俨：《地图综要》，朗润堂藏版。

21.（明）王士性：《广志绎》，中华书局1981年版。

22.（明）曹学佺：《蜀中名胜记》，重庆出版社1984年版。

23.（明）徐弘祖：《徐霞客游记》，上海古籍出版社1982年版。

24.（明）包汝揖：《南中纪闻》，丛书集成初编本，1936年版。

25.（明）沈榜：《宛署杂记》，北京古籍出版社1980年版。

26.（清）官修：《大清一统志》，光绪二十七年上海宝善斋石印本。

27.（清）顾炎武：《天下郡国利病书》，四部丛刊本。

28.（清）顾祖禹：《读史方舆纪要》，中华书局1955年版。

29.（清）刘献廷：《广阳杂记》，中华书局1985年版。

30.（清）屈大均：《广东新语》，中华书局1985年版。

31.（清）王谟：《汉唐地理书钞》，中华书局1961年版。

32.（清）王锡祺：《小方壶斋舆地丛钞》，台湾学生书局1985年版。

33.（清）徐松：《唐两京城坊考》，中华书局1985年版。

34.（清）严如煜：《三省边防备览》，上海古籍出版社1995年版。

35.（清）严如煜：《三省山内风土杂识》，丛书集成初编本，1936年版。

36.（清）张泓：《滇南新语》，丛书集成初编本，1936 年版。

37.（清）曹树翘：《滇南杂志》，中华书局 1969 年版。

38.（清）朱云锦：《豫乘识小录》，文海出版社 1969 年版。

39.（清）缪荃孙：《顺天府志》，北京大学出版社 1983 年版。

40.（清）孙承泽：《天府广记》，北京古籍出版社 1984 年版。

41.（清）于敏中等编：《日下旧闻考》，北京古籍出版社 1985 年版。

42.（清）《旧京遗事》《旧京琐记》《燕京杂记》合刊本，北京古籍出版社 1986 年版。

43.（清）陈涛：《湖北旧闻录》，武汉出版社 1986 年版。

44.（明）王雄修，承天贵纂，正德《汝州志》，天一阁本。

45.（明）潘庭楠纂修，嘉靖《邓州志》，天一阁本。

46.（明）薛纲纂修，嘉靖《湖广图经志书》，湖南省图书馆藏手抄本。

47.（明）祝翔修，杨鸾、蔡元伟纂，嘉靖《罗田县志》，民国十五年铅印本。

48.（明）曾储修，童承叙纂，嘉靖《沔阳志》，民国十五年沔阳卢氏慎基斋校刻本。

49.（明）杨应奎纂修，嘉靖《南阳府志》，民国三十一年铅印本。

50.（明）王斋纂修，嘉靖《雄乘》，天一阁本。

51.（明）申嘉瑞修，李文、陈国光纂，隆庆《仪真县志》，天一阁本。

52.（明）徐学谟纂修，万历《湖广总志》，湖北图书馆藏手抄本。

53.（清）徐国相、丁思孔修，宫梦仁、姚淳涛纂，康熙《湖广通志》，康熙二十三年刻本。

54.（清）裴天锡修，罗人龙纂，康熙《湖广武昌府志》，民国二十九年铅印本。

55.（清）傅鹤祥修，万年观等纂，康熙《安陆府志》，康熙二十四年刻本。

56.（清）郭茂泰修，胡在恪纂，康熙《荆州府志》，康熙二十四年刻本。

57.（清）王玉铉修，王临纂，康熙《广济县志》，康熙三年刻本。

58.（清）朱璘纂修，康熙《南阳府志》，康熙三十三年刻本。

59.（清）宝鼎望原本，张福永增修，康熙《内乡县志》，康熙五十一年增刻本。

60.（清）刘焕修，朱载震纂，康熙《潜江县志》，光绪五年传经书院刻本。

61.（清）周祜修，陈联璧纂，康熙《应山县志》，康熙十二年刻本。

62.（清）王养濂修，李开泰、张采纂，康熙《宛平县志》，康熙二十四年刻本。

63.（清）田文镜等修，孙灏等纂，雍正《河南通志》，四库全书本。

64.（清）迈桂修，夏力恕纂，雍正《湖广通志》，雍正十一年刻本。

65.（清）李卫、嵇曾筠等修，沈翼机、傅王露等纂，雍正《浙江通志》，光绪二十五年浙江书局刻本。

66.（清）李可寀修，雍正《应城县志》，雍正四年刻本。

67.（清）拜斯呼朗纂修，雍正《重修陕西乾州志》，雍正四年刻本。

68.（清）尹继善、赵国麟修，黄之隽、章士凤纂，乾隆《江南通志》，四库全书本。

69.（清）达灵阿修，周方炯等纂，乾隆《凤翔府志》，乾隆三十一年刊本。

70.（清）臧应桐纂修，乾隆《咸阳县志》，乾隆十六年刊本。

71.（清）史传远纂修，乾隆《临潼县志》，乾隆四十一年刊本。

72.（清）王行俭纂修，乾隆《南郑县志》，乾隆五十九年刊本。

73.（清）罗文思纂修，乾隆《商南县志》，乾隆四十八年补刻本。

74.（清）徐金位纂修，乾隆《新野县志》，道光十六年刻本。

75.（清）蒋光祖修，姚之琅纂，乾隆《邓州志》，乾隆二十年刻本。

76.（清）黄文莲修，吴泰来纂，乾隆《唐县志》，民国年间石印本。

77.（清）吕肃高修，张雄图等纂，乾隆《长沙府志》，乾隆十二年刻本。

78.（清）席绍葆等修，谢鸣谦等纂，乾隆《辰州府志》，乾隆三十年刻本。

79.（清）鲁之裕修，靖道谟纂，乾隆《湖北下荆南道志》，光绪二十二年重印嘉庆本。

80.（清）舒成龙修，李法孟、陈荣杰纂，乾隆《荆门州志》，乾隆十九年宗陆堂刻本。

81.（清）陶士僙修，刘湘煃纂，乾隆《汉阳府志》，乾隆十二年刻本。

82.（清）林有席修，严思澹等纂，乾隆《东湖县志》，乾隆二十八年刻本。

83.（清）王凤仪修，胡绍鼎、杜乘时纂，乾隆《黄冈县志》，乾隆五十四年刻本。

84.（清）胡翼修，章镳、章学诚纂，乾隆《天门县志》，民国十一年石印本。

85.（清）邵遐龄修，谈有典纂，乾隆《武昌县志》，乾隆二十八年刻本。

86.（清）甘定遇修，熊天章纂，乾隆《枣阳县志》，乾隆二十七年抄本。

87.（清）张琴修，杜光德纂，乾隆《钟祥县志》，乾隆六十年刻本。

88.（清）常丹葵修，邓光仁纂，乾隆《竹山县志》，乾隆五十年刻本。

89.（清）黄凝道修，谢仲坈纂，乾隆《岳州府志》，乾隆十一年刻本。

90.（清）赵文在等纂修，嘉庆《长沙县志》，嘉庆十五年刻本。

91.（清）孙尔准等修，陈寿祺纂，程祖洛等续修，魏敬中续纂，道光《重纂福建通志》，同治十年正谊书院刻本。

92.（清）吉钟颖修，洪先涛纂，道光《鹤峰州志》，道光二年刻本。

93.（清）袁景晖纂修，道光《建始县志》，道光十六年刻本。

94.（清）劳光泰修，但传熹纂，道光《蒲圻县志》，道光二十二年刻本。

95.（清）蒋炯等纂修，李廷锡增纂，道光《安陆县志》，道光二十三年刻本。

96.（清）黄宅中等修，郑显鹤等纂，道光《宝庆府志》，道光二十九年刻本。

97.（清）吕恩湛修，宗绩辰纂，道光《永州府志》，道光八年刻本。

98.（清）徐会云等修，刘家传等纂，道光《辰溪县志》，道光元年刻本。

99.（清）阎肇烺修，黄朝绶纂，道光《湘阴县志》，道光四年刻本。

100.（清）武念祖修，陈轼纂，道光《上元县志》，道光四年刻本。

101.（清）徐光第纂修，咸丰《淅川厅志》，咸丰十一年刻本。

102.（清）恩荣修，张圻纂，同治《荆门直隶州志》，同治七年明伦堂刻本。

103.（清）阮恩光修，王柏心等纂，同治《当阳县志》，民国二十四年铅印本。

104．（清）林让昆、宋熙曾修，杨世霖纂，同治《保康县志》，同治十年补刻本。

105．（清）杨廷烈修，郁方董、刘元栋纂，同治《房县志》，民国二十四年铅印本。

106．（清）郑燡林修，周葆恩纂，同治《远安县志》，同治五年刻本。

107．（清）吴葆仪修，王严恭纂，同治《郧阳志》，同治九年刻本。

108．（清）程光第修，叶年葇、李登鳌纂，同治《郧西县志》，同治五年刻本。

109．（清）周瑞、定熙修，余濙廷、崔诰纂，同治《郧县志》，同治五年刻本。

110．（清）周士桢修，黄子遂纂，同治《竹山县志》，同治四年刻本。

111．（清）廖恩树修，萧佩声纂，同治《巴东县志》，光绪六年刻本。

112．（清）杨宗时修，崔淦纂，吴耀斗续修，李士彬续纂，同治《襄阳县志》，民国十九年重印同治本。

113．（清）程启安修，张炳钟、鲁裔曾纂，同治《宜城县志》，同治五年刻本。

114．（清）沈兆元修，胡正楷纂，同治《南漳县志》，同治四年刻本。

115．（清）孙福海等纂修，同治《钟祥县志》，同治六年刻本。

116．（清）刘宗元等修，吴天锡纂，同治《应山县志》，同治十年刻本。

117．（清）聂光銮修，王柏心、雷春沼纂，同治《宜昌府志》，同治五年刻本。

118．（清）查子庚修，熊文澜等纂，同治《枝江县志》，同治五年刻本。

119．（清）吕缙云、李勖修，罗有文、朱美燨纂，同治《松滋县志》，同治八年刻本。

120．（清）林松、周庆榕修，何远鉴、廖彭龄纂，同治《增修施南府志》，同治十年刻本。

121．（清）多寿修，罗凌汉纂，同治《恩施县志》，民国二十六年铅印本。

122．（清）陈惟模修，谭大勋纂，同治《长阳县志》，同治五年刻本。

123.（清）陈怡等修，雷以诚纂，同治《咸宁县志》，同治五年刻本。

124.（清）罗登瀛、胡昌铭修，朱美燨、柴纯青纂，同治《通城县志》，同治六年心田局活字本。

125.（清）顾际熙等纂修，同治《蒲圻县志》，同治五年刻本。

126.（清）高佐廷修，傅燮鼎纂，同治《崇阳县志》，同治五年活字本。

127.（清）胡复初修，黄昺杰纂，同治《大冶县志》，同治六年刻本。

128.（清）周承弼修，王慰纂，同治《公安县志》，民国二十六年铅印本。

129.（清）朱荣实修，傅如筠纂，同治《石首县志》，同治五年刻本。

130.（清）徐兆英、林瑞枝修，王柏心纂，同治《监利县志》，同治十一年刻本。

131.（清）王庭祯修，彭崧毓纂，同治《江夏县志》，同治八年刻本。

132.（清）黄式度修，王柏心纂，同治《续辑汉阳县志》，同治七年刻本。

133.（清）德廉、袁鸣珂修，林祥瑗纂，同治《汉川县志》，同治十二年刻本。

134.（清）刘昌绪修，徐瀛纂，同治《黄陂县志》，同治十年刻本。

135.（清）刘宗元、朱荣实修，刘烇纂，同治《广济县志》，同治十一年活字本。

136.（清）汪敩灏修，王闿运纂，同治《桂阳直隶州志》，同治七年刻本。

137.（清）盛鉴源修，戴联璧、陈志升纂，同治《城步县志》，民国十九年活字本。

138.（清）陈玉祥修，刘希关等纂，同治《祁阳县志》，同治九年刻本。

139.（清）赵勷修，陈之骥纂，同治《攸县志》，光绪十八年刻本。

140.（清）王汝惺等修，邹焌杰等纂，同治《浏阳县志》，同治十二年刻本。

141.（清）宗源瀚、郭式昌修，周学濬、陆心源纂，同治《湖州府志》，光绪九年重印本。

142.（清）李蔚、王峻修，吴康霖等纂，同治《六安州志》，同治十一年刻本。

143.（清）莫祥芝、甘绍磐修，汪士铎等纂，同治《上江两县志》，同治三年刻本。

144.（清）吴坤修等修，何绍基、杨沂孙纂，光绪《安徽通志》，光绪四年刻本。

145.（清）卞宝第、李翰章等修，曾国荃、郭嵩焘等纂，光绪《湖南通志》，光绪十一年刻本。

146.（清）吴兆熙、冒沅修，张先抡、韩炳章纂，光绪《善化县志》，光绪三年刻本。

147.（清）陈嘉榆等修，王闿运等纂，光绪《湘潭县志》，光绪十五年刻本。

148.（清）姚诗德、郑桂星修，杜贵墀等纂，光绪《巴陵县志》，光绪十七年刻本。

149.（清）郭嵩焘等纂修，光绪《湘阴县图志》，光绪六年刻本。

150.（清）稽有庆、徐保龄修，刘沛纂，光绪《零陵县志》，光绪二年刻本。

151.（清）李镜蓉、盛庚修，许清源、洪廷揆纂，光绪《道州志》，光绪四年刻本。

152.（清）倪文蔚、蒋明勋修，顾嘉蘅、李廷铉纂，光绪《荆州府志》，光绪六年刻本。

153.（清）赓音布修，刘国光、李春泽纂，光绪《德安府志》，光绪十四年刻本。

154.（清）英启修，邓琮纂，光绪《黄州府志》，光绪十年刻本。

155.（清）封蔚礽修，陈廷扬纂，光绪《蕲州志》，光绪八年刻本。

156.（清）钟桐山修，段映斗纂，光绪《光化县志》，光绪十年刻本。

157.（清）陈瑞澜、陶大夏修，吴言昌、王仪吉纂，光绪《黄安县志》，光绪八年刻本。

158.（清）戴昌言修，刘恭冕纂，光绪《黄冈县志》，光绪八年刻本。

159.（清）覃瀚元、袁瓒修，宛名昌、余邦士纂，光绪《黄梅县志》，光绪二年刻本。

160.（清）多祺纂修，光绪《蕲水县志》，光绪六年刻本。

161.（清）葛振元修，杨钜纂，光绪《沔阳州志》，光绪二十年刻本。

162.（清）史致谟修，刘恭冕、郭士元纂，光绪《潜江县志续》，光绪五年刻本。

163.（清）钟桐山修，柯逢时纂，光绪《武昌县志》，光绪十一年刻本。

164.（清）恩联等修，王万芳等纂，光绪《襄阳府志》，光绪十五年刻本。

165.（清）朱希白修，沈用增纂，光绪《孝感县志》，光绪八年刻本。

166.（清）罗湘、陈濠修，王承禧纂，光绪《应城县志》，光绪八年刻本。

167.（清）吴大训等修，陈光亨纂，光绪《兴国州志》，光绪十五年刻本。

168.（清）黄世崇纂修，光绪《增补归州志》，光绪二十七年刻本。

169.（清）黄世崇纂修，光绪《兴山县志》，光绪十一年经心书院刻本。

170.（清）马云龙修，贾洪诏纂，光绪《续辑均州志》，光绪十年刻本。

171.（清）陈树楠等修，钱光奎等纂，光绪《续辑咸宁县志》，光绪八年刻本。

172.（清）蒯正昌、吴耀斗修，胡九皋、刘长谦纂，光绪《续修江陵县志》，光绪三年刻本。

173.（清）万青黎、周家楣修，张之洞、缪荃孙纂，光绪《顺天府志》，光绪十二年刻本。

174.（清）李铭皖、谭均培修，冯桂芬纂，光绪《苏州府志》，光绪八年苏州书局刻本。

175.（清）潘玉璿、冯健修，周学濬、汪日桢纂，光绪《乌程县志》，光绪七年刻本。

176.（清）潘守廉修，张嘉谋、张凤冈纂，光绪《南阳县志》，光绪三十年刻本。

177.吕调元、刘承恩修，张仲炘、杨承禧纂，民国《湖北通志》，民国十年刻本。

178.郑重修，余晋芳纂，民国《麻城县志前编》，民国二十四年铅印本。

179. 杨傅松修，杨洪纂，民国《松滋县志》，民国十八年铅印本。

180. 侯祖畲修，吕寅东纂，民国《夏口县志》，民国九年刻本。

181. 徐锦修，胡鉴莹纂，民国《英山县志》，民国九年活字本。

182. 梁汝泽等修，王荣先等纂，民国《枣阳县志》，民国十二年铅印本。

183. 秦廷秀、褚保熙修，刘崇本纂，民国《雄县新志》，民国十九年铅印本。

184. 金良骥、刘云亭修，姚昌寿纂，民国《清苑县志》，民国二十三年铅印本。

185. 靳蓉镜修，王介等纂，民国《鄢陵县志》，民国二十五年铅印本。

186. 叶楚伧、柳诒徵主编，王焕镳纂，民国《首都志》，民国二十四年铅印本。

七　医籍类

1. （晋）葛洪：《肘后备急方》，四库全书本。

2. （梁）陶宏景：《本草经集注》，尚志钧，尚元胜校，人民卫生出版社1994年版。

3. （隋）巢元方：《巢氏诸病源候总论》，四库全书本。

4. （唐）孙思邈：《药王全书》，张作记、张瑞贤等辑注，华夏出版社1995年版。

5. （宋）庞安常：《伤寒总病论》，四库全书本。

6. （宋）唐慎微：《证类本草》，上海古籍出版社1991年版。

7. （明）江瓘：《名医类案》，中国中医药出版社1996年版。

8. （明）李时珍：《本草纲目》，中国书店1988年版。

9. （明）张介宾：《景岳全书》，中国中医药出版社1994年版。

10. （明）张景岳：《类经》，人民卫生出版社1964年版。

11. （清）陈梦雷等：《古今图书集成医部全录》，人民卫生出版社1963年版。

12. （清）魏之琇：《续名医类案》，中国中医药出版社1996年版。

八 文集类

1. 《文选》，上海古籍出版社 1986 年版。

2. 《全梁文》，海南国际新闻出版中心 1996 年版。

3. 《唐人选唐诗》，上海古籍出版社 1978 年版。

4. 《全唐诗》，上海古籍出版社 1986 年版。

5. 《全唐文》，中华书局 1983 年版。

6. 《全五代诗》，巴蜀书社 1992 年版。

7. （唐）芮挺章：《国秀集》，台湾商务印书馆 1983 年版。

8. （唐）白居易：《白香山诗集》，台湾商务印书馆 1983 年版。

9. （唐）韩愈：《韩昌黎全集》，中国书店 1911 年版。

10. （唐）李白：《李太白全集》，中华书局 1977 年版。

11. （唐）刘禹锡：《刘梦得文集》，商务印书馆 1929 年版。

12. （唐）王维：《王右丞集注》，四部备要本。

13. （宋）郭印：《云溪集》，台湾商务印书馆 1983 年版。

14. （宋）陆游：《剑南诗稿》，上海古籍出版社 1995 年版。

15. （宋）范成大：《范石湖集》，上海古籍出版社 1981 年版。

16. （宋）范成大：《吴船录》，商务印书馆 1983 年版。

17. （宋）欧阳修：《欧阳修全集》，中华书局 2001 年版。

18. （宋）王禹偁：《小畜集》，商务印书馆 1938 年版。

19. （元）王沂：《伊滨集》，台湾商务印书馆 1983 年版。

20. （元）张羽：《蜕菴集》，上海古籍出版社 1987 年版。

21. （元）杨朝英：《乐府新编阳春白雪》，中华书局 1957 年版。

22. （明）徐贲：《北郭集》，台湾商务印书馆 1981 年版。

23. （清）缪梓：《缪武烈公遗集》，成文出版社 1968 年版。

24. （清）陈宏谋：《培远堂偶存稿》，培远堂藏版。

25. （清）陈宏谋：《培远堂手札节存》，清刊本。

26. （清）胡林翼：《胡文忠公遗集》，上海古籍出版社 1995 年版。

27. （清）魏源：《魏源集》，中华书局 1976 年版。

28. （清）魏源：《切问斋文钞》，光绪十九年刻本。

29. （清）杨锡绂：《四知堂文集》，嘉庆十一年刻本。

30. （清）徐继畬：《松龛先生全集》，民国四年铅印本。

31. （清）赵申乔：《赵恭毅公剩稿》，文海出版社有限公司1975年版。

32. （清）黄懋林：《西牺日记》，1985年影印本。

33. （清）全祖望：《鲒埼亭集》，上海古籍出版社2000年版。

34. （清）袁宏道：《袁宏道集》，钱伯城笺校本，上海古籍出版社1981年版。

35. （清）黄卬：《锡金识小录》，方壶斋舆地丛钞本。

36. （清）霍韬：《渭文集》，庄严文化事业公司1997年版。

37. （清）魏源：《魏源集》，中华书局1983年版。

38. （清）张汝淘：《求益斋文集》，上海古籍出版社1995年版。

九　汇编类

1. 陈邦贤：《二十六史医学史料汇编》，中国医史文献研究所1982年版。

2. 陈高傭：《中国历代之天灾人祸表》，上海书店影印1939年暨南大学刊本，1986年版。

3. 李国祥、杨昶主编：《明实录类纂·自然灾异卷》，武汉出版社1993年版。

4. 李文治主编：《中国近代农业史资料》，生活·读书·新知三联书店1957年版。

5. （民国）孙文青辑：《南阳汉画像石汇存》，金陵大学中国文化研究所民国二十六年影印版。

6. 宋正海主编：《中国古代重大自然灾害和异常年表总集》，广东教育出版社1992年版。

7. 谭其骧主编：《清人文集地理类汇编》，浙江人民出版社1988年版。

8. 佚名辑：《中国近代史参考资料》，文海出版社有限公司1981年版。

9. 余云岫：《古代疾病名候疏义》，人民卫生出版社1953年版。

10. 中国人民大学清史研究所编：《康雍乾时期城乡人民反抗斗争资料》，中华书局1979年版。

11. 中国人民大学清史研究所编：《清代的矿业》，中华书局1983年版。

12. 中国社会科学院历史所编：《中国历代自然灾害及历代盛世农业政

策资料》，农业出版社 1988 年版。

十　著作类

1. 《马克思恩格斯选集》第 3 卷，人民出版社 1972 年版。

2. 《中国大百科全书·传染病学》，上海科学技术出版社 1985 年版。

3. 《中国大百科全书·地理学》，中国大百科全书出版社 1990 年版。

4. 《中国历史地图集》第 1—8 册，地图出版社 1982—1987 年版。

5. 《中国农业百科全书·林业卷》，农业出版社 1989 年版。

6. 《中国医学百科全书·地方病学》，上海科学技术出版社 1992 年版。

7. 《中华人民共和国分省地图集》，中国地图出版社 1992 年版。

8. A. Kroeber, Clyde Kluckhohn. Culture: a critical review of concepts and definitions. New York: Random House, 1952.

9. Alan Durning. How much is enough: the consumer society and the future of the earth. New York: W. W. Norton and Company, 1992. Benedict C. Bubonic plague in nineteenth-century China. Stanford: Stanford University Press, 1996.

10. Charles G. Roland. Health, Disease and Medicine: essays in Canadian history. Toronto: the Hannah Institute for the History of Medicine. 1984.

11. Commission on Sustainable Development. Agenda 21. http://www. un. org/esa/sustdev/documents/agenda21/english/agenda21chapter6. htm, 1992.

12. Donald B. Cooper. Epidemic Disease in Mexico City 1761 – 1813: An Administrative, Social and Medical Study. Austin: University of Texas Press. 1965.

13. Huntington E. Civilization and Climate. Second and Enlarged Edition, New Haven: Yale University Press, 1922.

14. Kellogg W. W., Robert Schware. Climate change and Society. the Aspen Institute for Humanistic studies, 1982.

15. Kellogg W. W., Schware R. Climate Change and Society. Boulder Colorado Westview Press, 1982.

16. Lewis P. H. Tomorrow by design: a regional design process for sustainability. New York, Chichester, Brisbane, Toronto, Singapore: John Wiley & Sons, 1996.

17. Norton, William. Human Geography. London: Oxford University Press, 1998.

18. Pizam A. and Y. Mansfeld. Tourism, crimes and international security issues. John Wiley & Sons Ltd, 1996.

19. United Nations. Report of the United Nations Conference on the Human Environment. Stockholm, 5 – 16 June 1972 (United Nations publication, Sales No. E. 73. II. A. 14 and corrigendum), chap. I.

20. WCED. Our common future. New York: Oxford University Press, 1987.

21. World Summit on Sustainable Development. Plan of Implementation. http://cssd. acca21. org. cn/ 2002/ hot35. html.

22. 巴博亚罗拉:《世界长寿秘诀》，林明美译，牛顿出版社 1986 年版。

23. 蔡述明:《江汉平原四湖地区区域开发与农业可持续发展》，科学出版社 1996 年版。

24. 曹治权:《微量元素与中医药》，中国中医药出版社 1993 年版。

25. 陈钧、张元俊、方辉亚等:《湖北农业开发史》，中国文史出版社 1992 年版。

26. ［德］赫尔曼·哈肯:《协同学:大自然构成的奥秘》，上海译文出版社 1995 年版。

27. 《邓小平文选》第 3 卷，人民出版社 1993 年版。

28. 邓云特:《中国救荒史》，商务印书馆 1937 年版。

29. 丁毅华:《湖北通史》秦汉卷，华中师范大学出版社 1999 年版。

30. 方如康:《中国医学地理》，华东师范大学出版社 1993 年版。

31. 冯浩:《玉谿生诗笺注》，上海古籍出版社 1979 年版。

32. 复旦大学历史地理研究中心:《自然灾害与中国社会历史结构》，复旦大学出版社 2001 年版。

33. 葛剑雄:《中国移民史》第 3 卷，福建人民出版社 1997 年版。

34. 顾颉刚、史念海:《中国疆域沿革史》，商务印书馆 1938 年版。

35. 国家计委等:《中国 21 世纪议程》，中国环境科学出版社 1994 年版。

36. 何炳棣:《中国古今土地数字的考释与评价》，中国社会科学出版社 1988 年版。

37. 何业恒:《湖南珍稀动物的历史变迁》，湖南教育出版社 1990 年版。

38. 何业恒:《中国虎与中国熊的历史变迁》，湖南师范大学出版社 1996

年版。

39. 何业恒：《中国珍稀鸟类的历史变迁》，湖南科学技术出版社 1994年版。

40. 何业恒：《中国珍稀爬行类两栖类和鱼类的历史变迁》，湖南师范大学出版社 1997 年版。

41. 何业恒：《中国珍稀兽类的历史变迁》，湖南科学技术出版社 1993年版。

42. 侯仁之：《历史地理学四论》，中国科学技术出版社 1994 年版。

43. 胡鞍钢、陆中臣、沙万英等：《中国自然灾害与经济发展》，湖北科学技术出版社 1997 年版。

44. 湖北统计局：《湖北统计年鉴》，中国统计出版社 1990 年版。

45. 湖南农业学院编：《湖南农业》，高等教育出版社 1959 年版。

46. 黄鼎成、王毅、康晓光：《人与自然关系导论》，湖北科学技术出版社 1997 年版。

47. 冀朝鼎：《中国历史上的基本经济区与水利事业的发展》，中国社会科学出版社 1981 年版。

48. 江苏省六朝史研究所，江苏省社科院历史所：《古代长江下游的经济开发》，三秦出版社 1989 年版。

49. 靳生禾：《中国历史地理文献概论》，山西人民出版社 1987 年版。

50. 蕾切尔·卡逊：《寂静的春天》，吉林人民出版社 1997 年版。

51. 李家熙、吴功建、黄怀曾：《区域地球化学与农业和健康》，人民卫生出版社 2000 年版。

52. 李今庸主编：《湖北医学史稿》，湖北科技出版社 1993 年版。

53. 李庆升：《中医养生学》，科学出版社 1993 年版。

54. 梁方仲：《中国历代户口田地田赋统计》，上海人民出版社 1980年版。

55. 林乾良、刘正才：《养生寿老集》，上海科学出版社 1991 年版。

56. 刘吉石主编：《民生的开拓》，联经出版事业公司 1998 年版。

57. 刘云鹏、谭见安、沈尔礼：《中华人民共和国鼠疫与环境图集》，科学出版社 2002 年版。

58. 刘昭民：《中国历史上气候之变迁》，台湾商务印书馆 1980 年版。

59. 马伯英：《中国医学文化史》，上海人民出版社 1994 年版。

60. 马正林：《中国历史地理简论》，陕西人民出版社 1987 年版。

61. 梅莉、张国雄、晏昌贵：《两湖平原开发探源》，江西教育出版社 1995 年版。

62. ［美］纳什：《大自然的权利》，青岛出版社 1999 年版。

63. 聂树人：《医学地理学概论》，陕西师范大学出版社 1988 年版。

64. 牛文元：《持续发展导论》，科学出版社 1994 年版。

65. 钮仲勋：《地理学史研究》，地质出版社 1996 年版。

66. 钱穆：《古史地理论丛》，东大图书公司 1982 年版。

67. ［俄］热库林：《历史地理学：对象和方法》，韩光辉译，北京大学出版社 1992 年版。

68. 任乃强：《华阳国志校补图注》，上海古籍出版社 1987 年版。

69. 史兰华：《中国传统医学史》，科学出版社 1992 年版。

70. 史念海：《河山集一集》，生活·读书·新知三联书店 1963 年版。

71. 史念海：《河山集二集》，生活·读书·新知三联书店 1981 年版。

72. 史念海：《河山集五集》，山西人民出版社 1991 年版。

73. 史念海：《中国的运河》，陕西人民出版社 1988 年版。

74. 史念海：《中国历史地理纲要》，山西人民出版社 1992 年版。

75. 世界环境委员会：《我们共同的未来》，王之佳、柯金良等译，吉林人民出版社 1997 年版。

76. 谭见安主编：《中国的医学地理研究》，中国医药科技出版社 1994 年版。

77. 谭其骧：《长水集》，人民出版社 1987 年版。

78. 王苏民、林而达、畲之祥：《环境演变对中国西部发展的影响及对策》，科学出版社 2002 年版。

79. 王煦华编：《顾颉刚选集》，天津人民出版社 1988 年版。

80. 王毓铨：《明代的军屯》，中华书局 1965 年版。

81. 翁方纲：《元遗山先生年谱》，商务印书馆 1978 年版。

82. 沃林斯基：《健康社会学》，孙牧虹等译，社会科学文献出版社 1999 年版。

83. 冼维逊：《鼠疫流行史》，广东省卫生防疫站 1988 年版。

84. 徐樵利、谭传凤、余刚鹏等：《山地地理系统综论》，华中师范大学出版社 1994 年版。

85. 严耕望：《唐代交通图考》，中央研究院历史语言研究所 1985 年版。

86. 杨正泰：《中国历史地理要籍介绍》，四川人民出版社 1988 年版。

87. 叶平：《回归自然——新世纪的生态伦理》，福建人民出版社 2004 年版。

88. 袁林：《西北灾荒史》，甘肃人民出版社 1994 年版。

89. 张步天：《中国历史地理》，湖南大学出版社 1987 年版。

90. 张采田：《玉谿生年谱会笺》，上海古籍出版社 1983 年版。

91. 张超、张长平、杨伟民：《计量地理学》，高等教育出版社 1983 年版。

92. 张达人：《唐元微之先生稹年谱》，台湾商务印书馆 1980 年版。

93. 张国雄：《明清时期的两湖移民》，陕西人民出版社 1995 年版。

94. 张人骏：《健康学》，中国科学技术出版社 1993 年版。

95. 张作记、张瑞贤等：《药王全书》，华夏出版社 1995 年版。

96. 章乃炜、王蔼人编：《清宫述闻》（合编本），紫禁城出版社 1990 年版。

97. 郑炳林：《敦煌地理文书汇辑校注》，甘肃教育出版社 1989 年版。

98. 郑易生、王世汶：《中国环境与发展评论》第 1 卷，社会科学文献出版社 2001 年版。

99. 中国科学院地理研究所等：《汉江流域地理调查报告》，科学出版社 1957 年版。

100. 中国科学院地理研究所等：《中华人民共和国地方病与环境图集》，科学出版社 1989 年版。

101. 中国科学院地学部：《中国自然灾害灾情分析与减灾对策》，湖北科学技术出版社 1992 年版。

102. 中国科学院自然地理编委会：《中国自然地理·历史自然地理》，科学出版社 1982 年版。

103. 中国科学院自然科学史研究所地学史组：《中国古代地理学史》，科学出版社 1984 年版。

104. 中国社会科学院语言研究所词典编辑室：《现代汉语词典》第 5 版，商务印书馆 2005 年版。

105. 周秉钧：《尚书易解》，岳麓书社 1984 年版。

106. 周晓虹：《现代社会心理学——多维视野中的社会行为研究》，上海人民出版社 1997 年版。

十一 论文类

1. Bijlsma, Katinka. On managing cultural integration and cultural change processes in mergers and acquisitions. *Journal of European Industrial Training*, 2001, 25 (2): 192.

2. C. L. Spash. Economics, ethics and long-term environmental damages. *Environmental Ethics*. 1993, 15 (2): 117 – 132.

3. Dahl T. E. Wetlands Losses in the United States 1780s to 1980s. U. S. Washington, D. C. Jamestown, ND: Northern Prairie Wildlife Research Center Home Page. 1990.

4. Hall C. M. Sex tourism in Southeast Asia. In: David Harrison. Tourism & Less Developed Countries. Belhaven Halsted, 1992.

5. Interior's Fish and Wildlife Service. Status and Trends of the Nation's Wetlands. http: //www. wetlands. fws. gov.

6. La Peyre M. K. , Reams M. A. , Mendelssohn I. A. Linking actions to outcomes in wetland management: an overview of U. S. state wetland management. *Wetlands*, 2001, 21 (1): 69.

7. Lin V. , Loeb P. Tourism and Crime in Mexico: Some Comments. *Social Science Quarterly*, 1977, 58: 167.

8. McPheters L. R. , Stronge W. B. Crime as an environmental externality of tourism: Florida. *Land Economics* 1974, 50: 288 – 292.

9. Michaela Benzeval, Ken Judge. Income and Health: the time dimension. *Social Science*, 2002.

10. Nichols L. L. Tourism and Crime. *Annals of Tourism Research*. 1976, 3: 176 – 181.

11. Pizam A. Tourism and crime: Is there a relationship? *Journal of Travel Research*, 1982, 20: 3 – 10.

12. Pizam, A. A comprehensive approach to classifying acts of crime and violence at tourism destinations. *Journal of Travel Research*, 1999, 38: 5 – 12.

13. Prideaux B. The tourism crime cycle: a beach destination case study. In:

Pizam A. , Mansfeld Y. Tourism, Crime and International Security Issues. John Wiley&Sons Ltd, 1996.

14. Richter L. K. , Waugh W. L. Terrorism & tourism as logical companions. *Tourism Management*, 1986, 7: 230 – 238.

15. Ryan C. , Kinder R. The deviant tourist and the crimogenic: the case of the tourist and the New Zealand Prostitute. In: Pizam A, Mansfeld Y. Tourism, crimes and international security issues. John Wiley & Sons Ltd, 1996.

16. Ryan C. Crime, violence, terrorism, and tourism: an accidental or intrinsic relationship? *Tourism Management* 1993, 14: 173 – 183.

17. Schiebler S. A. , Crotts J. C. , Hollinger R. C. Florida tourist's vulnerability to crime. In: Pizam A. , Mansfeld Y. Tourism, Crimes and international security issues. John Wiley & Sons Ltd, 1996.

18. Stefan Gossling. Human-environment relations with tourism. *Annals of Tourism Research*, 2002, (2): 539 – 556.

19. Tarlow P. , Muehsam M. Theoretical aspects of crime as they impact the tourism industry. In: Pizam A. , Mansfeld Y. Tourism, Crimes and international security issues. John Wiley & Sons Ltd, 1996.

20. Wall G. Rethinking impacts of tourism. *Progress in Tourism and Hospitality Research*, 1996, (2): 207 – 215.

21. 安介生:《历史时期中国人口迁移若干规律的探讨》,《地理研究》2004 年第 5 期。

22. 蔡建明:《中国省级人口迁移及其对城市化的影响》,《地理研究》1990 年第 2 期。

23. 曹尔琴:《论唐代关中的农业》,《中国历史地理论丛》1989 年第 2 期。

24. 曹树基:《地理环境与宋元时代的传染病》,《历史地理》1995 年第 12 辑。

25. 曹树基:《湖南人由来新考》,《历史地理》1990 年第 9 辑。

26. 曹树基:《鼠疫流行与华北社会变迁 1580—1644》,《历史研究》1997 年第 1 期。

27. 陈金陵:《清代京师粮价及其它》,《清史研究集》第 6 辑, 1988 年。

28. 陈世俭、蔡述明、罗志强:《生态工程在湖垸湿地农业持续发展中的应用》，《长江流域资源与环境》1997 年第 3 期。

29. 程洪：《新史学：来自自然科学的挑战》，《晋阳学刊》1982 年第 6 期。

30. 董柏青、林新勤、谭毅：《大型建设工程中传染病预防控制的策略研究》，《广西预防医学》2001 年第 6 期。

31. 范家伟：《两晋刘宋时期的疾疫》，《历史地理》1999 年第 15 辑。

32. 符友丰：《从鼠疫流行看〈素问·热论〉奥蕴》，《河南中医》2001 年第 1 期。

33. 葛剑雄：《中国移民史发凡》，《历史地理》1990 年第 9 辑。

34. 古汉虎、向万胜、李玲：《湿地农田低产土壤改良利用研究》，《长江流域资源与环境》1997 年第 4 期。

35. 顾诚：《明前期耕地数新探》，《中国社会科学》1986 年第 4 期。

36. 郭来喜、姜德华：《中国贫困地区环境类型研究》，《地理研究》1995 年第 2 期。

37. 郭来喜：《当代中国人文地理学研究进展述要》，《人文地理》1994 年第 3 期。

38. 郭廷彬、赵楚年、宋长青等：《基础性研究中的地理科学》，《地球科学进展》1998 年第 1 期。

39. 韩光辉：《元代中国的建制城市》，《地理学报》1995 年第 4 期。

40. 金硕、金磊：《中国西部的地方病及防治对策》，《世界科技研究与发展》2000 年第 4 期。

41. 赖文、李永宸：《岭南古代瘟疫流行的社会背景》，《南京中医药大学学报》（社科版）1999 年（创刊号）。

42. 黎大东：《"西移"不能移包袱》，《经济晚报》1996 年 6 月 1 日。

43. 李凤文：《我国流动人口对疟疾的影响》，《广西医学》2000 年第 6 期。

44. 李海蓉、杨林生、王五一、谭见安：《150 年来中国鼠疫医学地埋评估》，《地理科学进展》2001 年第 1 期。

45. 李铃：《保护土地是资源国策的重中之重》，《中国土地》1999 年第 4 期。

46. 李四清、朱凡：《脱贫开发不能牺牲环境》，《经济晚报》1996 年 9 月 9 日。

47. 李永宸、赖文：《岭南地区 1911 年前瘟疫流行特点》，《广州中医药大学学报》1999 年第 4 期。

48. 李幼馨：《南阳地理文化环境对南阳民歌的影响》，《南都学坛》1991 年第 2 期。

49. 李玉尚：《霍乱在中国的流行 1817—1821》，《历史地理》2001 年第 17 辑。

50. 李玉尚：《近代民众和医生对鼠疫的观察和命名》，《中华医史杂志》2002 年第 3 期。

51. 李玉尚：《近代中国的鼠疫应对机制》，《历史研究》2002 年第 1 期。

52. 李之勤：《西安古代户口数目评议》，《西北大学学报》（哲社版）1984 年第 2 期。

53. 刘晓明：《冲绳人的长寿秘诀》，《华夏长寿》1995 年第 9 期。

54. 刘颖秋：《关于南水北调工程的论证意见和建议》，《科技导报》1996 年第 5 期。

55. 刘祚臣：《中国资源国策的再认识》，《中国土地》1999 年第 4 期。

56. 梅莉、晏昌贵：《明代传染病的初步考察》，《湖北大学学报》（社科版）1996 年第 5 期。

57. 全汉升：《美洲白银与十八世纪中国物价革命的关系》，《中国经济史论丛》第 2 册。

58. 沈力、赵历男：《略论可持续发展人口健康观对医学模式转换的影响》，《中国人口·资源与环境》1998 年第 2 期。

59. 石泉、张国雄：《江汉平原垸田兴起于何时》，《中国历史地理论丛》1988 年第 1 期。

60. 舒庆：《正确看待人口、资源与环境的关系》，《中国土地》1999 年第 4 期。

61. 水利部水土保持司：《从长江洪水看加快水土流失治理的紧迫性》，《光明日报》1998 年 9 月 15 日。

62. 宋新明：《西部大开发与人口健康之间的双向关系》，《人口与经济》2000 年第 5 期。

63. 孙关龙：《〈诗经〉中的泉水资料》，《中国科技史料》1989 年第 2 期。

64. 孙平跃、陆健健：《长江口湿地资源生物的可持续利用》，《长江流域资源与环境》1998 年第 4 期。

65. 谭见安、李日邦、朱文郁：《我国医学地理研究的主要进展和瞻望》，《地理学报》1990 年第 2 期。

66. 谭见安：《健康、环境、发展——当代医学地理的主题》，《地理学报》1994 年（增刊）。

67. 王芳、程茂金、王红：《探索我国农村流动人口医疗保险模式》，《中国公共卫生》2003 年第 1 期。

68. 王海忠：《全球可持续发展与国际合作》，《中国人口·资源与环境》1996 年第 1 期。

69. 王克林、章春华：《洞庭湖区生态减灾对策》，《光明日报》1998 年 10 月 10 日。

70. 王威、郑庆斯：《我国国家级贫困县的地方病及其对家庭经济的影响》，《卫生软科学》1999 年第 2 期。

71. 王铮：《人口扩散与空间相互作用的关系》，《地理研究》1991 年第 1 期。

72. 魏如恕：《中国瘿病史简介》，《中华医史杂志》1983 年第 3 期。

73. 魏曾：《中东：为水而战》，《工人日报》1996 年 5 月 13 日。

74. 文焕然、黄祝坚、何业恒：《试论扬子鳄的地理变迁》，《湘潭大学学报》（自然版）1981 年第 1 期。

75. 吴传钧：《论地理学的研究核心——人地关系地域系统》，《经济地理》1991 年第 3 期。

76. 吴国盛：《长江水患与可持续发展》，《光明日报》1998 年 9 月 8 日。

77. 吴宏岐：《隋唐帝王行宫的地域分布》，《中国历史地理论丛》1994 年第 2 期。

78. 吴振武、陈辉蓉、雷腊梅等：《人工湿地去除藻毒素研究》，《长江流域资源与环境》2000 年第 2 期。

79. 谢高潮：《浅谈同治初年苏浙皖的疫灾》，《历史教学问题》1996 年第 2 期。

80. 辛德勇：《隋唐时期长安附近的陆路交通》，《中国历史地理论丛》1988 年第 4 期。

81. 徐好民、尹光辉：《地壳运动与疾疫流行》，《灾害学》1991 年第 2 期。

82. 晏昌贵、梅莉：《明清时期丹江口库区移民与经济开发》，《中国历史地理论丛》1998 年第 1 期。

83. 央吉：《巴马长寿人群体探析》，《中国人口科学》1992 年第 2 期。

84. 杨俭、潘凤英：《我国秦至清末的疫病灾害研究》，《灾害学》1994 年第 3 期。

85. 杨林生、陈如桂、王五一、谭见安：《1840 年以来我国鼠疫的时空分布规律》，《地理研究》2000 年第 3 期。

86. 余新忠：《嘉道之际江南大疫的前前后后》，《清史研究》2001 年第 2 期。

87. 余新忠：《清代江南瘟疫对人口之影响初探》，《中国人口科学》2001 年第 2 期。

88. 余新忠：《清代江南疫病救疗事业探析》，《历史研究》2001 年第 6 期。

89. 余新忠：《清人对瘟疫的认识初探——以江南地区为中心》，《中国社会历史评论》2001 年第 3 期。

90. 张撰一：《为什么说我们都能活到 100 岁》，《华夏长寿》1995 年第 5 期。

91. 张文昌：《新世纪中国预防医学与公共卫生事业发展若干问题的思考》，《环境与健康瞻望》2003 年第 9 期。

92. 张志斌：《古代疫病流行的诸种因素初探》，《中华医史杂志》1990 年第 1 期。

93. 章申：《化学地理研究的问题、近期进展与瞻望》，《地理学报》1994 年增刊。

94. 赵楚年、郭廷彬、吕克解等：《自然地理与人文地理的交叉是现代地理学发展的趋势》，《地球科学进展》1997 年第 1 期。

95. 赵冈：《明清地籍研究》，台湾《近代史研究所集刊》1980 年第 9 期。

96. 郑北鹰：《江河上游地区水土保持亟待加强》，《光明日报》1998 年 10 月 12 日。

97. 郑度：《中国 21 世纪议程与地理学》，《地理学报》1994 年第 6 期。

98. 郑全庆、王芝芳、颜虹：《中国西部 9 省市 46 个贫困县乡村医生调查分析》，《中国公共卫生》2003 年第 2 期。

99. 郑学让：《对新疆百岁老人状况的分析》，载《中国第三次人口普查资料分析》，中国财政经济出版社 1987 年版。

100. 中国土地编辑部：《国土资源国情数字透视》，《中国土地》1998 年第 9 期。

101. 周宏伟：《〈禹贡〉黑水新考》，《陕西师范大学学报》（哲学社会科学版）1991 年第 3 期。

102. 竺可桢：《中国近五千年来气候变迁的初步研究》，《考古学报》1972 年第 1 期。

地名索引

后 记

　　人生百年，不惑而获；人到中年，岁月流金。自从我的第一部专著《清代两湖农业地理》1996 年出版以来，不知不觉至今已是 12 年的光景。这 12 年间，我先是出国访学，后又下乡挂职，即使在学校工作，也是既要耕耘三尺讲台，做点行政管理的杂事，又要奔波党派政协，做些参政议政的工作；身上的担子越来越重，做学问的时间越来越少，本来黄金般的岁月，却是逝水样的流年。光阴荏苒，日月如梭，只不过徒增几缕白发，平添几圈年轮而已。到了这个年龄，人生或将及半，功名渐行渐远，于是乎少了中流击水的激情，多了人生苦短的感悟。因了岁月的蹉跎，因了学术的艰难，也因了人生的坎坷，顾后而瞻前，于是，我动了出版这本论文集的念头。

　　我把这本论文集取名曰《天人集》。这个名称，源自司马迁的追求，他在《报任安书》中说，他写《史记》的目的，是要"究天人之际，通古今之变，成一家之言"。这是他的追求，他做到了，因此蔚然大家，名垂千古。对于太史公的成就，本人不敢望其项背，可是追求他的追求，却是我不舍的追求。原因很简单，就是我所从事的事业，无论是历史地理学的研究，还是可持续发展的研究，都是"究天人之际，通古今之变"的事业。从这个意义上讲，《天人集》的名称，不仅表达了我的学术追求，同时也概括了我的研究领域。

　　所谓"天人之际"，就是人与自然的关系；所谓"古今之变"，就是人地系统的演变。历史地理学将时间和空间有机结合起来，旨在揭示人地关系地域系统的历史演变规律，其实就是要"究天人之际，通古今之变"。史念海先生的《河山集》、谭其骧先生的《长水集》、侯仁之先生的《步芳集》，这三位历史地理学大家的"一家之言"，就是"究天人之际，通古今之变"的结果。可持续发展是一条一直到遥远的未来都能支持人类进步的道路，旨在协调人与自然以及人与人之间的关系，如果说历史地理学

"究"的是历史时期的"天人之际",那么可持续发展"究"的则是现在的和将来的"天人之际",两者貌似大相径庭,其实一脉相承,因为只有充分了解过去的"天人之际",才有可能协调现在和将来的"天人之际"。正因为此,我既培养可持续发展方面的研究生,也培养历史地理学方面的研究生。

《天人集》此次收录了历史地理学方面的论文 34 篇。这些文章大致可以分为三个部分:第一部分主要是对长江中游历史地理的研究,11 篇文章。研究的地域主要是两湖平原和南阳盆地,研究的内容涉及历史农业地理、历史城市地理、历史交通地理、历史移民地理等方面,但以历史农业地理为主,这是因为农业生产与自然环境的关系是最直接的"天人之际"。第二部分主要是地理学史和环境变迁方面的研究,10 篇文章。有对《尚书·禹贡》和汉魏京都赋的地理学价值的论述,有对唐代长安城和元明清北京城燃料供销系统的研究,有对长江中游湿地变迁和环境灾害的分析,还有对我国宋代以前矿泉的开发利用和历史上的"天下之中"的源流的探讨。第三部分主要是对中国历史医学地理学的探索,13 篇文章。这些文章涉及的内容主要有历史医学地理学理论、医学地理学史、环境疾病的变迁、疫灾的时空分布规律、长寿区的环境背景等。人类健康与自然环境的关系是最基本的"天人之际",1996 年以前,我对历史地理学的研究侧重于历史农业地理,其后转向历史医学地理。历史医学地理学是这 12 年来我致力开创的历史地理学新分支。

《天人集》收录的论文全部是发表过的,内容基本上未作改动,只是补充了一些论文的中文摘要,同时删除了所有论文的英文摘要。此次出版,虽然只是旧稿的整理,但工作量还是相当巨大。在这里,首先我要感谢我的老师、陕西师范大学的朱士光教授,感谢他当我在史念海教授门下攻读硕士和博士学位的六年里给予我的关怀和指导,感谢他在百忙之中为本论文集的出版宠赐序文;同时,我也要感谢我的博士生刘国旭、刘勋、任唤麟,他们在文稿录入、校对、整理过程中付出了辛勤的劳动;感谢我的同事叶护平工程师和我的硕士生刘杨、于颖、刘卉,她们清绘了文集中的部分图幅。其次我要感谢中国社会科学出版社的曹宏举副总编,感谢他对文集出版所给予的大力支持,感谢张林、郑成花两位编辑,她们的精心编校确保了文集的出版质量。我还要感谢国家自然科学基金委、国家社会科学基金委、教育部留学基金委、科技部,文集中几乎所有论文都是在他们的基金资助下取得的成果。最后，我还要感谢我的妻子肖赛男女士，感谢她在我患糖尿病的这十年中对我的照顾、对儿子的教育和对家庭的操持。

2008 年 7 月 20 日
识于武昌桂子山也是斋